Roman Frister

Die Mütze
*oder*
Der Preis des Lebens

Roman Frister

# Die Mütze
*oder*
# Der Preis des Lebens

Ein Lebensbericht

*Aus dem Hebräischen*
*von Eva und Georges Basnizki*

Siedler

# Inhalt

Erster Teil

# Der Geschmack des Brotes

*Wenn die Zedern in Flammen stehen,*
*was sollen dann die kleinen Moose tun?*
Talmudische Weisheit

# 1

In den Sommermonaten durfte man sich bis acht Uhr abends im Lager bewegen. Die Tage waren lang, und bis die völlige Dunkelheit über uns hereinfiel und Himmel und Erde am Horizont eins wurden, erlaubten uns die Aufseher das Gefühl begrenzter Freiheit. Es war ein Vergnügen, den Appellplatz in der Mitte des Lagers zu betrachten und nicht den Zaun sehen zu müssen, der es umgab. Es beruhigte, aufzuschauen und noch den Himmel zu finden, blau und ewig, wie in der Vergangenheit; es war gut, die Augen zu senken, um nicht die Wachen im Blick zu haben, die hinter ihren Maschinengewehren auf den Wachtürmen hockten. Die Menschen wanderten ungehindert zwischen den Baracken hin und her, als ob sie alte Bekannte in der Nachbarschaft besuchen wollten. Hinter den Barackentüren wurde mit einfachen Lebensmitteln gehandelt. Niemand wußte mit Sicherheit, wie die Brotlaibe, Säcke voll Reis und Buchweizen hereingeschmuggelt worden waren und woher die Leute die Dollars und Diamanten bekamen, um die Ware zu bezahlen. Von Zeit zu Zeit kam es zu Schlägereien, von Zeit zu Zeit wurden Freundschaften geschlossen, dort hinter dem Stacheldraht, ganz wie im richtigen Leben. Jeder Gedanke an den kommenden Tag war in unseren Köpfen ausgelöscht. Wir lebten nur für den Augenblick, und das Geheimnis unseres winzigen Glücks bestand in der Fähigkeit, wie Tiere zu existieren, die frei auf ihrer Weide laufen, ohne zu wissen, daß sie zum Schlachten bestimmt sind.

Das Lager befand sich im oberen Teil der Stadt Starachowice, im polnischen Kreis Kielce. Die Stadt war ursprünglich von Mönchen des Zisterzienserordens gegründet worden, doch nun schon seit Generationen von Juden bewohnt. Ihre Wahrzeichen waren eine kleine, gebrechliche Synagoge, ein mit Kopfsteinen gepflasterter Markt mit einem alten Brunnen in der Mitte, umsäumt von schäbigen Läden, sowie die geräumigen Häuser der angesehenen Bürger in einer Seitenallee. Jahrzehnte später traf ich in einem Altersheim in Tel Aviv eine alte Frau, die mich fragte, ob die Straßenkatzen von Starachowice noch immer am Brunnen Sonnenbäder nähmen. Ihre Naivität bewies den nutzlosen Glauben, daß die Zeit angehalten, gleichsam eingefroren und bei Bedarf wieder aufgetaut, zum Leben erweckt werden kann.

Das Zwangsarbeitslager war auf einer Wasserscheide errichtet worden, in einiger Entfernung zu den Wohnhäusern der Arbeiter und Bergleute. Es wurde Majówka genannt, nicht nach dem Monat Mai, sondern nach der Eisenerzmine, die in der Nähe betrieben wurde. Unser Lager war nicht das einzige dieser Art im Kreis; sie alle waren von Häftlingen bevölkert, Juden und Nichtjuden, die dazu bestimmt waren, die Räder der Nazi-Rüstungsindustrie in Gang zu halten. Leben und Tod fügten sich zu einem komplexen Puzzle zusammen, das nur Historiker zukünftiger Generationen richtig werden entziffern können. Oberflächlich gesehen, waren dies keine Vernichtungslager, denen der süßliche Geruch der Krematorien entströmte. Es gab keine Selektion: rechts, links – Leben oder Massengrab. Hier durfte man auch eines natürlichen Todes sterben. Und trotz der schweren Arbeit, der strengen Disziplin und der Grausamkeit der Aufseher, die eigens für diese Aufgabe in Litauen und Estland rekrutiert worden waren, war Selbsttäuschung die tägliche geistige Kost. »Laß uns so tun als ob« lautete der Name des Spiels. Laß uns so tun, als ob es hier nicht geschehen kann.

War ich blind? Sperrte ich die Wahrheit aus? Offenbar ist zeitliche Distanz nötig, um zu verstehen, daß die Fähigkeit, unerwünschte Erfahrungen abzuschütteln und die Realität zu leugnen, in der das Verhängnis gegenwärtig ist, eine Bedingung des Überlebens ist. Auch ich versuchte, das zu verdrängen, was ich seit Beginn des Krieges hatte durchmachen müssen. Jedes nagende und schmerzliche Erlebnis, das drohte, den automatischen Trieb zum Widerstand zu zerfressen, wurde eine leere Stelle auf der Schiefertafel meiner Erinnerungen. Nur das Bild meines sterbenden Vaters konnte ich nicht auslöschen; es verfolgte mich überallhin. Ein Rückstand in der Seele. Ein Stachel im Herzen.

Es war noch hell, als ich vom Stahlwerk zurückkam. Mit fünfzehn Jahren war ich der jüngste der Siemens-Martin-Schmelzofenarbeiter. Die Schmelzöfen waren so veraltet wie das ganze Werk, das Ende des letzten Jahrhunderts von einem jüdischen Finanzier namens Salomon Fränkel errichtet worden war, der an die Zukunft

10

der industriellen Revolution geglaubt hatte. In den dreißiger Jahren wurde das Werk stillgelegt, da die neuen Eigentümer es nicht für lohnend hielten, Geld in die Erneuerung der Anlagen zu investieren. Doch schon bald nach dem Einmarsch der Nazis in Polen bliesen die Eroberer den kalten Schornsteinen neues Leben ein. Sie entzündeten die Feuer in den Schmelzöfen, Lohn- und Zwangsarbeiter kratzten den Rost von den Wagen der Werkbahn und entfernten versteinerte Betonblasen von den Schienen, verjagten die Ratten, die die leeren Hallen beherrschten, und machten sich an die Arbeit. Aus Deutschland wurden moderne Ausrüstungen herangeschafft; offiziell den Hermann-Göring-Werken angegliedert, nahm die Anlage unter dem Schutz des Reichsmarschalls den Betrieb wieder auf. Erze und Alteisen wurden geschmolzen, um den Stahl zu gießen, den die Nazis so nötig brauchten wie die Luft zum Atmen. Das Werk produzierte Bombengehäuse und Rohre für Fernkampfartillerie, und die Flammen der Siemens-Martin-Schmelzöfen brannten ohne Unterlaß, vierundzwanzig Stunden am Tag. Wie gut war es doch zu glauben, daß wir, solange diese Fackel brannte und wir den Nazis nützlich waren, einen Schutzbrief gegen den Tod in unseren Taschen trügen.

Mein Vater verlor diesen Schutzbrief, als er krank wurde. Viele Monate lang hatte er mit Stahlklumpen gefüllte Karren von der Gießhalle in die Halle geschoben, in der die Qualitätskontrolle vorgenommen wurde. Die Wagen knarrten in jeder Kurve und entgleisten oft. Wenn so etwas vorkam, schlugen die deutschen Aufseher die Gefangenen mit Eisenruten und trieben sie an, die Karren wieder aufzurichten und weiterzuschieben. Jeder wog mindestens eine halbe Tonne. Selbst wenn die Aufseher keine geborenen Sadisten gewesen wären, die Verhältnisse brachten diese latente Grausamkeit ans Licht. Sie schienen von Leistung und Produktion wie besessen zu sein, vielleicht, weil sie fürchteten, daß die kleinste Verzögerung den Krieg gegen sie entscheiden könnte. Wußten sie doch, daß eine Niederlage das Ende des Nazi-Traums bedeutete, der allen Angehörigen der reinen arischen Rasse einen Volkswagen versprach.

Ich sah, wie mein Vater schwächer und schwächer wurde. Manchmal stolperte und fiel er, auch ohne daß ein Aufseher ihn geschlagen hätte. »Hör auf zu rauchen«, schimpfte ich. Ich wußte, daß er das kleine Stück Brot, das wir jeden Morgen bekamen, gegen zerdrückte Zigarettenstummel oder Reste schlechten Tabaks eintauschte. Vielleicht hatte ich bei diesen Vorwürfen gar nicht unbedingt seine Gesundheit im Sinn. Unbewußt war ich wohl böse auf ihn: Wenn er sein Brot nicht wollte, warum gab er es nicht seinem Sohn? Ich wurde verlegen, wenn er mit einem um Entschuldigung bittenden Lächeln erklärte, daß Nikotin für ihn eine lebenswichtige Droge sei, ohne die er nicht auskommen könne. Dabei waren es nicht seine nervöse Art, sich an das Rauchen zu klammern, und nicht mein Ärger, um den Genuß des Brotes gekommen zu sein, die mich verlegen machten, sondern die Tatsache, daß er es für nötig hielt, sein Tun zu erklären. Wenn ich heute versuche, diese Ereignisse zu ergründen, so scheint es mir, daß dies der Strohhalm war, der den letzten Rest seiner väterlichen Autorität zerbrach. Ich war schon lange vor seinem Tod moralisch allein. Ohne zu merken, wann und wie es geschah, hörte ich auf, Disziplin zu akzeptieren. Ich begann, den Gott des Überlebens anzubeten.

Den wahren Grund für die zunehmende Schwäche meines Vaters entdeckte ich erst, als es zu spät war.

Zu spät? Ein dummer Gedanke. Was hätte ich getan, wenn ich es vorher gewußt hätte? Es stand nicht in meiner Macht, ihn zu retten. Hätte es mich gequält? Sogar das ist nicht sicher. Ein Psychologe hätte in mir vielleicht die große Fähigkeit erkannt, Strafen zu ertragen. In den Jahren, die seit dem Ausbruch des Krieges vergangen waren, hatte sich mein Herz mit einer dicken Schicht Gefühllosigkeit umgeben. Das Leiden anderer Menschen war eine so allgemeine Erscheinung, daß jeder, der sich nicht von ihr distanzierte, Gefahr lief, von seinen Gefühlen tödlich getroffen zu werden. Die Straße zur Freiheit aus der zerstörerischen Qual war übersät mit den Leichen edler Geister.

Die Typhusepidemie traf uns mit voller Wucht, fast wie jene Epidemie, die im Mittelalter die Bevölkerung Europas dezimiert hatte. Die antisemitischen Plakate, die ich überall in der Stadt vor meiner Verhaftung gesehen hatte, hatten die Juden als Virusträger dieser Krankheit angeprangert. Nun bewies die Realität, daß die Nazi-Propagandisten recht behalten hatten. Ich weiß nicht, wann und wo mein Vater sich mit der Krankheit ansteckte. Solange er noch auf den Beinen stehen konnte, hatte er sie auch mir verschwiegen. Vielleicht wollte er glauben, daß es nur eine vorübergehende Schwäche sei und er durch seine Hartnäckigkeit, die Wahrheit zu verdrängen, das Schicksal überlisten könne. Bis seine

Beine beim morgendlichen Appell versagten. Ich versuchte, ihn zu stützen. Der Häftling an seiner rechten Seite tat so, als ob er nichts bemerke. Niemand war bereit, nutzlos Kraft zu verschwenden. In der Regel war es besser, sich von jemandem fernzuhalten, dessen Schicksal bereits besiegelt schien. Die Hand meines Vaters rutschte von meiner Schulter, sein Körper klappte zusammen. Jede weitere Täuschung war zwecklos. Still sackte er auf den Boden wie ein voller Baumwollsack. Meine spontane Reaktion war, mich zu bücken und ihn aufzuheben, aber ich tat es nicht. Ich stellte mich wieder auf und sah den Offizier an, der den Appell inspizierte. Jeder erfahrene Häftling wußte, daß man sich nicht um jemand kümmern durfte, dem nicht mehr zu helfen war. Unglück war ebenfalls ansteckend.

Der Kapo zählte die Reihen durch und blieb eine Sekunde stehen. Der deutsche Offizier, der an seiner Seite marschierte, trat zurück und brüllte: »Das hat uns gerade noch gefehlt! Bringt ihn sofort ins Krankenhaus!«

Zwei Gefangene, die dafür zuständig waren, ergriffen die schlaffen Arme meines Vaters und schleppten ihn fort. War er bewußtlos? Wußte er, was mit ihm geschah? Ich fragte nicht danach. Ich sah, wie seine Füße über den sandigen Boden schleiften und eine Spur hinterließen, zuerst klar, dann immer verschwommener. Ich wollte nicht hinschauen. Vielleicht war mir unbewußt klar, daß es mir nie gelingen würde, mich von diesem Anblick zu befreien. Ich war wie hypnotisiert, nicht fähig, meinen Blick abzuwenden, und starrte auf die Schuhe meines Vaters, die an seine Fußsohlen geklebt schienen. Der Kapo wartete kurz, bis mein Vater hinter einer Baracke verschwunden war, und teilte dann die Stehenden in zwei Arbeitsgruppen ein. Menschen brachen hier jeden Tag zusammen; niemand schenkte dieser alltäglichen Szene besondere Beachtung. Fünf Minuten später marschierte ich wie üblich in der Kolonne zum Werk im unteren Teil der Stadt.

An der Tür einer Baracke hatte man ein Schild mit der Aufschrift »Krankenhaus« angebracht. Es war eine Baracke wie alle anderen, aus Holz gebaut und mit einem Dach aus verzinktem Eisenblech. Kein Arzt, weder Jude noch Nichtjude, hatte sie je betreten. Aus irgendeinem Grund, den ich nicht verstand, wurde dieser Ort »Riviera« genannt. Das Personal bestand aus Häftlingen, die angaben, Sanitäter zu sein, um harter Arbeit zu entgehen. Es war ihre Aufgabe, die Toten an eine bestimmte Stelle in einem der hinteren Höfe zu bringen. Jeden Morgen wurden die Lebenden und Toten beim Appell genau gezählt, und erst, wenn sicher war, daß die Zahl der arbeitsfähigen Gefangenen mit der Liste im Hauptbüro übereinstimmte, gaben die SS-Offiziere die Erlaubnis, die Toten auf einen Lastwagen zu laden und sie zu einem Massengrab am Ende der Stadt zu fahren. Nie fragte ich, wo es war. Ich wollte es nicht wissen.

Ich besuchte meinen Vater meistens sofort nach unserer Rückkehr ins Lager. Die Morgenschicht dauerte bis sechs Uhr abends. Über dem Zählen der Häftlinge verging eine weitere Stunde. Nach so einem Arbeitstag war es sehr mühsam, sich den Pfad zum Lager hochzuschleppen, vorbei an den wachsamen Augen der Aufseher. Hier und dort wurde unsere Kleidung gründlich durchsucht, um etwaige Lebensmittelschmuggler zu entdecken. Diejenigen, die man erwischte, wurden sofort erschossen.

Sobald wir uns jedoch im Lager selbst befanden, waren wir wieder »frei«. Mein erster Gedanke war, mich auszuruhen und meinen bleischweren Beinen Erleichterung zu verschaffen. Würde ich allerdings erst auf meiner Pritsche liegen, dann war es fraglich, ob ich noch die Kraft aufbrächte, wieder aufzustehen und mich zum »Krankenhaus« zu schleppen. Der lange, anstrengende Arbeitstag überwältigte kräftigere Leute als mich. Die Siemens-Martin-Schmelzöfen strahlten eine ungeheure Hitze ab, 600 Grad Celsius, und jedes Mal, wenn sie geöffnet wurden, um ihren geschmolzenen Inhalt auszugießen, traf uns eine Giftgaswolke. Jahre später las ich Sartres Schauspiel *Geschlossene Gesellschaft*, in dem eine der Hauptpersonen sagt: »Die Hölle, das sind die andern.« Diese tiefe Weisheit sollte ich mir zu eigen machen. In unserer täglichen Realität aber war auch das Werk in Starachowice, das seine Opfer röstete, die Hölle. Die Hitze brannte noch auf meinen Wangen, wenn ich schon vor der Tür des Krankenhauses stand. Diese Tür war immer geschlossen. Ich legte meine Hand auf die Klinke und zögerte unwillkürlich. Nicht der Müdigkeit, sondern der Unsicherheit wegen. Diese Tür zu öffnen bedeutete, eine Kreuzung zu betreten, auf der sich Leben und Tod trafen, eine Kreuzung, die keinen Ausweg zum Selbstbetrug offen ließ.

Es dauerte einen Moment, bis sich meine Augen an die Dunkelheit gewöhnten. Die Fensterläden waren geschlossen, zugenagelt, damit es keinem einfallen sollte, die Sonne hereinzulassen. Beim

14

Schein der matten Kerze, die an einer Schnur vom Dachbalken hing, sahen die Gesichter der Kranken wie Wachspuppengesichter aus. Manche hatten noch die Kraft, nach Läusen zu suchen. Die meisten aber lagen regungslos. Der Tod zog es vor, langsam und heimlich in der Dunkelheit zu kriechen; der letzte Abschied verborgen vor den Augen der anderen.

Die Pritsche meines Vaters stand in der letzten Reihe. Ich ging an all den anderen Patienten vorbei, ohne einen Gedanken an sie zu verschwenden. Ich hatte nicht das Gefühl, ein gemeinsames Schicksal mit ihnen teilen zu müssen. Sie befanden sich im Vorraum zur nächsten Welt, ich klammerte mich an diese. Saurer Uringestank und ein starker Geruch nach Desinfektionsmitteln hingen in der Luft. Jemand streckte mir seine Hand entgegen, und ein unverständliches Krächzen kam aus seinem ausgetrockneten Hals. Vielleicht war er durstig. Vielleicht bat er mich um Wasser. Ich tat, als sähe und hörte ich nichts. Ich fürchtete mich nicht vor Ansteckung, aber ich hatte große Angst vor jeglicher Verbindung, jeglicher Identifizierung mit diesen Menschen. Als ob es in ihrer Macht stünde, mich in das Dunkel ihrer verlorenen Welt zu ziehen.

»Vater, ich bin da«, flüsterte ich.

Er reagierte nicht, doch sein Schweigen täuschte mich nicht. Ein kaum merkbares Zittern seiner fiebertrockenen Lippen sagte mir, daß er meine Stimme gehört hatte. Sein Kopf hing von der Strohmatratze, mit hervortretendem Adamsapfel und halb geöffnetem Mund. Von Zeit zu Zeit ballten sich seine Hände, vielleicht, um mir etwas zu signalisieren, das ich nicht verstand.

Ich dachte an den Mann, den ich ignoriert hatte, und fragte: »Bist du durstig, Vater?«

Weder antwortete er mir, noch gab er mir ein Zeichen. »Vater, kannst du mich hören?« Ich beugte mich über ihn, nicht, um auf seinen Herzschlag zu lauschen, sondern um vorsichtig die Läuse zu zerquetschen, die in seinen Wimpern saßen. Die meisten Häftlinge im Krankenhaus lagen leblos da, manche in eigenartigen Stellungen, als ob sie in einem epileptischen Anfall erstarrt seien. Nur die Läuse waren gesund, nur die Läuse bewegten sich. Einen Augenblick hatte ich die verrückte Idee: Was wird mit diesen Läusen geschehen, wenn der Körper, der sie verpflegt, kalt wird? Sterben sie mit ihm oder wandern sie zur nächsten Pritsche, um dort die Wärme zu suchen, die ihrem parasitären Leben eine ewige Existenz garantiert? Ich nahm jede zwischen meine Finger, eine nach der anderen, und sah sie mir genau an, bevor ich sie mit meinem Daumennagel zerquetschte. Wenn sie platzten, klang es wie der leise Knall einer Platzpatrone. Einige Minuten später, als seine Wimpern von Läusen befreit waren, berührte ich sanft seine Augenlider.

»Vater, öffne deine Augen«, bat ich ihn.

Erkannte er mich? Ich wünschte mir so sehr, daß er verstand. Was verstand? Daß ich das Gebot beachtete, meinen Vater zu ehren? Daß ich ihn zu einer Zeit, in der es ganz natürlich war, seine nächsten Verwandten aufzugeben, nicht verlassen hatte? Zum Teufel mit diesen moralischen Gedanken!

Ich sah, daß er in Stumpfsinn abgeglitten war, physisch nicht mehr litt und nicht mehr begriff, was um ihn herum vorging. Es war nur noch ein sinnloses Leben, ähnlich einer sterbenden Kerzenflamme, die kein Licht mehr gibt. Die kleinste Berührung mit dem Finger genügt, und sie erlischt. Und tief in meinem Herzen wußte ich, daß es mir nicht darum ging, daß mein Vater mich erkannte. Alles, was ich wollte, war, die Wahrheit ausschalten. Mein Vater hatte unter der ebenfalls von Läusen verseuchten Strohmatratze einen Brotlaib versteckt. Er aß nicht mehr, und ich war hungrig.

»Vater?« flüsterte ich. »Vater, du …«

Ich wollte ihn fragen, ob er etwas brauche und wußte sofort, wie absurd diese Frage war. Mein Flüstern war so leise, daß ich selbst es kaum hörte. Hoffte ich nicht insgeheim, daß er nicht antwortete? Denn wenn er mich gebeten hätte, seinem Elend ein Ende zu setzen, wie hätte ich seinem Wunsch nachkommen können? Doch genau in diesem Moment bewegte er seine Finger, um mir etwas anzudeuten. Meine Hand, die sich bereits dem Brot entgegengestreckt hatte, hing in der Luft. Ich setzte mich auf die Kante der Pritsche und wartete geduldig auf seinen Tod, um das Brot ohne Gewissensbisse an mich nehmen zu können.

Sieben Tage lang beobachtete ich die gemeinen Methoden des Todesengels. Ich sah, wie sich der Schuft des menschlichen Lebens langsam und schlau bemächtigte. Zuerst nimmt er den Wangen ihre Farbe. Dann bedeckt er die Stirn mit kaltem Schweiß, läßt die Glieder ermatten, schüttelt den Körper im Fieber und endlich lähmt er die Fähigkeit zu denken. Er ist ein Hexenmeister seiner Kunst. Ich hatte bereits mehrere Lagerjahre hinter mich gebracht und war dem plötzlichen Tod oft begegnet. Ich hatte Wilhelm

Kunde, einen Offizier der SS-Sondereinheiten, gesehen, wie er mit seinem Pistolenkolben den Schädel meiner Mutter zerschmetterte.

Es mußten mehr als zwanzig Jahre vergehen, bis es mir endlich gelang, ihn in Kiel vor Gericht zu bringen. Ich hatte gesehen, wie Nazis auf Menschen schossen, als wären sie Attrappen auf einem Schießplatz. Ich hatte gesehen, wie Kapos Häftlinge mit Keulen erschlugen oder sie mit Heugabeln erstochen. Und ich hatte verzweifelte Menschen gesehen, die in die Hochspannungsleitungen sprangen, um die ersehnte Erlösung zu finden. Der plötzliche Tod gehörte zu der Welt, die die Nazis für uns geschaffen hatten. Was als Schock begann, wurde schnell zur Routine. Das langsame Sterben meines Vaters, die intime Bekanntschaft mit dem Todeskampf des Sterbenden, barg den weit größeren Schrecken in sich.

Damals jedoch dachte ich nur an einen halben Brotlaib. Ich fürchtete, daß er verkrümeln könnte, bevor mein Vater seinen letzten Atem aushauchte. Ich hatte Angst, daß die Ratten, von denen es im Lager nur so wimmelte, ihn verschlingen würden, bevor ich es konnte. Oder daß ein Sanitäter den Schatz finden und ihn mir rauben würde. Gerade in diesem Moment kam einer von ihnen herein und befahl mir zu gehen. Die Uhr an der Wand über der Tür zeigte viertel vor acht: noch fünfzehn Minuten bis zur Ausgangssperre. Ich legte meine Hand auf die meines Vaters. »Morgen abend komme ich wieder«, versprach ich.

Er reagierte nicht. Doch meine Worte waren ohnehin an mich selbst gerichtet, als eine Art Selbstverpflichtung. Der Sanitäter schlug die Tür hinter mir zu. Draußen hasteten die Gefangenen in ihre Baracken. Die Wachen ließen die Hunde aus ihren Zwingern am Eingangstor. Jeden Abend das gleiche Bellen, kurz und abgehackt, das Bellen gesättigter, aber zur Beute bereiter Tiere. Am nächsten Tag sagte mir der Sanitäter, der am Eingang des »Krankenhauses« döste, mein Vater habe seine Seele seinem Schöpfer zurückgegeben.

»Was redest du da«, erwiderte ich. »Es gibt keine Seele und auch keinen Gott.«

Der Sanitäter zuckte gleichgültig mit den Schultern. Philosophische Betrachtungen interessierten ihn nicht. »Hau schon ab«, drängte er.

Ich bestand darauf hineinzugehen. Auf der letzten Pritsche in der letzten Reihe wartete ein anderer Typhuspatient auf seinen

Tod. Wütend verließ ich die Baracke, erzürnt darüber, daß mein Vater nicht mehr war und ich keinen halben Laib Brot bekam. Und vielleicht auch deswegen, weil an jenem Tag, an dem sie die Leiche meines Vaters in die Grube warfen, die Nabelschnur zu meiner Kindheit durchtrennt wurde. Die Welt, die es mir gestattet hatte, nicht selbst für mein Schicksal Verantwortung tragen zu müssen, war tot.

# 2

Die Freiheit von der Verantwortung hatte Farben und sie hatte auch einen Geruch. Im Hof des Hauses, in dem wir bis zum Ausbruch des Zweiten Weltkriegs lebten, standen zwei große, weit ausgreifende Fliederbüsche, einer weiß, und der andere violett. Obwohl sie im Schatten eines gewaltigen Kastanienbaumes standen, entwickelten sie sich prächtig und nahmen schließlich den größten Teil des Hofes ein. Im Mai und Juni, wenn sie in voller Blüte standen, öffnete ich oft das Fenster und schlief berauscht von dem Fliederduft ein. Fünfzig Jahre sind seither vergangen. Ich bin wieder dort gewesen. Ich sah das Haus, vom Alter gezeichnet, vernachlässigt wie ein alter Mann, für den niemand mehr sorgt. Ich sah die Fenster meines Zimmers, an rostigen und verbogenen Scharnieren halbgeöffnet in der Luft hängend. Ich sah den Stumpf des Kastanienbaumes, den jemand gefällt hatte. Die Büsche waren aus der Erde gerissen worden und verdorrt. Trotzdem ist nichts verloren gegangen: Wann immer ich das süßliche Aroma eines Fliederbusches rieche, tauchen aus der Tiefe des Vergessens verlorene Szenen aus der Vergangenheit auf.

Ich weiß nicht, warum meine Eltern sich dazu entschlossen, sich ausgerechnet in Bielsko, zu deutsch Bielitz, niederzulassen, einer Stadt im südlichen Schlesien, die vor allem von der Textilindustrie lebte. Es war eine Gegend, in der die polnische und die deutsche Kultur aufeinandertrafen, ja aufeinanderprallten.

Umweltbelastung war damals noch kein Thema, aber da die Spinnereien und Färbereien außerhalb der Vororte angesiedelt waren, kannte die Stadt auch den Fluch der Luftverschmutzung noch nicht. Bielitz lag am Fuße der Beskiden, eines Gebirges, das nicht wie die Tatra mit scharfen Granitspitzen den Himmel zerschnitt, sondern mit weichen Hängen leicht ins Tal wehte, grün im Sommer und weiß im Winter. Es war nur natürlich zu glauben, daß diese Schönheit und dieser Frieden nie Schaden nehmen würden. Dort wurde ich geboren und verbrachte den Anfang meines Lebens in einer Umgebung, die für eine glückliche Kindheit ihresgleichen sucht.

Unser Haus unterschied sich nicht von den anderen in der Nachbarschaft. Die wohlhabende Bourgeoisie des frühen zwanzigsten Jahrhunderts hatte Bielitz eine Art österreichischen Sezessionsstil beschert, reich an Dekorationen und arm an architektonischen Ideen. Die Gebäude sollten den Wohlstand der Periode zeigen, nicht ihren geistigen Inhalt. Sie waren wie die Stadt selbst, die gegen Ende des achtzehnten Jahrhunderts als Fürstentum Bielsko von Alexander Józef Sułkowski, einem Günstling des polnischen Königs August III., erworben wurde, der so der langen Liste seiner Titel eine Prinzenkrone hinzufügte. Ihre Blütezeit erreichte die Stadt jedoch später, als sie zum Zentrum der Wollindustrie wurde. Der Zustrom deutscher und jüdischer Gelder beschleunigte ihre Entwicklung, bis sie eine der reichsten Städte Polens wurde.

Die Prinzenfamilie hingegen, die der Residenz in der Provinz das mondäne Leben vorzog und ihr Kapital in Paris und in den Kurorten an der französischen Riviera verpraßte, büßte allmählich ihren Reichtum ein. Wie die meisten Adligen hatte sie Schwierigkeiten, sich der neuen, industriellen Welt anzupassen. Als die Verbindung Bielitz' zum österreichisch-ungarischen Kaiserreich schließlich gekappt wurde, blieb eine etwa zweitausend Ar große Fläche im Herzen der Stadt, grün und unkultiviert, im Besitz der Familie Sułkowski. Anfang der dreißiger Jahre verkauften die Erben das Land an eine Gruppe von Bauunternehmern. Auf dem Rasen, auf dem ich unter Aufsicht meiner deutschen Gouvernante, Hilde Baron, gespielt hatte, wurden die Fundamente für ein neues Wohnviertel ausgehoben. Bald schossen dort Häuser in die Höhe.

Vielleicht wegen des Bauhausstils oder vielleicht, weil die meisten Bewohner dieser protzigen Wohnungen wohlhabende Juden waren, wurde das neue Viertel im Volksmund »Tel Aviv-Viertel« genannt. Viele Freunde unserer Familie, die Wert auf eine repräsentative Adresse legten, zogen dort ein. Nicht so mein Vater. Er hing an dem grauen, charakterlosen Haus, in dem ich im Januar 1928 geboren wurde, im, wie man behauptete, strengsten Winter seit der Jahrhundertwende, in dem Tausende von Obdachlosen dem Frost zum Opfer gefallen waren. Als ich als Erwachsener die Berliner Nationalgalerie besuchte, fand ich heraus, daß George Grosz zu eben jener Zeit sein Bild »Die Stützen der Gesellschaft« gemalt hatte. Ich betrachtete die verzerrten und bösartigen Gesichter der kriegshetzenden Generale, der korrupten Richter und Politiker, der verlogenen Journalisten, und ein Zittern überfiel mich. Es lag etwas Prophetisches in diesem Gemälde. Damals jedoch, als ich nahe der Mutterbrust war, war meine Welt warm und geborgen.

Fast alle Zimmer unserer Wohnung im zweiten Stock gingen auf die Straße hinaus. Das Rauchzimmer mit seinen Sesseln, der Bar auf Rädern und der Bibliothek aus kaukasischem Walnußholz war den Gästen meines Vaters vorbehalten. Ich liebte es, mich hineinzuschleichen, auf einen Stuhl zu klettern und in den Büchern des obersten Regals zu blättern. Jeder der Einbände war abgenutzt, ein Zeichen, daß sie nicht nur zur Dekoration dort standen. Das Schlafzimmer meiner Eltern mit seinen aus Rosenholz geschnitzten Möbeln war das hellste der Wohnung. Ein Teppich, von einem Heimweber handgewebt, fiel vom Sofa auf den blankpolierten Parkettboden und strahlte eine intime Wärme aus. Ganz anders dagegen war die Atmosphäre im düsteren Wohnzimmer, das sich durch dicke Brokatvorhänge gegen die Sonne schützte. Sogar den kleinen Perserteppichen, die meine Mutter so gern sammelte und ohne die sie nicht gewillt war, dem Nazi-Terror zu entfliehen, gelang es nicht, die Steifheit des Zimmers zu mildern, das der Stolz meiner Eltern war und Symbol ihres gesellschaftlichen Standes. Manchmal fragte ich mich, wie sich wohl die Rosenthal-Porzellanballerinen fühlten, die hinter der Glastür der Eckvitrine ihren ewigen Tanz vollführten. An einer Wand stand ein riesiges Mahagonibuffett, dessen Fächer von Tischdecken aus Damaszener Seide, auserlesenem Porzellan und solidem Wiener Silber überquollen. Den Sarg nannte ich es insgeheim.

In der Mitte des Zimmers stand wie ein schwarzer Pilz ein Tisch, an dem ein Dutzend Leute Platz fanden. Mindestens einmal im Monat kamen die wichtigsten Kunden meines Vaters zu einem Dinner zu uns, und auch ich durfte in Jackett und Krawatte bis neun Uhr abends neben diesen Würdenträgern sitzen. Hauptsächlich, um meiner Mutter die Gelegenheit zu geben, die guten Tischmanieren, die sie mir beigebracht hatte, meine europäische Erziehung, meine Kenntnisse in Literatur und Tagesgeschehen vorzuführen. Manchmal allerdings schaffte ich es nicht, den kleinen Dämon in mir zu zügeln, und ärgerte meine Eltern, indem ich ein verwöhntes Balg spielte. Dann sah mein Vater mich böse an und griff nach der Klingel, die wie ein Märchenzwerg aussah und an einer Kordel von einer antiken Alabasterlampe hing. Mein Vater drückte auf den Kopf des artigen Zwergs, und Paula, das Mädchen, erschien prompt aus der Küche.

»Bring ihn auf sein Zimmer«, sagte er mit strengem Gesicht. Paula streckte mir die Hand entgegen, und ich folgte ihr. Äußerlich wie ein gescholtenes Kind, innerlich jedoch in boshafter Freude.

Die duftende Szenerie der Hinterfenster indes gehörte allein Paula und mir. Paula schlief in einem kleinen Schlafraum hinter dem Badezimmer. Sie war eine große Frau, alterslos, mit einem breiten Gesäß und solide wie eine Mayo-Statue, vom Schlage jener deutschen Bauern, die schon seit unzähligen Generationen die schlesischen Dörfer bewohnten. Für mich war sie die Stütze, an der unser Familienleben schon gelehnt hatte, lange bevor ich das Licht der Welt erblickte. Sie blieb zurück, als die Stürme des Krieges uns von dort hinwegfegten. Ich sehe ihre stille Figur noch in der Haustür, der Pforte zu unserem Exodus, stehen, und höre sie sagen, sie werde auf uns warten und sollte es ein Jahr dauern. Mein Vater lachte, winkte ihr zu und versprach, vor dem Herbst zurück zu sein.

Als ich geboren wurde, gab mein Vater sein Arbeitszimmer auf und bezog ein Büro im Geschäftsviertel der Stadt. Er wurde sehr erfolgreich. Die Stadt erlebte gerade einen Aufschwung, und die sich entwickelnde Industrie brauchte Rechtsanwälte, die etwas von Genossenschafts- und Bankgesetzen verstanden. Das Büro expandierte, mein Vater beschäftigte mehrere Anwaltsgehilfen, und ähnlich wie bei uns zu Hause gab es auch hier eine unabkömmliche Angestellte – Fräulein Mila. Fräulein Mila empfing die Kunden und führte sie in das Wartezimmer. In ihren wenigen freien Momenten rollte sie mit einer Spezialvorrichtung die achtzig türkischen Zigaretten, die mein Vater täglich rauchte.

Die einfachen Kunden wurden von den Anwaltsgehilfen betreut. Nur die ganz wichtigen wurden in das Privatbüro meines Vaters gebeten und durften in den alten Ledersesseln Platz nehmen. Das Alter spielte dabei eine wesentliche Rolle, weil es Solidität, Kontinuität und Seriosität bewies. Ich selbst mochte das Büro nicht, vielleicht weil ich spürte, daß mein Vater hier weder die Zeit noch die Geduld hatte, sich mit mir zu beschäftigen. Die acht venezianischen Fenster in diesem Heiligtum waren immer bis zur Hälfte von Rolläden verdeckt, und das Halbdunkel verlieh dem Zimmer einen gewissen mystischen Zauber – besonders dann, wenn mein Vater und seine Kunden im grünen Licht der Tischlampen rauchend und flüsternd die Dokumente durchsahen, die aus dem Safe geholt worden waren. Der Safe selbst, ein Stahlschrank von enormen Dimensionen, war ebenfalls sehr alt.

Die Vorliebe meines Vaters für Dinge, die uns in die Vergangenheit zogen, war mir fremd. Mich zog es zu neuen, hellen und bunten Sachen. Das Violett des Flieders war meine Farbe. Das ehemalige Arbeitszimmer jedoch, das meine Eltern für mich freigemacht hatten und das sogar sie nicht Kinderzimmer nannten, war nicht gerade dazu angetan, eine fröhliche Atmosphäre zu schaffen. Zu dem Schreibtisch, der in meiner Phantasie wie ein großes Schiff aus der düsteren Ecke in die Mitte des Zimmers zu gleiten schien, und der Bibliothek aus schwarzer Eiche, einer Kreuzung zwischen Biedermeier und Art nouveau, war lediglich ein weißes Bett hinzugekommen. Auf den Regalen, die vorher Akten und juristische Bücher beherbergt hatten, standen jetzt meine Zinnsoldaten. Bis ich elf Jahre alt war, liebte ich Kriege. Mitleid mit den Opfern kannte ich nicht. Im Spielzeugladen gab es unzählige neue Truppen, die rekrutiert werden konnten.

Meine Mutter suchte in mir nicht nur europäische Umgangsformen zu entdecken, sondern auch musikalische Talente. Als Frau von Welt hielt sie es für undenkbar, daß ein jüdischer Junge aus gutem Hause nicht Klavierspielen sollte. Meine Bitten und Beteuerungen, daß ich kein musikalisches Gehör besäße und diesen biologischen Defekt wahrscheinlich von ihr geerbt hätte, halfen mir überhaupt nicht. »Wo ein Wille ist, ist auch ein Weg«, behauptete sie fest, und zu meinem siebenten Geburtstag bekam ich ein Klavier. Nun stand es da in meinem Zimmer: schwarz und mit gestutzten Flügeln, gleich einem bösen Tier, daß seine Tastenzähne fletschte und mir drohte, mir meine Zeit zum Spielen zu rauben. Zu meinem Glück verkündete Frau Mozart, wie ich meine Lehrerin nannte, daß ich unfähig sei, zwischen B-Dur und F-Moll zu unterscheiden, und die Tortur hatte ein Ende. Das Klavier wurde dem Maccabi Sportverein gespendet, wo meine Klassenkameraden und ich zweimal wöchentlich freudig auf ihm herumtobten.

Ich war noch keine sieben Jahre alt, als Hilde Baron, die jeder »das Kindermädchen« nannte, als ob sie keinen Familiennamen hätte, entlassen wurde. 1934 meldeten meine Eltern mich in der Grundschule an, die von der örtlichen jüdischen Gemeinde eingerichtet worden war. Bis dahin wußte ich nichts über diese Gemeinde, obwohl sie eine lebhafte Tätigkeit entfaltete und auf das Leben in Bielitz keinen geringen Einfluß nahm. Jahrelang wurde sie von Vertretern der zionistischen Parteien beherrscht. Doch für mich war Zionismus lediglich ein abstraktes Konzept, das nichts mit unserem täglichen Leben zu tun hatte. Erst nach dem Zweiten Weltkrieg hörte ich von dem Kulturkampf zwischen Zionisten und religiösen Juden, der sich unter anderem auch um die Gestaltung der großen Synagoge drehte – unsere besaß beides, eine Frauenempore und eine Orgel. Mindestens zehn Jahre zu spät fand ich zu meinem Erstaunen heraus, daß ich sehr fromme Nachbarn gehabt hatte. Die meisten der religiösen Juden wohnten allerdings in Biala, am Südufer des Flusses Bialka, der die Stadt durchschnitt. Es war ein freiwilliges Ghetto, eine unnahbare Welt, westlich erzogenen Kinder versperrt, ein Lager, zu dem der Zutritt verboten war. Meinen ersten Juden mit Kaftan, Bart und Schläfenlocken sah ich erst viel später, als wir auf der Flucht in den östlichen Teil des Landes waren, in Provinzen, die ein Stadtkind wie ich nur aus den Geschichten Scholem Alejchems kannte. Ich hatte keine Ahnung, daß unser Vermieter, ein Nachkomme der ehrwürdigen Rappaport Dynastie war. Die Familie Rappaport hatte in Lodz viele Strickfabriken besessen, bis sie von der russischen Obrigkeit aus der Stadt vertrieben wurde und sich 1880 in Biala ansiedelte. Eine natürliche Wahl, da sich in dieser Gegend eine weitverzweigte Textilindustrie entwickelte. Die Rappaports heirateten Frauen aus bekannten Rabbinerfamilien, sie wurden reich und erwarben Grundbesitz, ohne ihre Bindung zur Thora zu lösen. Und obwohl all dies bekannt war, bekam ich nie auch nur die Gelegenheit, davon zu hören. Uns trennte nicht nur der Fluß. Uns schied eine kulturelle Mauer, die so hoch war, daß ich noch nicht einmal einen Blick auf die andere Seite hätte werfen können, wenn ich die Leiter der Neugierde erklommen hätte.

Die Schule wurde von etwa fünfhundert Kindern aus wohlhabenden Familien besucht. Mein Vater weigerte sich, mich in eine öffentliche Schule zu schicken, wahrscheinlich um zu verhindern, daß ich mit polnischen und deutschen Kindern meines Alters verkehrte. Unser Institut nannte sich die Hebräische Kraszewski Elementarschule. Kraszewski war einer der Intellektuellen im neunzehnten Jahrhundert gewesen, die an eine polnisch-deutsche Bruderschaft geglaubt hatten. Als Redakteur der *Gazeta Codzienna*, einer Tageszeitung, die von einem jüdischen Finanzier, Leopold Kronberg, herausgegeben wurde, hatte er sogar versucht, seine Ansichten Wirklichkeit werden zu lassen. Für ein Erziehungsinstitut, das den Namen eines polnischen Autors, Journalisten und Historikers trug, geziemte es sich natürlich, in polnischer Sprache zu unterrichten. Ab der vierten Klasse bekamen wir außerdem Bibelunterricht und lernten etwas Hebräisch, ein kleiner Tribut, den die jüdische Intelligenz den traditionellen Werten zollte. Mein Vater suchte den goldenen Mittelweg zwischen zwei oder vielleicht sogar drei Welten: zwischen der polnischen, der deutschen und der jüdischen Kultur. In dieser Hinsicht unterschied er sich nicht von seiner Umgebung, die zwischen ihrem Judentum und ihrer Bindung an die lokalen und pan-europäischen Wertesysteme keinen Widerspruch sah. Von Kindheit an gewöhnt er mich daran, das Beste ihrer jeweiligen Früchte zu genießen. Mit zehn Jahren las ich jüdische und polnische Literatur. Ich las Emil Ludwigs Biographien über Bismarck und Napoleon, bevor ich die Abenteuergeschichten von Karl May in die Hand nahm. Und ich kannte Arnold Zweigs *Sergeant Grischa*, lange bevor »der große Krieg der weißen Rasse« für mich Wirklichkeit wurde.

Habe ich schon von meinen Reitstunden erzählt? Lieber Gott, wie ich meines Vaters Vorliebe für die Reiterei haßte, vor allem dann, wenn ich aus dem Sattel fiel! Zweimal die Woche mußte ich die Nostalgie meines Vaters, der in Józef Piłsudskis Legion gedient hatte, zufriedenstellen und Pferde reiten, die mir wie bockige, wilde Tiere vorkamen. In Wahrheit waren sie sicher guttrainiert, von den langweiligen Routineübungen erschöpft. Geleitet wurde die Reitschule von einem ehemaligen polnischen Offizier, der seiner Arbeit voller Ehrfurcht nachging. Am Stalleingang hing ein Portrait des verstorbenen Marschalls: In einer blauen Uniform saß er auf einem Pferd, den Blick nach oben gerichtet. Der Inhaber der Ställe salutierte jedes Mal, wenn er an dem Bild vorbeiging. Das allein genügte schon, den Respekt meines Vaters zu gewinnen, der selbst sein ganzes Leben lang Piłsudski, den Vater der polnischen Freiheit, verehrte. Als der alte Marschall im Mai 1935 starb, herrschte in unserem Haus große Trauer. Sein Sarg wurde in einem Sonderzug von Warschau nach Krakau gebracht, in die ehemalige Hauptstadt Polens, in der die meisten seiner Monarchen begraben liegen. Mein Vater mietete einen Balkon in einem hohen Gebäude entlang der Strecke, die die Trauerprozession nehmen mußte, so daß wir Piłsudskis letzten Weg zum Friedhof der Kathedrale des

Wawel-Schlosses beobachten konnten. Ich wußte nichts von dem Sturm, der in den Kreisen der Nobilität ausbrach, als entschieden wurde, Piłsudski neben den Königen Polens beizusetzen, und ich hatte keine Ahnung von den Kämpfen, die im Warschauer Schloß Belvedere um sein Vermächtnis ausgetragen wurden. Mein Vater sprach nie darüber, obwohl er von diesen Dingen Kenntnis gehabt haben muß. Nie ließ er mich an seinen Sorgen teilhaben, nicht als die bürgerlichen Rechte nach und nach widerrufen wurden, und auch nicht, als die neue Administration nichts unternahm, um die Flutwellen des Antisemitismus einzudämmen. Ich lebte wie in einem Naturschutzgebiet. In meiner kleinen Welt machten sich die politischen Veränderungen nur dadurch bemerkbar, daß nun Portraits des neuen militärischen Führers an den Wänden unserer Klassenzimmer hingen, des Mannes, der Hitlers territoriale Forderungen mit den Worten: »Nicht einen einzigen Knopf werden wir zurückgeben« schroff zurückgewiesen hatte. Hitler hatte damals Zugang vom Reich nach Danzig auf dem Landweg verlangt. Die grobe Parole sollte das polnische Volk bis zu seiner Niederlage im September 1939 begleiten.

Mein Vater sprach fließend Polnisch, und er bestand darauf, daß ich neben der deutschen Literatur auch die besten der polnischen Klassiker lesen sollte. All das hinderte ihn jedoch nicht, von den zionistischen Ideen Zeev Jabotinskys begeistert zu sein. Trotzdem: Meine Zukunft sah er nicht in der hebräischen Armee im Lande Israel, sondern auf einem britischen College, wo man – für eine angemessene Summe – aus einem jüdischen Jungen aus Osteuropa einen Gentleman mit englischen Manieren machen würde.

Manchmal amüsiert es mich, mir imaginäre Szenen im Stil des »was wäre, wenn« auszumalen. Was wäre geschehen, wenn alles nach den Wünschen meiner Eltern abgelaufen wäre? Es ist anzunehmen, daß ich heute ein konservativer Mann wäre, dem Leben verhaftet, das meine Eltern mir vererbt hätten, wählerisch und das Gewöhnliche verabscheuend, verheiratet mit einer Frau aus guter Familie, die meine Existenz mit einer anschaulichen Mitgift ausgepolstert und mich in totale Monotonie gehüllt hätte. Diese Vorstellung löst in mir nicht gerade übermäßige Zuneigung zu meinem anderen Ich aus. Sollte ich froh darüber sein, daß ich anders wurde, mich mit der Tatsache abfinden, daß der Holocaust einen großen Einfluß auf die Prägung meines Charakters hatte und mich heute dazu bringt, meine nie verheilten Narben bloßzulegen? Vielleicht sollte man diese Frage nie aufwerfen, aber nun, da sie gestellt ist, ist die Antwort ein entschiedenes Ja.

Von frühester Kindheit an wurde mir klargemacht, daß ich die beste Erziehung und Ausbildung erhalten würde, die für Geld zu haben sei, und daß ich gleich nach meiner Bar-Mizwa nach England in ein Internat für Sprößlinge aus guten Familien geschickt werden würde. Wann diese Idee geboren wurde und warum meine Eltern London Wien vorzogen, erfuhr ich allerdings nie. Auf jeden Fall wurde alles von langer Hand vorbereitet, schon mit sechs Jahren mußte ich Englisch lernen. Ich begann, englische Grammatik zu hassen, noch bevor ich überhaupt wußte, was wirklicher Haß bedeutet. Wenn ich überhaupt etwas Englisch lernte, so war es meinem Privatlehrer zuzuschreiben. Herr Rosenstein – ich werde nie begreifen, wie ein Mann wie er sich so der englischen Kultur verschreiben konnte – war ein in Boczacz geborener Jude und ein großer Verehrer der hebräischen Autors Schmuel Josef Agnon, der ebenfalls aus Boczacz stammte. Manchmal, wenn ich die Stunden satt hatte, las er mir Kapitel der deutschen Übersetzung von *Hachnasat Kalla* (Brautnuptial) vor. Wir schwiegen darüber, schließlich zahlte mein Vater nicht gutes Geld, zwei Złoty die Stunde, damit ich Herrn Rosensteins wertvolle Zeit an das Studium der Literatur Schai Agnons verschwendete.

Wenn ich mich nicht irre, war ich zehn Jahre alt, als Zeev Jabotinsky in Bielitz auftauchte und eine feurige Rede über den Plan »Rückkehr ins Heimatland«* hielt, die das Herz meines Vaters im Sturm eroberte. Vielleicht schickte man mich deshalb in den nächsten Schulferien in das Lager der Betarbewegung in dem bezaubernden Kurstädtchen Szczyrk. Es lag am Fuße des Klimczok, eines der schönsten Berge der Gegend, dessen Schönheit von seinen Bewohnern in zahlreichen Liedern besungen wurde.

Im Sommer 1980 fuhr ich wieder dorthin, um festzustellen, ob die Pension »Goplana«, in der ich meine ersten sexuellen Erfahrungen gemacht hatte, noch stand. Wir fanden eine Holzvilla vor,

---

* Ein Plan, nach dem 1,5 Millionen osteuropäischer Juden innerhalb von zehn Jahren in das Land Israel gebracht werden sollten. Die jüdischen Gemeinden lehnten ihn ab; sie fürchteten, er werde die antisemitische Behauptung rechtfertigen, Juden seien Fremdlinge im eigenen Land. Die polnische Regierung befürwortete die Idee und schlug sogar vor, ihre Delegierten im Völkerbund tätig werden zu lassen, um die Engländer zu zwingen, denen, die nach Palästina auswandern wollten, die Einreise zu erlauben.

deren eigenartig dekorierte Türme wie Türmchen einer exotischen Moschee in den Himmel stachen.

Im Erdgeschoß, in der Halle, wo man uns die Grundsätze der Ideen Jabotinkys eingepaukt hatte, war eine Kneipe eröffnet worden, die Spirituosen auch an jene Kunden ausschenkte, die noch nicht das gesetzlich vorgeschriebene Alter von achtzehn Jahren erreicht hatten.

Goplana wird, dank der intimen Bekanntschaft mit Rita, der zehnjährigen Tochter eines Parfümeriebesitzers aus Sedschütz, unauslöschlich in mein Gedächtnis gemeißelt bleiben. Rita hatte mich in das dichte Gebüsch am Ufer eines nahen Flusses gezogen und mir dort, ganz ohne Scham, den Unterschied zwischen männlich und weiblich gezeigt. »Ich fasse dich an, und du faßt mich an«, sagte sie. Ich traute mich nicht. Aber es waren diese Worte, die in meinen Ohren hallten, und das Bild ihrer kleinen Figur, das geblümte Kleid bis zur Taille erhoben und mit einem boshaften Glanz in ihren Augen, das vor mir stand, als ich zum ersten Mal in meinem Leben masturbierte. Nach dem Krieg suchte ich lange nach ihr, in der Hoffnung, unser Kinderspiel als Erwachsene wiederaufnehmen zu können, aber die kleine Rita war irgendwo unter den Ruinen des Lebens begraben, das hinter uns lag.

Doch zurück zum »Kinderzimmer«. Ich machte meine Schulaufgaben meistens auf dem Oberdeck des Schreibtischs. Ich glaube, wir segelten nicht weit – der Schreibtisch nicht, weil er zu schwer war, und ich nicht, weil ich das Lernen so geringschätzte. Ich denke, ich muß einer dieser unausstehlichen Schüler gewesen sein, denen alles leicht fällt, und die sich darum einbilden, hundert Mal mehr als die Lehrer zu wissen. Wichtiger als dies jedoch war die Tatsache, daß sich unter der Schreibtischplatte tiefe Fächer und verschlossene Schubladen befanden, die meine Neugierde weckten. Ich zögerte und hatte auch ein wenig Angst, doch zuletzt siegte die Versuchung; ich brach die Schlösser auf und entdeckte in den Ecken des alten Schreibtisches gebündelte Liebesbriefe, die mein Vater meiner Mutter geschrieben hatte, als er noch Kavallerieoffizier war, erst im Artilleriekorps Seiner Kaiserlichen Majestät Franz Josefs I., dann in den Legionen Marschall Pilsudskis. Neben den Briefen meines Vaters fand ich auch die meiner Mutter. Die blauen und rosa Umschläge waren musterhaft in chronologischer Reihenfolge geordnet, jedes Bündel mit einem weißen Seidenband umwickelt.

Ohne zu zögern und ohne Rücksicht auf ihr Privatleben riß ich die Briefmarken von den Umschlägen und sortierte sie in ein Album, das eine meiner Tanten mir geschenkt hatte.

Es dauerte zwei Jahre, bis ich den nächsten Schritt unternahm und begann, den Inhalt der Briefe zu entziffern. Meine Mutter hatte eine klare, runde Handschrift. Mein Vater hingegen ließ seine gotischen Buchstaben strammstehen, in wunderbar geraden Linien, ähnlich meinen Zinnsoldaten auf der Parade, die ich jeden Morgen für sie abhielt. Mit grenzenlosem Staunen vertiefte ich mich in die Lektüre. Die Worte widersprachen nicht nur der gewohnten Form, in der mein Vater seine Briefe abfaßte, sondern auch seinem Charakter, so wie ich ihn kannte. Ich begriff nicht, wie der ernsteste Mann der Welt solchen Blödsinn von Sehnsucht, ungezügeltem Verlangen nach dem Körper meiner Mutter und von Träumen von einem gemeinsamen Leben hervorbringen konnte. Und es war mir ein Rätsel, wie meine Mutter, die so mit sich und der Pflege ihres Körpers beschäftigt war, eine so endlose Bereitschaft zur Hingabe zur Schau stellen konnte. Ich hatte Polnisch und Deutsch gelernt, sogar Englisch gegen meinen Willen, doch für die Sprache der Liebe war ich offenbar noch zu klein.

Die Photographie meines Vaters steht heute in einem Messingrahmen auf meinem Schreibtisch. Sein Gesicht ist streng, zumindest scheint es mir so, seine Stirn hoch, sein Haar dünn, sein Schnurrbart kurz geschnitten, und er schaut mich direkt an. Nein, nein, Vater, droh' mir nicht. Heute kann mich dein durchdringender Blick nicht mehr in die Schranken weisen. Ich habe keine Angst mehr vor den Blicken der Toten. Du wolltest immer nur Ordnung, Disziplin und Routine, aber all das gehört der Vergangenheit an, aus deren Schichten ich meine Geschichte konstruiere. Wüßtest Du, was ich jetzt schreiben will, würdest Du ins Badezimmer gehen, den Riemen zum Schärfen der Rasiermesser holen, der immer ordentlich aufgehängt war, und mir, wie es deine Art war, den Hintern versohlen. Aber heute nehme ich dich beim Wort: Wenn es keinen Gott gibt, ist alles erlaubt, hast Du einmal gesagt.

Es fällt mir schwer, mir seine eindrucksvolle Gestalt in Erinnerung zu rufen. Hätte ich nicht die Photographien, könnte ich mir sein Gesicht kaum noch vorstellen. Es ist, als ob seine Gesichtszüge mit der Zeit verschwunden wären. Ich erinnere mich jedoch an seine schwere Hand, die ich immer dann zu spüren bekam, wenn ich gegen die Regeln des guten Benehmens verstieß. Mein Vater glaubte an die erstklassige erzieherische Wirkung des Riemens, und so komisch es klingen mag, ich akzeptierte diese Art von körperlicher Züchtigung als einen Teil seiner väterlichen Liebe. Sie bezog sich auf mich und mein Handeln. Ich wurde nie ungerecht bestraft, aber auch Weinen und Betteln half nie. Den Ausdruck »vergeben« gab es nicht im Wörterbuch meines Vaters. Ich glaube, er handelte nach dem Prinzip der Vergeltung, das besagt, daß die Strafe exakt der Schwere des Vergehens entsprechen soll. Ich bin sicher, daß seine Methoden – die heute bestimmt jeden Pädagogen schockieren würden – mir damals schon halfen, das Prinzip moralischer Vergeltung zu akzeptieren, und daß dieses Kapitel meiner Kindheit in mir einen Gerechtigkeitssinn entwickelte, den sogar das Regime der Nazi-Konzentrationslager nicht zerstören konnte.

Sonntags, wenn die Büros und Fabriken Pause machten und die ewige Paula in die protestantische Kirche ging, um dem Heiligen Geist ihre geheimen Bitten vorzutragen, blieben meine Eltern meist bis neun Uhr im Bett. Mir wurde dann erlaubt, unter die Bettdecke zu kriechen und im Arm meines Vaters zu liegen, ja, ich durfte sogar auf seiner behaarten Brust reiten. Es waren seltene Momente direkter Berührung, und jene kurzen Augenblicke der Zärtlichkeit machten mich sehr glücklich. Man könnte sagen, daß ich nicht viel brauchte, um glücklich zu sein, doch es hängt alles von dem ab, was man erwartet. Die teuren Spielsachen, die er mir kaufte, die hübsche Kleidung oder das Taschengeld, das ich bekam – all das sah ich nicht als Ausdruck seiner Liebe an. Sie waren Teil der Realität, in der ich lebte. Ihre Verweigerung war eine Strafe. Ihr Vorhandensein eine Selbstverständlichkeit.

Wenn das Wetter schön war, durfte ich an solchen Sonntagen meinen Vater auf seinen langen Spaziergängen in die Natur begleiten. Meine Mutter faulenzte lieber im Bett, aber mein Vater glaubte an das »einfache Leben«. Nach dem Frühstück fuhren wir mit der Staßenbahn bis zur letzten Haltestelle am Zigeunerwald. Von dort stiegen wir den schmalen Pfad zur Jägerhütte und zum Restaurant »Rodelhütte« hinauf, wo sich mein Vater in einem Seitenzimmer mit seinen Freunden traf, um einige Partien Bridge zu spielen.

Bis zum Restaurant brauchten wir ungefähr vierzig Minuten, und der gemeinsame Gang gab mir Gelegenheit, mich mit ihm zu unterhalten. Hörte er mir zu? Interessierten ihn meine Probleme? Ich weiß es nicht. Einmal sagte er zu mir: »In deinem Alter muß man lernen, seine Impulse zu beherrschen.« Ich war damals in der vierten Klasse und in ein dünnes, lächelndes Mädchen namens Lilly Carter verliebt. Meine tiefen Gefühle für sie mögen von der Tatsache beeinflußt gewesen sein, daß ihre Eltern ein Fahrradgeschäft hatten und ich vom Pferderücken auf zwei Räder überwechseln wollte. Es war eine reine, platonische Liebe, und um ihr einen greifbaren Ausdruck zu geben, schnitt ich meinem Schatz mit einer Schere die Zöpfe ab. Dies war keine spontane Tat, entsprungen einer plötzlichen Regung. Ich hatte die Schere von zu Hause mitgenommen und unten in meinem Ranzen versteckt. Lilly saß auf der Bank vor mir, und als sie sich zurücklehnte, um aufmerksam dem Lehrer zuzuhören, schwang ich mit der Entschiedenheit und dem Mut eines entschlossenen Mannes mein tödliches Instrument. Dicke Zöpfe abzuschneiden ist jedoch gar nicht so leicht, und ich tat ihr offensichtlich sehr, sehr weh. Lilly brach in Tränen aus. Meine boshafte Tat wurde öffentlich angeprangert, und die Klassenlehrerin schickte mich für drei Tage nach Hause. Die aufgezwungenen Ferien hätten mich nicht gestört, wenn nicht der Riemen meines Vater mir für eine Woche das Sitzen erschwert hätte. Als wir zum Hügel hinaufgingen, versuchte ich meinem Vater meine Motive zu erklären, den Sturm der Gefühle, der in meinem Herzen getobt und für den ich ein Ventil gebraucht hatte. Doch unkontrollierte Handlungen waren meinem Vater fremd, und das mir so wichtige Gespräch endete mit strengen Bemerkungen über meine Pflicht, meine Gefühle zu beherrschen.

Manchmal fragte ich mich, ob er jemals bei einem Streich erwischt worden war. Kann eine Kindheit ohne befreiende Ausbrüche, ohne die schöpferische Kraft, die die Schranken der Konvention mitunter überschreitet, überhaupt glücklich sein? Ich wußte nichts von seiner Kindheit. Es kam ihm nie in den Sinn, mir von seinem Elternhaus, dem Bauernhof, auf dem er geboren war, oder der Schule, die er besucht hatte, zu erzählen. Unsere Bindung hatte keine Wurzeln in der Vergangenheit, und als er starb, blieb nichts davon übrig. Ich kann mir kaum vorstellen, daß mein Vater je ein faules Ei in einen Süßigkeitsladen geschleudert hat, so wie wir es bei Herrn Hahn, dem Eigentümer des Delikatessengeschäftes in Bielitz, zu tun pflegten.

Sein Laden befand sich an der Hauptstraße, der Straße des Dritten Mai, benannt nach dem Tag, an dem die polnische Verfassung in Kraft getreten ist, und es war eines der besten Geschäfte der

Stadt. Auf seinem Ladenschild prangte ein Hahn. Wenn wir von der Schule nach Hause kamen, versteckten wir zunächst unsere Ranzen in einem Treppenhaus in der Nachbarschaft, um nachher schneller fliehen zu können. Dann gingen zwei oder drei von uns in Herrn Hahns Laden, betrachteten mit Kennermiene die ausgelegten Süßigkeiten und warteten auf den Moment, in dem unser Kamerad Erik, der Meisterschütze der Klasse, von außen ein Ei an eine der Innenwände des Ladens schmettern würde. Ein Ei, das wir solange eingegraben hatten, bis es unerträglich stank. Herr Hahn, ein kleiner, dicklicher und kahlköpfiger Deutscher, stürmte aus dem Geschäft, um den »kleinen Banditen« zu schnappen. Bis er schimpfend und atemlos zurückkam, hatten wir unsere Taschen längst mit Süßigkeiten gefüllt und uns aus dem Staub gemacht.

Eriks Mutter habe ich nie gesehen. Sie hatte sich das Leben genommen, als er noch ein kleines Kind war. Wir wußten nicht, warum sie Selbstmord begangen hatte; was wir allerdings genau wußten, war, daß sein Vater ein intimes Verhältnis mit Eriks Gouvernante hatte. Sie war wie Hilde Baron Deutsche. Später half sie der ganzen Familie, sich vor der Verfolgung durch die Nazis zu retten.

Eriks Vater betrieb weitverzweigte Geschäfte in Polen und im Ausland. Er war im internationalen Handel tätig, erwarb mehrere Spirituosenfabriken und war außerdem Teilhaber eines schäbigen Kinos im Südteil Bielitz', wo, wie er es beschrieb, »Filme für Hausmädchen und ihre Freunde von der Feuerwehr« gezeigt wurden. Erik schaffte es immer, Freikarten zu bekommen, und mindestens einmal in der Woche gingen wir hin, nicht unbedingt, um drittklassige Hollywood-Produktionen zu sehen, sondern um mit einer Neugier, die uns das Blut in die Wangen trieb, die Paare in den letzten Reihen zu beobachten, die sich küßten und miteinander schmusten.

Ich glaube nicht, daß mein Vater auch nur im Traum daran gedacht hätte, Sünden wie diese zu begehen. Nie sah ich ihn meine Mutter küssen oder umarmen. Ich glaube, daß er bereits als Foetus fähig war, seine Triebe zu unterdrücken. Sein Tagesprogramm war genau eingeteilt, und er bestimmte das Tempo. Paula wußte, daß sie exakt um 7.30 Uhr das Frühstück servieren mußte. Immer den gleichen Milchkaffee, immer im gleichen Glas, und immer das gleiche Gebäck dazu: ein knuspriges Brötchen, die braune Oberseite in vier Teile geteilt. Kaiserbrötchen wurden sie genannt. Vielleicht mochte der alte Franz Josef sie besonders gern zu seinem Frühstück in Schloß Schönbrunn in Wien. Alles, was aus Wien kam, galt in Bielitz als hochmodern, ganz gleich, wieviele Jahre seitdem vergangen sein mochten.

Unser Frühstück aßen wir stets zusammen. Mein Vater tunkte immer das Ende seines Brötchens in den Kaffee, bevor er mit offensichtlichem Genuß hineinbiß. Eine Angewohnheit, die meine Mutter höchst unpassend fand, da sie gegen die Tischmanieren der guten Gesellschaft verstieß. Sie begnügte sich mit etwas trockenem Zwieback und einem Glas Milch. Ich mußte ein Getränk trinken, das man Ovomaltine nannte. Es schmeckte wie Kakao, war aber doppelt so teuer, der Vitamine wegen, die jedes Kind vor »Krankheit und Schwäche« schützen sollten. Ich tröstete mich mit dem Gedanken, daß andere Kinder Lebertran trinken mußten.

Um fünf vor acht ging mein Vater aus dem Haus, nicht ohne vorher eine Zehnzłotymünze als Haushaltsgeld für den Tag auf den Nachttisch des Schlafzimmers zu legen. Das vergaß er nie. Damals waren diese Münzen noch aus reinem Silber, mit einer Abbildung Marschall Piłsudskis auf der einen Seite, wenn ich mich nicht irre, und dem polnischen Adler auf der anderen. Punkt zwei kam er zum Mittagessen zurück, und nachdem wir alle gegessen hatten, schloß er sich zu einem Schlummerstündchen ein. Während dieser Zeit durften noch nicht einmal die Fliegen summen. Um vier Uhr ging er wieder in sein Büro, um sieben in den Bridgeklub, um neun kehrte er zum Abendessen heim – und so weiter. Seine Anzüge ließ er immer bei dem gleichen Schneider anfertigen, seine Ferien verbrachte er in immer dem gleichen Hotel im Kurort Krynica, zu deutsch Tannenhof, mit immer den gleichen Leuten, die der gleichen gesellschaftlichen Schicht angehörten wie er. Dieses Gleichmaß des Lebens, das aus der heutigen Sicht langweilig und phantasielos erscheint, gab uns damals eine gewisse Stabilität. Alles schien so ewig wie die Bahn der Erde um die Sonne. Der Himmel über Europa war längst bewölkt, es stürmte und donnerte am Horizont, aber wir sahen nur die Sterne. Meine Eltern konnten die Zeichen an der Wand nicht deuten.

Ich weiß: Es ist leicht, im nachhinein gescheit zu sein. Klügere Leute als wir irrten sich. Im Büro des Reichsführers in Berlin hatte man *Mein Kampf* in die Sprache der Befehle und Kampfrichtlinien übersetzt, aber die Kapitäne der zivilisierten westlichen Staaten taten, als sähen und hörten sie nichts. Im März 1938 marschierten Hitlers Truppen durch Wien. Im Wiener Opernhaus wurde die dekadente jüdische Musik Gustav Mahlers und Béla Bartóks verboten, während sich gleichzeitig die Tore zu den Steinbrüchen des Konzentrationslagers Mauthausen öffneten, um Häftlinge aufzunehmen. England protestierte nur schwach. Die Franzosen fanden noch nicht einmal die Zeit zu reagieren, da sie mit einer ihrer ständigen Regierungskrisen beschäftigt waren. Im September opferten die Großmächte in München das Sudetenland auf dem Altar eines Scheinfriedens. Neville Chamberlain, der britische Premierminister, der das schmähliche Abkommen in München unterzeichnet hatte, erklärte stolz, »unserer Generation den Frieden« gebracht zu haben, als ob er die Weisheit des Sprichwortes »Essen macht Appetit« vergessen hätte. Kurze Zeit später wand sich die Tschechoslowakei im Todeskampf. Die polnische Armee überquerte die Olsa und annektierte einen Teil des Nachbarlandes. Die Zeitungen schrieben mit patriotischer Begeisterung über diesen Akt historischer Gerechtigkeit, und die Post brachte eine Sondermarke heraus: »Das Olsa-Gebiet kehrt ins Heimatland zurück.« Ich war einer der ersten, der sie kaufte. Sie blieb in meinem Zimmer, in dem Album bei den anderen Heldenmarken, die mit den Zinnsoldaten zurückgelassen und Paula anvertraut wurden. Kaum ein Jahr nach diesem nationalen Jubel, der mit Pauken und Trompeten gefeiert wurde, brach Polen selbst unter dem Druck der Nazi-Armeen zusammen.

Doch wir wollen nicht den Wagen vor das Pferd spannen.

Im Oktober 1938, das Wetter war kühl und regnerisch, und die fallenden Blätter kündeten vom Herbst, wurde ein Zug aus dem Reich auf dem kleinen Grenzbahnhof Zbąszyń, Bentschen, angehalten und auf ein Seitengleis geschoben. Die Nazis hatten Tausende von Juden, die im Reich lebten, aber ihre polnische Staatsangehörigkeit behalten hatten, in den Zug verfrachtet und in ihr »Heimatland« geschickt. Nun standen die Waggons im Niemandsland zwischen beiden Ländern, da keiner die Passagiere haben wollte. Tage vergingen, ohne daß sich etwas tat. In meiner Schule wurde eine Sammlung organisiert, und wir trugen Nahrung und Kleidungsstücke für die unglücklichen Kinder zusammen.

Nach dem Abendbrot, das er immer mit einem Kirschwasser abschloß, widmete sich mein Vater seiner Zeitung, *Chwila*, die er im Abonnement bezog. An einem jener Abende las er einen Artikel über das Leiden der Deportierten: »Hier steht, daß die armen Teufel ihre Wertsachen an die Bauern der Gegend verkaufen, um Lebensmittel zu bekommen.«

Mutter nickte teilnahmsvoll. Plötzlich sagte sie: »Schmuck? Wäre es nicht gut, nach Bentschen zu fahren?«

Mein Vater warf ihr einen vorwurfsvollen Blick zu.

»Wenn du dagegen bist, lassen wir es sein«, gab meine Mutter sofort nach, und das Thema wurde fallengelassen.

Am anderen Ende Europas, in der Stadt der Lichter, las ein jüdischer Student, Herschel Grynszpan, ebenfalls vom Elend der Deportierten. Er fand heraus, daß auch seine alten Eltern in einem der Waggons gefangen waren. Entsetzt über die Gleichgültigkeit der Welt, entschloß er sich zu einer Verzweiflungstat. Er erschoß Ernst vom Rath, einen unbedeutenden deutschen Diplomaten, an der Botschaft des Deutschen Reiches in Paris. Die Nazis reagierten auf den tödlichen Schuß mit der »Kristallnacht«.

# 3

Bielitz hatte sein Pogrom einen Monat früher, gleich nach der Unterzeichnung des Münchner Abkommens. Erstmals seit der Annexion der Stadt durch das polnische Königreich wagten es die deutschen Einwohner, Hakenkreuzfahnen zu schwenken und die Austreibung der Juden zu verlangen. Der polnische Pöbel gesellte sich rasch dazu. Bald liefen Gerüchte durch die Stadt, am Montag würden Unruhen ausbrechen. Meine Eltern und ihre Bekannten beschlossen, sich sicherheitshalber in die tschechische Stadt Teschen südlich der Olsa zu begeben und dort abzuwarten, daß die Dinge sich beruhigten. Für mich war es ein Ausflug. Am frühen Sonntagnachmittag machte sich unsere kleine Karawane aus fünf Autos auf den Weg. Mir ging es vor allem darum, auf dem Vordersitz des MG-Sportwagens von Dr. Fränkel sitzen zu dürfen, der ein Kollege meines Vaters war.

Dr. Fränkel liebte schnelle Autos und elegante Frauen. Er war der einzige Mann in der Stadt, der sich zweimal von der gleichen Frau hatte scheiden lassen und sie dreimal wieder heiratete. Das hinderte ihn jedoch nicht, nebenbei kleine Affären zu haben, und jetzt saß wieder eine fremde Frau auf dem Sitz, den doch ich haben wollte. Sie trug einen leichten Regenmantel, der ihre Figur betonte, und um den Hals einen langen Seidenschal. Meine Mutter nannte sie spöttisch Isadora Duncan.* Ihr Gesicht ist aus meinem Gedächtnis ebenso verschwunden wie die Gesichtszüge der anderen Mitreisenden. Manchmal versuche ich, aus der Tiefe des Vergessens Charaktere heraufzuholen, die darin eingeschmolzen sind. Gelingt es mir nicht, sie vor meinem geistigen Auge wiederauferstehen zu lassen, überfällt mich ein Gefühl des Verlustes und der Trauer darüber, daß etwas, was ein Teil meiner Kindheit war, verloren gegangen ist.

Die Fahrt dauerte weniger als eine Stunde. Die Straße wand sich

---

\* Eine berühmte amerikanische Tänzerin, die durch ihren langen Schal erwürgt wurde, der sich in den Reifen ihres Wagens verfangen hatte.

über Hügel und durch Täler wie der Schweif eines chinesischen Drachens. Die Felder entlang der Straße waren grün, und die Äste der Bäume in den Obstgärten bogen sich unter dem Gewicht der noch nicht gepflückten Früchte. Bauern saßen vor ihren weißen Häusern und rauchten ihre Sonntagspfeifen, und irgendwo – ich erinnere mich noch ganz genau – läutete eine verspätete Kirchenglocke. Nur der laute Motorenlärm störte die absolute Stille des Tages.

Sogar die Zollbeamten an der Grenze schienen fauler als sonst. Niemand tut gern am Feiertag Dienst. Auf unsere Pässe warfen sie lediglich einen gleichgültigen Blick und die ansonsten übliche Frage nach dem Zweck unserer Reise sparten sie sich ganz. Es war noch nicht einmal vier Uhr, als unsere kleine Karawane vor dem Hotel »Corona« in Teschen hielt.

»Wie lange werden Sie bleiben?« erkundigte sich der Empfangschef höflich.

»Wir wissen es noch nicht«, antwortete Dr. Fränkel.

Der Chef nickte verständnisvoll und fragte mit leiser Stimme: «Sie werden für morgen früh sicher ein Telefongespräch nach Hause anmelden wollen?« Ohne die Antwort abzuwarten, rief er einen Pagen und befahl ihm, uns in den dritten Stock zu führen, wo fünf Zimmer für uns reserviert waren.

Ein verschworenes Schweigen legte sich über das Pogrom. So, wie man davor zurückschreckt, ein bösartiges Geschwür beim Namen zu nennen, dachte man sich auch jetzt viele Umschreibungen aus, um auf das Geschehen in Bielitz anzuspielen. Von »unverantwortlichen Ereignissen« und von »Friedensbruch« war da die Rede, und wenn auch das langweilte, unterhielt man sich über allgemeinere Dinge. Die Damen bedauerten, daß die Geschäfte am Sonntag geschlossen waren und man nicht einkaufen konnte. Schuhe, so behaupteten sie, seien in der Tschechoslowakei genau so modisch wie in Wien, nur billiger. Nachdem sie sich in ihre Zimmer zurückgezogen hatten, um sich auszuruhen, trafen sie sich zum Nachmittagstee auf dem Mezzanin im Salon »Vier Jahreszeiten« wieder. Zwischen fünf und sechs spielte dort ein junger Pianist, der eine Fliege trug, Werke von Vivaldi, Polkas und slawische Tänze von Dvořák, Walzer von Strauß und Mozarts »Kleine Nachtmusik« – ein Repertoire, das dem unterschiedlichen Geschmack der regulären Hotelgäste gerecht werden sollte. Kellner mit wehenden Frackschößen liefen flink zwischen den Tischen hin und her und servierten Tee in alten Silberkannen und Kaffee in hauchdünnen Porzellantassen. Ich betrachtete mich in dem großen Spiegel im Vorzimmer. Noch durfte ich keine langen Hosen tragen, aber mein Anzug, natürlich aus reiner Wolle in Bielitz hergestellt, saß wie maßgeschneidert. Die blaue Jacke, in der Taille zugespitzt, entsprach dem neuesten Trend der Kindermode. Meine Krawatte war um den Kragen eines schneeweißen Hemdes geschlungen. Meine Schuhe glänzten wie die Messingtöpfe in Paulas Küche. In bezug auf mein Äußeres waren meine Eltern sehr eigen, auch das war Ausdruck ihres gesellschaftlichen Standes. Sie hatten keine Ahnung, daß ich im Kellerquartier des Hausmeisters ständig eine schäbige Hose und ein altes Hemd deponiert hatte. Jedesmal, wenn ich mit Erik auf »Raubzug« ging, wechselte ich im Zimmer des alten Mannes meine Sachen, um ja nicht meine teure Kleidung zu beschmutzen. Nach meiner Rückkehr schlüpfte ich wieder in meinen eleganten Kinderanzug – und erntete Lob für die pflegliche Behandlung meiner Kleidung. Für seine Verschwiegenheit zahlte ich dem Hausmeister einige Pfennige von meinem Taschengeld.

Die Männer sorgten dafür, daß die Wagen im Hof geparkt wurden, und vereinbarten, nach dem Abendessen Bridge zu spielen. Mein Vater und seine Freunde nahmen an einem mit grünem Filz überzogenen Tisch Platz. Auch die gläsernen Lampenschirme schimmerten grün. Ausnahmsweise gestattete mein Vater mir, bis spät in die Nacht im Kartenzimmer bleiben zu dürfen. Ich setzte mich neben ihn und beobachtete alles ganz genau. Die Spielregeln interessierten mich nicht. Was mich faszinierte, war das Geld, das von einem zum anderen wechselte. Außer bei den Einsätzen, fiel kein unnötiges Wort. Gespannt beobachtete ich die Gesichter meines Vaters und seiner Kameraden. Sie wirkten absolut konzentriert. Ich fand in ihrem Ausdruck etwas Männliches und auch etwas Geheimnisvolles. Langsam füllte sich der Raum mit Zigaretten- und Zigarrenrauch. Ein elegant livrierter Diener leerte regelmäßig die Aschenbecher, und ein Kellner sorgte dafür, daß die Kaffeekannen und Likörgläser stets gefüllt waren.

Mein Vater hatte sein Bridgespiel zu einer Kunst entwickelt. Manchmal meinte Mutter halb im Scherz, daß seine Gewinne am Bridgetisch höher wären als sein Einkommen im Büro. Ich wußte, daß das nur ein Witz war, aber nun, in diesem Zimmer, verspürte ich jedesmal ein Gefühl der Genugtuung, wenn er gewonnen hatte und die Münzen einstrich. In das Spiel vertieft, bemerkte er nicht, daß eine tschechische Zweikronenmünze vom Tisch gerollt und auf den Boden gefallen war. Der Teppichboden verschluckte jedes Geräusch. Langsam und vorsichtig setzte ich meinen blanken Schuh auf die Münze. Die Sekunden schienen eine Ewigkeit. Mein Herz klopfte wild. Eine Minute, vielleicht auch zwei, verharrte ich so, ehe ich es wagte, mich zu bücken. Ich tat so, als ob ich meinen Schnürsenkel zubinden wollte, und nahm vorsichtig die Münze in die Hand. Und dann, genauso langsam, steckte ich sie in meine Tasche. Ich zitterte vor Angst und Freude.

Am Montag telefonierte mein Vater mit seiner Sekretärin. Ich glaube, ich vergaß zu erwähnen, daß Fräulein Mila eine alte Jungfer war, mit strengem Gesicht, groß und flachbrüstig, tüchtig wie ein Roboter und alterslos wie Paula. Sie trug dunkle Kleider ohne Ausschnitt oder einen schwarzen Rock mit einer grauen Bluse, züchtig bis zum Hals geknöpft. Ihre Stimme war rauh und tief, wie die eines Mannes, und als sie aus dem Hörer brüllte, konnte ich jedes ihrer Worte verstehen. Fräulein Mila meinte, es sei eigentlich nichts Ernstes passiert, viel Lärm um nichts, nur einige zerbrochene Schaufenster und vereinzelte Rüpel, die zuviel getrunken und die Juden als Wucherer beschimpft hätten. Sie sah keinen Grund, nicht wieder nach Hause zu kommen.

»Ich wußte, daß wir uns keine Sorgen machen mußten«, sagte die fremde Dame, die mich um meinen Platz in Dr. Fränkels Wagen gebracht hatte. Meine Mutter bedachte sie mit einem kritischen Blick. Am Morgen war es der jungen Dame gelungen, Schuhe aus Krokodilleder und eine passende Tasche zu kaufen. »Eine schreckliche Farbe«, flüsterte meine Mutter meinem Vater zu.

Am nächsten Tag packten wir unsere Sachen, und die Karawane der »Flüchtlinge« fuhr nach Bielitz zurück. Unser Abendbrot aßen wir zu Hause. Die Unruhen hatten unseren Appetit nicht beeinträchtigt.

# 4

Zwei Tage, bevor er starb, bedeutete mein Vater mir, mich auf die Kante seiner Pritsche zu setzen. Ich merkte, daß er mit seiner körperlichen Kraft am Ende war, doch seine geistige Kraft war zurückgekehrt und er war klar. Ich wußte, daß die Besserung nur vorübergehend war. Viele Typhuspatienten erholten sich kurz, um dann wieder in die Leere zu versinken, in der der Verstand nicht mehr funktioniert. Mit ruhiger Stimme, wie ein Mann, der an dem Punkt angelangt ist, von dem es kein Vor und kein Zurück mehr gibt, beschrieb er mir die Welt nach dem Ende des Krieges.

»Nach diesem Krieg wird es keine Welt mehr geben«, sagte ich. Die Worte platzten mit einer Aggressivität aus mir heraus, die ich gar nicht beabsichtigt hatte und bevor mir klar wurde, was sie ihm antun würden. Ich wußte nicht, woher diese plötzliche Heftigkeit kam. Die Nazis hatten uns nicht nur mit einem Stacheldrahtzaun umgeben, sondern auch mit einer Mauer aus Verboten, aus Vorschriften und Befehlen, die von uns absoluten Gehorsam verlangten. Es ist möglich, daß ich mich nur hier frei von diesen Mauern fühlte, daß es mir erlaubt schien, den Dampf abzulassen, der sich wie in einem Kessel in mir aufgestaut hatte. Ich war unfähig zu der Erkenntnis, daß das nahende Ende bei einem Menschen den Drang auslöst, sich die Zukunft auszumalen, wie wir sie gerne hätten, daß es leichter ist, in Hoffnung als in Angst zu sterben. Ich war müde nach dem langen Arbeitstag und konnte oder mochte mich vielleicht auch nicht mit Spitzfindigkeiten abgeben. Mein leerer Magen war wie eine Pumpe, die versuchte, mich in sich hineinzusaugen.

»Solange es noch einen Gott gibt ...«, antwortete er.

Es war eigenartig, diese Worte von einem Mann zu hören, dessen Hände nie ein Gebetbuch gehalten hatten. Ich wollte etwas Sarkastisches über die Hoffnung derer sagen, die an Gott glauben, während ER, der allmächtige Bastard, sie in dem Moment verläßt, wo sie ihn am nötigsten brauchen, aber ich hielt mich zurück.

Mein Vater gab mir zu verstehen, daß ich näher kommen solle, um ihn besser hören zu können. Seine Krankheit hatte ihn so geschwächt, daß er nach zwei bis drei Sätzen keine Kraft mehr hatte und sich ausruhen mußte. Seine Wangen wurden grau und sein Atem schwach. Das Ende klopfte bereits an seine Herzkammern. Ich beugte mich über ihn, um seine Worte zu verstehen: »Wenn all dies vorbei ist, fahre nach Garlica Duchowna, zu Kruczek. Du erinnerst dich doch an ihn? Er ist der Mann, in dessen Haus wir uns im Sommer '42 versteckten. Er wird dir einen kleinen Koffer geben. In dem Koffer wirst du Aktien der polnischen Nationalbank im Wert von zwanzigtausend Dollar finden. Es ist eine sichere Anlage. Immer solide, wie ein Fels. Du wirst sie mühelos zu Geld machen können. Menschen sterben, Häuser werden zerstört, ganze Städte verschwinden von der Landkarte, aber die Banken sind ewig, wie die Luft, das Wasser und das Land. Jawohl, auch das Land ist nicht von den Launen der Natur oder denen der Menschen abhängig. Ich habe auch darin investiert. Neben den Aktien wirst du einen blauen Aktendeckel finden, der eine Zusammenfassung der Verzeichnisse des Immobilienbuches enthält. Uns gehört ein Streifen Land in Bielitz und etwas Grund in Krakau. Das ist genug, um ein neues Leben anzufangen. Verschwende das Geld nicht. Ich will, daß du dein Studium abschließt. Reise nach England, suche dir das beste College im Land, und komme nicht ohne Diplom nach Hause.«

»Von welchem Zuhause sprichst du denn?« herrschte ich ihn an. »Glaubst du wirklich, daß Paula noch in der Tür steht und auf uns wartet?«

»Für deine Heimkehr, für deine Heimkehr«, flüsterte er.

Vielleicht hätte ich ihm widersprechen sollen, aber ich blieb still. Er hörte auf zu sprechen und rang nach Luft, wie ein Läufer, dessen Kräfte nachlassen, der aber nicht aufgibt und sich auf den Endspurt vorbereitet. Seine Finger zitterten nervös. Der Sanitäter, der bei der Tür gedöst hatte, ging langsam die Pritschen entlang, um nachzusehen, ob es Tote gäbe, die man vor der Sperrstunde heraustragen müsse.

»Hörst du mir zu?« fragte mein Vater, als ob er von einem ermüdenden, weiten Ausflug zu mir zurückgekehrt wäre.

»Natürlich höre ich zu.«

»Gut. Vielleicht solltest du nicht nach England fahren. Vielleicht ist alles nur ein Traum. Vielleicht willst du nicht studieren. Vielleicht ist all dies Zeitverschwendung. Ich verlange nur eins:

daß du ein Mensch wirst. Ein guter Mensch. Daß du die Sitten der Lager nicht mit in dein neues Leben nimmst. Daß du das Gesetz des Dschungels nicht akzeptierst. Daß du alles vergißt, was du hier gelernt hast. Lüge und Betrug schaden deinen Mitmenschen. Die Verachtung des Gesetzes und der Ehrlichkeit. Und versprich' mir, daß du nie – hörst du –, nie stehlen wirst.«

Ich war verblüfft: Hatte er meine geheimen Gedanken erraten, die Gedanken, die sich nur auf das Brot konzentrierten, das er unter der Matratze versteckt hielt?

»Bitte, ruhe dich aus, du übernimmst dich.«

»Versprich es«, beharrte er.

»Ich verspreche.« Meine Worte überzeugten ihn nicht, denn er befahl mir, es zu wiederholen. »Ich verspreche«, sagte ich deutlicher, obwohl ich noch immer nicht verstand, was ihn bewegte. »Plagt dich etwas, Vater?«

»Ich will, daß du ein ehrlicher Mann wirst.«

Hätte ich ihm antworten sollen, daß hier im Lager Ehrlichkeit nur zur Vernichtung führte? Hätte ich mit einem Mann diskutieren sollen, der auf dem Sterbebett lag? Ich nickte nur, um ihn wissen zu lassen, daß ich gehört hatte.

Und plötzlich ergriff er meine Hand. »Erinnerst du dich an das Geld, das du in Teschen gestohlen hast? Wieviel war es? Fünf Kronen?«

»Du hast das gesehen?«

»Ich habe es gesehen.«

»Es waren nur zwei Kronen«, stammelte ich, als ob das einen Unterschied machte.

Mein Vater richtete sich ein wenig auf und rief unter Aufbietung seiner letzten Kräfte: »Das ist völlig egal! Das ist völlig egal!«

Ein Häftling, der auf der benachbarten Pritsche im Sterben lag, schaute uns verwundert an. Der Kopf meines Vaters fiel auf die schmutzige Matratze zurück. Vorsichtig entwand ich meine Hand seinem Griff. Ich spürte Feuchtigkeit. Seine Hand war mit kaltem Schweiß bedeckt.

»Das Gespräch erschöpft dich. Warum bringst du die vergessene Vergangenheit zurück, warum gerade jetzt?«

»Weil es keine andere Gelegenheit geben wird.«

»Warum hast du bis jetzt geschwiegen?«

Er schloß seine Augen nicht, sondern starrte an die Decke und sprach wie ins Leere: »Was du damals getan hast, hat mich jahrelang geärgert. Ich wußte selbst nicht warum. Ich wußte nicht, warum ich so lange schwieg. Heute sehe ich die Dinge klarer. Du verstehst sicher warum. Du bist kein Kind mehr. Als du damals die Münze aufgehoben und in deine Tasche gesteckt hast, empfand ich ein starkes Gefühl des Versagens. Ich fragte mich, was ich falsch gemacht hatte und wie es passieren konnte, daß ich dich nicht richtig erzogen hatte. Immer wieder dachte ich darüber nach, ohne eine Antwort zu finden. Aber jetzt ... jetzt darf man schon ein menschliches Versagen zugeben. Niemand auf der Welt wird meine Unterlassungssünde verurteilen.«

Ich schwieg.

»Bist du da?« fragte er, ohne mich anzusehen.

»Ich bin da.«

»Die Welt wird anders sein. Ich meine die Welt, die aus dem Chaos geboren wird. Alles wird neu beginnen. Die Menschen werden aus dem Unglück lernen, das sie über sich gebracht haben. Sie werden klüger und besser sein. In der neuen Zeit wird Ehrlichkeit hochgeschätzt sein. Es ist schade, daß ich nicht an den ganzen Blödsinn eines Lebens nach dem Tode glaube. Ich werde es nicht von oben sehen.«

»Vater!«

»Sch, sch, unterbrich mich nicht. Gute Menschen ...«

»Es wird keine guten Menschen geben, Vater. Gute Menschen sind dem Untergang geweiht.«

»Wer hat dich das gelehrt? Du bist doch noch ein Junge. Warum redest du wie ein enttäuschter, alter Mann? Warum? Du bist doch erst zwölf Jahre alt.«

»Fünfzehn, Vater.«

»Nein. Diese Jahre, die Kriegsjahre zählen nicht. Sie müssen aus deiner Biographie gelöscht werden. Es gibt keinen Grund, sich an sie zu erinnern. Vielleicht irre ich mich. Vielleicht sollte man sich an das Schöne erinnern. An die Menschen, die sich nicht an die Welt des Bösen anpaßten. Leute wie Kruczek oder Król. Witold Król und seine Frau ... Geh jetzt und ruh dich aus. Komm morgen wieder. Erinnerst du dich an Król?«

»Ich erinnere mich«, sagte ich, um ihn aufzuheitern.

»Und vergiß nicht, daß du mir zwei Kronen schuldest«, fügte er hinzu, vielleicht um zu zeigen, daß er noch etwas Humor besaß, vielleicht auch, um dem Gesagten die Bitterkeit zu nehmen.

Ich zerdrückte noch einige Läuse, die auf der Wolldecke herumkrochen, deckte seine nackten Schultern zu und ging hinaus. Die Scheinwerfer auf den Wachtürmen flammten auf. Ihr strahlendes Licht wetteiferte mit der Glut der untergehenden Sonne. Die Wachen kamen aus den SS-Gebäuden, ihre Schäferhunde an der Leine. Abgerichtet, ihre Beute zu zerfleischen, auch wenn sie satt waren, bellten sie. Stakkatobellen, das einen erschaudern ließ. Sie blieben hinter mir, als ich schräg über den Appellplatz ging, um den Weg zu meiner Baracke abzukürzen.

Fredek Minz wartete dort auf mich. Wir waren im gleichen Alter, waren im gleichen Waggon, im gleichen Zug nach Starachowice gekommen und Freunde geworden. Unsere Wege trennten sich erst, als wir ein Jahr später nach Auschwitz gebracht wurden. Von dem Bund, der stark genug schien, alle Hürden der Zeit zu überwinden, blieb nur ein kleiner Lichtpunkt in der Erinnerung. Vielleicht weil unsere Freundschaft aus zufälliger Notwendigkeit geboren war und mit dem Grund auch der Zweck des Bundes verschwand.

Fredek Minz war das Kind eines Armenviertels, Sohn eines jüdischen Anstreichers, der mit Gelegenheitsarbeiten seine kinderreiche Familie ernährte und die Gesetze des Schicksals widerstandslos hinnahm. Wie sein Vater hatte auch Fredek einen freundlichen Charakter und eine bewundernswerte Fähigkeit zur Anpassung. Ich war geschmeichelt, daß er meine Autorität widerspruchslos akzeptierte, und insgeheim beneidete ich ihn um sein Talent, vor sich hin zu träumen. Irgendwie gelang es ihm immer, aussichtslose Situationen mit seinen Träumen zu verhüllen, und wenn er mutlos war, fand er Zuflucht in seiner imaginären Welt. Ich dagegen hatte gelernt, mich in den Schlupfwinkel der Rationalisierung zurückzuziehen. Ich analysierte Situationen und Erscheinungen mit der Logik eines frühreifen Kindes, mitunter wie ein Buchhalter, der beweisen kann, daß zwei und zwei fünf ergibt. Er ging den entgegengesetzten Weg. Fredek war fähig, Schlammwasser in Rinderbrühe, eine verfaulte Kartoffel in eine Delikatesse und unsere Pritsche in ein königliches Bett mit Baldachin zu verwandeln. Manchmal versuchte er, mich in sein Phantasiezelt zu locken, jedoch ohne Erfolg. Meine Einbildungskraft gehorchte meinem Willen nicht mehr.

Fredek Minz konnte träumen, ohne ein Träumer zu sein. Wenn er keinen Stoff mehr fand, mit dem er die Realität bemänteln konnte, akzeptierte er sie ohne Gegenwehr. Im April wurde sein

Vater gefaßt, als er einen kleinen Sack Roggenmehl ins Lager zu schmuggeln versuchte. Der lettische Wächter erschoß ihn noch am Eingangstor. Ich wußte, daß Mitglieder seiner Familie, seine Mutter und zwei Schwestern, im Krakauer Ghetto ermordet worden waren. Seit der Zeit hatte er all seine Gefühle auf seinen Vater gerichtet. Ich sagte nichts zu ihm, weil ich nicht wußte, wie man einen Sohn tröstet, der seinen Vater verloren hat. Aber er suchte gar kein Mitleid, sondern umarmte mich nur, sagte kurz: »Das ist es dann«, und sprach nie mehr darüber – bis mein Vater in die Sterbebaracke eingeliefert wurde.

Als ich kurz vor acht von dort zurückkam, begrüßte er mich mit dem Vorschlag: «Jetzt, da beide nicht mehr da sind, sollten wir eigentlich unter einer Decke schlafen. Wir können die andere gegen Brot tauschen.«

»Was redest du da? Mein Vater ist nicht tot.«

»Er atmet noch, ist aber genauso tot wie mein Vater.«

»Das stimmt nicht, ich habe gerade mit ihm gesprochen.«

»Mach dir nichts vor! Es wird dir nicht gelingen. Die Wahrheit steht dir ins Gesicht geschrieben. Du hast ihn an dem Tag begraben, an dem er in diese Baracke gebracht wurde. Sei nicht dumm, Roman. Du weißt genau, daß er nie wieder eine Wolldecke brauchen wird. Also, wozu das ganze Theater?«

Er hatte ins Schwarze getroffen. Es gab immer noch Gedanken, die ich nicht laut auszusprechen wagte. Ich belog mich lieber selbst.

»Nun?«

»Was eilt so?« fragte ich, doch in meinem Herzen wußte ich bereits, daß er recht hatte. Für die Wolldecke bekamen wir zwei Laibe Roggenbrot und ein Pfund Marmelade aus Runkelrüben, mit künstlichem Süßstoff gesüßt. Ich sagte meinem Vater nichts. Nur einmal, als sich unsere Blicke kreuzten, stieg der schreckliche Gedanke in mir auf, daß ich an seiner Rückkehr nicht mehr interessiert war und daß ich sein Leben für einen Topf Linsen verkauft hatte. Aber Gewissensbisse hatte ich noch immer nicht. Die wunderbare Welt, von der er gesprochen hatte, war noch nicht geboren.

Nachts deckten Fredek und ich uns mit einer Decke zu. Als der Herbst kam und die Kälte uns immer mehr quälte, schliefen wir aneinandergepreßt wie zwei Teelöffel. Manchmal atmete ich auf seinen Hals, und wenn wir uns umdrehten, fühlte ich seinen Atem auf meinem. Es war, als ob die körperliche Nähe, die nichts anderes war, als das Verlangen nach doppelter Wärme, uns noch fester verband. Ich war zwar gewillt, eine Wolldecke, nicht aber meine Gedanken mit ihm zu teilen. Fredek besaß eine Art Druckmesser, der es ihm ermöglichte, den Grad seiner emotionalen Verwicklung in verschiedene Ereignisse zu messen. Er verfügte gleichfalls über den Takt, keine überflüssigen Fragen zu stellen. Der Kapo schloß die Tür, das Zeichen, daß es von nun an bis zum morgendlichen Appell verboten war, sich außerhalb der Baracken zu bewegen. Es waren noch drei Minuten bis zum Löschen der Lichter. Als sie ausgingen, blieb ich im Dunkeln, unter der Decke mit Fredek Minz, Witold Król und meinen allmählich verschwimmenden Gedanken. Ich wußte nicht, ob ich schlief oder wachte. Mein Körper war losgelöst von der Schwerkraft der Erde, und ich hatte das Gefühl zu schweben. Nein, nicht zu schweben, sondern langsam in eine unendliche Leere zu fallen, und vielleicht war es auch kein Fall in die Leere, sondern eine Fahrt im Fahrstuhl der Erinnerungen, einen tiefen Schacht hinunter, bis zum tiefsten Punkt der Vergangenheit.

Ich erzählte Fredek auch nichts von der Familie Król, und das aus gutem Grund. Ich erinnerte mich noch gut an sie: Witold, seine Frau Helena und ihre Tochter Jadwiga. Sie wohnten in Lemberg in der Wohnung neben uns, kurz vor der Besetzung der Stadt durch die Deutschen. Witold Król war ein ruhiger, bescheidener Mann. Sein ganzes Leben hatte er in der Eisenbahnverwaltung als kleiner Beamter, aber mit »vollem Pensionsanspruch«, wie er oft betonte, gearbeitet. Seine Frau half ihm, die Familie zu unterhalten, manchmal als Haushälterin, zuweilen als Wäscherin. Sie kannte kaum eine ruhige Minute. Jadwiga war sechs Jahre älter als ich und interessierte mich deswegen nicht. »Ich will Schauspielerin werden«, erklärte sie jedem, der es hören wollte. Ihre Mutter tat das Gerede mit einer Handbewegung ab, ihr Vater hörte jedoch geduldig zu. Jadwiga ging aufs Gymnasium und absolvierte dort Kurse in Büroarbeit, damit sie eines Tages die Verbindungen ihres Vaters würde nutzen können, um eine bescheidene Stelle in der Eisenbahngesellschaft zu ergattern.

Meiner Ansicht nach war unsere Bekanntschaft über höfliche Begrüßungen nicht hinausgegangen. Nur zwei oder drei Monate nach unserer Deportation nach Starachowice verriet mein Vater mir jedoch, daß er ihnen einen Teil unserer Habe zur Aufbewahrung gegeben hatte. Er habe nie an der Aufrichtigkeit unserer

Nachbarn gezweifelt, sagte er, und nun sei der Zeitpunkt gekommen, dies zu überprüfen. Im Stahlwerk trafen wir täglich mit einheimischen Arbeitern zusammen. Die meisten waren schon vor der Besetzung eingestellt worden, und in Anbetracht ihrer beruflichen Qualifikation wurden sie von den deutschen Verwaltern menschlicher behandelt. Jeder Verkehr mit ihnen war strengstens verboten und zog Bestrafungen nach sich – wir wurden geschlagen, und ihnen wurde etwas von ihrem Gehalt abgezogen. Beide Seiten achteten mit äußerster Vorsicht darauf, nicht bei einem Gespräch ertappt zu werden. Trotzdem war es meinem Vater gelungen, zu einem der polnischen Handlanger, der sich frei auf dem ganzen Stahlwerksgelände bewegen konnte, Kontakt aufzunehmen. Es war ein weitläufiges Gelände, das sich von dem namenlosen Fluß bis zur Eisenbahnlinie erstreckte, rundum mit Stacheldraht umzäunt. Der Handlanger kannte jeden Winkel in den alten Gebäuden, zwischen denen sich dicke Rohre wie Schlangen wanden. Es fiel ihm leicht, ein Versteck zu finden, wo die beiden reden konnten, ohne von den Aufsehern gesehen zu werden. Sie vereinbarten, daß mein Vater Herrn Król in Lemberg schreiben und der Handlanger den Brief dann frankieren und adressieren würde. Sobald das Geld ankam, sollte er Brot und Milch für uns kaufen. Die rote Nase des Handlangers verriet eine gewisse Schwäche für alkoholische Getränke. Ein Mann, der trinkt, kann immer etwas Geld gebrauchen. Für seine Hilfe sollte er die Hälfte der erwarteten Summe bekommen.

Ich glaubte nicht, daß der Mann sich an das Abkommen halten würde. Warum sollte er auch? Selbst wenn er alles einstrich, waren uns die Hände gebunden. Bei wem hätten wir uns denn beschweren sollen? Vielleicht bei dem Allmächtigen, aber ich kann mir kaum vorstellen, daß er Engel hat, die Schulden eintreiben. Der Handlanger konnte immer behaupten, keine Antwort aus Lemberg erhalten zu haben oder daß er die Vereinbarung aufkündigen mußte, da er befürchtete, verraten zu werden. In den Stahlwerken fehlte es nicht an Denunzianten, die die Aufseher gern informierten, wenn wir etwas Unerlaubtes taten. Und die Kneipen der Stadt waren sicher eine enorme Versuchung für einen Mann wie ihn. Doch schnell stellte es sich heraus, daß ich mich geirrt hatte. Zwei Wochen später meldete er uns, daß die Antwort der Familie Król eingetroffen sei. »Du siehst«, freute sich mein Vater, »es gibt noch Gerechte in Sodom.«

Von jenem Tag an versteckte der Mann eine Flasche Milch und einen halben Laib Brot in einem Schrotthaufen am Ende des Hofes, wo die Kohlenwagen wegen einer Kurve langsamer fahren mußten. Mein Vater konnte vortäuschen, sich bücken zu müssen, um nachzusehen, ob der Wagen aus den Schienen geraten war. Tatsächlich nahm er in diesem Moment das Päckchen an sich. Vater trank jeweils nur einen kleinen Schluck und aß ein kleines Stück Brot. »Ich bin nicht hungrig«, erklärte er dann und drängte mich, den Rest so schnell wie möglich aufzuessen, da niemand wußte, was passieren konnte. Hätten die Deutschen uns erwischt, wären wir wahrscheinlich gefoltert worden, damit wir die Identität unseres Wohltäters preisgäben. Und hätten unsere Mitgefangenen unser Geheimnis entdeckt, hätten wir unser Essen mit ihnen teilen müssen. Also benahm ich mich wie ein artiger Sohn. Das klebrige Brot füllte meinen Mund: ein himmlischer Geschmack. Nur ein Dummkopf hätte geglaubt, daß mein Vater wirklich keinen Hunger hatte.

Im Gegensatz zu ihm war Fredeks Vater ein gläubiger Mann. Er sprach viel über das Leben nach dem Tod, über Himmel und Hölle. Was das anging, hatte er festgefügte Ansichten. Es fiel mir schwer zu verstehen, wie ein einfacher Anstreicher von sich aus mit so theoretischen Gedanken daherkommen konnte; und es gelang mir nie zu ergründen, was er damit meinte, wenn er behauptete, daß die Hölle kein bestimmter Ort sei, sondern lediglich ein Symbol für die Abwesenheit geistigen Daseins, ein Vakuum ohne einen menschlichen Gedanken. Das Paradies hingegen sei ein Platz, an dem es kein Leid und keine Schmerzen gebe, da nichts und niemand aus Fleisch und Blut in ihm sei.

Mit der Frechheit eines Jugendlichen, der alles weiß, forderte ich ihn heraus. »Wie kann jemand an Ihrem Himmel Gefallen finden? Die meisten Genüsse hängen mit dem Körper zusammen: das Vergnügen des Essens, die Freuden der Liebe und sogar die Genugtuung, sich nach einem ermüdenden Arbeitstag auszuruhen. Wie kann all dies von einer Seele empfunden werden, die keine fleischliche Hülle mehr hat? Und wie kann ich die Abwesenheit von Schmerz und Trauer genießen, wenn ich nicht weiß, was Schmerz und Trauer sind? Woran soll ich den Unterschied erkennen?«

»Du bist frühzeitig reif geworden und verstehst immer noch nichts«, nickte der alte Minz. »Sie haben das Kind in dir getötet, und du hast keinen Schmerz und keine Trauer empfunden. Du hast nicht einmal gemerkt, wann es geschah.«

»Mein Vater sagt, daß es Zeiten und Erlebnisse gibt, an die man sich besser nicht erinnert.«

»Es nützt nichts, sich etwas vorzumachen. Auch wenn du die gesamte Genesis aus der Bibel herausreißt und dich statt dessen an Darwin hältst, die Wege der Schöpfung kannst du nicht ändern.«

»Erzählen Sie mir nicht, daß es Ihnen egal ist, ob Sie leben oder sterben.«

»Es ist mir nicht egal. Ich halte an meiner Existenz fest, weil ich das Leben liebe, nicht, weil ich vor dem Tod Angst habe. Das ist der große Unterschied, lieber Junge, auch wenn du das Wesentliche daran nicht begreifst.«

»Ich werde es erst gar nicht versuchen, Herr Minz.« Diesmal antwortete er mir nicht. Ich war für ihn kein ernstzunehmender Gesprächspartner. Weder hatte ich wie er täglich eine Seite der Gemara (aus dem Talmud) studiert, noch hatte ich auf jede Frage eine Antwort, die den Weisen Israels entsprach. Aber in den Momenten, da ich in das Brot biß und die Milch schlürfte, die unser trinkender Helfer uns gebracht hatte, wußte ich genau, daß ich in einer Sache recht hatte: Nur Hunger erzeugt die richtige Würdigung des Sattseins.

Es ist fraglich, ob ich ohne diese zusätzliche Ration die schwere Arbeit in der Gießerei überstanden hätte. Vielleicht wäre auch mein Vater nicht erkrankt, wenn er nicht den Großteil seiner Portion an mich abgegeben hätte. Ich hoffe, daß es wirklich stimmt, was ich in meinen »theologischen« Debatten mit Vater Minz behauptete: daß es nach dem Tod nichts als die Aufhebung der menschlichen Existenz gibt, so daß ich nie über meine Taten Rechenschaft ablegen muß. Bis zur Niederschrift dieser Zeilen habe ich niemandem davon erzählt, nicht einmal Fredek Minz. Unsere Partnerschaft beinhaltete eine Wolldecke, nicht mehr. Ich machte mir auch keine Gedanken über die Motive des Handlangers. Hätten die Nazis sein Tun entdeckt, wäre er, ohne Gnade für sich oder seine Familie, erschossen worden. Alles drehte sich um meine Probleme und meine Überlebenschancen. Auch nach dem Tod meines Vaters legte der Mann Lebensmittelpakete in das Versteck, so lange, bis ich von Starachowice nach Auschwitz geschickt wurde, nachdem mein Fluchtversuch fehlgeschlagen war. Während der ganzen Zeit sah ich den Mann nie wieder. Die Regeln der Vorsicht schrieben vor, daß wir uns nie treffen durften.

# 5

Fünf Jahre nach Kriegsende traf ich zufällig Jadwiga, Witold Króls Tochter. Ich arbeitete damals als Journalist für *Słowo Polskie*, eine angeblich unpolitische Tageszeitung, die in Breslau erschien. Mein Job war es, die Kolumnen über die Provinz zu redigieren, und ich hatte die Aussicht auf eine baldige Beförderung zum Assistenzredakteur. Diesen schnellen beruflichen Aufstieg hatte ich nicht meinen Qualifikationen, sondern meiner Vergangenheit im Konzentrationslager und meiner jüdischen Abstammung zu verdanken. Das kommunistische Regime förderte Leute wie mich, weil es der polnisch-katholischen Intelligenzija nicht traute. Christentum und kommunistische Lehre paßten nicht gemeinsam in ein Boot. Es war nur natürlich, daß sich die Machthaber aus Mangel an Alternativen nach Menschen umsahen, die nicht tief in der polnischen Nation verwurzelt, nicht katholisch erzogen und nicht dem alten Regime verpflichtet waren. Die Gelegenheit wurde mir auf einem silbernen Tablett serviert, und es wäre dumm gewesen, sie nicht zu ergreifen. Ich hatte keine Gewissensbisse. Meinetwegen wurde niemand arbeitslos.

Als ich Jadwiga traf, war ich völlig in mein neues Leben versponnen, und ich war nicht gewillt zuzulassen, daß die junge Frau mich an Vergangenes erinnerte. Ohne jede Anstrengung meinerseits und ohne, daß ich es wußte, arbeitete in mir ein ausgefeiltes Verteidigungssystem, das alle Erinnerungen verdrängte, die meine Gegenwart belasten könnten. Ich hatte eine neue Vergangenheit erschaffen, eine kurzfristige Vergangenheit: Hinter mir lagen eine Bahnfahrt von Österreich in die Tschechoslowakei, eine Flucht aus einem Tuberkulosekrankenhaus im Tatra-Gebirge, eine erste Ehe, die nach kurzem Glück gescheitert war, und diverse Abenteuer eines zweiundzwanzigjährigen Mannes, der noch immer von der Tatsache fasziniert war, daß er, statt Cyklon B in den Gaskammern einzuatmen oder seine Lungen mit Bergluft als Wundermittel gegen Tuberkulose zu füllen, die verschmutze Luft einer Großstadt genießen durfte – das wahre Lebenselixier.

Im ersten Sommer nach dem Krieg hielten sich die Züge noch nicht an einen regulären Fahrplan. Es gab auch gar keinen. Im Büro der Bahnhofsverwaltung in Ens, einer typisch österreichischen Stadt an der Donau, saß ein russischer Leutnant, der nach billigem Schnaps roch, und er war genauso hilflos wie die Hunderte von Menschen, die auf dem Bahnsteig warteten. Zweimal fragte ich ihn, wann ein Zug nach Wien abfahren würde, und zweimal antwortete er mit einem gleichgültigen Achselzucken. Die alliierten Bomber hatten die meisten Bahnlinien zerstört, und nur ein Zug konnte entweder in östliche oder westliche Richtung fahren. Niemand kontrollierte diesen Flaschenhals. Es fehlte an Lokomotiven, Lokomotivführern und Kohle. Dutzende von Waggons, beladen mit Kriegsbeute, Gefangenen und einfachen Passagieren, warteten auf Nebengleisen. Im Buffet waren die belegten Brote und die Getränke ausgegangen, in den Toiletten häufte sich der Schmutz. Die Luft stank nach Urin.

Früh morgens hatte man mich mit einem Wagen, vor den zwei Pferde gespannt waren, hierher gebracht. Bevor ich ausstieg, gab mir der Kutscher ein in braunes Papier eingeschlagenes Paket. »Es ist von Schwester Berta«, erklärte er. Nun wußte ich auch den Namen der deutschen Frau, die mich mehrere Monate lang seit meiner Befreiung aus Mauthausen gepflegt hatte, bis ich das provisorische Krankenhaus der Roten Armee verließ.

Ich öffnete das Paket und fand amerikanische Konserven, dunkelgrüne Dosen. Auf jeder stand »Feldration für einen Soldaten – Rindfleischkonserven und zwei Zigaretten«. Ich bemerkte die gierigen Augen der Leute um mich herum und packte die Sachen schnell wieder ein. Ich war nicht hungrig. Ich war schwach. Ich setzte mich auf das Paket. Der Bahnsteig war überdacht, und an den Eisenträgern über mir hing eine elektrische Uhr. Ich beobachtete die Zeiger, wie sie sich in Minutensprüngen über das weiße Zifferblatt zwischen den römischen Ziffern bewegten. Ich war nicht ungeduldig und hastete nicht danach, einen bestimmten Ort zu erreichen; ich hatte keine Eile, den morgigen Tag kennenzulernen.

»Wo kommst du her?« Der Mann, der das fragte, war kein Österreicher. Er hatte einen bekannten Akzent: einen polnischen.

Ich sah zu ihm auf. Er war älter als ich, groß und dünn, und seine kurzen Haare verrieten seine Vergangenheit. Alle befreiten Häftlinge trugen kurze Haare. Seine Hände steckten in den Taschen einer Armeehose, seine Ziviljacke war klein, faltig und schmutzig. Unwillkürlich packte ich mein Paket fester.

»Keine Angst. Ich habe genug Proviant für eine Woche«, sagte er und wies mit den Schultern auf den Rucksack auf seinem Rücken.

Im allgemeinen fragt man einen Menschen, der auf einen Zug wartet, wo er hin will. Er aber wollte wissen, woher ich kam. Ich betrachtete das als einen Versuch der Vertraulichkeit. Ich antwortete ihm. »Henryk Ludermann«, platzte er heraus und schüttelte meine Hand. Seine war schwielig, und ihr Griff schmerzte wie der Druck eines Schraubstocks. Luderman entpuppte sich als unaufhörlicher Redner. Von dem Moment an, wo wir uns vorstellten, stand sein Mund nicht mehr still. Seine Sprache war grob, er würzte sein dürftiges Polnisch mit volkstümlichen jiddischen Ausdrücken, und während wir, wartend auf Züge, die nicht ankamen, auf der Kante des Bahnsteiges saßen, servierte er mir Auszüge aus seiner Lebensgeschichte. Er war in Krakau geboren, ein Bruder von drei Schwestern, die spurlos im Holocaust verschwunden waren. Er war gelernter Motorenwickler, ging jedoch lieber hausieren. Er hatte Juden im Stradomviertel in Krakau Ritualia und in den umliegenden Dörfern Rosenkränze verkauft, war Metzgergehilfe, bis sich die Tochter seines Arbeitgebers in ihn verliebte und die günstige Heirat ihn zum Eigentümer der Metzgerei machte. Eine einfache Erfindung zum Einspritzen von Wasser erhöhte das Gewicht der Ware, und wenn der verfluchte Krieg nicht gewesen wäre, wäre er mittlerweile sicher ein wohlhabender und respektierter Mann. Nach der Zerstörung des Krakauer Ghettos war er von Lager zu Lager gewandert, bis er in Steyr, nicht weit von dem Ort, an dem wir uns trafen, befreit wurde. Eine Weile machte er zweifelhafte Schwarzmarktgeschäfte, kaufte Pulverkaffee und Zigaretten von den Amerikanern, um sie an die Österreicher weiterzuverkaufen. Manchmal bot er den Zigarettenlieferanten auch junge, österreichische Mädchen an, bis er die Tauschgeschäfte aufgeben mußte, weil die Ganoven der Stadt ihn zu ermorden drohten. Eine österreichische Witwe, die einen Frachtkahn auf der Donau besaß, rettete ihn aus dieser Lage. Er lebte mit ihr, bis sie ihm freudig verkündete, daß er der Vater ihres Kindes sein werde. Nun war er hier, auf dem Weg nach Polen, zu der Frau, die er kurz vor dem Krieg geheiratet hatte (»wenn sie noch lebt«), zur Familienmetzgerei (»wenn sie sie nicht in der Zwischenzeit in ein Bordell verwandelt haben«).

Ich hörte zu, ohne zwischen Wahrheit und Dichtung unterscheiden zu können. Das Gerede vertrieb die Zeit, und als der Zug endlich kam, stürmten die Reisenden wie eine wilde Horde auf ihn zu. Ludermann bahnte uns einen Weg durch die Menschenmenge und half mir die Stufen in den Wagen hinauf. Wir standen im Gang, denn alle Sitzplätze waren bereits besetzt. Als der Zug anfuhr, fiel mir ein: »Ich habe keine Fahrkarte.«

»Mach dich nicht lächerlich! Halte dich eng an mich, dann gehst du nicht verloren.«

Das brauchte er nicht zweimal zu sagen. Ich klebte mich an ihn, und er nahm mich unter seine Fittiche, als ob er mich beschützen wollte. Noch brauchte ich diesen Halt, jemanden, der mir sagte, was zu tun sei und wann. Henryk Ludermann war ein Geschenk des Himmels. Als er sah, daß ich müde wurde, setzte er mich auf seinen Rucksack. Als ich Durst bekam, gab er mir einen Schluck Wein aus der Flasche, die er in seiner Jackentasche versteckt trug. Der Wein schmeckte süß. Luderman kicherte: »So fängt man an, von starken Getränken abhängig zu werden.« Bis der Zug hielt, hatte er die ganze Flasche geleert.

Der Zug machte an einer kleinen Station halt, einige Kilometer von Melkwald entfernt, und blieb dort stecken, weil die Lokomotive keinen Dampf mehr hatte. Der Lokomotivführer und seine Helfer machten sich auf die Suche nach Kohlen. Stunden vergingen. Vielleicht fanden sie nicht, was sie suchten, oder sie betranken sich in einer der Kneipen. Gegen Abend entschied Ludermann, daß auch wir aussteigen sollten, um »uns etwas die Beine zu vertreten«. Wir nahmen unsere Sachen und gingen zur Hauptstraße der Stadt. Da, wo füher der Stadtpark gewesen war, hatte sich eine Einheit der Roten Armee niedergelassen. Sie hatten ungehobelte Bretter auf mehrere Holzböcke gelegt, und auf diesen provisorischen Tischen lagen lange Papierrollen, die aus der Entfernung wie Tapeten aussahen, sich aber bei näherem Hinsehen als Rollen ungarischer Geldscheine im letzten Stadium der Fertigstellung entpuppten. Jetzt kam mir mein Russisch zugute, das ich in Frau Makowieckas und Frau Filkas Schule gelernt hatte. Mühelos konnte ich mich mit ihnen unterhalten. Auf dem langen Weg von ihrem Heimatland in das Herz Europas hatten die sowjetischen Truppen ihre Bataillonsbanner, Gipsbüsten von Lenin und Stalin mit sich getragen, so wie ihre Vorfahren Ikonen und Bilder des Zaren. Aber diese Einheit bevorzugte ein anderes Symbol. Auf ihrem Weg durch Budapest hatten die Soldaten Dutzende von bedruckten Papierrollen der staatlichen Münzstätte beschlagnahmt und auf ihre Lastwagen geladen. Unterwegs war ein Teil der Rollen durch Regen naß geworden. Deshalb hatten sie sie jetzt zum Trocknen ausgebreitet.

Ludermann befühlte das Papier und murmelte aufgeregt: »Lieber Junge, das sieht echt aus.«

»Sicher ist es Kriegsgeld und nichts mehr wert«, zweifelte ich.

»Das kann man nie wissen«, beharrte Ludermann. »Laß uns versuchen, ihnen ein oder zwei Rollen abzuluchsen. Sie sind verrückt nach amerikanischen Konserven. Du sagtest doch, die Schwester hätte dir einige gegeben.«

»Kommt nicht in Frage.«

»Warum nicht? Vielleicht gehen wir als Millionäre nach Hause.«

»Wenn diese Währung echt wäre, hätten sie sie längst für Getränke ausgegeben.«

»Du und deine Logik«, brummte Ludermann. »Wo hast du in deinem Alter nur diese Skepsis her? Glaubst du nicht an Glück?«

»Worüber redet ihr?« fragte ein Russe mit Unteroffiziersstreifen.

»Über die Zeit, die ihr an diese Arbeit verschwendet«, antwortete Ludermann schnell.

»Diese Hundertpengöscheine sind echt!« gab der Russe beleidigt zurück.

»Mach doch keine Witze. Sie sind Dreck. Aber ich hätte nichts dagegen, ein Zimmer meiner Wohnung mit diesem Papier zu tapezieren.«

»Die Dummköpfe in dieser Stadt glaubten uns auch nicht, aber es ist gutes Geld. Wir haben es in Ungarn benutzt. Wollt ihr etwas davon kaufen?«

»Wozu? Ich habe noch keine Wohnung, die ich tapezieren könnte«, antwortete Ludermann gleichgültig.

»Als Anlage für die Zukunft«, lächelte der Russe.

»Gibt es eine Zukunft?« stichelte mein älterer Freund.

»Eine Rolle für eine Flasche Wodka. Was sagst du dazu, Genosse?«

»Ich sage, daß wir keinen Wodka haben. Aber wir haben Konserven der amerikanischen Armee.«

»Wir haben nichts«, mischte ich mich ein.

»Halt' deinen Mund«, zischte Ludermann und stieß mir seinen Ellbogen in die Rippen.

»Steht auf ihnen ›Made in USA‹?« wollte der Soldat wissen.

»Natürlich steht es da. Geld kann man fälschen, Konservendosen nicht.«

»Zeig her.«

Ludermann nahm das Paket, das ich unter dem Arm hielt, und öffnete es, bevor ich mich wehren konnte. Der Soldat prüfte seinen Inhalt und war zufrieden.

»Zwei Dosen für eine Rolle«, bot Ludermann an.

»Vier.«

»Drei, und das ist das letzte Angebot.«

»Abgemacht.«

Mit unverhohlener Enttäuschung sah ich meine Dosen in dem Rucksack des Unteroffiziers verschwinden. Ludermann rollte ungefähr fünf Meter Papier auf und sagte auf jiddisch: »Laß uns verschwinden, bevor er seine Meinung ändert.«

Am nächsten Morgen nahmen wir unsere Reise wieder auf. Vierundzwanzig Stunden später kamen wir in Bratislawa, der slowakischen Hauptstadt an. Der Zug endete dort. In Bratislawa mußten wir auf eine Gelegenheit warten, nach Polen weiterreisen zu können. Wir gingen in das Bahnhofsrestaurant.

»Warte einen Moment auf mich«, sagte mein Vormund.

»Wo gehst du hin?« fragte ich besorgt. Ich hatte Angst, daß er mich verlassen würde.

Er antwortete nicht. Statt dessen nahm er die Rolle Papier und verschwand in der Menge. Eine Viertelstunde später kam er zurück, zeigte mir eine Hundertpengönote und sagte: »Ich war auf dem Klo. Ich habe sie mit dem Rasiermesser ausgeschnitten. Komm, laß uns etwas essen.«

Er schob mich zur Theke und bestellte zwei belegte Brote und zwei Bier. Die Kellnerin nahm ihm den Geldschein ab, hielt ihn gegen das Licht, faltete ihn in vier Teile und gab uns das Wechselgeld in tschechischen Kronen. Ludermann nahm die Kronen von der Theke, steckte sie in seine Tasche und sagte triumphierend: »Habe ich es dir nicht gesagt? Wir sind reich.«

Schweigend aß ich mein Brot. Der Käse schmeckte alt. Das Brot war glitschig.

»Keine Angst. Bald werden wir Kaviar essen und Champagner trinken.«

»Ich habe noch nie Kaviar gegessen und noch nie Champagner probiert.«

»Dann wird es Zeit, daß du dich an das gute Leben gewöhnst.«

»In der Zwischenzeit haben wir keinen Schlafplatz.«

»Mach keine Witze. Glaubst du denn, es gibt hier keine Hotels?« Wir nahmen uns ein Taxi. »Bring uns zur besten Adresse der Stadt«, wies Luderman den Taxifahrer an.

Argwöhnisch betrachtete der Mann in der Rezeption des Palast-Hotels unsere fadenscheinige Kleidung. »Tut mir leid, es ist nichts frei«, sagte er hochmütig.

Ludermann legte ihm eine Hundertpengönote hin.

Sofort verschwand die Arroganz aus seinem Gesicht: »Tut mir leid, ich habe ganz übersehen, daß wir doch noch ein Zimmer haben«, entschuldigte er sich.

»Wir sind an Suiten gewöhnt«, verkündete Ludermann dreist, ganz so, als käme er gerade aus dem Casino von Monte Carlo.

»Eine Suite? Aber selbstverständlich, wir haben eine herrliche Suite. Eine königliche Suite. Der Kaiser hat in ihr geschlafen, als wir noch zum Kaiserreich gehörten. Sofort schicke ich jemanden, Ihr Gepäck zu holen.«

»Wir haben kein Gepäck«, sagte mein Vormund und zog noch einen Hundertpengöschein aus der Tasche.

»Selbstverständlich. Viele Leute reisen heute ohne Gepäck. Hier ist Ihr Schlüssel. Vierte Etage, Suite 401. Der Fahrstuhl funktioniert nicht. Man hat uns versprochen, ihn zu reparieren, aber Sie wissen ja, wie das heutzutage ist. Nichts ist mehr so wie früher. Wenn Sie etwas brauchen, stehe ich Ihnen zu Diensten. Mein Name ist Václav.«

Ludermann dachte einen Moment nach und sagte dann: »Du siehst wie ein Mann aus, der weiß, wie man sein Brot verdient.«

»Ich tue mein Bestes, mein Herr.«

»Gut. Laß uns eine Flasche Champagner bringen. Und vergiß nicht, zwei Mädchen mitzuschicken, am liebsten mit großen Titten.«

»Nicht für mich!« rief ich erschreckt. »Nicht für mich.«

Ludermann sah mich verächtlich an: »Mach keine Witze, Junge. Haben wir nicht vom guten Leben gesprochen?«

»Ein anderes Mal. Ich glaube nicht, daß ich … Ich glaube … Bitte, zwing mich nicht«, flehte ich.

»Mach, was du willst. Eine Flasche und ein Mädchen, Václav, aber eines, das seine Sache versteht.«

Die Prostituierte verstand ihre Sache. Ihr Kichern war aufreizend, und Ludermanns Stöhnen verwirrte mich. Bis sie ging, tat ich kein Auge zu. Spät wachte ich auf. Es stellte sich heraus, daß die königliche Suite nur aus zwei schäbigen Zimmern bestand, aber verglichen mit den Orten, an denen ich in den letzten Jahren geschlafen hatte, war sie prunkvoll. Wir bestellten uns das Frühstück ans Bett. Mittags sahen wir uns die Stadt an und aßen üppig in einem teuren Restaurant. Ich kaufte mir fünf Hemden, einen Anzug und Schuhe. Ludermann gab mir eine kleine Summe als Taschengeld: »Du rauchst nicht, trinkst nicht und fickst nicht – also brauchst du auch kein Geld.« Ich wollte ihn daran erinnern, daß er die Banknotenrolle mit meinen Konserven gekauft hatte, aber aus Angst vor einem Streit schwieg ich. Die Schlagfertigkeit, die mich in den Lagern aus so vielen gefährlichen Situationen gerettet hatte, war mir abhanden gekommen. Eigentlich konnte ich nicht klagen. Mir gefiel es, von einem Augenblick zum nächsten zu leben. Ich nahm an Gewicht zu. Mein Gesicht wurde runder und meine Rippen stachen nicht mehr hervor wie noch vor wenigen Monaten. Mein Atem jedoch ging schwer, die Ausflüge in die Stadt erschöpften mich. Manchmal quälte mich ein Hustenanfall, und ich konnte die Blutspuren im Schleim nicht loswerden. Ich wußte, daß es offene Tuberkulose war, weigerte mich aber, einen Arzt aufzusuchen, da ich fürchtete, gegen meinen Willen in ein Krankenhaus eingewiesen zu werden, so daß Henryk Ludermann sich mit dem Geld davonmachen könnte. Außerdem hatte ich Angst davor, allein zu sein. Und doch sollte all dies viel früher eintreten, als ich es mir vorstellte.

Ich wurde bewußtlos in einem Krankenwagen zu Dr. Šimkos Sanatorium in Starý Smokovec gebracht. Hätte mich nicht eine Ohnmacht in den Straßen von Bratislawa umgeworfen, wäre es keiner Macht der Welt gelungen, mich in das weiße Gefängnis in der slowakischen Tatra einzuliefern. Als ich in einem weichen Bett in einem sonnigen Zimmer aufwachte, in einer Atmosphäre, die mich an Thomas Manns *Der Zauberberg* erinnerte, wußte ich, daß es nun für Beschwerden zu spät war.

Die Kommunisten kamen in der Tschechoslowakei erst im Februar 1948 an die Macht. Als ich in das Land kam, besaßen die Leute noch ihre Geschäfte, Immobilien waren noch nicht verstaatlicht, und Privatkliniken galten als blühende Unternehmen. Dr. Šimko hatte einen guten Ruf als Lungenspezialist, und in dem Moment, in dem ich das Bewußtsein wiedererlangte, wurde mir erklärt, daß Frau Rubin, die amerikanische Leiterin des Joint Distribution Committee in der Tschechoslowakei, sich persönlich darum gekümmert habe, daß mir die »beste Pflege« zuteil wurde. Der Krieg war an diesem schönen Fleckchen Erde vorbeigegangen, und das Gebäude, in dem der ehrwürdige Doktor regierte – ein Juwel der Bergarchitektur aus dem frühen zwanzigsten Jahrhundert – verschmolz auf wunderbare Weise mit der reizvollen Landschaft. Die Veranden blickten nach Süden auf einen tannenbewachsenen Gebirgsausläufer. Der Wald war wie ein großes günes Tuch über den Hang gebreitet, bis hinunter an die Ufer des Poprad. Vom frühen Morgen an war die Luft von dem Duft der Nadelbäume erfüllt. Nur in der Nacht stahl sich der fremde Geruch nach Desinfektionsmitteln in das Zimmer. Ich war wie eine verwelkte Pflanze, die allen Naturgesetzen zum Trotz nach einem langen Winter wieder aufblüht. Meine Knochen setzten wieder Fleisch an, die Farbe kehrte in mein Gesicht zurück und die Schwäche wich aus meinen Gliedern, aber von all dem ließ sich das Röntgengerät nicht täuschen. Ich war sehr krank. Als ich, den Anordnungen des Doktors folgend, in eine leichte Wolldecke gehüllt auf der Veranda lag und die trockene Luft in meine Lungen sog, was mir angeblich Erleichterung verschaffen sollte, versuchte ich mich zu erinnern, wann ich mich mit dieser verfluchten Krankheit angesteckt hatte. Es war mir unmöglich, den Ort oder den Augenblick zu rekonstruieren, an dem sich die Tuberkelbazillen meiner Lungen bemächtigt und begonnen hatten, das Gewebe aufzufressen und Kavernen in der Größe von Pflaumen zu hinterlassen, wie der Hausröntgenologe festgestellt hatte.

Bis zum Tag meiner Befreiung aus dem Konzentrationslager wußte ich nicht, daß ich krank war. Meine Schwäche führte ich auf die verheerende Unterernährung zurück. Und später, wie schon gesagt, wollte ich es nicht wissen. Als ich die Suche nach dem Ort und der Stunde meiner Ansteckung aufgab, begann ich, die Zeit, die ich auf der Veranda verbrachte, anhand der Pfiffe der Bergbahn zu zählen, die alle neunzig Minuten den Berg zum See Štrbské Pleso hinauffuhr, einem beliebten Ausflugsziel der Naturfreunde. Für mich war die Stille wie die Leere des Todes – der schrille Pfiff der Lokomotive hingegen, wenn sie den Berg erklomm, ein entschiedenes Lebenszeichen.

Wie ich schon sagte, wurde ich auf Kosten des Joint Distribution Committee zu Dr. Šimko geschickt, nachdem Fußgänger mich, aus dem Munde blutend, auf der Straße gefunden hatten. Hätte ich wenigstens noch einen Rest an körperlicher Energie besessen, hätte ich mich den herbeigerufenen Sanitätern nicht ergeben. Hätte ich logisch gehandelt, wäre ich längst in eine Klinik gegangen. Wochenlang hatte ich die Blutspuren in meinem Auswurf, das Fieber, das morgens in meinem Körper brannte, und das Würgegefühl, das mir manchmal die Kehle zuschnürte, ignoriert. Ich brauchte keinen Arzt für die Diagnose, aber ich wollte mich nicht mit ihr abfinden.

Als ich im Sanatorium die Augen öffnete, konnte ich der Realität nicht länger entfliehen. Das Flüstern der Ärzte, wenn sie sich über mich beugten und mit dem Stethoskop meinen keuchenden Atem belauschten, die Blicke der Schwestern, die sie jedes Mal abwandten, wenn ich die Wahrheit in ihren Augen suchte, waren deutlich genug. Die Menschheit sollte noch fünf Jahre auf die Erfindung der Wunderdroge Streptomycin warten müssen. In der Zwischenzeit hofften die Kranken im Sanatorium auf den Erfolg der Calciumspritzen, die wohltuende Wirkung des guten Klimas und auf das Eingreifen des barmherzigen Gottes. Mit diesem hatte ich jedoch noch eine Rechnung zu begleichen; den Glauben, daß ausgerechnet er mich würde heilen können, hatte ich verloren. Und ich wehrte mich gegen die Calciumspritzen, da ich die heißen Wellen nicht ertragen konnte, die danach stets meinen Körper durchfluteten. Das Fieber war eines der typischen Symptome der Krankheit. Also blieben mir nur die Bergluft und die Untätigkeit, genau so wie im *Zauberberg*. Nur, daß es keine Ähnlichkeit zwischen mir und Hans Castorp gab. Ich mußte nicht aus Spekulationen über die Zeit, das Leben und den Tod erwachen und sofort in einen grausamen Krieg ziehen. Bei mir verliefen die Ereignisse genau in umgekehrter Reihenfolge und damit waren auch die Schlußfolgerungen andere. Ich betrachtete meinen Aufenthalt im Sanatorium als tatenloses Warten auf einen sauberen, eleganten und diskreten Tod. Diejenigen, die starben, wurden nachts vom Personal Dr. Šimkos beiseitegeschafft, damit sie nicht an der Ästhetik des Ortes und möglicherweise an seinem guten Namen rührten. Beim Frühstück taten wir dann so, als bemerkten wir die leeren Plätze im Speisezimmer nicht.

Mehr als alles andere fürchtete ich, sterben zu müssen, ohne den Geschmack des wirklichen Lebens gekostet zu haben. Ich wußte doch noch nicht einmal, was richtiges Leben eigentlich bedeutete. Den Alltag und die Routine meines Elternhauses vermißte ich nicht; das war nicht das Modell, von dem ich mich leiten lassen wollte. Ich träumte von einem großen, ständigen Abenteuer, ohne daß ich hätte sagen können, was ich damit meinte. Ich wünschte mir ein Leben voll von Wagnissen, Herausforderungen, Interessen und Inhalten, hatte jedoch keine Vorstellung davon, in welche Interessen und Inhalte ich mich vertiefen wollte. Diese verwirrten Sehnsüchte, verstärkt noch durch das sichere Gefühl, daß mir keine Zeit blieb, brachten mich auf eine Idee, die Dr. Šimko nicht ablehnen konnte. Der Direktor des Sanatoriums vermied Gespräche mit seinen Patienten. Er verzog sich meist in ein kleines Zimmer im zweiten Stock, das von einer Sekretärin, die wie die Schwestern einen weißen Kittel trug, bewacht wurde. Ich überlistete sie, indem ich ihr sagte, daß ich in einer Angelegenheit bestellt sei, die nichts mit medizinischer Behandlung zu tun habe, nutzte ihr Zehnsekundenzögern und platzte in das Zimmer des Direktors, bevor sie mir den Weg verstellen konnte. Dr. Šimko hob die Augen von dem Blatt, das er gerade las, und sah mich mit offensichtlichem Erstaunen an.

»Keine Angst, Doktor«, beruhigte ich ihn schnell. »Ich bin nicht gekommen, um mich zu beschweren, auch nicht, um um etwas zu bitten. Ich bin gekommen, um Ihnen einen Vorschlag zu machen.«

Ich sprach Slowakisch zwar nicht fließend, doch Dr. Šimko konnte mich mühelos verstehen. Jedenfalls genügten schon die wenigen Worte, um ihn seine Augenbrauen heben und mit den Armen fuchteln zu lassen, so als ob er von vornherein jedes Gespräch ablehnen wollte, das er nicht selbst eingeleitet hatte. Ich war jedoch entschlossen, nicht von dort wegzugehen, bevor es zu einer Verständigung gekommen war, und fuhr fort, als redeten wir über ein Thema, über das wir uns schon lange einig waren.

»Das Joint Distribution Committee zahlt für mich nach dem gegenwärtigen Wechselkurs zweihundertfünfzig Dollar im Monat … einen Moment Doktor, lassen Sie mich ausreden … Ich bin es schon lange leid, in diesem Kurort herumzusitzen, aber ich könnte mir vorstellen, daß Sie es nicht leid wären, die gute Bezahlung auch nach meinem Verschwinden weiter einzustreichen.«

»Du kannst nicht gehen. Du bist krank.«

»Und? Wollen Sie die Polizei holen und mich mit Gewalt hierbehalten?«

»Ich bin es nicht gewöhnt, so mit mir reden zu lassen.«

»Was meinen Sie«, fragte ich, ohne von seinem Einspruch Notiz zu nehmen, »was würden Sie sagen, wenn ich das Krankenhaus verließe, ohne das Büro des Joint Distribution Committee in Bratislawa davon in Kenntnis zu setzen? Die Dollars werden weiter in Ihre Kasse fließen, und wir teilen uns den Gewinn, halbe – halbe, wie gute Christen.«

»Ich habe noch nie so ein unverschämtes Angebot gehört.«

»Ein kleines Vögelchen hat mir ins Ohr geflüstert, daß Sie warten, bis Sie die Todesfälle melden, um ungesetzlich weiterhin das Geld zu bekommen. Und Sie wollen mir doch nicht erzählen, daß Sie nicht auch nach meinem Tode die grünen Scheine weiterzählen werden. Ich habe allerdings nicht die Absicht zu sterben. Im Gegenteil.«

»Du meinst das doch nicht ernst.«

»Ich habe ernsthaft über jedes Wort nachgedacht, Herr Doktor.«

»Du hast mich grundlos und schwer beschuldigt.«

»Ich habe einen Vorschlag gemacht.«

»Ihr seid eine halsstarrige und gefährliche Rasse.«

»Das war ein Zitat aus den Schriften Tisos.«

»Tiso war Präsident der Nazi-Slowakei. Ich habe mich nie mit Politik befaßt. Ich bin Arzt.«

»Nun?«

»Ich nehme deinen Vorschlag unter energischem Protest an. Du hast offene Tuberkulose. Draußen wirst du kaum länger als einen Monat überleben, höchstenfalls zwei. Aber ohne Lebensunterhalt gebe ich dir nicht mehr als zwei Wochen.«

Bis zum Ende meines Aufenthaltes in der Tschechoslowakei mußte sich Dr. Šimko das Geld mit mir teilen, das die ahnungslose Frau Rubin jeden Monat mit der Präzision einer Schweizer Uhr schickte. Ich fand jedoch schnell heraus, daß diese Hälfte zur Finanzierung meiner Launen nicht ausreichte. Und wie immer in meinem Leben, kam mir das Schicksal zu Hilfe. Eines Tages klopfte plötzlich ein Herr Herschkowitz an die Tür der Einzimmerwohnung, die ich in einem der schönsten Häuser der Gegend gemietet hatte, und stellte sich als Kleinhändler aus Kežmarok vor, einer Stadt, in der viele ungarische Juden lebten. In dem Moment, als er den Mund öffnete, um mir den Grund seines Besuches zu erklären, wußte ich, daß er die Lösung meiner Geldprobleme bedeutete.

»Ich habe gehört, daß du Tuberkulose hast«, sagte er ohne Umschweife und setzte sich unaufgefordert auf die Kante meines Sofas. Ich nickte.

»Du kannst eine gute Tat vollbringen und wirst ordentlich dafür bezahlt werden.«

»Ich bin nicht an guten Taten interessiert.«

»Du bist ein Mann nach meinem Herzen«, lächelte Herr Herschkowitz. »Ich werde dir die Sache erklären. Mein Sohn ist gerade achtzehn Jahre alt geworden und will nach Palästina auswandern. Er könnte schon unterwegs sein, wenn ihn nicht seine Wehrpflicht davon abhielte. Nur die, die eine ansteckende Krankheit haben, haben eine Chance, befreit zu werden. Ich sehe, daß du langsam verstehst ...«

»Wenn Sie geglaubt hätten, ich sei ein Dummkopf, wären Sie nicht zu mir gekommen.«

»Das stimmt. Der Schneider in Smokovec erzählte mir, daß du ein kluger Junge bist und daß es nicht schwer für uns sein dürfte, eine gemeinsame Sprache zu finden. Er ist der Schneider, dem du das Geld für zwei Anzüge schuldest. Ich habe ihn bereits bezahlt. Ich hatte keine Ahnung, daß er so teuer ist.«

»Teuer, aber er versteht etwas von seinem Fach. Ich habe einmal einen Aphorismus gehört und mich entschlossen, danach zu handeln: Das Leben ist schön, aber teuer; es kann billiger sein, aber dann ist es nicht so schön ... Was meinen Sie, Herr Herschkowitz?«

»Das ist nicht die Philosophie eines Geschäftsmannes.«

»Ich bin kein Geschäftsmann. Aber diesmal habe ich ausnahmsweise etwas anzubieten, und Sie sind interessiert, es zu kaufen. Nun müssen wir nur noch den Preis festsetzen.«

»Nach welchen Kriterien?«

»Nach Angebot und Nachfrage.«

»Es besteht kein Mangel an Tuberkulosekranken hier.«

»Wie viele sind im Wehrdienstalter? Wie viele haben pflaumengroße Kavernen? Wie viele sind bereit, das Risiko einzugehen?«

»Sagtest du nicht, du seist kein Geschäftsmann? Hast du das nicht gesagt?«

## 6

Die Familie Herschkowitz besorgte mir einen falschen Ausweis und schickte mich nach Prag, denn in der nahen Umgebung, in der jeder jeden kannte, wäre die Täuschung schnell aufgefallen. Nach tschechischem Gesetz mußte ein Wehrpflichtiger sich in dem Ort melden, in dem er die letzten drei Monate gewohnt hatte. Also füllte ich auf dem Einwohnermeldeamt Formulare aus und blieb in süßer Erwartung in Prag, in dem Hotel, das Herr Herschkowitz für mich ausgesucht hatte. Das Hotel, eigentlich eine zweitklassige Pension, lag in der Nähe des Stadtzentrums, nur fünf Minuten Fußweg vom Wenzelsplatz entfernt, wo sich die meisten Cafés und Kinos der Stadt befanden. Zimmer und Verpflegung waren im voraus bezahlt. Und trotzdem ließ mir das Abkommen mit Herschkowitz genügend Geld übrig, um meinen Vergnügungen nachgehen zu können. Im Grunde machte ich mir auf Kosten eines Bewerbers für die Einwanderung nach Palästina, dessen Gesicht ich nie gesehen hatte, ein gutes Leben. Als der Tag der Musterung kam, erklärte ich den Mitgliedern der ärztlichen Kommission, nicht ohne Frechheit und in sehr schlechtem Slowakisch, daß ich nur meinem Heimatland dienen und, wenn nötig, auch gern mein Leben für die Tschechische Republik einsetzen wolle. Der Vorsitzende beruhigte mich: Ein dritter Weltkrieg stehe im Moment nicht in Aussicht. Die Ärzte tasteten meinen Körper ab, maßen meine Temperatur und schauten sich meine Lungen an. Es ist anzunehmen, daß die Ergebnisse der Röntgenaufnahmen sie einigermaßen erstaunten; mit unverhohlener Verblüffung fragten sie, warum ein Wehrpflichtiger in dieser Verfassung nicht im Krankenhaus sei und stellten mir ohne weitere Untersuchungen den Befreiungsschein aus, auf den die Familie Herschkowitz so sehnsüchtig wartete.

Zum ersten Mal in meinem Leben war ich unabhängig und ohne elterliche Aufsicht. Die neue Freiheit hatte eine berauschende Wirkung. Ich sprang ins Wasser, ohne schwimmen zu können, und als ich sah, daß ich nicht ertrank, kletterte ich sofort auf ein höheres Sprungbrett. Ich kümmerte mich nicht um meine Gesundheit, lebte ein verschwenderisches Leben, stattete meine Garderobe aus, wie es sich für einen jungen Mann gehört, der ein neues Kapitel seines Lebens beginnt, wurde selbstverständlich ein häufiger Besucher von Bars, schicken Restaurants und den tschechischen Kurorten, die gerade *en vogue* waren, und investierte nicht unbeträchtliche Summen in den aussichtslosen Versuch, das Herz der Frau eines polnischen Diplomaten zu gewinnen, die fünfzehn Jahre älter war als ich.

Zweiundvierzig Jahre später wurde ich in einem Interview gefragt, ob der Hedonismus, den der Journalist in mir als Charakteristikum zu entdecken meinte, vielleicht eine Art Kompensation für das Leiden in den Jahren des Holocaust sei. »Ich glaube nicht«, antwortete ich. »Ich bin gerade von äußerst angenehmen Ferien auf den hawaianischen Inseln zurückgekehrt. Im »Hyatt«, in dem ich gewohnt habe, habe ich viele Leute getroffen. Die meisten besaßen schnellere Autos, waren modischer gekleidet und öfter verheiratet gewesen als ich, aber, soviel ich weiß, hatte keiner von ihnen den Holocaust durchlitten. Wo liegen also Ihrer Meinung nach die Ursachen für die Lebenslust dieser Menschen?«

Ich glaube, selbst Freud ist es nicht gelungen, sich selbst zu analysieren; dennoch meine ich, daß ich damals nicht die Wahrheit, die ganze Wahrheit und nichts als die Wahrheit gesagt habe. Wie auch immer, 1948 jedenfalls war ich mir der Tatsache vollkommen bewußt, daß ich mich in einem grausamen Wettlauf mit dem Tod befand und mich sehr beeilen mußte, wenn ich den Nektar des Lebens noch genießen wollte. Kein Wunder also, daß mir ohne die großzügige Unterstützung durch Herrn Herschkowitz bald, wie man heute sagen würde, »das Kleingeld ausging«. Ich mußte dringend eine neue Einnahmequelle finden, und ich erinnerte mich an meinen Großvater, der fast ein halbes Jahrhundert, bevor ich das Licht der Welt erblickte, in die Vereinigten Staaten ausgewandert war. In meiner Kindheit hatte ich endlose Geschichten über ihn gehört. Ostgalizien war Salomon Rosenwiesen zu klein geworden, und so verließ er etwa ein Jahr vor Ausbruch des Ersten Weltkriegs seine Frau und seine zwei Kinder: meine Mutter und ihren Bruder Max. Er vermachte meiner Großmutter einige Bohrtürme in der Provinz Borysław, und erst als er die Grenze des österreichisch-ungarischen Kaiserreiches bereits überschritten hatte, stellte sich heraus, daß die Ölquellen, die sie eigentlich hatten unterstützen sollen, versiegt waren. Der letzte Tropfen Öl war schon lange, bevor

Großvater Salomon auszog, die Welt zu erobern, herausgepumpt worden. Nachdem er zunächst in der Schweiz das Uhrmacher-handwerk erlernt hatte, zog er später in die Vereinigten Staaten weiter, um durch den Verkauf billiger Uhren an Schwarze und Arme reich zu werden. Einmal im Jahr schickte er mir eine Zehn-dollarnote zum Geburtstag, und in meiner Einfalt konnte ich kei-nen Grund erkennen, warum er mir, seinem einzigen Enkel, einem Überlebenden des Holocaust, nicht helfen sollte. Das erste Mal in meinem Leben segnete ich meinen Englischlehrer Rosenstein, ohne dessen Hartnäckigkeit ich nicht in der Lage gewesen wäre, den rührenden Brief an meinen Großvater zu schreiben.

Ich füllte drei Seiten, um das Herz und den Geldbeutel des Großvaters, den ich nie gesehen hatte, zu öffnen. Erst als ich un-terschrieb, fiel mir ein, daß ich seine Adresse gar nicht kannte. Viele Leute fanden Angehörige durch das Rote Kreuz, aber die Schneider, Gastwirte, Restaurantbesitzer und meine neue Prager Hauswirtin ließen mir nicht die Zeit für eine lange Suchaktion. Die Schulden wuchsen und der Druck nahm zu. Ich weiß nicht, wie ich mich aus der Affäre gezogen hätte, hätte ich mich nicht an meine schlechte Angewohnheit aus Kindertagen erinnert, in dem Schreib-tisch meines Vaters herumzuwühlen. Ich hatte nicht nur mit Brief-marken von den Liebesbriefen meiner Eltern mein Album gefüllt, sondern auch mit denen, die auf den Umschlägen der Bank kleb-ten. Das kindliche Gehirn hatte ihren Namen in einer seiner grauen Zellen gespeichert: First National Bank of Wisconsin, Mil-waukee. So schickte ich Großvater meinen Brief über die Bank. Auf einem gesonderten Blatt Papier appellierte ich an das Gewis-sen des Bankdirektors. Jedes Jahr im Januar, schrieb ich, habe Herr Rosenwiesen die Bank angewiesen, mein Geburtstagsgeschenk nach Polen zu überweisen, so daß er ein regelmäßiger Kunde der First National gewesen sein müsse. Ich schloß: »Ich wäre Ihnen sehr dankbar, Herr Generaldirektor, wenn Sie meine verzweifelte Bitte an ihn weiterleiten könnten.«

Mit der nächsten Post bekam ich einen Hundertdollarscheck. Nein, nicht von meinem Großvater. Mein Brief hatte den amerika-nischen Bankier so gerührt, daß er sich entschloß, mir aus eigener Tasche erste Hilfe zu leisten, auch »wenn wir nicht mehr die Ehre haben, Herrn Rosenwiesen zu dienen, da er seinen Wohnsitz in ei-nen Staat im Süden der USA verlegt hat.« Er versprach, sein Bestes zu tun, um meinen Großvater oder andere Angehörige ausfindig zu machen. Einen Monat später überraschte mich der Postbote mit einem neuen Brief aus den Vereinigten Staaten. Herr Levenauer, ein Kunde der Bank und Eigentümer des Kaufhauses Stewart in Milwaukee, schilderte in bewegten Worten die komplizierte Blutsverwandtschaft, die uns über Generationen hinweg verbinde. Ich glaube, sein Vater und mein Urgroßvater waren Cousins. All das hätte mich wenig interessiert, wäre da nicht sein Versprechen gewesen, mich zu unterstützen, solange meine schlechte Gesundheit es mir nicht erlaubte, auf eigenen Füßen zu stehen. Von diesem Tag an trafen seine Schecks in regelmäßigen Abständen ein; ein hübscher Zuschuß zu dem »Taschengeld«, das Dr. Šimko mir pünktlich aus Starý Smokovec schickte.

Großvater Salomon wurde endlich in Biloxi, Mississippi, gefunden, wo er jetzt wohnte, und er überhäufte mich mit langen Briefen, in denen er sich ausführlich über die Dummheit meiner Eltern ausließ, die mit ihrem Leben dafür bezahlten, daß sie seinen Rat, zeitig aus Europa auszuwandern, nicht befolgt hatten. Von genauen Anweisungen abgesehen, was man im Sommer und was im Winter anzuziehen habe und wie man seinen Stoffwechsel mit der richtigen Diät fördere, bekam ich nichts von ihm. Später erfuhr ich, daß er zu dieser Zeit gerade ein fünfundzwanzigjähriges amerikanisches Mädchen geheiratet hatte und sich nicht mit einem lästigen Enkel abgeben konnte, der offenbar durch einen bedauerlichen Irrtum des Schicksals überlebt hatte.

Ich weiß nicht, wie ich meine Angelegenheiten gemeistert hätte, wären nicht unerwartet die tschechischen Behörden dazwischengekommen. Im April 1947 fand die Polizei bei einer Routineüberprüfung in einem Landgasthaus, in dem ich gerade aß, heraus, daß ich mich ohne Aufenthaltsgenehmigung in der Tschechoslowakei aufhielt. Den Ausweis des jungen Herschkowitz hatte ich sofort nach der Musterung zerstört. Alles, was ich jetzt noch besaß, war die Bescheinigung meiner Befreiung aus dem Lager Mauthausen von der amerikanischen Armee, die den wackeren Vertretern des Rechts aber offensichtlich nicht genügte. Sogar Bestechung nutzte nichts. Später, während des Verhörs, versuchte ich den Einwanderungsbeamten davon zu überzeugen, daß meine angeschlagene Gesundheit es nicht verkraften würde, von einem Ort zum anderen geschickt zu werden, doch er zeigte nur Verachtung für das von Dr. Šimko unterzeichnete Attest. Meine Bitte, auf tschechischem Boden bleiben zu dürfen, wurde abgelehnt. Zwei tschechische Polizisten begleiteten mich in einem Zug bis zur Grenzstadt Teschen, wiesen auf die Brücke und befahlen mir hinüberzugehen. Ich nahm meine zwei Koffer, die meine ganze Habe enthielten, und marschierte zum Nordufer der Olsa. Die Polizisten verfolgten mich mit ihren Blicken, bis ich die Baracke erreichte, über der die weiß-rote Flagge der Volksrepublik Polen wehte.

Ein Jahrzehnt war vergangen, seit ich zuletzt diese Brücke überquert hatte. Damals war ich ein Junge mit zwei gestohlenen Kronen in der Tasche. Nun steckte eine prall gefüllte Brieftasche in meinem maßgeschneiderten Sportsakko; in meinen durchlöcherten Lungen schmuggelte ich den Tuberkelbazillus nach Polen.

Mein Vater hatte einen Bruder und vier Schwestern. Sie alle gründeten große Familien. Der Holocaust forderte seinen Tribut, und außer Onkel Marian, seiner Frau Niusia, und ihrem gemeinsamen Sohn Eduard war keiner meiner Verwandten in Europa am Leben geblieben. Die Geschichte Marians und seiner Familie zeigt, wie die Macht des Zufalls das Schicksal eines Menschen bestimmen kann. Als der sowjetische KGB nach Flüchtlingen fahndete, die in Lemberg Zuflucht vor dem Nazi-Terror gesucht hatten, waren mein Vater und sein Bruder Marian in einer Dachkammer verborgen. Aus irgendeinem Grund entschloß sich Onkel Marian, aus dem Versteck zu kommen und sich zu ergeben. Marian und der Rest seines Haushaltes wurden festgenommen und von den Russen in den Ural verbannt, in eine Kolonie für »Halbgefangene«. Nach dem Ende des Zweiten Weltkriegs durften sie nach Krakau zurückkehren und die Apotheke, die ihnen vor dem Krieg gehört hatte, wieder in Besitz nehmen. Onkel Marian hatte Erfolg als Apotheker, das Geschäft blühte, und als es zwei Jahre später verstaatlicht wurde, wanderte er nach Palästina aus. Er erzählte mir eher zufällig von seiner Absicht, Polen zu verlassen, allerdings ohne ein Datum anzugeben oder Einzelheiten zu nennen. Zu der Zeit lag ich in einem Sanatorium in Niederschlesien. In der Regel fuhr ich einmal im Monat zu einem kurzen Besuch nach Krakau, meist, um mich um das Erbe zu kümmern – ein Wohnhaus, das Großvater und Großmutter gehört hatte. »Ich würde gern in Krakau wohnen«, erzählte ich meinem Onkel bei einer dieser Gelegenheiten und bot ihm an, sein Zimmer zu übernehmen, wenn er nach Palästina auswanderte. »Du weißt, daß ich mir den Marktpreis dafür leisten kann«, fügte ich rasch hinzu, damit er nicht glaubte, ich sei auf eine Ermäßigung aus, nur weil wir verwandt waren. »Wir werden dir Bescheid sagen, wenn die Zeit gekommen ist«, versprach meine Tante. Doch als ich das nächste Mal kam, fand ich fremde Mieter in ihrem Heim vor. Sie waren spurlos verschwunden. Nicht einmal eine Postkarte schickten sie aus Israel. Die Verbindung war abgebrochen.

Für mich war es selbstverständlich gewesen, nach meiner Abschiebung aus der Tschechoslowakei meine Verwandten aufzusuchen. Von ihnen abgesehen, kannte ich in Polen keine Menschenseele. Der Empfang indes war, milde gesagt, nicht besonders herzlich. Ein Eishauch ging von allem aus, was Tante Niusia tat. Vergeblich versuchte ich herauszufinden, wo ich gesündigt hatte, warum sie mich nicht willkommen hießen. Ich hatte keine Ahnung, daß sie einen alten Groll gegen meinen Vater hegten, den sie offenbar auf mich übertragen hatten. Die Aktien der Nationalbank, die meine Zukunft sichern sollten, waren das Papier nicht wert, auf dem sie gedruckt waren. Die neue Regierung hatte die finanziellen Verpflichtungen ihrer Vorgängerin nicht anerkannt. Trotzdem hatte ich keine Geldsorgen. Ben Levenauer schickte mir weiterhin großzügige Schecks. Das einzige, nach dem ich mich wirklich sehnte – auch wenn mir das damals nicht bewußt war –, war ein Rahmen, der mir das Gefühl vermittelte dazuzugehören, geborgen zu sein. Ich suchte eine Familie, aber ich fand sie nicht. Erst als mein Onkel und meine Tante, beide in hohem Alter, gestorben waren, verriet Onkel Max, der Bruder meiner Mutter, mir den Grund für ihr Verhalten. In seiner Jugend hatte mein Vater Niusias Annäherungsversuche abgelehnt und meine Mutter geheiratet. Niusia, die daraufhin seinen Bruder zum Mann nahm, verzieh ihm das nie. »Gekränkte Frauen sind wie Dynamit: Sie tragen einen emotionalen Sprengsatz mit sich herum«, behauptete Onkel Max. Es war zu spät, diese Erklärung zu überprüfen. Vielleicht war ich gleichsam die lebendige Erinnerung an ihre Enttäuschung, als ich in ihrem Haus auftauchte. Wie auch immer, jedenfalls wies sie mir mit einem nicht unberechtigten Vorwurf die Tür: »Deine ansteckende Krankheit gefährdet meine Kinder.« Ich frage mich, ob ihr das geholfen hat, ihr Jugendtrauma zu überwinden.

Innerhalb weniger Tage sorgte Onkel Marian dafür, daß ich in ein Sanatorium eingeliefert wurde, das von einer jüdischen Gesundheitsorganisation geleitet wurde. Es lag in einem netten Ort in Niederschlesien, einer Gegend, die nach dem Sieg der Alliierten von Polen annektiert worden war und deren deutsche Einwohner zum großen Teil ausgewiesen wurden. Auch aus dem Sanatorium hatte man die ursprünglichen Insassen herausgeholt, und da die kommunistische Regierung die jüdische Gemeinde noch nicht den Parteibehörden unterstellt hatte, wurde der Besitz der Organisation zur Verfügung gestellt. Trotz der schönen Gegend und der wiederholten Warnungen meines Onkels, nicht wieder den gleichen Fehler zu machen und wegzulaufen, hatte ich nicht vor, auch nur einen einzigen unnötigen Tag dort zu verbringen. Alles erinnerte mich an meine Tage in Starý Smokovec. Vielleicht schrieb ich deswegen noch am ersten Tag an Frau Rubin vom Joint Distribution Committee, daß sie die Zahlungen an Dr. Šimko einstellen möge.

Am zweiten Tag lernte ich Gitta kennen.

Gitta war sechs Monate älter als ich. Hübsch und lächelnd, strahlte sie eine Offenheit aus, die Zuneigung hervorrief. Sie arbeitete als Krankenschwester und lebte allein in einer kleinen Wohnung, zwei Zimmer mit Küche, in einem der nahegelegenen Häuser. Ein enger Pfad wand sich vom Hintereingang des Sanatoriums den Hügel hinauf bis zu ihrer Tür. Es dauerte eine Woche, bis ich mich nach gegenseitigem Anlächeln und hastigen Umarmungen zu ihrem Haus aufmachte. Und selbst dann tat ich es nicht aus eigener Initiative.

Gitta war eine jener Frauen, die ihrem Verlangen freien Lauf lassen. Es war mir klar, daß sie mich mochte. Sie versteckte ihre Gefühle nicht. Wenn ich heute ein Photo betrachte, das damals aufgenommen worden ist, sehe ich eine Gestalt, halb Junge und halb Mann, dünn und groß, den Körper noch nicht vom Alter gebeugt, mit schwarzen Haaren, Locken auf der Stirn, mit neugierigen, großen braunen Augen, umsäumt von langen Wimpern, die sich bei Liebeswerbungen als äußerst vorteilhaft erwiesen. Die Lippen sind dünn, nicht sinnlich, aber sie zeugen von Entschlossenheit, vielleicht sogar Hartnäckigkeit, und das gezwungene Lächeln stellt Verachtung zur Schau. Auf einer anderen Photographie, aufgenommen in einem professionellen Studio, drückt sich das Selbstbewußtsein in einer kühnen Pose aus: die eine Hand auf ein Geländer gelegt, die andere auf meine Hüfte gestützt. Gekleidet in Reithosen eines Kavallerieoffiziers und hohe Stiefel, benötigte ich in dieser Phase meines Lebens offenbar äußerliche Symbole, um meine Männlichkeit hervorzuheben. Und es scheint gewirkt zu haben, denn Gitta, meiner fehlenden Entschlußkraft wegen am Ende ihrer Geduld, sagte schlicht: »Komm heute abend auf einen Schluck zu mir und bring deinen Schlafanzug mit.«

Ich erzählte ihr nicht, daß es für mich das erste Mal war; mit ihrer weiblichen Intuition fand sie es ohnehin sofort heraus. »Entspann dich, wir haben noch das ganze Leben vor uns«, flüsterte sie, als meine wilden Umarmungen, die meine Schüchternheit vertuschen sollten, die Erfüllung verhinderten. Wir tranken. Der Biergeruch und der Duft nach Lavendel vermischten sich. In meinem Kopf drehte sich alles; ich war Alkohol nicht gewöhnt. Gitta war es, die den Fortgang der Dinge bestimmte. Sie führte mich ins Schlafzimmer, zog mich aus, legte mich aufs Bett und ritt mich mit Bewegungen, die an einen Zeitlupenfilm erinnerten. Mein Körper feierte das Fest der verlorenen Unschuld. Schweißgeruch ersetzte den Lavendelduft. Im Zauber der Leidenschaft, als ich in Stücke zersprang, fand ich das Geheimnis der Verwirklichung. Ich küßte sie. »Bleib heute nacht hier«, sagte sie. Es war keine Frage, sondern eine Feststellung. Im ersten Licht des nächsten Morgens betrachtete ich ihren nackten Körper mit dem Erstaunen eines Kindes, das eine neue Wahrheit entdeckt. Jeden Tag für den Rest meines Lebens wollte ich so aufwachen. Es kam mir nicht in den Sinn, daß es süße Träume gibt, die nur einen kurzen Augenblick in unserer Erinnerung verweilen und trotz unserer Bemühungen, sie festzuhalten, davonfliegen wie ein aus dem Käfig befreiter Vogel.

Gitta – ein Kosename für Margarita – wurde im östlichen Teil Polens geboren, als Tochter eines einfachen Soldaten und eines Mädchen vom Lande. Ihr Vater verschwand spurlos zu Beginn des Zweiten Weltkriegs, als die Rote Armee in Polen einmarschierte und fast jeden in Gefangenschaft nahm, der eine Uniform trug. Zwar gab es keinen Beweis, aber Gitta glaubte, daß er von den Bolschewiken ermordet und in einem Massengrab in Katyn begraben worden war. Ihre Mutter wurde als Feindin der Revolution nach Sibirien verbannt. Gitta und ihre zwei Jahre jüngere Schwester rührten sie jedoch nicht an. Die Schwester war in einem Internat, nur wenige Kilometer vom Sanatorium entfernt, untergebracht und besuchte uns gewöhnlich einmal im Monat. Eines Abends, als wir gemütlich zusammensaßen und uns über alles mögliche unterhielten, nur um das Gespräch nicht einschlafen zu lassen, kamen die beiden Schwestern auf eine verrückte Idee.

70

»Warum schreibst du nicht an den Genossen Stalin und bittest ihn, unsere Mutter freizulassen?« fragte Teresa.

»Ja, warum nicht?« warf Gitta ein. Der Vorschlag war in meinen Augen kompletter Unsinn.

»Glaubt ihr wirklich, daß er nichts Besseres zu tun hat, als Bittbriefe von Töchtern zu lesen, die ihre Mutter suchen?«

»Du kannst Russisch; es kann dir doch egal sein, schreibe in unserem Namen«, beharrte Teresa. Es war sinnlos, mit ihr zu streiten. Also verfaßte ich einen langen, herzzerreißenden Brief mit vielen Fehlern, denn mein Russisch war alles andere als gut. Die Schwestern unterschrieben, ohne zu wissen, was darin stand.

»Schade um die Briefmarke«, spottete ich. Der Brief wurde eingeschrieben abgeschickt. Der Postbeamte am Schalter sah mich verwundert an, als ich den Brief vor ihn hinlegte und nonchalant sagte: »Per Luftpost bitte.« Er muß geglaubt haben, ich sei verrückt geworden. Kein normaler Mensch in Polen adressierte einen Umschlag mit: »Generalissimus Josef Wissarionowitsch Stalin, Kreml, Moskau«.

Im Sommer verabschiedete ich mich von dem Chefarzt und zog ins Haus meiner Geliebten. Die neue Situation gefiel mir; ich war das Familienoberhaupt geworden. Ein gemeinsamer Bekannter, der zum Direktor einer Porzellanfabrik ernannt worden war, bot mir an, sein Assistent zu werden. Die Fabrik war in Mieroszów, Friedland, etwa zehn Kilometer entfernt, so daß ich einen guten Vorwand hatte, mir ein Motorrad anzuschaffen. Für acht Stunden am Tag war ich nun ein wichtiger Mann, der hinter einem großen Schreibtisch saß und Dokumente unterzeichnete, von deren Sinn und Zweck er nichts verstand. Der Pförtner am Tor begrüßte mich mit »Guten Morgen, Herr Direktor«, die Arbeiter nahmen ihre Mützen ab, wenn ich über den Fabrikhof ging, und der Bürgermeister des Ortes lud mich zur Feier des Unabhängigkeitstages ein. Ich war stolz wie ein junger Pfau.

Zu Beginn des Herbstes geschah das Unglaubliche. Die Tage waren kürzer geworden und es war schon dunkel, als ich von der Arbeit kam. Ich liebte die kurzen Augenblicke, wenn der Tag sich der Nacht ergab und trotz der frühen Stunde schon das Licht eingeschaltet werden mußte; wenn die Lampe eine warme, heimelige Stimmung erzeugte, die sich langsam im ganzen Zimmer ausbreitete. Gitta besuchte eine Nachbarsfrau, Aldous Huxley und ich erwogen die geistigen Werte einer schönen neuen Welt, als die Türglocke plötzlich klingelte. Unwillig legte ich das Buch zur Seite. An der Tür stand der Postbote.

»Ein Eilbrief für Ihre Frau«, sagte er und überreichte mir einen langen, braunen Umschlag, der in der oberen linken Ecke mit Hammer und Sichel und einem Aufdruck versehen war: Kanzlei des Generalissimus Josef Stalin, Kreml, Moskau. »Unterschreiben Sie hier«, sagte er. Seine Hand zitterte, als er mir das Formular entgegenhielt. Der Briefträger wartete still, bis ich einen Bleistift fand, und auch, als ich unterschrieben hatte, rührte er sich nicht von der Stelle, als ob er den großen Moment mit mir teilen wollte. Erst nachdem ich ihm ein großzügiges Trinkgeld in die Hand geschoben hatte, legte er zwei Finger an seine Mütze und machte sich auf den Weg. Ich schloß die Tür hinter ihm ab, schob die Spitze des Bleistifts in die Umschlagklappe und riß sie der Länge nach auf. Stalins Kanzleichef, Unterschrift unleserlich, hatte die angenehme Ehre, die Töchter der Bürgerin Maria Pisula zu informieren, daß Anweisung gegeben worden sei, die Mutter zu finden und ihr im Rahmen des humanitären Programms zur Familienzusammenführung die Rückkehr in ihr Heimatland zu ermöglichen.

Spät abends fuhren wir zum Internat, um der kleinen Schwester die freudige Nachricht zu bringen. Ich mußte Teresa den Brief dreimal übersetzen, bevor sie den Inhalt verstand. Dann platzte sie heraus:

»Mutter wird sich umbringen, wenn sie herausfindet, daß ihr in Sünde lebt!«

»Noch haben sie sie nicht gefunden. Laß uns die Brücke überqueren, wenn wir sie erreichen«, sagte ich beschwichtigend.

Aber Teresa beruhigte sich nicht. »Wirst du ihr sagen, daß Roman Jude ist?« fragte sie.

»Natürlich nicht«, brauste Gitta auf. »Ich hoffe, daß du dein großes Maul hältst.«

»Alle Nachbarn wissen es. Du kannst nicht jedem den Mund verbieten.«

»Ich habe keine Wahl, kleine Schwester, ich muß selbst damit fertig werden.«

»Und Mutter? Wie wird sie damit fertig werden?«

»Ich weiß es nicht.«

»Warum heiratet ihr nicht? Der Priester in Mieroszów wird euch ohne Probleme trauen.«

72

»Du hast sehr schnell vergessen, daß ich Jude bin«, sagte ich sarkastisch.

»Er braucht es ja nicht zu wissen«, lächelte sie.

»Wenn es nötig ist, heiraten wir«, entschied ich.

Gitta blickte mich mit offenem Mund an. Jahre später, als wir uns zufällig trafen und die Wunden des Scheidungskampfes bereits verheilt waren, gestand sie mir, daß sie an meine Absicht, sie zu heiraten, nie wirklich geglaubt hätte. Schon damals sei sie bei meinem überraschenden Antrag sicher gewesen, daß unsere Ehe keine Chance habe. Sie hatte die Bedeutung der Kluft zwischen uns von Anfang an erkannt. Sie wußte, daß die Grenzen ihrer Welt durch die vier Wände ihres Hauses abgesteckt waren. Von Natur aus nicht neugierig, benötigte sie keinen Wegweiser aus der Verwirrung. Da sie die Tiefen der Existenzfrage nie erforscht hatte, wußte sie nicht, was wahre Verwirrung ist. Und ich? Seitdem ich erwachsen war, genügte mir die Zufriedenheit einer sich sonnenden Katze nicht mehr. Ich wollte ständig in unbekannte Gebiete aufbrechen, vom Baum der Erkenntnis kosten. Damals jedoch, nur zwei Jahre nach dem Krieg, hatte ich noch nicht die nötige Erfahrung, um zu lernen und das Gelernte an der Wirklichkeit zu erproben. Mit der typischen Verwegenheit eines Menschen, der sich aus jeder Situation retten kann, sprang ich in den Strudel, ohne mich zu fragen, ob ich auch schwimmen konnte. Die Bedeutung meiner Verpflichtung war mir nicht bewußt. Die Heirat sah ich in erster Linie als Beweis meines Erwachsenseins. Kaum war das Telegramm eingetroffen, das das Kommen der alten Frau ankündigte, ging ich daher ohne zu zögern zum Pfarrer. Er zeigte Verständnis für meine Bitte, das Aufgebot geheimzuhalten. Es war Tradition, solche Bekanntmachungen an die Kirchentür zu hängen, um der Öffentlichkeit Gelegenheit zu geben, Einwände zu erheben. Hätten die Juden der Kleinstadt sie gesehen, hätten sie den Priester schnellstens informiert, daß diese Ehe den Segen der Kirche nicht verdiene.

»Ich bin Mitglied der Kommunistischen Partei«, log ich. »Sie müssen verstehen, Vater, daß die Partei uns nicht erlaubt, religiöse Dienste in Anspruch zu nehmen. Sollten die Behörden davon erfahren, könnte ich meine Arbeit verlieren.«

»Ich verstehe, und der barmherzige Jesus wird es auch verstehen«, antwortete er. »In besonderen Fällen dürfen wir eine Ausnahme machen.«

Er traute uns in einer einfachen Zeremonie, in einem kleinen

Zimmer, das als Garderobe diente. Als er mir den Trauschein gab –
den Gitta mir sofort aus der Hand riß und in ihre Handtasche
steckte –, fragte ich den Priester: »Und was ist Ihr Honorar?«

Der Priester wischte seine Handflächen an seinem schwarzen
Rock ab, als ob er sie von dem Schmutz des Geldes säubern wollte,
und sagte ruhig, sein Gesicht der Statue Christi an der Wand zugewandt: »Im allgemeinen verlange ich zwanzigtausend Złoty von
Juden, aber da Sie mir gefallen, mache ich es diesmal für zehntausend.«

In Vorbereitung der großen Wende in unserem Leben kaufte ich
eine sechsräumige Villa von den staatlichen Behörden, die sich mit
verlassenem Eigentum befaßten. Es war eines jener stilisierten
Holzgebäude, die in Gebirgsgegenden typisch sind: drei Zimmer
im Erdgeschoß und drei in der oberen Etage, jedes Zimmer mit Veranda, die von einem geschnitzten Geländer umsäumt war. Das
Erdgeschoß überließen wir Gittas Mutter, die obere Etage richteten wir für uns ein. Bei der Renovierung bemerkte ich ein Schild,
das auf dem Dach befestigt war: »Pension Monika«. Ich riß die
Latte mit der eingeritzten Inschrift herunter und warf sie auf den
Abfallhaufen im Hof. War dies vielleicht eine versteckte Botschaft,
weil die erste Frau, die mein Herz erobern sollte, Monika hieß?

Gittas Mutter stellte sich als eine Frau heraus, die sich nicht in
unser Leben einmischte. Die langen Jahre der Einsamkeit im sibirischen Flachland hatten aus ihr einen einsilbigen und zurückgezo-
genen Menschen gemacht. Sie akzeptierte meine Autorität als Familienoberhaupt ohne Einwände, mehr noch: immer, wenn ihre
Tochter und ich nicht einer Meinung waren, stellte sie sich offen
auf meine Seite. »Der Mann hat immer recht, auch wenn er nicht
recht hat. So ist das nun einmal im Eheleben«, wies sie Gitta zurecht. Bemerkte sie, wie unsere Beziehung sich verschlechterte? Ich
glaube, sie wußte, was kommen mußte, bevor die Krise ausbrach.
Mit dem Gespür einer Bauersfrau konnte sie Entwicklungen her-
annahen sehen und ihre Schlüsse für sich behalten. Auch ich wurde
schweigsam, aber aus einem ganz anderen Grund. In kürzester
Zeit waren meine Gesprächsthemen schlicht verbraucht. Gittas Interessen schienen mir oberflächlich, und meine waren ihr vollkommen fremd. Da es an Verständigung fehlte, suchte sie Streit. Gitta
glaubte, eine Münze sei flach, damit man sie fest in der Hand halten, ich glaubte, sie sei rund, damit man sie rollen könne. Zum
Schluß verflüchtigte sich auch der Reiz der körperlichen Liebe. Als

die Freuden der Kopulation zur Routine wurden, war der Zeitpunkt der unvermeidlichen Trennung gekommen. Vielleicht hätte sich das Ende des scheinbaren Glücks noch länger hinauszögern lassen, wenn nicht Teresa meinen Entschluß beschleunigt hätte.

Als sie achtzehn Jahre alt wurde, schloß sie das Internat ab und wußte nichts mit sich anzufangen. Auf Gittas Rat hin zog sie in unser Haus; wenigstens für eine Weile, bis sie herausgefunden hatte, was sie mit ihrer neuen Freiheit anfangen wollte. Erst zu diesem Zeitpunkt merkte ich, daß sie nicht länger eine Oberschülerin war, sondern daß ihre Anwesenheit vielmehr den Reiz des Weiblichen ausstrahlte. Ich war nicht überrascht, als sie eines Tages die Abwesenheit Gittas, die mit ihrer Mutter einkaufen gegangen war, nutzte, in mein Schlafzimmer kam und sich mir anbot, als sei dies die natürlichste Sache der Welt.

»Wo hast du das gelernt?« fragte ich, als sie mich mit der geübten Hand einer Melkerin packte.

»Bei den Nonnen«, kicherte sie und zog mich zu sich heran. Es war der Eintritt in einen unverschlossenen Garten. Mein angesammeltes Wissen wurde nun durch die Erkenntnis bereichert, daß die Freuden des Gebens und Nehmens nicht auf eine einzige Frau beschränkt sind, daß ich die Tugenden, die ich bei Gitta gefunden hatte, auch bei anderen finden konnte.

An dem Abend kündigte ich meinen Abschied an. Die Mutter schwieg wie immer. Teresa half mir, meine Sachen zu packen. Als sie den Deckel des prallen Koffers herunterdrückte, flüsterte sie: »Wo wirst du sein? Ich komme zu jedem Ort, den du mir nennst.«

»Ich weiß nicht«, antwortete ich. Ich wollte nicht vom Regen in die Traufe kommen. Die Welt war voller junger Frauen, warum sollte ich die faszinierende Reise von einer zur anderen aufgeben? Das Schloß des Koffers schnappte zu, und Gitta stürzte schreiend ins Zimmer. Sie drohte mit schrecklicher Vergeltung, weinte und fluchte, schluchzte und überhäufte mich mit Anschuldigungen, bis ihr der letzte Schrei in der Kehle stecken blieb und sie verstummte, gebrochen und verständnislos. Doch trotz der Flut ihrer Worte sprach sie die Hauptsache nicht aus. Sie verschwieg, daß sie ein Kind im Leibe trug, und mir fiel nicht auf, daß eine Photographie, die kurz vor meiner Verhaftung durch die Nazis in Krakau von mir aufgenommen worden war, fehlte. Ich hatte keine Ahnung, daß ich sie Wochen später auf dem Schreibtisch eines Untersuchungsbeamten des Sicherheitsdienstes wiedersehen würde.

Ein Jahr später, als ich schon Journalist in Breslau, der Provinzhauptstadt, war, traf ich Monika, die erste Frau, die mich in den be-
glückenden und zugleich quälenden Irrgarten der wahren Liebe
einführte. Aber es ist noch nicht an der Zeit, von ihr zu erzählen.
In der Zwischenzeit ließ ich mich von einer Welle des Glücks über
das Leben von einem Augenblick zum andern davontragen. Ich
fand schnell Kontakt zu Journalisten, Künstlern und Autoren meines Alters. Abends trafen wir uns gewöhnlich im »Künstlercafé«,
einem gläsernen Pavillon hinter der Oper, um einen heiteren
Schmetterling für eine Nacht zu jagen, meist Tänzerinnen von der
Balletttruppe des Theaters. Die Tänzerinnen kamen nach der Vorstellung vorbei, um ein Gläschen mit uns zu trinken, und in der Regel machten sie uns am nächsten Morgen auch das Frühstück. Eine
zufällige Affäre folgte auf die andere, ein Gespinst flüchtiger Lie-
beleien. Ich befand mich auf einem magischen Teppich, dessen
Flug nie zu enden schien. Alle wollten wir uns für die Jahre entschädigen, die uns verlorengegangen waren. Wir alle hatten es eilig, im Heute nichts zu verpassen, denn wer war sich schon sicher,
ob es morgen noch da sein würde.

Ich weiß nicht, warum Jadwiga Król ins »Künstlercafé« kam.
Bestimmt nicht, um aufregende Abenteuer zu erleben. Obwohl sie
sich sehr verändert hatte, erkannte ich sie auf den ersten Blick. Sie
wirkte ausgelaugt, ihre nachlässige Erscheinung zeugte von Erschöpfung, der Glanz war aus ihren Augen verschwunden und ihre
Stimme hatte jene Fröhlichkeit verloren, die ich noch im Ohr
hatte, wenn ich mich an sie erinnerte, wie sie kichernd ihre Be-
wunderer im Treppenhaus unseres behelfsmäßigen Heims in Lemberg umarmte und abknutschte, damals 1939.

Ich bat sie an meinen Tisch. Es gab keinen Grund zu fürchten,
daß unser Treffen an Dinge rühren würde, die ich vergessen wollte.
Sie setzte sich auf die Stuhlkante, scheu und unsicher, ob ich meine
Einladung ernst meinte.

»Wie geht es?« fragte ich leichthin, nur um etwas zu sagen. Sie
antwortete mit einem Kopfschütteln. Ich überschlug rasch, daß sie
noch keine fünfundzwanzig Jahre alt sein konnte und dachte bei
mir: Mein Gott, wie alt sie aussieht. Laut sagte ich: »Was machst
du denn? Du wolltest doch Schauspielerin werden.«

»Meine Schauspielerei ist vorbei.«

»Und sonst?«

»Du siehst gut aus. Bis du erfolgreich?«

»Du siehst auch gut aus«, log ich.

»Unsinn.«

»Möchtest du etwas trinken? Sie haben sehr guten Kognak hier.«

»Mir genügt ein Glas Tee.«

Ich bestellte Tee und Honigkuchen für sie. Jadwiga warf einen kurzen Blick auf die Gäste des Cafés. »Es ist nett hier«, seufzte sie.

»Geht es dir schlecht? Kann ich dir vielleicht helfen?«

»Warum solltest du mir helfen?«

»Weil ich nie vergessen werde, was deine Familie für uns getan hat.«

»Wann?«

»Als wir im Lager waren.«

»Wovon sprichst du?« fragte sie verwundert.

»Deine Eltern haben es dir nicht erzählt?«

Und ich erwähnte die Briefe, das Brot und die Milch.

»Das ist ein Märchen aus Tausendundeiner Nacht«, unterbrach sie mich. »Wir haben den Brief nie erhalten und nie etwas geschickt. Du erfindest das alles nur.«

»Ich habe kaum etwas getrunken, mein Kopf ist klar, und alles, was ich dir erzählt habe, ist die reine Wahrheit«, sagte ich und fügte einige Einzelheiten und Daten hinzu, um ihre Zweifel zu zerstreuen. Aber Jadwiga blieb fest. Kurze Zeit, nachdem wir gezwungen waren, aus Lemberg zu fliehen, hatten die Deutschen ihren Vater der Zusammenarbeit mit dem Untergrund beschuldigt, ihn verhaftet und erschossen. Sie und ihre Mutter blieben ohne Auskommen zurück und gingen zu Verwandten aufs Land.

»Wir haben eure Sachen verkauft, um leben zu können«, sagte sie verlegen und fügte trotzig hinzu: »Ich hoffe, du willst es jetzt nicht zurückfordern, denn ich besitze keinen Pfennig.«

Ich schwieg.

»Bist du schockiert?« Sie hatte mein Schweigen mißverstanden.

»Schockiert? Natürlich nicht. Jeder ist sich selbst der Nächste.«

»Der Handlanger in den Stahlwerken von Starachowice dachte anders.«

»Ja«, gab ich zu. »Er setzte sein Leben für Fremde aufs Spiel. Ich werde seine Motive nie verstehen. Und du? Kannst du erklären, warum er uns in der Not geholfen hat?«

Jadwiga sah schnell auf ihre Armbanduhr. »Nicht jetzt«, erwiderte sie. »Es ist schon spät und ich muß gehen. Vielleicht ein anderes Mal.«

»Gib mir deine Telefonnummer«, bat ich.

»Ich habe kein Telefon.«

»Dann schreib dir wenigstens meine auf.«

Sie notierte die Nummer auf eine Papierserviette, faltete sie und steckte sie in ihre Tasche. Als sie aufstand, um sich zu verabschieden, wußten wir beide, daß sie nie Gebrauch davon machen würde. Sie ging hinaus, ohne mir die Hand gereicht zu haben, und wäre nicht das Glas Tee gewesen, das sie nicht angerührt hatte, hätte ich glauben können, überhaupt nicht mit ihr gesprochen zu haben.

Am Wochenende lieh ich mir das Auto eines Kollegen von der Zeitung und fuhr nach Starachowice. Seit meiner Lagerzeit war ich nicht mehr dort gewesen. Es überraschte mich zu sehen, daß die Stadt sich verändert hatte. Die Stahlwerke standen wieder einmal vor der Schließung. Im oberen Teil der Stadt, da wo die Deutschen Munition hergestellt hatten, war ein riesiges Lastkraftwagenwerk im Bau. Auf dem Massengrab, wo die Leiche meines Vaters begraben war, hatte man ein Arbeiterviertel errichtet, traurige, rechteckige, graue Wohnhäuser. Ich wanderte an den Betonwürfeln entlang, als ob sie Grabsteine eines gewaltigen Friedhofs wären. Die Fußgänger beachteten mich nicht, und auch ich sah sie nicht an. Selbst wenn ich den Handlanger getroffen hätte, wäre sein Gesicht mir unbekannt gewesen. Abgesehen von seiner fleischigen roten Nase erinnerte ich mich an nichts. Weshalb war ich gekommen? Nie würde ich mich bei dem einfachen Mann bedanken können. Ich konnte noch nicht einmal fragen, wo er wohnte, da ich seinen Namen nicht wußte. Am Abend fuhr ich, um eine Lebenserfahrung reicher, nach Breslau zurück: Für meinen Vater war Witold Król ein Gerechter der Völker gewesen, der half, Juden zu retten. Ich hatte in dem Handlanger lediglich einen geldgierigen Trunkenbold gesehen. Beide hatten wir uns geirrt. Menschen erscheinen nicht immer als das, was sie wirklich sind; sie dienen oft nur als Spiegelung, gleichsam als Bild, das sich andere von ihnen machen. Und wenn die Wahrheit zu spät herauskommt, ist sie nutzlos.

## 7

Der Untersuchungsbeamte hatte einen rotbraunen Schopf, sommersprossige Wangen und blaue Augen. Sein Gesicht strahlte Lebensfreude aus, und seine gesamte Erscheinung widersprach der Vorstellung, die man sich im allgemeinen von Mitgliedern des düsteren Verwaltungsapparats macht. Er legte eine kleine Photographie auf den Schreibtisch und fragte mit einem fast fröhlichen Lächeln: »Kennen Sie diesen Mann?«

Ich nickte: »Selbstverständlich, das bin ich.«

»In der Uniform eines Hitlerjungen?«

»Ja, in der Uniform eines Hitlerjungen.«

»Können Sie das erklären?«

»Wie ist die Photographie in Ihre Hände gelangt?«

»Ich stelle hier die Fragen, Genosse, und Sie antworten.«

Ich nickte wieder. Die Spielregeln waren von vornherein klar, auch wenn alles ganz harmlos anfing. Die Geheimpolizei hatte mich nicht im Morgengrauen festgenommen, wie man es immer in Büchern liest. Vielmehr war um acht Uhr morgens ein älterer Mann, der wie ein pensionierte Schuldiener aussah, in der Redaktion erschienen. Vorsichtig hatte er seine Schuhe abgeputzt, die Matte wieder an ihren Platz geschoben und das Zimmer erst betreten, nachdem er die Antwort erhalten hatte, mich nicht bei der Arbeit zu stören. Ich bot ihm einen Stuhl an, aber er zog es vor zu stehen, fragte nach meinem Namen, und erst als er wirklich sicher war, die richtige Person erreicht zu haben, zog er einen braunen Umschlag, der keinen Absender trug, aus seiner schäbigen Tasche, reichte mir ein einfaches Schreibheft und bat mich, den Empfang des Briefes zu quittieren.

»Von wem ist der Brief?« wollte ich wissen.

»Ich bin nur ein Bote«, antwortete er und wartete geduldig, bis ich unterzeichnet hatte. Als ich ihm das Heft zurückgab, kniff er ein Auge zu, verglich die Unterschrift, nickte zufrieden mit dem Kopf, blieb einen Augenblick an der Tür stehen, als ob er noch etwas sagen wollte, begnügte sich dann aber mit einem höflichen

»Auf Wiedersehen« und ging hinaus. Ich riß den Umschlag auf. Auf dem Briefpapier des öffentlichen Sicherheitsdienstes stand eine lakonische Vorladung: »Der Bürger Roman Frister hat heute um 9.00 Uhr im Bezirksbüro des Ministeriums für öffentliche Sicherheit zu erscheinen und diesen Brief dem Pförtner vorzuzeigen. Die Vorladung ist geheim, niemand darf über ihren Inhalt und ihre Existenz informiert werden.« Unterschrift unleserlich.

Es war eine völlige Überraschung. Auf die linke Seite des Formulars war zwar in kleinen Buchstaben das Wort »Betrifft:« gedruckt, aber die Zeile war leer. Das Schreiben enthielt keinerlei Hinweis darauf, warum der Sicherheitsdienst sich ausgerechnet für mich interessierte. Ich hatte nicht spioniert, gehörte keiner antikommunistischen Untergrundbewegung an, wenn es sie denn gab, hatte nicht versucht, die Regierung zu stürzen, und nichts geschrieben, was gegen die offiziellen Richtlinien verstoßen hätte. Gleichzeitig wußte ich, daß der Grundsatz, daß eine Person bis zum Beweis des Gegenteils unschuldig ist, nicht unbedingt das Handeln des Sicherheitsdienstes bestimmte. Wie oft hatte ich über den weitverbreiteten Witz mit dem Sicherheitsbeamten gelacht, der sagt: »Bring mir die Person, und ich werde schon einen Paragraphen finden, der auf sie paßt.« Das Lachen war mir jetzt vergangen.

Die Uhr zeigte zwanzig Minuten nach acht. Das Ministerium für öffentliche Sicherheit war fünf Minuten entfernt. Ich hatte also noch Zeit, mir zu überlegen, was da vor sich ging. Zuerst betrachtete ich die Sache verächtlich, fast leichtsinnig, doch als die Minuten verstrichen, sank meine Selbstsicherheit bis auf den Tiefpunkt. Stimmt, ich hatte keine Verbrechen begangen und war auch kein Kind der Revolution, aber die Revolution hatte einen gesunden Appetit; sie fraß auch Stiefkinder. Ich konnte einer grundlosen Verschwörung zum Opfer fallen. Die Partei gründete ihre Herrschaft auf den ewigen Kampf gegen die Feinde der Arbeiterklasse. Gab es keine, wurden sie erfunden. Tausende erhielten kurze, lakonische Briefe wie der, den ich bekommen hatte, meldeten sich wie befohlen und verschwanden. Manchmal für einen Monat, manchmal für ein Jahr, manchmal für immer.

Die kommunistische Herrschaft hatte einen Acker abgesteckt, der sich weigerte, die ideologische Saat, das Ende aller Privatwirtschaft und den völligen Bruch mit der Kirche, aufgehen zu lassen. Der polnische Bauer war seinem Boden gleichsam mit der Nabelschnur verbunden. Während die Presse begeistert über die erfolgreiche Annahme des Kollektivierungsplans berichtete, konnten Journalisten, die die Dörfer besuchten, schreckliche Geschichten über die Grausamkeit erzählen, mit der man die Bauern zwang, den Genossenschaften beizutreten. Ich wußte aus Erfahrung, daß es nicht möglich war, mit einer Handbewegung die Wurzeln eines tausendjährigen Christentums aus der Seele eines ganzen Volkes zu reißen; selbst wenn diese Hand eine Pistole hielt. Die Feindschaft zu Rußland, das Polen dreimal unterjocht und auf die Knie gezwungen hatte, konnte man zwar aus den Schulbüchern entfernen, man konnte jedoch nicht verhindern, daß die Zeitgeschichte von Mund zu Mund ging. Jedes polnische Kind wußte, daß die Russen auch jetzt wieder die Zügel in der Hand hatten, daß der polnische Adler zwar mit den Federn der Freiheit geschmückt war, Berater aus Moskau aber jede politische Schlüsselposition besetzt hielten. Auf dem polnischen Olymp waren zweimal die Götter gewechselt worden, einmal still und einmal zum Donnerhall der Propagandafanfaren. Keiner war vor Festnahme, Gefängnis oder Gerichtsverfahren geschützt. Die Unsicherheit war Ansporn und Bremse zugleich: Sie trieb die Menschen, um ihren Platz in der Gesellschaft zu kämpfen, und machte sie gleichzeitig nackt und verwundbar. Zehntausende von Denunzianten, die alle Schichten der Gesellschaft infiltriert hatten, berichteten brav über das, was um sie herum vorging, und wenn ihnen der Teig ausging, aus dem sie ihre Verleumdungen formten, ließen sie ihrer Phantasie freien Lauf. Die Großmächte hatten das Nachkriegseuropa unter sich aufgeteilt, und wenn sich jemand noch den Schimmer einer Hoffnung auf Änderung bewahrt hatte, so verflüchtigte sich auch der, als die Hauptstädte des Westens das Abkommen von Jalta ratifizierten. Vielleicht wagte es deshalb niemand, den unheilverkündenden Vorladungen nicht nachzukommen. Wie in der Vergangenheit, zur Zeit der Nazis, machten sich die Menschen wieder vor, daß es »mir nicht passieren kann«, daß sie mit Leichtigkeit ihre Unschuld würden beweisen können, daß jemand seine Hand auf ihre Schultern legen, sich für den bedauerlichen Fehler entschuldigen und sie nach Hause schicken würde. Kein Wunder, daß ich mir bei Erhalt der Vorladung schnell Rechenschaft über mögliche und unmögliche Vergehen ablegte und wie jeder andere zu der Überzeugung kam, die Aufforderung sei lediglich ein Irrtum, da habe wahrscheinlich jemand nur meinen Namen falsch geschrieben. So etwas war schon vorgekommen.

Die Illusion schwand in dem Augenblick, in dem ich die Schwelle zum Gebäude des Sicherheitsdienstes überschritt. Der rote Klinkerbau ähnelte einer Kreuzfahrerburg und schüchterte jeden ein, der hier nicht freiwillig ein und aus ging. Ein Journalist war überall eine bedeutende Persönlichkeit. Hier nicht. Der Pförtner, oder besser: die Wache, sah sich gleichgültig die Vorladung an, die ich ihm hinhielt, und sagte: »Setzen Sie sich auf die Bank. Sie werden aufgerufen.«

Ich setzte mich. Die Bänke standen an einer Wand, die schon lange keine frische Farbe mehr gesehen hatte. Der Fußboden war schmutzig. Mir gegenüber hing ein buntes Plakat, auf dem ein Arbeiter einen Hammer schwang und zu größeren Anstrengungen für das sozialistische Heimatland aufrief. Die Fenster waren vergittert. Rechts und links von mir saßen Dutzende von Leuten, alle still, in sich versunken, bemüht, den anderen nicht in die Augen zu sehen. Vielleicht fürchteten sie, daß ihre Augen ihre Gedanken verraten würden, Gedanken, die sie lange Jahre im Gefängnis kosten konnten. Ich begriff in diesem Moment, daß jeder für sich allein war. Was ich getan hatte, war nicht mehr wichtig. Der Moloch verlangte sein Opfer und wählte es willkürlich.

Das Warten zog sich hin. Im Jargon der Untersuchungsbeamten nannte man das, wie ich später lernte, »Zermürbungswarten«. Je länger es dauerte, desto größer wurde meine Unsicherheit. Ich stand auf, um mir die Beine zu vertreten. Prompt fuhr der Wächter mich an:

»Setz dich, Genosse. Das ist hier keine Promenade.«

Demütigung ist immer relativ. Ich erinnerte mich an meine Empfindungen, als mir die Nazis damals die Kopf- und Schamhaare geschoren hatten. Es war, als hätte man mich meiner Ehre beraubt. Ein sehr subjektives Gefühl, denn wenn man die Umstände bedenkt, war es eigentlich ein fast bedeutungsloser Akt. Jetzt befiel mich bei der Zurechtweisung des Wächters das gleiche Gefühl der Demütigung, und auch jetzt war es rational nicht zu erklären. Ich hätte die Bemerkung der Grobheit des Wächters zuschreiben können. Tatsächlich war es die einzige Art, wie sich ein kleiner Mann eine kleine Genugtuung verschaffen konnte.

Von Zeit zu Zeit durchquerten Männer in Lederjacken den Vorraum. Ihr sicherer Schritt ließ keinen Zweifel an ihrem Beruf. Ich wunderte mich über die Vorliebe der Geheimagenten für Lederjacken. So hatten die Offiziere von Felix Dserschinskis Tscheka ausgesehen, so hatten sich auch die höheren Mitglieder von Hitlers Gestapo gekleidet.

Ich erhob mich fast mit einem Gefühl der Erleichterung, als mein Name aufgerufen wurde und man mich in das Zimmer des Untersuchungsbeamten schickte, der mir nun so deutlich zu verstehen gab, wer die Fragen stellt und wer antwortet.

»Sie brauchen mir nicht zu antworten; ich habe schon begriffen«, sagte ich. Das Bild Gittas, als ich sie verließ, stand vor meinem geistigen Auge. »Du wirst bereuen, was du mir antust«, hatte sie hervorgestoßen, als sie versuchte, mir den Weg zu versperren. Ich hatte sie grob zur Seite geschoben und war gegangen.

Der sommersprossige Rotschopf war erstaunt. »Haben Sie das?« fragte er.

Ich lächelte. »Sie haben die Photographie von meiner ehemaligen Frau bekommen.«

Der Untersuchungsbeamte öffnete eine Schublade, nahm eine Belvedere-Zigarette heraus (die beste Marke), zündete sie an, warf das Streichholz auf den Fußboden und trat es mit seinem Schuh aus. Dann bedachte er mich mit einem bohrenden Blick, einem jener Blicke, die er auf einem Kurs für Verhöre gelernt hatte. Nun wußte ich mit Sicherheit, daß die ganze Sache auf einem einfachen Mißverständnis beruhte. Gitta hatte die Photographie aus meinem Album genommen. Erst jetzt verstand ich wirklich den Sinn ihrer Worte, die sie mir nachgeschrien hatte: »Du wirst im Gefängnis verrotten, keiner wird etwas mit dir zu tun haben wollen, jeder wird dir den Rücken kehren, und ich werde die einzige sein, die dich besuchen wird. Ich werde alle deine Wünsche erfüllen, denn du gehörst mir. Erst dann wirst du verstehen, was wahre Liebe ist.« Die Logik einer verratenen Frau.

»Nun?« fragte der Beamte wieder. Diesmal leicht ungeduldig.

Ich nahm das Bild in die Hand. Ein Straßenphotograph in Krakau hatte mich in der schwarz-braunen Uniform der Hitlerjugend verewigt. Mit einem Hakenkreuz auf dem Hemdkragen und einem breiten Lächeln auf meinem Gesicht.

Ich legte das Bild wieder auf den Tisch. »Ich glaube, Sie werden es nicht verstehen«, sagte ich.

»Es wäre besser, wenn ich es verstehe«, deutete er mir an.

»Es ist eine lange Geschichte.«

»Wir haben alle Zeit der Welt.«

»Gut, wenn Sie es so wollen. Strengen Sie Ihre Phantasie an, denn wir müssen bis zum Sommer '42 zurückgehen. Damals arbeitete ich als Botenjunge für Graf Kunietzki.

»Was hat das mit ... ?«

»Um die Wahrheit zu sagen, begann alles im September '39, an dem Tag, an dem die Nazis in Krakau einmarschierten. Was? Sie schreiben alles mit, was ich sage?«

»Selbstverständlich. Wir brauchen ein Protokoll. Vielleicht werden Sie es, wenn Sie aus dem Gefängnis kommen, als interessante Geschichte lesen wollen. Alle Befragten lügen wie Münchhausen.«

Ich ging nicht ins Gefängnis. Das Abenteuer endete nach einigen Tagen Untersuchungshaft. Meine Geschichte schien dem Untersuchungsbeamten so ausgefallen, daß er ihr den gleichen Glauben schenkte wie ein guter Marxist den Theorien von Marx. »Niemand kann eine solche Geschichte erfinden«, lachte er, als er am Ende unserer vielen Gespräche einen Assistenten rief, um ihm zu sagen, daß ich frei sei. Der Assistent brachte mich zum Ausgang. Ich habe den Untersuchungsbeamten nie wiedergesehen, das Protokoll aber wurde vollständig aufgehoben. Und dies ist sein Wortlaut.

*Stenogramm der Aussagen des Verdächtigen*
*Ort:* Breslau
*Name des Verhörten:* Roman Frister
*Datum:* 3.5.1952
Die Aussage des Verdächtigen in seinen eigenen Worten:
Jan Bialski lebte im Hause meines Großvaters, Szlakstraße 20, Ecke Dlugastraße. Sie können es sich ansehen, es steht heute noch, bis auf die Pferdekutschen, die davor standen und damals noch erfolgreich mit den Taxen konkurrierten. Leute wie mein Großvater verabscheuten Benzinmotoren und technische Erneuerungen, die, wie er sagte, das heikle Gleichgewicht der Natur verletzten. Er saß gern am Fenster, mit den Ellbogen auf die Fensterbank gestützt, und sah stundenlang den Kutschern mit ihren Zylindern zu und den Pferden, wie sie gemütlich das Heu aus den Futtersäcken fraßen, die um ihren Hals hingen. Als die Stadtverwaltung die Fiaker – wie die Kutschen nach Wiener Mode genannt wurden – in eine Seitenstraße abschob, schrieb mein Großvater dem Bürgermeister einen Protestbrief. Die Eingabe wurde im Archiv abgelegt und niemand machte sich die Mühe, sie zu lesen. Mein Großvater

war wütend, aber den Fortschritt konnte er nicht aufhalten. Die Kutschen wurden gegen Taxen ausgetauscht. Bialski regte sich darüber nicht weiter auf. Er konnte die Pferde von seinem Wohnungsfenster aus ohnehin nicht sehen. Der Eingang lag im Hinterhof, die Fenster der Wohnung gingen auf die gegenüberliegende Wand, und wenn er sie öffnete, drang der saure Gestank der Mülltonnen herein ... Sie müssen wissen, Genosse Untersuchungsbeamter, was die Leute unter dem Regime der Vorkriegsjahre durchmachen mußten. Bialski war arm, und es war nicht verwunderlich, daß er sich manchmal mit der Miete verspätete. Wenn das geschah, sagte ihm mein Großvater, dies sei das Ende und all seine Bitten würden ihm diesmal nicht helfen. Er werde ihn hinauswerfen und mit seiner ganzen Familie auf die Straße setzen. Bialski besaß den Stolz der Armen, er flehte nie um Erbarmen – und mein Großvater machte seine Drohungen nie wahr. Im Gegenteil: Manchmal verzichtete er mit einer ungeduldigen Handbewegung auf ein bis zwei Monatsmieten. Meine Großmutter Adela, die sehr sparsam war, um es milde auszudrücken, mochte den Mieter im Erdgeschoß und steckte seinen Kindern vor Weihnachten immer einige Pfennige zu, damit sie sich Süßigkeiten kaufen konnten.

Geduld, Geduld, Herr Untersuchungsbeamter, bald wird das Bild klarer werden. Bialskis und mein Schicksal verflochten sich an dem Tag, an dem die Deutschen die Stadt einnahmen, auch wenn wir damals noch nichts davon ahnten ... Ach ja, natürlich, das Wichtigste habe ich vergessen zu erzählen. Jan Bialski war Fahrer eines Wassertanks der Feuerwehr. An dem Mittwochmorgen, als die ersten Wehrmachtstruppen im Westen Krakaus erschienen, war seine Kompanie aufgerufen worden, ein Feuer im östlichen Teil der Stadt zu löschen. Nach vollbrachter Arbeit fuhr er nicht zur Feuerwehr zurück, sondern brachte seinen Wassertank nach Hause und stellte ihn an dem Platz unter, den die Kutschen verlassen hatten. In der Nacht entfernte er die Nummernschilder und übermalte das Rot des Wagens mit giftgrüner Farbe. Am nächsten Tag befestigte er ein Schild: »Bialski Transport«. Und so, durch den Krieg, seine Findigkeit und das allgemeine Chaos, das es ihm ermöglichte, sich andere Nummernschilder zu verschaffen, wurde aus einem angestellten Fahrer der Besitzer eines Privatunternehmens.

Wie er Graf Kunietzkis Bekanntschaft machte, weiß ich nicht. Auf jeden Fall haben sich die beiden innerhalb kürzester Zeit gefunden. Der Graf besaß damals Fischteiche in der Gegend von Lublin. Jan Bialski hatte einen Tankwagen, den man leicht zum Transport von lebendigen Karpfen benutzen konnte. Es bedurfte lediglich einer mit einem Netz abgedeckten Öffnung oben im Tankwagen, damit die Fische Sauerstoff bekamen. Bald stellte sich heraus, daß die fetten Karpfen, eigentlich als »Gefillte Fisch« gedacht, nicht nur dazu taugten. Er war auch bei hochrangigen Nazis beliebt. Kunietzki hatte einen polnischen Titel und einen jüdischen Kopf für Geschäfte. Das erzählte er mir einmal, als er ein gutes Geschäft abgeschlossen hatte und in Siegerlaune war.

Schon im Herbst nutzte der Graf Herrn Bialskis Transportdienst und lieferte seine Delikatesse an die Elite der Eroberer. Das Geschäft ging gut. Ein Jahr später, als meine Großeltern gezwungen waren, in das geschlossene jüdische Viertel umzusiedeln, zog die Familie Bialski in die geräumige Wohnung im zweiten Stock. Als er merkte, daß die alten Möbel nicht mehr zu seinem neuen Status paßten, schickte er sie ins Ghetto und erwarb sich so die Dankbarkeit meines Großvaters. Viel wichtiger aber war der Segen der Behörden. Die Deutschen billigten diese eigenartige Partnerschaft, die sie mit frischem Fisch versorgte. Zweimal die Woche machte sich der Tankwagen auf den Weg in die Provinz Lublin und zurück, eine Strecke von ungefähr sechshundert Kilometern. Die Straße führte durch einen dichten Wald, in dem sich Kämpfer des polnischen Untergrunds verschanzt hatten. Und das ist die Geschichte, die mir Bialski lange später in der ihm eigenen, malerischen Art erzählte:

Anfang November, es kann auch Ende Oktober gewesen sein, fuhr ich wie gewöhnlich von Lublin nach Krakau. Die Fische redeten nicht, der Motor brummte wie eine lästige Fliege, und ich summte ein altes Lied, um nicht einzuschlafen. Ich fuhr langsam, denn die Regenzeit hatte gerade angefangen und die Straßen waren rutschig; die Scheinwerfer schafften es kaum, den dunklen Vorhang der Nacht zu durchdringen. Zum Glück hatte ich gute Augen, sonst hätte ich den Baumstamm nicht gesehen, der quer über der Straße lag. Ich bremste scharf, die Hinterräder blockierten, und der Lastwagen schleuderte ein wenig, kippte aber nicht in den Graben. Drei Männer, in Decken gehüllt und mit maskierten Gesichtern, traten aus der Dunkelheit. Zwei von ihnen, mit Maschinengewehren bewaffnet, kletterten in meine Kabine und befahlen mir, hinter dem dritten Mann herzufahren, der vor uns ging und mich auf einem schlammigen Pfad in den Wald führte. Ich dachte: Pech gehabt, Bialski, so etwas passiert einem gierigen Mann. Aber nein! Sie wollten nicht mein Leben, sie wollten die Fische! Ich erklärte ihnen, woher ich kam und wohin ich wollte. »Grüß Graf Kunietzki von uns«, sagte einer der Partisanen und wollte wissen, wie man die Karpfen herausholte. Ich öffnete die Hähne. Der Tanker lief aus, das Wasser versickerte in der Erde. Dann öffnete ich die Klappe am hinteren Ende und die Fische glitten in die Körbe und Kästen, die die Partisanen, Gott weiß woher, geholt hatten. Einer von ihnen, wahrscheinlich der Kommandeur, salutierte militärisch und gab mir einen Zettel. »Was ist das?« fragte ich. »Lies es, und du wirst es wissen«, entgegnete er barsch. Ich machte das Licht in der Kabine an. Auf einem Blatt, das anscheinend aus einem Rechenheft herausgerissen war, stand, die Ware sei zur Unterstützung der polnischen Freiheitsarmee beschlagnahmt worden, und die rechtmäßige Regierung werde den vollen Preis dafür bezahlen, sobald der Krieg vorbei sei. Unten war ein Stempel des Staatssiegels, ein Adler mit ausgebreiteten Schwingen. Ich steckte den Zettel in meine Jackentasche. »Vergiß diesen Ort und gehe in Frieden«, sagte der Kommandeur und gab mir einen seiner Leute mit, der mich auf die Hauptstraße zurückführte. Ich war klatschnaß vom unaufhörlichen Regen und vom kalten Schweiß, der meinen Körper bedeckte. Gegen Morgen kam ich in Krakau an. Die Deutschen verhörten mich sehr lange. Sie breiteten eine Landkarte vor mir aus. Wo genau war es passiert? verlangten sie zu wissen. Wie sahen die Banditen aus? Was für Waffen hatten sie? Ich antwortete, so gut ich konnte, aber sie waren nicht zufrieden. Man weiß nicht, wie das Abenteuer ausgegangen wäre, wenn sich nicht ein hoher Offizier eingemischt hätte, der Kunietzki kannte. Ich fühlte mich wie jemand, der schon am Galgen hing und der in letzter Sekunde gerettet wurde, weil der Strick des Henkers riß. Der Graf war unbekümmert. »Nichts passiert«, tröstete er mich oder eigentlich sich selbst. »Die Ladung war versichert«.

Der Vorfall jener Nacht, Genosse Untersuchungsbeamter, änderte Bialskis Leben. Schon bald hatte er sich ein Rechenheft besorgt und einen Stempel bestellt, der haargenau dem glich, den die Partisanen benutzt hatten. Alle paar Wochen verkaufte er den Inhalt des Tankwagens an Schwarzmarkthändler in Lublin und kehrte mit der Konfiskationsurkunde nach Krakau zurück. Dieser Trick war über alle Erwartungen hinaus erfolgreich, und als ich mit meinen Eltern nach Krakau kam, war er bereits ein reicher Mann. Er investierte seinen Gewinn in eine Konservenfabrik und in die Firma Kunietzki, Bialski und Co., Fischladenkette.

Wir fanden eine Unterkunft, Genosse Untersuchungsbeamter, in dem muffigen Keller des Hauses einer alten Frau, deren Gesicht ebenso zerknittert war wie ihre Kleidung. Für einen nicht zu hohen Preis überließ sie uns ihr Bett und begnügte sich mit dem verblichenen Sofa in der hinteren Ecke des geteilten Raumes. Wir sagten ihr nicht, daß wir Juden waren. Möglich, daß sie etwas geahnt hat, denn schließlich mietete nicht jeden Tag eine ganze Familie, dazu offensichtlich gebildete Leute, eine Ecke in einem Zimmer wie dem ihren, aber sie fragte nie. Sie war zurückgezogen wie eine Schnecke in ihrem Häuschen. Stundenlang konnte sie auf einem kleinen Schemel sitzen oder auf dem Sofa dösen. Sie ging kaum in die Stadt, und manchmal fragte ich mich, ob sie überhaupt wußte, was um sie herum vorging. Als wir zu ihr kamen, nahm sie gleich unsere Papiere an sich, um uns auf der nahen Polizeiwache registrieren zu lassen, wie es das Gesetz vorschrieb. Niemand schöpfte Verdacht. Die gefälschten Ausweise waren ein Kunstwerk.

Mein Vater zog es vor, sich nicht viel in der Öffentlichkeit zu zeigen. An den Hauswänden klebten Plakate, die ein Kopfgeld für jeden aus dem Ghetto entflohenen Juden versprachen. Die Stadt war voll von Denunzianten, die Juden jagten, um sie der Gestapo auszuliefern. Im Laufe der Zeit brachte die alte Haushälterin meines Großvaters, Zofia Siwek, einen Kontakt zu Herrn Bialski zustande. Letzterer zeigte sich für die Großzügigkeit meines Großvaters dankbar und bot an, mich in der Firma, die er verwaltete, anzustellen. »Der Junge wird für uns als Botenjunge arbeiten und spezielle Aufträge erledigen«, erklärte er dem Grafen, als er mich seinem Partner vorstellte. »Du mußt wissen, was du machst«, antwortete dieser und kehrte zu seinen eigenen Angelegenheiten zurück. Ich war neugierig, ob er Kunietzki in das Geheimnis meiner Herkunft eingeweiht hatte, wagte aber nicht zu fragen.

Die Arbeit war wirklich einzigartig, und vielleicht war es klug von Bialski gewesen, unter diesen Umständen einen jüdischen Jungen einzustellen, der seinen Mund nicht aufmachen durfte. Jeden Tag fuhr ich mit dem Fahrrad in die eleganteste Gegend Krakaus und lieferte Pakete mit frischen Fischen, Aufmerksamkeiten der Firma Kunietzki, Bialski und Co., in die Häuser der wichtigen Nazis. Die gelangweilten Frauen der SS- und Gestapo-Offiziere waren oft froh, sich mit einem Jungen unterhalten zu können, der ihre Sprache sprach. Manchmal fragten sie mich, welch plötzliche Wendung meines Schicksals mir diese Arbeit eingebracht hätte. Ich erzählte ihnen die überzeugende Geschichte, daß ich aus Schlesien deportiert worden sei, denn nach der Annexion dieser Region durch das Reich waren nicht nur die Juden, sondern auch die polnischen Einwohner ausgewiesen worden. Die Frauen waren meistens nett zu mir, äußerten manchmal sogar belanglose Worte der Sympathie, und kaum eine von ihnen gab mir nicht ein reichliches Trinkgeld. Eine Frau schenkte mir die gebrauchte Uniform eines Hitlerjungen. »Sie ist meinem Sohn zu klein geworden«, sagte sie und riet mir, einen Schneider zu finden, damit er sie in Zivilkleidung umänderte. Ich nahm sie mit nach Hause. Ich probierte sie an. Sie paßte wie angegossen.

So wurde die Idee geboren, Genosse Untersuchungsbeamter. Die Botengänge für Bialski und Kunietzki und der enge Kontakt zu den Nazis hatten mir eine übertriebene Selbstsicherheit gegeben. Die Warnungen meines Vaters schlug ich in den Wind, und anstatt nach der Arbeit im muffigen Keller der alten Frau herumzusitzen, trieb ich mich lieber in der Stadt herum. Verstehen Sie jetzt den Zusammenhang, Genosse Untersuchungsbeamter? ... Noch nicht? ... Gut, ich werde mich klarer ausdrücken. Im Sommer '42 belagerte Hitlers Armee Moskau und Leningrad, im Süden war sie bis Simferopol und auf die Krimhalbinsel vorgedrungen. Der Sieg stand vor der Tür; das war jedenfalls die Botschaft, die die *Krakauer Zeitung*, eine Tageszeitung, die mit dem Segen der Besatzer herauskam, ihren Lesern übermittelte. Krakau lag tief im Hinterland, unbeachtet von den alliierten Bombern, vielleicht wegen der großen Entfernung zu den Startbasen, vielleicht auch, weil das britische Oberkommando die historischen Gebäude der Stadt respektierte. Das alte Viertel bewahrte noch die Erinnerung an die besten Tage der polnischen Monarchen, deren Schloß auf einem Felsvorsprung über der Weichsel stand. Hans Frank, der Gouverneur des besetzten Landes, hatte sein Hauptquartier in den königlichen Räumen eingerichtet. In den gewölbten Hallen arbeiteten die Offiziere der Nazi-Administration. Manchmal brachte ich auch dorthin Kunietzkis Geschenkpakete. Das Klappern der Schreibmaschinen, das Knallen der Hacken zum preußischen Gruß, die blitzenden Uniformen, die kleinen Reichsflaggen auf den Landkarten Rußlands in den Korridoren, aber vor allem die selbstgefälligen

Gesichter der Nazis – all das machte auf mich den Eindruck einer gutgeölten, unbesiegbaren Kriegsmaschinerie. So war das nun einmal, und das war unser Schicksal.

Das Leben der Stadt ging nach außen hin seinen gewohnten Gang. Die Menschen arbeiteten, handelten auf dem schwarzen Markt, liebten und haßten, wurden geboren und starben. Doch die Kluft zwischen Siegern und Besiegten wurde immer deutlicher. Über den Eingängen eleganter Restaurants und Kinos prangten nun Schilder »Nur für Deutsche«. Die Studios der Ufa, dieser riesengroße Fabrik für rosige Träume, mästeten die Zuschauer mit süßlichen Liebesfilmen und Komödien, die das siegreiche Volk von den Sorgen des Krieges ablenken sollten. Auch ich wollte vergessen, auch ich wollte lachen. Ohne meine Eltern von dem Plan zu unterrichten, nahm ich die schwarz-braune HJ-Uniform aus dem Schrank, zog sie im Treppenhaus an und machte mich auf den Weg in die Stadt. Was für ein wunderbares Gefühl! Ein Angehöriger der Sturmtruppen stand an der Ecke und grüßte mich mit erhobener Hand. Ohne zu zögern, flog mein Arm in die Luft, und ich antwortete mit dem deutschen Gruß: »Heil Hitler!« Polizisten der polnischen Hilfspolizei, die den spärlichen Verkehr regelten und die mir immer Angst eingeflößt hatten, waren plötzlich armselige, harmlose Gestalten für mich. Ich hatte mich immer besonders nach dem Eis gesehnt, das in der Eisdiele »Nur für Deutsche« in der Floriańskastraße verkauft wurde. Ist es verwunderlich, daß in einer Zeit, in der Menschen wie wir gejagt wurden und sich verstecken mußten, um ihr Leben zu retten, ein jüdischer Junge von Schokoladen- und Erdbeereis träumte? Jetzt, wo ich Ihnen die Geschichte erzähle, Genosse Untersuchungsbeamter, kommt es mir einen Augenblick lang so vor, als hätte ich damals meinen Verstand verloren. Aber wenn ich es mir recht überlege, nein, dann ist wohl eher das Gegenteil der Fall: Es war Ausdruck meiner psychischen Gesundheit. Ich hatte mir, allen Gewalten zum Trotz, einen Funken kindlicher Unschuld bewahrt, den sogar die Grausamkeiten der Besatzung nicht auslöschen konnten. Das Eis schmolz in meinem Mund. Ich leckte mir die Lippen, um keinen einzigen der süßen Tropfen zu verlieren.

Sie werden sicher fragen, wie ich mich so amüsieren konnte, während mein Vater, im Keller des Hauses gefangen, meine Rückkehr mit der angstvollen Sorge eines hilflosen Elternteils erwartete? Wie konnte ich meine Ausflüge so weit ausdehnen, den Fluß überqueren und neugierig die Ghettomauern betrachten, hinter denen mein Großvater und meine Großmutter eingesperrt waren? Ich habe keine Antwort. Ich bin kein Psychologe und habe mich nie eingehend mit Motivationsforschung befaßt. Ich erwartete immer mit Ungeduld das Ende des Arbeitstages, damit ich wieder und wieder in der Stadt herumschlendern konnte, vor jeder Gefahr sicher, fast schon ein Angehöriger der Herrenrasse. Wenn die Polizisten die Straßen absperrten, um Dokumente zu kontrollieren, Verdächtige aus der Menge zu holen und Kandidaten für Zwangsarbeit oder Munitionsfabriken aufzugreifen, ging ich unbehelligt an ihnen vorbei. Mit der Zeit wuchs meine Selbstsicherheit – oder wollen Sie es Frechheit nennen? Nach etwa einem Monat begann ich, regelmäßig die Kinos zu besuchen, die ebenfalls ausschließlich für Angehörige der Herrenrasse reserviert waren. Die Kartenverkäuferinnen waren meist polnische Mädchen deutscher Herkunft, die sich zwar eines höheren Status als das gemeine Volk erfreuten, den Reichsbürgern aber dennoch als unterlegen galten. Die Nazis machten gern feine Unterschiede. Diese Mädchen kannten und mochten mich anscheinend, denn sie sorgten stets dafür, daß ich einen guten Platz in der Mitte bekam. Ich lernte Erich von Stroheim und Zarah Leander kennen, die Stars der deutschen Traumfabrik; ich sammelte sogar Programme und Photographien. Und so kommen wir zufällig zu dem unglücklichen Photo, das auf Ihrem Schreibtisch liegt, Herr Untersuchungsbeamter. Ein Straßenphotograph hatte mich da, wo die Floriańska auf den Marktplatz stößt, in meiner Uniform verewigt. Das Eis, das ich eine Minute vorher mit Begeisterung heruntergeschlungen hatte, können Sie hier nicht mehr sehen. Warum ich lächle? Lächelt man nicht im allgemeinen in die Kamera? Sie sehen eine Uniform, Sie sehen ein Hakenkreuz auf meinem Ärmel, und Sie wissen nicht, Herr Untersuchungsbeamter, daß es überhaupt keine Uniform der Hitlerjugend war; es war eine Rüstung, die mich vor jeder Gefahr bewahrte.

# 8

Ich erzählte dem Untersuchungsbeamten, Rieger war sein Name, die Wahrheit, aber nicht die ganze Wahrheit. Die deutsche Frau, die mir die HJ-Uniform gegeben hatte, sagte nicht, daß ihr Sohn herausgewachsen sei. Sie war zu jung, um einen Sohn meines Alters zu haben. Sie sagte, daß ihr Bruder herausgewachsen sei. Der Bruder war mittlerweile zum Militär eingezogen worden – nein, nicht eingezogen, berichtigte sie sich, hatte sich freiwillig zu einer geheimen Einheit, deren Aufgabe nicht preisgegeben werden durfte, gemeldet, einer handverlesenen Einheit, die dem Führer an der Ostfront diene, vielleicht sogar in Rußland selbst. Von seiner Feldpostnummer einmal abgesehen, habe er noch nie etwas über seine Tätigkeit verraten. Wenn alles gutginge, meinte sie begeistert, würde er sicher als Offizier zurückkommen. Er war ein fleißiger und disziplinierter Junge, der sich vor keinem Auftrag seines Kommandeurs scheute. Ihr Mann betonte oft, daß der Weg des Gehorsams in eine bessere Zukunft führe, und er sprach aus Erfahrung, war er doch ebenfalls Offizier, sogar mit einem hohen Dienstgrad. Allerdings nicht in einer Kampfeinheit – eigentlich war er eine Art Beamter, der allmählich Bauch ansetzte, im Wirtschaftsbüro der SS. Eine angenehme Arbeit, wenn auch nicht sonderlich interessant. Inspektor für Fleisch und Fisch in der Lebensmittelbranche, kicherte sie und zeigte auf den in Zeitungspapier gewickelten Karpfen in meiner Hand, der verzweifelt nach Luft schnappte. Im Warenlager hatte man ihn noch mit Wasser übergossen, damit er frisch und gesund wirkte. Seine Schuppen hatten das Papier durchnäßt, und noch bevor ich dort ankam, tropfte aus dem Papier eine dunkle, klebrige Flüssigkeit. Ich entschuldigte mich für das Aussehen des Pakets, aber sie tat es mit einem Lächeln ab: »Sagen wir, der Karpfen hat die Zeitung gelesen.« Es war offensichtlich, daß sie mich mochte, eine Tatsache, die mir völlig unverständlich war.
»Warum stehst du in der Tür? Komm doch rein«, forderte sie mich auf und führte mich ins Wohnzimmer.
Ich war verlegen. Zwar war ich schon öfter in deutschen Häu-

sern gewesen, aber mehr als die Diele und Küche hatte ich nie zu Gesicht bekommen.

»Setz dich, setz dich«, drängte sie mich und wies auf einen mit Nappaleder bezogenen Polstersessel. Ich versank in ihm wie in einem Schaumbad. Plötzlich wurde ich mir des blanken Parkettbodens und meiner alten Schuhe bewußt und versuchte, meine Füße unter dem Sitz zu verstecken. Sie bemerkte meine schüchternen Bewegungen, brach eine Blume von einem Strauß, der in einer Vase verwelkte, und setzte sich mir gegenüber auf einen hohen Stuhl.

»Mein Name ist Grete«, stellte sie sich vor. »Und wie heißt du?«

»Roman.«

»Sehr romantisch«, lächelte sie. «Hast du schon einmal Drambouie getrunken?«

»Nein.«

»Es ist herrlich! Aus Frankreich natürlich. Diese Froschesser verstehen etwas von Getränken. Nur gut, daß der Führer sich entschlossen hat, Paris einzunehmen.«

Ich nippte an meinem Glas. Der Likör war süß, klebte an meinen Lippen und brannte in meiner Kehle. Grete – es ist komisch, sie heute so zu nennen, denn bei unserer ersten Begegnung hätte ich es natürlich nie gewagt –, nun gut, Grete sah mich neugierig an, und auch ich betrachtete sie verstohlen. Sie war eine hübsche Frau, ein stattlicher, nordischer Typ, der natürlich keine Schwierigkeiten gehabt hätte, die Prüfung einer Rassenkommission zu bestehen. Ihr blondes Haar war am Hinterkopf mit einem schwarzen Satinbändchen zusammengebunden. Wenn sie sich auf dem hohen Stuhl bewegte, konnte ich einen Moment lang die helle Haut ihrer Oberschenkel aufblitzen sehen. Ihr Morgenmantel war nachlässig mit einem rosa Wollband zusammengebunden. Die tiefe Spalte zwischen ihren Brüsten ließ einen freigiebigen Körper erahnen.

»Noch ein Glas?«

»Oh nein. Ich muß arbeiten.«

»Es ist wirklich schade, daß Kinder wie du arbeiten müssen.«

»Ich bin kein Kind mehr.«

»Das stimmt.« Grete rückte ihren Stuhl näher und legte eine Hand auf mein Knie. »Das stimmt, du bist kein Kind mehr.«

Ein kleines Glas hatte genügt, mich schwindlig zu machen. Wie alt war sie? Sie mußte mindestens fünfundzwanzig sein. Eine alte

Frau. Warum nur spielte sie dieses Katz-und-Maus-Spiel mit mir? Wollte sie mich wirklich verführen? Selbst wenn sie sich im Bett ihres Mannes bodenlos langweilte, was hätte ein Junge wie ich ihr schon geben können, ein frühreifer Knabe, der zwar keine mütterlichen Instinkte mehr weckte, aber auch noch kein Mann war, den es zu erregen lohnte? Ich kannte meine Rolle. Ich war der Bote von Kunietzki, Bialski und Co. Und Grete? Wußte sie, wo sie hingehörte? Vielleicht war sie nur eine Frau, die einen mitfühlenden Zuhörer brauchte. Wenn nicht, warum trank sie dann zuviel, warum wiederholte sie ihre Einladung jedes Mal, wenn ich zu ihr geschickt wurde? Warum erzählte sie mir von ihrer glücklichen Kindheit in ihrer Heimat am Tegernsee, warum zeigte sie mir so viel Zuneigung, und warum schüttete sie mir immer ihr Herz aus, wenn ich, mit Fischen und Eingemachtem beladen, in ihre Wohnung kam? Sie klagte über ihr Leben in einem besetzten, fremden und feindlichen Land, über ihre Einsamkeit, über die Leere, die sie empfand, da es ihr nicht gelang, ihre Zeit auszufüllen, und über ihren Mann, der nicht fähig war, ein Kind zu zeugen. Mal beschwerte sie sich ausgiebig über ihren Mann, der so in seine geschäftlichen Pflichten versunken war, daß er seine junge Frau vernachlässigte, dann wieder lobte sie wortreich ihren Bruder, der, wie sie mir schließlich eröffnete, damit beschäftigt war, die ewigen Feinde des Reiches zu beseitigen – die Juden. Und nach einer halben Flasche Likör erzählte sie mir ihre größte Sorge: Die Neigung ihres Bruders zu männlichen Sexualpartnern stellte die Fortsetzung seiner glorreichen Karriere in Frage.

»Wenn du ein Geheimnis behalten kannst, zeige ich dir etwas«, sagte sie, und ohne meine Antwort abzuwarten, holte sie ein Sortiment goldener Ringe, Broschen und Halsketten aus der Schublade eines Schrankes.

»Schau, das hab' ich alles von ihm.«

»Es muß ein Vermögen wert sein.«

»Ein großes Vermögen. Sogar mein Mann weiß nichts von diesen Geschenken. Ich bewahre sie für den Notfall auf.«

Gretchen – nach einigen Besuchen faßte ich den Mut, sie Gretchen zu nennen, ein Kosename, der ihr Herz gewann – machte mich auch weiterhin zu ihrem Vertrauten. Ohne jede Scheu las sie mir aus den Briefen ihres Bruders vor, dessen Aufgabe es nun war, Bauern zu beseitigen, die man der Partisanenhilfe verdächtigte. Die Partisanen selbst konnten sie nicht fassen, da »die Banditen sich im dichtesten Wald versteckt haben, und es zu gefährlich ist, sie in eine Gegend zu verfolgen, die wir nicht kontrollieren«, wie er schrieb. Dann schilderte er ausführlich einen reizenden Jungen aus Weißrußland, der sein persönlicher Bursche war und auch sein Bett teilte. Als ihre Beziehung entdeckt wurde, jagte er dem Jungen eine Kugel in den Kopf und beendete so die Affäre. »Nun bin ich wieder allein«, beklagte er sich bei ihr. Gretchen bemitleidete seine Notlage, und ich, der nur durch ein Versehen des Schicksals überlebt hatte, brachte mehr Verständnis für den Mörder-Offizier als für seinen ermordeten Liebhaber auf.

Die Gespräche mit Grete erhöhten mein Selbstvertrauen. Sie schöpfte keinerlei Verdacht, wer ich wirklich war. Nur einmal ließ sie mich vor Unruhe erzittern. Wir saßen wie gewöhnlich in ihrem Wohnzimmer, meine Finger waren klebrig von dem Drambouie, ich wischte sie an meiner Hose ab, und sie sah mich kritisch an, als wolle sie sagen, das ist nicht deine Art, mein Junge. Wir waren bereits seit einer Stunde in ein Gespräch über die Ewigkeit vertieft, eigentlich über ein Leben nach dem Tode. Damals hätte ich nie gedacht, daß ich solch einer Debatte je noch einmal führen würde, aber unter den Bedingungen des Lagers Starachowice stellte dieses Thema schließlich keine abstrakte Frage mehr dar.

Grete war keine fromme Frau. Das kurze irdische Leben war für sie viel interessanter als tausend Jahre im Himmel. Darüber gab es zwischen uns keine Meinungsverschiedenheiten. Ich aber meinte, daß Körper und Seele ausgelöscht würden, sobald das Herz zu schlagen aufhört, während es für Grete angenehmer war zu glauben, daß der Tod nicht das Ende unserer Existenz bedeutet und die Seele weiterlebt.

»Aber in einer anderen Gestalt«, lachte ich. »Ich hoffe nicht, daß ich mich im Körper eines alten Mannes wiederfinden werde.«

»Ich bin nicht am Körper interessiert«, antwortete sie. »Aber ich bin sicher, daß ich trotz meiner Sünden in den Himmel komme.« Sie goß sich noch ein Glas ein und hob es hoch über ihren Kopf: »Auf das Leben im Himmel!«

»Ich frage mich, ob der Himmel einen Himmel hat«, sagte ich.

Sie setzte hart ihr Glas auf den Tisch und meinte mit plötzlichem Ernst: »Das hört sich ja an wie jüdische Spitzfindigkeit.«

»Jüdische, wieso jüdische?« reagierte ich leicht nervös.

»Weil Juden alles verkomplizieren.«

Ich erzählte niemandem von ihr, nicht einmal meinen Eltern. Auch die Einzelheiten über die Vernichtungslager, in denen ihr Bruder seinen Lebensunterhalt verdiente, behielt ich für mich. Heute kommt es mir so vor, als hätte ich damals ihre Bedeutung gar nicht erfaßt. Das eigenartige Verhältnis, das sich zwischen uns entwickelt hatte, ließ mich vergessen, mit wem ich mich eigentlich unterhielt, ließ mich die Tatsache ignorieren, daß ich mit der Frau eines Nazi-Offiziers Drambouie trank. In meinen Augen war sie keine Angehörige jenes Volkes, das mich vernichten wollte. Wenn der Schwall ihrer Worte verebbte und sie mich mit Grüßen an seine Exzellenz, Graf Kunietzki, fortschickte, küßte ich ihre Hand, wie es die Krakauer Erziehung gebot, und verschwand. Mit der Uniform ihres Bruders in meiner Tasche.

Die HJ-Uniform stachelte Mischka Schindlers blühende Phantasie an. Ich hätte gern geschrieben, daß ich ihn in der Marienkirche in Krakau traf. Es hätte eine faszinierende Begebenheit werden können: Zwei verfolgte Juden lernen sich bei den Klängen der Orgel im Schatten des Kreuzes kennen. Doch das Verhör ist vorbei, und ich muß bei der Wahrheit bleiben. Die reine Wahrheit ist, daß ich mit Mischka Schindler jeden Sonntag die Morgenmesse besuchte, aber unsere eigentliche Begegnung fand unter Umständen statt, die jeder Dramatik entbehren. Er und seine Eltern lebten in der Wohnung meines Onkels Marian, der, wie man sich noch erinnern wird, zu der Zeit irgendwo im Ural herumreiste.

Sonntags sorgte meine Mutter dafür, daß ich ordentlich aussah. Sie prüfte, ob ich meine Schuhe geputzt hatte, ob meine Fingernägel sauber und meine Haare gekämmt waren. Morgens um sieben traf ich Mischka am Kirchentor. Die Marienkirche befand sich im Herzen der Altstadt, und seit ihrer Erbauung Ende des dreizehnten Jahrhunderts galten ihre beiden Türme als Wahrzeichen Krakaus. Mit ihren alten Figuren und erleuchtet von einem bläulichen Licht, das durch die bunten Glasfenster fiel, hinterließ die Kirche einen majestätischen Eindruck. Ausgerüstet mit schwarzen, ledergebundenen Gebetbüchern, verhielten wir uns so unauffällig wie möglich inmitten der Leute aus unserer Nachbarschaft. Leise nahmen wir unsere Plätze in der letzten Reihe ein, eingekeilt zwischen frommen Frauen und Jungen, die wie wir herausgeputzt waren, knieten nieder und beteten, augenscheinlich in Andacht versunken.

So ging es mehrere Wochen, bis sich mir eines Sonntags ein Nachbarsjunge nach Ende der Messe in den Weg stellte und spöttisch fragte: »Sag mal, bist du ein bekehrter Jude oder so was ähnliches?«

Wenn ich doch nur meine Nazi-Uniform getragen hätte! Aber so, ohne meine Rüstung, bekam ich plötzlich einen trockenen Mund.

»Bist du verrückt?« gab ich ihm in gleicher Münze zurück. Die Worte hörten sich sehr mutig an; nur Mischka bemerkte das versteckte Beben in meiner Stimme.

Rasch kam er mir zu Hilfe. Er starrte den kleinen Christen frech an, stieß ihn leicht vor die Brust und rief: »He, was ist denn mit dir los, du kleiner Stinker! Du siehst ja selber wie ein Jude aus. Ich möchte wissen, mit wem deine Mutter gebumst hat!«

Der polnische Junge schob den Schirm seiner Mütze zur Seite, ein klares Signal, daß er zum Kampf nicht bereit war. »Mach doch keine große Sache daraus. Ich habe es nicht so gemeint. Die ganze Bande spielt Karten, nur ihr zwei betet die ganze Zeit. Wollt ihr Altarknaben werden?«

»Nicht unbedingt«, kicherte Mischka. »Wir hatten Angst, daß ihr uns beim Priester verpetzen würdet, also haben wir so getan, als ob wir fromm wären. Verstehst du nun, oder soll ich deutlicher werden?« Mischka ballte seine Hand zur Faust und hielt sie dem Jungen unter die Nase.

»Nicht nötig. Ich begreife schnell.« Der Angreifer zog sich auf eine friedliche Verteidigungslinie zurück und streckte uns seine Hand entgegen. »Ich bin kein Schwätzer und heiße Bolek. Spielen wir nächste Woche zusammen?«

»Gut. Abgemacht.«

»Bringt Geld mit. Wir spielen ernsthaft«, prahlte der Junge, zufrieden mit dem Friedensvertrag. Er brachte seine Kappe wieder in Ordnung, zog den Schirm über seine Stirn und ging.

Wir lernten unsere Lektion und Pokerspielen.

Mischka war ein Jahr jünger als ich, intelligent, flink und skrupellos. Erst einige Wochen später erkannte ich, wo sein außerordentlicher Zynismus, der sich von meiner eigenen Verwegenheit grundsätzlich unterschied, herkam. In der Zwischenzeit wurden wir Freunde. Mischka liebte es, mich auf meinen Wanderungen durch die Stadt zu begleiten. Er nannte sie »Hitlerjugendausflüge«.

Einmal bat er mich, ihm meine Uniform zu leihen. Da er klein war, mußten wir die Hosenbeine und Hemdsärmel aufkrempeln, bevor er sich auf den Weg machen konnte. Es war sehr gefährlich, denn die Deutschen achteten peinlich genau auf ihre Uniformen; Unordentlichkeit konnte leicht ihren Argwohn erregen. Aber Mischka kam am Abend mit strahlendem Gesicht zurück. Ich staunte, als er ein Bündel Banknoten aus seinen ausgebeulten Taschen zog und mir hinlegte, damit ich es zählen konnte.

»Was ist das denn? Hast du eine Bank ausgeraubt?«

»Du Dummkopf«, lachte er. »Du arbeitest wie verrückt und hast nie Geld. Allenfalls träumen kannst du von italienischem Eis. Und nun schau' dir das an, das habe ich alles auf einen Schlag gemacht.«

»Wie?«

»Kennst Du den Podgórze-Basar? Nicht weit vom Ghetto? Der Markt ist voll von Dummköpfen, die nur darauf warten, über's Ohr gehauen zu werden. Ich bin in der Uniform dort hingegangen und habe etwas auf Deutsch gerufen. Keine Ahnung was, denn mein Deutsch ist nicht so gut wie deins, ich stottere ja nur. Trotzdem haben sie Angst bekommen, und ich beschlagnahmte einfach einige Stangen Zigaretten. Dann habe ich sie an die Schwarzhändler auf dem Markt in der Zwierzyniecka weiterverkauft. Die ganze Sache dauerte nicht länger als zwanzig Minuten.«

Ich bewunderte seinen Mut. Mischka wiederholte die Sache mehrmals. Das Geld reichte nicht nur für die Pokerspiele in der Kirche, es blieb auch genug übrig, um es nach Herzenslust zu verprassen. Die Geldscheine versteckte ich im Sicherungskasten unseres Treppenhauses. Ich fragte meinen Vater nicht, ob er Geld für den Lebensunterhalt brauche. Ich konnte ihn ja nicht fragen. Wie hätte ich ihm meinen plötzlichen Reichtum erklären sollen?

Mischka war ein entfernter Verwandter, von dessen Existenz ich bis zum Ausbruch des Krieges nichts gewußt hatte. Die Familie Schindler lebte in einer kleinen Stadt in der Nähe von Krakau und war anscheinend nicht respektabel genug, um die Aufmerksamkeit meiner Eltern zu verdienen. Der Name des Vaters war Jakob, kurz Kuba. Offenbar hatte er in seinem ganzen Leben nie Bedenken gehabt, Beschäftigungen jeglicher Art anzunehmen, und seien es kleine Betrügereien. Kuba war eine höflicher, freundlicher Mann und ein Genie, wenn es darum ging, Kontakte zu knüpfen. Mich beeindruckte vor allem seine Kleidung, die der Mode der Besatzungszeit in nichts nachstand: blanke Stiefel, Reithosen aus reiner Wolle und eine karierte Jacke mit breiten Aufschlägen. Sein helles Haar und seine blauen Augen waren seine beste Versicherung; hinter diesem Aussehen hätte niemand je einen Juden vermutet. Alkohol und Frauen waren seine liebsten Steckenpferde, und ausgestattet mit all diesen Eigenschaften, fiel es ihm nicht schwer, sich mit den Offizieren der polnischen Hilfspolizei anzufreunden. Die Freundschaft wurde bald zur Partnerschaft. Nur zwei Monate nach unserem ersten Treffen klärte Mischka mich über den Charakter dieser Partnerschaft auf.

In Onkel Marians leerer Wohnung in der Heilig-Kreuz-Straße 10, im Zentrum Krakaus, versteckte Kuba Schindler Juden, denen es gelungen war, aus dem Ghetto zu entkommen. Die Adresse wurde mündlich weitergegeben, und viele Leute klopften an die Tür. Er überprüfte sie alle mit größter Sorgfalt. Für die, die kein Geld hatten, war es zwecklos, um Hilfe und Gnade zu bitten. »Dies ist ein Unternehmen und kein Wohltätigkeitsverein«, beschied er diejenigen, die er fortschickte. Der Andrang nahm zu, als die Nazis das Ghetto von »unproduktiven Elementen« säuberten und alle Alten und jene, die keinen Beruf erlernt hatten, in Lager schickten, über die viel geflüstert wurde, aus denen jedoch niemand zurückkehrte, der die Schreckensgeschichten hätte bestätigen können.

Am Vorabend der großen Ghettosäuberung herrschte in den vier Zimmern der Schindlerschen Wohnung eine schreckliche Aufregung. Mischkas Mutter kochte für zwanzig Personen, die nervösen Frauen stritten sich, die Kinder rannten durch die Halle, Babys weinten, die Männer waren still. In der Luft hing ein entsetzlicher Gestank. Der Abfluß war verstopft und die Toilette lief über. Es war verboten, die Fenster zu öffnen, aus Angst, daß die Nachbarn merken könnten, was dort vorging.

Für jeden Tag Unterschlupf strich Kuba eine beträchtliche Summe ein. Die Leute zahlten, ohne mit der Wimper zu zucken; jeder Preis, den man für ihr Recht zu leben verlangte, war ein Spottpreis. Die Flüchtlinge mußten in seiner Wohnung eine Weile warten, bis er ihnen die Ausweispapiere, die sie brauchten, beschafft hatte. Kuba bestach einen Beamten des Einwohnermeldeamtes, und der versorgte ihn mit den nötigen Dokumenten. Ich glaube, daß auch unsere Papiere durch Kubas Vermittlung gekauft wurden.

Die Wohnung in der Heilig-Kreuz-Straße war keine Zuflucht, sondern eine Falle. Wenn ihr Bargeld aufgebraucht war, zahlten die Flüchtlinge mit ihren Wertsachen. Kuba kannte sich aus: Er konnte einen blau-weißen Diamanten von einem kohlenstoffhaltigen unterscheiden, wußte den Goldgehalt eines Schmuckstücks zu bestimmen und den Wert exotischer Steine zu taxieren. Mischka erzählte oft, wie wütend sein Vater wurde, wenn einer der Mieter ihn übers Ohr zu hauen versuchte, indem er Ersatzgold als echt oder ein neues Schmuckstück als alt ausgab. Schwindeln war Kubas Geschäft, Konkurrenz konnte er nicht ertragen.

Bis zum Schluß waren sich die unfreiwilligen Mieter der Größe des Betrugs nicht bewußt. Wenn sie gegen die lange Wartezeit für die persönlichen Dokumente protestierten, entschuldigte Kuba die Verzögerung mit bürokratischen Problemen. »Glaubt ihr, daß mir eure Gesellschaft gefällt?« neckte er sie mit einem jovialen Augenzwinkern. Wie schon erwähnt, war er einer jener Menschen, der andere dazu bringen konnte, ihn sogar unter schwierigen Umständen zu mögen. Mischka betete ihn an. Auch ich lauschte gern seinen lustigen Geschichten. Bis zu dem Augenblick, an dem Mischka mir sein Geheimnis enthüllte, hätte ich mir nicht vorstellen können, daß ich die Gegenwart eines gemeinen Mörders genoß.

Die Wartezeit in Kubas Wohnung dauerte gewöhnlich so lange, bis die Juden erklärten, daß sie kein Geld mehr hätten und auch ihr Schmuck ausgegangen sei. Sie ahnten nicht, daß sie mit dieser verzweifelten Offenbarung ihr Schicksal besiegelten. Kaum waren sie finanziell ausgeblutet und keinem mehr nützlich, traten Kubas Freunde von der Polizei in Erscheinung. In den stillen Nachtstunden, wenn die Ausgangssperre Krakau in eine Geisterstadt verwandelt hatte, tauchten Streifenwagen der polnischen Hilfspolizei aus der Dunkelheit auf und parkten kurz auf dem Bürgersteig vor der Heilig-Kreuz-Straße 10. Uniformierte Männer stiegen zur zweiten Etage hinauf und hämmerten mit Fäusten und Pistolenkolben so lange an die Tür, bis sie geöffnet wurde. Die Nachbarn taten, als sähen und hörten sie nichts. Die Polizisten stürzten in die Wohnung, rissen den entsetzten Flüchtlingen die Decken weg und zerrten sie aus den Betten. »Ihr seid verhaftet, ihr Dreckjuden!« schrien sie und traten Frauen und Kinder, damit sie sich schneller anzogen und zu den Streifenwagen liefen.

Kuba versuchte, sich in einem Schrank zu verstecken, wurde aber immer rasch von dem Kommandeur der Einheit gefunden.

»Du auch, du auch!« rief er und stieß ihn hinaus.

Die einzigen, die verschont wurden, waren Kubas Frau Selma und sein Sohn Mischka. Sobald alle Leute verschwunden waren, schafften Mutter und Sohn Ordnung in der Wohnung. Sie lüfteten das Bettzeug und reinigten das stinkende Badezimmer.

Mittlerweile raste der Streifenwagen durch die Nacht. Schnell fuhr er an den letzten Häusern Krakaus vorbei und holperte, die Vororte hinter sich lassend, über eine Seitenstraße, die zu einer verlassenen Mühle führte.

Sobald die Gefangenen ihren ersten Schreck überwunden hatten, fragten sie: «Wo bringt man uns hin?«

»An einen Ort, von dem keiner zurückkehrt«, antwortete einer der Polizisten.

Das war Kubas Stichwort, der Höhepunkt des Dramas. Er rückte näher an den Kommandeur heran und begann mit weinerlicher Stimme um sein Leben und das der anderen zu betteln. Die beiden, Kuba und der Offizier, flüsterten daraufhin längere Zeit miteinander, während die Leute mit angehaltenem Atem abwarteten und sogar die Kinder zu schreien aufhörten. Am Ende sagte Kuba mit schwacher Stimme: »Er ist bereit, uns freizulassen, aber er will etwas dafür. Ich habe tausend Dollar, doch das ist nicht genug.«

Mit zitternden Händen überreichte Kuba dem Offizier eine Rolle grüner Scheine. Der zählte sie im Licht der Autolampe, steckte sie zufrieden in seine Tasche und machte deutlich, daß er mehr erwartete. Aus den Absätzen ihrer Schuhe, aus dem Futter ihrer Kleidung und aus anderen Verstecken holten nun die Gefangenen Geld und Wertsachen hervor, die sie bis dahin erfolgreich vor Kubas Gier versteckt gehalten hatten, letzte Reserven, die das zukünftige Überleben hätten sichern sollen. Die Mütze des Polizisten füllte sich allmählich mit Diamantnadeln und Goldmünzen. Sobald die Sammlung beendet war, wurde dem Fahrer befohlen, den Wagen anzuhalten, und die verwirrten Passagiere wurden herausgestoßen. Sie wußten nicht, wo sie sich befanden, und waren viel zu verängstigt, um zu fragen.

»Lauft dorthin«, wies Kuba ihnen die Fluchtrichtung.

In Panik rannten sie über das Feld auf die Silhouette der alten Mühle zu. Kuba versuchte ebenfalls zu entkommen, wurde aber von zwei Polizisten gepackt und wieder in den Wagen verfrachtet.

»Nicht du, mein Lieber. Du kommst vor Gericht!« schrien sie.

Der Fahrer wendete den Wagen und kehrte um. Noch bevor er die Lichter der großen Stadt erreichte, hatten Kuba und die Polizisten sich die Beute bereits geteilt.

»Hatte dein Vater keine Angst, daß die Fliehenden gefaßt werden könnten und ihn bei einem Verhör verraten würden?« fragte ich Mischka.

»Was glaubst denn du?« entgegnete er beleidigt. »Mein Vater ist doch kein Idiot. In der alten Mühle wartete schon ein Trupp anderer Polizisten auf die Flüchtlinge. Niemand kam lebendig heraus. Die Schützen untersuchten sogar die Leichen. Niemand hätte mehr den Mund aufmachen können.«

Mischka erzählte seine Geschichte, als ob sie mit uns nichts zu tun hätte. Das waren andere Juden, keine Bekannte oder Verwandte. Fremde. *A la guerre comme à la guerre*, wie die Franzosen sagen. »Und überhaupt, was geht es dich an?« fragte Mischka dann. Ich glaube, daß ich damals die ganze Ungeheuerlichkeit von Kubas widerlichem Tun gar nicht erfaßt habe. Wie sonst wäre meine weitere Freundschaft mit Mischka zu erklären? Wir machten weiterhin unsere »Hitlerjugendausflüge« und spielten mit den Nachbarskindern Poker. Mindestens einmal pro Woche unterhielt ich mich mit Grete. Bewußt oder unbewußt wollte ich der Düsterkeit unseres Kellers entkommen. Mein Vater machte mir wegen meiner häufigen Abwesenheit Vorwürfe. Ich log. Behauptete, daß Herr Bialski mich für Überstunden benötige: Lügen war mir zur Gewohnheit geworden, aber ich bin nicht sicher, ob er meiner Erklärung wirklich glaubte. Vielleicht wollte er auch nur Milde zeigen, um die zarten Bande unserer Beziehung nicht zu zerreißen. Die Arbeit, das Geld und der Kontakt mit der dunklen Seite des Daseins hatten meiner Persönlichkeit eine neue Dimension verliehen, mit der ich fürchtete nicht fertigzuwerden. Darum sprachen mein Vater und ich auch nur wenig miteinander. Eines Abends brach er jedoch den Damm des Schweigens mit den Worten: «Mischka ist verhaftet worden.« Nun wurde mir klar, daß er die ganze Zeit gewußt hatte, was vor sich ging. Schon lange hatte er gemerkt, was Kuba eigentlich trieb, und sich nur der Umstände wegen gezwungen, nichts zu sagen.

Und das war geschehen:

Kuba hatte den Entschluß gefaßt, seine Frau loszuwerden. Selma genügte den Ansprüchen, die er an seine Partnerin stellte, nicht mehr. Ihre Schönheit war dahin und ihre Bitterkeit wuchs.

Die Geister der ermordeten Menschen verfolgten sie bis in ihre Angstträume. Als sie erfuhr, daß ihr Mann sich eine junge Geliebte zugelegt hatte, drohte sie, ihn zu verraten. Damit unterschrieb sie ihr eigenes Todesurteil. Kubas Mätresse arbeitete mit der Gestapo zusammen, und die beiden entwarfen einen Plan, der ihnen ein Leben voll Reichtum und Glück versprach. Die Idee war einfach und leicht ausführbar und wäre nie ans Licht gekommen, wenn nicht ein kleiner Fehler passiert wäre.

Mischka hatte keine Ahnung, warum sein Vater darauf bestand, ihn zu Freunden in ein kleines Dorf bei Krakau zu schicken. Widerstrebend packte er ein paar Sachen ein und bestieg den Bus. Uns blieb keine Zeit, uns zu verabschieden. Laut Plan sollte er jedoch schon am nächsten Tag zurückkommen. Am Abend verließ auch Kuba die Wohnung und ging in eine Kneipe, die vor allem von Kollaborateuren besucht wurde und daher eine gewisse Immunität genoß, wenn es um die Durchsetzung der Ausgangssperre ging. Während seiner Abwesenheit stürmte ein Hinrichtungskommando der Nazis seine Wohnung. Wie vorab vereinbart, sollten alle Versteckten festgenommen werden und diesmal auch Frau Schindler nicht verschont bleiben. Die verwunderte Selma wurde gewaltsam in einen Streifenwagen gezerrt – und Mischka mit ihr. Selma blieb ruhig, aber Mischka brüllte. Er verlangte, man solle seinen Vater holen, doch niemand beachtete sein Geschrei. Wie war Mischka unter die Verhafteten geraten? Wie in solchen Fällen üblich, durch eine Fehlkalkulation. Als er das Haus der besagten Freunde auf dem Dorf erreichte, fand er es verschlossen vor. Er kehrte um und kam wieder nach Hause. Es war acht Uhr abends, zehn Minuten vor dem Eintreffen der Deutschen.

»Alle sind in der alten Mühle erschossen worden«, erzählte mein Vater.

# 9

Mischka war in mein Leben ein- und wieder ausgetreten wie ein Komet, der zwar Funken hinterläßt, aber keinen langen Schweif, der die Erinnerung dauerhaft erhellt. Zugegeben, manchmal vermißte ich ihn, denn ich hatte nun keinen Freund mehr, mit dem ich meine Abenteuer und Erlebnisse teilen konnte. Doch dies war eher ein eigennütziges Verlangen, nicht ein echter Verlust. Die Funken, die er durch seine schiere Anwesenheit versprüht hatte, hatten mir die enge Atmosphäre der Kellerwohnung erleichtert, aber ich konnte auch ohne ihn sein. Mischka hatte sich oft über unsere Wohnung lustig gemacht und behauptet, es sei dort so fröhlich wie in einer Grabkammer. Meine Eltern mochten Mischkas Besuche nicht. Wenn er kam, äußerst selten und nur, wenn er mich nirgendwo anders finden konnte, zeigten meine Eltern kein Interesse an ihm und seinen Gesprächsthemen. Vielleicht fürchteten sie, daß er sich verplappern würde, daß ihm ein Satz herausrutschen könnte, der die Neugierde unserer Vermieterin wecken würde. Aus diesem Grund unterhielten sie sich auch untereinander kaum. Mein Vater hatte den Verdacht, daß die alte Frau gar nicht schwerhörig war, daß sie zwar vorgab, taub zu sein, aber jedes Mal die Ohren spitzte, wenn im Zimmer geflüstert wurde. Beweisen konnte er es jedoch nicht, da die alte Frau kaum den Mund aufmachte. Ich sah sie nie mit den Nachbarn sprechen. Nie versuchte sie, aus uns herauszubekommen, woher wir kamen und warum wir gekommen waren. Einmal im Monat verließ sie ihre dunkle Ecke und zählte das Geld für die Miete, überprüfte mit arthritisverkrümmten und warzenübersäten Fingern jeden einzelnen Geldschein. Erst wenn sie davon überzeugt war, daß man sie nicht übers Ohr gehauen hatte, versteckte sie ihren Schatz schnell in den Falten ihres Rockes.

Mein Vater beobachtete stundenlang die Füße der Fußgänger, die in dem viereckigen Rahmen des Fensters, das sich in Höhe des Bürgersteigs befand, auftauchten und wieder verschwanden. Manchmal tat ich es ihm gleich und versuchte, mir die Leute anhand der Form ihrer Schuhe und ihres Hosenbundes vorzustellen. Meine Mutter las sehr viel. Alle drei kapselten wir uns mehr und mehr in unsere eigene Welt ein, bis wir schließlich unsere Gedanken nicht mehr miteinander teilen konnten. Damals war mir die Bedeutung von Worten als Mittel zur Verständigung zwischen Menschen noch nicht klar, so daß ich gar nicht bemerkte, wie die Zelle unserer Familie sich vor meinen Augen allmählich auflöste. Es war ein langsamer, stetiger Prozeß, und es fällt mir schwer, den Augenblick zu benennen, an dem ich keine Gesellschaft mehr brauchte.

Ich brauchte keine Gesellschaft, hatte aber nicht gelernt, mit mir in Frieden zu leben. Meine Tatkraft gärte in mir wie Wein. Ich konnte zwar meine Gedanken in einen Käfig sperren, der mich von meiner Umgebung entfremdete, den Lichtern und dem Lärm der großen Stadt jedoch konnte ich mich nicht verschließen. Auf den Straßen lauerten Gefahren, aber gleichzeitig pulsierte dort auch das Leben. Ich bummelte weiter. Die Kneipen waren immer voll, und durch die Türen drang das Gewirr der Stimmen, das Gegröle der Betrunkenen und das Gekicher der Huren. Rasch lernte ich, mich durch die Gassen der Altstadt zu schlängeln, in Hinterhöfe zu lugen, in denen Schieber teure Lebensmittel anboten; ich forderte das Schicksal heraus, wenn ich den Handel über die Ghettomauern hinweg beobachtete. Und manchmal unterhielt ich mich, geschützt durch die schwarz-braune Uniform, mit deutschen Soldaten, die sich auf den Bänken in dem Grüngürtel ausruhten, der die Stadt umgab. Meist befanden sie sich gerade auf einem kurzen Fronturlaub, und sie zeigten mir die müde Seite der stolzen, mutigen und unbezwingbaren Kriegsmaschinerie der Nazis. Hätte mich jemand wegen meines Lebensstils gescholten, hätte ich geantwortet: Und was ist mit den reichen Leuten im Ghetto, die zu Orchestermusik tanzen, prächtige Festessen und Trinkgelage inmitten der großen Erniedrigung veranstalten, während Zehntausende verhungern? Waren sie nicht ebenso unmoralisch? Nein. Sie schlürften das Lebenselixir heute, denn morgen konnte die Sintflut kommen.

Ungeachtet meiner Beschreibung war Krakau keine leichtlebige Stadt. Sie hatte ihre solide Fassade, ihren konservativen Lebensstil bewahrt. Ihre historische Pracht war von der Besetzung nicht beeinträchtigt worden, und auch der Krieg tat der Schönheit der Stadt keinen Abbruch. Es fielen keine Bomben, die ihren Stadtwall zerstört, in ihren öffentlichen Parkanlagen Krater zurückgelassen oder die Paläste und Kathedralen in Schutt und Asche gelegt hätten. Jede Epoche hatte ihr ihren Stempel aufgeprägt, von der Gotik des vierzehnten Jahrhunderts über die Renaissance bis hin zum italienischen Barock des siebzehnten Jahrhunderts. Wenn die deutsche Besatzung sie beschädigt hatte, dann unsichtbar in den Herzen der Menschen.

Ich betrachtete die Seele der Stadt wie eine Zigeunerin, die aus der Hand liest: Ich verwässerte die Wirklichkeit mit Wunschdenken. Sommers wie winters erwachte Krakau mit den ersten Straßenbahnen, die sich quietschend in die Kurven legten, und kam mit dem Beginn der Ausgangssperre zur Ruhe. Dann allerdings begann hinter den schwarzen Fenstern, der angeordneten Verdunkelung, ein reges geselliges, manchmal geheimes Leben. In den Wohnungen fanden »Heimkreise« statt, in denen nach der Schließung der Gymnasien heimlich weitergelehrt wurde. Erfahrene Lehrer unterrichteten hier, ohne Geld zu nehmen. Manchmal wurde auch ich dazu eingeladen, fand aber immer eine Ausrede, um nicht erscheinen zu müssen. Ein Pferd, das einmal wild herumgelaufen ist, kommt nicht freiwillig zurück in den Stall. Einen normalen Rahmen konnte ich nicht mehr ertragen, einer strikten Disziplin wollte ich mich nicht mehr unterstellen. Vielleicht hatte ich auch bloß keine Lust zu lernen. Ich gehörte nicht zu denjenigen, die versuchten, ihrem Leben den Anschein der Normalität zu verleihen, die in den Schaufenstern schäbige Ware so ausstellten, als sei sie die feinste der Welt. Ein verschossener Stoffballen wurde als »die letzte Mode« angepriesen, Sacharin war angeblich »süßer als Zucker«, und in den leeren Regalen der Metzgereien verkündeten Schilder: »Das Fleisch ist uns vorläufig ausgegangen« – eine Vorläufigkeit, die Jahre dauerte. Die Kellnerinnen in den Cafés, meist Frauen aus gebildeten und nun verarmten Familien, servierten Kuchen aus Kartoffelmehl. Die Männer an den Tischen tranken Ersatzkaffee und flüsterten erregt über das baldige Ende Hitlers. Niemand wollte die Kluft zwischen Wunsch und Wirklichkeit erkennen. Zu jener Zeit belagerten die Wehrmachttruppen Leningrad, griffen Woronez an, bedrohten die Ölquellen im Kaukasus, und nur, wer partout nicht aus seinem Traum erwachen wollte, konnte die Bedeutung der Tatsache ignorieren, daß über ganz Europa, von der Atlantikküste bis zum Ural, Nazifahnen wehten.

Es ging das Gerücht um, daß das Ghetto bald aufgelöst und seine Bewohner in Lager geschickt werden sollten. Kurz vor Schließung der Tore, am Jom Kippur 1941, waren auch mein Großvater und meine Großmutter väterlicherseits ins Ghetto gezogen. Seit der Zeit war es uns nicht gelungen, zu ihnen Kontakt aufzunehmen. Ich konnte mich nur noch verschwommen an ihre Gesichter erinnern; erst als ich das Gerücht gehört hatte, nahmen die weiße Mähne meines Großvaters und die zierliche Figur meiner Großmutter wieder Gestalt an. Ihr Auftauchen störte meine Ruhe. Mein Großvater besuchte mich in meinen Träumen. Sein Blick bohrte Löcher in meine Seele, seine Lippen flüsterten, für ihn sei es an der Zeit zu gehen. Manchmal kam er allein, manchmal in Begleitung meiner Großmutter, deren Erscheinung zunächst alle täuschte, die sie sahen, denn in ihrem verwelkten Körper steckte eine enorme Energie. In meinen Träumen empfand ich eine Nähe zu ihnen, die viel stärker war als in der Realität. Die Idee jedoch, sie aus dem Ghetto zu holen, war keine Ausgeburt der Nacht. Sie traf mich vielmehr wie ein Blitzschlag am hellichten Tag, als ich an den Mauern des geschlossenen Viertels entlangstrich und mich fragte, ob nur einer von denen, die hinter den Mauern eingeschlossen waren, gerettet werden könnte. Das Ghetto zog mich an wie ein Magnet. Damals wußte ich nicht warum. Heute ist mir klar, daß es nicht nur Neugier war. Mich trieb das heimliche Bedürfnis nach der krankhaften Genugtuung, mich beim Anblick dieses Ortes frei zu fühlen, während Zehntausende meines Volkes leidend dem Schicksal entgegengingen, das die Nazis für sie bestimmt hatten.

Die Nürnberger Gesetze stöberten in drei Generationen unserer Vergangenheit herum. Auch wer getauft war, galt als Jude und wurde ins Ghetto deportiert, selbst wenn schon die Großeltern zum Christentum übergetreten waren. Aber die verstorbenen Getauften durften die Ghettomauern verlassen. Die deutsche Logik, die ausgerechnet den Toten Vergünstigungen einräumte, blieb mir unverständlich; daß die Bestimmung, auf einem katholischen Friedhof begraben werden zu können, es meinem Großvater und meiner Großmutter möglich machen würde, ein freies Leben zu leben, machte mich jedoch froh.

Mehr als einmal war ich bei den Vorbereitungen zu so einer Beerdigung dabeigewesen. Meistens stellte ich mein Fahrrad an einer Straßenlaterne ab, legte die Fischpakete auf den Bürgersteig und beobachtete den Priester, eine Nonne und einen Novizen, wie sie ohne Kontrolle durch das Tor ein- und ausgingen. Ich wußte, daß sie auf dem Weg zu einem getauften Juden waren, der auf dem Sterbebett lag und beichten wollte, bevor er seine Seele seinem Schöpfer übergab. Die polnischen Polizisten zeigten sich ehrerbietig gegenüber den Geistlichen, und es wäre ihnen nie eingefallen, sie zu untersuchen oder ihre Ausweise zu verlangen. Manche nahmen ihre Mütze ab, wenn sie einen Priester sahen, andere bekreuzigten sich beim Anblick eines Novizen, der eine brennende Kerze in einer Glaslampe trug, das Zeichen der Letzten Ölung. Die Totengräber warteten die Nacht ab, um die Toten im Schutz der Dunkelheit zu ihrem Grab zu bringen. Die Angehörigen des Verstorbenen durften der Beisetzung natürlich nicht beiwohnen.

# 10

Mein Vater war nicht begeistert, meine Mutter total dagegen. »Purer Wahnsinn«, lehnte sie meinen Vorschlag ab.

»Eine Chance auf Erfolg«, beharrte ich.

»Wage es nicht. Ich werde nicht zulassen, daß du dein Leben für nichts aufs Spiel setzt.«

»Bedeuten dir Großvaters und Großmutters Leben nichts?«

»Werde nicht frech. Ich erlaube es nicht, und damit ist die Sache erledigt.«

»Schreit nicht so. Die alte Frau hört zu.«

»Soll sie doch zuhören.«

Meine Mutter hatte nicht geschrien. Obwohl sie aufgeregt war, hatte sie ihren Widerspruch geflüstert. Es war klar, daß ihr der Plan nicht aus dem Kopf ging. Wie kann man jemanden flüsternd überzeugen?

»Versteh doch, Mama. Der Plan ...«

»Ich will das nicht hören.«

»... ist bis in die letzten Einzelheiten ausgearbeitet. Das Risiko ist minimal und die Chance groß. Ohne deine Hilfe wird es schwieriger sein, aber ich werde ihn nicht aufgeben.«

Mein Vater schaltete sich wieder ein: »Laß ihn ausreden«, versuchte er sie zu beruhigen. »Laß ihn uns erst anhören, dann können wir immer noch entscheiden.«

»Gut«, stimmte ich zu. »Ich bin sicher, daß ich euch überzeugen kann. Ich habe oft von der anderen Straßenseite aus beobachtet, wie die Kontrollen am Tor durchgeführt werden. Es ist nicht schwer, sich in das Ghetto zu schleichen, am besten in der Nacht, bevor es geschehen soll. Ich kenne einige Löcher in der Mauer. Meist werden sie zum Schmuggel von Lebensmitteln benutzt. Ich werde ein Priester- und ein Nonnengewand einschmuggeln, natürlich auch den Spitzenumhang eines Novizen. Am Tag darauf werden Großvater und Großmutter sich als Priester und Nonne verkleiden und ich mich als Novize. Niemand wird uns anhalten.«

»Deine Einfalt ist wirklich einmalig. Glaubst du wirklich, daß der Polizist am Tor den Schwindel nicht bemerken wird? Wie wollt ihr aus dem Ghetto herauskommen, wenn ihr drei nicht zusammen hineingegangen seid, he?«

»Auch darüber habe ich nachgedacht, Mutter. Ich habe genau beobachtet, wann die Wachen gewechselt werden. Wir müssen nur ein paar Minuten nach dem Schichtwechsel hinausgehen. Dann werden sie glauben, daß wir mit Wissen der Polizisten, die vorher am Tor standen, hineingekommen sind. Was sagst du dazu, Mutter?«

»Ich sage, daß du nicht alles bis zum Ende durchdacht hast. Wo willst du sie hinbringen? Hierher? Vielleicht erzählen wir der alten Frau, daß sie unsere verlorenen Geschwister sind, die mit uns in dem stinkenden Keller wohnen wollen?«

»Vater wird Tante Mathilda in Słomniki schreiben. Sie wird ihre Eltern gern aufnehmen.«

»Wie werde ich den Brief schicken?« fragte mein Vater.

»Mir der Post, Vater, mit der Post.«

»Das ist nicht einfach.«

»Das ist sehr einfach. Du brauchst nur Papier, einen Umschlag und eine Briefmarke.«

»Wo willst du das Priestergewand, die Nonnenkleidung und einen Novizenumhang hernehmen?« insistierte meine Mutter.

»Die Soutane werde ich aus dem Ankleideraum der St. Anna-Kirche stehlen und den Stoff für die Kleider auf dem Schwarzmarkt kaufen. Und du wirst sie nach Großvaters und Großmutters Maßen nähen.«

»Ich?«

»Ja, du.«

»Woher wußtest du, daß ich einverstanden sein würde?«

Meine Mutter nähte das Nonnenkleid aus dem schwarzen Stoff, den ich organisiert hatte. Sie versuchte sich auch an dem Mönchsgewand, aber ihre Fähigkeiten als Schneiderin waren beschränkt, abgesehen davon, daß sie dafür eine Nähmaschine gebraucht hätte. Ich hatte keine Wahl, ich mußte beides stehlen, das Gewand und auch die Soutane. Es ging leichter, als ich dachte. Am Ende der Morgenmesse wartete ich, bis der Priester sich umgezogen und den Umkleideraum verlassen hatte. Von den Wänden der Kirche hallten noch die Worte der Sonntagspredigt, in der vom Lukasevangelium die Rede gewesen war, und zwar von den Taten des Judas

Ischarioth, als ich tastend meine Hand in den Spind des Priesters schob. Den Schrank, in dem die heiligen Gefäße aus purem Silber aufbewahrt wurden, verschloß der Priester immer mit großer Sorgfalt, den eigenen hingegen nie. Wer wollte schon alte Meßgewänder? In weniger als einer Minute waren die Sachen in dem Rucksack verstaut, den ich von zu Hause mitgebracht hatte. Ich vergaß auch nicht, die Lampe, die kleine Glocke und das Weihrauchgefäß mitzunehmen, die für einen Besuch am Sterbebett unverzichtbar waren. Mit allem ausgerüstet, was ich brauchte, ging ich heim. Am nächsten Tag wollte ich mich ins Ghetto schleichen.

Ich hatte bereits einen kleinen Spalt in der Mauer gefunden, durch den ein magerer Junge wie ich sich hindurchzwängen konnte. In der Regel wurden durch diese Öffnungen Waren ins Ghetto gebracht, beschafft von polnischen Schiebern und geschmuggelt von höchstens zehnjährigen Kindern. Ihre Kunden waren die Reichen des Ghettos und die, die in der Gemeinde höhere Ämter innehatten. All das war mir nicht neu. Ich hatte auch von den harten Lebensbedingungen Tausender von Juden gehört, die in dem Viertel zusammengepfercht waren. Dennoch war ich auf den Anblick, der sich mir bot, als ich an der Innenseite der Mauer herunterglitt, nicht vorbereitet.

Die Wohnung meines Großvaters zu finden, fiel mir nicht schwer. Ich hatte die Adresse noch aus der Zeit, in der es erlaubt gewesen war, Briefe zu schreiben. Mein Großvater wiederum schickte seine Briefe an Frau Siwek, die treue Haushälterin, und meine Eltern holten sie dort ab. Meine Großeltern wohnten in einem verkommenen, alten, zweistöckigen Haus, dessen schmutziges Treppenhaus ekelhaft nach Sauerkraut und Urin stank.

Eine in Lumpen gekleidete Frau kam aus dem Hof auf mich zu, befühlte erstaunt meine hübsche Kleidung und fragte auf Jiddisch: »Wo kommst du her? Von draußen?«

Obwohl ich kein Jiddisch sprach, verstand ich sie und nickte. Es gab keinen Grund, es abzustreiten. Die Ghettokinder sahen nicht aus wie ich.

»Es ist gefährlich«, sagte sie in schlechtem Polnisch. »Es ist gefährlich, du trägst nicht den gelben Flecken.«

Verdammt noch mal. Ich hatte mein Unternehmen bis ins kleinste Detail geplant und das Wichtigste vergessen. Juden durften sich innerhalb des Ghettos nicht ohne den Erkennungsstreifen am Arm bewegen.

»Er muß unterwegs abgefallen sein«, stotterte ich.

Die Frau schüttelte den Kopf, als ob sie meine Gedankenlosigkeit rügen wollte. »Mach, was du willst, und Gott sei mit dir«, sagte sie wieder auf Jiddisch. »Wen suchst du?«

Ich zog es vor, keine Namen zu nennen. Sie wollte sie auch nicht wissen. Ich ging in den zweiten Stock hinauf. Eine lange Namensliste steckte an der Tür. Mein Großvater und meine Großmutter lebten in einem von drei Zimmern und mußten dieses noch mit einer Familie teilen, die mehrere Kinder hatte. Einige der Möbel, die Bialski geschickt hatte, waren auseinandergenommen und in einer Ecke aufgestapelt worden. Die fremden Mieter beäugten mich argwöhnisch. Meine Großmutter saß mit dem Rücken zu mir auf einem Brett, das einmal zu einem Bett gehört hatte. Mein Großvater, der mich hereinkommen sah, stand auf und packte mich am Rockaufschlag. Er hatte lange, dünne, vor Alter zitternde Finger. Er bekam fast keinen Laut heraus.

»Lieber Gott, was machst du denn hier?«

»Ich muß mit euch beiden sprechen.«

»Ist etwas passiert? Dein Vater …«

»Nichts ist passiert. Vater ist in Ordnung. Auch Mutter geht es gut.«

»Warum bist du dann gekommen?«

»Nicht hier, Großvater. Gibt es einen Ort, an dem wir ungestört miteinander sprechen können?«

»Draußen.«

Wir gingen ins Treppenhaus, stiegen eine halbe Etage hinunter und standen vor der Gemeinschaftstoilette des Hauses.

»Die Deutschen haben vor, das Ghetto zu liquidieren«, sagte ich trocken. Ich hielt meine Stimme ruhig, aus Angst, meinen Großvater zu sehr aufzuregen.

Aber er, siebzig Jahre alt, zeigte keinerlei Nervosität.

»Das ist nichts Neues«, entgegnete er ruhig.

»Ihr müßt von hier fort, bevor es zu spät ist!«

»Guter Rat«, höhnte er. »Gute Ratschläge zu geben ist der älteste Beruf der Juden.«

»Hör mir erst zu und lach mich dann aus«, sagte ich beleidigt.

»Du bist ein frecher kleiner Kerl geworden.«

»Ohne Frechheit kann man nicht mehr leben.«

»Es ist möglich. Ohne Brot ist es schwerer.«

»Du wirst soviel Brot bekommen, wie du willst.«

»Hast du eine Bäckerei aufgemacht?«
»Nein, ich werde die Tore des Ghettos für euch öffnen.«
Sein Gesicht wurde ernst. Nun erst verstand er, worauf ich hinaus wollte. »Sprich.« Und ich erklärte ihm die Hauptpunkte meines Plans. Er hörte gespannt zu. Als ich fertig war, dachte er einen Moment ruhig nach und antwortete: »Wenn Großmutter nicht dagegen ist, werden wir es tun.«
Großmutter war nicht dagegen.
Meine Großmutter war immer klein und dünn gewesen, aber wer sie nach ihrem Aussehen beurteilte, beging einen großen Fehler. Energisch und gespannt wie eine Feder, herrschte sie mit starker Hand über ihr Haus. Vor dem Krieg, als mein Großvater noch Protestbriefe an den Bürgermeister schrieb, führte meine Großmutter die Rechnungsbücher. Großvater, der in der Verwaltung eines Bauernhofes versagt hatte, übertrug ihr nur zu gern die Sorge um den Lebensunterhalt. Sie kaufte das Haus in der Szlak-Straße und verwandelte es in eine Kapitalanlage, die ihnen ein bequemes Leben garantierte. Sie war geizig und wußte jeden Złoty, den sie verdiente, klug anzulegen. Das Wort Verschwendung klang aus ihrem Mund wie ein schrecklicher Fluch. Aber wenn wir in den Vorkriegstagen zu Besuch nach Krakau kamen, winkte sie mich immer ins Eßzimmer, wo sie – zwischen Marmelade- und Kompottgläsern – ein Glas voller Münzen aufbewahrte. Kurzsichtig hielt sie das Glas vor ihre Augen, kniff sie zusammen, denn sie wollte keine Brille tragen, nahm eine Fünfzig-Groschen-Münze heraus, sah sie sich genau an, um sicher zu sein, mir keinen ganzen Złoty zu geben, und sagte: «Nimm sie und kauf dir ein Eis.« Ich küßte sie auf die Wange. Sie zu umarmen, traute ich mich nicht. Sie sah so zerbrechlich aus. Jetzt, im Ghetto, war ihr Körper noch mehr eingeschrumpft, aber ihre Energie hielt sie wie schon in der Vergangenheit aufrecht, und geistig war sie so klar wie zuvor.
»Purimspiel«* war ihr einziger Kommentar, als ich das Nonnengewand aus meinem Rucksack holte und es ihr vorhielt wie eine geübte Verkäuferin, die ihre Ware anbietet.
»Es könnte jemand kommen«, warnte mein Großvater und schlug vor, wir sollten in die Toilette gehen.
Mit Mühe zwängten wir uns in den kleinen Raum, in dem es kein Fenster zum Lüften gab. Der Gestank war unerträglich. Ich

---

* Verkleiden ist ein beliebter Brauch beim jüdischen Purimfest

schloß die Tür von innen ab. Bevor ich den engen Spitzenkragen geschlossen hatte, hatte sich mein Großvater bereits seiner Kleider entledigt, sie hinter die Toilettenschüssel geworfen und den schwarzen Rock übergestreift.

»Priesterkleidung steht dir gut«, scherzte ich.

Meine Großmutter sah mich tadelnd an. »Dies ist nicht die Zeit für Witze. Und ich kann mich hier nicht umziehen.«

»Natürlich kannst du das. Und mach schnell, bevor ein Nachbar mit Durchfall auftaucht.«

»Du Überschlauer«, sagte sie verärgert, zog ihre Bluse und ihren Rock aus, und bevor sie in die Nonnentracht stieg, die meine Mutter genäht hatte, konnte ich ihre hervorstehenden Schulterblätter bemerken, Knochen, die mich an die Flügel eines verhungerten Vogels erinnerten. »Ich bin fertig«, verkündete sie. »Ich hatte immer Angst, eines Tages im Kloster zu landen.«

Ich schob den Riegel zurück. Er war rostig und quietschte. Niemand kam. Ich öffnete die Tür, spähte hinaus und gab ihnen ein Zeichen, daß die Luft rein war. Wir schlichen die Treppen hinunter. Vor der Haustür hielt ich an. Der Eingang war dunkel, aber die Straße lag in gleißendem Sonnenlicht. Ich suchte nach den Streichhölzern in meiner Rocktasche, entzündete den Docht in der Lampe, nahm die Glocke in meine rechte Hand, schwenkte sie, damit sie ihr dünnes Klingeln vernehmen ließ, gab meinem Großvater das Weihrauchgefäß, und wir traten hinaus.

»Ich zuerst, und dann ihr beide«, ordnete ich an und ging direkt auf das Ghettotor zu. Mein Großvater lief hinter mir und hielt das Weihrauchgefäß. Der duftende Rauch hüllte uns ein. Meine Großmutter war die letzte unserer kleinen Prozession. Sie ging mit kleinen, sicheren Schritten, als ob sie ihr ganzes Leben eine Oberin gewesen wäre. Ein Jude spuckte im Vorbeigehen verächtlich in unsere Richtung. Die Getauften waren im Ghetto nicht sehr beliebt. Ein zirka fünfjähriger rachitischer Junge hatte keine Vorurteile; er streckte seine Hand aus und bat um ein Almosen. Wir gingen vorbei, ohne ihn zu beachten. Sein Fluch schlug wie ein Stein hinter meinem Rücken ein.

Am Tor an der Ecke Limanowska- und Wegierskastraße standen zwei Polizisten der polnischen Hilfspolizei, ein Polizist der jüdischen Ghettopolizei und ein Nazi-Offizier mit einem niedrigen Dienstgrad. Ich sah starr geradeaus, um ihren Blicken nicht zu begegnen. Sie sollten das Zögern in meinen Augen nicht bemerken.

Bis jetzt hatte ich erfolgreich die Rolle des Helden gespielt, aber in dem Moment, als die Männer in Uniform vor uns auftauchten, überfiel mich eine schreckliche Angst. Was würde geschehen, wenn unsere Täuschung entdeckt und das wunderbare Abenteuer in einem Fehlschlag enden würde, wenn sich herausstellte, daß alles umsonst gewesen war? Wir würden diesen tollkühnen Irrsinn mit dem Leben bezahlen. Hatte nicht meine Mutter gesagt, es sei eine wahnsinnige Idee?

Die Möglichkeit des Mißlingens war der Schlüssel zu meinen Gefühlen. Nicht die Angst vor dem Tod zerrüttete meine Nerven, sondern die Furcht zu versagen. Ich konnte mich nicht mit dem Gedanken abfinden, daß meine Mutter recht haben könnte, wenn sie zwischen den Zähnen hervorstieße: »Du siehst, Wilek, ich sagte, es würde nicht gelingen.« Sie nannte meinen Vater Wilek, ein Kosename für Wilhelm. Die Sekunden kamen mir wie Stunden vor. Würden die Wächter mißtrauisch werden, würden sie unsere Ausweispapiere verlangen? Meine Augen maßen die Entfernung zwischen uns und dem Tor, und je kleiner der Abstand wurde, desto häufiger liefen meine Blicke hin und her. In Bruchteilen von Sekunden malte ich mir die verschiedensten Bilder aus:

Die Polizisten befehlen uns anzuhalten, wir ignorieren ihren Ruf, sie spannen ihre Waffen, Schüsse hallen zwischen den Häusern, Hunde bellen (es gab in der Gegend gar keine Hunde), wir beginnen zu laufen, entkommen. Großmutter stolpert und fällt. Passanten verfolgen mit Genugtuung das Geschehen. Ihre Gesichter sind ernst und starr, sie rufen etwas, aber ich verstehe ihre Sprache nicht. Wir sind Fremde für sie, sie hassen Fremde. Nun jubeln sie, denn das Tor ist geschlossen, und wir sind in der Falle.

Hirngespinste. Der polnische Polizist nimmt seine Mütze ab, der jüdische Polizist tut, als sehe er nichts. Der deutsche Offizier hat einen Photoapparat, zielt damit auf uns und drückt auf den Auslöser. Ich würde viel für dieses Bild geben. Langsam schreiten wir an ihnen vorbei, mein Großvater segnet die Männer in Uniform, zeichnet ein Kreuz in die Luft (wie kam er nur auf diese Idee?), und wir drei gehen durch das Ghettotor hinaus. Hinter der Mauer beginnt die relativ freie Welt, aber noch fühle ich die Blicke der Wachen – oder war auch das nur eine Illusion? Ich fühle ihre bohrenden Blicke in meinem Rücken. Ich weiß, ich darf mich nicht umdrehen. Hatte Lot das gleiche Gefühl, als er Sodom entfloh?

In einiger Entfernung zum Tor, als wir bereits in das Gewimmel der Straßen eingetaucht waren, hielten wir zu einer kurzen Beratung an.

»Jetzt fahren wir mit der Straßenbahn«, erklärte ich.

»Mit der Straßenbahn«, staunte meine Großmutter. »Ich bin schon zwei Jahre nicht mehr mit der Straßenbahn gefahren.«

»Alle Nonnen fahren mit der Straßenbahn.«

»Woher weißt du das?« fragte meine Großvater.

»Ich habe meine Schulaufgaben gemacht.«

»Kluges Kind.«

»Er ist kein Kind mehr, er ist schon ein großer Strolch«, meinte meine Großmutter. Ich wollte bissig fragen, ob ich, da ich nun erwachsen sei, kein Geld für Eis mehr bekommen würde, aber ich bremste mich.

In weniger als einer halben Stunde erreichten wir die Haltestelle für die Überlandbusse. Dutzende von Menschen warteten am Fahrkartenschalter. »Macht Platz für den Priester«, rief ich. Niemand protestierte. »Zwei Karten nach Słomniki«, sagte ich zu dem Schalterbeamten, zahlte den Preis und brachte meinen Großvater und meine Großmutter auf den Busbahnsteig. »Ich bleibe hier, bis der Bus abfährt. Der Fahrer wird euch sagen, wo ihr aussteigen müßt. Tante Mathilda erwartet euch. Sie weiß, daß ihr kommt, und wird alles organisieren. Wenn ich kann, komme ich euch nächste Woche besuchen.«

Der Bus fuhr nur zweimal täglich; der nächste kam erst in einer guten Stunde. Bevor mein Großvater in den Bus stieg, küßte ich seine Hand, wie es sich für einen Jungen gehört, der sich von einem Priester verabschiedet. Meine Großmutter streichelte mein Gesicht. Ich schob ein Bündel Geldscheine in ihre Tasche.

»Was ist das?« fragte sie erstaunt.

»Geld für Eis«, antwortete ich. Hörte sie den Stolz in meiner Stimme?

Als der Bus abfuhr, einen dicken Schweif Abgase hinter sich lassend, ging ich in ein Wohnhaus gegenüber der Busstation, zog meinen Spitzenumhang aus, warf ihn zusammen mit der Lampe und der Glocke in den Mülleimer, überquerte den Hof, sprang über einen Zaun, der ein leeres Grundstück von der nächsten Straße trennte, und eilte nach Hause, um meinem Vater die gute Botschaft zu bringen, daß seine Eltern dem Tode entronnen waren.

Etwa ein Jahr später wurden alle Juden aus Słomniki in Vernichtungslager verschleppt. Die Falle war genauestens geplant, wie es die Nazis immer taten. Zuerst verlangten sie vom Judenrat eine genaue Aufstellung aller Juden der Kleinstadt, und erst als diese bürokratische Arbeit beendet war, tauchten die Sonderkommandos auf. Der Ausdruck »Endlösung« war ein Deckname aus dem Protokoll der Wannsee-Konferenz; die Menschen ahnten nicht, was sie erwartete. Die offizielle Ankündigung besagte wie gewöhnlich, daß sie sich auf dem Bahnsteig des Bahnhofes einzufinden hätten. Von dort aus würden sie in Arbeitslager im Osten Polens gebracht werden. Fast alle folgten dem Befehl, nicht aber mein Großvater. Besaß er vielleicht einen sechsten Sinn, ein Gefühl, daß ihn die Ereignisse der nächsten vierundzwanzig Stunden vorausahnen ließ? Wie dem auch sei, er und alle Mitglieder des Haushaltes entschlossen sich, die Wohnung nicht zu verlassen. Doch die Nazis hielten sich strikt an ihre Anordnungen. SS-Männer durchsuchten in Begleitung lettischer Söldner jedes einzelne Haus, um sicher zu gehen, daß niemand sich versteckt hielt. Keiner konnte mit Sicherheit sagen, was geschah, als Großvater die Schritte der Soldaten die Treppen hinaufkommen hörte. Als ich nach dem Krieg versuchte, herauszufinden, was passiert war, erzählten die Mieter, Großvater sei blutend auf die Polizisten zugegangen, hinter ihm seien wie benommen Großmutter, Tante Mathilda, ihr Mann Jakob und zuletzt ihre Tochter Christine erschienen. In einem Moment der Verzweiflung – oder vielleicht kann man heute sagen, in einem Augenblick der Weitsicht – hatten sie beschlossen, ihrem Leben ein Ende zu setzen. Das Blut strömte, so sagte man mir, aus ihren Adern, die sie mit einem Rasiermesser aufgeschnitten hatten, es spritzte in alle Richtungen, besudelte Treppen und Wände. Als ich den Ort im April 1947 aufsuchte, war das Treppenhaus schon neu gestrichen. Nichts erinnerte mehr an die Tragödie, die sich fünf Jahre vorher dort abgespielt hatte.

# 11

Als der Herbst kam, überzogen sich die Wände unserer Keller-
wohnung mit einer feuchten, grünen Schicht. Die Kälte machte uns
allen zu schaffen, besonders meinem Vater, der an Rheuma litt.
Auf der Seite des Zimmers, wo die alte Frau schlief, stand zwar ein
Ofen, aber in der ganzen Stadt war keine Kohle zu bekommen.
Wir konnten kaum etwas Holz zum Kochen kaufen. Und nach der
Regenzeit, das wußten wir, erwarteten uns Schnee und Frost. Im
Winter fiel die Temperatur in Krakau bis auf zwanzig Grad minus.
Doch ausgerechnet in diesem Winter war das Schicksal gut zu uns.
Die Engel der Erlösung machten uns ein besonderes Weihnachts-
geschenk. Die Vermieterin hatte gerade angefangen, einen Tannen-
baum zu schmücken – der Teufel weiß, wo sie ihn her hatte –, als
die Türglocke anschlug. Ein kurzes Schellen. Die alte Frau hörte
nichts, oder gab vor, nichts zu hören. Seit wir dort wohnten, hatte
kein Mensch sie besucht. Auch wir erwarteten niemanden, und unerwartete Gäste brachten nie gute Nachrichten. Mein Vater faltete
die Zeitung zusammen, wechselte einen Blick mit meiner Mutter
und bedeutete mir, die Tür zu öffnen.

»Kein Grund zur Aufregung«, sagte er. »Die klingeln nicht so
sanft.«

Der Mann, der über die Schwelle trat, war gekleidet wie ein
Bauer, mit einem langen Mantel aus grober Wolle und einer
Schafspelzmütze auf dem Kopf. Er war etwa sechzig Jahre alt,
strahlte jene Art Müdigkeit aus, die nicht weichen will, und runzelte die Stirn, als er sich im Dämmerlicht des Zimmers zu orien-
tieren suchte. Einen Moment lang glaubte ich, er wolle um ein Almosen betteln. Ich war kurz davor, ihm zu sagen, er solle sich
davonmachen, weil wir nicht einmal einen Teller Suppe hätten, als
er auf meinen Vater zuging und leise fragte: »Sind Sie Doktor Wilhelm Frister?«

Stille. Angst. Spannung. In unseren Personalausweisen stand ein
anderer, polnischer Name. Woher kannte er unseren richtigen Namen?

»Selbstverständlich nicht. Sie müssen an die falsche Adresse geraten sein.«

»Ich glaube nicht. Und Sie haben keinen Grund, Angst vor mir zu haben. Mein Name ist Józef Kruczek.«

»Ich hatte noch nie die Ehre.«

»Darf ich mich setzen? Es ist vielleicht besser, wenn die alte Frau«, der Gast zeigte auf die Vermieterin, die sich nicht gerührt hatte, »von dieser Sache nichts weiß.«

»Um was für eine Sache handelt es sich denn?« fragte mein Vater mit einem Anflug von Feindseligkeit. Meine Mutter überließ dem Fremden ihren Platz.

Józef Kruczek setzte sich schwerfällig. »Verzeihen Sie, aber ich bin müde. Ich bin mit dem Fahrrad hergefahren, und offenbar bin ich nicht mehr so kräftig wie früher«, entschuldigte er sich.

Das Polnisch, das er sprach, war deutlich, nicht das eines einfachen Bauern, und das Leben auf dem Lande hatte ihm augenscheinlich nicht gut getan. Mit den tiefen Falten, die sein Gesicht durchfurchten, wirkte er mindestens zehn Jahre älter als er tatsächlich war. Seine Hände waren schwielig und mit Sommersprossen übersät. Anders als bei meinem Vater rief er in mir keinerlei Argwohn hervor. Seine Aufrichtigkeit war offensichtlich.

»Mein Name ist Józef Kruczek«, sagte er wieder.

»Das habe ich gehört. Aber mein Name ist nicht Wilhelm Frister.«

»Das habe ich auch gehört«, antwortete der Mann. »Aber Sie müssen keine Angst vor mir haben. Ich bin nicht gekommen, um Ihnen zu schaden, sondern um Ihnen zu helfen.«

»Wir brauchen keine Hilfe.«

»Ich habe einen Bauernhof in Garlica Duchowna. Das ist ein Dorf, ein kleines Dorf, mit dem Pferdewagen eine Stunde von hier entfernt. Vor dem Krieg habe ich in der Kornkammer der Familie Schapira gearbeitet.«

»Ich habe nie eine Person dieses Namens gekannt.«

»Ich habe Ihre Adresse von Zofia Siwek. Sie kennen sie, stimmt's?«

Es hatte keinen Zweck, weiterhin zu leugnen. »Ja, ich kenne sie.«

Kruczek besah sich den Raum. »Diese Frau und dieser Ort ... Ich glaube nicht, daß es hier sicher ist. Jedenfalls nicht für länger. Warum kommen Sie nicht mit mir in mein Häuschen? Es ist nicht so luxuriös, wie Sie es vielleicht gewöhnt sind, aber dies hier ist auch nicht gerade ein Palast.«

»Nein, ist es nicht«, stimmte mein Vater zu.

»Ich habe fünfundzwanzig Jahre lang für Herrn Schapira gearbeitet. Ich besitze ein kleines Anwesen, alles zusammen achthundert Hektar, nicht die fruchtbarste Erde. Ein Teil davon taugt nur als Weideland. Es ist nicht genug, um eine Familie zu ernähren. Ohne die Arbeit in der Kornkammer hätten wir nicht auskommen können. Fünfundzwanzig Jahre. Wir haben einen langen Weg zusammen zurückgelegt, Herr Schapira und ich. Ich fing als einfacher Arbeiter an und hörte als Leiter des Lagerhauses auf. Er zahlte mir hundert Złoty im Monat. Ein Vermögen für einen Bauern wie mich. Und das ist nicht alles. Sie wissen, wie das so ist. Ein Bauer lebt von einer Naturkatastrophe zur anderen. Was hätten wir ohne ihn gemacht? Ob uns die Dürre überfiel oder ob die Felder überschwemmt waren und uns das Getreide unter den Händen verfaulte, immer half uns Herr Schapira. Er war ein guter Mensch.«

»Ist er tot?«

»Oh nein. Er lebt mit seiner Familie in Ungarn. Aber als die Verfolgungen begannen und die Juden gezwungen wurden, den gelben Stern zu tragen, und die Leute ihnen Plagen prophezeiten, die nicht einmal in der Bibel stehen, da schlug ich vor, daß sie sich bei mir im Dorf verstecken und in Ruhe und Frieden abwarten sollten, bis das Unheil vorbei ist. Denn dieser Wahnsinn kann ja nicht ewig dauern, oder? Er muß zu Ende gehen. Anders geht es nicht. Aber er weigerte sich, um genauer zu sein, er brauchte meine Hilfe nicht. Herr Schapira wußte sich selbst zu helfen, in guten wie in schlechten Zeiten. Er war wie eine Eiche, die man nicht so leicht fällt. Stark und klug. Alle kamen ins Ghetto, er nicht. Er besorgte sich Pässe, Visa und was sonst noch dazugehört, um nach Budapest fahren zu können. Anfang der vierziger Jahre reiste die ganze Familie ab. Ich begleitete sie zum Bahnhof, und eine Minute, bevor er den Zug bestieg – sie hatten erster Klasse reserviert – nahm er mich zur Seite und sagte: ›Hör zu, Kruczek, wir sind außer Gefahr, aber wenn du jemals einen Juden in Not triffst, behandele ihn bitte, als ob er Schapira sei.‹ Das waren seine Worte, so wahr ich hier sitze. Und was soll ich Ihnen sagen, mein Herr, Sie sind für mich Schapira. Und mein Heim ist Ihr Heim.«

Erst als er zu sprechen aufhörte, fragte meine Mutter:

»Möchten Sie eine Tasse Tee? Wir haben echten Tee. Sogar Zucker.«

Ihre Worte drückten ein gewisses Vertrauen zu dem ungebetenen Gast aus.

»Etwas Heißes würde mir nicht schaden«, antwortete Kruczek. Mutter ging zum Ofen. Unsere alte Frau stand auf, drehte den Wasserhahn auf und füllte den Kessel. War sie wirklich so taub, wie wir dachten? Kruczek zog seinen Mantel aus, hängte ihn über die Stuhllehne, setzte sich und streckte seine Beine aus.

»Ich bin müde. Es ist das Alter«, stöhnte er.

»Ruhen Sie sich aus, und wir werden darüber sprechen«, sagte mein Vater.

Ich brachte Tassen und stellte sie auf den Tisch.

»Was werden wir Bialski sagen?« fragte ich besorgt.

Die Kate in Garlica Duchowna hatte ein Strohdach. Bisher kannte ich solche Häuser nur aus meinen Kinderbüchern. Die Wände waren aus Lehm und in einem Blau gestrichen, das an den Himmel an einem Sommertag erinnerte. Die Bauern glaubten, daß Blau die Dämonen verjagt, genauso, wie sie davon überzeugt waren, daß ein an die Tür genageltes Hufeisen Glück bringt und ein Mädchen, das ein vierblättriges Kleeblatt findet, einen reichen Bräutigam bekommt. Aberglaube und religiöse Orthodoxie, daran orientierten sie sich im Umgang mit dem Verwirrenden. Sie verlangten nicht viel vom Leben: den Segen des Himmels für die Felder, Gesundheit für die Familie und Schmach für die Feinde, denn die ländliche Ruhe war nur Tarnung für die bitteren Rivalitäten, die von Generation zu Generation weitergetragen wurden. Hunger nach Land lag all diesen Auseinandersetzung zugrunde.

Kruczek und seine Familie wohnten in dem Haus, das schon der Großvater des Großvaters gebaut hatte, und nicht viel hatte sich in den hundert Jahren, die seitdem vergangen waren, geändert. Elektrizität gab es ebensowenig wie fließendes Wasser oder Kanalisation. Die Toiletten waren draußen in einem eigenen Häuschen untergebracht, das Wasser wurde aus dem Brunnen gepumpt. Menschen und Tiere lebten in allen Häusern unter einem Dach, so auch bei Kruczek. Auf der einen Seite der schmalen Diele befanden sich zwei Wohnräume, auf der anderen, hinter der Küche, ein Stall für zwei Milchkühe und ein weiterer für die Schweine. Die Bauern nutzten den Mist und den Urin der Tiere, um die Felder zu düngen.

Chemischer Dünger war noch unbekannt. Wasser zu holen war jeweils der ältesten Tochter der Familie vorbehalten. Vom Drehen der Winde, die den Wassereimer aus dem Brunnen zog, bekamen die Mädchen im Laufe der Jahre kräftige Muskeln, und sie waren darauf genau so stolz wie heranwachsende Jungen, die vor einer Rauferei damit prahlen. Ich werde diese Töchter nie vergessen, vor allem Bronka nicht, die mich in die Geheimnisse der körperlichen Freuden einweihen wollte. Aber mehr als an alles andere erinnere ich mich àn den Geschmack des Wassers, das direkt aus der Erde kam. Kühl und klar glitt es meinen Hals hinunter wie reines Öl.

Die Kate stand am Fuß eines Hügels, der den Herbststürmen ausgesetzt war. Nur Unkraut wuchs an den Abhängen. Nun, da es Herbst wurde, verblaßten die kleinen Grünflächen, und lediglich die Ziegen fanden noch etwas Futter. Zwischen der Nordseite des Hofes und der Straße, die die Hauptverkehrsader zum Dorf war, schlängelte sich ein Bach. Die Straße war nicht gepflastert, und die Räder eines jeden Wagens, der vorbeifuhr, wirbelten eine dicke Staubwolke auf. Doch die Bauern beschwerten sich nicht; die Staubwolke warnte sie vor dem Kommen der Deutschen. Sie waren die einzigen, die über Automobile und Motorräder verfügten. Mit dem ersten Regen verwandelte sich der Boden in einen schlammigen Brei, und selbst für Pferdewagen war die Straße kaum passierbar, Überraschungsbesuche waren kaum zu befürchten. Der erste Schnee indes, so sagte Kruczek, würde die Gefahr wieder erhöhen, weil die Deutschen gern Schlitten benutzten. »Die Lumpen entfernen einfach die Glocken von den Pferdegeschirren und bewegen sich ohne einen Laut, wie böse Geister.«

Der Bach floß so schnell, daß er nie zufror, und sogar in einer frostigen Nacht konnte man ihn nicht trockenen Fußes überqueren. Kruczek hatte zwar eine lange, schmale Holzplanke darübergelegt, aber die Dorfjungen verbrannten sie in einem Freudenfeuer. Der Bach, so empfand ich es, trennte uns von der Außenwelt. Auf der anderen Seite lag das verbotene Land. Es war besser, diese Linie nicht zu überschreiten, wenn man nicht in einem Minenfeld landen wollte. Es gab keinen ersichtlichen Grund für dieses Gefühl. Beide Ufer waren ruhig, und die Landschaft dahinter, beiderseits des Baches, war es ebenso. Und dennoch: Nur dort, oberhalb des Baches, lag das eroberte Land, nur dort befanden sich die Ghettos, die Gefängnisse und die Lager. »Mein« Ufer war das sichere Ufer.

Józef Kruczek richtete uns ein erstklassiges Versteck ein. Unter einem losen Strohhaufen, in geplanter Unordnung auf den Boden des Kuhstalls geworfen, war eine Tür verborgen, durch die man in den Keller gelangen konnte, der so groß wie die ganze Kate war. In normalen Zeiten wurde dort geschlachtet. Die Schreie der geschlachteten Schweine drangen nicht nach draußen, und die Bauern versuchten, die geforderten Zwangsabgaben an die deutsche Armee zu umgehen; sie züchteten heimlich Rinder und Schweine und verkauften das Fleisch auf dem Schwarzmarkt. Bevor Kruczek uns auf einem mit Trockenfutter beladenen Pferdewagen ins Dorf brachte, hatte Frau Kruczek den Keller gereinigt, drei Betten, einen Schrank und einen Tisch hineingestellt und sogar ein Bild der Heiligen Maria aufgehängt.

»Sie wird über euch wachen, auch wenn ihr Juden seid«, versicherte sie uns. Wie ihr Mann war auch sie sehr fromm. Mein Vater nahm es gutmütig auf: »Warum nicht? Ihr Sohn war auch Jude.«

Der Schweinekeller, wie ich ihn nannte, sollte uns nur im Notfall dienen, im Falle eines unerwarteten Besuchs von Polizei oder Gendarmerie. Für die ruhigen Tage räumten Kruczek und seine Frau das Zimmer für uns, in dem ihre Kinder lebten. Die zwei Jungen und das Mädchen zogen in das Zimmer ihrer Eltern. Das Kellerversteck haben wir während der ganzen Zeit unseres Aufenthaltes im Dorf nicht benutzen müssen. Was mir jedoch am meisten auf die Nerven fiel, war nicht die Angst, sondern das Nichtstun. Nach meinem umtriebigen Leben in Krakau konnte ich mich mit der Langeweile nicht abfinden. Ich wußte einfach nicht, wie ich »die Zeit totschlagen« sollte. Meine Mutter legte Patiencen, ein Spiel, das nicht zufällig vom französischen Wort für »Geduld« abgeleitet ist. Mein Vater saß immer vor dem improvisierten Kristallradio und versuchte wieder und wieder durch das Pfeifen und die statischen Geräusche hindurch die Signale der BBC aufzufangen. Nur äußerst selten gelang es ihm. Meist verkündeten die Kristalle im Glas die Siegesmeldungen des Oberkommandos der Wehrmacht. Ich saß derweil in unserem Zimmer, hinter zugezogenen Vorhängen, damit uns die Nachbarn nicht sahen, und zählte Fliegen. Es war Kruczek, der schließlich meine Not bemerkte und meinte:

»Vielleicht solltest du etwas lesen.«

»Gern, aber was? Es gibt hier doch noch nicht einmal eine Zeitung.«

»Was möchtest du denn lesen?«

»Die längste Geschichte, die je geschrieben wurde«, witzelte ich und vergaß die ganze Sache. Kruczek nicht. Einige Tage später brachte er mir die vollständigen Werke Tolstois aus der Stadt mit, zwölf Bände, in feinstes Leder gebunden.

»Für dich, Junge«, sagte er und legte die Bücher auf mein Bett.

»Das muß ein Vermögen gekostet haben«, murmelte ich.

»Weshalb?« sagte er leichthin. »Ich habe die ganze Ausgabe für eine Kanne Milch gekauft. Der Preis für Bücher ist augenblicklich auf dem Tiefstand.«

Ich konnte nur tagsüber lesen. Aber die Tage wurden kürzer, und schon bald legte sich ab drei Uhr nachmittags die Nacht wie ein dunkler Mantel über das Dorf. Die Bauern benutzten Karbidlampen, aber wie alles andere wurde auch das rationiert und teuer verkauft. Wir mußten daher sparsam mit dem Licht umgehen.

»Schade, daß ich kein Bär bin, der in Winterschlaf fällt«, beschwerte ich mich halb lächelnd bei meinem Vater. Er hörte mir nicht zu. Er war in sich versunken wie damals, als wir in der Kellerwohnung in Krakau wohnten. Er wechselte kaum einige Worte mit den Kruczeks. Da ich keine andere Wahl hatte, verbrachte ich die meiste Zeit in der Gesellschaft von Anna Karenina und Graf Wronski. Ich war begeistert von *Krieg und Frieden* und versuchte vergeblich, den tieferen Sinn der *Beichte* zu verstehen. Doch für Tolstois Suche nach dem Sinn des Lebens war ich noch nicht alt genug.

Abends durfte ich nach draußen gehen und frische Luft schnappen. Gehüllt in einen Mantel und eine Pelzmütze, die mir bis über die Ohren reichte, zog ich meine Kreise um die Kate, die immer größer wurden, je mehr meine Selbstsicherheit wuchs. Einmal, als ich mich weit von unserem Unterschlupf entfernt hatte, lernte ich Bronka kennen. Sie war ebenfalls nach draußen gegangen, um den Zauber des Abends zu genießen, der sich wie glänzender Satin zwischen dem Sternenhimmel und der verschneiten Erde erstreckte. Bronka war die Tochter von Bauern, die aus der steinigen Erde nicht viel herausholen konnten, aber die Armut hatte ihren Lebensmut nicht geschmälert. Im Gegenteil: Es schien, als hätte sie ihre Lust zu leben nur verstärkt. Wir mochten uns vom ersten Moment an. Ich war neugierig, etwas über die Dorfbräuche zu erfahren. Bronka träumte von der großen Stadt, aus der ich gekommen war.

»Warum seid ihr von dort fortgegangen? Warum seid ihr in dieses armselige Loch gekommen?« Sie konnte es nicht verstehen.

Ich erfand eine Legende, die so lang und verwickelt war, daß ich schließlich die Lügen nicht mehr miteinander in Einklang bringen konnte. Doch Bronka schöpfte keinen Verdacht. Sie war ein Mädchen, dem List völlig fremd war, und so schluckte sie eifrig meinen Blödsinn. Sie kannte jeden Pfad und jedes Haus im Dorf, und schon bei unserem zweiten Treffen hatte sie in einer verlassenen Scheune eine Ecke für uns entdeckt. Wir saßen auf Strohballen, die uns in den Hintern pieksten.

»Willst du küssen?« fragte sie.

»Warum nicht«, antwortete ich und war froh, daß sie im Dunkeln meine Verlegenheit nicht sehen konnte. Wir umarmten uns. Bronka preßte ihre Lippen auf meine, ihre Zunge bahnte sich einen Weg in meinen Mund. So hatte ich noch nie geküßt. Ich schloß meine Augen. In der gespannten Ruhe hörte ich ihren Atem.

»Fühlst du dich wohl?«

Ich schwieg.

»An was denkst du?«

»An nichts.« Konnte ich ihr sagen, daß ich an Grete dachte?

»Ich weiß, an was du denkst. Ich denke auch daran. Aber heute abend ist es unmöglich.«

Sie war älter als ich – gerade fünfzehn – und zwar nicht nur an Jahren. Bronka war schon eine Frau. Ohne Scham erklärte sie mir ihre Menstruation und die sicheren Tage, an denen wir ohne Gefahr miteinander schlafen konnten. Wer weiß, wie weit unsere Beziehungen gegangen wären, wenn meine Eltern sich nicht eingemischt hätten. Die Kruczek-Jungen, die wie Ratten überall herumschnüffelten, entdeckten unser Versteck und erzählten zu Hause davon. Als ich nach einem zärtlichen Abend in gehobener Stimmung zurückkam, da ich endlich einen Weg gefunden hatte, »meine Zeit totzuschlagen«, bat mich mein Vater zu einem Gespräch. Mit strenger Miene fragte er mich aus.

»Stimmt es, daß du dich mit irgendeinem wilden Dorfmädchen triffst?«

»Sie ist nicht wild, Vater«, verteidigte ich Bronkas Ehre.

»Wo ist bloß dein gesunder Menschenverstand geblieben!« schimpfte er. »Hast du vergessen, wer wir sind und welches Unglück du über uns alle bringen kannst? Es fehlt nur, daß, wie-heißt-sie-doch-gleich herausfindet, daß du Jude bist.«

»Weshalb? So ein Gedanke geht ihr nie durch den Kopf.«

»Mit dem Kopf hat das nichts zu tun. Hast du vergessen, daß du beschnitten bist?«

# 12

Leb wohl, Bronka, leb wohl, Anna Karenina. Das kleine Abenteuer war vorbei. Aber wir mußten nicht ihretwegen das Dorf verlassen, sondern wegen des Pferdes eines Nachbarn. Ein braunweißes Pferd, das in der Nacht gestohlen worden war. Mit Beginn der Schneeschmelze fegte eine Welle von Diebstählen über die Gegend hinweg. »Jedes Jahr das Gleiche«, schimpfte Kruczek. »Im Winter halten sich die Diebe von unseren Häusern fern. Sie wissen, daß ihre Spuren im Schnee sie verraten würden, und es gibt nichts, was einen wütenden Bauern davon abhielte, mit einer Heugabel oder einem Beil auf einen Dieb loszugehen. Aber der Frühling ist für diese Schufte ein Segen, auch, weil man ihnen dann nicht nachjagen und mit ihnen abrechnen kann.«

Pferdediebe waren in seinen Augen besonders bösartige Verbrecher; ohne Pferde konnten die Bauern den Boden nicht bearbeiten, und ohne gepflügte Erde gab es kein Brot. Arbeitstiere waren der wichtigste Besitz eines jeden Hofes. Für uns war der nächtliche Einbruch im Nachbarhaus das Signal, schnell zu packen. Das gestohlene Pferd war beim Dorfregistrar für landwirtschaftliches Eigentum eingetragen, der dafür verantwortlich war, daß jeder Bauer pflichtgemäß sein Pferd der deutschen Armee zur Verfügung stellte. Mein Vater war bereit, dem Nachbarn den vollen Wert des Pferdes zu ersetzen, der Nachbar jedoch fürchtete, daß die Sache auffliegen und er von den Behörden nach der strengen Kriegsgesetzgebung bestraft werden würde. Es gab keinen anderen Ausweg, als zur Polizei zu gehen und den Diebstahl anzuzeigen. Fälle dieser Art, bei denen kein Verdacht auf Sabotage oder Terror bestand, wurden meist von der polnischen Hilfspolizei behandelt. Die Bauern kamen gut mit ihnen aus, dennoch bedeutete ihr Erscheinen im Dorf bereits Gefahr. Alle, die in der Gegend wohnten, mußten verhört werden. Kruczek meinte, wir sollten uns im Keller verstecken und dort das Ende der Untersuchung abwarten. Aber Vater winkte ab. »Viel zu gefährlich«, entschied er. »Wenn sie uns entdecken, wird uns niemand helfen, nicht einmal Gott. Die polnischen Polizisten müssen die Nazis benachrichtigen. Und die Nazis werden keinen verschonen. Es geht nicht nur um uns. Auch ihr beide und eure Kinder werden dafür bezahlen müssen. Wir haben keine Wahl. Wir gehen nach Krakau zurück.«

Wir kamen mittags in Krakau an. Bis zum Abend hatten wir bereits eine neue Bleibe: Zwei Zimmer in einer Mietwohnung in der Dlugastraße 79. Wir benutzen noch immer die gefälschten Papiere, die Kuba für uns besorgt hatte, Dokumente, die, wie er sagte, »besser als echte« waren. Mein Ausweis war auf den Namen Roman Wrzesniowski ausgestellt. Der echte Roman Wrzesniowski war mit seinen Eltern etwa ein Jahr vor Ausbruch des Zweiten Weltkriegs bei einem Verkehrsunfall ums Leben gekommen. Schindler hatte behauptet, ein bestochener Beamter hätte die Todesurkunde aus den Zensusbüchern herausgenommen, so daß sogar die Nazi-Polizei, sollte sie Einzelheiten unserer Herkunft untersuchen, sie für koscher und katholisch halten würde.

Einen Tag nach unserer Rückkehr nach Krakau meldete ich mich im Büro der Firma Kunietzki, Bialski und Co. und bat darum, meine Arbeit als Botenjunge wiederaufnehmen zu dürfen. Graf Kunietzki war im Urlaub auf dem Gut seines Onkels Antoni, und Herr Bialski zögerte:

»Es ist schwer, ohne ihn zu entscheiden.«

»Wir können sonst unseren Lebensunterhalt nicht bestreiten. Mein Vater war sicher, daß ich ihn nicht enttäuschen würde«, log ich.

«Ja, dann«, stimmte er ohne Begeisterung zu, «wann willst du anfangen?«

»Jetzt.«

Ich wußte nicht, daß mein Vater, während wir in Garlica Duchowna waren, auch für seine Schwester Sidonia ein Versteck besorgt hatte. Sidonia und ihre Tochter waren in einem anderen Haus am Rande des Dorfes untergekrochen. Vergebens habe ich versucht herauszufinden, woher mein Großvater die Einfälle für die Namen seiner fünf Kinder nahm. Meinen Vater nannte er Wilhelm – vielleicht aus Ehrfurcht von der Herrlichkeit Kaiser Wilhelms, der die Franzosen besiegte und Deutschland unter preußischer Herrschaft vereinigte? Und warum nannte er den Bruder meines Vaters Marian? Die Verbindung mit der Heiligen Maria kam mir sehr eigentümlich vor. Die Namen seiner Töchter – Hermine, Sofia, Mathilda und Sidonia – klangen in meinen Ohren wie die Namen von Heldinnen romantischer Geschichten aus dem letzten Jahrhundert. Sidonia war die Älteste von allen. Vor dem Krieg hatte ich sie gern in Krakau besucht, angelockt nicht von dem Ruf des Blutes, sondern von dem Duft der saftigen Birnen, die im Hof ihres Hauses an einem verzweigten, alten Baum wuchsen. Viele zerrissene Hosen zeugten von meinen Kletterversuchen.

Sidonias Mann war bei Ausbruch des Krieges in die polnische Armee eingezogen worden, hatte den langen Rückzug nach Osten mitgemacht und war am Ende von den Russen gefangengenommen worden, als jene in Polen einmarschierten, um den westlichen Teil der Ukraine und Weißrußlands von den Imperialisten zu »befreien«. Onkel Leon war Rechtsanwalt wie mein Vater, allerdings nicht so erfolgreich, weil er an nichts anderem als an seiner Briefmarkensammlung interessiert war. Tante Sidonia beschwerte sich oft bei meinem Vater, daß ihr Mann wegen seiner verrückten Sammlersucht Arbeit und Familie vernachlässige. Er starb in Omsk, an der Grenze zwischen Sibirien und Kasachstan. Wenn ich mich an ihn erinnere, dann denke ich nicht an sein rundes Gesicht mit der dicken Brille eines Kurzsichtigen, sondern an das Vergrößerungsglas, mit dem wir uns zusammen seine Alben ansahen, in denen jede Seite einer anderen Serie eines anderen Landes gewidmet war. Ich glaube, von Onkel Leon lernte ich mehr über die Welt als von meinem Geographielehrer in der Volksschule.

Was wirklich mit Tante Sidonia geschah, haben wir nie erfahren. Ich habe keine Ahnung, wie und wann sie ins Dorf gekommen war. Sie und ihre siebzehnjärige Tochter Heidi wohnten bei Freunden Kruczeks, anständigen Leuten, die das Geheimnis ihrer Identität nicht kannten. Man hatte ihnen erzählt, daß Mutter und Tochter Polinnen seien, die man aus ihrem Haus vertrieben habe, nachdem das Familienhaupt, ein Offizier, Leutnant, in deutsche Gefangenschaft geraten sei. Solche Fälle gab es häufig und die Geschichte klang glaubhaft. Die Bauern, die ihnen Unterkunft gewährt hatten, waren nicht geldgierig. Die Summe, die meine Tante für Kost und Logis bezahlte, war klein im Vergleich zum Wert des Verstecks. Wäre das Pferd nicht gestohlen worden, hätten beide sicher bis zum Ende des Krieges dort bleiben können. Aber das drohende Auftauchen der Polizei machte ihr sofortiges Verschwinden erforderlich, weil ihre Entdeckung für die bescheidenen Bauern, die sie verborgen hatten, Unglück bedeutet hätte. Doch in dem

Moment ging es schief, denn Tante Sidonia wurde so krank, daß sie nicht einmal von uns hätte getragen werden können. Kruczek und mein Vater improvisierten eine Bahre aus den biegsamen Zweigen der Weide, die im Volksmund »Trauerweide« genannt wird, und brachten sie in eine verlassene Scheune – eben jene, die Bronka und mir als Platz unserer verbotenen Spiele gedient hatte –, in der Hoffnung, daß sie, selbst wenn sie gefunden würde, von der Polizei nicht mit einem Haus im Dorf in Verbindung gebracht werden konnte. Sidonia hatte hohes Fieber, und die Worte, die sie hervorstieß, ergaben keinen Sinn. Die Tochter hätte für sie sorgen sollen, doch als die Polizisten sich der Scheune näherten, verlor sie die Nerven. Sie floh durch eine kleine Öffnung bei der Hintertür. Nachdem sie einige Tage in den Wäldern herumgeirrt war, schloß sie sich Partisanen an, die in der Gegend aktiv waren. Sie wurde gerettet und lebt heute in Australien. Wir hörten nichts mehr von Tante Sidonia. Das einzige, was wir erfuhren, war, daß die Polizisten sie zum Verhör mitgenommen hatten. Ich bekam von der ganzen Angelegenheit erst etwas mit, als wir wieder in Krakau waren und ich hörte, wie meine Eltern meine Cousine verurteilten. »Wie kann man nur eine kranke Mutter verlassen!« tobte mein Vater. Ich dachte nicht daran, ihm zu widersprechen, obwohl ich anderer Meinung war. Was nützen Heldenmut oder endlose Opferbereitschaft, wenn sie zu nichts führen? Wäre Heidi in der Scheune geblieben, so wären zweifellos beide von den Nazis getötet worden. Bruno Kalter, mein Bibellehrer in Bielitz, würzte seine Stunden gern mit Beispielen aus dem Talmud. Ich erinnere mich gut an eine Geschichte über zwei Juden, die sich in der Wüste verliefen und nur eine Flasche Wasser besaßen. Wenn sie es gerecht geteilt hätten, wären beide verdurstet. Im Namen der Heiligkeit des Lebens war es sinnvoller, daß einer das gesamte Wasser trank und am Leben blieb.

Ich habe Heidi nur einmal wiedergesehen, als sie mit ihrem Mann Israel besuchte. Über die Sache wurde nicht gesprochen. Beide zogen wir es vor, die Vergangenheit ruhen zu lassen.

An Grete, die Frau des Versorgungsoffiziers der SS, hatte ich noch lebhafte Erinnerungen und auch sie hatte mich nicht vergessen. Als ich mit zwei frischen Karpfen vor ihrer Haustür stand, begrüßte sie mich wie einen alten Bekannten, der aus einem langen Urlaub zurückgekommen war.

»Wohin bist du denn verschwunden? Eigentlich ist es nicht wichtig; ich bin froh, daß du wieder da bist. Du siehst ausgeruht und ... wie soll ich sagen ... älter aus.«

»Es ist lange her«, sagte ich und zog die zwei Karpfen aus der Tasche. Trotz des Hammerschlags, den sie auf den Kopf bekommen hatten, weigerten sie sich zu sterben und zappelten noch immer in dem Zeitungspapier, das an ihren feuchten Schuppen klebte.

»Hast du angefangen, dich zu rasieren?« fragte sie.

Ich wurde rot und fuhr mit meinem Handrücken über meine Wangen. Sie waren so weich wie ein Babypopo.

»Nein«, antwortete ich und verbesserte mich sofort: »Noch nicht.«

»Willst du einen Likör mit mir trinken? Wie damals? Ich habe immer eine Flasche Drambouie im Haus.«

Ich nickte. Grete ging zum Buffet, um die Flasche zu holen. Mein Blick folgte ihrem schönen Profil und glitt dann durch das Zimmer. Das Wohnzimmer war neu möbliert, nur die Ledersessel standen noch auf ihrem Platz. Antike und moderne Möbelstücke standen beziehungslos nebeneinander, geschmacklos, dachte ich. An den Wänden hingen Ölgemälde; ich erkannte Kossaks Pferde, die Namen der anderen Maler wußte ich nicht.

Grete bemerkte mein Interesse, stellte ein volles Glas vor mich hin und erklärte:

»Noch ein Teil des Ghettos ist liquidiert worden. Kurt hat einige Sachen geborgen. Für so etwas ist mein fauler Mann gut. Trinken wir auf die neuen Errungenschaften?«

Ich goß den Likör in einem einzigen Zug herunter.

»So trinkt man nicht Drambouie«, tadelte sie. »Likör trinkt man langsam, in kleinen Schlucken, jeden Tropfen genießend. Schau dir an, wie ich es mache.«

Und sie zeigte es mir. Als die Flüssigkeit ihre Kehle hinunterrann, legte sie den Kopf in den Nacken und schloß die Augen.

»Hast du gesehen?«

»Ja.«

»Wenn du das nächste Mal kommst, können wir es zusammen üben.«

Es gab kein nächstes Mal.

Die Firma Kunietzki, Bialski und Co. hatte sich vergrößert, mehr Fischteiche gekauft, Filialen eröffnet und den Kreis ihrer Kunden erweitert. Parallel dazu hatten auch die Lieferungen in die Häuser der deutschen Offiziere zugenommen. Meine Arbeit bestand jetzt hauptsächlich darin, »Räder zu schmieren«, wie es Herr Bialski sarkastisch ausdrückte. Fast jeder, der in der Verwaltung etwas zu sagen hatte, stand auf der Liste der Geschenkempfänger. Die Pakete wurden unter den wachsamen Augen des Chefs gepackt, immer dem Dienstgrad und der Bedeutung des Empfängers angemessen. Schnell lernte ich die Namen und Adressen der SS- und Gestapo-Leute auswendig, Namen, die jedem einfachen Menschen eine Gänsehaut über den Rücken jagten. Später sollten viele von ihnen auf der Liste der Kriegsverbrecher erscheinen. Damals aber waren sie auf dem Höhepunkt ihrer Macht und empfingen mich immer freundlich. Bialski war sehr zufrieden mit meiner Arbeit und ihren Resultaten. Als Gegenleistung für die erhaltenen Präsente sorgten die Beschenkten dafür, der Firma bürokratische Hindernisse aus dem Weg zu räumen, drückten beide Augen zu, wenn die Fischkompanie ihre Ware auf dem Schwarzmarkt verkaufte und übersahen die Tatsache, daß die an die deutsche Armee verschickten Konserven zweite Wahl waren. Das ganz große Geschäft begann, als man die Familiengüter der Kunietzkis von der Pflicht befreite, die Armee mit Proviant zu versorgen, eine Verpflichtung, die man allen Bauern des besetzten Europas auferlegt hatte. Graf Kunietzki tat so, als wisse er nichts von den Machenschaften seines schlauen Partners. Er war nicht oft in Krakau, da er regelmäßig seine Güter besuchte, die in ganz Polen verstreut lagen. Die Kunietzki-Dynastie gehörte zu den adligen Familien, die schon seit Jahrhunderten mit der Geschichte des Königreiches verknüpft waren. Ihre Taten füllten ganze Seiten in Nachschlagewerken und Geschichtsbüchern. Vielleicht gerade deswegen verachtete ich sein Benehmen. Erst nach dem Krieg erfuhr ich, daß die Kunietzkis auf ihren Gütern die Familie eines jüdischen Rechtsanwaltes, Bronisław Szaten, und eine junge Frau namens Liebeskind versteckt hatten.

Das Krakauer Ghetto wurde langsam verkleinert. Die Nazis gliederten immer mehr Häuserblöcke aus dem Viertel aus, bis nur noch ein kleiner Rest übrigblieb, der in Sektion A und Sektion B aufgeteilt wurde. Die Bewohner der Häuser verschwanden im nationalsozialistischen Brachland des Todes, als ob es sie nie gegeben hätte. Von der endgültigen Auflösung des Ghettos erfuhr ich durch Bialski. »Sei vorsichtig, in der Stadt wimmelt es von Jägern auf Juden, denen es im letzten Moment gelungen ist, von dort zu entkommen«, sagte er leichthin, während er mir ein Paket frischer Karpfen aushändigte, die wöchentliche Lieferung an den SS-Offizier Wilhelm Kunde. Kunde war als einer der grausamsten Offiziere des Sicherheitsdienstes bekannt. Damals ahnte ich noch nicht, daß sich unsere Wege bald unter anderen Umständen kreuzen sollten.

Gretchen hatte mir nicht erzählt, daß die Würfel gefallen waren und alle Ghettobewohner in ein stacheldrahtumzäuntes Lager gebracht werden sollten, das man einige Monate zuvor auf dem Boden zweier jüdischer Friedhöfe in dem Vorort Podgórze errichtet hatte. Vielleicht hatte sie überhaupt nichts davon gehört. Wie mein Vater davon erfuhr, ist mir noch heute ein Rätsel. Zwar las er alle Zeitungen in polnischer und deutscher Sprache, die mit Genehmigung der Besatzungsmacht herauskamen, aber die offizielle Presse erwähnte diese Angelegenheit mit keinem Wort.

Wie Herr Bialski, so wies auch er mich auf die vielen Gefahren hin, die auf Menschen wie uns lauerten. Er erzählte von herzzerreißenden Situationen, in denen die Nazis und ihre Helfer von der jüdischen Ghettopolizei Eltern von ihren Kindern, alte Menschen von jungen und Männer von Frauen trennten. Mütter, die versuchten, ihre Säuglinge herauszuschmuggeln, wurden geschlagen und erschossen, die Schädel der Kinder auf dem Kopfsteinpflaster zerschmettert. Hunderte der im Ghetto Gefangenen versuchten, durch die Kanalisation, die zur Weichselbrücke führte, zu entkommen. Ganze Familien traten mit all ihrem Hab und Gut durch sie den Gang in das Ungewisse an, ihre Füße im Schlamm versunken, nur um feststellen zu müssen, daß am Ausgang zur Freiheit Erpresser warteten, die ein hohes Lösegeld verlangten. Wer sich die Gnade der Erpresser nicht erkaufen konnte, wurde nicht herausgelassen und kam in dem stinkenden Labyrinth um. Und die meisten von denen, die den Blutzoll bezahlt hatten, wurden von den SS-Leuten geschnappt und vor ein Exekutionskommando gestellt. Nur etwa fünfzig Familien blieben im Ghetto, Schützlinge der Nazis: Mitglieder des Judenrats und der jüdischen Ghettopolizei und Gestapo-Denunzianten, die bald in die Straßen der Stadt ausschwärmen würden, um Seelen zu jagen.

Die zur Deportation in die Vernichtungslager Bestimmten marschierten in zwei langen Kolonnen zum Bahnhof. Wußten sie, was ihnen bevorstand? Viele Jahre nach dem Krieg, als ich schon sechzig Jahre alt war, las ich zum ersten Mal das erstaunliche Buch des polnischen Apothekers Tadeusz Pankiewicz. Seine Apotheke grenzte an die Ghettomauer, und der Mann wurde gezwungenermaßen Augenzeuge von dem, was da vor sich ging. Und so schreibt er in seinen Erinnerungen: »... Die Zeit der Abreise naht. Wir merken es an der Beschlagnahmung des Eigentums. Alle müsssen sie ihr Hab und Gut zurücklassen. Diesmal lassen die Deutschen den Leuten nicht einmal die kleinste Illusion. Es gibt keine Lügen mehr. List ist überflüssig. Wir sind Zeugen der Auflösung des Ghettos. Die SS-Männer beschlagnahmen gewaltsam sogar Brieftaschen und Taschen und werfen sie auf einen immer größer werdenden Haufen. Hier und da hört man einen Ruf, daß Dokumente in der Brieftasche geblieben sind. Für eine weitere Sekunde machen die Menschen sich vor, daß sie diese Dokumente noch brauchen. Ihre Reaktionen ähneln denen eines Gehenkten, dessen Glieder sich noch nach seinem Tode bewegen ...«

Krakau wurde zu einem riesigen Jagdgebiet. Die »Saison« war eröffnet; jene, die aus dem Ghetto entkommen waren, waren zum Abschuß freigegeben. Aber dieses Blut hatte einen so hohen Preis, daß es zu schade war, es für nichts zu vergießen. Aus dem Abschaum der Menschheit tauchten Leute in den Straßen der Stadt auf, die entschlossen waren, sich an der Angst, der Qual und vor allem am Überlebenstrieb derer zu bereichern, die außerhalb des vernichteten jüdischen Viertels Zuflucht gefunden hatten.

In den Straßen der Stadt lauerten Polen, die sich ihren Lebensunterhalt mit Erpressung verdienten. Der Ruf »Geld oder Leben« wurde nicht von einem gezogenen Revolver begleitet. Es genügte schon die Drohung, das Opfer der Gestapo auszuliefern. Mischka erzählte mir, wie sich das ereignete. Er wußte, wie man an mit der Hand vervielfältigte Flugblätter herankam, die der Untergrund regelmäßig in Umlauf brachte. Er gab sie mir immer weiter, und ich las sie auf der Toilette hinter verschlossenen Türen. Wenn ich sie gelesen hatte, zerriß ich sie und spülte sie hinunter. Die Fetzen flossen in die städtische Kanalisation, aber ihr Inhalt blieb in meiner Erinnerung. Eine Geschichte, die sich auf das bezog, was in diesem Frühling, dessen Symbol der ausgestreckte Finger des Denunzianten war, vor sich ging, ist es wert, erwähnt zu werden:

*Ein Gramm Mut*

»Ich wurde gerettet. Eine knappe Stunde zuvor war ich aus dem abgeriegelten jüdischen Viertel geflüchtet. In meiner Jackentasche war ein gefälschter Paß, der mein Bild zeigte, mit einem winzigen, gefälschten Lächeln auf den Lippen. Gleich neben dem Paß lag meine Courage, die ich für einen Spottpreis einem Mann abgekauft hatte, dessen Namen ich nicht kannte. Er trug dicke Brillengläser, hatte die hohe Stirn eines wahren Intellektuellen, und die Leute hatten ihm den Beinamen ›Apotheker‹ gegeben. Nachmittags, zwischen zwei und vier, saß er im allgemeinen im Café ›Ziemiańska‹, und zwischen einem Schluck Tee und dem nächsten handelte er im kleinen und en gros mit Mut und Tod. Zu jener Zeit war der Preis des Lebens gleich Null, der Preis des Todes aber schwankte abhängig von Angebot und Nachfrage zwischen hundertfünfzig bis zweihundert Dollar das Gramm. Ich war kein großer Held. Ich fürchtete nicht den Tod, aber ich hatte Angst, in Qualen zu sterben. Ich hatte Angst vor den Vernehmungszimmern der Gestapo, vor den Wänden, die mit Botschaften von Leuten übersät waren, die schon lange in ihren Gräbern lagen. Ich hatte Angst vor dem Sirren der Peitsche, die meinen Rücken aufreißen würde, vor der Kugel, die nicht direkt ins Herz trifft, vor dem Korridor zur Folterkammer. Der ›Apotheker‹ hatte sich mit Psychologie befaßt, und er hatte die Gabe, den Menschen in die Seele zu sehen. Er schätzte meine Angst auf 175 Dollar. Ich zahlte, ohne mit der Wimper zu zucken. Dafür wurde ich Besitzer einer Kapsel, die mit einer weißen, nach bitteren Mandeln riechenden Substanz gefüllt war. Der Markenname: Zyankali. Ein Gramm billig erworbenen Heldentums diente mir als Police der besten Versicherungsgesellschaft der Welt. Die Kapsel stand zwischen mir und der Gefahr des Leidens und der Folter, und es schützte auch jene, die mich mit meinem neuen Namen ausgestattet hatten, ein Name, dessen Wurzeln bis in die dritte Generation genauestens erforscht worden waren. Ich ging aufrecht durch die Straßen der Stadt. Plakate, die eine Belohnung für jeden Kopf eines Juden versprachen, der es gewagt hatte, aus dem Ghetto zu flüchten, schrien mich von den Häuserwänden an. Ihre Drohung berührte mich nicht mehr. Wenn sie sich von der Wand abschälten, waren sie wie Blätter, die vom Baum der Erkenntnis fielen, oder Seiten aus der Enzyklopädie einer Kultur, in der sogar das Gesetz nicht mehr gesetzlich war. Ich ging hocherhobenen Hauptes, Schweißtropfen rannen von meiner Stirn, denn die Sonne stand im Zenit, und ich trug einen schäbigen Wintermantel über meinen alten Kleidern mit dem wie ein Kainsmal aufgenähten gelben Stern. Plötzlich rief jemand meinen Namen: Avrum! Avrum – wie Abraham. Abraham – wie Jude. Und Jude – wie … Instinktiv steckte ich meine Hand in die Manteltasche. Keine Angst, Avrum, sie war da, die kleine Kapsel, der endgültige Fluchtweg in den sicheren Hafen. Die Berührung mit dem Papier, in das die Kapsel eingewickelt war, gab mir Selbstsicherheit. Ich blieb stehen. Langsam, um meine Panik nicht zu zeigen, schaute ich mich um. Auf dem Bürgersteig stand breitbeinig Piotr und rief mich zu sich. Piotr hatte während der gesamten Oberschulzeit die Bank mit mir geteilt. Er hatte fleißig die Algebra-Aufgaben von mir abgeschrieben, und ich hatte ihm bereitwillig geholfen, die mündlichen Examen bei unserem Lehrer für polnische Literatur zu bestehen, den wir beide haßten. Wir sahen uns täglich, bis die Ghettomauer unsere Verbindung abrupt durchtrennte.

›Hallo, Piotr‹, sagte ich mit einer Spur Freude in der Stimme.

›Hallo, Avrum‹, antwortete er.

›Schh, nenne mich nicht so; es ist gefährlich.‹

Piotr sah mich mit einem prüfenden Blick an; eine Mischung von Kälte und feuchter Schwüle ging von ihm aus. Ich versuchte, die Situation zu erklären. Er unterbrach mich mit einer direkten Frage: ›Bist du aus dem Ghetto entkommen?‹

›Ja. Alle wurden getötet. Ich bin der einzige, der gerettet wurde.‹

›Gerettet?‹ wiederholte er und lächelte: ›Du weißt nie. Die Zeiten sind voller Überraschungen.‹

Ich nickte. Er brachte sein Gesicht nahe an das meine heran; der Atem eines Betrunkenen schlug mir entgegen.

›Weißt du, unsere Gefühle sind mit unserer Unabhängigkeit verlorengegangen. Uns stehen harte Jahre bevor, und jeder muß auf sich selbst achten. Ich auch. Hast du das verstanden?‹

Der Verdacht, der meine Seele einen Moment vorher nur leicht gestreift hatte, wurde jetzt Gewißheit. Ich wollte einen Schritt zurücktreten, aber Piotr packte meinen Mantelaufschlag.

›Gut‹, sagte er, ›laß uns nicht Verstecken spielen. Die Eroberer haben die Oberhand, und ich bin ihr Diener. Die Macht ist auf ihrer Seite, und die Geschichte verurteilt nie den Sieger. Trotzdem, irgendwo in der Tiefe meines Gewissens hat sich ein kleiner Rest der alten Freundschaft erhalten. Gib mir tausend Dollar, und wir werden uns mit einem Händedruck verabschieden. Nur tausend.‹

›Hör mal zu‹, antwortete ich ihm, ›wenn ich tausend Dollar hätte, wäre ich längst über die Grenze.‹

In der Nähe stand ein Taxi. Piotr winkte es heran. Das Taxi fuhr langsam auf uns zu und hielt. Piotr stieß mich hinein, setzte sich neben mich auf den Rücksitz und schlug die Tür zu. Was für ein schrecklicher Knall! ›Wohin?‹ fragte der Fahrer. Piotr gab ihm die Adresse. Die Adresse war so bekannt, daß es mir schon bei dem Namen kalt über den Rücken lief.

›Du hast drei Minuten, um dich zu entscheiden‹, flüsterte er.

›Glaube mir, ich besitze keinen Pfennig.‹

›Juden behaupten immer, kein Geld zu haben, und immer finden sie doch noch welches, wenn es keinen Ausweg gibt.‹

›Piotr, was ist mit dir geschehen?‹ fragte ich, obwohl ich es genau wußte. Er war der Held und das Opfer des ausgestreckten Fingers. Sekunden vergingen; ich zählte sie nach meinem Pulsschlag. Das Taxi fuhr in Richtung Gestapogebäude. Durch das Fenster sah ich Menschen: eine junge Frau, die ihr Kind, einen niedlichen, blonden Jungen, spazieren führte, einen Kutscher, der auf der Bank seiner Karre döste, und einige Fußgänger, die es eilig hatten, ich hatte keine Ahnung, wohin und warum. Piotr erinnerte mich:

›Noch zwei Minuten.‹

Zwei Minuten bis zum Tod sind eine lange Strecke im Leben eines Menschen. In zwei Minuten konnte der Krieg zu Ende sein, ein Erdbeben ausbrechen oder sogar die Welt untergehen. In zwei Minuten konnte Piotr eine Herzattacke oder einen Schlaganfall bekommen, der Fahrer einen Unfall verursachen, Bomber konnten die Stadt zerstören oder die Partisanen das Gestapogebäude in die Luft sprengen.

›Noch eine Minute‹, bellte er wieder trocken, so wie es einem schlauen Geschäftsmann gebührt.

Wie absurd ist doch die Hoffnung eines Einfaltspinsels, der auf der Plattform eines Galgens steht und glaubt, daß der Strick des Henkers gerade im kritischen Augenblick reißen wird. Ich sah Piotr schief an. Sein Gesicht war ausdruckslos. Ich erkannte in ihm mein Schicksal. Die Magensäure würde die Kapsel binnen dreißig Sekunden auflösen, so hatte der ›Apotheker‹ versprochen. Ich steckte meine Hand in die Tasche, schluckte schnell das Gift und das einzige, was ich empfand, war das Warten auf den unangenehmen, bitteren Geschmack. Selbstverständlich spürte ich nichts. Der Fahrer hielt an einer Kreuzung an. Wenn ich die Tür jetzt aufmachen und herausspringen würde... Aber nein. Ich hatte es nicht mehr nötig, auf Gelegenheiten zu warten. Ich war außerhalb Piotrs Machtbereich, außerhalb der Folterkammern der Gestapo. In gewisser Hinsicht war ich ein Mensch der kommenden Welt. Ich hatte nichts mehr zu verlieren.

›Du Biest!‹ schrie ich plötzlich. In diese zwei Worte packte ich meinen ganzen Haß gegen ihn, den Freund, der mich verraten hatte, und der mir nicht nur das Recht zu leben nehmen wollte, sondern auch den Rest meines Glaubens an die Menschheit. Als ob ein Damm gebrochen sei, überschüttete ich ihn mit Verachtung und Vorwürfen.

Und dann geschah das Wunder. Offenbar hatte ich ihn im Innersten seiner Seele getroffen – wenn er überhaupt eine besaß. Er befahl dem Fahrer anzuhalten und sagte mit einer wirklich freundlichen Stimme:

›Schrei nicht so, Dummkopf. Ich habe doch nur Spaß gemacht.‹ Und bevor ich antworten konnte, war er aus dem Taxi gestiegen und im Strom der Fußgänger verschwunden. Fünfhundert Meter trennten uns vom Gestapogebäude. Erst jetzt merkte ich, daß die dreißig Sekunden längst vorüber waren und das Gift nicht gewirkt hatte. Man mußte kein diplomierter Chemiker sein, um zu begreifen, daß der ›Apotheker‹ mich grausam betrogen hatte. Statt Tod hatte er mir Leben verkauft. Verzweifelt versuchte ich, meine Erregung zu verbergen, und gab dem Fahrer eine neue Adresse: das Café ›Ziemiańska‹. Es war viertel vor vier und der ›Apotheker‹ saß noch immer auf seinem Stammplatz. Ruhig, um an den angrenzenden Tischen keine Aufmerksamkeit zu erregen, ging ich auf ihn zu. Seine psychologische Erfahrung ließ ihn auch dieses Mal nicht im Stich. Mein Gesichtsausdruck verriet ihm, was passiert war, er nahm 175 Dollar aus seiner Brieftasche, gab mir die Scheine und murmelte: ›Keine Ware, kein Geld.‹«

Ich fragte mich, was am Ende aus dem Helden der Geschichte geworden war. Neugierig suchte ich unter den regelmäßigen Gästen des Cafés »Ziemiańska« die Gestalt des »Apothekers«, aber ohne Erfolg. Wie hätte ich wohl reagiert, wenn ich mit Piotr im Taxi gesessen hätte? Hätte ich den Mut aufgebracht, die Kapsel zu schlucken? Tief in meinem Herzen mußte ich mir eingestehen, daß ich nie, in keiner noch so hoffnungslosen Lage, fähig gewesen wäre, mir selbst das Leben zu nehmen. Das Leben schien mir zu kostbar, um es freiwillig aufzugeben. Trotz der Geschichte, und obwohl ich meine Rüstung – die HJ-Uniform, die ich von Grete bekommen hatte – vernichtet hatte, verbrannt in einem Nachbarshof, bevor wir auf Kruczeks Heuwagen kletterten, fühlte ich mich nicht bedroht. Ich glaubte einfach nicht, daß ein Erpresser seine Energie an einen Jungen wie mich verschwenden würde. Ich geriet noch nicht einmal in Panik, wenn ich an den Patrouillen der Gendarmerie vorbeiging, die ebenfalls die Stadt mit wachsender Intensität durchsuchten. Ich betrachtete sie vielmehr mit leichter Überheblichkeit, wenn ich sie auf dem Bürgersteig marschieren sah, ihre Körper steif, als hätten sie einen Besenstiel verschluckt, ihre Schädel in komisch geformten, braunen Helmen. Auf ihrer Brust prangte der Adler mit den ausgebreiteten Schwingen, das Symbol ihrer Macht und Geltung. Wenn sich solche Patrouillen näherten, wechselten die Fußgänger meist die Straßenseite. Ich nicht.

Ich bin einer der Glücklichen, die in ihren Alpträumen nicht ständig vom Holocaust verfolgt werden. Aber ausgerechnet damals schien mein Selbstvertrauen angekratzt zu sein, und Zweifel schlichen sich in mein Unterbewußtsein, auch wenn ich sie nicht benennen konnte. Morgens erwachte ich wie gerädert. Ich träumte immer denselben Traum: Ich befand mich auf einem schmalen Pfad. Auf einer Seite ragten hohe Berge auf, auf der anderen Seite fiel ein Abgrund steil hinab, und eine unbekannte Gefahr zwang mich zu rennen, bis mir die Luft ausging. Ich fühlte einen Druck auf meinen Lungen, der mir das Gefühl gab zu ersticken, als ob ein schwerer Stein auf meine Brust gelegt worden sei. Eines Nachts rüttelte mein Vater mich wach und fragte, ob ich krank sei.

»Ich bin in Ordnung«, antwortete ich ärgerlich, mit einer Spur von Selbstverteidigung. Ich mochte es nicht, wenn man mich in einem Moment der Schwäche ertappte.

»Du bist in Schweiß gebadet«, sagte er und zog mir die Decke über die Schultern. So hatte mich mein Kindermädchen, Hilde Baron, immer zugedeckt, als ich fünf oder sechs Jahre alt war. Mein unruhiger Schlaf schien ihn erschreckt zu haben. Dabei verbrachte er selbst ganze Nächte, in denen er kein Auge zutat. Machte er sich Gedanken? Hatte er Angst? Malte er sich die Zukunft aus? Welche Zukunft? Rettung oder Untergang? Niemals verlor er ein Wort darüber; und ich fragte nie. Je mehr die Wände des Hauses uns einschlossen, je länger wir in ihnen eingepfercht waren, desto mehr verkrochen wir uns in uns selbst.

Ohne, daß ich es mir bewußt vorgenommen hatte, hörte ich auf, unnötig durch die Straßen Krakaus zu wandern. Ich schränkte meine Besuche bei Gretchen ein, nachdem sie einmal zwischen zwei Gläsern Likör bemerkt hatte, daß ihr mein brauner Teint gefalle. »Ich bin nicht verrückt nach der hellen Haut meines Volkes«, sagte sie. Am gleichen Abend stand ich lange vor dem Spiegel, betrachtete meine abstehenden Ohren, meine dunklen Augen und mein lockiges Haar. Ohne Zweifel trug mein Gesicht semitische Züge. Was Gretchen nicht erkannt hatte, konnte einem anderen durchaus auffallen. Meine Eltern hatten keine Ahnung, was mein Benehmen verändert hatte. Ich schrieb mich in der Leihbibliothek ein und lief nach der Arbeit schnell nach Hause, um die Bücher zu lesen, die ich mir ausgeliehen hatte. Die Bibliothekarin war sehr nett zu mir. Ich war einer der wenigen Kunden, die ihr noch geblieben waren – denn wer hatte noch einen klaren Kopf zum Lesen? Vor Ausbruch des Krieges hatte sie polnische Literatur an der Universität gelehrt, deshalb schätzte sie meine Fähigkeit, mich auszudrücken, und vielleicht auch meine ungewöhnliche Auswahl. Gern nahm ich ihre Vorschläge an. Sie führte mich von den französischen Klassikern zur polnischen Gegenwartsliteratur, erklärte mir die tiefe Bedeutung der Sprache Rabelais' in *Gargantua und Pantagruel* und analysierte mit mir zusammen den Einfluß der Romantiker auf die nationale Bewegung am Ende des letzten Jahrhunderts. Manchmal, wenn sie in der richtigen Stimmung war, holte sie unter dem Tisch eine Ausgabe der Gedichte von Julian Tuwim hervor, dessen Werke, seiner jüdischen Abstammung wegen, nicht mehr herausgegeben werden durften, und sprach ausführlich über den Beitrag der Juden zur reichhaltigen polnischen Kultur. Sie hatte nicht die leiseste Ahnung, wer ich war. Es wäre ihre nie eingefallen, daß ich Jude sein könnte.

Ich verschlang Unmengen von Büchern. Ich las bis spät in die Nacht, bis meine Mutter oder mein Vater sich einmischten und verlangten, daß ich das Licht löschte. Aber im Gegensatz zu unserem Aufenthalt in Kruczeks Kate identifizierte ich mich nicht mit den Gestalten, die die Autoren geschaffen hatten. Ihr Schicksal berührte mich nicht. Ich las ohne emotionale Beteiligung; ich betrachtete es als eine reine Anhäufung von Wissen. Mein Gehirn registrierte die dargestellten Helden, als seien sie Gegenstände, die es bei der Inventur eines Warenhauses zu erfassen gelte.

»Das sollte dich interessieren«, sagte die Bibliothekarin und gab mir ein dickes Buch, die Geschichte des Oberst Redl, eines russischen Spions im Hauptquartier der österreichisch-ungarischen Armee während des Ersten Weltkriegs. Ich nahm das Buch unter den Arm und ging hinaus. Es war fünf Uhr nachmittags. Auf der Straße waren wenig Leute. Es war eine enge Straße im alten Viertel von Krakau, auf beiden Seiten von Häusern aus dem vorigen Jahrhundert umsäumt. Der Putz bröckelte von den Häuserwänden, die mit feuchtem Moos bedeckt waren. An der Ecke lag das Geschäft von Herrn Kulka, einem Optiker, der mich grüßte, wenn ich manchmal vor seinem Schaufenster anhielt, um die bunten Lichter der Reklame für Zeisslinsen zu betrachten. Auch dieses Mal blieb ich vor dem Fenster stehen, und in einem ausgelassenen Augenblick zwinkerte ich dem bemalten Auge zu, dessen Pupille mich anblinkte. Wahrscheinlich fiel mir deswegen die Patrouille nicht auf; ich bemerkte sie erst, als die Männer hinter mir standen und einer von ihnen mit Stentorstimme befahl: »Personalausweis!«

Ich drehte mich um. Vor mir stand ein Gendarm, der mich um zwei Köpfe überragte. Ohne zu zögern, gab ich ihm meinen Personalausweis. Der Deutsche hatte Schwierigkeiten, den gefälschten polnischen Namen auszusprechen, zeigte den Ausweis seinem Kollegen, der zuckte mit den Achseln, um anzudeuten, daß auch er diese verfluchte Sprache nicht lesen könne. Alles verlief routinemäßig. Unaufgefordert zeigte ich ihnen auch die Erlaubnis des Arbeitsamtes. Auf dem offiziellen Briefpapier, geschmückt mit dem Emblem des Reiches, stand ausdrücklich, daß ich in einer Firma arbeitete, der die Nazis hohe Priorität einräumten.

Am Ende der Straße tauchten einige Leute auf, ihrer Kleidung nach zu schließen, Arbeiter auf dem Weg nach Hause. Als sie merkten, was sich ereignete, verschwanden sie schnell um die Ecke. Nur ein Mann, der mir vorher nicht aufgefallen war, blieb, stand regungslos etwa zwanzig Meter von Kulkas Optikerladen entfernt mitten auf dem Bürgersteig, auffällig untätig, in einer Art Erwartung dessen, was kommen würde. Er war vielleicht fünfzig Jahre alt, klein und mager, trug einen grauen Anzug, der schon längst aus der Mode war, und einen schwarzen Hut. Solche Gestalten sah man nicht jeden Tag in den Straßen Krakaus. Ich fragte mich, warum er nicht auch wie die anderen das Weite suchte, schließlich wußte man nie, was den Nazis einfallen würde; ganz plötzlich konnten sie auch ihn zur Kontrolle heranwinken. Vor allem, da man nicht die Wachsamkeit eines Gendarmen haben mußte, um auf ihn aufmerksam zu werden; sein schäbiges Aussehen und sein leichtes Schwanken waren auffällig genug. Plötzlich erinnerte ich mich an Bialskis Warnung, vor entflohenen Juden auf der Hut zu sein. Ein Jude? schoß es mir durch den Kopf. Sofort schob ich den Gedanken wieder beiseite. Unmöglich. Der Fremde machte nicht den Eindruck eines verängstigten Menschen. Auch ich hatte keine Angst. Es war mir schon passiert, daß ich mich ausweisen mußte, daß meine Papiere kontrolliert wurden und man mich weitergehen ließ. Auf jeden Fall stellte ich keinerlei Verbindung zwischen dieser eigenartigen Person und den Gendarmen her, bis sich einer der Uniformierten, der noch immer meinen Ausweis in der Hand hielt, nach ihm umdrehte und ihn ansah. Der Mann mit dem Hut nickte. Es war eine langsame, fast zufällige Bewegung, ein Art Signal, das nur Eingeweihte verstehen konnten. Ich begriff noch immer nicht.

»Jude?« fragte der Polizist. »Wieso Jude?« antwortete ich in gebrochenem Deutsch, wie es die meisten Polen sprachen.

Nun fragte er nicht mehr. Er stellte fest: »Jude.«

»Aber das ist verrückt«, antwortete ich, noch selbstsicher. »Ich arbeite für Hauptsturmführer Kunde, für die Sturmbannführer Haase, Heuer und Frumer, die Herren der Gestapo.« Wie ein Zauberer zog ich meine Trumpfkarte aus meinem Ärmel, die lange Liste der Bestechungsempfänger. Gretes Namen nannte ich nicht.

Die Gendarmen machten erstaunte Gesichter. Die Hand des Großen blieb mit meinem Ausweis in der Luft hängen. In der nächsten Sekunde, davon war ich überzeugt, würde er ihn mir zurückgeben und die ganze Sache wäre vorbei, als ob sie nie passiert wäre. Ich weiß nicht, was ich falsch gemacht hatte, oder was in dem Kopf des anderen Gendarmen vorging, der plötzlich sagte: »Einen Moment noch. Wir müssen uns beraten.«

»Was gibt es da zu beraten«, entgegnete ich frech.

»Halt's Maul!« schrie der Große und steckte meine Papiere ein. Sein Partner trat einige Schritte zurück und flüsterte mit dem Mann mit dem Hut. Gespannt verfolgte ich das Geschehen. Ich wurde unruhig. Wenn ich auch die Bedeutung der Falle noch nicht erfaßt hatte, so ahnte ich doch, daß ich mich in Schwierigkeiten befand. Ich hatte recht. Der Gendarm beendete seine Unterredung, kam zurück, stieß mir seine Faust in den Rücken und schob mich zum nächsten Haus.

»Hier hinein, durch das Tor.«
Ich kniff die Augen zusammen; der Hausflur war stockdunkel.
Am Ende sah ich eine Treppe. Es war ein dreistöckiges, altes Haus,
eines von jenen historischen Gebäuden, auf die die Krakauer stolz
waren. Die Lampe im Deckengewölbe brannte nicht. Der Gendarm wollte das Licht einschalten, aber der Schalter war kaputt –
oder die Bewohner hatten die Leitung abgestellt, um Strom zu sparen. Jedenfalls hatte er kein Glück. Er fluchte. Das Grinsen des
zweiten Gendarms konnte ich nicht sehen, aber ich hörte, wie er
sagte:
»Spar dir die Flüche für deine Frau auf. Laß uns diesen Juden-
bastard fertigmachen, dann ist alles in Ordnung.«
Werden sie mich hier erschießen und weggehen? In meiner Vorstellung sah ich meine Leiche auf dem Steinfußboden liegen. Nun
wußte ich, daß ich in großer Gefahr war, daß nur ein Wunder mich
noch retten konnte. Doch ich glaubte nicht an Wunder, und sie
hatten nicht vor, mich zu töten.
»Zieh deine Hose herunter«, befahl mir der Kleinere.
»Ich verstehe nicht«, antwortete ich. Was für ein lächerlicher
Versuch, Zeit zu gewinnen und das Unvermeidliche herauszuzö-
gern.
»Schneller, schneller«, trieb der Gendarm mich an und zeigte
mir mit der Hand, was ich machen sollte. Es hatte keinen Sinn
mehr, mich dumm zu stellen. Der Spion Redl klemmte noch unter
meinem Arm. Ich legte das Buch auf den Boden. Der Gendarm hob
es auf, blätterte darin und warf es achtlos weg.
Plötzlich flammte die Lampe an der Decke auf. Am Ende des
Flurs, direkt neben der Treppe, öffnete sich knarrend die Tür der
Parterrewohnung. Nur einen kleinen Spalt breit, doch weit genug,
daß ich das Gesicht einer Frau erkennen konnte. Sie trug einen geblümten Hausmantel, und aus ihrem runden Gesicht mit der Adlernase schauten mich zwei hervorquellende Augen neugierig an.
Die hallenden Stimmen der Gendarmen hatten sie angelockt. Unsere Blicke kreuzten sich eine Sekunde lang. Begriff sie, was hier
geschah? Ich öffnete meinen Gürtel. Sie kam auf uns zu, lächelte
die Deutschen an. Die Gendarmen ignorierten sie. Meine Hose fiel
auf meine Fußknöchel.
»Auch die Unterhosen.«
Ich tat, wie befohlen. Ich wußte nicht, was mir unangenehmer
war: die Angst vor der sicheren Entdeckung, oder die Scham,

nackt vor einer fremden Frau zu stehen. Es war eine erniedrigende Pose, meine Füße durch meine Unterhose gleichsam gefesselt, so daß ich mich nicht bewegen konnte. Instinktiv verdeckte ich meine Genitalien mit den Händen.

Der kleinere der Gendarmen zog seine Pistole aus dem Halfter und stieß meine Hand mit dem kalten Ende des Laufs weg. Dann nahm er seinen Helm ab, bat seinen Kameraden, ihn zu halten, und beugte sich über mein Glied, das zusammengeschrumpft und weich wie ein Gummischlauch herunterhing. Er betrachtete es prüfend wie ein Sammler, der ein neues, unbekanntes Stück untersucht. Dann richtete er sich wieder auf und platzte wütend heraus: »Weiß der Teufel.«

Mir fiel ein Stein vom Herzen. Sie wußten zwischen einem Beschnittenen und einem Unbeschnittenen nicht zu unterscheiden. Doch zum Aufatmen war es zu früh.

»Ruf unseren Juden; er versteht etwas davon«, verlangte er von seinem Kollegen. Der Mann mit dem Hut eilte herbei. Er zögerte einen Augenblick am Tor, und sein langer Schatten fiel auf mich.

»Auf was wartest du?« schimpfte der Große.

»Ich komme schon, ich komme schon«, entschuldigte sich der Mann. Lautlos kam er näher. Seine Schuhe hatten Gummisohlen.

»Dummkopf«, murmelte er auf Jiddisch. Er brauchte keine genaue Untersuchung. Er bückte sich zu mir hinunter und erhob sich gleich wieder, ohne ein Wort zu sagen. Sein Gesichtsausdruck war beredt genug. Nun wußten sie, daß sie ihre Beute gefaßt hatten.

Der Große zog meinen Ausweis aus der Tasche und las mit lauter Stimme die angegebene Wohnadresse vor.

»Da wohnst du?«

»Ja.«

»Wer wohnt mit dir?«

»Niemand. Ich lebe allein.«

»Das kannst du deiner Großmutter erzählen.«

»Meine Großmutter ist tot.«

»Das werden wir bald herausfinden. Laß uns gehen.«

Aus meinen Augenwinkeln sah ich die Frau mit dem geblümten Hausmantel in ihrer Wohnung verschwinden. Die Tür am Ende des Flurs schloß sich, diesmal ohne das Knarren der Scharniere. Der Denunziant mit dem Hut war ebenfalls verschwunden. Niemand löschte das Licht. Wir traten auf die Straße. Das Buch, das ich auf dem Boden des Hausflurs liegengelassen hatte, fiel mir ein.

Die Bibliothekarin wird böse auf mich sein, schoß es mir durch den Kopf.

Die Gendarmen befahlen mir, zwei Schritte vor ihnen zu gehen. Ich lief voraus in dem Wissen, daß mein Vater zu Hause sein und die Tür öffnen würde, um mich eintreten zu lassen – und herein käme der Tod. Ich hoffte inständig, daß meine Mutter noch nicht von der Arbeit zurück sei und wenigstens sie gerettet würde. Und ich hoffte von ganzem Herzen, daß sie nie, niemals die Wahrheit erfuhr.

Der Ort, an dem sie mich festgenommen hatten, lag etwa fünfzehn Minuten von unserer Wohnung entfernt. Keiner der Leute, die an mir vorbeigingen, brachte mich mit den uniformierten Männern in Verbindung. Sie hatten mir befohlen, mich so zu verhalten, als seien wir uns fremd, aber ich wußte, daß ihre Waffen entsichert waren und jeder Fluchtversuch mit Schüssen enden würde. Meine Leichtfüßigkeit und meine Kenntnis der Gegend waren vergessen. Ich war ohne Handschellen gefesselt. Ich fühlte mich wie einer, den der Henker zum Galgen führt. Im Westen ging die Sonne unter und tauchte die Stadt in ein leuchtendes Rot. Mich überfiel ein schreckliches Schuldgefühl.

# Zweiter Teil

# Der Geschmack der Liebe

*Drei sind mir zu wundersam,*
*und vier verstehe ich nicht:*
*des Adlers Weg am Himmel,*
*der Schlange Weg auf dem Felsen,*
*des Schiffes Weg mitten im Meer*
*und des Mannes Weg beim Weibe.*

Sprüche XXX, 18,19

# 1

Mit der Pünktlichkeit einer Schweizer Uhr hob die Swissair-Maschine vom Flughafen Kloten ab. Es war Samstag, der 17. Juli 1967, 16.30 Uhr. Ich hatte vor, die Nacht in Hamburg zu verbringen und am nächsten Morgen nach Kiel weiterzufahren, eine Stunde mit der Bahn, um am Montag vor dem Landesgericht Schleswig-Holsteins als Kronzeuge der Anklage im Prozeß gegen den ehemaligen Gestapo-Offizier Wilhelm Kunde aufzutreten.

Ich sah etwas Symbolisches in der Tatsache, daß der Prozeß ausgerechnet in der Hauptstadt des Landes stattfand, das die letzte Hochburg der Nazi-Führung gewesen war. Rund drei Wochen nach Hitlers Selbstmord und sechzehn Tage nach der endgültigen Kapitulation Deutschlands hatte dort in Schleswig-Holstein noch immer die »Geschäftsführende Reichsregierung« des Dritten Reiches geherrscht. Reichskanzler und Nachfolger Hitlers war Großadmiral Karl Dönitz, der Mann, der in der Vergangenheit Oberbefehlshaber der Kriegsmarine gewesen und durch seine Planung des U-Boot-Krieges berühmt geworden war. Er hatte das volle Vertrauen des Diktators genossen. In seiner kurzen Regierungszeit hatte er die Nazi-Partei für ungesetzlich erklärt, in der Hoffnung, mit diesem Schritt das Vertrauen der Alliierten zu erlangen. Aber am 26. Mai 1945 waren alle Mitglieder dieser eigenartigen Regierung festgenommen worden. Dönitz wurde vor Gericht gestellt und zu zehn Jahren Gefängnis verurteilt. In gewisser Hinsicht, sagte ich mir, war es eine Art historischer Gerechtigkeit, daß Kunde gerade in diesem abgelegenen Winkel Deutschlands für seine Taten zur Verantwortung gezogen wurde. Eine andere Gerechtigkeit interessierte mich nicht, obwohl sich das lange Gesicht Wilhelm Kundes unauslöschlich in mein Gedächtnis eingebrannt hatte, ebenso wie die Tatsache, daß ich seine blankgewichsten Stiefel aus einer ganz besonderen Perspektive gesehen hatte, als ich auf dem Boden seines Büros lag und auf den Gnadenschuß wartete, der meiner Qual ein Ende setzen würde.

Kundes Name fiel mir erstmals auf der Geschenkliste der Firma

Kunietzki, Bialski und Co. in Krakau auf. Wie die meisten seiner Kollegen war auch er nur zu gern bereit, kleine Bestechungen anzunehmen. Aber als unsere Wege sich in dem provisorischen Gefängnis kreuzten, das auf dem Gelände des liquidierten Ghettos eingerichtet worden war, war Wilhelm Kunde nicht auf die kleinen Fische aus. Er begehrte das Vermögen meiner Eltern, dessen Wert auf einige Zehntausend Dollar geschätzt wurde.

Das Krakauer Ghetto wurde im März 1943 endgültig geräumt. Kunde gehörte zu der Mannschaft, die für die Auflösung und die Deportation der letzten Bewohner in das Lager Płaszów außerhalb Krakaus verantwortlich war. Sein Hauptquartier richtete er in dem Gebäude ein, in dem vorher der Ordnungsdienst, das heißt die jüdische Polizei, untergebracht war. Diese Polizei unterstand theoretisch dem Judenrat, dem jüdischen Komitee, das die internen Ghettoangelegenheiten regelte, aber seit das Komitee selbst ein Instrument der Nazis geworden war, waren auch die jüdischen Polizisten nichts anderes als Diener der Gestapo. Sie trugen uniformähnliche Khaki-Kleidung und auf dem Kopf runde Kappen, um die ein gelbes Band gewunden war. Ihre Familien genossen einen Sonderstatus, ihre Kinder wurden nicht in die Vernichtungslager geschickt, die Nazis belohnten sie mit Lebensmitteln und anderen Gütern, und was sie auf diesem Wege nicht bekamen, das nahmen sie sich mit Gewalt von den Unterdrückten im Ghetto. Einige blieben auch nach der endgültigen Räumung noch in dem Geisterviertel, um die Liquidierung bis zum Schluß zu überwachen, Versteckte zu jagen und bei der Bewachung der Verhafteten zu helfen. Die meisten wurden, zusammen mit den Denunzianten, die in der Stadt herumliefen, im Sommer getötet. Oft gingen die Hinrichtungen direkt auf den Machtkampf zwischen der Gestapo und der SS zurück. Die Gestapo herrschte in der Stadt, die SS kommandierte das Lager, aber beide griffen nach den verlassenen Gütern.

Das Gefängnis war Teil des Hauptquartiers. Es wurde hauptsächlich für Juden benutzt, die in den sogenannten »arischen Teil« der Stadt geflohen und auf ihrer Flucht geschnappt worden waren. Von Zeit zu Zeit wurden auch Polen, die geplündert hatten, dort eingesperrt. Die Plünderer versuchten den Arbeitstrupps zuvorzukommen, die jeden Morgen aus dem Lager Płaszów kamen, um die Gegenstände, die die Bewohner des Ghettos zurückgelassen hatten, zu sortieren: Möbel hierhin, Kleider dorthin, Töpfe in die eine Ecke, Kunstgegenstände in eine andere, Perserteppiche auf diesen Haufen, medizinische Ausrüstungen auf einen anderen ... Alles wurde mit deutscher Pedanterie registriert und in versiegelten Güterwaggons in die Lager des Reiches verschickt. Wer die Befehle nicht ausführte, setzte sein Leben aufs Spiel. Aber die Gier besiegte alle Verbote. Was die jüdischen Polizisten übersahen, wurde zum begehrten Objekt der Abenteurer, die nicht davor zurückschreckten, ihr Leben zu riskieren. Gerüchte über fabelhafte Schätze, in Kellern vergraben und auf Dachböden versteckt, gingen von Mund zu Mund, und immer gab es Leute, die sich nachts in das Ghetto schlichen und wie Ratten an den Überbleibseln nagten. Im Schutz der Dunkelheit schlüpften sie von einem leeren Haus zum anderen, durchstöberten die dunklen Speicher, zerfetzten Matratzen, rissen Dielenböden heraus, gruben Löcher in die Keller, bohrten die Wände an, um Geldschränke zu finden, und schnitten Gemälde aus ihren Rahmen. Wer Glück hatte, kam mit seiner Beute nach Hause; wer auf frischer Tat ertappt wurde, kam ins Gefängnis und wurde ohne Verfahren erschossen. Im allgemeinen fanden die Erschießungen in den frühen Morgenstunden statt; oft waren sie für mich das Zeichen aufzustehen.

Vor dem Gefängnisgebäude, einem langen einstöckigen Bau, war uns ein enger Bereich zugeteilt, in dem wir uns bewegen konnten, ein gepflasterter Teil des Hofes, eine Art offener Korridor, auf den alle Zellentüren mündeten. Wir nannten ihn »die Pergola«, da sie sowohl von der Hofseite als auch von oben, der dem Himmel zugewandten Seite, mit rostigem Stacheldraht eingezäunt war. Die Zellen waren klein, aus Beton, ohne Fenster oder sonstige Belüftungsmöglichkeiten. Die aufgestellten Dreierpritschen füllten sie fast vollständig aus, man hatte kaum Platz zum Stehen. Unsere Notdurft verrichteten wir in einen Eimer, der sich über Nacht füllte. Kot und Urin flossen schließlich auf den Fußboden, der Geruch waberte wie eine giftige Wolke durch die Zelle, und mit der Zeit blieb er an uns haften, denn wir konnten unsere Kleider nicht wechseln. Wegen des bestialischen Gestanks mieden die Deutschen unsere Zellen, doch dieser Vorteil war nur relativ, gab es doch in jeder Zelle einen Anführer, der uns grausam mißhandelte. Die alten Insassen hatten gelernt, sich zu arrangieren, die neuen waren diesen Peinigern ausgesetzt. Einer von ihnen war es auch, der mir die oberste Pritsche zuwies. Die Decke war nur wenige Zentimeter über mir, und oft, wenn ich das vergaß, stieß ich mir den Kopf. Dort oben war die Luft dicker und noch übelriechender, eine Mischung, die den wissenschaftlichen Lehren über das Verhältnis zwischen Stickstoff, Sauerstoff und Wasserstoff hohnsprach. Im Schlaf hatte ich das Gefühl, einen Mühlstein auf der Brust zu haben, was wiederum schreckliche Träume auslöste. Mein altbekannter Alptraum kehrte nun jede Nacht wieder: Ich lief auf einem langen, engen Pfad, mit einem tiefen Abgrund auf der einen und einem hohen Felsen auf der anderen Seite. Eine nicht zu identifizierende Kreatur, vielleicht ein Mensch, vielleicht ein Tier, verfolgte mich. Ich rannte, ohne mich umzudrehen, rannte um mein Leben, wissend, daß in dem Moment, wo mich diese Kreatur erfaßte ... Eigentlich wußte ich nicht, was dann geschehen würde, ich hatte nur Angst, und diese Angst beflügelte meine Beine und ließ mein Herz klopfen; ich konnte kaum atmen, und in dem Moment, da sich der Strang um meinen Hals legte und mich zu ersticken drohte, kam das Erwachen und brachte mich von dem Alptraum der Traumwelt in den Alptraum der Realität zurück. Es war nie leicht, und es ging nie schnell. Meine Sinne wehrten sich gegen die Notwendigkeit, normal zu funktionieren. Ich hatte mich noch nicht von der Anstrengung des verrückten Rennens erholt und öffnete schon meine Augen, ich war noch erschöpft und verängstigt und kämpfte schon mit dem Gedanken an einen neuen Tag im Gefängnis. Ich schwebte zwischen den zwei Sphären, und erst, wenn der Gestank des Kots mit voller Wucht meine Nasenlöcher traf, wußte ich, daß ich wach war.

Die jüdischen Polizisten öffneten die Türen um sechs Uhr morgens und ließen sie bis zur Dämmerung unverschlossen. Jeder, der wollte, konnte in die »Pergola« hinausgehen und von dort aus wie ein Vogel im Käfig den Hof beobachten. Die meisten machten von dieser Erlaubnis Gebrauch. Der quadratische, ungepflasterte Hof verband die Zellen mit der Kommandantur.

Dort herrschte ein reges Treiben, nahezu vierundzwanzig Stunden am Tag. Im zweiten Stock, in dem die hohen Offiziere ihre Zimmer hatten, wurden interne Auseinandersetzungen zwischen Kunde, dem Gestapo-Mann, und Amon Goeth, dem SS-Mann und Kommandeur des Lagers, ausgetragen. Als Kunde Goeths jüdischen Informanten umbringen ließ, rächte sich der Kommandeur von Płaszów, indem er umgekehrt Kundes Denunzianten ermorden ließ. Wir hörten von dem Kampf um Macht und Ansehen durch Gefangene, die durch Bestechung ein mehr oder weniger gutes Verhältnis zu den Wachen unterhielten. Einige von uns verfolgten das Geschehen mit größter Aufmerksamkeit, um den Puls eines jeden Vorfalls zu fühlen, ihre Schlußfolgerungen zu ziehen und sich entsprechend ihren Mutmaßungen, wer von beiden gerade die Oberhand hatte, zu verhalten. In den langen Verhören war dies von entscheidender Wichtigkeit. Beide Rivalen versuchten Informationen aus den Gefangenen herauszupressen; gab man sie dem falschen Offizier, konnte das bedeuten, den Kopf selbst in die Schlinge zu legen.

Im Erdgeschoß wurden die Routinearbeiten erledigt, die Inventarbücher geführt, Berichte der Spitzel angelegt, Dokumente ausgefüllt, die Reisen mit dem Dienstwagen kontrolliert und statistische Daten gesammelt – eine der beliebtesten Tätigkeiten der Nazi-Bürokratie. Berlin schluckte gierig die Daten, und auch das Büro von Hans Frank, dem Generalgouverneur des besetzten Polen, verlangte ständig den neuesten Stand. Aber die fieberhafte Arbeit, mit der die Offiziere, Unteroffiziere und Adjutanten beschäftigt waren, kam jedesmal zum Erliegen, wenn Wilhelm Kunde Gäste hatte. Wichtige Leute in Uniform und auch in Zivil, um deren Bekanntschaft Kunde sich bemühte, besuchten die Örtlichkeit wie andere Leute einen zoologischen Garten. In dem Moment, in dem wir sie auf die Veranda hinaustreten sahen, wußten wir, daß uns erneut eine Nervenprobe bevorstand. Wenn das Wetter gut war – und im ganzen Monat Mai fiel kein einziger Tropfen Regen –, genossen die Gäste draußen die Erfrischungen und die Aufführung, die Kunde für sie vorbereitet hatte. In Ledersesseln versunken, die man aus einer verlassenen Ghettowohnung geschleppt hatte, lauschten sie nostalgischen Liedern, die aus dem Lautsprecher eines alten Grammophons plärrten. Von meinem Platz hinter dem Stacheldraht der »Pergola« konnte ich bekannte Gesichter von Stammkunden der Fischmarkt-Gesellschaft Kunietzki, Bialski und Co. ausmachen. Gretes Mann hatte ich nie getroffen, und ich fragte mich, ob wohl auch er unter den Eingeladenen war. Kundes einarmiger Adjutant, Rottenführer Ritschek, wechselte die Schallplatten, und nachdem sie einige Schnäpse getrunken hatten, begannen die Gäste zu singen. »Lili Marleen« erfreute sich bei ihnen besonderer Beliebtheit. Aber all das war nur das Präludium zum großen Finale.

Kunde hatte ein besonderes Talent, blutige Schauspiele zu inszenieren. Auf sein Kommando hin brachten jüdische Polizisten die Opfer, ausgewählt aus orthodoxen jüdischen Gemeinden, in die

Arena – in den Hof. Einmal hörte ich ihn sagen: »Sie sind so malerisch, ich kann mir nicht helfen.« Die Ärmsten waren aus noch nicht aufgelösten Ghettos herbeigeholt worden. Die letzte Nacht ihres Lebens verbrachten sie im Keller der Kommandantur in totaler Abgeschiedenheit und ohne die leiseste Ahnung, was mit ihnen geschehen würde. Wenn ihre Zeit gekommen war, die Gäste zu unterhalten, wurde ihnen befohlen, sich in einer Reihe aufzustellen, strammzustehen, mit dem Rücken an der Veranda und ihre bärtigen Gesichter einem zerstörten Gemäuer zugewandt, das den Hof im Norden abschloß. Kunde sprach ruhig, fast väterlich zu ihnen: »Andere würden euch ohne Erbarmen töten. Ich gebe euch eine Chance. Seht ihr die Wand euch gegenüber? Die Entfernung beträgt nicht mehr als dreißig Meter. Wenn ihr einen Schuß hört, fangt an zu rennen. Ich werde das Leben von dem schonen, der zuerst am Ziel ist. Beweist, daß ihr nicht schlechter seid als Jesse Owens. Beweist, daß ihr zu leben verdient.«

Die Offiziere spannten die Hähne ihrer Pistolen, rückten ihre Sessel an das Geländer der Veranda, stützten ihre Ellbogen darauf, umschlossen ihre Waffen mit beiden Händen, wie sie es auf dem Schießstand gelernt hatten, und ihre Finger streichelten den Abzug, als sie auf das Signal warteten. Ritschek nahm den Arm des Plattenspielers von der Platte. Es herrschte eine unheilverkündende Stille. Regungslos beobachteten wir die Vorbereitungen zum Blutbad. Das Schauspiel wiederholte sich von Zeit zu Zeit, und wir wußten genau, was nun kommen würde. Kunde schoß in die Luft, die orthodoxen Juden schnellten nach vorn, ihre Kaftane flatterten im Wind, und die Nazis zielten und schossen. Sie verfehlten sie nur selten. Die jüdischen Polizisten zogen die Verwundeten wie die Toten an den Beinen bis zum Ende des Hofes, wo sie auf einen Wagen warteten, der die Körper wegbringen würde. Da es kein Krematorium gab, begrub man die Ermordeten in einem Massengrab im Lager Płaszów. Manchmal hatten die Pferde Mühe, den Wagen vom Platz zu ziehen; die Polizisten schlugen unbarmherzig auf sie ein, als ob sie ihre ganze Wut und Enttäuschung auf diese Weise loswerden wollten. Die wenigen Juden, die das Rennen unversehrt überstanden hatten, wurden in den Keller zurückgebracht. Bis zum nächstenmal.

»Wenn sie keine orthodoxen Juden mehr haben, sind wir an der Reihe«, sagte der Gefangene, der links von mir stand.

Ich war entsetzt. Seine Bemerkung hörte sich vollkommen logisch an.

Die Weissagung traf nicht ein. Vielleicht, weil die meisten von uns noch verhört werden mußten, oder vielleicht dank der Tatsache, daß wir in den Augen Kundes nicht malerisch genug waren. Unser Anteil an der Vorstellung beschränkte sich darauf, den Hof anschließend mit Wasser zu schrubben.

Ich wurde oft in das Büro des Hauptsturmführers Kunde gerufen, manchmal allein, doch meist zusammen mit meiner Mutter. Anfangs sprach er höflich mit mir: Wo waren wir versteckt gewesen, wer waren die Leute, die uns geholfen hatten, woher hatten wir die gefälschten Personalausweise, wer hatte noch ein Versteck außerhalb des Ghettos gefunden und wo. »Ich weiß es nicht«, war meine Standardantwort. Wenn ihn diese immer gleichen Antworten wütend machten, schlug er mir ins Gesicht, trat mir in den Leib und in die Genitalien und knallte meinen Kopf auf die Tischplatte.

Meine Mutter stand an der Seite und sagte nichts. »Rede, oder ich werde deinen Sohn umbringen«, drohte er. Wenn sie sich davon nicht beeindruckt zeigte, drehte er den Spieß um, prügelte sie mit aller Kraft und fragte mich, ob ich wolle, daß sie sterbe. »Was ist los, lieben jüdische Jungen ihre Mütter nicht?« fragte er, wenn ich standhaft blieb. Vergeblich erklärte ich, daß ich nicht wüßte, wie meine Eltern an die gefälschten polnischen Ausweispapiere gekommen waren, und daß mir keine anderen Juden bekannt seien, die unter einer falschen katholischen Identität lebten. Es war die Wahrheit. Und was Józef Kruczek und Zofia Siwek betraf, so hätte ich sie nicht verraten, auch wenn er mich in Stücke gerissen hätte. Bei unseren Treffen in der »Pergola« hatte mir meine Mutter befohlen, meinen Mund zu halten und nicht in Panik auszubrechen, wenn sie geschlagen würde. Ihrer Ansicht nach würde Kunde seine Drohung nicht wahr machen, da er an ihrem Tod kein Interesse hätte. An dem schicksalsschweren Tag, über den ich vor dem Richter in Kiel aussagen sollte und an dessen genaues Datum ich mich nicht erinnern kann, da ich keinen Kalender und keine Uhr besaß, wurde ich in Kundes Büro gebracht, als meine Mutter bereits dort war. Sie saß auf einem Stuhl mitten im Raum. Kunde ging nervös auf und ab, der blanke Holzfußboden knarrte unter seinem Gewicht. Meine Mutter trug ein enges Wollkleid, das gleiche dunkelgrüne Kleid, das sie bei ihrer Verhaftung zwei Monate vorher getragen hatte. Ihr Haar war nicht mehr ordentlich gekämmt wie sonst, ihre Gesichtshaut sah wächsern aus, ihre braunen Augen hatten den Glanz verloren. Erst jetzt fiel mir auf, daß sie im Verlauf von sechzig Tagen um zehn Jahre gealtert war. Sie sah mich kurz an und drehte sofort den Kopf weg. Ich vermutete, daß sie mir etwas zu verstehen geben wollte, begriff aber die Botschaft nicht. Kunde sagte mir nicht, was ich zu tun hätte. Von den vorangegangenen Verhören war ich es gewöhnt, mich an die Wand zu stellen und still zu verhalten. Kunde schritt weiter im Zimmer auf und ab, die Hände auf dem Rücken verschränkt, sein Gesicht rot vor Wut oder vielleicht auch vom Alkohol. Er trank gern und hatte Grund, wütend zu sein. Gerade erinnerte meine Mutter ihn an ein Versprechen, das nicht eingelöst worden war. Es gab ein Abkommen zwischen ihnen: Mein Leben und ihr Leben gegen das Familienvermögen.

»Ich habe meinen Teil der Abmachung eingehalten, während Sie Ihr Wort nicht gehalten haben«, fuhr meine Mutter ihn an.

Ritschek saß an einem kleinen Schreibtisch in einer entfernten Ecke und tippte mit den Fingern einer Hand auf einer Schreibmaschine. Sein linker Arm war nach einer Verwundung an der Front amputiert worden, der Stumpf im Ärmel versteckt, der über dem Ellbogen mit einer Sicherheitsnadel befestigt war. Seine Kriegsverletzung ermöglichte es ihm, hinter der Front eine leichte Arbeit zu ergattern, und er tat sein Bestes, um seine Herren zu befriedigen. Schon bevor ich in das Büro gebracht wurde, war er damit beschäftigt, das Protokoll des Gesprächs aufzuschreiben.

»Wo ist das Ehrenwort eines deutschen Offiziers?« insistierte meine Mutter, als ob sie vergessen hätte, mit wem sie es zu tun hatte.

Kunde blieb stehen. Ihre Dreistigkeit steigerte seine Wut nur noch. »Diese Geschichte haben wir schon gehört. Ich weiß nicht, wovon du redest.«

»Ich spreche von einem Karakul-Pelz, von Schmuck und sechstausend Dollar in Goldmünzen.«

»Jüdische Frechheit!« brüllte Kunde.

»Es ist eine Frechheit, daß Sie sich nicht an das Abkommen halten«, trotzte meine Mutter ihm.

»Es würde mir nie einfallen, ein Abkommen mit einer Jüdin zu treffen.«

»Aber Sie haben es getan.«

154

»Das ist eine jüdische Lüge!«

»Ich bin keine Jüdin. Sie wissen, daß ich keine Jüdin bin.«

»Halt deinen Mund!«

»Ich werde nicht ruhig sein, bis Sie Ihr Versprechen einhalten.«

Kunde schlug mit einem Lederhandschuh an seinen Stiefelschaft. »Du erfindest Sachen!« schrie er. »Du wirst diese grobe Lüge teuer bezahlen.«

»Wollen Sie bestreiten, daß wir in die Stadt fuhren, ich Sie zu unseren Nachbarn brachte, daß Sie dort eine Durchsuchung durchführten und die Dinge fanden, die ich ihnen zur Aufbewahrung gegeben hatte?«

»Selbstverständlich bestreite ich das. So etwas hat nie stattgefunden.«

»Gott ist mein Zeuge ...«

»Ich bin Gott hier. Und dir habe ich doch befohlen, deinen Mund zu halten!«

»Ich werde keine Ruhe geben, solange ich lebe.«

Ich sah Erstaunen sein Gesicht verändern, sah, wie seine Wut ihn überwältigte. Kunde war ein solches Benehmen von Verhörten nicht gewöhnt. Kunde vertrug keinen Widerspruch. Kunde war hier der Herr. Kunde hatte es nicht gern, daß jedes Wort, das meine Mutter sagte, protokolliert wurde. Kunde wußte, was einen Offizier erwartete, der das Vertrauen seiner Vorgesetzten mißbraucht hatte. Kunde wußte, daß seine SS-Rivalen auf ihn lauerten. Kunde konnte sich eine lebende Zeugin seines Fehltritts nicht erlauben. Kunde zog seine Waffe. Kunde stellte sich hinter sie. Kunde hob die Pistole hoch über seinen Kopf. Kunde schlug zu. Mit einem einzigen Hieb seines Pistolenkolbens zerschmetterte er ihren Schädel. Meine Mutter gab keinen Laut von sich. Sie sackte zusammen, glitt vom Stuhl, ihr Körper fiel auf den Boden.

Ritschek sprang in die Mitte des Zimmers.

»Bleib, wo du bist!« kreischte Kunde.

Ritschek stand stramm und stieß gehorsam hervor: »Jawohl, Herr Hauptsturmführer.«

»Geh zurück auf deinen Platz.«

»Jawohl, Herr Hauptsturmführer.«

Kunde drehte sich zu mir um, als ob er von meiner Gegenwart gerade erst Notiz nähme. »Jetzt bist du an der Reihe, du kleines Judenschweinchen.«

Haltsuchend drückte ich mich an die Wand. Er schien meine Reaktion zu bemerken, denn er fügte sofort hinzu:

»Leg dich auf den Boden.«

Ich tat, wie er befahl.

»Näher an deine stinkende Jüdin.«

Ich bewegte mich. Zu meiner Linken fühlte ich die Körperwärme meiner Mutter. Sie atmete schon nicht mehr, aber ihr Körper täuschte mich. »Mutter«, sagte ich flüsternd, und erst, als ich keine Antwort bekam, begriff ich, daß ich nie wieder ihre Stimme hören würde. Ihr Körper lag auf der Seite, ihr Gesicht war mir zugekehrt; es war kein Zeichen von Gewalt in ihm, nur das Blut hatte ihre Wangen verlassen. Sie waren aschfahl. Kunde berührte mich mit der Spitze seines Stiefels, wie man einen geschlagenen Hund antippt, um ihm zu zeigen, wer hier das Tier ist, das gehorchen muß, und wer der Herr. Seine Stiefel waren so oft gewienert worden, daß sie blinkten. Er stand breitbeinig über mir, kraftvoll und furchteinflößend. Wäre seine Gestalt in Bronze gegossen gewesen, hätte sie eine jener Statuen sein können, die die Nazis als Ausdruck ihrer Macht so sehr liebten.

»Hast du gesehen, was Lügnern passiert?« fragte er. Seine Stimme klang ruhiger.

Ich wagte nicht, den Mund aufzumachen.

»Bist du taub, oder was?«

»Ich habe es gesehen.«

»Und du wirst es nie vergessen?«

»Ich werde es nie vergessen.«

»Solange du lebst?«

»Solange ich lebe, Herr Hauptsturmführer.«

Kunde setzte seinen Fuß auf meinen Bauch, drückte zu und beobachtete meine Reaktion. Vor Schmerz traten meine Augen aus den Höhlen. Kunde lächelte zufrieden. »Tut es weh?« fragte er in einem falschen, besorgten Ton.

Ich nickte.

Er zielte mit seiner Pistole auf mich. »Ich werde dafür sorgen, daß es nicht zu lange dauert«, tröstete er.

Ich schloß meine Augen. Die Sekunden verstrichen; der Puls an meinem Handgelenk jagte. Einen Augenblick vorher hatte ich meine Mutter sterben sehen; sie hatte nicht geschrien, nicht gestöhnt, und ihr Gesicht war nicht verzerrt. Ein unerwünschter Gedanke schoß mir durch den Kopf: Der Tod schmerzt nicht. Ich öffnete meine Augen. Kunde schien seine Pistole mit der Hand zu wiegen, nachdem er sie ins Halfter zurückgesteckt hatte, und lachte schallend.

»Ihr seid alle Ratten. Steh auf!«

Ich erhob mich auf allen vieren, um seinen Befehl auszuführen, und dann trat er mir in den Hintern. Ich fiel direkt über die Leiche meiner Mutter. Aus Gründen, die ich nie verstehen werde, verlor er plötzlich das Interesse an mir und verließ mit schnellen Schritten den Raum. Die Tür fiel mit einem lauten Knall hinter ihm ins Schloß. Ich lag da und hatte nicht den Mut, mich zu bewegen. Die Leiche meiner Mutter erkaltete unter mir. Ich weiß nicht, wieviel Zeit vergangen war, als plötzlich das Telefon auf Ritscheks Tisch klingelte. Von der anderen Seite der Leitung wurde der Befehl gegeben, mich in die Zelle zurückzubringen. »Du hast mehr Glück als Verstand«, spottete Ritschek, als er mich zwei jüdischen Polizisten übergab. Gegen Abend, bevor die Zellen verriegelt wurden, wurde meine Mutter abgeholt. Es ist mir nie gelungen, ihr Grab zu finden.

Im Zug nach Kiel, versunken in dem weichen, gepolsterten Sitz, ließ ich jene Momente, die nunmehr vierundzwanzig Jahre zurücklagen, an mir vorüberziehen. Man sagt, daß die Zeit Wunden heilt. Etwas daran scheint wahr zu sein, denn ich fand in meinem Herzen keinerlei Anzeichen von Haß gegen den Mörder. Es war nur Zorn in mir. Nur war es nicht Kunde, auf den ich zornig war. Ich war auf mich selbst zornig, weil es mir nicht gelang, die Flamme der Rache in meinem Innern zu entzünden. Alles, was ich wollte, war, Kunde verängstigt auf der Anklagebank sitzen zu sehen, so verängstigt, wie ich es damals gewesen war. Eine kleine Genugtuung, auf die man verzichten kann. Ich wußte, ich würde ihn auf den ersten Blick erkennen, und fragte mich, ob es ihm genauso gehen würde. Ich war neugierig, ob er mir in die Augen sehen würde, wenn ich den Zeugenstand betrat und den Richtern den Tag beschrieb, an dem er mit dem Griff der Parabellum-Pistole, der Standardwaffe der Nazi-Offiziere, den Kopf meiner Mutter zerschmetterte. Es war reine Neugierde. Kundes mögliche Reaktion bedeutete mir nichts, das über die Befriedigung dieser Neugierde hinausgegangen wäre.

Der Zug hielt für eine Minute an einer der ruhigen Stationen, die an der Bahnlinie verstreut lagen. Einige Reisende stiegen aus. Neue stiegen ein. Einfache Leute, unbekannte, gleichgültige, fremde Gesichter. Niemand schenkte mir Aufmerksamkeit, außer dem Schaffner, der kam und meine Karte kontrollierte. Ich gab sie ihm, und wir wechselten einige belanglose, höfliche Worte.

Der Schaffner schloß die Tür des Abteils hinter sich, seine monotone Stimme wurde leiser und verschmolz schließlich mit den anderen Geräuschen. Meine Ohren fingen den besonderen Dialekt der Bewohner des Nordens auf. Er hatte eine Härte, der dem Wiener Akzent, den meine Mutter sprach, fremd war. Plötzlich überfiel mich ein seltsamer Gedanke: Wie weit bestimmen Zufälle das Schicksal eines Menschen? Ist alles, was uns passiert, das Resultat von Wünschen, von Planung und Entschlüssen, oder gelangen wir an eine Kreuzung und gehen links oder rechts, ohne uns der Bedeutung der Entscheidung bewußt zu sein? Und mehr noch: In welchem Maße ist unser Lebensweg von Menschen bestimmt, die für uns entschieden haben? Was wäre zum Beispiel geschehen, wenn meine Mutter nicht Deutsch gesprochen hätte? Denn hätte sie die Sprache Goethes und Hitlers nicht beherrscht, wäre sie selbstverständlich nie in der Lage gewesen, eine derart enge Verbindung zu ihrem Mörder herzustellen. Und ohne diese Bindung hätte sie die Situation nicht schaffen können, die zu ihrem Tod führte.

Meine Mutter lernte Deutsch, als sie noch ein Kind war, und zwar von vornherein mit dem Ziel – wie konnte es auch anders sein –, in ein Internat und Gymnasium nach Wien geschickt zu werden. Als vierzehnjähriges Mädchen brach sie dorthin auf, mitten im Ersten Weltkrieg, kurze Zeit, bevor der Kaiser starb und Leute wie meine Großmutter noch glaubten, daß das österreichisch-ungarische Kaiserreich für immer und ewig das Zentrum der Welt bleiben würde. Wien galt als ewige Hauptstadt der Kultur, Kunst und der guten Manieren; die Städtische Oper und die Sachertorte sollten ihrem Namen in dem Teil der Welt Würde verleihen, in dem die Zivilisation für die wichtigste Errungenschaft der Menschheit gehalten wurde. Es war deshalb nur natürlich, die Vorgänge an der Front zu ignorieren und für Frania – wie meine Mutter zu Hause genannt wurde – eine Pension und eine Schule zu finden, die ihrem Status angemessen war. Sie wurde in einer höheren Handelsschule eingeschrieben und im Neunzehnten Bezirk, dem kleinbürgerlichen Döbling, untergebracht. Nur fünfzehn Minuten Straßenbahnfahrt entfernt, in Grinzig, in einer der vielen kleinen Tavernen, in denen die Schankwirte billige Landweine ausschenkten, machte sie die Bekanntschaft eines flotten Leutnants, der auf Kurzurlaub von der italienischen Front war und der später mein Vater werden sollte.

Frania wurde nicht ohne Grund auf die Höhere Handelsschule geschickt. Hinter der Entscheidung stand die Einsicht meiner Großmutter, geboren aus ihrer eigenen Erfahrung, die sie gelehrt hatte, daß eine Frau sich in schweren Zeiten selbst zu ernähren wissen muß, um nicht auf ihre Kinder angewiesen zu sein, wie es ihr selbst passiert war.

1904, in dem Jahr, in dem die russische Armee des Zaren von den Japanern geschlagen wurde, hatte mein Großvater, Salomon Rosenwiesen, das Feld an der Heimatfront geräumt, in der ostgalizischen Stadt Borysław seine Koffer gepackt und sie in der Schweiz, in Zürich, wieder ausgepackt. Die große Welt hatte ihn gerufen, und er gab seiner Sehnsucht, sie ohne Maschinengewehre und Kanonen zu erobern, hemmungslos nach. Wie schon erwähnt, ließ er seine Frau und zwei Kinder zurück, meine Mutter, deren Name Franciszka von der Sympathie für Kaiser Franz Josef herrührte, und ihren Bruder Max, dessen Name in Erinnerung an den unglücklichen Kaiser von Mexiko, Maximilian aus dem Hause der Habsburger, ausgesucht worden war. Doch auch ihre hochherrschaftlichen Namen halfen ihnen nichts, als sich herausstellte, daß die Aktien, die ihren Lebensunterhalt in der Abwesenheit des Familienoberhaupts bestreiten sollten, wertlos waren. Meine Großmutter, die keinen Beruf hatte, blieb ohne Einkommen, und wäre nicht die bescheidene Hilfe weitläufiger Verwandter gewesen, hätte sie meine Mutter nicht einmal auf das Wiener Gymnasium schicken können.

Diese unwesentlichen Details beeinträchtigten den unternehmerischen Drang meines Großvaters offenbar nicht, und sie hielten ihn auch nicht davon ab, Reichtum und Glück weit weg von Ostgalizien zu suchen. Ein ganzes Jahr lang erlernte er das Uhrmacherhandwerk, bis die Schweiz ihm zu klein wurde und er in das Land der unbegrenzten Möglichkeiten auswanderte. Er eröffnete einen kleinen Juwelierladen in Milwaukee, Wisconsin, erfaßte aber bald mit seinem kaufmännischen Instinkt, daß der schnellste Weg zu Reichtum in den Süden führte. Er machte ein Vermögen mit dem Verkauf von billigen Uhren und billigem Schmuck an die Schwarzen in Alabama und Mississippi und investierte seine Gewinne in einen wertvollen Besitz. Als er 1954, fast neunzigjährig, starb, fiel alles an seine achtundzwanzigjährige amerikanische Ehefrau.

Seine Geschichte wäre nicht vollständig, ginge man nicht kurz auf die Geschichte meines Onkels Max ein. Zwei Jahre jünger als meine Mutter, erhielt er seine Ausbildung in Polen. In den dreißiger Jahren zog er nach Warschau, wo er eine gute Stellung als Direktor der polnischen Dependance der österreichischen Firma Meinl bekam, der größten europäischen Importgesellschaft für Kaffee, Kakao und orientalische Gewürze. Als die Nazis in Österreich einmarschierten, wurden alle jüdischen Angestellten entlassen, und Onkel Max ging nach Italien auf einen langen Urlaub. In Florenz traf er Alice Schwarz, beide genossen die Schönheit der Ponte Vecchio, und wahrscheinlich überquerten sie die Brücke auch, denn bei ihrem Abschied versprachen sie sich zusammenzuleben. Alice, eine Lehrerin aus Chicago, kehrte in ihre Heimat zurück, und Max ging nach Warschau, um seine Auswanderung vorzubereiten. Im Herbst 1939 wollten sie heiraten. Am 30. August bestieg Max den Schnellzug von Warschau nach Paris. In seiner Tasche hatte er eine Karte für ein Schiff, das Mitte September von Le Havre nach New York auslaufen sollte. Bei der Paßkontrolle an der deutsch-französischen Grenze erfuhr er in den frühen Morgenstunden des 1. September von einem französischen Gendarmen vom Einmarsch der Wehrmacht in Polen. Auf Grund des Kriegsausbruchs hoben die amerikanischen Behörden sein Einreisevisum auf, und er blieb auf französischem Boden. Im Sommer danach, genauer gesagt, im Juni 1940, überquerte er die Pyrenäen, um den Nazis zu entkommen, die vor Paris standen; nach einem Jahr Wanderschaft durch Spanien erreichte er Lissabon, die Hauptstadt Portugals. Die Bitten um Hilfe, mit denen er seinen Vater in Amerika überschwemmte, blieben ohne Antwort, und hätte Alice ihn nicht finanziell unterstützt, wäre er bestimmt verhungert. In Portugal gab es keine Arbeit für illegale Einwanderer. Allein Alice' Liebesbriefe gaben ihm Mut, während er seine Tage in einem einfachen Hotel in der Nähe des Hafens von Lissabon fristete. Salomon Rosenwiesen sah keinen Grund, die Einwanderung seines Sohnes in die USA zu erleichtern. »Als ich in deinem Alter war, lieber Max, gelang es mir, mich mit eigener Kraft durchzuschlagen«, schrieb er ihm. Onkel Max zeigte mir den Brief, als ich ihn das erste Mal in New Orleans besuchte. Ein Vierteljahrhundert trennte diese Geschehnisse von dem heißen, feuchten, typischen Louisiana-Sommerabend, als wir im Garten seines Hauses saßen und Louise, seine amerikanische Frau, kalte Limonade in hohe Gläser goß, während er mir die Geschichte seines Lebens erzählte:

»Im Krieg war Lissabon das Zentrum der internationalen Spionage. Immigranten ohne Geld, gültigen Paß und ohne Beschützer waren Druck und Erpressungen ausgesetzt, aber das Schlimmste war die andauernde Arbeitslosigkeit. Sie zerrüttete meine Nerven. Ich schrieb lange Brief an deine Eltern, aber alle kamen mit dem Stempel ›Adresse unbekannt‹ zurück. Mein Vater lehnte jede Verantwortung für mein Schicksal ab. Ich aber wollte die amerikanische Küste um jeden Preis erreichen. Ich sage ›um jeden Preis‹, aber mein Stolz hinderte mich, Hilfe von Alice anzunehmen, von dem Taschengeld einmal abgesehen, das sie sich von ihrem kleinen Gehalt absparte. Die amerikanischen Behörden ließen jeden hinein, der ein fettes Bankkonto besaß oder einen amerikanischen Bürgen hatte, der dafür garantierte, daß man der Wohlfahrt nicht zur Last fiel. Nach den wiederholten Weigerungen meines Vaters, solch eine Bürgschaft zu unterschreiben, wußte ich, daß ich mein Schicksal selbst in die Hand nehmen mußte. 1941 trat Kuba den Alliierten bei, und gleichzeitig öffneten sich dort die Tore für Leute wie mich. Jüdische Organisationen finanzierten die Schiffsreise nach Havanna und sorgten für meinen Unterhalt in einem Flüchtlingslager auf der Insel. Etwa ein Jahr später hielt Alice es vor Sehnsucht nicht mehr aus und schickte mir die Bürgschaft. Ich stand auf dem Deck des Schiffes, als es in New York anlegte, ich sah ihre kleine Gestalt auf dem Kai, sie winkte mir mit einem bunten Seidentuch zu, das ich ihr in Florenz gekauft hatte, und ich, wie soll ich es ausdrücken, stand an die Reling gelehnt, einen hellen Strohhut in der Hand, und mein Herz war taub. In den Jahren der Wanderungen und der Not war meine Liebe für sie verlorengegangen. Ich weiß nicht, ob ich sie weggeworfen hatte, als ich mich über die spanische Grenze stahl, oder ob ich sie mit dem fauligen Wasser in den Abfluß meines Waschbeckens in meinem armseligen Zimmer in Lissabon gespült hatte. Es war ein entscheidender Moment meines Lebens: Hätte ich nicht den Mut aufgebracht, ihr die Wahrheit zu sagen, als wir im Taxi vom Hafen ins Hotel fuhren, könnte es sein, daß du heute einen alten, verbitterten Mann vor dir hättest, der seine Frau und sich selbst unglücklich gemacht hätte.

Alice verstand meine Gefühle. Noch am gleichen Tag verabschiedeten wir uns mit einem leichten Kuß auf die Wange. Ich versprach ihr, mit dem ersten Geld, das ich verdienen würde, meine Schulden zurückzuzahlen. Es vergingen einige Jahre, bis ich mein Versprechen einlösen konnte. Ich blieb nur wenige Tage in New

York, und nachdem ich einige Sachen erledigt hatte, die nicht aufgeschoben werden konnten, machte ich mich per Eisenbahn auf in den Süden, nach New Orleans. Mein Vater empfing mich im Hotel ›Roosevelt‹, zu der Zeit das prunkvollste Hotel im ganzen Süden. Ich fand ihn in ausgezeichneter Stimmung vor. Ich erinnerte mich nicht an sein Gesicht, da ich, als er das Haus verließ, noch ein Baby gewesen war, aber er begrüßte mich so, als hätten wir uns erst vor einigen Tagen zuletzt gesehen. Vater saß in einem rotgepolsterten Plüschsessel, zog seine Schuhe aus, gab sie mir und sagte: ›Du kannst sie putzen; ich zahle dem Bellboy fünfzehn Cent, aber du bekommst ausnahmsweise einen ganzen Dollar.‹ Zuerst dachte ich, er mache einen speziellen Witz, aber mein Vater war nicht zum Scherzen aufgelegt. Ich schämte mich für ihn und auch für mich, als ich seine Schuhe in die Halle trug, um sie an dem elektrischen Schuhputzer zu reinigen.

Ich denke, hier sollte ich aufhören. Es reicht, wenn ich hinzufüge, daß ich außer diesem Dollar nie wieder etwas von ihm bekam. Er erschien nicht auf meiner Hochzeit mit Louise, und er weigerte sich, mich im Krankenhaus zu besuchen, als man mir eine Niere entfernt hatte. Er hatte Angst, man könnte entdecken, daß ich einen wohlhabenden Vater hatte, so daß er dann die Krankenhausrechnung hätte bezahlen müssen.«

Meine Großmutter lebte nicht lange genug, um Zeuge dieser Ereignisse zu werden, und so wurde ihr weiteres seelisches Leid erspart. Sie verfügte jedoch über Weitsicht, und so lag ihr daran, ihre Tochter von anderen unabhängig zu machen. Eine berufliche Ausbildung war in ihren Augen eine Versicherung gegen schlechte Zeiten. In der höheren Handelsschule in Wien lehrte man Alt-Griechisch und deutsche Kurzschrift, Latein und Maschinenschreiben. Meine Mutter absolvierte die Schule mit Auszeichnung; es mußte jedoch erst ein neuer Weltkrieg ausbrechen, bevor sie ihre erlernten Talente ausprobieren konnte.

Diese Gelegenheit bot sich, nachdem wir Kruczeks Kate verlassen und uns wieder in Krakau angesiedelt hatten. Ich glaube, daß weniger das monatliche Einkommen für uns wichtig war, als vielmehr der Ausweis, der bezeugte, daß man fest angestellt war. Und zwar nicht irgendwo, sondern in einem kriegswichtigen Betrieb. Eine offizielle Bescheinigung vom Arbeitsamt war der beste Schutz gegen Belästigungen der Polizei, die regelmäßig Razzien in den

Straßen veranstaltete, um »Faulenzer« aufzugreifen und sie in die Rüstungsbetriebe ins Reich oder aufs Land zu schicken, wo wegen der Mobilmachung Arbeitskräfte knapp waren. Die Lösung wurde zufällig gefunden, als meine Mutter in der Tageszeitung der Besatzungsbehörden ein Inserat las.

---

Militärische Einrichtung sucht Sekretärin
Ausgezeichnete Kenntnis der deutschen Sprache erforderlich
Kenntnisse in Stenographie von Vorteil
Anwärter melden sich im Offiziersklub
Bischof-Sapieha-Straße
Nur morgens

---

»Das ist wie für uns gemacht«, sagte sie.

»Ich werde dir nie erlauben, dich so leicht in Gefahr zu begeben«, reagierte Vater. »Hat dir das schreckliche Abenteuer in Lemberg nicht gereicht?«

Mutter zuckte mit den Schultern, als ob sie andeuten wollte, daß sie schon längst aufgehört hatte, seinen Anordnungen zu folgen. Sie schrieb die Adresse in ihr Notizbuch.

»Morgen werde ich dort hingehen«, sagte sie.

»Mach, was du willst«, antwortete mein Vater, und unterstrich seine Kapitulation mit einem betonten »aber ...«, das wie eine Warnung in der Luft hängenblieb.

Als sie sich am nächsten Tag für das Vorstellungsgespräch zurechtmachte, sagte er kein Wort. Er grinste nur leicht hinter ihrem Rücken, als sie eine gute Stunde vor dem Spiegel stand, um sich zu schminken und ihre Frisur zu richten.

»Frauen, Frauen«, murmelte er und schnitt eine Grimasse.

»Schneide keine Gesichter«, bat sie, küßte ihn auf die Stirn und ging. Drei lange Stunden warteten wir auf ihre Rückkehr. Als sie kam, wedelte sie mit einem Blatt Papier vor dem Gesicht meines Vaters herum und lächelte glücklich.

»Woher die Freude?« fragte er. »Hast du in der Lotterie gewonnen?«

»Viel besser. Lies; bitte lies das. Ich habe eine Arbeitserlaubnis bekommen, als ob ich Renate Müller* persönlich wäre.«

---

\* Eine deutsche Schauspielerin, die durch den Film »Privatsekretärin« berühmt wurde; sie starb 1935 im Alter von einunddreißig Jahren.

»Nicht gerade ein ermutigendes Beispiel«, stotterte mein Vater. Dann setzte er seine Brille auf, betrachtete das Blatt sehr lange und fragte:

»Bist du sicher, daß du das schaffen kannst?«

»Ich habe Erfahrung, den Willen und, wie ich hoffe, auch etwas Glück. Beantwortet das deine Frage?«

Ich ging zu ihr und umarmte sie:

»Viel Glück, Mutter. Ich bin sicher, daß du Erfolg haben wirst.«

»Wie in Lemberg«, grummelte mein Vater.

»Das war doch gar nicht so schlimm, Wilek. Wir hatten einige gute Monate, hast du das schon vergessen?« Meine Mutter streichelte seine unrasierten Wangen.

»Du wirst sehen, auch hier wird es klappen«, beruhigte sie ihn weiter.

Mein Vater nickte, aber er war nicht überzeugt. Er wußte, daß er von jetzt an viele einsame Stunden in den vier Wänden eines Hauses verbringen mußte, das nicht sein eigenes war. Meine Mutter wurde bald der Liebling der Offiziere, die den Klub besuchten. Ihr österreichischer Akzent verlieh ihrer Sprache einen besonderen Charme, und ihr gutes Aussehen brachte ihr viele Komplimente der Männer ein, die versuchten, ihr den Hof zu machen, als sei sie eine von ihnen.

Mit nicht wenig weiblichem Stolz erzählte sie meinem Vater davon, ohne zu merken, daß sie seine Schwermut damit noch verstärkte. Die Arbeit gab ihr wieder ein Gefühl der Unabhängigkeit, schuf die Illusion eines normalen Lebens, und wenn sie bis nach Einbruch der Dunkelheit arbeiten mußte, erhielt sie eine spezielle Sondererlaubnis, sich auch nach Beginn der Ausgangssperre draußen bewegen zu dürfen. Schnell schloß sie Freundschaft mit einigen Offizieren, die ihr ihr Herzen ausschütteten und sogar nicht davor zurückschreckten, ihr zu erzählen, was an der Front passierte. Die Nachrichten waren erstaunlich. Die Armeen von General Paulus ergaben sich in Stalingrad, und der General selbst fiel in russische Gefangenschaft; in Nordafrika erlitt Rommel eine Reihe vernichtender Niederlagen. Am 3. November mußte er Tobruk räumen, am 17. fiel Derna, und am 20. zog er sich aus Benghazi zurück. Die Engländer hatten die Oberhand. In Casablanca landeten die amerikanischen Streitkräfte und in Tunis die Freie Französische Armee. Mit den Neuigkeiten, die meine Mutter mit nach Hause brachte, verflog der Zorn meines Vaters allmählich. Dringender als alles andere brauchte er eine Ermutigungsspritze. Abends saßen beide, meine Mutter und mein Vater, über die Zeitungen gebeugt, die meine Mutter im Klub aufgesammelt hatte, bevor sie ging, und wetteiferten darin, die Informationen herauszufiltern, die sich hinter Goebbels' Propagandasprache verbargen. Wenn das Nazi-Parteiorgan über die »Entwicklung neuer Armeestellungen« schrieb, meinten die Redakteure Rückzug; meine Mutter konnte erklären, von wo sie sich zurückgezogen hatten, wohin und wann. Mein Vater markierte die wechselnden Frontlinien auf einer Landkarte, und mit der Autorität eines alten Reserveoffiziers prophezeite er die kommenden Entwicklungen. Wenn amtliche Bekanntmachungen über die Ernennung neuer Generäle und Feldmarschälle in der Zeitung standen, wußte meine Mutter den letzten Klatsch über das Schicksal derer zu berichten, die nicht mehr in Hitlers Gunst standen. Wenn die Klubmitglieder ein Glas zuviel gehoben hatten, hielten sie ihre Zungen nicht mehr im Zaum. Sie gehörten dem Heer an und waren ihren Kollegen, die das Totenkopf-Abzeichen an der Mütze trugen, nicht immer freundlich gesonnen. Aber die Sicherheitsdienste hielten noch immer die Zügel in den Händen, und ihr Erscheinen jagte sogar den Deutschen selbst Angst ein.

Es waren nicht nur die Offiziere im Klub, die das Deutsch meiner Mutter lobten. Auch Kunde sagte ihr, wenn er guter Laune war, daß er sie gern zu Verhören einlade, da es »ein Vergnügen ist, Ihren Akzent zu hören«. Am Tage seines Prozesses würde er behaupten, daß er meine Mutter nur hätte bestrafen wollen, da sie sich geweigert habe, ihre Verbindungen zum polnischen Untergrund preiszugeben. Ermordet hätte er sie nie. Seine Verteidiger hielten an dieser verlogenen Geschichte fest und bauten ihre Verteidigung darauf auf.

Die Verhöre in der Kommandantur dehnten sich zu langen Gesprächen unter vier Augen aus. Wenn meine Mutter aus Kundes Büro kam, hielt sie bei der »Pergola« und erzählte mir von den Erlebnissen des Tages. Sie hatte das Gefühl, daß Kunde dem, was sie sagte, Glauben schenken wollte und sogar einen gewissen Gefallen an ihr fand. Sie hatte ihm ihre Liebe zu meinem Vater gestanden, die Liebe der Tochter einer frommen christlichen Familie zu einem jüdischen Mann, die dazu führte, daß sie von der Gesellschaft ausgestoßen wurde, und von der Frucht dieser Liebe erzählt, ihrem einzigen Kind, für das sie bereit war, jedes Opfer zu bringen. Die

Geschichte war raffiniert genug, um glaubhaft zu sein. Mein Vater, der beschnitten war, konnte sein Judentum nicht verleugnen. Die Papiere meiner Mutter aber waren unanfechtbar, da sie auf der echten Geburtsurkunde einer katholischen Frau basierten, die ihr Leben bei einem Verkehrsunfall verloren hatte und deren Todesurkunde aus den Zensusbüchern entfernt worden war. Die nazistischen Rassengesetze gestanden den Kindern aus Mischehen das Recht zu, außerhalb des Ghettos zu leben, sofern das Reich dadurch nicht gefährdet wurde. Die Auffassung der Gestapo konnte deswegen mein Schicksal entscheiden. Es hing alles von Kunde ab. Meine Mutter machte ihm einen Vorschlag: Für ihre und meine Freilassung und das zusätzliche Versprechen, meinen Vater in das Lager Płaszów überführen zu lassen, ohne daß er die Eingangs-Selektion durchlaufen mußte, wollte sie ihm verraten, wo sie ihr Hab und Gut versteckt hatte. Kunde sprang auf den Köder an. Mein Vater wurde nach Płaszów deportiert, und wenige Tage später erhielten wir ein Lebenszeichen von ihm. Kunde hatte den ersten Teil seines Versprechens gehalten. Nun war es an meiner Mutter, ihren Teil der Abmachung einzulösen. »Morgen fahren wir zu unserer Wohnung in der Dlugastraße«, sagte sie mir, als sie von ihrem vorletzten Gespräch mit Kunde zurückkam.

Kunde nahm meine Mutter in seinem Dienstwagen mit, einem schwarzen Mercedes mit der Kennummer des Nazi-Sicherheitsdienstes, machte auf ihren Wunsch hin eine kleine Stadtrundfahrt und lud sie, aus eigenem Antrieb, zu einem leichten Essen in ein Restaurant ein. Dann fuhren sie zur Dlugastraße, zu dem Haus, in dem wir gelebt hatten. Bis zu diesem Zeitpunkt hatte ich nichts davon gewußt, daß sie, ähnlich wie bei der Familie Król in Lemberg, ihre Bekanntschaft mit den Nachbarn genutzt hatte, um einen Teil unserer Habe bei ihnen zu verstecken. Der Schmuck war im Keller unter einer vollen Kohlenkiste versteckt, die Kleidung befand sich in einem Schrank im Hause der Nachbarin. Das Auftauchen des Gestapo-Offiziers traf die polnischen Nachbarn wie ein Blitz aus heiterem Himmel. »Keine Angst«, beruhigte sie meine Mutter, »dieser Herr interessiert sich nicht für Menschen.« Die Nachbarin gab ihr den Schmuck und die Pelze zurück und murmelte zu sich selbst: »Man hat mir gesagt, daß noch niemand von dort zurückgekommen ist.« Kunde stopfte die Kostbarkeiten in seine Aktentasche, hängte meiner Mutter die Pelze über die Schulter, schlug der erschrockenen Frau ins Gesicht und schnauzte: »Genug mit dem

Unsinn, wir gehen zurück«; und als sie wieder auf die Straße traten, öffnete er meiner Mutter die Wagentür mit der Geste eines
Gentlemans. Nach zwei Stunden kehrte meine Mutter ins Gefängnis zurück und flüsterte mir ins Ohr:

»Heute habe ich unser Leben für einen Spottpreis gekauft.«

# 2

Das Leben ist keine Handelsware, ebensowenig, wie Kriege auf dem Schlachtfeld entschieden werden. Es reichte schon, in einem Taxi vom Flughafen in das Zentrum Hamburgs zu fahren, um die Richtigkeit dieser Behauptung bestätigt zu sehen. Ich hatte Dutzende von Photographien von der ausgebrannten Stadt gesehen. Krokodilstränen waren literweise über die Zerstörung durch die alliierten Bomber im Zweiten Weltkrieg vergossen worden. Aber das Hamburg, das ich durch das Taxifenster sah, war eine vor Leben strotzende Großstadt, die Glück, Wohlstand und Sieg symbolisierte.

In meinem Land war gerade ein Krieg zu Ende gegangen, der in die Geschichte als Sechstagekrieg eingegangen ist. Als Journalist hatte ich die einzelnen Geschehnisse Episode um Episode aufgezeichnet, von dem Versprechen Gamal Abd el Nassers, den jüdischen Staat von der Weltkarte zu radieren, bis zum Siegesrausch der Israelis. In den Druckereien wurden Dutzende von Siegesalben vorbereitet, die sich wie warme Semmeln verkaufen sollten, ich aber bekam den angesehenen Schwimmer-Journalisten-Preis für meine Beschreibung der dunklen Seite dieses Krieges, der den gesamten Mittleren Osten erschütterte – die Beschreibung der Welt der Kriegsverletzten.

War es nur ein Zufall, daß ich mich für das Leiden der Opfer interessierte, deren körperliche Verletzungen zweitrangig im Vergleich zu der verborgenen Beschädigung ihrer Seele waren? Die meisten waren sich der Schwere dieser Schäden gar nicht bewußt. Die Helden meiner Reportagen waren Soldaten und Offiziere, die auf dem Schlachtfeld Wagemut und Courage gezeigt hatten, nun aber im Ehebett zusammenbrachen; Piloten, die tief in das ägyptische Staatsgebiet eingedrungen waren, denen die Landung im Familienleben jedoch nicht mehr gelang. Unter ihnen war ein Mann mit amputierten Beinen, der seine Umgebung von seinem Rollstuhl aus ganz anders sah, als er es von seinem Sitz als Panzerkommandeur aus getan hatte. Eifersucht zerfraß ihn jedesmal, wenn seine

Frau aus dem Haus ging, die Vorstellung, daß sie ihn betrog, wurde schließlich übermächtig. Er schloß sie in der Villa ein, die er als Wiedergutmachung für seine Verletzung bekommen hatte, bis sie es nicht mehr aushielt und ihn verließ. Im Gegensatz dazu stand eine treue Frau, deren Ehe Schiffbruch erlitt, als ihr Mann aus dem Lazarett zurückkam und sie mit seinen Prothesenarmen umarmte. Seine eigenen Arme waren ihm abgerissen worden, als er eine feindliche Stellung vor El-Arish gestürmt hatte. Sie, die ihren Mann so sehr liebte, empfand jedesmal Ekel, wenn er sie mit seinen Metallklammern berührte. »Mir wird übel, wenn ich den Nirosta-Stahl nur sehe«, sagte sie mir zwei Tage, bevor sie in eine Nervenklinik eingeliefert wurde. Ihr Mann, von Wahnvorstellungen und Frustrationen verfolgt, wurde drogensüchtig. Und es gab noch andere Helden, die es nicht schafften, mit der Realität fertig zu werden.

War es mit den Überlebenden des Holocaust nicht ähnlich? Hier war ich, trug einen modischen Anzug und eine Givenchy-Krawatte, rauchte eine Zigarre aus dem Hause Davidoff, mit einem gelangweilten Ausdruck auf dem Gesicht und einer tiefen Wunde in der Seele. Das Gemüt war erfroren, es hatte aufgehört, aufregende Ereignisse aufzunehmen, irgend etwas stimmte mit dem chemischen Stoffwechsel, der Erregung erzeugen soll, nicht mehr. Der Gedanke, daß ich in vierundzwanzig Stunden dem Mörder meiner Mutter gegenüberstehen würde, verursachte mir keinen Schauder. Der Taxifahrer flüsterte etwas in sein Funkgerät und fragte höflich, ob dies mein erster Besuch in Hamburg sei. Ich antwortete nicht. Von ganzem Herzen riet er mir zu einem Besuch von St. Pauli, einer Sehenswürdigkeit, die auch für einen Zuschauer Interessantes zu bieten habe. Wieder sagte ich nichts. Was hatte ich diesem fremden Mann zu sagen, außer der Hoteladresse? Der Fahrer hörte auf zu plappern und nahm von meiner Existenz nicht länger Notiz. Um ehrlich zu sein: Ich war überhaupt nicht da. Im Taxi saß lediglich jemand, der sich für eine Weile mein äußeres Ich geborgt hatte. Meine Gedanken schweiften ab. Sie waren nicht bei dem Prozeß, der mir bevorstand, und auch nicht bei dem Krieg, der hinter mir lag. Der Schatten des Todes begleitete mich auf meinem Weg ins Hotel. Dabei war es nicht der Tod meiner Mutter, der mich bewegte. In meinem Haus in Tel Aviv war Schula zurückgeblieben. Sie war erst vierunddreißig Jahre alt, aber wir wußten beide, daß ihr Schicksal besiegelt war, da es eine Heilung für ihre

Krankheit noch nicht gab. Wie alles Böse wucherte auch ihre Krankheit wie ein wildes Unkraut des großen Krieges, das kein noch so fleißiger Gärtner ausrotten konnte. Europa brach gerade unter dem Gewicht der nazistischen Besetzung zusammen, als sie an einer Nierenentzündung erkrankte. Die »Jeder-für-sich«-Epoche war auf ihrem Höhepunkt, und der ausgestreckte Zeigefinger des Denunzianten war gefährlicher als jede herkömmliche Waffe. Zu dieser Zeit versteckten Schula und ihre Mutter sich in einer gottverlassenen Kleinstadt. Einen Arzt zu rufen bedeutete, sein Leben in die Hände eines Unbekannten zu legen, dem man nicht vertrauen konnte – der hippokratische Eid galt in jenen Tagen nichts; war doch jeder Jude, der der Gestapo ausgeliefert wurde, mindestens ein Kilogramm Zucker wert. Die Krankheit nagte an ihrem Körper wie ein Wurm an einem Apfel.

In den fünfziger Jahren war das Café »Nizza« in der Allenby-Straße in Tel Aviv der Treffpunkt für Neueinwanderer aus Polen. Im »Nizza« regierte Polnisch; sogar die marokkanische Kellnerin lernte es. Nur der Inhaber, Herr Deutsch, ein alternder, kahler, dicklicher deutscher Jude bestand darauf, mit uns Deutsch zu sprechen. Im »Nizza« knüpften wir unsere ersten Kontakte zu Alteingesessenen und zu den Sabras, den im Lande geborenen Juden. Herr Deutsch war höchst interessiert an unseren Erlebnissen, vielleicht, weil er selbst keine hatte. Er verfolgte unsere kleinen Abenteuer, behielt sie jedoch nicht für sich; mit herzerwärmender Großzügigkeit verbreitete er den Klatsch. Er war es auch, der mir zu verstehen gab, daß Elisabeth, eine hübsche Ungarin und regelmäßige Besucherin des Cafés, gelegentlichen Bekanntschaften mit jungen Männern nicht abgeneigt war. Schnell fand ich heraus, daß die Information des Herrn Deutsch zuverlässig war. Zwar war auch ich kein Neuling in der Liebe mehr, aber Elisabeth öffnete mir neue Horizonte.

Die hübsche Ungarin war eine verheiratete Frau. Ihr Mann, ein Ingenieur, arbeitete im Norden, in Safed. Sie hatte eine eigene Wohnung im Norden Tel Avivs, die von einem reichen Industriellen, dessen Mätresse sie war, bezahlt wurde. Um ihren Aufenthalt in der Stadt zu rechtfertigen, wurde eine Tarngeschichte erfunden, die sie zum Mannequin eines bekannten Modehauses machte. Elisabeth, die in der Beziehung mit dem alternden Industriellen nicht die Befriedigung all ihrer Wünsche fand, sorgte dafür, ihre Auswahl an Liebhabern mit Leuten wie mir zu erweitern. Selbstverständlich hatte ich kein alleiniges Recht auf ihren liebeshungrigen Körper – und das war auch der Grund, warum die wilde Bekanntschaft kurz nach Silvester 1959 ein plötzliches Ende fand. Elisabeth hatte sich entschlossen, die Silvesternacht mit einem Mann aus Haifa zu verbringen. Sie benachrichtigte ihren Mann, daß sie wegen einer wichtigen Modenschau nicht nach Safed kommen könne. Ihr »Mäzen«, das wußte sie, mußte mit seiner Angetrauten auf eine Party gehen. Nach allen Seiten abgesichert, packte sie ihr Nachthemd (schwarze Seide natürlich), ihre Zahnbürste, ihre Kosmetik ein und nahm ein Pendeltaxi nach Haifa, in die Arme ihres neuen Geliebten. Was dann geschah, klingt wie eine typische Verwechslungskomödie: Ihr Mann kam in einem Anfall von Sehnsucht gegen Mitternacht in ihre Tel Aviver Wohnung, öffnete die Tür mit seinem Schlüssel, und als er sah, daß die Wohnung leer war, glaubte er, seine Frau sei noch nicht von der Modenschau zurückgekehrt. Er zog sich aus, ging ins Bett und schlief ein. Als die Party im Gat-Rimmon-Hotel vorbei war, brachte der Industrielle seine Frau nach Hause, erklärte ihr, daß er noch kurz in die Fabrik gehen müsse, und machte sich ebenfalls zur besagten Wohnung auf. Er öffnete gleichfalls die Tür mit seinem Schlüssel, zog die Schuhe aus, um seiner Geliebten eine nette Überraschung zu bereiten, und schaltete nicht einmal das Licht an. Im dunklen Schlafzimmer zog er sich aus und schlüpfte unter die Decke. Der Krach, der dann ausbrach, endete damit, daß die verärgerten Nachbarn die Polizei riefen. »Ich muß Tel Aviv verlassen«, sagte mir Elisabeth einige Tage später und fügte hinzu: »Was war, war, aber es hat sich gelohnt.« Frauen wie sie gibt es nicht mehr.

Auch Schula habe ich im Café »Nizza« kennengelernt. Im Gegensatz zu Elisabeth war Schula eine ernste Frau, nicht auf Abenteuer aus, sondern auf der Suche nach jemandem, der ihr bei der Übersetzung eines philosophischen Essays von Leszek Kolakowski helfen konnte, einem polnischen Philosophen, der sich auch in der westlichen Welt einen Namen gemacht hatte. Ich bot ihr meine Hilfe an. Wir wurden Freunde. Noch ehe die Übersetzung abgeschlossen war, lebten wir zusammen.

Zwei Jahre waren vergangen, seit ich mit meiner Frau Mira, meinem fünfjährigen Sohn Avigdor und meiner elfjährigen Adoptivtochter Ariella nach Israel eingewandert war. Mira wollte Polen

171

nicht verlassen, und im nachhinein stellte sich heraus, daß ich ihr ein Unrecht zugefügt hatte, als ich sie aus der Erde ihres Heimatlandes entwurzelte; das Unrecht war um so schlimmer, als ich schon vor unserer Reise gemerkt hatte, daß die Ehe mich zu ermüden begann. Ich hätte sehen müssen, daß das Ende nicht mehr fern war. Sie traf keine Schuld. Aber es bedurfte nur eines Anstoßes, damit die Krise ausbrach. Das Auftreten Schulas war dieser Anlaß.

Die Krise war schlimmer, als ich sie mir vorgestellt hatte. Sie stellte keine Fragen, als ich anfing, nachts nicht nach Hause zu kommen, sie machte keine Szenen, wenn ich erst spätnachts zurückkehrte. Bis zu dem Abend, an dem ich nach Mitternacht, noch mit dem Duft von Schulas Parfum behaftet, heimkam und sie bewußtlos auf dem Bett fand. Vergebens versuchte ich, sie zu wecken. Es gab keinen anderen Ausweg, als den Arzt zu rufen. Der Arzt, ein Bekannter, brauchte keine lange Untersuchung: »Tut mir leid, aber ich kann dich aus diesem Schlamassel nicht herausholen. Da muß ein Krankenwagen her. Deine Frau hat eine Menge Schlaftabletten geschluckt.« Ich fuhr mit ihr im Krankenwagen in das diensthabende Krankenhaus. Zwei Stunden nach Mitternacht wurde ihr der Magen ausgepumpt. Um drei Uhr morgens, als sie die Augen öffnete und mich an ihrer Seite stehen sah, murmelte sie:

»Wenn du mich verläßt, mache ich es wieder.«

Der Arzt, der sie behandelt hatte, und eine Krankenschwester standen am Fenster. Ich beugte mich über sie und senkte meine Stimme, damit sie nicht hören konnten, was ich sagte:

»Ich glaube nicht an eine Ehe mit vorgehaltener Pistole.«

Meine Antwort war gemein, aber ich wußte, daß ich sie diesmal, im Gegensatz zur Vergangenheit, in der ich mich immer vor Auseinandersetzungen gedrückt und sie mit Lügen vollgestopft hatte, nicht mehr täuschen durfte. Die Situation war zu dramatisch, um Versprechungen zu machen, die ich nicht halten wollte. Die Krankenschwester entschuldigte sich beim Arzt und kam zu uns. Ihr wütender Ausdruck sagte mir, daß sie jedes Wort gehört hatte.

»Bitte, lassen Sie uns allein«, sagte ich.

»Sie ist eine kranke Frau«, antwortete sie scharf. »Es ist besser, wenn Sie jetzt gehen. Die Dame braucht Ruhe.«

Ich ging.

Eine Woche später saßen Mira und ich zusammen, um zu einer Einigung über die Scheidungsmodalitäten zu gelangen. Sie war immer noch außer Fassung, aber ihr Geist war erstaunlich klar. Sie hatte nachgedacht, eine Liste meiner Sünden aufgestellt und ihren Schaden auf fünftausend israelische Pfund geschätzt, eine Summe, die etwas höher war als mein Jahresgehalt. Sie schien mir unerreichbar. Dazu sollte ich ihr die Wohnung überlassen, die wir in Holon gekauft hatten, und das Sorgerecht für die beiden Kinder übernehmen. Der Rechtsanwalt, ein gemeinsamer Bekannter, wunderte sich, daß sie Avigdor und Ariella so leicht aufgab. Ich, der ich ihre Lebensgeschichte kannte, konnte sie verstehen. Unser Anwalt bekundete unsere Vereinbarung, der zufolge ich die fünftausend Pfund zusammen mit dem Überschreibungsdokument für die Wohnung auf der Bank hinterlegen mußte. Die Direktion der Bank verpflichtete sich, ihr das Geld und die Dokumente gegen Vorlage der Scheidungsurkunde auszuhändigen.

Schula besaß eine Zweizimmerwohnung, aber ihre Eltern wollten nicht, daß ich zu ihr zog. Sie waren ein spießiges Paar und sahen es nicht gern, daß ihre einzige Tochter eine Beziehung zu einem Mann aufnahm, der älter war als sie, verheiratet, mit zwei Kindern belastet und arm. Mir blieb nichts anderes übrig, als eine bescheidene Wohnung im Zentrum der Stadt zu mieten und mit den Kindern dort einzuziehen. Nach einigen Tagen kam auch Schula nach. Das war eine Schande, die ihre Eltern nicht ertragen konnten. Ihre Mutter, Rosa, lud mich zu einem Gespräch. Sie bat mich, es geheimzuhalten. Kein Wort zu ihrem Mann, kein Wort zu ihrer Tochter. Wir trafen uns wie zwei Geheimagenten auf einer Bank im Meir Park. Sie schob ein in Zeitungspapier gewickeltes, mit einer dicken Schnur verschnürtes Paket in meine Hand.

»Was ist das«, wunderte ich mich. »Eine Bombe?«

»Gewissermaßen«, antwortete Rosa. »Die ganze Stadt klatscht über uns und darüber, was Schula uns angetan hat. Eine unmögliche Situation. Wie jede jüdische Hausfrau habe auch ich etwas zurückgelegt. Du hältst es in der Hand. Fünftausend Pfund in bar. Zahle sie auf der Bank ein und lasse dich so schnell wie möglich scheiden. Wenn meine verrückte Tochter einen Mann wie dich will, dann soll es wenigstens mit dem Segen des Rabbiners sein.«

»Vielen Dank.«

»Nebenbei bemerkt, mein Mann wäre bereit, das Doppelte zu zahlen, wenn du auf Schula verzichtest. Was sagst du dazu?«

Wir heirateten Anfang 1961. Wir hatten an eine einfache Zeremonie gedacht, fanden uns jedoch in dem großen Saal des »Zionist of America«-Hauses in Tel Aviv wieder, mit einem Orchester, Cocktails und einem Festessen für zweihundert Gäste. Hätten uns ihre Eltern nur die Hälfte der Summe gegeben, die sie für die Hochzeit bezahlt hatten, wäre der Anfang unseres gemeinsamen Lebens gesichert gewesen. Aber ihnen, Rosa und Bernhard, war der Eindruck, den sie auf ihre Umgebung machten, wichtiger. In der Nacht fuhren wir in einem gemieteten Jeep auf eine dreitägige Hochzeitsreise an den See Genezareth. Als wir nach Hause kamen, mußten wir eine vierköpfige Familie ernähren. Das Hauptproblem indes war nicht das Geld. Avigdor und Ariella, die von dem Abkommen zwischen Mira und mir nichts wußten, verstanden nicht, warum sie plötzlich von ihrer Mutter getrennt waren, und lehnten die Liebe, die Schula ihnen zu geben versuchte, demonstrativ ab. All das geschah, bevor wir herausfanden, daß sie nie eigene Kinder würde haben können.

Die Wahrheit über ihren Gesundheitszustand wurde uns erst einige Jahre später in der Schweiz, auf einer verspäteten Hochzeitsreise, klar. Wir sollten eigentlich unsere Reise in Europa beginnen und sie in Kanada beenden, wohin uns Schulas Onkel Henry eingeladen hatte. Anders als Schulas Mutter, war Onkel Henry ein Mann mit einem weiten Horizont, der sein Vermögen, das er sich verdient hatte, zu genießen wußte. Seine Lebensphilosophie war »leben und leben lassen«. Meine Freundschaft mit ihm, die am Tag meiner Hochzeit mit Schula begann, überlebte alle Wechselfälle meines Lebens und dauert bis zum heutigen Tage an. Auch er war nicht in das Geheimnis eingeweiht, wußte nicht, daß seine Nichte an einer unheilbaren Krankheit litt.

Ich kann nur raten, warum ihre Eltern mir nicht die Wahrheit gesagt hatten und, schlimmer noch, warum sie sie nicht nur mir, sondern auch ihrer Tochter verschwiegen hatten. Es scheint, als habe eine psychologische Sperre aus Scham- und Schuldgefühlen sie daran gehindert. Vielleicht blieben sie stumm, weil sie Angst hatten, daß ihre Umgebung sie der Unterlassungssünde beschuldigen würde, oder sie hatten nicht den Mut, Schula zu sagen, was sie erwartete. Erst am Vorabend unserer Reise, als Schula schon die Koffer gepackt hatte, kam ihre Mutter zu uns, um sich zu verabschieden, und bemerkte nebenbei: »Du erinnerst dich doch an Professor Schaffhausen in Zürich. Ich habe mit ihm telefoniert. Er erwartet dich Freitagmorgen um zehn.«

»Weshalb?« brauste Schula auf. Sie wurde schnell wütend, konnte ihrer Wut aber auch schnell Herr werden.

»Nur eine Routine-Untersuchung. Du weißt, wie das ist; um sicher zu sein.«

So hatte ich zufällig herausgefunden, daß Schula in Israel keine Krankenakte hatte, daß sie vielmehr in der Vergangenheit den Professor in der Schweiz aufgesucht hatte, einen bekannten Nierenspezialisten. Bei den vorangegangenen Besuchen hatte man ihr nie auch nur die kleinste Andeutung über ihren schlechten Zustand gemacht; dieses Mal jedoch, nach einer gründlichen Untersuchung, erklärte er ihr offen: »Gnädige Frau, Sie dürfen nie schwanger werden.«

Alle Versuche, mehr aus ihm herauszuholen, scheiterten. Er war verschwiegen wie ein Schweizer Bankier.

»Die genaue Diagnose«, betonte er, »schicke ich mit der Post direkt nach Israel. Und machen Sie sich keine Sorgen um die Rechnung, junge Dame. Ihre Eltern haben das schon erledigt.«

Schula kam aus seinem Sprechzimmer und biß sich nervös auf die Unterlippe. Ich wartete in dem großen Wartezimmer auf sie. Die Sprechstundenhilfe, eine gepflegte Frau in einem weißen Kittel, mit gelockten, kupfernen Haaren und einem so langen Hals, daß sie Modell für Modigliani hätte stehen können, bemühte sich, mir mit belanglosen Reden die Zeit zu vertreiben. Sie sprach über das Wetter, über die Qualität der handgefertigten Uhren und über die Japaner, die die Frechheit besaßen, ihr Nasen ausgerechnet in den Markt zu stecken, der schon seit Generationen den Schweizer Uhrmachern vorbehalten war. Auch sie sah Schulas Blässe und mit professioneller Sorge, ohne menschliches Gefühl, bot sie ihr ein leichtes Getränk an. Schula ging an ihr vorbei, als ob sie gar nicht existierte. Ich rannte ihr nach. Erst als wir vor der Fahrstuhltür standen, konnte ich sie fragen: »Lieber Gott, was ist geschehen?«

Der Aufzug kam an. Ein ganz moderner Aufzug, der bei der Fahrt kein Geräusch machte. An die gegenüberliegenden Wände des Fahrstuhls gelehnt, waren wir wie in einem Käfig, von der Außenwelt isoliert. Schula betrachtete sich im Spiegel.

»Ich bin keine Frau mehr. Ich bin keine Frau mehr.«

»Du siehst nicht wie ein Mann aus«, versuchte ich zu spaßen.

»Es ist nicht zum Lachen.«

»Was hat der Professor gesagt?«

»Er sagte, ich darf nicht schwanger werden.«

»Wo liegt das Problem, wir kaufen die Pille.«

»Entweder du verstehst nicht, oder du willst nicht verstehen«, antwortete sie und schwieg.

Der Aufzug glitt den Schacht hinunter und hielt sanft im Erdgeschoß. Ich drückte die Tür für sie auf. Wir durchquerten die Vorhalle und traten auf die Straße. Ein feiner Nieselregen fiel. Ihre Haare wurden naß, und ihre Frisur geriet in Unordnung. Ich öffnete einen Regenschirm, aber sie, als wolle sie nun alles, was weibliche Schönheit ausmacht, ablehnen, weigerte sich, ihn zu benutzen. Sie ging demonstrativ ein paar Schritte von mir entfernt. Nach einer weiteren Minute zerlief auch ihr Lidschatten. Ich wußte nicht, ob die blaue Farbe, die ihre Wangen herunterrann, vom Regen `oder von Tränen abgewaschen wurde. Der Geruch nach Herbst lag in der Luft. Dem Haus gegenüber stand ein Kastanienbaum, dessen Blätter allmählich gelb wurden. Meine Gedanken wanderten zu den Wundern der Natur, wo die Bäume einer Jahreszeit des Laubabwurfs und einer Jahreszeit der Blüte ausgesetzt sind, ohne ihre aufrechte Gestalt zu verlieren. Schula zog den Gürtel um ihren Mantel enger, und gerade diese Bewegung, vor diesem Baum, erscheint vor meinem geistigen Auge, wann immer ich an sie denke.

Mutterschaft machte in ihren Augen Weiblichkeit erst vollkommen, und ihre Weiblichkeit bewertete sie als höchsten Wert. Gemeint war damit nicht eine feministische Sicht von Weiblichkeit, sondern eine Weiblichkeit, die einen Mann benötigte, um in allen Facetten zum Ausdruck zu kommen. Nun hatte sie das Gefühl, daß das wichtigste Glied in der Kette ihres Lebens herausgerissen war und es deshalb seinen Sinn verloren hatte. Das bedeutete nicht, so meinte sie, ihm ein Ende bereiten zu müssen, aber von jetzt an war es wie ein feines Gericht ohne Salz. Fade.

Wie unterschiedlich waren doch unsere Auffassungen vom Leben. Ich war ein Meister darin, Situationen zu rationalisieren. Ich konnte mir immer einreden, daß mich das Stolpern vor dem Fall bewahrte und daß, wenn ich fiel, der Sturz nur ein Grund war, wieder aufzustehen, daß eine zerstörte Ehe mir erlaubte, weitere und bessere Ehen einzugehen, und daß das Glück in meine Persönlichkeit gleichsam eingebaut war. Nicht so Schula. Sie besaß die wunderbare Eigenschaft nicht, die es einem ermöglicht, schwarz als weiß zu sehen oder, im schlimmsten Falle – grau. Schula war eine Frau, die nicht bereit war, sich selbst zu betrügen, und sie zahlte für diese nüchterne Weltanschauung immer den vollen Preis. Auch jetzt. Ich schlug vor, unsere Reise fortzusetzen, sie war strikt dagegen. »Wie lange können wir uns vormachen, daß alles in bester Ordnung ist?« fragte sie. »Wie oft wirst du wegsehen müssen, damit du meine Stimmung nicht bemerkst?« Es hatte keinen Zweck, mit ihr zu diskutieren. Wir schickten Onkel Henry ein Telegramm: »Tut uns leid, wir können nicht kommen« und nahmen das erste Flugzeug nach Israel. Am Flughafen in Tel Aviv erwarteten uns ihre Eltern. Mein Schwiegervater fuhr seinen geliebten Opel und sagte kein Wort, meine Schwiegermutter überhäufte uns mit bedeutungslosem Klatsch und deutete mit keinem Wort an, warum wir unsere Hochzeitsreise so plötzlich abgebrochen hatten.

Am nächsten Tag ging Schula zu einer gründlichen Untersuchung zu einem Experten, der ihr die ganze Wahrheit sagte. Als es ihr klar wurde, daß sie nie würde gebären können und daß es keine Hoffnung auf Besserung ihres Zustandes gab, schlug sie todernst vor:

»Scheidung ist der einzige Ausweg.«

»Unsinn«, tat ich diese Idee ab. »Ich habe Kinder aus meiner letzten Ehe, sie werden uns genügen.«

»Es ist nicht das gleiche.«

Mein Kopf verstand ihre Bedrängnis, aber ich fühlte sie nicht im Herzen. Vielleicht deshalb, weil ich meinen Kindern nie die Aufmerksamkeit geschenkt hatte, die sie verdienten. Ich erinnere mich: Die Freude der jungen Mütter, die am Ende des Krieges ihre Sprößlinge in den Parks spazierenführten, sich liebend über den Kinderwagen beugten, die Kissen zurechtrückten oder den Schnuller in den kleinen Mund steckten, glücklich und stolz auf die Frucht ihres Leibes, hatte ich nie teilen können. Immer störte mich der Gedanke, daß ich in den Nächten, in denen diese Frauen sich mit ihren Männern gepaart hatten, in den Konzentrationslagern eingesperrt war, nicht wissend, was der nächste Tag bringen mochte.

Wir unterhielten uns in einem kleinen Café in Tel Aviv, dessen Tische sich bis auf den Bürgersteig ausbreiteten. Schula bestellte frischen Orangensaft, und ich, wie immer, Espresso. Gerade die vielen Leute um uns herum, diejenigen, die an den benachbarten Tischen saßen, und diejenigen, die die Straßen füllten, schufen ein

Gefühl der Isolation. Niemand kümmerte sich um uns, und wir kümmerten uns um niemanden außer uns selbst. Schula sprach fast im Flüsterton, ohne das kleinste Anzeichen der Erregung. Ihre Stimme wurde von den Geräuschen der Gegend verschluckt, und es fiel mir manchmal schwer, die Worte zu verstehen, die aus ihrem Mund kamen.

»Sprich lauter«, bat ich sie. »Du weißt doch, daß ich schlecht höre.« Sie wußte, daß ich während meiner Lagerzeit auf dem rechten Ohr taub geworden war.

»Es hat keinen Zweck weiterzumachen«, sagte sie und diesmal laut, wie ich sie gebeten hatte. »Wenn du mich auch so akzeptierst, wie ich bin, kann ich mich nie von dem Gefühl befreien, dich betrogen zu haben. Ich werde nie mehr meinen Frieden finden.«

»Ich fühle mich nicht betrogen«, versuchte ich, sie zu beruhigen.

»Du bist dumm.« Sie berührte meine Lippen mit ihrem Finger. »Du bist dumm, aber eines Tages wirst du ernüchtert sein und streng über mich urteilen. Ich kenne dich. Ich werde die Probe bestehen, aber du nicht.«

»Du beleidigst mich.«

»Nein. Ich versuche dir nur die Wirklichkeit zu erklären. Du wirst dieser Wirklichkeit nur dann entfliehen können, wenn du auch mir entfliehst.«

»Wir werden zusammen durch diese Zeit gehen.«

»Es wird keine andere Zeit geben«, entschied sie.

»Ich liebe dich«, sagte ich, und in dem Augenblick, da die Worte meinen Mund verließen, war ich mir nicht völlig sicher, ob ich die Wahrheit gesagt hatte. Aber einer Sache war ich mir sicher: Auf keinen Fall würde ich sie verlassen. Ich würde sie auch dann nicht verlassen, wenn die Bürde unerträglich würde. In diesem Moment war das meine ehrliche Überzeugung. Noch hatte ich keine Erfahrung mit dem gemeinsamen Leben in einer Todeszelle, in der einer der Gefangenen weiß, daß er nie Gnade erfahren wird.

Schula schritt sehenden Auges auf ihren Tod zu. Wenn sich eine Spur von Furcht in ihr Herz schlich, dann tarnte sie sie mit großer Begabung. Sie bestand darauf, den normalen Tagesablauf beizubehalten, sie machte weiter ihre Übersetzungsarbeiten, ohne dabei den Haushalt zu vernachlässigen, und bewirtete unsere Gäste, als ob nichts geschehen wäre. Erst wenn die letzten Gäste zur Tür hinausgegangen waren, fiel sie total erschöpft aufs Bett.

Sie war keine Schönheit; ich war von ihrer Klugheit gefangen. Wenn so etwas möglich ist, dann verliebte ich mich in ihre Persönlichkeit. Doch je mehr ihre Krankheit sich verschlimmerte, desto wichtiger wurde ihr die körperliche Liebe. Sie wurde uns beiden schnell zum Alptraum. Meine Bereitschaft, sie zu lieben, war für sie ein ganz spezielles Lebensmaß, auch an den Tagen, an denen ihr hoher Blutdruck ihr Herz zu sprengen drohte. Mit einer nervösen Besessenheit suchte sie an meinem Körper nach Anzeichen für ihre Fähigkeit, mich zu erregen, und wenn sie sie nicht auf Befehl erwecken konnte, sagte sie:

»Ich bin für dich schon eine Leiche.«

Keine intellektuelle Erklärung konnte ihr den Augenblick ersetzen, in dem meine spontane Reaktion bewies, daß sie noch die Königin in unserem Bett war. Aber die Spannung und die Angst zermürbten meine Kraft. Sogar die Berührung ihrer Hand konnte keine Wunder mehr vollbringen. Die verzweifelten Versuche, aus dem Nichts etwas zu machen, vergifteten die Atmosphäre. Ihre Ärzte warnten mich, daß jede körperliche Anstrengung sie auf der Stelle töten könnte. Dieser Gedanke lähmte mich jedesmal, wenn sie sich mir näherte. Sie reagierte auf meine Zurückhaltung abwechselnd mit Wutausbrüchen und Weinkrämpfen. Die Qual war beiderseitig. Vielleicht plagte mich deshalb mein Gewissen nicht, als eine andere Frau im Hintergrund erschien. Aber keine Macht einer Frau hätte mich dazu gebracht, Schula zu verlassen. Je mehr sich ihre Gesundheit verschlechterte, desto stärker wurde meine Bindung an sie. Als die Vorladung zum Gerichtstermin in Kiel kam, wollte ich sie nicht allein lassen, denn niemand konnte mit Gewißheit sagen, ob wir uns nach meiner Rückkehr noch wiedersehen würden. Aber sie bestand darauf: »Du mußt aussagen, damit dieser Mann verurteilt wird. Es ist deine Pflicht deiner Mutter gegenüber. Und nichts kann dich von dieser Pflicht befreien.«

Alle konnte sie täuschen, aber nicht ihren Körper. Innerhalb eines Jahres verschlechterte sich ihr Zustand so sehr, daß der behandelnde Arzt Dialyse vorschlug. Er war ein ehrlicher Mann, der ihren Mut und ihre Entschlußkraft schätzte. Anders als Professor Schaffhausen in der Schweiz glaubte Professor Rosenfeld in Tel Aviv, daß seine Patienten die Wahrheit wissen mußten, »um Herr ihres eigenen Schicksals zu sein«. Er erklärte unzweideutig, daß er sie nicht in einem öffentlichen Krankenhaus an die Dialyse anschließen könne. Da es nur wenige dieser Apparate gab, gebot ihm sein medizinisches Gewissen, sie erst den Kranken zur Verfügung zu stellen, bei denen mehr Aussicht auf Genesung bestand als bei ihr.

»Und was sind meine Aussichten?« verlangte sie zu wissen.

Wir saßen zu fünft in seiner Praxis, er selbst, Schula, Mutter Rosa, Onkel Henry, der aus Kanada gerufen worden war, und ich. Nach zehn Sekunden gespannter Stille fielen die Worte Professor Rosenfelds wie Steine in einen tiefen Brunnen: »Die Dialyse kann Sie nicht retten. Aber sie kann Ihr Leben verlängern.«

»Wie lange verlängert sie meine Agonie?« beharrte Schula.

»Ich bin nicht Gott, ich bin nur Arzt.«

»Spielen Sie nicht Verstecken mit mir, Doktor. Wie lange? Einen Monat? Ein Jahr?«

»Medizin ist keine Mathematik. Ich kann darauf nicht antworten. Aber ich kann Ihnen versprechen, daß Sie noch einige Monate ein einigermaßen vernünftiges Leben führen können.«

»Vielleicht vernünftig für Sie – aber nicht für mich«, antwortete sie, und damit war die Angelegenheit beendet. Sie streichelte Onkel Henrys Hand, als sie sein großzügiges Angebot, eine Privat-Dialyse-Behandlung zu bezahlen, ablehnte, und unterbrach ungehalten die flehentlichen Bitten ihrer Mutter:

»Hör auf, Krokodilstränen zu vergießen«, sagte sie unbeugsam.

»Wie redest du mit mir?«

»Jeder hat seinen eigenen Stil. Meiner ist vielleicht rauh, aber wenigstens ist er ehrlich.«

»Du tust mir unrecht.«

»Das ist gegenseitig, Mutter«, bot Schula ihr die Stirn. Das Gespräch endete in einem langen Schweigen.

Die Beziehungen zwischen Mutter und Tochter waren nie herzlich gewesen. Manchmal war ich unfreiwilliger Zeuge von Schulas Aggressionen und Rosas ausweichenden Reaktionen geworden. Die Mutter war stets in Verteidigungshaltung und spielte immer die Betroffene und Beleidigte. Ich glaube, daß tief in Schulas Seele, in ihrem Unterbewußtsein, verborgen unter einer dicken Decke verteidigender Ausreden wie »Ich bin das Produkt einer Generationskluft«, Mißgunst und Kummer, möglicherweise sogar Zorn darüber wüteten, daß sie zur Zeit des Holocaust vielleicht doch hätte behandelt werden können. Die ständigen Spannungen veranlaßten

Schula, schon als relativ junge Frau ihr Elternhaus zu verlassen und ein selbständiges Leben anzufangen. Mit dem Geld der Wiedergutmachung aus Deutschland kaufte sie sich ein kleines Apartment im Norden Tel Avis, das sie nach ihrem Geschmack einrichtete, im krassen Gegensatz zu dem Stil, den ihre Eltern bevorzugten. Nachdem wir geheiratet hatten, verbot sie ihrer Mutter, sie unangemeldet zu besuchen. Und wenn meine Schwiegermutter anrief, fand Schula immer eine Ausrede, sie nicht einladen zu müssen.

Schulas Eltern waren – wie erwähnt – strikt gegen unsere Verbindung gewesen. Ich war nicht der Schwiegersohn, den sie sich gewünscht hatten: verheiratet, mit zwei Kindern und ohne ordentliches Einkommen, Journalist einer kleinen, sozialistischen Zeitung mit geringer Auflage, Bewohner einer Mietwohnung und immer noch Neueinwanderer. Wenn nicht Rosa mir das Geld gegeben hätte, das ich brauchte, um die Scheidung durchzusetzen, ist es fraglich, ob wir überhaupt hätten heiraten können. Aber selbst diese Geste ihrer Mutter konnte Schulas Einstellung ihr gegenüber nicht erweichen. Sie gab erst nach und erlaubte mehr Besuche, als sie schon bettlägerig war und nicht mehr die Kraft aufbrachte, gegen sie zu kämpfen. Erst zu dieser Zeit hörten Schulas Eltern auf, sich ihres Schwiegersohnes zu schämen. Ich war damals Zweiter Redakteur der Wochenbeilage der Zeitung *Ha'aretz*, hatte einige Journalistenpreise gewonnen und war Vorstandsmitglied des Landesverbandes der Israelischen Journalisten. Das konnte als zufriedenstellende Leistung eines Menschen angesehen werden, der zehn Jahre zuvor noch nicht einmal gewußt hatte, wie hebräische Buchstaben aussehen. Zwei Tage vor dem jüdischen Neujahrsfest, ich redigierte gerade die letzte Fassung der Festausgabe, rief ihre Mutter mich in der Redaktion an und sagte kurz: »Ich fürchte, Schula hat einen Herzanfall erlitten; ich habe den Arzt gerufen.« Ich ging, so schnell ich konnte, nach Hause, aber bevor wir ankamen, der Arzt und ich, war Schula schon heimgegangen. Die Mutter hatte ihren Kopf mit dem Laken zugedeckt. Ich hob das weiße Tuch. Ihr Gesicht war, trotz der tiefen Spuren, die die Krankheit hinterlassen hatte, schön und friedlich.

# 3

Hätte Schula nicht so fest darauf bestanden, wäre ich wohl kaum bereit gewesen, nach Deutschland zu fliegen und gegen Kunde auszusagen. Hatte sie wirklich recht? Ich saß schon im Flugzeug von Zürich nach Hamburg und fühlte noch immer nicht die heilige Pflicht, von der sie mit solcher Entschiedenheit und Inbrunst gesprochen hatte. Je länger der Flug dauerte, je dicker wurde die Wand, die mich von meinen Erinnerungen trennte. Uninteressiert folgte ich den weißen Wolkenkissen, mit denen die Bahn des Flugzeugs gepolstert war, bis die Stimme einer jungen Frau wie eine Nadel in die Blase meiner Gleichgültigkeit stach.

»Was möchten Sie trinken, mein Herr?«

Eine blau-uniformierte Stewardeß beugte sich über den Sitz. Der Hauch eines teuren Parfums wehte von dem Seidentuch, das sie um ihren Hals geschlungen hatte. Schula benutzte »Accison«, aber es fiel mir nicht schwer, diesen eigenartigen Geruch als »Joy« zu erkennen. Ich sah zu ihr auf. Sie lächelte höflich.

»Kaffee, bitte.«

»Vielleicht etwas Stärkeres?«

»Nein danke. Nur Kaffee.«

Sie wandte sich dem Mann zu, der links von mir am Gang saß.

»Und für Sie, mein Herr?«

»Bier«, sagte er kurz, und erst, als sie sich der Reihe hinter uns zuwandte, fügte er hinzu: »Aber kalt, ein Pils.«

Er hatte ein hartes Gesicht, seine Stimme war tief, und ohne jeden Grund berührte sie meine Ohren unangenehm. Etwa zwanzig Minuten waren vergangen, seit wir Kloten verlassen hatten, und ich hatte ihm, in Gleichgültigkeit meiner Umgebung gegenüber versunken, keine Aufmerksamkeit geschenkt. Er war vielleicht sechzig Jahre alt, modisch gekleidet, nur der grelle Schlips – kleine »Hermes«-Karos – war ein wenig verrutscht. Die Jacke, die er trug, war aus feinstem englischen Tweed aus der Savile Row in London. Nur eine Minute später kam die Stewardeß zu uns zurück, und in eine Wolke von »Joy« gehüllt, stellte sie die Getränke auf den Klapptisch vor uns, aromatischen Kaffee für mich und ein schäumendes Bier für ihn. Der Mann trank seinen Krug in einem Zuge aus. Ich beobachtete seinen auf und nieder hüpfenden Adamsapfel. Er hielt seinen Krug mit der linken Hand, denn an der rechten fehlte ihm ein Finger; vielleicht trug er deswegen seinen Ehering am Zeigefinger. Als er ausgetrunken hatte, wandte er mir sein Gesicht zu. Diesmal lächelte er mit der Genugtuung eines Mannes, der seinen Durst gestillt hat. Eine Schaumblase klebte an seiner Oberlippe, und er wischte sie mit seinem Handrücken ab. Plötzlich sah er die Wochenendausgabe der *Ha'aretz*, die ich auf meine Knie gelegt hatte, und fragte in stotterndem Englisch, mit einem Akzent, der seine deutsche Herkunft verriet:

»Ist das eine hebräische Zeitung?«

»Ja.«

Meine lakonische Antwort sollte meine Abneigung gegen Gespräche mit Fremden ausdrücken, aber sie war nicht deutlich genug, um ihn davon abzuhalten.

»Kommen Sie aus Israel?«

»Ja.«

»Ich ziehe meinen Hut vor Ihnen.«

»Sie haben keinen Hut«, bemerkte ich humorlos.

»Eine großartige Arbeit; eine großartige Arbeit haben Sie in Sinai geleistet. So viele ägyptische Panzer kaputt, ich habe es im Fernsehen gesehen. Eine bessere Arbeit, als der Wüstenfuchs sie geleistet hat.«

Ich wußte, daß er Feldmarschall Rommel meinte. Ich nickte, um höflich zu sein. Er nahm es als Ermutigung auf weiterzureden:

»Waren Sie an der Front?«

»Ja.«

»Das ist gut. Das ist sehr gut. Man muß kämpfen. Ich verstehe sehr viel von Schlachten. Ich war im Weltkrieg Offizier in der Waffen-SS. Bei den Panzern. Ich weiß, was Feuer und Bewegung ist. Feuer und Bewegung. Wie Rommel, wie Guderian, aber besser. Erlauben Sie mir, Ihnen die Hand zu reichen, um meine Achtung auszudrücken? Von Soldat zu Soldat.«

Bevor ich antworten konnte, ergriff er meine Hand und schüttelte sie kräftig. Der Rest meines Kaffees kippte auf den Klapptisch und tropfte auf meine Beine. Die Zeitung wurde naß. Ich zog meinen Arm zurück. Scheinbar merkte er meine Abscheu, denn er zog sich in seinen Sitz zurück und murmelte: »Ich bitte um Entschuldigung. Ich glaube, es gibt keinen Grund, ärgerlich zu sein. Ich war nur Soldat, und Sie, mein Herr, waren ja auch nur Soldat. Ich habe nichts gegen Juden. Ich hatte niemals etwas gegen die Juden. Ich habe niemals Zivilisten Leid zugefügt. Die Waffen-SS ist wie die Armee: Nur Krieg. Nur Krieg. Gegen die Kommunisten. Für die Zivilisation. Jetzt bin ich im Handel. Arzneien und Chemikalien. Die Firma Ciba. Haben Sie schon von Ciba gehört, mein Herr? Eine Schweizer Arzneifirma. So viele Jahre sind seitdem vergangen. Unmöglich ... unmöglich.«

»Was ist unmöglich?«

»Gefühle nicht gut, mein Herr. Unmöglich, nur in der Vergangenheit zu leben.«

Ich antwortete nicht. Ich verteidigte mich ebenfalls gegen die Vergangenheit, aber sie kam als unerwünschter Gast zu mir zurück. Ich kenne keinen Psychiater, der auf Wunsch die Erinnerungen aus unserer Seele reißen kann, die wir ausgelöscht haben wollen. Ich habe keine Kontrolle über meine Gedanken. Plötzlich wird irgendein Auslöser aktiviert, und von den Millionen Gehirnzellen öffnet sich ausgerechnet die, in der das Erlebnis versteckt ist, das ich versuchte zu vergessen oder von dem ich glaubte, daß es unwiderruflich gelöscht sei, und dieser verdammte Dickkopf kommt zurück und quält.

»Ich bitte Sie ...«, sagte ich, aber sprach nicht weiter.

Der Deutsche nickte verständnisvoll.

»Alles in Ordnung, mein Herr. Ich wollte Sie nicht verletzen.«

Einige Minuten später stand er auf und ging zu einem leeren Sitz am Ende des Flugzeugs. Ich wollte die Zeitung lesen, aber die Buchstaben setzten sich nicht zu Worten zusammen, die Wörter bildeten keine Sätze, die Sätze bekamen keinen Inhalt. Die Düsenmotoren summten in meinen Ohren, schufen eine Schallmauer zwischen mir und der Realität. Ihr Geräusch glich den Radiostationen in Osteuropa, die die Stimmen der Freiheitssender aus dem Westen störten. Ich versuchte vergebens, meine Gedanken auf die Wellenlänge von Schula und unserem Heim einzustellen. Seltsame Trommeln ertönten in meinen Schläfen: Kunde, Kunde, Kunde, SS-Uniform. Ein Pistolengriff. Ein Schlag. Ruhe. Blut. Tod.

Verdammt sei er, der meine Fähigkeit, meine Gedanken nach meinem Willen zu steuern, und nur nach meinem Willen, herausgefordert hatte.

Der Empfangschef im Hotel »Prinz Bismarck« fand mühelos meinen Namen auf der Liste der Hotelgäste.

»Willkommen in Hamburg, Herr Frister«, sagte er und gab mir einen Schlüssel, der an einer geschnitzten Holzbirne befestigt war, wie in den Hotels in den alten Tagen, und drückte mir eine bunte Broschüre in die Hand, die die Vorzüge des Rotlicht-Viertels beschrieb.

»Der Aufzug ist am Ende des Korridors«, fuhr er fort und fragte, ob ich Hilfe für mein Gepäck benötige. Ein Koffer, den Schula gepackt hatte, war mein ganzes Gepäck.

»Danke, ich schaffe es allein«, antwortete ich und ging hinauf in mein Zimmer.

Das Zimmer war geräumig und die Decke hoch. Die Möbel zeugten von dem Geschick der Architekten, das Alte mit dem Funktionalen zu verbinden. Ein Doppelbett, dessen Kopfende mit Messing verziert war, stand an einer Wand. Nur ein Samtbaldachin fehlte, dann hätte man es als königliches Bett bezeichnen können. Ich legte meinen Koffer auf eine Ablage neben dem Schrank, nahm mein Rasierzeug heraus und stellte es unter den Spiegel im Badezimmer, dann setzte ich mich auf das Ende des riesigen Bettes, das so weich war, daß es mir das Gefühl gab, auf dem Meer zu segeln. Ich zog meine Jacke aus und bemerkte die Broschüre, die in meiner Tasche steckte. Ich durchblätterte sie. Ich lächelte im Gedanken an die eigenartige Symbiose zwischen dem Hotel, das einen soliden, bürgerlichen Stil bewahrte, und dem Inhalt der Broschüre, die Striptease-Shows anpries, von Lokalen »Nur-für-Erwachsene« schwärmte, von der Möglichkeit, Transvestiten bei der Kopulation zuzusehen, und Hinweise gab, wie man die Dienste der Callgirls aus aller Welt genießen konnte. Der Supermarkt der »Großen Freiheit«, wurde da in Großdruck behauptet, gebe Touristen Ermäßigungen. Ich grinste. Fünf Monate vorher hatte ich mein viertes Lebensjahrzehnt begonnen. Ich war noch nie mit einer Prostituierten zusammengewesen. Allein schon die Vorstellung war mir widerlich, für etwas zahlen zu müssen, das auf einer alten Regel basiert: Gefühl gegen Gefühl, Genuß gegen Genuß.

Die farbenfreudige Broschüre versprach Erleichterung von allen Spannungen, Befreiung von allen Sorgen, völliges Vergessen in den Armen eines jungen Mädchens – gerade aus Thailand importiert –, das Übertönen des inneren Lärms durch Rockbands – gerade aus England eingeführt – und natürlich eine Reinigung von den täglichen Sorgen in einem Bad der Lust. Ich legte die Broschüre auf die Marmorplatte des Nachttisches neben dem Bett, zog mich aus und schlüpfte, ohne mich zu waschen, unter die Decke. Die Laken waren gut gestärkt, kühl und fühlten sich angenehm an. Ich nahm meine Zeitung, um sie zu Ende zu lesen. Auf der ersten Seite waren noch die braunen Spuren des Kaffees. Ich warf die Zeitung weg. Es war noch früh, und ich fürchtete, nicht einschlafen zu können. Der Zug nach Kiel sollte um sechs Uhr morgens abfahren. Ich wählte die Nummer der Rezeption und bat darum, mich am nächsten Morgen zu wecken. Dann löschte ich das Licht und fiel sofort in einen Schlaf, in den ein merkwürdiger Traum eingewoben war:

Ich gehe durch eine fremde, deutsche Stadt. Sie gleicht weder Hamburg noch Kiel, wie ich sie in meiner Vorstellung gesehen hatte, aber ich bin sicher, daß sie deutsch ist. Auch die Straßen sind mir nicht bekannt, und aus irgendeinem Grund sind die Häuser dunkelbraun gestrichen. In jedem Haus sind etagenweise Reihen von Fenstern, und jedes ist mit roten Blumen geschmückt, die in weißen Blumenkästen wachsen. Auf einer Fensterbank lehnt eine alte, zahnlose Frau, die mich ekelerregend anlächelt. Ich kenne diese Frau nicht, weiß nicht ihren Namen, aber als sich unsere Blicke kreuzen, hört sie auf zu lächeln und ihr Gesicht wird ernst. Der Himmel wechselt wie eine Theaterkulisse, jetzt ist er ein leuchtendes Azurblau, jetzt grau und düster, obwohl er wolkenlos ist und die Sonne noch scheint, was mich blinzeln läßt. Ich spaziere durch die eigenartige Stadt und sehe mir die Leute auf den Straßen an. Gesichter schwimmen auf mich zu, gleichgültige, runde und lange, traurige und fröhliche, gute und schlechte, auch ausdruckslose. Eine rauhe Stimme flüstert mir ins Ohr, daß jeder einzelne von ihnen mir Böses wünscht. Ich versuche herauszufinden, woher die Stimme kommt, hebe meinen Blick und entdecke, daß sie dem Mund der alten Frau am Fenster entströmt. Mit der ganzen Kraft meines Traums wehre ich mich gegen das, was sie sagt, aber sie läßt nicht von mir ab. Ich flehe sie an: »Verschwinde, verdammt noch mal, geh in den Traum eines anderen«, aber sie beachtet mein Flehen nicht, und ich muß mich damit abfinden, daß sie bis zum Ende meines Traums bleibt. Sie zeigt mit ihrem Zeigefinger auf einen Polizisten, der höflich den Verkehr anhält, damit sie sicher über die Straße gehen kann. Warum soll sie die Straße überqueren, wenn sie im Fenster festsitzt? Plötzlich ändert der Polizist seine Form, er nimmt die Gestalt Kundes an. Die alte Frau nimmt seine

Hand, sie kommen langsam auf mich zu. Der Polizist trägt Schaftstiefel, die Frau hat krumme Beine. Die Menschenmenge verschwindet, nur die beiden kommen mit ausgestreckten Händen auf mich zu, als ob sie mich umarmen wollen. Die Frau berührt mich, die Berührung brennt auf meiner Haut... Dunkelheit. Wie komme ich plötzlich in einen Stoffladen? Der Verkäufer streichelt eine Rolle roter Seide mit kleinem Muster. Die Krawatte meines Nachbarn im Flugzeug war aus dem gleichen Stoff. Die Seide bekommt Dornen, sie ist nicht mehr weich und sanft, sie verletzt die Hand des Verkäufers, Blut rinnt herab. Ich möchte sein Gesicht sehen, aber das Gesicht verschwindet wie im Nebel, die Anstrengung ermüdet mich, ich bitte ihn, sich mir zuzuwenden, er schüttelt verneinend den Kopf. Ich höre das heisere Lachen der Alten. Die Häuser in der fremden Stadt bekommen eine rötliche Tönung. Ein Orchester spielt im Hintergrund, ich kenne die Melodie: Lili Marleen. Paare tanzen Tango, nur ein Mann steht an der Seite und beobachtet das Geschehen mit kritischem Blick. Ich kenne diesen Mann. Es ist Wilhelm Kunde. Seine Augen sind tief in die Höhlen gesunken, nahe seiner Adlernase, die sich zu seinen dünnen Lippen neigt. Nein, sein Gesicht will ich nicht sehen. Genug. Genug. Genug. Ich habe genug davon, angespannt das Gemisch der Gesichter zu beobachten; ich bin müde von der Anstrengung, das Gesicht meiner Mutter aus der Vielfalt der Gesichter herauszufinden, aber es ist gerade ihr Gesicht, das nicht wiederhergestellt werden kann. Als ob es nicht mehr existiere. Ich sinke in eine tiefe, schwarze, bodenlose Grube, vielleicht ist es der Brunnen des Vergessens, vielleicht ein Massengrab, und so falle ich tiefer und tiefer, bis mich das Läuten des Weckrufes von dem Alptraum befreit.

Ich öffnete meine Augen. Ein sanftes Licht schimmerte durch den Vorhang. Ich hob den Telefonhörer ab, und in einem Zustand zwischen Schlafen und Wachen wartete ich auf die Fortsetzung. Eine weibliche Stimme verkündete durch den Hörer: »Es ist sechs Uhr.«

Ich legte den Hörer auf. Ich fühlte, wie der Traum mir entfloh, versuchte, ihn einzufangen, die Stücke, die im Zimmer verstreut waren, einzusammeln, und erst nachdem es mir gelungen war, seinen Inhalt zu bewahren, kehrte ich in die Realität zurück. Heute würde ich diesen Alptraum gern in der Vergessenheit verschwinden lassen, aber ich habe die Kontrolle über ihn verloren, und er klebt an mir wie ein Blutsauger. Ich schütte ihn in die Seiten dieses

Buches; vielleicht wird er zwischen den Buchdeckeln bleiben und sterben. Vielleicht.

Der Zug traf zur angegebenen Zeit im Kieler Bahnhof ein. In Deutschland verspäten sich die Züge nie. Ich stieg aus. Über dem Bahnsteig wölbte sich die Glaskuppel wie ein durchsichtiger Schirm. Ich nahm meinen Koffer und wollte mit den anderen Reisenden zum Ausgang gehen. Eine junge Frau kam auf mich zu und sagte:

»Ich hoffe, Sie hatten eine gute Reise, Herr Frister.«

Was unterschied mich von den anderen? Hatte ich ein besonderes Signal gesendet, das ihr erlaubte, mich zu erkennen? Sie benahm sich, als ob wir alte Freunde wären. Ich fragte:

»Entschuldigen Sie, hatte ich schon das Vergnügen …?«

»Nein, wir haben uns noch nie getroffen, nicht im eigentlichen Sinne des Wortes. Aber ich kennen Sie, oder genauer, ich kenne Ihre Lebensgeschichte. Ich meine den Abschnitt Ihrer Geschichte, dessentwegen Sie jetzt hier sind. Bitte, sehen Sie mich nicht so verwundert an, Herr Frister. Ich werde gleich alles erklären … Ist das Ihr ganzes Gepäck?«

»Ja, ich bin nicht auf Ferien gekommen.«

Sie reagierte in einem Ton milder Zurückhaltung.

»Das war eine unnötige Bemerkung, mein Herr. Ich kann Ihre Stimmung verstehen.«

»Ich wollte Sie nicht kränken. Nebenbei bemerkt, ich verstehe immer noch nicht, wie ich Ihnen helfen kann, gnädige Frau.«

»Ich bin gekommen, um Ihnen zu helfen. Oder, um es genauer zu sagen, um Ihnen bei dem ganzen Drumherum zu helfen: Hotel, Restaurant, Taxi. Die kleinen Einzelheiten. Ich bin Mitglied einer Wohltätigkeitsorganisation der lutherischen Kirche. Die Kirche hat es sich zur Aufgabe gemacht, Leute wie Sie zu versorgen. Wir erwarten etwa ein Dutzend Zeugen aus aller Welt, und wir wollen ihnen zeigen, daß es ein anderes Deutschland gibt. Wir sehen es als einen wichtigen Beitrag, die Gerechtigkeit wiederherzustellen.«

»Ist es möglich, das wiedergutzumachen, was nicht wiedergutzumachen ist?«

»Ich weiß es nicht«, sie zuckte mit den Achseln. »Ich war ein kleines Mädchen, als all das geschah. Aber wenn es keinen Sinn hat, das Geschehene zu korrigieren, hat es auch keinen Sinn, Kunde auf die Anklagebank zu setzen.«

»Sie könnten recht haben. Ich entschuldige mich für das, was ich gesagt habe.«

»Kein Grund zur Entschuldigung. Ich verstehe Ihre Gefühle. Haben Sie schon ein Zimmer?«

»Nein.«

»Ich würde das Hotel ›Rebs‹ vorschlagen. Wir haben sie gebeten, ein Zimmer für Sie zu reservieren. Wenn es Ihnen nicht gefällt, können Sie sich natürlich gern ein anderes aussuchen. Es gibt viele Hotels in Kiel. Die Stadt liebt Gäste. Mein Auto steht vor dem Bahnhof. Bitte, folgen Sie mir.«

Sie hatte einen alten Volkswagen, aber sie fuhr ihn, als säße sie hinter dem Steuer einer Luxuslimousine. Sie war vielleicht dreißig Jahre alt, ihr Gesicht war hübsch und ungeschminkt. Sie trug ein dunkelblaues Baumwollkleid mit Ärmeln bis zu den Ellbogen und einem weißen Kragen, wie eine Oberschülerin. Ihr Charme war natürlich und offen.

»Wie heißen Sie, wenn ich fragen darf?«

»Lieber Gott, jetzt habe ich soviel geredet und mich nicht einmal vorgestellt. Wissen Sie, ich wirke nur ruhig und gefaßt. Innerlich bin ich sehr aufgeregt. Es ist das erste Mal, daß ich so etwas mache, und ich war unsicher, wie Sie mich aufnehmen würden ... Mein Name ist Trude, Trude van Gluck. Ich stamme aus Holland, wie Sie sicher schon bemerkt haben.«

Wir fuhren durch eine Straße, die wie die Hauptstraße aussah. »Blattstraße« las ich auf einem Schild an der Ecke. »Es ist nicht weit«, sagte sie, und dann, ohne daß ich sie darum gebeten hätte, erzählte sie mir ihre Lebensgeschichte. Ihr Vater, ein Arzt, hatte in Anton Musserts* Freiwilligeneinheit gedient. Er fiel an der Ostfront. In seinem letzten Brief hatte er geschrieben, daß er die Kälte der weißrussischen Steppe nicht ertragen würde, aber wie er starb, ist unbekannt. Nach seinem Tod erhielt er das Eiserne Kreuz Zweiter Klasse.

»Ich hoffe, ich habe Sie mit meiner Geschichte nicht verärgert. Sie ist persönlich, sehr persönlich. Und trotzdem wollte ich sie Ihnen erzählen. Gerade Ihnen.«

»Schon gut ... Ich bin kein sentimentaler Mensch.«

---

* Mussert war seit 1931 der Führer der Nazibewegung in Belgien. Nach der Besetzung ihres Landes meldeten sich ihre Mitglieder freiwillig zu einer SS-Einheit. Nach dem Krieg wurde er zum Tode verurteilt.

»Sind Sie nicht müde?«

»Überhaupt nicht.«

»Dann würde ich Ihnen eine kurze Stadtbesichtigung vorschlagen. Natürlich erst, nachdem Sie sich im Hotel einquartiert haben. Heute ist Sonntag; ich liebe Kiel am Sonntag. Und auch das Wetter ist außerordentlich gut. Im allgemeinen verlassen wir das Haus nie ohne Regenschirm.«

»Gern.«

Wir waren lange unterwegs, per Auto und zu Fuß. Die Schönheit der Stadt, die meine Reiseführerin so entzückte, konnte ich nicht entdecken, aber ich behielt meine Eindrücke für mich. Nur in der Gegend des Hafens und am Ufer des Nord-Ostsee-Kanals fühlte ich mich wohl. Der Kanal war viel schmaler, als ich es mir vorgestellt hatte, die Schiffe hingegen, die ihn nutzten, waren viel größer. Die meisten fuhren unter den Flaggen fremder Länder. In der Innenstadt störte mich der Baustil, der so charakteristisch für diesen Teil des Landes ist. Die unverputzten Wände, die mit ihrem nackten, roten Ziegelmauerwerk ganze Straßen wie moderne Kasernen aussehen ließen, stießen mich ab. Wir hielten kurz vor dem Gerichtsgebäude. Auch die neoklassizistischen Säulen konnten den Charakter des riesigen Gebäudes nicht mildern, da sie ebenfalls aus rotem Ziegel gebaut waren, nackt und schmucklos. Gegenüber, auf einem Grünstreifen, der Schützenpark genannt wurde, lagerten Jugendliche auf dem Rasen, die mich durch ihre Gegenwart daran erinnerten, daß eine Generation kommt und eine geht.

Auf dem Rückweg kehrten wir in ein Restaurant, das Trude vorgeschlagen hatte, ein, um etwas Leichtes zu essen. Der Kellner brachte uns die Speisekarten. Trude van Gluck legte ihre beiseite.

»Vielleicht war es ein Fehler von mir, Ihnen von meinem Vater und dem Orden, den er erhalten hat, zu erzählen«, sagte sie entschuldigend.

»Ich sagte doch schon, es ist in Ordnung.«

»Ich habe bemerkt, daß Sie ein höflicher Mensch sind. Ihr Vater war Rechtsanwalt, stimmt's? Eine gutbürgerliche Familie. Da verwundert es nicht, daß Sie höflich sind. Und das Deutsch, das Sie sprechen, ist so fließend … Für einen Augenblick hatte ich ganz vergessen, daß Sie Jude sind. Genauer gesagt, Israeli. Das ist nicht das gleiche, nicht wahr? Vielleicht war das, was ich gesagt habe, fehl am Platze. Aber ich wollte doch, daß Sie verstehen; oder richtiger, daß Sie wenigstens versuchen zu verstehen.«

»Ich verstehe, Fräulein van Gluck.«

»Nennen Sie mich doch bitte Trude, Fräulein Trude … Ich weiß, was mit Ihrer Mutter passiert ist. Und was war das Schicksal Ihres Vaters?«

»Er starb im Lager.«

»Das tut mir leid.«

»Mir auch.«

»Jetzt habe ich noch einen Fehler gemacht, oder eher einen Ausrutscher begangen. Ich bitte um Entschuldigung. Vielleicht hätte ich diese Aufgabe nicht übernehmen sollen. Es gibt viele Frauen in Kiel, die nie daran denken würden, sich freiwillig zu melden. Aber ich wollte so gern helfen, ich wollte so gern ein Teil der Wiedergutmachung sein, die Sie so geringschätzen. Ich hoffe, daß Sie Verständnis dafür aufbringen. Jeder Gegenstand, den er hinterlassen hat, sogar das Eiserne Kreuz, erwärmt mein Herz. Dem Heldenmut, für den er ausgezeichnet wurde, gebe ich allerdings keine Bedeutung. Sie haben geschrieben, daß er sein Leben eingesetzt habe, um den verwundeten Soldaten auf dem Schlachtfeld zu helfen. Und Ihre Bibel sagt doch ebenfalls, wer eine einzige Seele rettet … Kennen Sie den Vers?«

»Ich kenne ihn.«

»Ich möchte betonen, daß es zwischen den Gefühlen einer Tochter und meiner Einstellung zu der Zeit, in der mein Vater lebte, keinen Zusammenhang gibt. Ich bin Christin, und also ist mir die Nazi-Doktrin grundsätzlich fremd, wie sie allen Menschen fremd ist, die an Gott glauben. Sind Sie gläubig?«

»Nein.«

»Schade. Der Glaube bedeutet mir viel. Ich habe viel Trost in ihm gefunden. Meine Mutter sieht die Dinge anders, aber das ist ihre Sache. Sie lebt noch immer in ihren Erinnerungen, vom Leben abgeschnitten, wegen fortschreitender Muskeldystrophie. Wenn sie nicht die bescheidene Rente vom Staat bekommen würde, wüßte ich nicht, wovon sie leben sollte. Unser Haus wurde von Bomben zerstört, wir blieben mit nichts zurück. Oder, um genau zu sein, mit fast nichts … Hören Sie mir zu, mein Herr?«

»Ich höre zu.«

Ich fragte mich, ob sie mit bösartiger Schläue versuchte, das Leiden der Eroberer dem Leiden der Opfer gleichzustellen, oder ob es ihr in ihrer Naivität darum ging, mir näher zu kommen, um mich zu einem widerwilligen Teilhaber ihrer Sorgen und Nöte zu machen. Ich unternahm keinen Versuch, ihre Motive näher zu ergründen. Wir verabschiedeten uns sofort nach der Rückkehr ins Hotel. Mein »Danke« hörte sich nicht wie eine Einladung an, die Bekanntschaft fortzusetzen. Sie stand am Ende der Treppe. Ich fühlte ihren Blick in meinem Rücken. Ich wollte mich umdrehen, um ihr noch einmal zuzuwinken, unterließ es jedoch. Ich ging in mein Zimmer und meldete ein Telefongespräch nach Tel Aviv an. Schula versicherte mir, ihr Zustand habe sich gebessert. Ich wußte, daß sie log.

Das war nicht der Wilhelm Kunde, der mir im Traum erschienen war. Und es war auch nicht der aus dem Zeitungsbild, das Fräulein Trude mir im Restaurant in einer stummen Pause zwischen Minestrone und Hauptgericht, Rinderzunge mit Sauerkraut, gezeigt hatte. Wie hatte ich ihn mir vorgestellt? Ich hatte keine Ahnung, aber ich hatte mit Sicherheit nicht damit gerechnet, einen alten Mann auf der Anklagebank im Kieler Gerichtssaal vorzufinden, der wie ein Zuschauer dasaß, der versehentlich in die falsche Vorstellung geraten war. Wäre er dem allmächtigen Offizier, den ich im Krakauer Gefängnis kennengelernt hatte, noch ein bißchen ähnlich gewesen, hätte ich bestimmt irgendwelche Gefühle ihm gegenüber aufbringen können. Aber so still und in sich versunken, in einem Anzug, der zwei Nummern zu groß für ihn war, erinnerte er mich an eine zusammengeschrumpfte Puppe, die nichts Böses ausrichten konnte. Und was soll man als Erwachsener einer Puppe gegenüber schon empfinden?

Der Gerichtsdiener rief meinen Namen auf und zeigte mir den Weg zum Zeugenstand. Ich mußte keinen Eid schwören. Einer der Verteidiger warf mir einen kalten Blick zu, der andere verbeugte sich steif. Der Gerichtssaal war bis auf den letzten Platz gefüllt. Der Ankläger schaute in seine Akten. Die Richter thronten auf ihrem Podium. Ich sah ihre schwarzen Roben, aber nicht ihre Gesichter. Ich begann mit meiner Aussage. Später sollten die Journalisten schreiben, daß ich sie ohne Erregung abgegeben hätte. Das ist wahr.

Ich hatte gerade zu sprechen begonnen, als Kunde aus seinem Schlummer erwachte. Der Ankläger fragte:

»Möchte der Angeklagte darauf antworten?«

Der Verteidiger stand auf, aber Kunde kam ihm zuvor:

»Ich erinnere mich an die Frau. Es ist möglich, daß der Zeuge ihr Sohn ist, aber an ihn kann ich mich überhaupt nicht mehr erinnern. Die ganze Angelegenheit ist ein grundsätzlicher Irrtum. Ich habe der Mutter des Zeugen nie Schaden zugefügt.«

»Aber wie haben Sie sich ihres Eigentums bemächtigt?« beharrte der Staatsanwalt.

»Ich habe nichts genommen. Wie ich schon sagte, es ist alles ein Irrtum ...«

»Der Zeuge Ferster hat uns eine andere Version gegeben«, fuhr der Vertreter der Anklage herausfordernd fort, aber Kunde reagierte nicht.

Ich ärgerte mich nicht über Kundes Lügen. Dem Angeklagten ist es erlaubt, die Wahrheit zu verdrehen. Was mich wütend machte, war die Tatsache, daß der Staatsanwalt meinen Namen verdreht hatte. Wenn die Namen ihm nicht wichtig sind, dachte ich, dann sind es auch die Leute nicht, die sie tragen. Ich wollte ihn auf seinen Fehler aufmerksam machen, hielt dann aber doch meinen Mund. Was für einen Zweck hatte es, auf Einzelheiten zu bestehen, wenn mir der Sinn des ganzen Prozesses nicht klar war? Es tat mir schon leid, Schulas Drängen nachgegeben zu haben.

»Der Zeuge kann gehen«, sagte der Vorsitzende des Gerichts trocken. Der Gerichtsdiener führte mich zur Tür. Ich trat auf den Korridor; meine Schritte hallten im Raum des monumentalen Gebäudes. »Hierher, mein Herr«, der Gerichtsdiener zeigte auf die Tür zur Kasse. »Es steht Ihnen die Rückerstattung Ihrer Reisekosten zu.« Der Kassenbeamte wunderte sich, daß ich von Hamburg nach Kiel zweiter Klasse gefahren war, und beeilte sich hinzuzufügen, daß alle die erste Klasse nehmen, dies sei auch vollkommen in Ordnung. Ich wollte schon fragen, ob das auch für die Fahrten in den überfüllten Güterwagen entschädigen solle, in denen Kunde seine Opfer in die Vernichtungslager geschickt hatte. Doch ich hielt mich auch diesmal zurück. Der Kassenbeamte hätte mich bestimmt nicht verstanden. Er war ein junger Mann, ein Mitglied der Generation, die das Licht der Welt erst nach dem Holocaust erblickt hatte. Er zählte die Scheine und das Kleingeld zweimal, bevor er sie auf den Tisch legte und sagte:

»Unterschreiben Sie bitte hier. Sie bestätigen damit den Erhalt des Geldes.«

# 4

Fräulein van Gluck rief mich an, um mir zu sagen, daß die Verteidigung auf ihr Recht, mich ins Kreuzverhör zu nehmen, verzichtete, und bot mir an, mich, wann immer ich wollte, zum Bahnhof zu fahren.

»Ich werde es schon allein schaffen«, antwortete ich abweisend.

»Wie Sie wünschen«, sagte sie, »ich will mich Ihnen nicht aufdrängen.«

Ich studierte den Zugfahrplan und bestieg am nächsten Morgen einen Wagen erster Klasse nach Hamburg. Von dort aus flog ich nach Israel zurück, diesmal über Frankfurt. Etwa einen Monat später bekam ich einen Brief. Trude van Gluck informierte mich, daß die Richter Kunde zu sieben Jahren Gefängnis verurteilt hatten. Von diesem Moment an, und dies gilt eigentlich bis zum heutigen Tag, interessierte es mich nicht, ob Kunde seine Strafe verbüßt hat. Ich will nicht wissen, ob Wilhelm Kunde lebt oder tot ist. Vielleicht habe ich mir selbst vorgemacht, daß, wenn es mir nur gelänge, die Figur des Mörders zu vergessen, mich auch die Erinnerung an den Mord nicht mehr verfolgen würde.

Jetzt, wo ich diese Zeilen schreibe, steht die Photographie meiner Mutter auf meinem Schreibtisch. Ich habe sie vor kurzer Zeit aus dem Familienalbum genommen, das mit dem Rest der Dokumente, die in Kruczeks Kate versteckt waren, überlebt hat. Er übergab sie mir, in ein altes Stück Stoff gewickelt, als ich ihn, kurz nachdem ich aus der Tschechoslowakei nach Polen zurückgekommen war, besuchte. Nichts hatte sich im Dorf verändert, auch Kruczek war der arme Bauer geblieben, als den ich ihn kennengelernt hatte. Ich fragte nach Bronka. Kruczeks Frau lächelte.

»Wir wußten von eurem Abenteuer. Sie ist mit einem Nachbarn verheiratet und erwartet ein Kind.«

Für einen Augenblick stellte ich mir das schwangere Mädchen vor. Kruczek bat seine älteste Tochter, uns etwas zu trinken und zu essen zu bringen. Wir setzten uns an den Tisch.

»Es ist schön, daß sich der junge Herr an uns erinnert«, sagte er.

»Wie hätte ich euch vergessen können? Wie hätte ich mich nicht erinnern sollen, nach dem, was ihr für uns getan habt!«

»Nicht für euch habe ich es getan, sondern für Ihn«, antwortete er und wies mit dem Finger nach oben.

»Wir waren es, denen dadurch geholfen wurde.«

Die Tochter brachte eine Flasche selbstgebrannten Alkohol und mit Schweineschmalz bestrichene Brote.

»Mir hat es geholfen, weil ich meinem Gott diente«, sagte Kruczek, nahm einen Schluck und biß in das Brot. »Nimm, es schmeckt gut«, forderte er mich auf. Dann fragte er nach meinen Eltern.

»Traurig, das zu hören. Gut, daß Gott wenigstens den jungen Mann beschützt hat. Er sieht gut aus.«

»Danke.«

»Was sind Ihre Pläne?«

»Ich habe Großmutters Haus in Krakau verkauft. Ich habe Geld.«

»Geld ist immer gut. Wenn man es richtig benutzt.«

»Darüber wollte ich mit Ihnen sprechen, Herr Kruczek.«

»Mit mir? Und wer bin ich, dem jungen Herrn Ratschläge zu geben? Bestimmt gibt es in der Stadt Juden, die ihm eher sagen können, was er mit seinem Geld anfangen soll.«

»Ich weiß es selbst. Ich will Ihnen ein Stück Land im Dorf kaufen. Ich erinnere mich, daß Sie immer von eigenem Land träumten. Für die Kinder, damit sie nicht nach Brot hungern müssen, haben Sie immer gesagt. Ich erinnere mich daran.«

»Auch der junge Mann wird einmal Kinder haben. Er sollte lieber für seine eigenen Kinder vorsorgen«, bemerkte er in einem Ton, aus dem eine leichte Mißbilligung herauszuhören war.

»Wieviel kosten fünf Hektar Land?« fuhr ich fort, ohne zu merken, daß ich ihn in seiner Ehre gekränkt hatte.

»Ich bin Bauer, nicht Makler.«

»Ich wollte Sie entschädigen, was ist daran schlecht?«

»Ich werde am Tag des Jüngsten Gerichtes entschädigt«, antwortete er und trank noch einen Schluck.

»Ich will Ihre untadeligen Motive nicht in den Schmutz ziehen. Aber warum sollen Sie Ihr Leben und das Ihrer Familie nicht erleichtern? Das ist doch keine Sünde.«

»Ich habe Ihnen schon gesagt: Meine Rechnung begleiche ich mit Gott im Himmel. Nur mit Ihm.«

»Sie sind ein Dickkopf.«

»So ist es nun einmal. Bauern sind ein dickköpfiger Menschenschlag.«

Seine Weigerung, von mir Geld anzunehmen, war so unverrückbar wie ein Felsen. Wir verabschiedeten uns mit einem Händedruck. Er lud mich nicht ein, ihn wieder zu besuchen, nicht einmal aus Höflichkeit. Auch ich war beleidigt. Ich war noch nicht reif genug, um seinen Widerstand zu verstehen. Enttäuscht und verärgert kehrte ich mit den Dokumenten meiner Eltern in der Tasche nach Krakau zurück. Hätte er sie nicht aufgehoben, ist es fraglich, ob ich mir die Gesichtszüge meiner Mutter heute noch genau in Erinnerung rufen könnte.

Heute, da die Photographie mein liebstes Hobby ist, weiß ich, daß eine gute Aufnahme nicht nur die Person wiedergibt, sondern auch die persönliche Verbindung zwischen dem Photographen und seinem Objekt zum Ausdruck bringt. Sie war es, die das Lächeln einer Frau, die sich ihrer Schönheit bewußt ist und das Leben zu genießen weiß, in das Objektiv schickte. Das Bild stammte aus dem letzten Winter vor dem Krieg. Im Hintergrund kann man schneebedeckte Bäume sehen, aber meine Mutter trägt ein kurzärmeliges Kleid und eine goldene Brosche in Form einer Schleife auf dem Kragen. Ihre schmalen, schwarzen Augenbrauen betonen die Blässe ihres Gesichts. Lebensfreude strahlt aus ihren braunen Augen. Ihre langen Finger scheinen wie dafür geschaffen, teure Ringe zu tragen. So sah sie Nolek, Amateurphotograph und Verehrer.

Die Natur hatte es gut mit ihr gemeint, doch sie verließ sich nicht darauf, daß sie auch in Zukunft gut zu ihr sein würde, und unternahm große Anstrengungen, ihre Schönheit zu bewahren. Die Zeit war ihr größter Feind, und sie bekämpfte sie mit aller Kraft. Cremes, Massagen, Gesichtsmasken und festgesetzte Ruhezeiten waren ihre Waffen in diesem Krieg. Jedes weiße Haar, das in ihren Locken erschien, erschreckte sie so sehr, daß ich ihre Ängste manchmal dazu benutzen konnte, etwas Geld aus ihr herauszupressen, denn sie hatte mich gebeten, jedes weiße Haar, das sich in ihren Schopf gestohlen hatte, auszurupfen. Im allgemeinen saß sie dabei auf einem Stuhl, mit dem Rücken zum Licht, und ich durchsuchte mit einer Pinzette in der Hand ihr schönes Haar nach schlechten Neuigkeiten. Für jedes weiße, das ich ausrupfte, gab sie mir fünf Pfennig. Um sie zu verdienen, mußte ich es ihr allerdings zeigen. Von Geldgier getrieben, beschummelte ich sie und zeigte ihr zehnmal das gleiche Haar. Mein Vater hatte keine Ahnung von meiner Einnahmequelle. Meine Mutter achtete darauf, daß wir unsere Sitzungen abhielten, wenn er nicht zu Hause war. Ich verachtete sie dafür. Ich verachtete sie, da ich nicht verstand, warum sie sich in Wiener Modehäusern einkleiden mußte, wenn die Läden in Bielitz voller Ware waren; ich spottete über ihren Kleiderschrank, der vor Kleidern, Kostümen, Silberfuchsstolen, Hüten mit Schleiern oder Straußenfedern, feiner, seidener Unterwäsche, Pelzen, hochhackigen Schuhen, damals französische Absätze genannt, Coco-Chanel-Halstüchern und zwei Dutzend Ledergürteln zu bersten drohte. Ihre Angst vor dem Altwerden und ihr Bestreben, sich wie ein Modell aus einer Modezeitschrift zu kleiden, waren mir unbegreiflich. All dies kam mir wie eine schreckliche Zeit- und Geldverschwendung vor.

Die Sommerferien verbrachte sie in den Kurorten Mitteleuropas; und im Winter schmückte sie die Skiorte mit ihrer Gegenwart. Überall präsentierte sie stolz ihr faltenloses Gesicht. Bis ich sechs Jahre alt war, begleitete ich sie auf ihren Reisen. Der Geruch der fremden Plätze und der Anblick der Modeorte, die wir in den dreißiger Jahren besuchten, sind verschwommen und verschwunden. Von diesen Erlebnissen sind nur noch die vergilbten Aufnahmen geblieben, die Kruczek mir gegeben hat. Auf ihren Rückseiten sind noch immer die Daten und Namen notiert: Baden-Baden, Karlsbad, Wiesbaden, Como. Als ich älter wurde und mehr beobachtete, hörte sie auf, mich mitzunehmen.

Doch egal, wo wir waren, ob zu Hause oder im Ausland, nie war sie streng mit mir. Wenn ich frech wurde, bat sie stets meinen Vater, sich einzumischen und mich zu zügeln. Vielleicht ist das der Grund, warum ich mich weigerte, ihre Autorität anzuerkennen. Sogar heute, nach fünfzig Jahren, fällt es mir schwer, unsere Beziehung klar zu definieren. Je mehr ich versuche, den wahren Charakter unseres Verhältnisses zu ergründen, desto mehr beschleicht mich das unangenehme Gefühl, daß es mir nicht gelungen ist, in meinem Herzen die Liebe zu entwickeln, die jeder Mutter gebührt. Ich beurteilte sie lediglich nach ihren Schwächen, den echten oder den eingebildeten, und zollte ihr keinen Respekt. Aber wenn ich mich frage, ob ich die Phase, in der sich die Persönlichkeit eines Kindes in der Wärme der wunderbaren Beziehung zu seiner Mutter entwickelt, verpaßt habe, ist die Antwort eindeutig: Ich glaube nicht, daß mir etwas Wertvolles, Unwiderrufliches verlorengegangen ist. Es ist unmöglich, etwas zu vermissen, was man nie kennengelernt hat. Meine Haltung zu ihr änderte sich vollständig, als sie unter großer Bedrohung einen Mut und eine Geistesgegenwart zeigte, die so lange in ihr verborgen geblieben waren, wie sie nicht gebraucht wurden. Das Wesen, das sie mir in jenen Tagen enthüllte, trage ich als einen Juwel in der Krone meiner Erinnerungen.

Am 17. Januar 1939 sollte ich meinen elften Geburtstag feiern. Damals ahnte ich nicht, daß es mein letzter Geburtstag in Bielitz sein würde. Am Neujahrsabend hatten die Mitglieder der deutschen Fußballmannschaft in den Straßen demonstriert und verlangt, ihre Sprache als zweite Amtssprache anzuerkennen. Die polnische Polizei zerstreute die Versammlung. Es war nicht die erste dieser Art. Die Rundfunkstationen jenseits der Grenze sendeten verstärkt Nazi-Propaganda, und überall in Schlesien fanden offene Auseinandersetzungen zwischen Deutschen und Polen statt. Die zensierte Presse spielte die Bedeutung der Ereignisse herunter, aber mein Vater machte sich keine Illusionen über die wahre Entwicklung der Dinge. »Heute die Sprache, morgen der Staat«, sagte er beim Abendessen und hob seinen Zeigefinger als Warnung vor dem Kommenden. Ich wußte, daß dies nicht der richtige Augenblick war, über Geburtstagsgeschenke zu sprechen, doch ich konnte mich nicht zurückhalten. Ich wollte unbedingt ein Fahrrad.

»Kommt überhaupt nicht in Frage«, unterbrach mich mein Vater, noch bevor ich meine Rede beenden konnte, an der ich den ganzen Nachmittag gefeilt hatte.

»Willst du auf der Straße umkommen?« mischte sich meine Mutter besorgt ein.

»Ich will mit Erik in den Zigeunerwald fahren. Erik hat ein Fahr...« Der Blick meines Vaters ließ mich mitten im Wort verstummen.

»Du hast gehört, was dein Vater gesagt hat, oder?«

»Ja, Mutter, ich habe gehört, aber ...«

»Es gibt kein Aber, wenn Vater ›nein‹ sagt. Wir haben beschlossen, daß es kein Fahrrad geben wird, und das ist endgültig.«

»Wir haben beschlossen«, wiederholte ich sarkastisch. Sie benutzte immer den Plural, wenn sie sich hinter meinem Vater verstecken wollte. Ich war nahe daran, in Tränen auszubrechen, wußte jedoch, daß kein noch so großes Meer von Tränen an der Einstellung meines Vaters etwas ändern würde. Und wenn die Sache von vornherein aussichtslos war, verbot mir mein Stolz, Enttäuschung zu zeigen. Also ging ich in mein Zimmer, um mit meinem Kummer allein zu sein. Und dort wurde eine bösartige Idee geboren.

Ich entschied, daß Nolek mein Retter sein würde. Sein voller Name war Anatol Levik. Nolek war ein regelrechter Playboy, der einzige seiner Art im kleinbürgerlichen Bielitz. Er hatte das Familienunternehmen geerbt und immer Geld in der Tasche. Obwohl er ein begehrter Junggeselle war, litt er seiner kleinen Statur wegen unter Minderwertigkeitsgefühlen. Nolek lebte in Krakau; und dort traf er, unter Umständen, von denen ich nichts weiß, meine Mutter. Die Bekanntschaft vertiefte sich und wurde Freundschaft. Anfangs kam er ein- bis zweimal im Monat zu hastigen Besuchen. Ich freute mich immer auf sein Kommen, denn er vergaß nie, mir Süßigkeiten oder Bleisoldaten für meine Sammlung mitzubringen. Ohne sagen zu können, wann und wie, wurde er ein Mitglied unseres Haushaltes. Er erwarb eine bankrotte Textilfärberei in Bielitz und sorgte damit für eines der Hauptthemen im Café »Präsident«. Sogar meine Gegenwart hielt die Klatschmäuler nicht davon ab, mit Wonne auszuführen, daß das Werk nur ein Feigenblatt sei, um den wahren Grund seiner häufigen Besuche in Bielitz zu verdecken. Auf meinen Vater, der ihn wirklich mochte, hatten die bösen Zungen keinen Einfluß. Fünfzehn Jahre trennten die beiden Männer, aber sie kamen gut miteinander aus.

Nolek trennte sich nie von seiner Leica-Kamera. Er trug sie überall mit sich herum, wie ein Soldat, der nie seine Waffe ablegt. Unzählige Male portraitierte er meine Mutter; heute weiß ich, daß sie auf keinen anderen Photos soviel Glück und Schönheit ausstrahlte wie auf seinen. Ob mein Vater das auch bemerkte? Wußte er die Zeichen zu deuten? War er insgeheim auf Nolek eifersüchtig? Verbarg die Freundschaft zwischen ihnen vielleicht auch andere Gefühle? Störte ihn der böswillige Klatsch? Trieb die Gegenwart Noleks einen Keil zwischen meine Mutter und ihn? Ich kann es nicht sagen. Je mehr ich mich bemühe, Situationen aus der Vergangenheit heraufzubeschwören, die Licht auf die Art der Beziehung zwischen meinen Eltern werfen könnten, desto schwerer, ja eigentlich unmöglich wird die Aufgabe. Eine dicke Mauer trennte mein Zimmer von ihrem Schlafzimmer. Nie habe ich gesehen, daß sie sich umarmt oder geküßt hätten, nie habe ich gehört, daß sie sich stritten. Ihr Leben spielte sich, abgeschirmt von der Außenwelt, hinter einem Wall guter Umgangsformen ab, der ihr Privatleben beschützte. Vielleicht gab es auch gar nichts zu vertuschen, vielleicht entsprang alles nur meiner Phantasie, angeregt von dem Klatsch im Café »Präsident«, und der Playboy Anatol Levik war nur ein unbedeutender Funke in unserem Alltag, in unser Heim gefallen wie ein Vorhang, hinter dem nichts ist? Der Schlüssel zur Ehe meiner Eltern war nicht in meinem Besitz.

Es war Freitag, der 13., der Tag, der, wie die Nichtjuden sagen, Unglück bringt, als Nolek nach Bielitz kam, um das Wochenende dort zu verbringen. Das Wetter war winterlich. Als ich aus der Schule kam, zog ich meine schnee- und matschbeschmutzten Gummischuhe aus und ging barfuß in die Bibliothek. Nolek lag ausgestreckt auf dem Sofa und bemerkte mich nicht, bis ich auf ihn zuging und ihn begrüßte.

»Na, wie läuft's«? fragte er gleichgültig und ließ sein Buch sinken. Er hatte die Angewohnheit, mich in der Sprache junger Leute anzureden.

»So, so.«

»Was ist los? Schlechte Noten?«

»Seit wann bekomme ich schlechte Noten?« beantwortete ich die Frage mit einer Gegenfrage. Immerhin wußte er, daß ich einer der besten Schüler der Klasse war. Das Lernen fiel mir leicht. Meine Hausaufgaben erledigte ich meist in den Pausen zwischen den Stunden.

»So, was nagt denn dann an dir?«

Ich verriet ihm meinen Wunsch nach einem Fahrrad und beschwerte mich über die hartnäckige Weigerung meiner Eltern. »Nur du kannst mir helfen«, schmeichelte ich ihm mit kindlicher List.

»Du weißt, daß das unmöglich ist. Gegen den ausdrücklichen Willen deiner Eltern kann ich nichts tun.«

»Du kannst.«

»Nein, ich kann nicht.«

»Vielleicht willst du nicht.«

Offenbar hatte ich ihn verärgert, denn er platzte ungeduldig heraus: »Angenommen, ich will nicht. Was dann?«

»Es wäre besser, wenn du wolltest«, antwortete ich frech. Mein Blick schien ihm zu verraten, daß ich etwas im Schilde führte. Fragend hob er seine Augenbrauen.

»Was soll dieses Gerede?«

»Ich glaube, daß du mir das Fahrrad kaufen wirst, auch ohne, daß Vater damit einverstanden ist. Du kannst ja so tun, als hättest du nicht gewußt, daß er dagegen ist.«

»Das wäre eine Lüge.«

»Vielleicht, aber nicht die erste und sicher nicht die letzte.«

»Langsam, langsam, mein Junge. Deine Ausdrucksweise gefällt mir nicht.«

»Du bist der letzte, der mit mir schimpfen darf, Nolek. Vielleicht magst du meine Ausdrucksweise nicht – aber du liebst meine Mutter.«

»Bist du wahnsinnig geworden!?« schrie er. Das Buch fiel vom Sofa auf den Fußboden. Sein Zorn war echt; seine Wangen flammten rot auf, seine Oberlippe zitterte, und sein kleiner Schnurrbart schien sich gegen mich zu sträuben.

Ich sprach schnell, da ich Angst hatte, den Mut zu verlieren: »Wenn du mir kein Fahrrad kaufst, erzähle ich meinem Vater, daß du meine Mutter geküßt hast.«

»Das stimmt nicht.«

»Vielleicht habe ich das erfunden«, sagte ich plötzlich ruhig, wie jemand, der in turbulentes Wasser gesprungen ist und seine Angst überwindet, als er merkt, daß er nicht ertrinkt. »Vielleicht ist es eine Lüge. Aber wir werden ja sehen, wem mein Vater glaubt.«

## 5

Als wir unsere Sachen zur Flucht aus Bielitz packten und sie auf
den kleinen tschechischen Škoda luden, war im Auto kein Platz
mehr für das Fahrrad, das Nolek mir gekauft hatte. Vielleicht war
dreizehn wirklich eine Unglückszahl, denn das Fahrrad, das ich
mit so viel Mühe und List erworben hatte, blieb auf dem Dachbo-
den. Paula, das Hausmädchen, versprach zwar, es einzuölen, sollten wir vor Beginn des Herbstregens nicht zurück sein. Doch selbst
die Tatsache, daß Mutters Portrait, das ein Wiener Modemaler gemalt hatte, ebenfalls, in zwei Leintücher gewickelt, in einem Haufen Trödel auf dem gleichen Boden landete, konnte mich nicht trösten.

Mutter setzte Prioritäten. Auf ihre Anordnung hin schleppte der
Hausmeister, den jeder Großvater nannte, obwohl er weder Kinder
noch Enkel hatte, den roten Buchara-Teppich, der den größten Teil
des Wohnzimmers bedeckte, heraus, holte danach den Balucci aus
der Bibliothek und zuletzt den kleinen Shiruan und den seidenen
Kashan, den meine Mutter in Wien ersteigert und besonders ins
Herz geschlossen hatte. Der Mann schnürte sie mit dicken Stricken
regelrecht ein und befestigte sie auf dem Dach des Autos. Meine
Mutter erklärte feierlich, daß sie den Tod in den Händen der deutschen Eindringlinge dem Abschied von den teuren Objekten, die
sie ihr ganzes Leben gesammelt hatte, vorziehen würde. Zerbrech-
liche Porzellan-Tänzerinnen, von einer dicken Watteschicht umgeben und in Schuhschachteln gepackt, fanden ihren Platz auf dem
Rücksitz. Im Kofferraum wurden große Koffer mit Kleidern, eine
runde, schwarze, lederne Hutschachtel, ein spezieller Behälter für
Bestecke und zwei Federbetten, »für den Fall der Fälle«, verstaut.
Für Kopfkissen war kein Platz mehr. »Sie können doch nicht ohne
Kopfkissen reisen«, weinte Paula und versuchte vergeblich, sie in
die Teppiche zu stopfen. »Auf was wollen Sie Ihren Kopf denn bet-
ten?« wiederholte sie wieder und wieder unglücklich, als ob das
Fehlen der Kopfkissen ein Omen für ewige Unruhe sei.
Die Nachbarn lehnten in den Fenstern und beobachteten neu-

gierig den Tumult. Ich hörte, wie die Frau des Landvermessers, die im zweiten Stock wohnte, ihren Mann fragte: »Was geht hier vor?«, und seine schroffe Antwort: »Die Jidden hauen ab.« Bis gestern hatte er immer in unterwürfiger Höflichkeit seinen Hut gezogen, wenn er meinen Vater oder meine Mutter im Treppenhaus traf.

Mein Vater hatte meine Mutter eine Woche vor Ausbruch des Krieges ernstlich gebeten, Bielitz zu verlassen, aber sie hatte sich geweigert. Sie hing nahezu besessen an jedem kleinen Gegenstand; das Haus aufgeben zu müssen war in ihren Augen gleichbedeutend mit der Preisgabe all ihrer Lebensfreuden, all dessen, was ihr im Leben wichtig war. Der blankpolierte Parkettboden war für sie wie das Deck eines Schiffes, das in einem sicheren Hafen vor Anker liegt; Abreise verkörperte den Aufbruch in stürmische und unbekannte Gewässer, die alle möglichen Gefahren in sich bargen. Sie änderte ihre Meinung auch nicht, als Freunde von uns sich entschlossen wegzugehen. Nachrichten über den unvermeidlichen Zusammenstoß mit dem nazistischen Deutschland tat sie als »albernes Geschwätz« ab. Am 25. August unterzeichnete der polnische Außenminister Józef Beck ein Militärabkommen mit Lord Halifax in London. Die Franzosen folgten den Engländern. Eine Welle von Zuversicht durchflutete das Land und hob die allgemeine Moral. Wir wußten noch nicht, daß die Nachricht aus London Hitler veranlaßt hatte, bereits unterschriebene Angriffsbefehle zu widerrufen. Dem »Fall Weiß« zufolge hätte der Einmarsch in Polen an eben diesem Tag um vier Uhr morgens stattfinden sollen. Wir wußten auch noch nicht, daß die gute Nachricht aus London uns nur einen kurzen Aufschub gewährt hatte, eine Pause zur Besinnung. In den Bielitzer Straßen wurden Plakate geklebt, die um Freiwillige für die Zivilverteidigung warben. Nachts mußten wir unsere Wohnungen verdunkeln. Der Zivilschutz patrouillierte durch die Straßen und erstattete über diejenigen Bericht, die die Anordnungen nicht befolgt hatten. In den Geschäften wurden Papierklebestreifen verkauft, die die Fenster vor einer Bombenexplosion schützen sollten. Tante Mathilda rief aus Krakau an und erzählte, daß ihr Mann und ihr Schwager, die gemeinsam eine Apotheke betrieben, in das Sanitätskorps eingezogen und mit unbekanntem Ziel verschickt worden seien. »Ein Glück, daß man dich übersehen hat, Wilek«, sagte meine Mutter mit einem leichten

Seufzer. Ihre Bemerkung beruhigte ihn jedoch ganz und gar nicht. Mein Vater war gekränkt, daß man ihn nicht zur Fahne gerufen hatte. Sein Säbel aus den Tagen seines Dienstes in Pilsudskis Legion rostete in seiner Scheide; seine Uniform der kaiserlichen Armee war längst von Motten verzehrt. Dennoch war mein Vater der Ansicht, daß auch die Fünfzigjährigen mobilisiert werden sollten, wenn das Vaterland in Gefahr war. »Du bist fünfzig Jahre und zehn Monate alt, und das macht den Unterschied«, sagte meine Mutter bissig und fügte hinzu: »Ich weiß nicht, was das ganze Geschrei eigentlich soll. Es wird keinen Krieg geben. Ihr Männer macht immer viel Lärm um nichts.«

Mit dieser Haltung stand sie nicht allein. Viele glaubten, daß es nicht zum Kriegsausbruch kommen, daß Hitler im letzten Moment vor der vereinten militärischen Macht Großbritanniens und Frankreichs zurückschrecken und seine Drohungen nicht wahr machen würde. Menschen neigen dazu, das zu glauben, was ihnen angenehm ist. Krieg paßte, ähnlich wie Naturkatastrophen, nicht in die Vorstellungswelt meiner Mutter. Die Welt, die sie um sich errichtet hatte, diente ihr allein durch bloße Existenz schon als Gewähr für ihre Dauerhaftigkeit. Jeden Gedanken an eine verheerende Umwälzung, die ihren Glauben erschüttern konnte, schob sie von sich. Und wenn sie in den Auseinandersetzungen, die in unserem Eßzimmer stattfanden, durch unwiderlegbare Argumente an die Wand gedrückt wurde, erwiderte sie, daß, sollte Hitler es wagen, die polnische Grenze zu überschreiten, wie er es bei unserem Nachbarland Tschechoslowakei getan hatte, die polnische Armee ihn kurz und klein schlagen würde. Tag und Nacht fütterte die offizielle Propaganda uns mit Meldungen über die Entschlossenheit des polnischen Soldaten, den Feind zu schlagen. Nicht einmal die größten Skeptiker konnten sich vorstellen, daß die Waffen der Armee veraltet und nicht leistungsfähig waren, daß Polen eine Luftwaffe besaß, die diesen Namen nicht verdiente, und daß die berühmten Verteidigungslinien nur in der Phantasie der Generäle existierten.

Es war mein feurig-patriotischer Vater, der die Dinge besonnen sah und sich von den offiziellen Erklärungen nicht verwirren ließ. Bielitz lag nahe der Grenze, und seiner Meinung nach würde es den Deutschen nicht schwerfallen, sie in den ersten Stunden des Krieges zu erobern. Er zwang schließlich meiner Mutter seinen Willen auf. Es wurde beschlossen, nach Chełm zu fahren, einer

Stadt östlich des Bug, um dort das Ende des Sturms abzuwarten. Chełm, so hatte er gehört, war als landesweites Lazarett vorgesehen, und es war nicht anzunehmen, daß die Stadt bombardiert werden würde. Als wir in den Mittagsstunden des 30. August, einem Mittwoch, abfuhren, war der Nervenkrieg auf seinem Höhepunkt. Die Radiostationen berichteten über Italiens verzweifelten Versuch, zu vermitteln und Hitler davon abzuhalten, Polen den Krieg zu erklären. Einige Minuten nach Mitternacht erschien der englische Botschafter Henderson in der Kanzlei Ribbentrops in Berlin. Der Nazi-Außenminister empfing ihn mit ausdruckslosem Gesicht. Mit monotoner Stimme verlas er die Liste der deutschen Forderungen, angefangen mit der nach dem Anschluß Danzigs ans Deutsche Reich. Henderson bat um das Dokument, damit er es an die polnische Regierung weiterleiten konnte. »Die Zeit ist abgelaufen«, antwortete Ribbentrop. Seiner Angabe nach war der bevollmächtigte Vertreter Warschaus zur festgelegten Stunde nicht bei ihm erschienen. »Die Geduld des Führers ist zu Ende«, betonte er, ohne dies weiter auszuführen. In den frühen Morgenstunden traf sich Henderson mit Hermann Göring und erhielt von ihm eine Abschrift der Forderungen. Das Dokument wurde in größter Eile der polnischen Botschaft übergeben. Aber als der polnische Botschafter Lipski den Inhalt seinen Vorgesetzten in Warschau vorlesen wollte, entdeckte er zu seiner großen Überraschung, daß die Telefonleitung tot war. Die Wahrheit konnte nicht länger geleugnet werden: Hitler wollte nicht verhandeln. Er wollte Krieg.

Unsere erste Nacht verbrachten wir bei Großvater und Großmutter in ihrem Haus in Krakau. Meine Großmutter überraschte mich mit ihrer Großzügigkeit. Als es niemand sah, steckte sie mir eine Zweizłotymünze in die Hand. »Süße Träume«, sagte sie und küßte mich auf die Stirn. Ich lag in dem riesigen Bett von Tante Mathilda. Bevor ich einschlief, hörte ich durch die Tür die aufgeregten Stimmen der Radiosprecher. Als ich aufwachte, berichteten sie noch immer. Das Hauptquartier Hitlers teilte mit, daß die polnische Regierung all seine berechtigten Forderungen von vornherein abgelehnt hätte. Meine Mutter schalt mich, weil ich meine Schnürsenkel nicht zugebunden hatte. Tante Mathildas Dienstmädchen stürmte ins Zimmer. »Was wird aus mir werden? Was wird aus mir werden?« heulte sie. Meine Mutter erinnerte sie daran, daß man einen Raum nicht betritt, ohne vorher an die Tür geklopft zu haben. Ich nutzte den Tumult, um mich vor dem Zähneputzen zu drücken.

Nach dem Frühstück fuhren wir in Richtung Lublin weiter. Mittags erreichten wir die Weichsel in der Nähe der Kleinstadt Annopol, doch wurde uns nicht erlaubt, die Brücke zu überqueren. Eine Einheit Pioniere war darauf verteilt; die Soldaten zogen elektrische Drähte, um Sprengladungen anzubringen. Drei Stunden lang warteten wir in einer langen Autokolonne, bis ein Major in einer schäbigen Uniform kam und meinen Vater bat, sich auszuweisen. An jedem Mast hingen Plakate, die vor deutschen Spionen warnten. Die Leute wurden mißtrauisch, Gerüchte über Verrat durch polnische Persönlichkeiten deutscher Abstammung gingen um, die Soldaten waren aufgefordert, besonders wachsam zu sein. Mein Vater gab dem Offizier seinen Reservistenausweis.

»Sind Sie Leutnant?«

»Der Ausweis ist in Ihrer Hand«, antwortete mein Vater.

»Warum sind Sie nicht eingezogen?« Das Mißtrauen des Majors war offensichtlich.

»Meine Einheit wurde in die Gegend Lublins verlegt. Ich bin auf dem Weg dorthin, um mich zum Dienst zu melden.«

Der Major war noch nicht zufrieden und fragte weiter. »Ihr Name ist Frister?«

»Doktor Frister«, korrigierte meine Mutter. Mein Vater brachte sie zum Schweigen, indem er ihr die Hand aufs Knie legte und nickte.

»Wie Sie sehen können. So steht es im Ausweis.«

»Ist Frister ein deutscher Name?«

»Warum plötzlich deutsch?«

»Oder vielleicht Jude?« Aus seinem Ton war unschwer herauszuhören, daß auch Juden in seinen Augen verdächtig waren. Mein Vater verneinte heftig:

»Ich bin polnischer Offizier. Sie achten besser auf Ihre Zunge, sonst werde ich mich im Divisionshauptquartier über Sie beschweren.«

»Gut, gut, machen wir keine große Sache daraus«, beeilte der Major sich zu beschwichtigen. »Sie können hinüberfahren, sobald wir fertig sind.«

Die Pioniere arbeiteten bis zum Einbruch der Dunkelheit. Es wurde halb zehn, bis wir die Brücke überqueren konnten. Erst dann teilte mein Vater uns mit, daß wir in Chełm eine Verwandte hatten: Doktor Wilenko, Ärztin und Bakteriologin, verwitwet und seine direkte Cousine. Sie erwartete uns schon.

Am 3. September war das Wetter schön, und in der Sommersonne sah die Stadt ruhig und friedlich aus. Die Hauptstraße kroch den Hügel hinauf und traf dort oben auf einen Park, der die Kirche umgab. Der Verkehr war spärlich, niemand hatte es eilig; und es schien, daß in dieser gottverlassenen Kleinstadt wie in den meisten östlichen Provinzen Polens Zeit keine Bedeutung hatte. Aber nichts konnte trügerischer sein als diese Ruhe. Seit achtundvierzig Stunden fanden heftige Kämpfe zwischen der polnischen Armee und den einfallenden Armeen Hitlers statt. Von dem Moment an, da der erste Schuß gefallen war, ließ sich die Schwäche der polnischen Streitkräfte nicht mehr verbergen; der Mut der Kämpfer konnte den zweitausendfünfhundert Panzern, den zweieinhalb Millionen Soldaten, mit modernsten Waffen ausgerüstet, den Kampfflugzeugen und motorisierten Infanterie-Einheiten nicht standhalten. Binnen weniger Stunden wurden mehrere Städte in Trümmerhaufen verwandelt. Die Verteidigungslinien fielen eine nach der anderen. Die Regierungsämter bereiteten sich auf die Evakuierung Warschaus vor. Die Radiostationen fuhren fort, ermutigende Reden zu senden, und spielten Marschmusik, aber selbst die größten Optimisten mußten erkennen, daß die endgültige Niederlage nur eine Sache von Tagen war. Die Wellen von Flüchtlingen hatten das Ostufer der Weichsel jedoch noch nicht erreicht, und Chełm blieb so verschlafen, als seien die Würfel noch nicht gefallen. Die Bauern kamen wie üblich in die Stadt, um Lebensmittel einzukaufen. Ihre Wagen standen in der Hauptstraße, die Pferde stampften ungeduldig und hinterließen ihre Pferdeäpfel auf dem Asphalt. Hausierer boten auf dem Markt ihre Ware an. Die Kneipen waren geöffnet, und in den Lebensmittelgeschäften drängelten sich die Frauen. Meine Mutter entschied, daß dies die Gelegenheit sei, ein Paar Schuhe zu kaufen, und zwar – zum erstenmal in ihrem Leben – Schuhe mit flachen Absätzen.

Der Haufen von Kartons, den die Verkäuferin vor sie hinstellte, wuchs und wuchs. Meine Mutter prüfte jeden einzelnen, wütend über die schlechte Qualität. Vergeblich versuchte die Verkäuferin, sie zu überzeugen: »Dies ist die beste Ware, die wir haben.« Für meine Mutter war alles, was nicht aus den bekannten Modehäusern kam, schlechte Ware. Während sie gerade einen Schuh anprobierte und unzufrieden den Kopf schüttelte, ertönte eine Alarmsirene. Am Anfang wurde die Stille von nur einer Sirene zerrissen, dann gesellten sich andere dazu, in Sekunden war die Luft von lautem Geheul erfüllt, das auf und ab, auf und ab schwoll, wie ein Chor heulender Schakale in der Wüste.

»Wo gehst du hin?« schrie meine Mutter.

»Ich komme sofort zurück«, rief ich ihr zu. Ich flitzte hinaus. Auf keinen Fall wollte ich den Anblick der Bombardierung verpassen. Fußgänger rannten in alle Richtungen, die Straßen wurden menschenleer, nur die alleingelassenen Pferde scharrten nervös mit ihren Hufen auf dem Straßenpflaster. Als die Sirenen verstummten, beruhigten sich die Pferde wieder. Nun näherte sich aus der Ferne ein dumpfes Geräusch wie das Summen aufgeschreckter Bienen. Am Horizont, über den Dächern, tauchte eine Staffel deutscher Flugzeuge auf. Eins nach dem anderen schwenkte aus der Formation, stieß nach unten, befreite die Bomben aus seinem Rumpf und stieg wieder in den Himmel. Der Anblick war erstaunlich schön. Ich sah wie hypnotisiert zu. Die Bomben fielen weit entfernt, ich hörte sie explodieren und sah die Rauchsäulen in der Nähe der Schule aufsteigen, deren Dach mit einem roten Kreuz markiert war. Auf der anderen Seite der Stadt antwortete eine Batterie Flugzeugabwehrgeschütze. Die Geschosse explodierten weit entfernt von den Flugzeugen und hinterließen Wolkenbüschel, die wie dunkle Wattebäusche aussahen. Jemand schrie:

»He, Junge. Hau ab hier!«

Ich dachte nicht daran, meinen Beobachtungsstand aufzugeben. Aus der Tür des Hauses gegenüber dem Schuhgeschäft kamen zwei Soldaten. Einer schaute mit seinem Feldstecher in den Himmel und rief begeistert:

»Sie hauen ab! Sie hauen ab!«

So ein dummes Geschrei! Sogar ich, ein elfjähriger Junge, wußte, daß die Flugzeuge ihr Werk der Zerstörung vollbracht hatten und auf dem Rückflug zu ihrem Stützpunkt im Westen waren. Kaum waren die letzten Bomber verschwunden, erscholl wieder das Geheul der Sirenen. Diesmal mit dem Entwarnungssignal.

Ich ging in das Geschäft zurück. Die Verkäuferin war erstaunt, mich zu sehen:

»Suchst du die Dame? Sie ging gleich nach dir hinaus.«

Ein Krankenwagen raste vorbei und erschreckte die Pferde. Jemand rief, das größte Krankenhaus der Stadt habe einen Volltreffer abbekommen, es gebe Tote. Die Kaufleute schlossen ihre Geschäfte, die eisernen Rolläden fielen geräuschvoll hinunter. Die Verkäuferin kletterte auf eine Leiter, um die Kartons wieder in die Regale zu stellen. Aus Höhe der Decke fügte sie hinzu: »Ich glaube, die Dame ist in den Hof gerannt.« Ich betrat den Hof. Ich fürchtete, mein Vater werde mir die Hölle heiß machen, weil ich meine Mutter beim Alarm allein gelassen hatte. Ich rief nach ihr. An der Mauer, direkt unter der Regenrinne, stand ein mit Eisenringen umspanntes Holzfaß, ähnlich denen, die zum Transport von Bier benutzt werden. Die Bewohner des Hauses fingen in ihm das Regenwasser auf, das weich und zum Haarewaschen geeignet war. Aus dem Faß wuchs ein breitkrempiger Hut.

»Ist es vorbei?« fragte meine Mutter.

»Ja, es ist vorbei«, antwortete ich und fing an zu lachen.

Tante Wilenko, in deren Haus wir zu Gast waren, war trotz ihres Alters – sie muß über sechzig gewesen sein – eine gastfreundliche Frau; sie bemühte sich die ganze Zeit über, unseren Aufenthalt so angenehm wie möglich zu gestalten. Sie kochte uns unsere Lieblingsgerichte, ging frühmorgens zum Kiosk, um meinem Vater seine Lieblingszeitung zu kaufen, und verwöhnte mich mit Streicheln und Süßigkeiten. »Ich wollte immer einen Sohn haben«, sagte sie dann. Ihrem Mann, ebenfalls ein Arzt, der starb, nachdem er sich bei einem Patienten mit Scharlach angesteckt hatte, gebar sie vier Töchter. Die jüngste hieß Malinka, was auf polnisch »kleine Himbeere« bedeutet, und sie machte ihrem Namen Ehre: rundlich, rotbackig und süß. Ich mochte Malinka, und jedesmal, wenn sie sich mir näherte, wurde ich schüchtern. Dreißig Jahre später traf ich sie in Tel Aviv wieder. Ein hartes Leben lag hinter ihr, aber die Sorgen hatten ihren Charme nicht ausgelöscht. Anders war es mit ihrer älteren Schwester Marisia. »Marisia ist ein Opfer des Holocaust«, sagte Malinka oft. »Marisia ist ein seelischer Krüppel geworden.«

Marisias Biographie verdient besondere Beachtung, und sei es nur der Moral der Geschichte wegen. Sie hatte das Glück, aus den Lagern zusammen mit ihrem Mann zurückkommen und sich ein einigermaßen behagliches Leben im kommunistischen Polen einrichten zu können. Doch auf dem Weg aus Deutschland entledigten sich beide ihrer jüdischen Identität und nahmen polnischklingende Namen an. Isaak war ein Mann, der alles konnte; er fügte sich leicht in die neue Ordnung ein, trat der Partei bei und erklomm schnell die Stufen der Karriereleiter. Als wir uns 1948 trafen, erklärte er mir seine Weltanschauung. Das Judentum sei eine Bürde, die in sich die Saat der Katastrophe trage. Er sei nicht länger bereit, diese Bürde sein ganzes Leben lang auf sich zu nehmen. Das Judentum hatte ihm nichts weiter gegeben, behauptete er, als Leid und Demütigung. Als ihnen ein Sohn geboren wurde, ließen sie ihn taufen und erzogen ihn sogar im Geiste des Judenhasses. Als er drei Jahre alt war und Interesse an seiner Umgebung zu zeigen begann, baten sie mich, sie nicht mehr zu besuchen. Allein schon meine Existenz verband die Gegenwart, die sie sich geschaffen hatten, mit der Vergangenheit, die sie auslöschen wollten. Sie lebten in einem Schrank und wollten nicht, daß ich die Türen öffnete. Auch wenn Marisia und Isaak ihren Ursprung verleugnen konnten, so war es ihnen doch nicht möglich, einem entwurzelten Baum neues Leben einzuhauchen. Sie zahlten für ihren Fehler einen hohen Preis. Der Mann, dessen Namen sie angenommen hatten, war während der Besetzung Gestapo-Agent gewesen. Die Polizei nahm seine Spur auf – Isaak wurde verhaftet. Es war nicht leicht, seinen Vernehmern den Betrug, den er verübt hatte, zu gestehen; die erzwungene Rückkehr zum Judentum kostete ihn seine Gesundheit. Hätte er nicht die Wahrheit gesagt, wäre sein Leben am Galgen geendet. Die polnischen Behörden verfolgten Kriegsverbrecher mit der Höchststrafe. Ihm wurde zwar die Untersuchungshaft erspart, aber nicht die Strafe. Ihr kleiner Sohn konnte den Gedanken nicht ertragen, von nun an wie einer dieser Juden zu sein, die man ihn zu hassen gelehrt hatte. Die Familie wanderte nach Kanada aus, doch der Riß heilte nicht. Im Alter von sechzehn Jahren verließ der Junge für immer das Elternhaus und weigerte sich sogar zu kommen, als sein Vater einen Herzanfall erlitt. Isaak starb, ohne das geliebte Gesicht seines Sohnes wiedergesehen zu haben. Marisia lebt immer noch in Toronto. Sie kennt ihre alten Freunde nicht mehr und antwortet nicht auf die Briefe ihrer Schwestern. »Ich bin ihr nicht böse«, sagte Malinka. »Sie tut mir leid. Sie ist ein unglückliches Opfer des Holocaust. Die Nazis haben ihre Seele getötet.«

Wir waren noch in Chełm, als die Verteidigungslinie endgültig zusammenbrach und die Deutschen schnell bis ins Herz Polens vordrangen.

Die Regierung und die hohen Beamten flohen nach Rumänien. Es war an der Zeit, uns von Tante Wilenko zu trennen. Unser Gepäck wurde auf den Wagen geladen, und wir machten uns auf den Weg. Wohin? Es spielte keine Rolle. Hauptsache, wir konnten der Nazi-Armee entkommen. Wie Hunderttausende anderer Flüchtlinge wandten wir uns gen Osten. Wie ein Fieber griff der Massenexodus um sich, riß Polen und Ausländer mit sich. Die Straßen in den östlichen Landesteilen waren nicht gepflastert, die Luft war erfüllt von Staub und Dreck, der sich auf die Fenster des Autos legte. Man mußte vorsichtig zwischen Fußgängern und Karren manövrieren, an Wagen vorbei, die am Wegrand liegengeblieben waren, da ihnen das Benzin ausgegangen war, auf Löcher achten, die einen Achsenbruch verursachen konnten, und auf Armeelastwagen, die vorbeirasten, ohne sich um die anderen zu kümmern. Durch die schmutzigen Scheiben hindurch betrachtete ich die Menschen, die vor dem Terror des Krieges flohen, ohne zu ahnen, daß er nicht an ihnen vorbeigehen würde, daß sie uns Stukas nachschicken würden, die vom Himmel herabstürzten wie Habichte auf der Suche nach Beute. Es war niemand da, der Widerstand leisten konnte, niemand bis auf einen Soldaten, der zufällig in den Flüchtlingsstrom geraten war und sich nun, statt in Deckung zu gehen, mitten auf die Straße stellte und mit seiner Pistole auf die Kampfflugzeuge schoß. Die Stukas beschossen die Straße mit Maschinengewehren, der Soldat wurde getroffen und stürzte mit offenem Mund. Er krümmte sich im Todeskampf, sein Blut versickerte im Staub der Straße. Das war der erste Tote meines Lebens. Er erschreckte mich nicht.

Ich musterte die Leiche von einem unterirdischen Betonrohr aus, in das ich gekrochen war, als die Flugzeuge kamen. Die Rohre verbanden die Gräben zu beiden Seiten der Straße, und in normalen Zeiten dienten sie als Ablauf für Regenwasser. Jetzt waren sie der einzige Schutz gegen die schießenden Flugzeuge. Kaum hörten wir das Brummen ihrer Motoren, stürzten wir aus dem Auto und suchten ihre Öffnungen. Andere taten das gleiche. Manchmal, wenn wir es nicht mehr rechtzeitig schafften, uns in die Rohre zu quetschen, rannten wir in die Felder und legten uns in die Furchen, unsere Köpfe fest an die Erde gepreßt, in der irrigen Hoffnung daß, wenn wir die Deutschen nicht sahen, sie uns auch nicht bemerkten. Der Geruch gepflügter Erde ist in meinem Bewußtsein noch immer mit Maschinengewehrfeuer verbunden.

Die Nächte verbrachten wir in einfachen Herbergen an der Straße, wo die Bauern der Gegend zusammenkamen, um ihr Leid im Alkohol zu ertränken. Im Licht der Petroleumlampen wirkten ihre Gestalten wie Figuren aus einem Stück von Tschechow. Während wir an einem Seitentisch darauf warteten, daß der Wirt uns das Abendbrot brachte, meist Buchweizenbrei, Milch und Mehlklöße, hörte ich den Gästen zu. Die, deren Blut vom Alkohol bereits in Wallung gebracht worden war, prophezeiten ein schnelles, apokalyptisches Ende und stritten darüber, wie das Ende der Welt über ihre Dörfer kommen würde. Die Grenzen ihrer Gegend waren für sie gleichbedeutend mit den Grenzen der Welt, waren doch nur wenige von ihnen in ihrem Leben aus ihren Dörfern einmal herausgekommen. Hier herrschte die Unwissenheit; das Los dieser Menschen waren das Brot der Not und das Wasser des Leidens. Die Felder, bearbeitet im Schweiße ihres Angesichts, konnten ihre großen Familien nicht länger ernähren. In jeder neuen Generation wurden die Felder durch die Erbteilung um so vieles kleiner, daß sie schließlich einem Schachbrett ähnelten, aufgeteilt in Karos aus Korn, Kohl und Klee. Im Sommer 1939 war der Himmel wolkenlos, und die Bauern sagten eine schlechte Ernte voraus.

Das Ausbleiben des Regens war ein doppelter Schlag, denn nur ununterbrochener, starker Regen hätte den Eindringling aufhalten können. Das behaupteten zumindest diejenigen, die noch glaubten, daß Gott das polnische Volk nicht im Stich lassen würde. Sie forderten, man solle die Kirchenglocken läuten und Blumen an den Statuen der Jungfrau Maria, die wie Meilensteine entlang der Landstraßen aufgestellt waren, niederlegen. In der Regenzeit, so prophezeiten sie, würden die Wege sich in Schlamm verwandeln, in dem die Nazi-Panzer steckenblieben, bis sie sich am Ende der polnischen Kavallerie würden ergeben müssen. Aber Gott hatte scheinbar seine Schafe verlassen, denn die Saison blieb trocken, die Hilfe vom Himmel blieb aus. Wie ein Fluch wölbte sich ein strahlendblauer Himmel über Polen und beschleunigte den endgültigen Zusammenbruch.

Hier im Osten brachen die Bauern die Streichhölzer in vier Teile und zogen nur sonntags Schuhe an, wenn sie zum Beten in die Kirche gingen. Das erzählte mir meine Mutter, als wir den heißen Brei aßen. Ich fischte die Körner aus dem Buchweizen und mochte die Teigklöße nicht. Noch immer war ich das verwöhnte Kind aus Bielitz, aber allmählich begann ich zu verstehen, was sie gemeint hatte, als sie mich des öfteren gescholten hatte, ich solle bei Tisch nicht so wählerisch sein. »Andere Kinder wären glücklich, so ein Essen zu haben«, hatte sie mir vorgehalten. Ich mußte bis hierher kommen, um zu begreifen, was sie mir sagen wollte. Für mich war diese Reise nach Ostpolen wie eine Entdeckungsreise zu einem fernen Erdteil. Zum erstenmal sah ich Hütten ohne Schornsteine, Häuser, die den Illustrationen der Märchen der Gebrüder Grimm entnommen schienen, betrunkene Männer und barfüßige Kinder. In den Eingängen ihrer erbärmlichen Katen hockten in Lumpen gehüllte Frauen und boten Eier und Milch zum Verkauf an. Dies war ihre große Stunde, denn der Preis, den sie verlangten, war zehnmal so hoch wie der normale. Meine Mutter murrte zwar, handelte aber nicht. Einige Tage später weigerten sich die Verkäufer, Geld anzunehmen. Nun wurde getauscht. Meine Mutter freute sich, wenn sie eine Henne für ein seidenes Nachthemd oder ein Stück Fleisch für ein feines Wollkostüm bekommen hatte. Unser größtes Problem war jedoch nicht das Essen, sondern Benzin. Die wenigen Tankstellen waren geschlossen, weil ihnen das Benzin ausgegangen war. Die Kleinstädte erlebten die Geburt einer neuen sozialen Klasse: der Schieber. Bei ihnen konnte man alles bekommen. Mit einem Seufzer des Bedauerns stimmte meine Mutter zu, ihre Perserteppiche zu opfern. Doch die Schieber lachten nur. Sie waren allein an ausländischer Währung interessiert. »Aber dieser Kashan ist mehrere hundert Dollar wert«, versuchte sie, sie zu überzeugen. Doch die Kriegsgewinnler wußten zwischen einem echten Kashan und einem maschinengewebten Teppich nicht zu unterscheiden, und selbst wenn sie es gewußt hätten – wer braucht schon einen wertvollen Teppich, wenn er statt eines Parkettbodens nur festgestampfte Erde unter seinen Füßen hat? Der Markt wurde nur vom Verkäufer bestimmt, und das Benzin bekam derjenige, der am meisten zahlte. Niemand wußte, ob er in der nächsten Kleinstadt noch einen Tropfen Benzin bekommen und was er dort kosten würde.

Am Rande eines Städtchens, dessen Namen ich vergessen habe – sie sahen ohnehin alle gleich aus –, trafen wir auf einen Lastwagen, der mit gebrochenen Achsen in den Graben gefahren war. Der Fahrer hatte fünf Reservekanister mit Benzin dabei. Er weigerte sich nicht, polnisches Geld zu nehmen. Mein Vater rechnete sich aus, daß die hundert Liter genügen würden, um der deutschen Bedrohung für immer zu entkommen. »Wo willst du denn hin?« fragte ich. »Mit soviel Treibstoff kommen wir bis nach Moskau.« Mein Vater warf mir einen wütenden Blick zu, und mit der forschen Stimme eines Reserveoffiziers, der das Kommando über eine Kompanie übernahm, befahl er mir, die Perserteppiche in den Graben zu werfen, um für die fünf Kanister Platz zu schaffen. Zuerst bugsierte ich den dunkelroten Buchara herunter, nach ihm den Balucci mit den drei Rahmen, die untereinander mit wahrhaft gordischen Knoten verknüpft waren; gleich danach war der kleine Shiruan an der Reihe, den meine Mutter aus der Türkei mitgebracht hatte, und schließlich der seidene Kashan, den sie, der persischen Jägerfiguren wegen, so liebte. Die vollen Kanister wechselten den Besitzer. Der Lastwagenfahrer half, sie auf dem Dach unseres Škoda festzuzurren. Dann spuckte er auf seine Finger und zählte die Geldscheine nach, die mein Vater ihm gegeben hatte. Zufrieden mit dem Ausgang des Geschäfts, nickte er uns zu, stopfte das Geld in seine Hosentasche, nahm ein Bündel von seinem Kabinensitz, trat mit dem Fuß gegen die Wagentür und machte sich ohne einen Blick zurück auf den Weg. Mehrere Bauern standen in der Nähe und beobachteten gleichgültig das Geschehen. Keiner von ihnen kam, um sich die Teppiche zu holen.

Meine Mutter schluchzte leise. Ich nahm ihre Hand und sagte naiv: »Weine nicht, Mutti, meine Bleisoldaten habe ich auch nicht mitnehmen können.«

Zdołbunów war ein so unwichtiger Ort, daß ich zuvor weder in Geographie noch in Geschichte von ihm gehört hatte. Ich nehme an, daß er auch auf den Karten des deutschen Generalstabes lediglich als eines der Kampfziele auftauchte, aber mit Sicherheit nicht als Ort, an den man nach dem Endsieg zur Erholung fahren sollte. Mit dem Pferdewagen betrug die Entfernung zur sowjetischen Grenze ungefähr eine Stunde. Der erste fremde Soldat, den ich in Zdołbunów sah, kam nicht aus Deutschland, sondern aus der UdSSR. Er trug eine zerschlissene Uniform und auf seinem Kopf eine Mütze, an der ein roter Stern prangte. Er stand plötzlich vor mir, von einer Bande neugieriger Kinder umringt, mit einem breiten Lächeln auf dem Gesicht. Ich fand nichts Beängstigendes an ihm, obwohl er eine Maschinenpistole in der Hand hatte und mich in einer fremden Sprache ansprach.

»Er hat dich begrüßt«, übersetzte mir ein etwa sechs Jahre alter Junge.

»Wo kommt er her?«

»Von dort«, der Junge zeigte auf das Ende der Straße.

»Was für eine Sprache spricht er?«

»Russisch.«

Ich drehte mich um und rannte nach Hause, um von meinem Abenteuer zu erzählen. Meine Mutter hörte mir zu, schalt mich für meine unnötige Aufregung und platzte heraus: »Das hat uns noch gefehlt: die Bolschewisten!«

Ich wußte natürlich nicht, daß wir Zeugen eines historischen Ereignisses waren. Noch hatten wir keine Ahnung, daß die Außenminister des Reiches und der Sowjetunion ein Geheimabkommen unterzeichnet hatten, mit dem sie Polen unter sich aufteilten. Die Gebiete östlich des Bug sollten unter russische Kontrolle kommen. Der Inhalt des diplomatischen Schreibens, das der Volkskommissar des Äußeren Molotow dem polnischen Botschafter in Moskau am 17. September übergeben hatte und das jenem mitteilte, daß die Rote Armee in Ostpolen einmarschiert sei, um »das Leben der ukrainischen und weißrussischen Bürger zu schützen«, war uns allen unbekannt. Den vollen Wortlaut des Geheimabkommens zwischen Molotow und Ribbentrop erfuhr das polnische Volk erst fünfzig Jahre später, nach dem Sturz des kommunistischen Regimes in Warschau.

Nicht nur meine Mutter verabscheute die Russen. In den Augen meines Vaters waren die Bolschewisten sogar schlimmer als die Nazis. Die Russen wiederum sahen in unserem kleinen Škoda ihren Hauptfeind, der im Hof des Hauses geparkt war, in dem wir ein Zimmer gemietet hatten. Sie kamen zu dritt – ein Offizier und zwei Angehörige der Volksmiliz, die unter den Einheimischen organisiert worden war. Ein Milizionär, der ein rotes Band auf dem Ärmel seiner Jacke trug, setzte sich an das Steuer.

»Die Schlüssel!« schrie er.

Mein Vater gab ihm ein Schlüsselbund. Der Mann ließ den Motor an, kämpfte einen Moment mit der Gangschaltung, schaltete irrtümlich in den Rückwärtsgang, trat auf das Gaspedal und krachte mit aller Wucht in die Ziegelsteinmauer, die den Hof umgab. Dem armen Škoda war eine derart brutale Behandlung zuviel. Der Kofferraum war zerquetscht, aus der Hinterachse tropfte Öl, der Motor erstarb. Die Plünderer im Namen des Volkes ließ das kalt. Der Fahrer stieg aus, besah sich das zerstörte Auto und kicherte:

»So macht man es mit kapitalistischem Eigentum.«

Die drei gingen, wie sie gekommen waren. In der Nacht bauten Unbekannte alles aus, was man ausbauen konnte, die Sitze eingeschlossen. Das Wrack stand noch im Hof, als wir einige Tage später den Zug bestiegen, der uns eigentlich nach Lemberg bringen sollte.

Wir hatten im Haus eines der reichsten Männer Zdołbunóws, der Rabbi Samuel genannt wurde, obwohl sein richtiger Name Zalman war, gewohnt. Am Mittag des 17. September waren wir in Zdolbunów eingetroffen; ein Passant hatte uns zu der Familie Krau geschickt. Meine Mutter handelte mit Samuel-Zalman ein kompliziertes Abkommen aus, demzufolge wir gegen Kleider für seine Frau Sure ein Zimmer mieten konnten. Um ihren guten Willen zu zeigen, gab sie ihm noch eine Tabaksdose aus Perlmutt dazu. Diese Geste beeindruckte Rabbi Samuel. In Zdołbunów gab niemand etwas weg, für das er nichts zurückbekam.

Was mich betraf, so hatte ich noch nie ein Haus wie das des reichen Mannes gesehen. Hätte ich die Welt Marc Chagalls schon gekannt, dann hätte ich sicher erwartet, nachts den bezaubernden Geigenspieler aus seinem Bild steigen, über unserem Dach schweben und auf seiner Geige eine herzzerreißende jiddische Melodie spielen zu sehen. Doch die Phantasie eines Kindes, das mit furchteinflößenden Märchen erzogen worden war, machte aus Samuel-Zalmans Heim die Hütte einer bösen Hexe, die unschuldige Kinder fängt, um sie zu vergiften. Es gab keine einzige gerade Wand in dem Haus. Im Flur herrschte Dunkelheit, und die kreischende Stimme der dicken Sure klang in meinen Ohren wie eine Schar Krähen. Wir richteten uns in dem Zimmer auf der linken Seite des Flurs häuslich ein. Das Fenster ging auf die Hauptstraße; auf dem Fensterbrett stand eine verwelkte Geranie. In den Polstern der Sessel und Matratzen hingen alte Küchengerüche.

Der reiche Mann hatte so viele Kinder, daß es mir nicht gelang, sie alle zu zählen. Alle paar Minuten steckte ein anderes Kind den Kopf in unser Zimmer, ohne vorher angeklopft zu haben. Für sie waren wir Geschöpfe aus einer anderen Welt. Wir trugen keine Kaftane, mein Vater hatte keinen Bart und keine Schläfenlocken, meine Mutter rasierte sich nicht den Kopf und verhüllte ihn nicht mit einem Kopftuch.

»Seid ihr Juden?« fragte eine der Töchter.

»Selbstverständlich sind wir Juden.«

»Juden wie euch habe ich noch nie gesehen«, meinte sie verwundert.

»Ich habe auch noch nie Juden wie euch gesehen«, entgegnete ich.

»Wo kommt ihr her?«

»Aus Bielitz.«

»Ist das eine Stadt oder ein Dorf?«

»Eine Stadt.«

»Größer als Zdołbunów?«

Ich lächelte. »Viel größer.«

»Und ich dachte, Zdołbunów sei die größte Stadt in Polen«, sagte sie und floh aus dem Zimmer. Sie war in meinem Alter, benahm sich jedoch wie ein Mädchen aus dem Kindergarten. Als wir abends zum gemeinsamen Abendbrot mit der Familie eingeladen wurden, traute sie sich nicht, mir in die Augen zu sehen.

Wir lebten zwei Wochen in Samuel-Zalmans Haus. Nicht ohne Grund war es Symbol seines hohen gesellschaftlichen Status: Es war eins der wenigen, in das eine Toilette mit Spülung eingebaut war, und aus den Wasserhähnen in der Küche floß heißes und kaltes Wasser. Samuel-Zalman war ein kleiner Mann, aber in dem dürren Körper wohnte die Seele eines echten Tyrannen. Sogar die dicke Sure wagte es nicht, sich ihm entgegenzustellen. Ich fragte mich, wie der Brustkorb eines Mannes, der aussah, als hätte er Tuberkulose, eine Stimme hervorbringen konnte, die seine Gesprächspartner mit ihrem Donnern erschreckte. Er hatte den Tonfall eines Herrn kultiviert, und da er der einzige in der Familie war, der sowohl Polnisch als auch Weißrussisch sprach, war er das Bindeglied zwischen den Mitgliedern seines Haushaltes und den Nichtjuden. In den Straßen des Städtchens nahm er die Grüße der Vorbeigehenden mit einem kaum merklichen Kopfnicken entgegen. Die Bauern verneigten sich tief vor ihm, eine Geste, die er als selbstverständlich betrachtete. Er kaufte ihr Getreide und lieh ihnen Geld, wenn es ihnen schlechtging. Seine Schuldner waren zwar erbittert über die hohen Zinsen, das Wort Wucher aber fiel höchstens in ihren eigenen vier Wänden. In der Synagoge war ein Ehrenplatz in der ersten Reihe für ihn reserviert, und der Rabbiner des Städtchens nahm von Zeit zu Zeit in seinem Haus das Schabbatmahl ein. Auch an heißen Sommertagen hüllte sich Samuel-Zalman in einen langen, schwarzseidenen, eigens für ihn gefertigten Kaftan und trennte sich nicht von seiner Pelzmütze. Meine Mutter versteckte ihren Ekel nicht. »Kein Wunder, daß er so nach Schweiß stinkt«, beklagte sie sich.

Später, als die kleinen jüdischen Städte in Ostpolen ausgerottet waren, wurde diese traurige Welt in sentimentaler Nostalgie als eine verlorene Kultur beschrieben. Die Armut, der Schmutz und die Rückständigkeit waren vergessen; in Erinnerung blieben lediglich die Poesie der Geschichten eines Isaac Leib Perez, die Klugheit eines Herschele Ostropoler, Chagalls fliegender Geiger und das Vermächtnis der Weisen aus dem Osten. Oder vielleicht habe ich das Verborgene nicht wahrnehmen können und mein Bild deshalb auf einem oberflächlichen Eindruck aufgebaut? Wie auch immer, eines ist zweifellos wahr: In Zdołbunów gibt es keine jüdischen Herrn mehr und auch keine elenden jüdischen Armen, und die Gestalt Rabbi Samuel-Zalmans, der auf seinem Stuhl thronte wie ein König, ist in mein Gedächtnis ebenso eingeprägt wie die romantischen Helden, die in Madame Toussots Wachsfigurenkabinett verewigt sind.

# 6

Am 21. Juni 1941, frühmorgens um 3.15 Uhr, griffen die Deutschen die Sowjetunion an. Stalin wurde vollkommen überrascht. Bis zum letzten Moment weigerte sich der Diktator im Kreml zu glauben, daß Hitler das Abkommen, das er mit ihm geschlossen hatte, nicht einhielt. Agentenberichte, die seiner Ansicht widersprachen, daß die Deutschen Rußland in Ruhe lassen würden, solange der Krieg an der Westfront nicht beendet war, verwarf er. Ein Soldat der Wehrmacht, der in der Nacht die Grenze überschritt, um die Russen vor dem Angriff zu warnen, wurde als Provokateur erschossen. Am Samstag abend, dem Vorabend des Überfalls, saßen mein Vater und seine Freunde in einem Café im Zentrum Lembergs und diskutierten über die baldige Niederlage der Deutschen an der Westfront. Man brauchte schon eine große Portion Naivität, um dies zu glauben. Nach Frankreich, Belgien, Holland, Dänemark und Norwegen waren jetzt auch Jugoslawien und Griechenland gefallen, und in Nordafrika näherte sich Feldmarschall Rommel stetig der ägyptischen Grenze, aber die Gäste des Cafés fuhren fort, die Friedensverhandlungen zu planen. Die Kapitulation der Nazis war angeblich nur noch eine »Frage der Zeit«. Bei einer Tasse Ersatzkaffee und in dieser Atmosphäre eines unverbesserlichen Optimismus konnte mein Vater der Realität entfliehen, in der sonst nichts als körperliche Arbeit und geistige Leere war. Seitdem wir in Lemberg waren, hatte er seine Tage als Kutscher verbracht. Dem Vater von Erik, meinem besten Freund in Bielitz, war es gelungen, eine Kooperative zur Herstellung von Marmelade und Kompott zu gründen und sich selbst zum Generaldirektor zu ernennen. Er hatte sich immer zu helfen gewußt. Sein ständiger Ausspruch war, daß alle Russen bestechlich seien, man müsse nur wissen, wem man das Geld in die Hand zu drücken habe. Kraft seines neuen Amtes und mit dem Einverständnis der russischen Behörden, übertrug er meinem Vater die Auslieferung der Ware in die Geschäfte. Die meisten seiner Kollegen und Bekannten, ehemals Rechtsanwälte, Ärzte, Fabrikanten, hatten weit weniger angenehme Jobs. Sie fegten Straßen, arbeiteten auf dem Bau oder als Lastenträger. Obwohl mein Vater scherzte, daß seine Erfahrung als Kavallerie-Offizier in der Armee Seiner Kaiserlichen Majestät Franz Josef ihm von enormem Nutzen sei, wenn er die Zügel der Pferde hielt oder das Geschirr in Ordnung brachte, konnte er seinen Widerwillen nicht verbergen. Ich tröstete ihn, ohne zu ahnen, daß dies nur der Anfang der Demütigung war.

Auch die Nächte meinten es nicht gut mit uns. Das Zimmer, das wir von der Familie Krau gemietet hatten, war von einer Armee blutrünstiger Wanzen besetzt, die, trotz unermüdlicher Bemühungen meiner Mutter, nicht gewillt waren, ihren Lebensraum aufzugeben. Jede Nacht erwachte sie von den Stichen, machte das Licht an, stürmte frontal auf die Wanzen zu, versuchte sie zu zerdrücken, bevor sie sich unter der Tapete versteckten. Wenn sie starben, gaben sie einen Laut wie zerreißendes Papier von sich und erfüllten den Raum mit dem widerlichen Geruch süßlichen Schimmels. Die Zahl der Opfer konnte man morgens anhand der Blutflecken auf der Wand zählen. Aber es war eine verlorene Schlacht, denn Wanzen können sich doppelt so schnell vermehren, wie man sie vernichtet. Wenn meine Mutter sich weigerte, diese ermüdende Schlacht aufzugeben, so tat sie es hauptsächlich aus dem Gefühl heraus, daß dieser scheinbar bedeutungslose Rückzug eigentlich eine Preisgabe ihrer menschlichen Würde wäre. Es lag etwas Symbolisches in ihrem Kampf mit den kleinen Blutsaugern. Es war die letzte Verteidigungslinie vor dem Niedergang.

Wenn es etwas gab, das meine Mutter mehr haßte als Wanzen, dann waren es die Bolschewisten. Die materielle Not, die jene uns auferlegt hatten, konnte sie vielleicht noch übersehen, die Degeneration des Daseins aber, die sie uns aufgezwungen hatten, konnte sie ihnen keinesfalls verzeihen. Ihre unordentliche Erscheinung widerte sie an, sie verhöhnte ihren schlechten Geschmack und ihre fehlenden Tischmanieren, es fiel ihr schwer, sich mit ihrer Unkenntnis des Lebensstils abzufinden, den sie als Festung westlicher Kultur betrachtete. Sie haßte die Frauen der russischen Beamten und Offiziere, die ihre Nachthemden kauften, um sich auf Festen damit aufzuputzen, sie hielt sich so weit wie möglich von den Männern fern, die Wodka direkt aus der Flasche tranken, schlechten Tabak rauchten, einen sauren Schweißgeruch ausströmten und stolz auf ihr rückständiges Heimatland waren. Die Lehren von Marx-Engels-Lenin-Stalin, die man versuchte, uns durch Gehirnwäsche einzubleuen, hielt sie für eine Botschaft aus dem finsteren Mittelalter, und wenn sie die Möglichkeit gehabt hätte, hätte sie verhindert, daß ich zur Schule ging, damit ich mich nicht mit den »bösartigen kommunistischen Gedanken« ansteckte.

Ich litt weder unter der Bosheit noch unter den Bolschewisten. Den Kindern war unter Stalins Regentschaft ein Platz mit besonderen Privilegien reserviert; sie sollten die erste Generation sein, die der Erlösung im Sinne des Kreml habhaft werden durfte. Zu Hause aß ich verfaulte Kartoffeln und trübe Suppen, aber im Speisesaal der Schule fütterte man uns mit Fleisch und frischem Gemüse. Schnell lernte ich Russisch und Ukrainisch. Niemand zwang uns, *Das Kapital* zu lesen, und ich für meinen Teil verschlang mit Begeisterung die Werke von Puschkin und Lermontow. Ich bemerkte nichts von der Gehirnwäsche, vor der sich meine Mutter so sehr gefürchtet hatte; die Behandlung fand unter Narkose statt, aber mit durchschlagender Wirkung.

Meine Eltern wählten das kleinere Übel und schickten mich in die sechste Klasse der Volksschule, die von zwei älteren Damen, Makowiecka und Filska, geleitet wurde, die ihr Erziehungsinstitut zu einem Bollwerk des polnischen Nationalismus gemacht hatten. Mit wichtigen Polizeiarbeiten beschäftigt, hatten die Kommissare keine Zeit gefunden – zumindest damals noch nicht –, das Erziehungssystem von der Plage des Imperialismus zu säubern, und so kam es, daß der weiße Adler, das polnische Staatswappen, das es offiziell nicht mehr gab, weiterhin das Lehrerzimmer schmückte. Doch es konnte nicht immer so weitergehen. Mit Beginn des Herbstes wurde unsere Schule dem staatlichen Erziehungswesen angegliedert. Die Damen Makowiecka und Filska brachen zu einer langen Studienfahrt in die Gulags der Sowjetunion auf. Im Zimmer des Direktors ließ sich ein Mitglied der kommunistischen Partei nieder und sorgte schnellstens dafür, daß der Unterricht in den richtigen Bahnen lief.

Ich hatte wieder das Glück, meine Schulbank mit Erik teilen zu können. Wenn meine Eltern geglaubt hatten, einen Zufluchtsort für mich gefunden zu haben, so unterlagen sie einem schweren Irrtum. Erik und ich waren nicht nur Fremde, wir wurden von der Klasse wie Eindringlinge behandelt. Der Rest der Schüler, die fast alle aus alteingesessenen polnischen Familien stammten, quälten uns bei jeder Gelegenheit. Es machte ihnen Spaß, uns das Leben mit Beschimpfungen zu versauern – »Jid« war noch eine der feinsten. Wenn sie ihren Schultag mit einem Gebet begannen, wurden wir, entgegen der Formel »Gegrüßt seiest Du, Maria, voll der Gnaden«, aus der Klasse verbannt. Als der Genosse Kommissar einmal Heiligenbilder zwischen den Seiten der Schulbücher einiger Mitschüler fand, bezichtigten uns die Polen sofort der Petzerei. Die Strafe war schwer: Wir wurden wie Leprakranke ausgestoßen, niemand sprach in den Pausen mit uns. All dies geschah unter den scharfen Augen der Klassenlehrerin, Fräulein Bronisława Piela. Diese schlanke Frau mit dem ernsten Gesicht lehrte uns Geographie und bestand hartnäckig darauf, alte Landkarten zu benutzen, auf denen der Name des freien Polen noch nicht gelöscht war. In der Stunde über die polnischen Ostgebiete erklärte sie uns, daß sie »bis September von feindlichen Minderheiten beherrscht waren, während sie nun von den Russen und ihren jüdischen Mitarbeitern regiert werden«. Als sie das gesagt hatte, richteten alle Schüler der Klasse ihre Blicke auf uns. Ich fühlte mich wie betäubt. Ich schlug meine Augen nieder, als hätte ich tatsächlich Schuld auf mich geladen. Noch am gleichen Tag wollte ich meinen Vater bitten, mich in eine andere Schule gehen zu lassen, aber ich hatte Angst, daß er meine Not nicht verstehen würde.

In dieser Atmosphäre organisierter Entfremdung überraschte uns Fräulein Piela mit einem außerordentlichen Vorschlag:

»Seid ihr bereit, eine patriotische Aufgabe zu erfüllen?« fragte sie Erik und mich, als wir in der großen Pause in den Speisesaal gehen wollten.

»Selbstverständlich, Frau Lehrerin.«

Sie meinte, wir sollten ihr ins Lehrerzimmer folgen. Vorsichtig schloß sie die Tür hinter uns, sah sich um, um sicher zu sein, daß ihr auch keiner zuhörte, und fragte wieder:

»Sagt mir, aber mit der Hand auf dem Herzen – liebt ihr unser Vaterland?«

»Bis zum letzten Tropfen unseres Blutes, Frau Lehrerin«, antwortete Erik schnell.

»Bis zum letzten Tropfen meines Blutes«, plapperte ich ihm wie ein Papagei nach.

»Das wollte ich von braven Kindern wie euch hören. Ich erwarte ein großes Opfer von euch.«

Ich war sicher, daß man uns eine wichtige, geheime Aufgabe übertragen würde. In gespannter Erwartung sah ich ihr in die Augen. Wenn sie mir gesagt hätte, ich solle mich in das Büro des Direktors schleichen, um ihn umzubringen, hätte ich ihren Wunsch, ohne zu zögern, ausgeführt. Ich war zu allem bereit, zu jedem Opfer, das beweisen konnte, daß ich nicht weniger von patriotischem Geist erfüllt war als die anderen Schüler.

Aber unsere Klassenlehrerin hatte ganz andere Pläne.

»Ihr habt doch sicher schon von den Pionieren gehört?«

Natürlich hatten wir von ihnen gehört. Die Pioniere waren eine Pfadfinderbewegung, die erste Stufe zum Komsomol und der kommunistischen Partei.

»Gut«, seufzte sie, »wir wurden aufgefordert, aus jeder Klasse geeignete Kandidaten für diese Bewegung auszuwählen.«

»Was geht uns das an?« forderte Erik sie heraus.

»Es hat eine Menge mit euch zu tun; ich bitte euch, euch freiwillig zu melden«, antwortete sie.

Ich hatte noch immer nicht begriffen, was sie eigentlich wollte.

»Warum ausgerechnet wir?«

»Weil es eine patriotische Tat ist.«

Ich hatte im Grunde nichts dagegen, mich den Pionieren anzuschließen. Die Kinder der Bewegung durften den »Palast der Jugend« besuchen, ein Klubhaus, das mit Spielen und Turngeräten großzügig ausgestattet war. Manchmal wurden Vorträge gehalten und Tanzabende veranstaltet, und wer sich regelmäßig dort aufhielt, den erwarteten spannende Ausflüge. Doch die Art, wie Fräulein Piela sich an uns heranmachte, und ihre geheimnisvolle Ausdrucksweise weckten mein Mißtrauen. Irgend etwas stimmte nicht.

»Wo ist der Zusammenhang?« wollte ich wissen. »Ich kann den Zusammenhang zwischen unserer patriotischen Einstellung und ...«

»Ich werde es dir erklären, Roman. Und auch dir, Erik«, sagte sie mit Samtstimme. »Ihr seid kluge Kinder und werdet mich gewiß verstehen. Wir müssen dem Schuldirektor beweisen, daß wir den Forderungen der Behörden nachkommen. Es ist klar, daß ich das von den anderen Schülern nicht verlangen kann. Ihr seid Juden. Euch macht es nichts aus. Wenn ihr zustimmt, rettet ihr uns vor einer schrecklichen Schande.«

Die Katze war aus dem Sack. Erik zuckte mit den Schultern.

»Ich bin mir nicht sicher, Frau Lehrerin, daß dies eine wünschenswerte Lösung ist. Sie wissen, wie die Dinge stehen. Unsere Klassenkameraden werden uns das nie verzeihen. Sie werden sagen, daß nur Juden so etwas machen ...«

»Macht euch keine Sorgen; ich habe bereits mit ihnen gesprochen.«

»Wenn das so ist, werden wir uns nicht weigern, unserem Heimatland zu dienen«, erklärte ich.

»Ich wußte, ich kann auf euch zählen. Morgen nach der Schule werdet ihr euch in der Turnhalle einfinden. Es wird ein Vertreter der Bewegung dort sein, um die Anwärter zu befragen«, sagte sie und öffnete die Tür, um anzuzeigen, daß das Gespräch beendet sei. Als wir hinausgingen, bemerkte Erik: »Ich habe keine Ahnung, wie dein Vater reagieren wird. Eins ist sicher; meinem wird diese Idee nicht gefallen.«

Das rote Halstuch stand mir wunderbar. »Lieber Gott!« rief meine Mutter, als sie mich, angetan mit dem Symbol der Pioniere, nach Hause kommen sah. »Nimm diesen Fetzen ab, bevor dein Vater kommt. Er wird dich umbringen.«

Mein Vater brachte mich nicht um, aber erstmals seit Kriegsausbruch bekam ich wieder die Wucht seiner Hand zu spüren. Diesmal schlug er mich nicht berechnend, wie er es sonst tat. Von Zorn überwältigt, schlug er so hart zu, daß ich eine Woche lang auf meiner Holzbank im Klassenzimmer kaum sitzen konnte. Nebenbei bemerkt, war das das letzte Mal, daß er die Hand gegen mich erhob. Vielleicht deshalb ist diese eigentlich nebensächliche Affäre aus unserer ganzen Zeit unter sowjetischer Besatzung in meiner Erinnerung geblieben.

Meine Mitgliedschaft bei den Pionieren war nicht von langer Dauer. Etwa eine Woche, nachdem Hitler seinen Plan »Barbarossa« ausgelöst hatte, eroberte seine Armee die gesamte westliche Ukraine. Die Bolschewisten zogen sich zurück, ohne die Stadt zu verteidigen. In der kurzen Zeit zwischen ihrem Auszug aus Lemberg und dem Eintreffen der Deutschen gelang es meiner Mutter, das rote Tuch zu verbrennen und meine Mitgliedskarte der Pioniere auf den Müll zu werfen. Am Tag zuvor hatte sie den großzügigen Vorschlag eines sowjetischen Fliegerleutnants abgelehnt, uns auf seinem Lastwagen mitzunehmen. Der Offizier wohnte mit seiner Frau in zwei Zimmern, die die Russen von der Familie Krau beschlagnahmt hatten. Seine Frau Larissa hatte meiner Mutter viele Nachthemden abgekauft; zwischen den beiden Frauen hatte sich ein gutnachbarliches Verhältnis entwickelt.

Während die Soldaten sein Hab und Gut auf das Auto luden, wiederholte der Leutnant sein Angebot:

»Das ist die letzte Gelegenheit, Genossin. In einigen Stunden werden hier die Deutschen sein.«

»Sie sind keine Menschenfresser.«

»Sie mögen keine Menschenfresser sein, aber sie sind bestimmt Mörder. Haben Sie nicht gehört, daß sie Juden umbringen?«

»Ich habe aufgehört, der Propaganda zu glauben.«

»Das ist keine Propaganda. Das sind Tatsachen.«

Meine Mutter blieb bei ihrer Meinung:

»Ich schätze Ihren guten Willen, aber wir haben uns entschlossen hierzubleiben«, antwortete sie mit geheuchelter Höflichkeit; der Leutnant drehte uns den Rücken zu, stieg eine halbe Etage hinunter, blieb stehen, zögerte einen Moment, drehte plötzlich seinen Kopf, als wollte er ihr eine letzte Chance geben. Meine Mutter lächelte ihm zu und winkte zum Abschied.

## 7

Der Wind brachte das Kreuzkraut mit sich, das den nahenden Sommer ankündigte. Es wuchs wild an der ungepflasterten Straße, die die Grenze des Gutes markierte, und trennte sie von den gelben Rapsfeldern, die die ukrainischen Bauern anbauten. Jeden Nachmittag um fünf kam ein offener Wagen mit SS-Kennzeichen diese Straße entlang und brachte meine Mutter nach Hause. Ich ging ihr gern entgegen. Bis sie kam, vergnügte ich mich damit, auf die Blütenköpfe des Kreuzkrauts zu pusten und zu beobachten, wie die Samen durch die Luft flogen. Der deutsche Fahrer kannte mich schon. In dem Moment, wo er mich sah, verlangsamte er sofort seine Fahrt, damit ich auf das Trittbrett springen und mit ihm weiterfahren konnte, bis wir im Hof vor dem Eingang des Gutshauses anhielten.

Für mich war es ein sonniger, sorgloser Sommer. Ich glaubte nicht, daß er je enden würde. Im Wohnzimmer unseres Hauses hatte ich eine Schallplattensammlung gefunden, und manchmal legte ich eine Platte mit alten deutschen Schlagern auf und hörte eine unbekannte Sängerin »Nach einem Dezember kommt wieder ein Mai« singen.

Seit dem letzten Winter wohnten wir auf diesem Gut, das zwanzig Minuten Fahrt von Lemberg entfernt war. Das Haus hatte zwei Etagen, war geräumig und weiß gestrichen. Es stand auf einem Hügel, und vom Balkon aus konnte ich den Blick über die Felder genießen, die sich den Hügel hinunter erstreckten und an jene bunten Streifen erinnerten, aus denen sich die einheimischen Frauen ihre Röcke nähten. Unten stießen die Felder auf die Eisenbahnlinie. Der würzige Duft nach Feldblumen lag in der Luft. Die Kinder aus dem nahegelegenen Dorf Suchowola zogen es vor, mir nicht zu nahe zu kommen, und auch ich suchte ihre Gesellschaft nicht. Ich ging nicht in die Schule; meine Zeit gehörte mir. Ich spazierte viel in der Gegend herum. Vorübergehende grüßten mich, indem sie den Hut zogen, so wie es sich zwischen Herr und Diener gehört. Für sie verkörperte ich die Macht und Autorität der Eroberer. Im

Dorf nannten sie meinen Vater »den deutschen Herrn«; und meine Mutter – »die Dame von der Polizei«. Unser eigenartiger Status beschäftigte mich nicht; ich unternahm nicht einmal den Versuch, ihn zu verstehen. Der Krieg, mit all seinen Schrecken, war irgendwo hinter den Eisenbahnschienen geblieben, hinter dem Horizont, jenseits der Regionen, denen ich meine Beachtung schenkte.

War ich wirklich so kindlich und ahnungslos, daß ich die Realität hinter dem Landidyll nicht erkennen konnte? Scheinbar ja. Ich kapselte mich vollkommen von der Außenwelt ab und sah nur das, was ich sehen wollte. Manchmal waren SS-Offiziere auf dem Gut zu Gast, um ein ruhiges Wochenende in guter Luft zu verbringen. Tagsüber gingen sie spazieren, abends spielten sie mit meinen Eltern Bridge. Für meine Eltern müssen diese Begegnungen wahre Zerreißproben gewesen sein. Sie wollten jeden Kontakt zwischen den Gästen und mir verhindern. Während ihres Aufenthaltes mußte ich mich in meinem Zimmer im zweiten Stock einschließen, aber selbst dann fühlte ich mich frei. Die Situation schien so selbstverständlich, daß ich die Gefahr, die mit der Arbeit meiner Mutter im Bezirkshauptquartier der SS verbunden war, gar nicht wahrnahm.

Das Gut in Suchowola gehörte zu einem Gerberei-Kombinat, das gleich nach der Eroberung Lembergs von den Nazis konfisziert und der Leitung der Wirtschaftsabteilung der SS übertragen worden war. Die »Schutzstaffel« baute ein verzweigtes Netz von Wirtschaftsbetrieben auf, das ihren Kassen, neben dem Staatsbudget, ein großes Vermögen einbrachte. Das Landgut Suchowola – nur ein Glied in einem gigantischen Industriekombinat – widmete sich dem Anbau von Bergenia, einer Pflanze, die von der Gerberei in Lemberg als Rohmaterial benutzt wurde. Es war Paul Jotsch, ein protestantischer Geistlicher, der die Verbindung zwischen meiner Mutter und Kurt Brückner, einem hohen SS-Offizier und Generaldirektor des Komplexes, hergestellt hatte. Im Gegensatz zu den meisten seiner Kollegen war Brückner ein frommer Mann, der die Meinung des Pfarrers respektierte. Meine Eltern hatten Paul Jotsch, kurz bevor die Russen aus Lemberg verschwanden, kennengelernt. Er wußte, daß wir Juden waren. »Na und? Auch Jesus war Jude«, sagte er immer. Ich mochte den Mann, denn er war nicht hochtrabend und hatte keine Vorurteile. Lüge und Falschheit waren ihm fremd. Er sagte jedem seine Meinung ungeschminkt ins Gesicht. Als er meine Mutter mit Brückner bekannt machte, zögerte er nicht zu erwähnen, daß kein Zweifel an ihrer arischen Abstammung bestünde. Brückner suchte eine deutschsprachige Sekretärin. Pfarrer Jotsch versicherte ihm, daß er keine bessere Angestellte finden würde. Für diese Bemühung verlangte er eine Geste, die ihm ein fairer Preis für seine gute Tat schien: Er wollte mich christlich taufen. Nur mich, betonte er, denn für die Rettung der Seelen meiner Eltern war es bereits zu spät. Selbst wenn sie sich unter Druck zu demselben Schritt entschlossen hätten, hätten sie sich selbst betrogen, und er wollte nicht, daß sie sündigten. Doch dem Kind, so dachte er, wäre es vielleicht noch möglich, das Licht in sich aufzunehmen und sein Herz der lauteren Wahrheit Martin Luthers zu öffnen.

Meine Mutter wurde als Stenotypistin beschäftigt. Ihre Hauptaufgabe bestand darin, die Direktoriumssitzungen zu protokollieren. Brückner war zufrieden mit ihrer Arbeit, und nach zwei Monaten fand sie sich als Leiterin seines Büros wieder. Es gab nichts, was nicht durch ihre Hände ging. In ihrem Safe bewahrte sie geheime Dokumente auf, und wenn der Generaldirektor abwesend war, wandten sich die kleineren Angestellten an sie. Brückner fuhr viel nach Krakau und Berlin, und von jeder Reise brachte er ihr ein Geschenk mit. Als sie ihn bat, ihrem Mann die Leitung des Gutes in Suchowola zu übertragen, stimmte er auf der Stelle zu. »Danken Sie mir nicht«, sagte er, als sie betonte, wie dankbar sie sei, daß er ihren Wunsch erfüllt hatte. »Ich muß Ihnen danken. Es gibt so wenig Menschen heutzutage, denen man noch vertrauen kann.« Als wir aufs Land zogen, stellte er uns seinen Dienstwagen zur Verfügung. Und als das Direktorium des Werkes einen festlichen Ball zu Ehren von Hitlers dreiundfünfzigstem Geburtstag gab, war meine Mutter unter den Geladenen. Mit einer Flasche Sekt und einem ledergebundenen Exemplar von *Mein Kampf* kam sie zurück. Das Buch wurde an auffälliger Stelle auf dem Schreibtisch meines Vaters plaziert; denen, die sein Büro besuchten, diente es als weiteres Zeichen seiner Stellung.

Der Wettlauf um Reichtümer erzeugte Spannungen und Auseinandersetzungen zwischen den verschiedenen Zweigen der nazistischen Bürokratie. Der eine arbeitete manchmal gegen die Interessen eines anderen. Auf den Direktoriumssitzungen intrigierten die Wirtschaftsoffiziere der SS oft gegen die Versorgungsabteilung der Armee und anderer Sicherheitskräfte. Züge wurden umgeleitet, um einem Transport von Leder den Vorrang über kriegswichtige Transporte zu gewährleisten. Gefangene wurden ohne Wissen Berlins in Lager überführt, um billige Arbeitskräfte für das Kombinat zu bekommen. Falsche Berichte wurden vorbereitet, um den Betrug notfalls vertuschen zu können. Meine Mutter notierte wortgetreu den Inhalt der Gespräche, und zwar in einer Kurzschrift, die für andere nicht zu entziffern war. In ihr Zimmer eingeschlossen, tippte sie dann die Berichte und gab sie persönlich an Brückner weiter. Sogar seine Stellvertreter durften diese Papiere nicht in ihren Safes aufbewahren. Wären sie in die Hände der Gestapo, der Rivalin der SS, gefallen, hätte dies für Brückner das Ende seiner Karriere bedeutet. Das Wissen um die Intrige erzeugte Vertraulichkeit, das Gehalt meiner Mutter wurde verdoppelt, und an einem Abend, als sie noch an der Formulierung der Protokolle arbeitete, erzählte er ihr von einer Idee, die er sich ausgedacht hatte: »Ich werde dafür sorgen, daß Sie als Tochter des deutschen Volkes anerkannt werden.«

Die Naziherrschaft gewährte denjenigen die Reichsbürgerschaft, die von ihnen als Volksdeutsche anerkannt wurden: Sie mußten ihre rassische Reinheit beweisen können, in den Teilen Europas geboren sein, die die Nazis als Reichsgebiete ansahen, und fließend Deutsch sprechen. Die Volksdeutschen genossen bestimmte Privilegien, unter anderem bekamen sie spezielle Lebensmittelkarten; außerdem war es ihnen erlaubt, sich um Posten im Staatsdienst zu bewerben. Für uns waren die Volksdeutschen-Pässe eine Art Lebensversicherung.

»Es gibt nichts, was ich lieber hätte, aber...«

»Es gibt kein Aber, Frau Frister«, unterbrach er sie. »Ich habe an jede Kleinigkeit gedacht. Ich habe Ihnen die verlangten Formulare mitgebracht. Füllen Sie sie genau aus, denn Sie wissen doch, Ordnung muß sein.«

»Glauben Sie, daß ich die Prüfung bestehen werde?«

»Das wird meine persönliche Empfehlung bewirken«, sagte er und schrieb auf das Formular: »Frau Franciszka Frister ist mir als Anhängerin der nationalsozialistischen Weltanschauung bekannt, als eine Frau, die von der deutschen Kultur durchdrungen und den Interessen des Reiches ohne Einschränkung treu ergeben ist.« Er ließ sie das Geschriebene lesen.

»Nun, was sagen Sie?«

»Ich sage, Sie sind mir von Gott geschickt worden.«

Trotz Brückners dringendem Brief ließ die Antwort aus Berlin auf sich warten. Und als sie endlich kam, besagte sie nichts Gutes. Das Rasse- und Sicherheitshauptamt begnügte sich nicht mit der Ablehnung der Bitte. Die offizielle Mitteilung sprach Zweifel an der arischen Abstammung meiner Mutter aus. Eine Abschrift war an die Gestapo in Lemberg geschickt worden.

Brückner gab ihr den Brief und sagte:

»Regen Sie sich wegen des Inhalts nicht auf. Ich weiß, daß alles Unsinn ist. Ich habe doch selbst für Sie gebürgt.«

Meine Mutter schaute sich das Dokument an und wurde blaß. Schroff sagte sie, um den Schock zu vertuschen:

»Das ist nicht nur Unsinn. Mich zu verdächtigen, Jüdin zu sein? Das ist eine Beleidigung.«

»Seien Sie nicht böse. Sie kennen diese Leute. Sie können nachts nicht schlafen, wenn sie nicht jemanden finden, dem sie zusetzen können.«

»Was schlagen Sie mir vor, was soll ich tun? Vielleicht wollen sie mich verhaften?« Meine Mutter streckte ihm ihre Hände hin, als ob sie ihn bitten wollte, ihr Handschellen anzulegen. Brückner küßte ihre Hand.

»Sie wissen doch, daß das Blödsinn ist.«

»Die Abschrift wurde an die Gestapo weitergeleitet. Ihre Leute werden es dabei nicht belassen. Sie werden mich bestimmt verhören wollen. Und Sie, Herr Direktor, brauchen keine Angst zu haben, daß ich etwas über die Direktoriumssitzungen sagen werde. Ich kann meinen Mund halten.«

»Ich habe keine Angst. Ich habe eine gute Menschenkenntnis. Außerdem lasse ich nicht zu, daß man meine Angestellten demütigt. Sie müssen nicht zu ihnen gehen.«

»Was dann?«

»Ich habe mit dem Vernehmungsoffizier ausgemacht, daß er um vier Uhr heute nachmittag herkommen wird. Sie haben noch mehr als drei Stunden Zeit, sich auf das Gespräch vorzubereiten. Wer auch immer da kommt, er wird sicherlich darauf geschult sein, wie ein Jagdhund herumzuschnüffeln. Erschrecken Sie nicht darüber, hart zu sein ist ihr übliches Spiel. Am Ende wird die Wahrheit siegen. Vergessen Sie nicht, ich bin auf Ihrer Seite.« Brückner warf einen Blick auf seine Uhr. »Ich muß gehen. Ich sehe Sie um vier. Ich halte Ihnen die Daumen, Frau Frister. Auf Wiedersehen.«

»Auf Wiedersehen, Herr Standartenführer.«

230

Bevor meine Mutter das Büro verließ, nahm sie ein Bündel unterschriebener Reisebefehle an sich. Diese Befehle ermöglichten es den SS-Offizieren und ihren Familien, Züge zu benutzen, die nur für Deutsche reserviert waren. Dann packte sie ihre wenigen Habseligkeiten, ging die Diensttreppe hinunter, wartete im Hof, bis sich das Tor öffnete, um einen mit Fellen beladenen Lastwagen hineinzulassen, und betrat die Straße, ohne von dem Posten bemerkt zu werden. Zum Bahnhof fuhr sie mit der Straßenbahn. Ein Taxifahrer hätte sich an ihr Gesicht und ihr Ziel erinnern können. Sie bestieg den Ein-Uhr-Zug und kam noch vor zwei Uhr auf dem Gut in Suchowola an. Der Fluchtplan, den sie sich ausgedacht hatte, hatte nur dann eine Aussicht auf Erfolg, wenn wir den Ort verließen, bevor der Gestapo-Offizier an die Tür von Brückners Büro klopfte.

Meine Eltern weihten mich nicht in das Geheimnis ein. Die Einzelheiten erfuhr ich erst später, aber als man mir sagte, daß wir sofort weggehen müßten, verstand ich, daß wir vor einer großen Gefahr flüchteten. Das ukrainische Dienstmädchen wurde angewiesen, drei kleine Koffer zu packen. Sie zwinkerte mir zu: »Ihr wollt euch amüsieren, eh?« Einer der Arbeiter wurde nach dem Wirtschafter des Gutes geschickt. Als er ins Büro kam, teilte mein Vater ihm mit, daß er in die Kanzlei des Gouverneurs Frank in Krakau gerufen worden sei. Die Tarnung mußte perfekt sein. Jeder falsche Schritt konnte uns das Leben kosten.

Im Hof bereitete der Kutscher die Kutsche vom Gut vor. Diesmal wagte ich nicht zu fragen, ob ich die Zügel halten dürfe. Ich setzte mich auf eine Wolldecke, die auf dem Rücksitz ausgebreitet war, meine Eltern nahmen rechts und links neben mir Platz. »Zum Bahnhof«, befahl mein Vater, und der Kutscher trieb die Pferde an. Mit einem traurigen Blick verabschiedete ich mich von der Landschaft, die ich so liebte.

Der Stationsvorsteher saß dösend und gelangweilt in der kleinen Bude, die ihm als Büro diente. Die kleinen Fenster waren mit dünnen Leinenvorhängen geschmückt, die einmal weiß gewesen waren. In einer Ecke stand ein einbeiniger Tisch mit einem überquellenden Aschenbecher, an der anderen Wand lehnte ein zerschrammter Schreibtisch. Das Portrait Adolf Hitlers blickte von der Wand. Auf dem Glas hatten Fliegen ihre Spuren hinterlassen. Der Stationsvorsteher stand von seinem Stuhl auf, zog seine Uniform zurecht, schaute uns verwundert an und salutierte vor meinem Vater. Unser Kommen hatte ihn aus der Routine gerissen, an die er sich in den letzten Monaten gewöhnt hatte: Nur wenige Züge hielten in Suchowola und störten ihn in seiner Ruhe. Auf ihr Kommen machte ihn ein Telegraph aus Holz und Kupfer aufmerksam, der vielleicht noch die Tage des Zaren gesehen hatte. Wenn der Vorsteher das Klicken hörte, ging er hinaus, stand am Ende des Bahnsteiges stramm und machte seine Existenz deutlich, indem er eine kleine weiße Fahne schwenkte. So stand er da, steif wie ein Soldat auf einer Parade, bis der Expreß außer Sichtweite war. Erst dann erlaubte er es sich, tief aufzuatmen, wie ein Mensch, an dem ein großes Unglück vorbeigegangen ist. Er wußte genau, daß eine Beschwerde, ob berechtigt oder unberechtigt, ihn seine Arbeit kosten konnte. Fast sein ganzes Leben hatte er auf diesem gottverlassenen Bahnhof verbracht, und sein ganzer Traum war es, ohne Schwierigkeiten seinen Ruhestand zu erreichen. Manchmal, wenn ich nichts Besseres zu tun hatte, war ich zum Bahnhof gegangen und hatte mich mit ihm unterhalten. Wenn er etwas fürchtete, so hatte er mir anvertraut, dann war es nicht Hitler und auch nicht den einheimischen Polizeichef, sondern ein langes, rentenloses Alter.

»Helfen Sie uns, die Koffer auszuladen«, befahl mein Vater ihm mit einer Autorität, die keinen Widerspruch duldete. Dann rief er den Kutscher zu sich.

»Komme übermorgen und hole uns ab.«

»Jawohl, mein Herr.«

»Und verspäte dich nicht.«

»Ich werde mich nicht verspäten, mein Herr.«

»Frage in der Station nach, wann der Zug ankommt.«

»Ich werde in der Station nachfragen«, sprach er meinem Vater nach, tippte mit der Fingerspitze an den Rand seiner Kappe und zog am Zaum seines Pferdes als Zeichen, daß er gehen wollte.

Die Kutsche entfernte sich, und mein Vater wandte sich an den Stationsvorsteher:

»Legen Sie das Gepäck auf die Bank.«

Die drei Lederkoffer, in Lemberg produziert, wurden auf die einzige vorhandene Bank gelegt.

»Was soll mit ihnen geschehen?« fragte der Stationsvorsteher.

»Nun, nun, guter Mann, wissen Sie nicht, warum man Koffer auf einen Bahnhof bringt?«

»Sicher weiß ich das.«

»Gut, dann stellen Sie keine dummen Fragen. Wann trifft der Eilzug von Lemberg nach Krakau ein?«

»Um 3 Uhr und 17 Minuten.«

»Gut. Dann haben wir noch fast eine Viertelstunde Zeit. Wir fahren nach Krakau.«

Der Stationsvorsteher stand mit offenem Munde da.

»Von hier aus?«

»Offensichtlich von hier aus. Was dachten Sie denn?«

»Aber er hält nicht in Suchowola.«

»Wenn dem so ist, werden Sie ihn anhalten müssen.«

»Den deutschen Eilzug?«

»Machen Sie sich keine Sorgen«, schaltete sich meine Mutter ein. »Mein Mann ist auf einer Dienstreise.«

»Ich kann den Zug nicht anhalten«, sagte er. Schweißtropfen erschienen auf seiner Stirn.

»Natürlich können Sie das.«

Der Stationsvorsteher verhehlte seine Angst nicht. »Es ist mir verboten, den Zug anzuhalten.«

»Es ist Ihnen auch verboten, sich den Befehlen meines Mannes zu widersetzen«, schalt ihn meine Mutter. »Wollen Sie den Befehl sehen?« Sie wedelte mit einem Zettel vor seinem Gesicht herum.

»Ich lese kein Deutsch.«

»Höchste Zeit, daß Sie es lernen.«

»Nein«, beharrte der Mann. »Ich kann den Zug nicht anhalten. So etwas ist hier noch nie passiert.«

»Es gibt immer ein erstes Mal«, lächelte meine Mutter.

Mein Vater legte ihm die Hand auf die Schulter. »Ich will Ihnen nicht schaden, guter Mann. Tun Sie lieber, was man Ihnen sagt.«

»Ich werde bestraft «

»Auf meine Verantwortung. Sie können nur bestraft werden, wenn Sie sich weiter weigern.«

Nun fand der Stationsvorsteher die erlösende Formulierung.

»Ich werde meinen Vorgesetzten in Lemberg fragen.«

»Sehr gut, fragen Sie ihn«, stimmte meine Mutter zu.

Ich saß auf der Bank, an die Koffer gelehnt. Ich fragte mich, warum meine Mutter dem Telefongespräch mit dem Bahnhof Lemberg zugestimmt hatte, es war ein gefährliches Spiel. Der Stationsvorsteher verschwand in seiner Bude. Eine Minute später schob er den schmutzigen Vorhang zur Seite. Ich sah, wie er die Telefonkurbel drehte.

»Und was passiert, wenn er durchkommt?« fragte mein Vater auf deutsch.

»Du weißt, daß das Telefon nur einmal im Jahr arbeitet, und auch das nur mit gutem Zureden.«

»Und wenn es heute sein Tag ist?«

»Wirklich, Wilek. Du wußtest immer in schweren Stunden zu lächeln.«

Die Leitung war tot. Der Stationsvorsteher war verzweifelt. Mit ausgebreiteten Armen kam er auf den Bahnsteig zurück.

»Keine Verbindung«, stellte er fest. »Es gibt niemanden, den man fragen kann.«

»Fragen Sie den lieben Gott«, riet ihm mein Vater und lächelte.

Der Stationsvorsteher ging zu den Hebeln des Signalmastes. Der rote Arm änderte langsam seine Position von senkrecht auf waagerecht. Der Stationsvorsteher sah erschöpft aus.

»Ich habe es getan«, murmelte er und wischte sich die Stirn.

Der Zug hielt an. Die Reisenden schauten aus den Fenstern. Die meisten trugen Uniformen. Der Schaffner öffnete die Wagentür der ersten Klasse. Wir stiegen ein. »Schnell, die Koffer!« rief meine Mutter. Der Bahnhofsvorsteher schob sie hinter uns hinein. Der Kommandeur des Zuges stieg aus und ging zum Stationsvorsteher; sicher wollte er wissen, warum der Zug unplanmäßig stehengeblieben war. Ich konnte seine Worte nicht hören. Der Stationsvorsteher zeigte auf unseren Wagen. Der Offizier packte ihn an den Aufschlägen seines Kragens und schüttelte ihn kräftig. Die Lokomotive gab einen nervösen Pfiff von sich. Der Bahnhofsvorsteher rannte zu dem Signalmast. Der rote Arm ging hoch, der Zug setzte sich in Bewegung, gewann allmählich an Geschwindigkeit und fuhr weiter.

Im Abteil saß nur ein einziger Reisender, ein Oberst der Infanterie, dessen rechter Arm in einer Schlinge hing. Seine Uniform war gebügelt, und am Hals trug er das Eiserne Kreuz. Als wir hereinkamen, stand er auf und salutierte mit der linken Hand. Ich fragte mich, warum er uns nicht mit erhobener Hand begrüßte. »Ich bin froh, daß ich endlich in der Gesellschaft einer Dame reisen kann«, sagte er und stellte sich vor. Er war auf dem Weg in den Heimaturlaub.

»Ich fahre leider dienstlich«, erklärte mein Vater.

»Mit Frau und Kind?«

»Dienst, kombiniert mit etwas Familienvergnügen«, erklärte meine Mutter und ließ sich auf den Sitz ihm gegenüber fallen. Die Tür des Abteils wurde zur Seite geschoben. Der Kommandeur des Zuges war gekommen, um unsere Papiere zu kontrollieren. Mein Vater zeigte ihm die Reisebefehle. Er sah sie sich lange Zeit an, gab sie uns zurück und sagte:

»Alles in Ordnung. Es tut mir leid, aber der Dummkopf auf dem Bahnhof hat mich in Rage gebracht. Er plapperte etwas in seiner blöden Sprache und glaubte, daß jeder sie verstehen muß. Der verdammte Ukrainer. Wenn Sie Hilfe brauchen, zögern Sie nicht, mich zu rufen. Wir werden in Krakau dreißig Minuten nach Mitternacht eintreffen. Gute Reise.«

Wir trafen nicht zur angegebenen Zeit in Krakau ein. Der verwundete Oberst war eingeschlafen. Meine Eltern flüsterten miteinander. Ich schlief ebenfalls ein. Eine sanfte Berührung am Gesicht weckte mich auf. »Wir steigen aus«, sagte Vater. Der Zug stand in einer hellerleuchteten Station. »Przemyśl« las ich auf dem Schild. Wir hatten den halben Weg von Lemberg nach Krakau hinter uns gebracht. Keiner kümmerte sich um uns, als wir uns vom Bahnsteig einen Weg zum Bahnhofsgebäude bahnten. Der Bahnhof war mit Reisenden überfüllt. Es war schon dunkel, Sperrstunde. Wer noch hier war, mußte bis zum Morgen bleiben.

»Warum sind wir ausgestiegen?« fragte ich.

»Um auf die Ehrenwache zu verzichten, die uns bestimmt in Krakau erwartet«, antwortete meine Mutter. »Brückner tobt sicher vor Wut.«

»Wo werden wir schlafen?«

»Bei all den anderen«, sagte Vater und stieß mich leicht in den Rücken.

Die Nacht verbrachten wir eingezwängt im Wartesaal der dritten Klasse. Bei Morgengrauen bestiegen wir einen Personenzug, der an jeder Station haltmachte. Von Zeit zu Zeit kamen Bahnpolizisten auf der Suche nach Lebensmittelschmugglern vorbei. Das ehrbare Aussehen meiner Eltern ließ sie uns ignorieren. Nachmittags kamen wir in Krakau an. Ein Gepäckträger brachte unser Gepäck zu einer Kutsche; Pferdekutschen und Fahrradrikschas waren die allgemeinen öffentlichen Transportmittel. Eine Viertelstunde später erreichten wir das Haus meines Großvaters und meiner Großmutter, Szlakstraße 20. Die altgediente Haushälterin Zofia Siwek öffnete uns die Tür.

»Willkommen«, freute sie sich. »Ich habe in der Nähe ein Quartier für euch gefunden. Zwei Zimmer und eine Küche. Gott sei Dank, das Schlimmste liegt hinter euch.«

# 8

»Ich erinnere mich noch an den Tag, an dem ihr direkt vom Bahnhof in unser Haus gekommen seid. Deine Mutter und meine standen abseits und flüsterten miteinander. Du und dein Vater, ihr habt auf den Koffern gesessen und euch nicht eingemischt. Mein Bruder und ich wollten unbedingt wissen, was es da zu tuscheln gab, aber meine Mutter jagte uns in den Hof. Es war in den frühen Morgenstunden, eine Katze, die im Müll wühlte, schreckte auf und rannte davon, und wir versuchten sie ohne Erfolg zu fangen. Auch später, als ihr schon in eurer Wohnung in der Dlugastraße 76 wohntet, kam deine Mutter oft zu uns ins Haus. Auch dann wurde ich noch nicht in das Geheimnis eingeweiht, und es gelang mir nicht, herauszufinden, was diese Besuche zu bedeuten hatten, aber ich glaube, daß meine Mutter deiner Mutter half, euer Hab und Gut zu verstecken. Zur gleichen Zeit trieb sich ein jüdischer Denunziant namens Diamant in unserer Gegend herum. Der Mann schnüffelte an jedem Loch, wie die Straßenkatze in der Mülltonne, und manchmal fragte er meine Eltern über Hausbewohner aus, die in das Ghetto verschleppt worden waren und angeblich von dort hatten flüchten können. Ein Abend ist in meine Erinnerung gleichsam eingebrannt: Deine Mutter kam gerade in dem Moment zu uns, als auch Diamant zu einem seiner Schnüffelgespräche, die wir haßten, da war. Deine Mutter verlor nicht die Nerven. Als sie einen Fremden sah, wandte sie sich meiner Mutter zu und sagte: ›Weck mich bitte morgen früh um sechs, ich muß in die Kirche zur Totenandacht für eine gute Freundin, die gestorben ist.‹ Offensichtlich war es nicht leicht, Diamant an der Nase herumzuführen. Der Mann hatte den Spürsinn eines trainierten Jagdhundes. Deine Mutter hatte kaum unsere Wohnung verlassen, als er meinen Eltern eine Reihe bohrender Fragen stellte. Es ist natürlich nicht sicher, ob diese beiden Ereignisse zusammenhängen, aber einige Tage danach, als ich mit meiner Mutter an der Straßenecke stand, sahen wir, wie ihr von den Gendarmen abgeführt wurdet, wahrscheinlich ins Gefängnis. Meine Mutter bekreuzigte sich, wie man es beim

Anblick eines Toten tut, und sagte: ›Das ist ihr Ende ...‹ Und nun bist du trotzdem hier, lebendig und wohlauf ...«

Diese Zeilen schrieb mir Julian, Zofia Siweks Sohn, nachdem er mich in einer polnischen Fernsehsendung im Sommer 1990 erkannt hatte.

Sein Brief versetzte mich in jene Augenblicke zurück, in denen ich in den Straßen Krakaus verhaftet wurde, nachdem der jüdische Informant sofort erkannt hatte, daß ich beschnitten war. Nach vollbrachter Tat verließ er das Treppenhaus und verschwand. Die beiden Gendarmen berieten sich, wie sie mich zu meiner Wohnung führen sollte: mit oder ohne Handschellen. Sie entschieden, daß es besser sei, nicht die Neugierde der Passanten zu wecken, und so blieben meine Hände frei.

Einer von ihnen, der, der meinen Personalausweis beschlagnahmt hatte, fragte:

»Mit wem wohnst du zusammen?«

»Ich habe doch schon geantwortet. Ich wohne alleine.«

»Mach uns doch nichts vor. Jeder Jude hat eine große Familie.«

Ich blieb still. Der Gendarm trat mir in den Leib. Ich fühlte keinen Schmerz. Ich schwieg weiter. Er trat mich nochmals und brüllte:

»Ich habe dich gefragt, mit wem du zusammenwohnst. Bist du taub, oder was?«

»Ich habe keine Familie.«

Die Tür am Ende des Treppenhauses öffnete sich erneut, und wieder sah ich die Frau im Hausmantel. Auch sie sah, was passierte, und zog sich schnell in ihre Wohnung zurück. Der Gendarm schickte sich an, mir den dritten Tritt zu verabreichen. Ich murmelte: »Ich lebe alleine. Ich wohne in der Dlugastraße 76.«

Der Gendarm warf einen kurzen Blick auf meinen gefälschten Personalausweis und schob ihn vergnügt in den breiten Ärmelaufschlag seiner Uniformjacke.

»Er hat nicht gelogen«, bestätigte er zufrieden.

»Warum soll er lügen? Er ist ein vernünftiger Jid.«

»Wir machen jetzt einen Familienbesuch in deinem Haus«, schmunzelte der Kleinere.

»Ich habe keine Familie«, wiederholte ich. »Ihr werdet dort keine Menschenseele finden.«

»Vielleicht finden wir den Heiligen Geist?«

»Das Haus ist leer.«

»Was man mit eigenen Augen sieht, ist das beste. Es wird sich zeigen. Vorwärts, Jid, vorwärts. Schade um jede Minute. Sicher wirst du schon sehnsüchtig erwartet. Du gehst vor, und wir folgen dir. Und komm nicht auf dumme Gedanken. Wir benutzen scharfe Munition.«

Ich nickte demütig. Was hätte ich auch anderes tun können? Unsere Adresse stand klar und deutlich in dem Personalausweis. Selbst wenn ich ihn ihnen nicht gegeben hätte, hätten sie den Weg zu meinen Eltern ohne große Probleme gefunden. Lange Jahre quälte mich die Frage: Warum hatte ich die schreckliche Aufgabe auf mich genommen, der Führer ihrer Mörder zu sein? Warum versuchte ich nicht, den Ausweis an mich zu reißen und wegzulaufen? Ich fand jede Menge Erklärungen und Entschuldigungen: daß die erniedrigende Situation, mit den heruntergezogenen Hosen, die um meine Knöchel schlotterten, mir die Kraft zur Initiative genommen hatte; daß die Erkenntnis der Niedertracht ihres jüdischen Kollaborateurs mich zerbrochen hatte; daß ich ohnehin keine Chance zur Flucht hatte, daß der Ausweis mit der Adresse auf jeden Fall in ihren Händen geblieben wäre. Aber tief in meinem Innern kannte ich die Wahrheit – ich hatte Angst zu sterben.

Die Gendarmen gingen hinter mir her. Ich sah sie nicht, doch ich hörte ihre Schritte. Tuk, Tuk, klapp, klapp machten ihre Stiefel auf den Steinen des Bürgersteiges, tuk, tuk, klapp, klapp sendete der Telegraph des Todes von meinem Herzen direkt in mein Gehirn. Ich konnte den Gedanken nicht ertragen, daß jede verdächtige Bewegung meinerseits sie ihre Pistolen entsichern, sie auf den Abzug drücken und eine Kugel in meinen Rücken jagen lassen würde. Es kommt mir so vor, als hätte ich den großen Unterschied zwischen einer Kugel im Rücken und einer Kugel im Herzen damals noch nicht gekannt; aber mein Unterbewußtsein sagte mir, daß es nicht das gleiche war. Die Gefahr, die hinter einem lauert, ohne daß man sie sehen, ohne daß man die Chance einer Rettung abschätzen kann, nicht zu wissen, wann und wie ich getroffen würde – diese Gefahr enthielt ein Element der Unsicherheit, das die Angst noch steigerte. Plötzlich verstand ich die volle Bedeutung der allgemeinen Redensart »eine Minute so lang wie die Ewigkeit«. Von dem Ort, an dem ich verhaftet worden war, bis zur Dlugastraße dauerte es fünfzehn Ewigkeiten. Ich ging langsam, wie jemand, der kein Zeitgefühl hat. Ich wollte Zeit gewinnen. Wofür?

Um das Ende hinauszuschieben. Die Gendarmen drängten mich nicht, so als hätten sie vergessen, daß es »schade um jede Minute« war. Vielleicht genossen sie es, Katz-und-Maus zu spielen. Ich wollte mich umdrehen, ihren Gesichtsausdruck sehen, hatte jedoch Angst, daß sie darauf mit Schüssen reagieren würden. So ging ich weiter, steif wie ein Stock, den Blick starr geradeaus gerichtet. Es wäre leichter für mich gewesen, wenn sie mich beschimpft hätten, verprügelt oder wenn sie wenigstens Bemerkungen gemacht hätten. Die Stille ließ das Gefühl der Hilflosigkeit fast unerträglich werden. Mein verkrampftes Herz schlug: Tuk, tuk, klapp, klapp, wer wird mich bemitleiden? Wer wird mir helfen? Von der Kirche sah der Gekreuzigte auf mich herab und schwieg. Ich nahm meine Mütze ab. So benahmen sich die Polen, wenn sie an Bildern und Statuen von Heiligen vorbeikamen, und ich tat es ihnen gleich, um mich nicht von der Menge zu unterscheiden.

»Hör mit dem Blödsinn auf«, rief einer der Gendarmen.

Endlich eine Stimme. Ich war erleichtert. Ich nickte mit dem Kopf, um zu zeigen, daß ich den Befehl verstanden hatte. Ich setzte meine Mütze wieder auf. Ein altes Ehepaar kam aus der Kirche, der Mann blieb stehen und sah uns neugierig an, die Frau zog ihn am Ärmel. »Komm schon«, brummelte sie. »Willst du Ärger haben?« Die alten Leute wandten sich nach links, wir gingen nach rechts. Die Straße kam mir wie ein ausgetrocknetes Flußbett vor. Eine tiefe Kluft, deren hohe Wände gegen menschliche Gefühle versiegelt waren. Die Fensterläden waren verriegelt. Das war auch eine Art, seine Distanz zu der Welt des Eroberers zu demonstrieren. Die Bewohner schienen zu sagen: Die Straße mag dir gehören, aber die Häuser sind immer noch unsere. Ich hob meinen Blick zu den geschlossenen Fensterläden und fragte mich: Was würdet ihr tun, gute, eingeschlossene Leute, wenn ich plötzlich ausreißen und in einer eurer Scheinburgen Zuflucht suchen würde? Ich brauchte nicht zu fragen. Ich wußte die Antwort: Sie hätten die Türen ebenfalls verschlossen und verriegelt. Hatte ich das Recht, sie zu verurteilen? Warum sollten sie ihr Leben und das ihrer Familien für einen Fremden aufs Spiel setzen, für einen jüdischen Jungen? Hätte ich anders gehandelt, wenn ich an ihrer Stelle gewesen wäre? Auch das wußte ich: Ich hätte keinen Finger gerührt. Feigheit gab es auf beiden Seiten.

Ich war so in diese Gedanken versunken, daß ich gar nicht merkte, daß wir schon den kleinen Marktplatz, der unserem Haus gegenüberlag, erreicht hatten. Bauern aus den nahegelegenen Dörfern verkauften violette Krokusse und blaue Kornblumen. Feldblumen waren gefragt; beide, Eroberer wie Eroberte, sehnten sich nach etwas Farbe und Duft. Einer der Gendarmen klopfte mir leicht auf den Rücken:

»Halt.«

Ich blieb stehen. Sein Kamerad ging zu einem Stand und kaufte einen kleinen Strauß Kornblumen. Die Verkäuferin nahm das Geld und steckte es tief in die Tasche ihrer Schürze. »Geben Sie eine Aspirintablette ins Wasser, dann stehen sie länger«, riet sie ihm. Der Gendarm verstand kein Polnisch. Die Verkäuferin wiederholte ihren Rat in stotterndem Deutsch. Er antwortete: »Sehr gut« und ging zu seinem Kollegen zurück.

»Sie sind für meine Freundin«, erklärte er.

»Du wirst einen duftenden Fick haben«, antwortete sein Kamerad, und beide lachten laut los.

Der Marktplatz war kaum hundert Schritte von unserem Haus entfernt. Ich sah zum Fenster unserer Wohnung hinauf, in der Hoffnung, mein Vater würde dort stehen, uns beobachten und das Weite suchen. Viele Jahre später, als ich wieder und wieder die Einzelheiten durchging, bedauerte ich, daß er nicht dort war. Denn hätte er am Fenster gestanden und nichts unternommen, um sich zu retten, wäre es mir vielleicht möglich gewesen, die Verantwortung für das Geschehene zu teilen. So aber bemerkte er unser Kommen nicht, und die ganze Verantwortung fiel auf mich.

»Hier ist es«, sagte ich.

Hatte ich eine Wahl? Natürlich hatte ich sie. Meine Leiche hätte, weit entfernt von dieser Straße, auf einem Bürgersteig liegen können, und mein vergossenes Blut hätte mein Gewissen freigesprochen. Aber was hilft ein reines Gewissen, wenn man tot ist?

»Hier ist es«, wiederholte ich.

»Sehr gut«, antwortete der Gendarm.

Wir stiegen in den zweiten Stock hinauf, ich sagte wieder: »Hier ist es«, und wieder antwortete man mir trocken: »Das ist gut.«

Der Gendarm zog seine Pistole. Die Blumen störten ihn, und er legte sie auf die Treppe.

»Läute an der Tür«, befahl mir sein Kollege.

Ich dachte an den Moment, in dem mein Vater sie öffnen würde. Was sollte ich ihm sagen? Wie sollte ich ihm die Lage erklären? Würde er mich verstehen? Ist es möglich, das Unverständliche zu begreifen? Konnte er mir vergeben? Ist es möglich, das Unverzeihliche zu verzeihen?

Zuerst hörten wir ein metallisches Geräusch aus der Wohnung und danach das Schlurfen der Hausschuhe meines Vaters. Die Tür öffnete sich. Der Blick meines Vaters fiel erst auf mich, dann auf meine beiden Begleiter und blieb einen langen Augenblick an ihnen hängen. Ich sah, wie das Blut aus seinen Wangen wich. »Oh, nein«, murmelte er und trat einen Schritt zurück. Hinter seinem Rücken spähte meine Mutter hervor. Sie arbeitete meist bis spätabends. Warum, zum Teufel, mußte sie ausgerechnet heute früh zurückkommen?

Einer der Gendarmen stieß mich über die Schwelle. Wir gingen hinein. Sein Kamerad schloß die Tür. Die Falle schnappte zu.

»Ich glaube, man kann sie bestechen«, waren die ersten Worte, die ich hervorbrachte. Kein anderer Satz kam mir in den Sinn – vielleicht ein unbewußter Versuch, die Bedeutung der Situation herunterzuspielen, mich zu überzeugen, daß noch nicht alles verloren war.

»Bitte, kommen Sie herein«, forderte meine Mutter sie auf, als ob sie eine Einladung brauchten. Sie verlor nie ihre Geistesgegenwart. Die Gendarmen blickten sich neugierig in der Wohnung um.

»Bitte, nehmen Sie Platz«, sagte sie und wies auf die Stühle, die um den Tisch herumstanden. In seiner Mitte, auf einer gestickten Tischdecke, stand eine Vase mit frischen Krokussen. Die Gendarmen blieben stehen.

Meine Mutter nahm eine Tasche, die auf dem Sofa lag, wühlte mit Händen, die nicht das kleinste Anzeichen von Nervosität aufwiesen, darin herum, zog einen Ausweis heraus, der bescheinigte, daß sie im Offiziersklub der Wehrmacht beschäftigt war, und lächelte die Deutschen an:

»Ich fürchte, Sie haben sich umsonst bemüht. Es besteht kein Zweifel, daß es sich hier um einen unglücklichen Irrtum handelt.«

Sie machten sich gar nicht erst die Mühe, einen Blick auf den Ausweis zu werfen. Meine Mutter konnte nicht wissen, daß alles verloren war, daß sie meine wahre Identität bereits kannten und das Spiel zu Ende war. Sie zog den Gürtel ihres Kleides enger und fragte erstaunt: »Wollen Sie sich das Dokument nicht ansehen?«

»Zeigen Sie es auf der Polizeiwache vor.«

»Ich werde mich im Klub beschweren.«

»Halt deinen Mund, du dreckige Jüdin, allmählich verliere ich die Geduld!« schnauzte der Kleinere der beiden sie an.

»Wir sind keine Juden. Wir haben ...«

»Mutti«, flüsterte ich. »Sie haben mir die Hosen heruntergezogen.«

Vater und Mutter wechselten Blicke.

»Wir sind nicht reich, aber wir haben etwas Geld und einige Wertsachen«, deutete mein Vater an.

Der kleine Gendarm wandte sich wütend an ihn:

»Du hältst auch dein Maul. Nehmt eure Mäntel.«

»Es wird ihnen auch ohne Mäntel heiß genug sein«, grinste der Große.

Mein Vater fragte: »Wo bringen Sie uns hin?« Die Frage war so überflüssig, daß er selbst keine Antwort erwartete.

Die Gendarmen benahmen sich nicht grob. Sie warteten, bis mein Vater seine Schuhe angezogen hatte, und wenn sie meiner Mutter auch nicht erlaubten, in das andere Zimmer zu gehen, so sahen sie doch diskret weg, als sie ihre Kleider wechselte. Danach legten sie meiner Mutter und auch meinem Vater Handschellen an. Noch ein Paar hatten sie anscheinend nicht, denn sie fesselten meine Hände mit einem Strick, den sie in der Küche gefunden hatten. Bevor wir hinausgingen, nahm der kleine Gendarm die Blumen aus der Vase.

»Die Schlüssel«, bellte er.

Mein Vater gab ihm die Hausschlüssel. Der Gendarm machte das Licht im Treppenhaus an, verschloß die Wohnungstür, vergewisserte sich, daß sie ordentlich verriegelt war, und steckte den Schlüsselbund in die Tasche. Kein Mensch war im Treppenhaus. Der Kleine packte die Blumen meiner Eltern zu dem Strauß, den er gekauft hatte, und steckte seine Nase hinein: »Was für ein Duft!« Wir gingen auf die Straße, ohne daß jemand bemerkt hätte, was hier geschah. Ich suchte die Blumenverkäuferin, sah sie jedoch nicht. Wir ließen den Marktplatz hinter uns. Gefesselt gingen wir bis zur Polizeiwache. Passanten, die unseren Weg kreuzten, taten, als sähen und hörten sie nichts. Die Polizeiwache befand sich in einem alten Gebäude in der Altstadt. Mutter bat um die Erlaubnis, den Klub anrufen zu dürfen. Der diensthabende Wachtmeister tippte sich mit dem Finger an die Stirn. Wir wurden in eine Zelle im Keller gebracht. Der Wachtmeister durchsuchte unsere Taschen, beschlagnahmte die Handtasche meiner Mutter und die Zigaretten meines Vaters und verschloß die eiserne Tür hinter uns. »Wenigstens sind wir zusammen«, seufzte mein Vater. In meiner Mutter erwachte sofort die praktische Frau.

»Übe die Gebete«, verlangte sie von mir.

»Wozu soll das gut sein?«

»Sie werden uns auf jede mögliche Art und Weise auf die Probe stellen. Und wir sind schließlich Katholiken, oder? Jeder Katholik kann sein Ave-Maria.«

Ich kannte das ganze christliche Gebet auswendig, aber außer meiner Mutter wollte es niemand hören. Wir wurden in dieser Nacht nicht verhört. Meine Eltern machten kein Auge zu. Ich schlief. Am Morgen fesselte man uns wieder die Hände. In einem grünen Polizeiauto, das die Deutschen »grüne Minna« nannten, wurden wir in das Gefängnis auf dem damaligen Ghetto-gelände gebracht. Wilhelm Kunde war der Mann, der uns emp-fing.

Fünfzig Jahre lang trug ich in meinem Herzen das Schuldgefühl, den Tod meiner Eltern verursacht zu haben. Julian Siweks Brief brachte mir Erleichterung. Es ist bequem, an ein anderes Szenario zu glauben: Der Spitzel Diamant war es, der unsere wahre Iden-tität entdeckte und mir dann von der Leihbibliothek nach Hause folgte. Er war es, der mich den Nazis ausgeliefert hatte. Was ich getan oder nicht getan hatte, war ohne Bedeutung. Der Spitzel Diamant war es, der das Schicksal meiner Eltern besiegelte. Ihr Blut klebt nicht an meinen Händen. Danke dir, Julian Siwek; du hast meinen tausendfach vorhandenen Entschuldigungen eine wei-tere hinzugefügt.

# 9

Die Fernsehshow »Bliżej Świata« (Der Welt näher) wurde jeden
Sonntag zur besten Sendezeit ausgestrahlt und von fünfzehn Millionen Menschen in Polen gesehen. Ich nahm vierzehn Monate
lang an ihr teil, und obwohl ich die Zuschauer mit Themen herausforderte, die als nationale Tabus galten wie Fremdenhaß und
Antisemitismus, machte mich das Fernsehen zu einer der beliebtesten Persönlichkeiten im Land. Ich würde lügen, wenn ich sagte,
daß ich es nicht genoß. Fremde grüßten mich auf der Straße, Kellner bedienten mich mit besonderer Höflichkeit, und sogar die
Zollbeamten an den Grenzübergängen verzichteten darauf, mein
Gepäck zu kontrollieren. Je mehr meine Popularität wuchs, desto
höher wurde der Briefstapel auf meinem Schreibtisch. Einige der
Absender identifizierten sich mit meinen Ansichten, andere debat-
tierten wild mit mir. Die anonymen Briefschreiber wiederum erlaubten mir, gleichsam wie durch ein Guckloch, einen Blick in ihre
Seelen zu werfen. Ich lernte das andere Polen kennen, ein Polen,
das unter der Last schwieriger Lebensbedingungen taumelte und
ein Ventil im Fremdenhaß suchte. Ich war manchmal entsetzt von
der Wucht des Antisemitismus, des offenen und des versteckten,
der die Briefe in giftige Pfeile verwandelte. Fast alle begannen mit
einer höflichen Einleitung, in der die Schreiber mein Tun priesen:
»Wenn alle Juden wie Sie wären, würde es mir nicht in den Sinn
kommen ...« Und im Anschluß daran folgte gewöhnlich eine lange
Liste von »Verbrechen«, angefangen mit der Kreuzigung Jesu über
die Behauptung, die Juden hätten den Kommunismus im christlichen Polen eingeführt, bis hin zu den genauen Beschreibungen der
Sünden jüdischer Nachbarn oder Nachbarinnen. Eine katholische
Frau aus Krakau schüttete mir ihr verbittertes Herz aus: Wegen ihrer schwarzen Haare und ihrer dunklen Haut hatten Fremde sie
»dreckige Jüdin« genannt. Eine Frau aus der Stadt Tschenstochau
schrieb in stammelndem Polnisch, daß ein jüdischer Hausierer
seine Ware zu einem niedrigeren Preis als sie auf den Markt bringe,
und fragte: »Sagen Sie mir ehrlich, ist das die Art der Juden, dem

polnischen Volk ihre Dankbarkeit dafür zu zeigen, daß es ihr Schmarotzertum tausend Jahre erduldet hat?« Ein Rentner aus Radom schickte mir ein Exemplar der *Protokolle der Weisen von Zion* und wollte wissen, warum die Juden darauf bestünden, die Welt zu beherrschen. Ein Beamter aus der Stadtverwaltung eines Provinzstädtchens brachte seine volle Unterstützung für den Staat Israel zum Ausdruck, weil »ihr Israel nur für die Juden haben wollt, während wir Polen nur für die Polen haben wollen«.

Ich versuchte nie, mit den Leuten, die mir diese Briefe schickten, zu argumentieren. Ich begnügte mich mit der Tatsache, daß sie mir einen beunruhigenden Einblick in die Gedankengänge vieler Polen gewährten. Es war, als sei die Maske der Menschlichkeit von ihren Gesichtern gerissen worden. Oder war es vielleicht menschlich, daß sie ihre Meinungen so frei äußerten? Ich vertiefte mich nicht in diese Frage, denn als Ausgleich für die Demütigungen und Beleidigungen gelangten auch Worte der Ermutigung und Solidarität auf meinen Schreibtisch. Vor allem freute ich mich über die persönlichen Briefe alter Freunde, die den Kontakt wiederaufnehmen wollten, der nach meiner Auswanderung nach Israel abgebrochen war. Frauen, die ich in meiner Jugend gekannt hatte und an deren Gesichter ich mich schon nicht mehr erinnerte – und die in der Zwischenzeit sicher längst Großmütter waren –, luden mich zu sich nach Hause ein, damit ich ihre Familien kennenlernte. Manchmal waren diese Einladungen äußerst merkwürdig. So schrieb mir Lucia aus Breslau: »Unsere gemeinsamen Momente werde ich nie vergessen. Ich möchte, daß du meine Tochter kennenlernst, damit auch sie endlich weiß, was ein richtiger Mann ist.« Mein männliches Ego schwoll an wie ein Luftballon, aber als ihre Tochter, eine gutaussehende, neunundzwanzigjährige, verheiratete Frau, eines Tages in meinem Büro erschien, schrak ich vor weiterem Kontakt zurück.

Abgesehen von dem Schreiben Julian Siweks, war für mich vor allem der Brief von besonderem Interesse, der zu einer bewegenden Begegnung mit Christina führte. Christina war meine Tochter aus meiner ersten Ehe mit Gitta, einer Ehe, die so kurz war, daß ich erst die Gelegenheit bekam, mit meiner Tochter zu sprechen, als diese schon zweiundvierzig Jahre alt war. Aber zunächst muß ich erklären, warum ich in das Land zurückgekommen war, in dem ich geboren wurde und das ich mit neunundzwanzig Jahren verlassen hatte.

1990 lernte ich Robert Maxwell kennen, damals einer der größten Verleger der Welt, der Zeitungen, Wochenzeitschriften, Fernsehstationen, Buchverlage und Druckereien besaß, Dutzende von Gesellschaften und Tochtergesellschaften, die über die ganze Welt verstreut waren. Sein Konzern glich einem Labyrinth, und niemand außer ihm kannte sich darin aus. In der Londoner City, in der seine Zentrale lag, war er eine umstrittene Figur. Obwohl er auf der Liste der zehn reichsten Menschen Englands stand, gelang es ihm nicht, in die vornehme britische Gesellschaft vorzudringen. Die Pforten der Nobilität blieben ihm verschlossen, und von Zeit zu Zeit vergnügten sich seine Rivalen damit, die Öffentlichkeit über seine wirkliche Herkunft aufzuklären. Denn Maxwell, der bei jeder Gelegenheit seinen Dienst in der britischen Armee im Zweiten Weltkrieg und seinen Heldenorden – das Military Cross, persönlich überreicht von Feldmarschall Montgomery – erwähnte, hatte das Licht der Welt als Ludwig Hoch erblickt, als Sohn einer jüdischen Familie, die in Armut in einem gottverlassenen Dorf an der ruthenischen Grenze lebte. Die konservativen Engländer sahen in ihm einen Fremdkörper, obwohl er seine jüdische Abstammung jahrelang verleugnet, eine französische Frau geheiratet und seine sieben Kinder christlich erzogen hatte. Erst gegen Ende seines Lebens, etwa zwei Jahre, bevor wir uns das erste Mal in der Kanzlei eines bekannten Rechtsanwaltes in Tel Aviv trafen, kehrte Robert Maxwell zu seinen Wurzeln zurück.

In Israel wurde der Mann fast als Nationalheld empfangen. In den Augen vieler symbolisierte er die Fähigkeit eines einfachen Juden, nach ganz oben zu gelangen, zum Gipfel von Karriere und Reichtum aufzusteigen. Maxwell investierte Millionen von Dollars in die israelische Industrie und führte einen erfolgreichen Kampf um die auflagenstarke Morgenzeitung *Ma'ariv*. War er in Jerusalem, dann bemühten sich die Großen des Landes in seine Suite im »König David« oder im Hotel »Laromme«. Maxwell empfing sie immer wie ein türkischer Pascha aus den Tagen des Osmanischen Reiches. Als er im November 1991 auf dem Ölberg in Jerusalem beigesetzt wurde, würdigten ihn nicht nur Mitglieder der Regierung, sondern auch der Staatspräsident. All dies geschah kurz vor dem Zusammenbruch seines Medienimperiums und bevor öffentlich bekannt wurde, daß er große Teile seines gewaltigen Vermögens auf Wegen erworben hatte, die selbst seine begeistertsten Unterstützer nicht als ehrlich bezeichnen konnten.

247

Seit einem Vierteljahrhundert war ich als Redakteur und Berichterstatter bei der Zeitung *Ha'aretz*. Trotz des Ansehens, das ich in meinem Beruf genoß, merkte ich, daß ich das Ende meiner Karriere als Journalist erreicht hatte. Mir blieben noch drei Jahre bis zum Ruhestand, und ich wußte, daß diese Jahre mir, was die Arbeit anging, nichts Interessantes mehr bieten würden. Ich haßte jedoch nichts mehr als Routine. Ich war daher innerlich zu einem Wechsel durchaus bereit; allerdings hätte ich mir in meinen kühnsten Träumen nicht ausgemalt, daß der Wechsel ein so drastischer sein würde: Robert Maxwell ernannte mich zu einem der Generaldirektoren an seinem Hof.

Eine verängstigte Sekretärin in einem Anwaltsbüro in Tel Aviv flüsterte mir zu, daß Herr Maxwell bereit sei, mir fünf Minuten zu geben. Sie öffnete die Tür zum Konferenzzimmer und verschwand sofort wieder. Noch wußte ich nicht, daß Maxwell jedem in seiner Umgebung Angst einjagte. Er saß hinter einem leeren Konferenztisch, groß und breitschultrig, mit einer Golfkappe auf dem Kopf. Der Rechtsanwalt, der einen ausgezeichneten Ruf hatte und dessen Kanzlei die halbe Etage eines eleganten Bürogebäudes einnahm, servierte mir mit übertriebener Höflichkeit eine Tasse Tee und nahm am Ende des Tisches Platz. Links von mir saß Dov Judkowski, der *Yedioth Aharonoth* zur führenden Zeitung des Landes gemacht hatte, und der nun an der Spitze des Konkurrenzblattes *Ma'ariv* stehen sollte.

»Dies ist der Mann, über den wir gesprochen haben«, stellte Judkowski mich vor.

Maxwell begrüßte mich mit einem freundlichen Lächeln. Im Laufe der Zeit sollten seine Vertrauten mir erzählen, daß plötzliche und irrationale Umschwünge zu seiner unberechenbaren Persönlichkeit gehörten: Ein Lächeln konnte sich in einen Zornesausbruch verwandeln, Selbstbeweihräucherung in grobe, demütigende Reden umschlagen. In den zwei Jahren, die ich für ihn arbeitete, wurde ich nie zum Opfer dieser Stimmungsschwankungen. Offenbar hatte ich das Glück, eine Ausnahme zu sein.

Vor unserer ersten Unterredung war ich gebeten worden, einen Lebenslauf vorzubereiten. »Fasse dich kurz. Für lange Dokumente fehlt ihm die Geduld«, warnten mich die, die ihn kannten.

Also schrieb ich:

»Ich wurde 1928 in Polen geboren. Ich absolvierte fünf Volksschulklassen. Der Krieg erlaubte es mir nicht, meine Ausbildung fortzusetzen. Meine Eltern kamen im Holocaust um. Ich war Gefangener in Nazi-Konzentrationslagern. Am 5. Mai 1945 wurde ich aus Mauthausen entlassen, kehrte nach Polen zurück und arbeitete dort als Journalist. 1957 wanderte ich in Israel ein, lernte Hebräisch und arbeitete mich in die Presse ein. Ich gehöre der Redaktion der Zeitung *Ha'aretz* an und bin Korrespondent für *Radio Freies Europa*. Ich habe fünf Bücher geschrieben und leite das Journalismusstudium an der Bar-Ilan-Universität. Ich habe zwei angesehene Preise für meine beruflichen Leistungen erhalten. Ich spreche Hebräisch, Deutsch, Englisch, Polnisch und Tschechisch. Verheiratet und Vater mehrerer Kinder.«

Ich versuchte gar nicht erst, Maxwell mit den Ereignissen der letzten zweiunddreißig Jahre zu füttern, in denen ich mir meinen Platz in der israelischen Medienwelt erkämpft hatte. Ein Freund meiner Eltern, der mir meine Eingliederung erleichtern wollte, hatte mir angeboten, seine Verbindungen zu nutzen, um mir einen Job als Bankangestellter zu besorgen. Eine feste Stelle mit den Privilegien eines höheren Dienstalters. Als ich ablehnte, behauptete er, ich sei verrückt. »Wie willst du ein Journalist sein? Wie?« fragte er. »Ohne zu wissen, wie die hebräische Schrift auch nur aussieht, ohne Beziehungen?« Als ich beschloß, nachts als Taxifahrer zu arbeiten – meine Frau rackerte sich als Kellnerin im Café »Atara« ab –, brach er die Beziehungen zu mir ab. Als ich den Ulpan* abschloß und einen Teilzeitjob bei *Al Hamishmar*, einer kleinen, linken Zeitung, bekam, nörgelte er, nun sei ich also Sozialist geworden. Als ich den Ersten Preis des Journalisten-Verbandes erhielt, nahm er den Kontakt zu mir wieder auf. Als ich fünf Jahre später einer der Hauptkorrespondenten der angesehenen Tageszeitung *Ha'aretz* wurde, prahlte er mit mir in der Öffentlichkeit. Doch all das und vieles andere, das meinen beruflichen Werdegang begleitet hatte, stand nicht in dem Papier, das ich Maxwell überreichte.

Maxwell warf einen Blick auf das Blatt und nickte zufrieden.

»Wann können Sie für mich nach Polen fahren?« fragte er, und ohne meine Antwort abzuwarten, wandte er sich an Judkowski:

»Sehen Sie zu, daß alle seine Spesen gedeckt werden. Ich will ihn morgen in Warschau haben.«

»Es tut mir leid, mein Herr, aber das ist unmöglich«, sagte ich.

Maxwell war überrascht. So eine Antwort hatte er nicht erwar-

---

* Ein Schnellkurs in Hebräisch für Neueinwanderer.

tet. Für ihn war nichts, was man wollte, unmöglich – vorausgesetzt natürlich, man hieß Maxwell. Für einen Augenblick verschwand das gutmütige Lächeln von seinen Lippen.

»Was ist das Problem?« fragte er ungeduldig.

»Ich arbeite in der Redaktion der *Ha'aretz*. Ich kann nicht einfach aufstehen und gehen. Ich muß mindestens einen Monat vorher kündigen.«

»Wieviel zahlen die Ihnen?«

Ich nannte eine Summe, die zweimal so hoch war wie mein richtiges Gehalt.

»Ich verdoppele Ihr Gehalt.«

»Das wird das Problem nicht lösen.«

Ich sah die Verwirrung in dem Gesicht des Anwalts. »Kauf mich, Maxwell!«-Aufkleber kursierten in Tel Aviv. Dem Medienimperium dieses Pressemagnaten anzugehören war der Traum Tausender von Menschen. Aber ich, dem es auf einem silbernen Tablett angeboten wurde, wagte es, Bedingungen zu stellen. Doch Maxwell war nicht beleidigt. Mir schien, daß meine Antwort ihm sogar gefiel, vielleicht deshalb, weil ich nicht vor ihm auf die Knie gefallen war. Er war überall von Speichelleckern umgeben und muß sie bestimmt verachtet haben. Statt mir also die Tür zu weisen, kam er mit mir ins Gespräch. Wir unterhielten uns über den politischen Umschwung in Osteuropa und über die Situation der Medien in der postkommunistischen Welt. Maxwell sah, daß ich in dem Thema bewandert war, und zeigte sich beeindruckt. Wir vereinbarten, daß ich mir Urlaub nehmen und einen Monat nach Polen gehen solle, um das Terrain zu sondieren und einen ausführlichen Bericht über die Möglichkeiten des Ankaufs von Zeitungen, Druckereien »und allen anderen Anlagen, in die es sich zu investieren lohnt«, zusammenzustellen. Für meine Bemühungen würde ich angemessen entschädigt werden. Über die Höhe der Bezahlung verlor er kein Wort, und auch ich fragte nicht danach.

Maxwell handelte aus Intuition, aber ich bildete mir nicht ein, daß er meine Dienste haben wollte, weil er persönlich Geschmack an mir gefunden hatte. Ich war einige Jahre Vorstandsmitglied der Internationalen Vereinigung der Journalisten gewesen, deren Sitz in Brüssel ist, und in ihrem Namen hatte ich geheime Kontakte zum Untergrundverband der polnischen Journalisten aufgenommen. Mit der Einführung des Militärregimes im Dezember 1981 war der Verband, dessen liberale Haltung dem Staatsoberhaupt,

General Jaruzelski, nicht gefiel, aufgelöst worden. Viele seiner Mitglieder tauchten unter und redigierten die Untergrund-Publikationen der »Solidarność«. Wir trafen uns meist in Privatwohnungen oder in einer kleinen Bar im Zentrum Warschaus, deren Angestellte sämtlich Gegner des Regimes waren. Der Zusammenbruch der kommunistischen Regierung 1989 katapultierte alle meine Gesprächspartner ins Zentrum der politischen Arena. Aus den Untergrundkontakten wurden Freundschaften. So kam es, daß ich, in gewissem Sinne, den Schlüssel zu Türen besaß, die anderen Unternehmern verschlossen blieben. Maxwell wußte den Wert dieses Schlüssels zu schätzen.

Meine Mission in Polen war von Erfolg gekrönt. Ich hatte keine Schwierigkeiten, alte Bekanntschaften aufzufrischen. Der Bericht, den Maxwell schließlich erhielt, beinhaltete Einzelheiten, die nur jemand bekommen konnte, der nahe am Brennpunkt der Macht war. Maxwell war beeindruckt und bot mir an, dem Kreis seiner engsten Mitarbeiter beizutreten. Das angebotene Gehalt reizte mich. Kurz: Es war ein Vorschlag, den ich nicht ablehnen konnte. Die Sache hatte allerdings einen Haken. Es waren verschiedene Gerüchte im Umlauf, daß Direktoren in Maxwells Stab, gierig nach Macht und Geld, ihre alten Arbeitsplätze aufgegeben hatten und am Ende in der Luft hingen; Maxwell war ihrer müde geworden und hatte sie wie nutzlose Gegenstände weggeworfen. Er behandelte seine Angestellten wie Schachfiguren; war das Spiel vorbei, interessierte ihn ihr Schicksal nicht mehr. Ich hatte Angst, ebenfalls in diese Falle zu tappen. »Ich bin unter der Bedingung bereit, für Sie zu arbeiten, daß Sie mir einen Vertrag bis zu meinem Pensionsalter, das heißt für drei Jahre, geben«, schrieb ich ihm. Maxwell war nicht gerade begeistert von der Forderung. Und ich war nicht gewillt, von ihr abzulassen. Es war ein Kampf zwischen zwei ungleichen Kräften, und ich weiß nicht, wie ich gehandelt hätte, hätte er nicht bei unserem dritten Treffen in Hotel »Laromme« in Jerusalem plötzlich seine Meinung geändert.

Maxwell verbarg seinen Unmut nicht. »Ich habe keine Geduld mit bockigen Leuten wie ihm«, sagte er zu Samuel Pizar, der ihn auf seiner Reise in die israelische Hauptstadt begleitet hatte. »Geh mit dem Kerl in mein Schlafzimmer, und schließ die Verhandlungen ab.«

Samuel »Sam« Pizar war einer der bekanntesten Rechtsanwälte in Europa und den USA. Als Jimmy Carter ihn zu seinem Berater

251

machen wollte, hatte der Kongreß eigens ein Sondergesetz verabschiedet, damit er unverzüglich die amerikanische Staatsbürgerschaft bekommen konnte. Ich hatte ihn einmal interviewt, als sein Buch *Der Phönix* in hebräischer Sprache erschienen war. Beide erinnerten wir uns an das nächtliche Gespräch bei mir zu Hause. Nun, im Schlafzimmer der königlichen Suite, brachte er mir zwar viel Sympathie entgegen, doch davon, daß meine Forderung gerecht sei, konnte ich ihn nicht überzeugen.

Unser Gespräch zog sich in die Länge. Nebenan, im Wohnzimmer, widmete Maxwell sich seinem üblichen Ritual. Umgeben von klingelnden Telefonen und Faxgeräten, die unablässig ratterten, empfing er wichtige Besucher. Ich war überrascht, als seine Gestalt plötzlich in der Schlafzimmertür auftauchte.

»Nun, seid ihr fertig?« wollte er wissen.

»Nein«, antwortete Sam Pizar. »Ich kenne Frister. Er ist bestimmt eine vertrauenswürdige Person. Aber was wirst du mit ihm anfangen, wenn es keine Geschäfte in Polen gibt? Ich will dir sagen, was passieren wird: Du wirst ihn drei lange Jahre am Hals haben.«

Maxwell streckte sich auf dem Bett aus. Die Federn der Matratze ächzten unter seinem Gewicht. Er sah mir starr in die Augen. Der Stuhl unter mir wurde hart und ungemütlich. Ich erwartete einen Wutausbruch. Maxwell gähnte. Pizar blieb ruhig. Es herrschte eine nervenzerreißende Stille. Dann hörte ich Robert Maxwells Stimme, eine Stimme, die aus der Tiefe seines mächtigen Bauches zu kommen schien: »Dieser Mann sieht mir nicht wie ein Dummkopf aus. Vielleicht will ich ihn für die nächsten drei Jahre am Hals haben.«

Zwei Wochen später wurde ich nach London gerufen, um den Vertrag zu unterzeichnen. Maxwell und sein Sohn Ian erwarteten mich in einem kleinen Raum neben seinem Büro. Es war acht Uhr abends. Im neunten Stock des »Maxwell-Hauses«, einige hundert Schritt von der Fleet Street entfernt, ging die Arbeit ganz normal weiter. Das Gebäude wurde von privaten Sicherheitsleuten bewacht, deren Auftreten dem der Wachen von Fort Knox in nichts nachstand. Der Zutritt zur neunten Etage war allein dem Boß und seinen persönlichen Mitarbeitern vorbehalten. Die Korridore und Zimmer waren mit einem Teppich ausgelegt, der mit Maxwells Firmenzeichen dekoriert war: einem großen M, auf eine Weltkugel gestickt. Ian reichte mir den Vertrag. Auf einem runden Tisch lag ein Kugelschreiber bereit.

»Vater hat schon unterschrieben«, sagte er. »Sie müssen Ihre Unterschrift auf jedem einzelnen Blatt hinzufügen.«

Ich nahm das Dokument in die Hand und begann zu lesen. Der Text wimmelte von juristischen Phrasen. Es gab ganze Abschnitte, deren Bedeutung ich nicht verstand. Die Lektüre dauerte. Maxwell donnerte los:

»Was müssen Sie das lesen? Vertrauen Sie mir nicht?«

»Ich vertraue Ihnen vollkommen, mein Herr«, antwortete ich.

»Aber würden Sie einen Mann anstellen, der die Verträge, die er unterzeichnet, nicht liest?«

Maxwell lachte. Ich war ein Mann nach seinem Herzen. Ich las weiter. Drei lange Absätze waren der Schweigepflicht gewidmet, als ob es um die Aufnahme in den MI-5, den britischen Geheimdienst, ginge. Ich entdeckte einige kleine Abweichungen von der ausgemachten Fassung, beschloß aber, nicht zu protestieren. Um die Wahrheit zu sagen, das Gebäude und die Atmosphäre beeindruckten mich sehr. Ich hatte Angst, den Bogen zu überspannen, vor allem, da die Änderungen mich nicht überraschten. Ich wußte bereits, daß Maxwell zu den Menschen gehörte, die sich immer das letzte Wort vorbehalten. Ich unterschrieb.

Wenn der neunte Stock als die Spitze des Imperiums galt, so war der zehnte Stock bestimmt das Heiligste vom Heiligsten. Darüber gab es nur noch den Landeplatz für den privaten Hubschrauber Maxwells. Das Familienschloß war in Oxford, wo seine Frau Betty wohnte; hier, im zehnten Stock, hatte Maxwell sein privates Heiligtum eingerichtet. Am nächsten Tag wurde ich dorthin eingeladen. Noch war ich mir nicht bewußt, welche Ehre mir zuteil wurde. Der portugiesische Diener, Josef, schenkte uns Wein ein. »Château Lafitte Rothschild«, erklärte Maxwell und warf mir einen raschen Blick zu, wie um sich zu versichern, daß ich seine Gastfreundschaft auch zu schätzen wußte. Ich nahm einen Schluck. Der Wein war hervorragend, wenn mir auch die morgendliche Stunde für einen so schweren Wein etwas zu früh erschien. Ich leerte mein Glas und stellte es auf den Tisch, der in der Mitte des riesigen, im Stil der altrömischen Kaiser möblierten Raumes stand. Josef nahm es schnell beiseite. Die beiden Söhne Maxwells, Ian und Kevin, beide hohe Direktoren in der Firma, rührten ihre Gläser nicht an. Kevin saß mir gegenüber. Es war klar, daß er über die letzte Errungenschaft seines Vaters nicht besonders erfreut war. In frostigem Ton fragte er mich:

»Und was sind Ihre geschäftlichen Erfahrungen, wenn man das fragen darf?«

»Ich habe nicht viel Erfahrung mit dem Geschäftsleben«, antwortete ich mit einem Hauch von Humor. »Eigentlich beschränkt sie sich auf den Kauf und Verkauf meiner Autos.«

Kevin, der nicht zur Frivolität neigte, zog ein saures Gesicht. Er hatte ein Diplom von einer der angesehensten Universitäten Englands, wo ihm beigebracht worden war, wie man ein Geschäft führt, aber nicht, wie und wann man einen Witz machen kann.

Nur sein Vater lächelte mit offensichtlicher Genugtuung.

»Erinnerst du dich an all die Absolventen von Oxford und Harvard, die wir hatten und auf deren Dienste wir verzichten mußten?« Er nannte eine lange Reihe von Namen.

»Sicher erinnere ich mich.«

»Gut, und weißt du, was diesen Typen fehlte? Sie hatten nicht das, was dieser Mann hat – gesunden Menschenverstand.«

»Ich verstehe«, nickte Kevin. »Gesunder Menschenverstand ist ein sehr gefragter Artikel in diesem Gebäude.«

Robert Maxwell tat so, als habe er den Sarkasmus nicht bemerkt.

Und so kam es, daß ich der Maxwell Communications Corporation als Kapazität für gesunden Menschenverstand beitrat. Ich wurde mit dem ehrwürdigen Titel eines internationalen Direktors für Entwicklung der Kommunikationsmedien ausgestattet, eine persönliche Erfindung meines neuen Arbeitgebers. Die Firma sorgte für Visitenkarten, die dazu angetan waren, auf naive Menschen einen großen Eindruck zu machen, für einen weißen Mercedes und ein offenes Spesenkonto. Einige Zeit später bezog ich ein Büro, daß meinem neuen Status würdig war. Danach nahm ich den Präsidenten der polnischen Anwaltskammer als meinen Rechtsberater in Dienst, ein Schritt, der von Maxwell sofort sehr gelobt wurde. Er liebte große Namen. In weniger als zwei Monaten gab er trotz der Proteste seiner Finanzdirektoren seine Zustimmung, bei einer Warschauer Bank ein Bank- und Kreditkonto zu eröffnen, und machte mich zum alleinigen Unterschriftsberechtigten.

Wenn ich in meiner Unschuld glaubte, daß mein Weg zu geschäftlichem Erfolg mit Rosen bestreut war, so irrte ich mich gewaltig. Die Vertreibung der Kommunisten aus dem Amt hieß noch lange nicht, daß auch die alten Denkmuster und Arbeitsgewohnheiten vertrieben worden wären. Die Regierung mischte sich weiterhin in die Belange der Wirtschaft, die Bürokratie feierte fröhliche Urständ, und die Angst vor Entscheidungen war ein allgemeines Phänomen. Gesetzesvorschläge für Privatisierungen wurden dem Parlament vorgelegt, erlitten Schiffbruch an den Rivalitäten der Parteien und wurden von Sitzung zu Sitzung verschoben. Die Ministerien änderten ständig die Steuer- und Zollverfügungen, jeder Wechsel der Regierungskoalition zog den Austausch der hohen Beamten nach sich, und das Schlimmste von allem – die Gewerkschaften hintertrieben die meisten Versuche, Partnerschaften mit ausländischem Kapital zu gründen. Der Populismus war an der Macht. Zu den Schwierigkeiten, die aus dem allgemeinen Durcheinander erwuchsen, kam hinzu, daß ich bei meinen Bemühungen auf eine Mauer der Feindseligkeit gegenüber Robert Maxwell stieß. Kapitän Bob, wie seine Freunde ihn nannten, hatte »vergessen«, mir zu erzählen, daß er in den achtziger Jahren, zu der Zeit also, in der ich meine Verbindungen zur »Solidarność« im Untergrund gepflegt hatte, Warschau als Gast General Jaruzelskis besucht hatte. Er hatte mir ebenfalls verschwiegen, daß er Jaruzelskis politische Reden im Rahmen einer Serie von Biographien über Staatsmänner der Welt herausgebracht hatte. Der bulgarische Premierminister Schiwkow, der rumänische Staatschef Ceaucescu und der Staatsratsvorsitzende Honecker waren ebenfalls in dieser Reihe zu finden. Maxwell »vergaß«, die Polen jedoch nicht. Unsere Konkurrenz, die Medienkonzerne des Australiers Murdoch, des Italieners Berlusconi und des Franzosen Hersant, sorgten dafür, daß Öl auf das Feuer der Feindseligkeit gegossen wurde, und fütterten die polnische Presse mit Reportagen über Robert Maxwells politische und geschäftliche Vergehen. Ihren Höhepunkt erreichte die Verleumdungskampagne mit der Veröffentlichung eines Artikels, der ihn der Verwicklung mit dem sowjetischen Geheimdienst beschuldigte.

»Beweise deine Unschuld«, murmelte ich, als ich den Artikel las. Es war ein schöner Tag, und auf dem Balkon im fünften Stock des Gebäudes, in dem sich unsere Büros befanden, faltete ich die Zeitung zusammen und blickte mich um. Von meinem Platz aus konnte man den Amtssitz des polnischen Präsidenten, das Parlament und das riesige Gebäude des Wirtschaftsministeriums für Zusammenarbeit mit dem Ausland sehen. Die neue Regierung hatte von ihrer Vorgängerin die Vorliebe für bombastische Bauten geerbt. Während des Besuches von John Morgan wurden wir in Hallen empfangen, die Versailles in den Schatten gestellt hätten. Bevor der interne Machtkampf um Plätze in diesen eleganten Hallen ausbrach, hatte die »Solidarność« die hohen Beamten, die den Kommunisten gedient hatten, hinausgefegt. Das Vakuum zog in nicht geringem Maße Mittelmäßigkeit an, und umgekehrt landeten viele der Schlüsselfiguren des ehemaligen Regimes in Direktoriums- und Vorstandssesseln privater Firmen. Auch als selbständige Geschäftsleute kamen sie schnell weiter, weil sie ein Netzwerk von Beziehungen beherrschten, das sie nicht nur in Polen, sondern weltweit aufgebaut hatten, als sie noch diejenigen waren, die die regierungsamtlichen Beschlüsse faßten. Slawek Lipowski gehörte nicht zu diesen Glücklichen. Nach den vielen Jahren, die er im polnischen Geheim- und Sicherheitsdienst verbracht hatte, kam er plötzlich traurig und schlecht gelaunt in mein Büro. Wie ein Bettler stand er vor der Tür, bereit, jede Arbeit anzunehmen, sogar die eines Botenjungen, und das für jedes Gehalt, ganz gleich wie wenig. Er war mittlerweile in den Sechzigern, und das erzwungene Nichtstun machte ihn verrückt. Noch wußte ich nicht, wie umfassend er aus der Gesellschaft ausgestoßen war und wie nötig er einen anderen Rahmen brauchte. Die Entscheidung fiel mir nicht leicht. Ich hielt die Zeitung, die den Artikel über den sowjetischen Spion Maxwell geschrieben hatte, noch in der Hand. Ich wollte nicht, daß der Mann, der bereits verdächtigt wurde, der sowjetischen Obrigkeit zu viel Sympathie entgegenzubringen, im nächsten Artikel auch noch beschuldigt würde, ehemaligen Geheimagenten Schutz zu bieten. Und ich war ganz sicher nicht erpicht darauf, in diesem Artikel dann die Starrolle als Vermittler zu spielen. Aber ich konnte zu Slawek nicht nein sagen. Slawek war ein Freund.

Zu Beginn der ausgelassenen fünfziger Jahre hatte Slawek mich überredet, ein Zimmer in einer geräumigen Villa am Rande Breslaus zu mieten, in der er schon immer gewohnt hatte. Er studierte an der Wirtschaftsfakultät, war ein ausgezeichneter Student, gutaussehend, groß, mit einer Wesensart wie ein Eiszapfen. Seine Manieren machten deutlich, daß er sich um Lichtjahre von der armen Arbeiterfamilie, in die er geboren worden war, entfernt hatte. Ich war ebenfalls ein junger Mann, strebsam wie er, mit einem dunklen Teint und lockigem Haar, nicht einer der häßlichsten in der

Nachbarschaft, Redakteur der auflagenstärksten Zeitung der Stadt und Eigentümer eines offenen Sportwagens. Wir galten als unzertrennliches Paar. Unsere Partnerschaft bestand auch weiter, nachdem man Slawek vorgeschlagen hatte, dem Ministerium für öffentliche Sicherheit beizutreten. Der Sicherheitsdienst verpflichtete sich, sein weiteres Studium zu bezahlen, wenn Slawek einen Vertrag unterschrieb, nach Erhalt seines Universitätsdiploms für den Sicherheitsdienst zu arbeiten. Mich beschlich der Verdacht, daß seine geheimdienstliche Tätigkeit schon vorher begonnen hatte; wahrscheinlich hatte er die Behörden über das Campusleben auf dem laufenden gehalten. Doch ich untersuchte die Sache nicht näher. Zwischen uns bestand ein stillschweigendes Abkommen, nicht über seine Verbindung zu einer Einrichtung zu sprechen, die im Herzen eines jeden Polen Angst und Schrecken verbreitete.

Ein einfacher Bürger hatte keine Chance auf Bewilligung eines Waffenscheins. Der Besitz einer Waffe ohne Lizenz wurde mit mehreren Jahren Gefängnis geahndet. Slawek trug seine Pistole, eine TT aus sowjetischer Produktion, mit dem Stolz eines Kindes, das ein Spielzeug für Erwachsene bekommen hat. Nur einmal zog er sie gegen mich: mitten in einem harten Winter, als ein Mädchen, das wir uns auf dem Tanzboden des Restaurants »Polonia« geangelt hatten, sich mir nicht ergeben wollte. Als gute Freunde teilten wir alles, auch die Mädchen. Aber dieses Mädchen hielt sich nicht an unser Abkommen. Die Tür zwischen unseren Zimmern war offengeblieben, und ich hörte ihr Weinen, als er ihr befahl, in mein Bett zu gehen. Sie erklärte ihre Liebe zu Slawek und nur zu Slawek. »Laß sie in Ruhe«, bat ich. Ich sah mich nicht in der Rolle eines Vergewaltigers, ich wollte kein Mädchen, das mich nicht wollte. Ich bat vergeblich. Für meinen Freund ging es um seine Autorität. Slawek hatte noch nie Widerspruch vertragen können, und seit er mit der Pistole ausgerüstet war, war Macht für ihn zu einer Art fixen Idee geworden. Als sie sich weiterhin weigerte, warf er sie aus dem Haus. Nackt, wie Gott sie geschaffen hatte, stand sie im Garten der Villa und schluchzte leise. Es herrschte strenger Frost, vielleicht zwanzig bis fünfundzwanzig Grad unter Null. Ich flehte ihn an, sie bis zum Tagesanbruch wieder in die Wohnung zu lassen. »Kommt nicht in Frage«, beharrte er. Ich wartete, bis er eingeschlafen war, nahm ihre Kleider, öffnete das Fenster in meinem Zimmer, um sie nach unten zu werfen, rief ihr zu, näher zu kommen, und in diesem Moment fühlte ich die Kälte des Pistolenlaufs

257

in meinem Rücken. Wahrscheinlich war Slawek von meinem Rufen aufgewacht und hatte sich auf nackten Füßen angeschlichen. Mit einer Stimme, die nichts Gutes verhieß, sagte er:»Die Pistole ist geladen.«

Das war Slawek, und bis heute kann ich nicht mit Sicherheit sagen, ob er abgedrückt hätte, wenn ich dem Mädchen die Kleider hinuntergeworfen hätte.

Als er sein Studium beendet hatte, wurde Slawek Lipowski nach Warschau versetzt. Ich wurde verhaftet und suchte auch nach meiner Entlassung nicht mehr seine Nähe. Ich wollte einen Mann vom Sicherheitsdienst nicht mit jemandem in Verbindung bringen, der wegen antirevolutionärer Aktivitäten angeklagt gewesen war; vielleicht wollte ich auch die alte Freundschaft nicht auf die Probe stellen. Das Schicksal bescherte uns ein Wiedersehen, als Slawek Anfang 1963 zum Botschaftssekretär der Polnischen Volksrepublik in Tel Aviv ernannt wurde. Ich glaube, es war sein erster Auslandsdienst; danach war er an den polnischen Botschaften in Tokio und Washington tätig. Während seines Aufenthaltes in Japan beschäftigte er sich hauptsächlich mit dem Erwerb von Technologien, die nicht auf dem freien Markt gehandelt wurden. Über seine Aufgabe in den USA habe ich nie etwas erfahren. In Tel Aviv war er offiziell Kulturattaché, doch ich hatte nicht den Eindruck, daß er dem Thema viel Zeit widmete. Er bat mich, unsere Verbindung auf dem Grundsatz weiterzuführen, der sie schon in Breslau geleitet hatte: sich ein gutes Leben zu machen.»Ich brauche einen Platz unter der Sonne, an dem ich mich betrinken kann, ohne Angst haben zu müssen, daß man mir unter Einfluß von Alkohol Informationen entlockt, einen ruhigen Ort, an den ich ein Mädchen mitbringen kann, ohne daß die Gegenspionage mich in peinlichen Stellungen photographiert. Ich werde dich meinerseits nie um etwas bitten, das als Übertretung angesehen werden kann.« Wir reichten uns die Hand und tranken auf unser Wohl. Und wie üblich in solchen Situationen, hielten wir uns beide nicht an die Vereinbarungen.

Der Abbruch der diplomatischen Beziehungen nach dem Sechstagekrieg zog auch den Abbruch unserer Verbindung nach sich. Von einem kurzen Treffen in New York abgesehen, begegneten wir uns erst im April 1978 wieder, als ich nach Polen kam, um über die Eröffnung des jüdischen Pavillons im Holocaust-Museum in Auschwitz für *Ha'aretz* zu berichten. Es war das erste Mal seit 1967, daß die Polen israelischen Bürgern Einreisevisa erteilten –

mit dem offensichtlichen Grund, Proteste der jüdischen Organisationen in Amerika zu vermeiden. Slawek besuchte mich in meinem Hotel. Er hatte einen Dienstwagen mit Fahrer zur Verfügung und erzählte mir, daß er gerade aus Marokko zurückgekommen sei und nächste Woche nach Algerien reisen würde, und wie in der Vergangenheit strotzte er vor Selbstsicherheit. »Wenn du jemals ein Visum brauchen solltest, ruf mich an, und du wirst es ohne Schwierigkeiten bekommen«, versprach er. Zweimal sollte ich auf sein bereitwilliges Angebot zurückkommen.

Slawek arbeitete vierzehn Monate lang in Maxwells Warschauer Büro. Allmählich sammelten sich auf meinem Schreibtisch Informationen über seine Tätigkeit in den achtziger Jahren. Es war keine Visitenkarte, auf die man stolz sein konnte. Er war persönlich in den Kampf gegen die »Solidarność« verwickelt und sogar an dem tückischen Plan – der nicht ausgeführt wurde –, beteiligt gewesen, Adam Michnik, einen der führenden Intellektuellen der Bewegung, zu ermorden. Er war auch damit betraut, geheime Informationen über die Macht und den Einfluß der jüdischen Dachorganisationen in Amerika einzuholen. Als ich ihn mit den Anschuldigungen konfrontierte, wich er mir aus. Slawik spielte auf den Saiten der Freundschaft und versuchte, mein Mitleid zu wecken. Ich war angeekelt. Der Slawek, der mir die Pistole in den Rücken gestoßen hatte, war mir tausendmal lieber, als der, der da so jämmerlich vor mir stand. Trotzdem feuerte ich ihn nicht.

Robert Maxwell interessierten die Leute, die in meinem Büro angestellt waren, nicht. Ich teilte ihm zwar mit, daß ich noch eine Kraft eingestellt hatte, verzichtete aber auf die Einzelheiten. Während eines meiner vielen Besuche in London machte ich ihn jedoch auf die ernste Situation hinsichtlich seines Ansehens aufmerksam. Wenn es im *Guinness-Buch der Rekorde* eine Kategorie für Verleumdungsprozesse gäbe, wäre er der Sieger gewesen. Er beschäftigte eine Batterie von Anwälten, die die Gerichte mit Klagen gegen Journalisten, die es gewagt hatten, seinen guten Namen zu beschmutzen, regelrecht überschwemmten. Ich befürchtete, daß er in Warschau in einen ähnlichen Prozeß verwickelt werden könnte und daß alle wichtigen Leute sich gegen ihn wenden würden. Zu meinem Erstaunen antwortete er mir abweisend: »Du erledigst deinen Teil, und ich erledige meinen. Ich schicke dir Sir John nach Warschau. Er wird die Luft schon reinigen.«

Bevor er Direktor für die ausländischen Beziehungen von Maxwell Communications wurde, war John Morgan britischer Botschafter in Polen gewesen. Er war ein Mitglied des britischen Adels, liebenswürdig zu Menschen, aber verloren in dem Labyrinth der weltweiten Geschäftsbeziehungen eines Robert Maxwell. Seine Kontakte in Polen beschränkten sich auf Leute, die in den achtziger Jahren von Bedeutung, zu Beginn der neunziger jedoch kaltgestellt waren. Der britische Botschafter, der ihn zwei Jahre zuvor abgelöst hatte, zeigte keine übertriebene Gastfreundschaft, als wir zum Nachmittagstee in seiner Residenz erschienen. Mit zurückhaltender Höflichkeit erklärte er uns, während er seinen Earl-Grey-Tee mit einem silbernen Teelöffel umrührte, daß er an Berichten über unsere Erwerbungen in Polen nicht interessiert sei. Er, Seine Exzellenz, der Botschafter, war sorgfältig darum bemüht, die britische Diplomatie vollkommen von den Privatangelegenheiten britischer Bürger zu trennen. Wäre mir zu diesem Zeitpunkt die Haltung des Londoner Establishments zu meinem neuen Arbeitgeber noch unklar gewesen, dann ließ die Begründung des Botschafters keinen Zweifel offen. Sir John indes war ein angenehmer Mann, der gegen einige Gläser guten Wein nichts einzuwenden hatte; wir mochten uns vom ersten Augenblick an, als ich ihn vom Flugplatz in Warschau abholte. Am Abend saßen wir zusammen, lobten den bulgarischen Weißen und Roten, tauschten unsere Ansichten über die polnischen Frauen aus und gelangten zu der Überzeugung, daß uns in Anbetracht der Lage nichts anderes übrigblieb, als aus einer schlechten Sache das Beste herauszuholen. Wir absolvierten eine Reihe von Höflichkeitsbesuchen bei Premierminister Mazowiecki und mehreren Ministern und Politikern, die mit der Medienwelt zu tun hatten, und damit war der offizielle Teil seines Besuches beendet. Den größten Teil der Zeit verbrachten wir mit der Abfassung unseres Berichts. Hier kam Sir Johns wahres Talent zum Vorschein. Er kannte Maxwell gut und war ein Genie, wenn es darum ging, Formulierungen zu finden, die das Herz von Kapitän Bob erwärmen würden. »Nimm einige Tatsachen und viele berühmte Namen, wirf sie zusammen in einen Topf, mische sie mit einigen statistischen Daten, würze sie mit der Aussicht auf finanziellen Erfolg, und verlaß dich auf mich – er wird dieses Gericht lieben«, belehrte er mich. Mit näherer Bekanntschaft lernte ich von ihm viel über die Kunst des Überlebens in Maxwells Stab. Leider konnte dieses Wissen den Test an der Realität nicht bestehen. Einige Monate später feuerte Maxwell ihn ohne jede Vorwarnung.

Bei meiner Ankunft in Polen hatte ich mir ein Ziel gesetzt: Ich wollte die *Życie Warszawy* (Warschauer Leben) erwerben, eine seit langem etablierte, weitverbreitete Tageszeitung in der Hauptstadt, dazu fünf bis sechs regionale Zeitungen, um eine einzige, große Verlagsgesellschaft mit einer täglichen Auflage von eineinhalb Millionen Exemplaren zu gründen. Die Tatsache, daß man all diese Zeitungen mit einem gemeinsamen Management leiten konnte, daß man Papier und Druckfarbe für alle zusammen einkaufen, die Anzeigenakquise von einem gemeinsamen Büro aus betreiben konnte und so in einer guten Verhandlungsposition Lieferanten und Druckereien gegenüber sein würde, versprachen Effektivität und Gewinn. Maxwell billigte diesen Plan. Ein Gesetz, das im März 1990 vom Parlament verabschiedet worden war, sprach der kommunistischen Partei das Eigentumsrecht an den Kommunikationsmedien ab; sie sollten durch öffentliche Ausschreibung verkauft werden. Kooperativen, die von Journalisten gegründet wurden, bekamen dabei, laut Gesetz, den Vorrang. Also machte ich mich auf eine lange Reise durch ganz Polen, um Zeitungen zu finden, die es zu kaufen lohnte, und die Angestellten zu überzeugen, daß eine Partnerschaft mit Maxwell für sie von Vorteil wäre. Nach vierzigjähriger Knechtschaft durch die Kontrolle der Partei war die Furcht der Medienleute groß, vom Regen in die Traufe zu geraten. Sie hatten kaum von der Freiheit gekostet, da drohte bereits erneut die Versklavung, diesmal durch einen ausländischen Pressetycoon. Es bedurfte vieler persönlicher Gespräche, um ihnen diese Angst zu nehmen. Maxwell bevollmächtigte mich, Angliederungsverträge mit den neuen Kooperativen zu unterschreiben, deren Bedingungen gerecht zu sein schienen. Ich tat es, ohne zu wissen, ob er seinen Verpflichtungen nachkommen würde. Ich hatte gelernt, daß man sich auf sein Wort nicht verlassen konnte, selbst wenn ich es schriftlich hatte.

Diese Erfahrung hatte ich unter anderen gemacht, als ich erfolgreich an eine Firma herangekommen war, die rund siebzig wissenschaftliche und Berufsfachzeitschriften herausgab. Maxwell, dem »Pergamon«, der zweitgrößte Verlag der Welt auf diesem Gebiet, gehörte, ernannte mich sofort zum Direktor von »Pergamon« und ermutigte mich, alles zu tun, um diese polnischen Zeitschriften dem Verlag anzugliedern. Ich stellte Berater an, die den Wert des Warschauer Unternehmens auf vier Millionen Dollar schätzten, für Maxwells Verhältnisse eine unbedeutende Summe. Während der Verhandlungen forderte die polnische Vertragspartei das Copyright, um Aufsätze übersetzen zu dürfen, die in den vierhundert Zeitschriften, die »Pergamon« herausgab, erschienen waren. Ich konnte nicht zustimmen, ohne mich in London vergewissert zu haben, ob der Verlag auch wirklich jedes Copyright erworben hatte oder ob einige nicht doch bei den Autoren lagen. Ich rief den Präsidenten von »Pergamon« an.

»Entschuldigen Sie, mein Herr«, fragte der Mann vorsichtig. »Mit wem habe ich die Ehre?«

Ich erklärte, daß ich zum Direktor von »Pergamon« ernannt worden sei und mitten in Verhandlungen um die Angliederung von siebzig neuen Zeitschriften stecke. Am anderen Ende der Leitung herrschte ein langes Schweigen. Endlich kam die Antwort:

»Es tut mir leid, aber ich habe Ihren Namen noch nie gehört, noch weiß ich etwas von dem Ankauf, mit dem Sie beschäftigt sind. Ich schlage vor, daß Sie direkt mit dem Vorsitzenden sprechen.«

Der Vorsitzende war natürlich Robert Maxwell. Ich rief ihn an. Sein Büro, das die Anordnung erhalten hatte, alle meine Anrufe an den Ort weiterzuleiten, an dem Kapitän Bob sich gerade befand, stellte mich zu Gulfstream-4, seinem Privatjet durch, der auf dem Flug von Frankreich nach Italien war. Maxwell sagte, ich solle mir keine Sorgen machen. »Der Präsident von ›Pergamon‹ braucht nicht zu wissen, wen ich für die Leitung ernannt habe. Was die Übersetzungsrechte anbetrifft, gib den Polen, was sie wollen. Ich will diese Firma.«

Seine Antwort ließ bei mir eine rote Warnlampe aufleuchten. Es war mir klar, daß er keine Ahnung hatte, wem die Rechte gehörten. Und ich wußte auch, daß er im Falle eines Skandals die Verantwortung auf mich schieben würde. Einmal im Monat flog ich nach London, um Maxwell Bericht zu erstatten. Mit der Zeit hatte ich mich mit einigen Mitarbeitern des neunten Stocks angefreundet, und sie hatten mich die eiserne Regel gelehrt: Jede mündliche Anweisung mußte schriftlich bestätigt werden, denn Kapitän Bob neigte dazu, Anweisungen zu »vergessen«, die sich als Irrtum herausstellten. Daran hielt ich mich auch jetzt. »Entsprechend Ihrer Anweisung von dem und dem Datum und der und der Stunde, füge

262

ich der Vereinbarung mit ›Sigma‹ einen Abschnitt hinzu, der ihnen die Übersetzungsrechte an allen ›Pergamon‹-Zeitschriften zusagt.« Das Fax wurde abgeschickt, der Empfang vom Piloten bestätigt. Ich war beruhigt – allerdings nicht für lange.

Im Mai 1991 wies Maxwell mich an, zur Eröffnung von *Vremia*, einer Wochenzeitschrift in russischer Sprache, nach Jerusalem zu reisen. Die Masseneinwanderung aus Rußland hatte in Israel einen neuen Markt mit dreihunderttausend potentiellen Lesern geschaffen. Geplant war eine eindrucksvolle Feier, an der der Premierminister und hochrangige Regierungsvertreter teilnehmen sollten. Ich nahm einen Flug über Frankfurt, wo ich mich kurz mit einem der Direktoren von »Berlitz« treffen sollte. Ich hatte gerade die erste Filiale in Warschau eröffnet und wollte etwas über die üblichen Verwaltungsmethoden dieser alten Firma lernen. Der Amerikaner M. D. Berlitz hatte sie gegen Ende des neunzehnten Jahrhunderts gegründet, aber 1988 war das Netz von Sprachschulen, das mittlerweile mehr als dreihundert Filialen umfaßte, Maxwell in die Hände gefallen, als er für die märchenhafte Summe von zweieinhalb Milliarden Dollar den New Yorker Verlag Mac-Millan gekauft hatte.

»Was sagen Sie zum Verkauf von ›Pergamon‹?« fragte mich der deutsche Direktor.

»Wovon sprechen Sie?«

»Haben Sie die heutige *Financial Times* nicht gelesen?«

Mein Gastgeber legte die Zeitung vor mich hin und wies auf die Schlagzeile: MAXWELL VERKAUFT PERGAMON AN ELSEVIER FÜR 240 MILLIONEN PFUND STERLING.

Ich war wie vom Donner gerührt. Der Vertrag zum Ankauf der polnischen Zeitschriften war bereits dem amtlichen Notariat in Warschau zur Genehmigung vorgelegt worden. Ihn einseitig zu annullieren konnte Maxwell vier Millionen Dollar kosten – und mich den Verlust meiner Glaubwürdigkeit. Ich war entsetzt: Warum hatte er mich nicht gewarnt? Warum hatte er mir nichts von seinem Vorhaben, »Pergamon« zu verkaufen, gesagt? Er hatte schon wichtigere Geheimnisse mit mir geteilt, als er mich beispielsweise benutzt hatte, um bedeutende Summen von einer Firma zur anderen zu überführen. Er wußte, daß ich immer meinen Mund hielt, daß man sich auf mich verlassen konnte. Was war diesmal geschehen?

Mein Flugzeug landete am Flughafen Ben-Gurion eine Stunde

vor Beginn der Zeremonie. Ich zog mich im Taxi nach Jerusalem um und traf pünktlich im Hotel »König David« ein. Die ehrenwerten Gäste gingen gerade vom Foyer in den »Blauen Saal«. Maxwell stand an der Seite und unterhielt sich mit Premierminister Yitzhak Schamir. Ich wartete, bis er frei wurde. Ich machte meine Zigarre aus, da ich wußte, daß er Raucher nicht ausstehen konnte. Das Gespräch mit Schamir neigte sich seinem Ende zu. Maxwell war bester Laune, er lächelte und gab Aphorismen von sich. Es war offensichtlich, daß er sich hier so wohl wie ein Fisch im Wasser fühlte. Ich ging zu ihm und erklärte ihm meine Sorgen. Er legte mir mit einer fast väterlichen Geste die Hand auf die Schulter:

»Vergiß ›Pergamon‹. Geh nach Warschau zurück, und kaufe ›Sigma‹ für Robert Maxwell Holdings. Den Polen ist es doch egal, wo das Geld herkommt.«

»Und die Übersetzungsrechte?« wollte ich wissen, aber Maxwell erinnerte sich nicht, um was es sich handelte. Seine Sekretärin brachte ihm ein drahtloses Telefon, ein wichtiges Gespräch aus New York. In den Vereinigten Staaten war es vier Uhr morgens. Dann hielt er eine leidenschaftliche Rede über die Verdienste und die glänzende politische Zukunft Gorbatschows – und verschwand.

Am nächsten Tag erwartete mich mein Assistent am Warschauer Flughafen. Wir fuhren direkt zum Büro. Die Sekretärin verständigte sofort den Rechtsberater. Wir mußten die Registrierung des Vertrages aufhalten, um das Einverständnis unserer Gesprächspartner für den neuen Käufer einzuholen. Die Polen stimmten zu, der öffentliche Anwalt nicht. Ich hatte keine Vollmacht, im Namen der Robert Maxwell Holdings zu handeln. Und mehr noch: Die Robert Maxwell Holdings war in Polen gar nicht eingetragen, so daß es ihr, nach den bestehenden Gesetzen, nicht erlaubt war, irgendwelche Geschäfte zu tätigen. Wir standen vor einer komplizierten Situation, nicht nur, weil mir von Amts wegen die Hände gebunden waren, sondern auch, weil ich nicht die geringste Ahnung hatte, um was für eine Firma es sich bei Robert Maxwell Holdings überhaupt handelte; ich wußte weder, wo sie registriert war, noch, wer ihre Direktoren waren. In der Schublade meines Schreibtisches hatte ich ein internes Telefonbuch, in dem die Leute verzeichnet waren, die in Maxwells Reich etwas bedeuteten. Ich durchblätterte es und fand unter den zweihundert Firmen, die über die ganze Welt verstreut waren, von Tokio und Peking im Osten bis nach Kalifornien und Alaska im Westen, keine Spur von ihr. Spätabends rief ich das Büro des Vorsitzenden in London an. Die höheren Angestellten im »Maxwell-Haus« waren daran gewöhnt, unter Druck zu arbeiten. Binnen achtundvierzig Stunden schickte man mir per Kurier die Dokumente, die mich bevollmächtigten, die Firma gegenüber den örtlichen Behörden zu vertreten und sie eintragen zu lassen. Unser Rechtsberater, der dem Parlament angehörte und Präsident der Anwaltskammer war, benutzte all seine Beziehungen, um die mannigfaltigen bürokratischen Hindernisse zu überwinden. In der Zwischenzeit stellte sich heraus, daß eine Vollmacht der Westminster Bank in England fehlte. Ohne sie konnte man kein Devisenkonto eröffnen. Nach einigen mißlungenen Versuchen, Kapitän Bob ausfindig zu machen, rief ich seinen Sohn Ian an. »Ich verstehe nicht, was hier los ist«, vernahm ich vom anderen Ende der Leitung. »Mein Vater weiß, daß wir die polnischen Zeitschriften nicht kaufen können. In dem Vertrag mit Elsevier haben wir uns verpflichtet, uns fünf Jahre lang nicht mit wissenschaftlichen Publikationen zu beschäftigen.«

Ich knallte den Hörer auf. Ian war nicht beleidigt. Er verstand meine Gefühle.

In der Zwischenzeit war auch mein Plan, eine Zeitungskette aufzubauen, auf Schwierigkeiten gestoßen. In der Zeit des kommunistischen Regimes hatte die Partei fast alle Printmedien kontrolliert. Das Parlament beauftragte nun die Regierung, den riesigen Zeitungsverbund »Prasa« aufzulösen, der Hunderte von Tageszeitungen, Wochen- und Monatszeitschriften herausgegeben hatte, und seinen Besitz durch öffentliche Ausschreibungen zu verkaufen. Aber die Ausschreibungen waren von vornherein auf die politischen Bedürfnisse der Regierung zugeschnitten. Die Zeitungen gingen nicht an die Meistbietenden, sondern die staatliche Kommission, die mit der Privatisierung betraut war, verteilte sie nach einem vorherbestimmten Schlüssel. Der Pluralismus der Medien basierte auf dem Grundsatz: Wie du mir, so ich dir. Parteien und Interessengruppen erhielten den Löwenanteil der Beute als politische Bestechung, damit ihre Unterstützung am Wahltag gesichert war. Meine Freunde in hohen Positionen rieten mir, die Verbindung zum Lager des Premierministers Tadeusz Mazowiecki, auf das ich gebaut hatte, abzubrechen und mich statt dessen auf den Hof von Lech Wałęsa zu konzentrieren. Dieser Stellungswechsel erforderte eine kleine Geldausgabe. Ich schlug Maxwell vor, etwa eine Viertelmillion in eine Telegraphenfirma, die von Verbündeten Walesas gegründet worden war, und in andere Projekte zu investieren, die dem Präsidenten nahestanden. Maxwell war dagegen: »Du sitzt zu nahe an der Kampfarena, du hast dein Gefühl für Diagnosen verloren. Ich kenne mich in der polnischen Politik besser aus als du. Mach so weiter wie bisher.«

Ich war nicht überrascht, als die Investorengruppe, die ich in Warschau aufgebaut hatte – neben Maxwell Communications einige Banken und Staatsfirmen sowie verschiedene Finanziers, die der Regierung Mazowiecki nahestanden –, sämtliche Ausschreibungen verlor. Für *Życie Warszawy*, die meistgelesene Zeitung in der Hauptstadt, waren wir bereit, viereinhalb Millionen Dollar in bar zu zahlen, weit mehr als die anderen Konkurrenten, aber sie ging an eine unbekannte Gruppe von Unternehmern, die von einem katholischen Politiker aus Warschau vertreten wurde. Später fand ich heraus, daß sich hinter dieser mysteriösen Firma der italienische Verleger Nicola Grauso verbarg. Unsere Verpflichtung, zusätzlich die Summe von zehn Millionen Dollar in die Modernisierung der Zeitung zu investieren, half uns ebensowenig wie die uneingeschränkte Unterstützung der Journalisten und Redakteure, denen ich neun Prozent der zukünftigen Gewinne versprochen hatte. Unser Angebot wurde außerdem vom Journalistenverband befürwortet, in dessen Ausbildungsprogramm für Mitglieder ich zehntausend Dollar gesteckt hatte. Das Spiel war jedoch gelaufen. Als die schriftliche Begründung der Ausschreibungskommission veröffentlicht wurde, kam heraus, daß sie auf genaue Anweisung des Präsidentenpalastes gehandelt hatte. Wir waren einem politischen Streit zwischen zwei ehemaligen Kameraden im Kampf gegen die kommunistische Macht, Mazowiecki und Wałęsa, zum Opfer gefallen.

Selbst geschäftliche Erfolge in anderen Bereichen, wie das Abkommen mit dem polnischen Fernsehen, Englischunterricht zu senden, ein Projekt, das vom Informationsdienst der Vereinigten Staaten finanziert wurde, oder der Erwerb einer Fünfzigprozentbeteiligung am Zweiten Programm des staatlichen bulgarischen Fernsehens, das Zustandekommen einer Partnerschaft in mehreren osteuropäischen Ländern, die »Gelben Seiten« herauszubringen, oder der beginnende Einstieg in den russischen Markt, konnten meine Stimmung nicht heben. Ich begann, über meinen Rücktritt nachzudenken. Doch dann wurde plötzlich alles anders. Auf einer privaten Party traf ich Andrzej Gelberg, den Chefredakteur der Wochenzeitschrift *Solidarność*. Das offizielle Organ der Bewegung steckte in Schwierigkeiten. Dutzende von bunten Zeitschriften waren mittlerweile auf dem Markt erschienen. Gelberg sagte mir: »Im Untergrund hatten wir Exklusivität. Im Untergrund war die Botschaft wichtig, nicht die Form. Jetzt haben sich die Spielregeln geändert. Um konkurrenzfähig zu sein, müssen wir nun die Ärmel hochkrempeln, professionelle Journalisten einstellen und in die Entwicklung einer soliden Grundlage investieren. Aber die Bewegung hat kein Geld.«

»Würden Sie Maxwells Geld annehmen?« fragte ich.

»Sogar das Geld des Teufels«, antwortete der Chefredakteur.

*Solidarność* identifizierte sich noch mit ihrem ersten Anführer, Präsident Wałęsa. Mit ihr in eine Partnerschaft zu treten würde die Anerkennung aller Maxwellschen Unternehmungen in Polen bedeuten. Wenn das, was Gelberg sagte, kein leeres Geschwätz war, dann konnte man sagen, daß ich das große Los gezogen hatte.

»Lassen Sie mich darüber schlafen«, sagte ich. Auf keinen Fall wollte ich zeigen, wie sehr ich darauf brannte, mit ihm ins Geschäft zu kommen. Maxwell ergriff diese Gelegenheit beim Schopf. Ich reiste mehrmals nach Danzig, die Hochburg der »Solidarność«, um die Stimmung zu sondieren, Unterstützer zu gewinnen und den Boden für die endgültige Entscheidung zu bereiten. Ich fuhr gern nach Danzig, eine lebendige Hafenstadt, deren Altstadt zu den schönsten Europas zählt. Die Restauranttische der Stadt machten wir zu unserem Verhandlungstisch. Daß ich meinen Gesprächspartnern im Wodkatrinken in nichts nachstand, trug nicht unwesentlich dazu bei, daß es schließlich zu einer Annäherung kam. Der Vertragsentwurf wurde dem Rat der Bewegung zur Bewilligung vorgelegt. Das Dokument löste stürmische Debatten aus, aber am Ende wurde die Verbindung mit Maxwell ratifiziert. Wir beschlossen, gemeinsam einen Verlag mit dem Namen »Tissol« zu gründen. Die englische Übersetzung des Vertrages wurde per Kurier nach London geschickt. Gleich darauf erschienen drei Experten aus Maxwells Hauptquartier in Warschau, um einen ausführlichen Geschäftsplan vorzubereiten. Ich war froh, daß die »Solidarność« zugestimmt hatte, den politischen Teil der Wochenzeitschrift auf fünfzehn Prozent festzulegen. Die »Solidarność« behielt das Recht, den Chefredakteur zu ernennen, und ein Platz in der Leitung der neuen Firma war für einen Direktor von Maxwell reserviert. Uns oblag es, moderne Einrichtungen für Layout und Farbdruck auf Leihbasis zur Verfügung zu stellen, eine Regelung, die eine nahezu exklusive Kontrolle der Finanzen erlaubte. Ende September fuhr ich zum Hauptquartier der »Solidarność« in Danzig, um den Vertrag zu unterschreiben. Nicht alle Funktionäre waren mit ihm einverstanden. Wie schon erwähnt, war der Unterzeichnung eine heftige Debatte vorausgegangen, die sich rasch zu einer Konfrontation zwischen den Gegnern und dem Vorsitzenden und seinem Gefolge entwickelt hatte. Wir wirkten hinter den Kulissen, sorgten dafür, die Minen aus dem Weg zu räumen, die Gegner zu schwächen und die Verfechter zu stärken. Noch in der Nacht raste ich mit dem unterschriebenen Vertrag in der Tasche im Firmenwagen nach Warschau, um ihn sofort nach London zu schicken, bevor die Führer der »Solidarność« weiteren Druck auf uns ausüben konnten oder gar noch ihre Meinung änderten. Maxwells Unterschrift hätte den Vertrag besiegelt und endgültig in Kraft gesetzt. Endlich hatte ich die Mauer der Feindseligkeit durchbrochen und glaubte mich auf dem richtigen Weg. Maciek Bednarkiewicz, der Parlamentsabgeordnete, der auch unser Rechtsberater war, wurde beauftragt, binnen vierundzwanzig Stunden sämtliche Unterlagen vorzubereiten, die wir für die Registrierung des neuen Unternehmens bei Gericht benötigen würden. Am 4. Oktober telegraphierte Maxwell:

»Es tut mir leid, annulliere die Abmachung sofort.«

Nicht ein Wort der Erklärung. Das war der Strohhalm, der mich fällte. Auf der Stelle teilte ich meinen Rücktritt mit. Am 26. Oktober tilgte ich alle Schulden des Büros, zahlte den Angestellten eine Abfindung, verschloß die Tür, schickte zwei Kisten klassifizierter Dokumente nach London, packte meine persönlichen Sachen in den Kofferraum und machte mich auf den Weg nach Frankfurt. Auf der dreitägigen Fahrt begleitete mich Elisabeth, eine vierzigjährige Philologin und Theaterwissenschaftlerin. Als wir in Frankfurt auseinandergingen, ahnten wir nicht, daß sie zwei Jahre später meine Lebensgefährtin werden würde. Am nächsten Tag parkte ich den Wagen im Parkhaus des Flughafens, gab den Schlüssel zur Aufbewahrung dem Leiter der Frankfurter »Berlitz«-Schule und landete am nächsten Tag in Israel. Eine weitere faszinierende Episode meines Lebens war zu Ende gegangen. Am 5. November endete das Leben von Robert Maxwell. Sein schwerer Körper sank in die See, in die Tiefe gezogen von einem mehrere Billionen Dollar schweren Mühlstein von Schulden.

## 10

Meine Frau Schulamit teilte mein Warschauer Erlebnis mit mir. Jeden Monat kam sie für zwei Wochen nach Polen und verwandelte die Suite Nummer 700 im »Victoria Intercontinental« in unser zweites Heim. Obwohl ich sie nicht immer in alles einweihte, zweifle ich, daß ich es ohne ihre Gegenwart geschafft hätte. Sie verfügte über den seltenen Charakterzug, an meiner Seite zu stehen, wenn ich sie brauchte. Vertieft in meine Arbeit und in das Schreiben dieses Buches, entfernte ich mich von ihr und nahm die ersten Anzeichen der Krise nicht wahr. Wir lebten seit einem Vierteljahrhundert zusammen, und es war nur natürlich, daß wir gute und schlechtere Zeiten kannten. Mit einem Mann wie mir verheiratet zu sein ist nicht leicht. Wer weiß, was die Zukunft bringen wird. Das Schicksal dieser Verbindung jedenfalls, die längste und beste meines Lebens, war, auch wenn es schon in den Sternen stand, kein Fels, der gegen Risse gefeit gewesen wäre.

Wir waren uns an einem kalten und regnerischen Tag an einer Tankstelle begegnet. Es war Herbst, einige Monate vor meiner Reise zu Wilhelm Kundes Prozeß. Das Wetter war trübe, und meine Laune war es auch. Schulas Zustand verschlimmerte sich stetig. Nun war sie für zwei Wochen in einem Sanatorium außerhalb der Stadt. An dem Abend war ich auf dem Weg zu Rachel, einer jungen, verheirateten Frau, die wie ich Ablenkung von ihren seelischen Nöten suchte. Rachel sollte in einem Café in der Nähe ihres Hauses auf mich warten. Ich tat, was ich tat, ohne Gewissensbisse, weil ich mein Handeln nicht als Untreue betrachtete. Ich war ohnehin zur körperlichen Trennung von einer Frau verdammt, die eine lange Affäre mit dem Tod hatte.

Schulamit fuhr einen roten Sportwagen. Sie trug ein leichtes Kostüm, ihre Haare waren kurz geschnitten, und sie sah hilflos aus. Eine lose Schraube in ihrem Scheibenwischer hinderte sie an der Weiterfahrt. Sie fragte mich, ob ich ihr einen Schraubenzieher leihen könne. Ich warf einen Blick auf meine Armbanduhr. Die Zeit wurde knapp. Rachel war eine der wenigen Frauen, die auf Pünktlichkeit Wert legte. Trotzdem hörte ich mich sagen:

»Ja, ich haben einen Schraubenzieher.«

»Bitte warten Sie. Es wird keine fünf Minuten dauern«, versprach sie.

»Tut mir leid, aber ich muß gehen.«

Der Tank war schon voll. Ich ließ den Motor an.

»Einen Moment noch«, rief sie. »Wie gebe ich Ihnen den Schraubenzieher zurück?«

»Ich hole ihn mir ab.«

»Wann?«

»Heute abend.«

»Dann schreiben Sie sich meine Adresse auf.«

Sie gab mir den Straßennamen und die Hausnummer. Ich sagte »danke« und trat auf das Gaspedal. Der Motor schnurrte wie eine zufriedene Katze. Ich hatte eine Vorliebe für schnelle Autos, und zwar für solche, die ihre technischen Raffinessen hinter unauffälligen Karosserien verbargen. Ich fuhr aus der Tankstelle und bog in eine Allee ein, die zum Stadtzentrum führte. Im Radio spielten sie leichte Musik aus den fünfziger Jahren. Die Straßenlampen spiegelten sich in dem nassen Asphalt. Ich fuhr langsam. Plötzlich sah ich keinen Sinn mehr darin, mich zu beeilen. Aus einem Grund, den ich mir nicht erklären konnte, hatte ich meine Meinung geändert. Ich hatte keine Lust, Rachel zu sehen. Es gab an ihr nichts, das ich nicht kannte; oder, genauer, es war nichts an ihr übriggeblieben, was sich herauszufinden lohnte. In jedem Alter hat der Mensch ein Spielzeug, das anfängt, ihn zu langweilen. Ich hielt an einer Telefonzelle, an dessen Tür eine unbekannte Hand »Leckt mich am Arsch« geschmiert hatte. Ich grinste. In vier Worten hatte jemand die ganze Welt herausgefordert. Ich suchte im Telefonbuch und rief das Café an. Ich entschuldigte mich. »Es tut mir leid«, sagte ich, »aber ich kann unser Treffen nicht einhalten.« »Der Verlust ist auf deiner Seite«, antwortete Rachel. Der Klang ihrer Stimme sagte mir, daß ich für sie nicht unentbehrlich war. Es ist gut möglich, daß auch sie unsere Bekanntschaft satt hatte und sich ebenfalls ein neues Spielzeug suchen wollte. Die Qualität solcher Abenteuer hängt von unserer Fähigkeit ab, sie zur rechten Zeit zu beenden.

Ich ging nach Hause und sah nach, ob Nachrichten von Schula da waren. Ich trank ein Gläschen, steckte mir eine Zigarre an und überlegte, wie ich den Abend totschlagen könnte. Um neun Uhr fuhr ich zu der Adresse, die die Frau an der Tankstelle mir gegeben hatte. Schulamit empfing mich herzlich. Sie gefiel mir. Ich hatte vor, bis zum Morgengrauen bei ihr zu bleiben; ich blieb fünfundzwanzig Jahre. Nach Schulas Tod heiratete ich sie, aber den Schraubenzieher hat sie mir nie zurückgegeben. Sie bewahrt ihn in ihrer Handtasche auf, als Erinnerung an unsere Begegnung. Trotz ihrer Weltklugheit neigt Schulamit zum Aberglauben.

# 11

Meine Tochter Christina lebte in Jelenia Góra, Hirschberg, einer bergigen, grünen und ruhigen Kleinstadt in Niederschlesien. Gitta, ihre Mutter, heiratete wieder und gebar mehrere Töchter. Ihr zweiter Mann nutzte meine Abwesenheit und mein Desinteresse und adoptierte das Mädchen. Die Verbindung zwischen mir und Christina war lose. Unsere durchschnittliche Korrespondenz bestand aus einem Brief im Jahr. Nachdem sie geheiratet hatte, änderte sie ihren Namen und ihre Adresse, und die Verbindung brach vollständig ab. Ich hätte nie geglaubt, daß ich sie je wiedersehen würde.

Christina erkannte mich im Fernsehen und rief die israelische Botschaft in Warschau an, um mich zu finden. Ein junger Diplomat notierte ihre Angaben, auch eine Telefonnummer, verlor dann aber den Zettel. Als er mir erzählte, was geschehen war, entschloß ich mich, selbst die Initiative zu ergreifen und Christina zu suchen. Nach zwei Wochen hatte ich ihre neue Adresse herausgefunden. Ich rief sie an. Sie war sehr aufgeregt. Ich war es weniger. Ich war mir nicht sicher, was für eine Beziehung sich zwischen uns entwickeln sollte, ich wußte nicht, ob ich sie in das Gefüge eingliedern wollte, aus dem ich sie bereits vor ihrer Geburt herausgenommen hatte. Während des Telefonats versprach ich ihr, sie am kommenden Wochenende zu besuchen. Schulamit entschloß sich, mich zu begleiten. Die Fahrt dauerte fünf Stunden. Wie es meine Gewohnheit ist, blieb ich schweigsam. Je näher wir dem Ziel kamen, desto größer wurde meine Neugierde auf meine älteste Tochter, die jetzt bereits eine zweiundvierzigjährige Großmutter war. Ich wußte nichts über sie, wußte weder, daß sie ihre emotionalen Bande zu ihrer Mutter im Alter von vierzehn Jahren gekappt hatte, noch, daß es seitdem ihr Herzenswunsch gewesen war, ihren leiblichen Vater zu finden. Zweimal war sie von zu Hause ausgerissen, um mich durch die jüdische Gemeinde zu finden, aber ohne Erfolg. Zweimal wurde sie gegen ihren Willen nach Hause zurückgebracht. Als sie volljährig wurde, flüchtete sie sich in eine Zufallsehe. Die Ehe scheiterte. Wie ich zur Zeit meiner Liaison mit ihrer Mutter war auch sie noch nicht erwachsen genug, die Verantwortung für ein gemeinsames Leben zu tragen. Sie hatte offenbar eine starke Sehnsucht nach Wärme, nach einer Wärme, die nur eine echte Verbindung mit einem anderen Menschen einem schenken kann; eine Sehnsucht, die nicht erfüllt wurde, denn auch ihre wiederholten Versuche, ein Heim und eine Familie zu gründen, scheiterten. Als ich sie kennenlernte, war sie zum drittenmal verheiratet. Vielleicht, weil sie so dünn war, kam sie mir vor wie ein verletzter Vogel, der nie fliegen lernen würde. Dieser Vergleich gab mir ein unangenehmes Gefühl, ähnlich dem, das man manchmal in der Gesellschaft von Menschen hat, die durch ein Gebrechen verkrüppelt sind. Ich erkannte, daß ich ein Werk geschaffen hatte, das durch Vernachlässigung vom Tage ihrer Geburt an fehlerhaft war. Christina versuchte, ihre seelische Wunde durch übertriebene Selbstsicherheit zu verdecken. Sie war nicht bereit, ihre Schwäche einzugestehen. Darin glich sie mir sehr. Aber noch erstaunlicher war die äußerliche Ähnlichkeit.»Sie ist dir wie aus dem Gesicht geschnitten«, behauptete Schulamit.

Die Ähnlichkeit traf mich mit ganzer Wucht schon in dem Moment, als ich den Wagen bei Christinas Haus abstellte und sie herauskam, um mich zu begrüßen. Stunden schon hatte sie am Fenster gesessen und auf mein Kommen gewartet. Sie hat mir nie erzählt, was während der langen Wartezeit in ihr vorging. Ich stieg aus dem Wagen und umarmte sie, als ob wir uns erst gestern verabschiedet hätten. Ich kam nicht umhin, das Zittern ihres Körpers zu fühlen. Sie betrachtete mich mit einem abschätzenden Blick und platzte heraus:

»Du bist in Ordnung.«

Ich verstand. Mit diesen vier Worten drückte sie ihre Bereitschaft aus, mich so anzunehmen, wie ich war.

»Du bist auch in Ordnung«, antwortete ich.

Schulamit stand daneben, unfähig, die ungeheure Bedeutung dieses Erlebnisses zu erfassen.

## 12

In Polen lebt auch mein Sohn, Leon Frister.

Christina und Leon kennen sich nicht.

Christina schrieb ihm mehrere Briefe und Postkarten, erhielt aber nie eine Antwort. Leon wollte sich nicht einen viertel Vater mit einer halben Schwester teilen.

Er wurde im Oktober 1952 geboren.

Ich war ihm als Vater kein Vorbild. Eigentlich wollte ich ihn gar nicht. Ein Friedensrichter in Breslau zwang mich, meine Vaterschaft anzuerkennen. Er lud mich in sein Büro ein und fragte:

»Warum wollen Sie Ihren Nachkommen verleugnen?«

»Es ist nicht sicher, ob es mein Kind ist.«

»Ich habe Vertrauen in die Aussage der Mutter.«

»Aus welchem Grund, Genosse Richter? Aus welchem Grund? Es war eine zufällige Bekanntschaft. Ich bin nicht sicher, ob die Dame zur gleichen Zeit nicht auch mit einem Dutzend anderer Männer geschlafen hat.«

»Sie müssen sich an die Realität gewöhnen, junger Mann. Wir leben in einer sozialistischen Gesellschaft, in der es keine unehelichen Kinder gibt. Jedes Kind muß einen Vater haben. Bringen Sie mir jemanden, der die Vaterschaft anerkennt, und ich schicke Sie mit einem Händedruck nach Hause. Solange Sie das nicht können, gehen Sie als Vater von Leon nach Hause. Nebenbei bemerkt, ich habe ihn gesehen. Er ist wirklich ein nettes Baby.«

»Sie haben sich meine Geschichte gar nicht angehört, Genosse Richter«, sagte ich wütend.

»Es wird Ihnen nichts nützen, aber wenn Sie darauf bestehen, werde ich eine offizielle Verhandlung abhalten. Ihre Journalistenfreunde werden sicher gern über den Fall berichten. Das Urteil können Sie ihnen allerdings schon vorher sagen, denn ich habe nicht die Absicht, meine Meinung zu ändern, verzeihen Sie vielmals. Ob es Ihnen gefällt oder nicht, das Wohlergehen des Kindes und das öffentliche Wohl sind wichtiger als Ihr persönlicher Komfort ... Nun, wie haben Sie sich entschieden?«

»Sie lassen mir keine Wahl.«

»Das stimmt. Unterschreiben Sie hier, und der Fall ist erledigt. Sie zahlen zweihundert Złoty Alimente. Das ist weniger als ein Fünftel Ihres Gehaltes als Redakteur. Nicht so schlimm, oder?«

»Jetzt ist schon nichts mehr so schlimm.«

Der Richter zeigte mir, wo ich unterschreiben mußte. Ich sah, daß er einen verkrümmten Finger und einen ungepflegten Nagel hatte. Ich nahm einen Füllfederhalter und schrieb meinen Namen, wie verlangt.

»Sehr klug«, faßte der Richter zusammen und legte das Papier zwischen zwei grüne Pappdeckel. Ich ging zur Tür. Er räusperte sich. Ich wandte mich um. Der Richter lächelte. Er sah zufrieden aus.

»Nebenbei bemerkt«, meinte er, »benutzen Sie das nächste Mal ein Kondom. Ich mache das immer so und habe noch nie Alimente bezahlt.«

Im Korridor stand Agathe, an den Sims eines hohen, gotischen Fensters gelehnt. Sie hielt ihre Handtasche so fest umklammert, als enthielte sie einen wertvollen Schatz. Ich sah ihre weißen Finger, wie sie an dem Verschluß der Tasche herumnestelten. Ihre Schwester stand neben ihr, und beide flüsterten miteinander. Als ich in der Bürotür des Richters erschien, verstummten sie. An das Aussehen der Schwester kann ich mich nicht mehr erinnern. Agathe war damals vierundzwanzig Jahre alt, eine kleine, aber gutgebaute Frau mit einem hübschen Gesicht und einem schelmischen Ausdruck.

»Nun«, warf ich ihr wütend an den Kopf, »da hast du ja bekommen, was du wolltest.«

»Du kannst deine Alimente behalten«, antwortete sie ruhig. »Ich verzichte auf dein Geld. Aber ich hatte nicht das Recht, auf deine Vaterschaft zu verzichten. Leon ist dein Sohn, und er hat das Recht, deinen Namen zu tragen.«

»Eine große Sache«, erwiderte ich und ging an ihr vorbei, als sei sie Luft.

Vorher hatte ich sie ganz anders behandelt.

Von dem Moment an, wo unsere Blicke sich kreuzten, wollte ich sie haben. Ich kann nicht erklären, warum. Sie hatte nicht im geringsten etwas Herausforderndes an sich, das meine Anziehung gerechtfertigt hätte. Manchmal passiert es uns, daß wir uns über eine Verbindung wundern und sie belächeln, da sie uns komisch vorkommt. »Was sieht er in ihr? Was sieht sie in ihm?« fragen wir uns und finden keine Antwort. Agathe wohnte mit ihrer verheirateten Schwester in einem kleinen, zweistöckigen Haus in einem Arbeiterviertel außerhalb des Stadtzentrums. Ihr Zimmer lag im Erdgeschoß neben der Küche. Die Schwester und ihr Mann bewohnten den zweiten Stock. Ihr Vater war Pferdetrainer im Zirkus gewesen. Er starb lange, bevor Agathe in die Pubertät kam. Sie mußte sich selber versorgen. Sie machte erfolgreich ihr Abitur, ging jedoch nicht auf die Universität. Den Lebensunterhalt zu verdienen hatte Vorrang. Agathe arbeitete als Maniküre in einem Friseursalon. Aber ihre eingeschränkten Verhältnisse hinderten sie nicht, das Leben zu genießen. Sie liebte es, zu lachen und zu tanzen. Jahre später erst verstand ich, daß hinter ihrem Lachen Tränen schimmerten, und hinter der Leichtigkeit, mit der sie sich auf der Tanzfläche bewegte, verbarg sich die Fähigkeit, das Leben ernsthaft zu betrachten.

Etwa zwei Jahre vor dem Prozeß, an einem ganz normalen Abend, der sich in nichts von anderen Abenden unterschied, beschloß ich auszugehen, ins »Polonia«. In den fünfziger Jahren war das »Polonia« ein Moderestaurant, vor allem wegen seines ausgezeichneten Orchesters. Das Restaurant lag im Erdgeschoß eines verkommenen Hotels in der Nähe des Breslauer Zentralbahnhofs, eine Gegend, in der man lieber nicht nach Einbruch der Dunkelheit spazierenging. Trotzdem war es schwer, dort einen Tisch zu bekommen, ohne vorher bestellt zu haben. In jenen Tagen waren Restaurants wie dieses gleichsam Jagdgründe für Männer, die ein Mädchen für die Nacht suchten. Doch ich konnte mich nicht ohne Hilfe auf die Jagd begeben. Ich hatte kein gutes musikalisches Gehör, und mein Rhythmusgefühl war ebenfalls mangelhaft. Kurz: Ich konnte keinen Tanz außer Tango tanzen; aber Tango wurde nur noch in Altersheimen getanzt. Junge Leute suchten Entspannung in exotischen und ausgelassenen Tänzen wie Samba, Rumba und natürlich Boogie-Woogie, dem neuesten Import aus dem kapitalistischen Amerika. Es genügte, daß die kommunistische Partei den Tanz für dekadent erklärte, um jeden wilden Sprung zum Klang des lauten Orchesters zu einem politischen Protest zu machen.

Ein beschränktes Wesen wie ich hatte daher wenig Gelegenheit, auf der Tanzfläche eine Blume zu pflücken. Da ich keine andere Wahl hatte, mußte ich die Hilfe von Robert in Anspruch nehmen, eines energischen jungen Mannes, der zu der Zeit Statist in Ida Kaminskis Theater war. Obwohl er klein und rundlich war und obendrein nuschelte, wurde er jedesmal zum Löwen, wenn eine Frau am Horizont erschien, die sich zu heißen Rhythmen austoben wollte. Er war ein sorgloser Junge, der immer noch bei seinen Eltern lebte und ständig Geld brauchte. Unsere Abmachung war einfach: Ich bezahlte das Essen, und er brachte dafür die Frauen an meinen Tisch. Die Etikette erlaubte es, Frauen auf die Tanzfläche einzuladen, auch wenn sie in Begleitung eines Mannes gekommen waren. Alles, was man tun mußte, war, sich vor der Dame zu verbeugen und die Erlaubnis ihres Begleiters einzuholen.

Ein Mädchen mit hellen Haaren, die mit einem bärtigen Mann zusammensaß, erregte meine Aufmerksamkeit. Der junge Kerl neben ihr hatte zuviel getrunken. Sein Kopf war auf die Tischplatte gesunken, und nun döste er, umgeben von Essensresten und leeren Gläsern. Das Mädchen sah sich in der Halle um und schien Hilfe zu suchen. In diesem Augenblick trafen sich unsere Blicke. Meine sendeten mit der Frechheit eines Machos. Ihre sagten: Nein, mein Lieber, ich bin nicht, was du denkst.

»Fordere sie zum Tanz auf«, sagte ich zu Robert. Er musterte die Frau mit dem Blick eines erfahrenen Taxators: »Sie ist den Einsatz nicht wert. Es gibt hier hübschere Mädchen als sie.«

Robert hatte einen besonderen Code, den Wert der Mädchen zu beurteilen. Wenn er sagte: »Die ist zehn«, meinte er, wenn wir bis zehn Uhr abends keine hübschere gefunden hätten, würden wir versuchen, sie zu verführen. »Zwei« war die niedrigste Stufe. Um sie würde er sich erst bemühen, wenn wir bis zwei Uhr morgens keine andere aufgetan hätten. Nach Roberts Maßstäben war diese Frau zwischen eins und zwei, aber es war erst zehn Uhr abends.

»Das ist Geschmackssache«, beharrte ich.

»Was ist passiert, hast du einen Steifen?«

»Sie zieht mich an.«

»Dann hast du ein Problem.«

»Stimmt, ich habe ein Problem.«

»Ich will dir sagen, was dein Problem ist. Wenn dein Schwanz hart wird, wird dein Gehirn weich. Das ist dein Problem.«

»Danke.«

»Okay, okay. Aber ich habe auch ein Problem. Ich kann bis zum Morgengrauen mit deinem Mädchen tanzen, aber wie bringe ich sie hierher? Hast du den Bärtigen gesehen, der mit ihr am Tisch sitzt? Betrunkene können bösartig sein.«

»Sage ihr, sie soll in zehn Minuten auf die Straße gehen. Ich erwarte sie im Auto.« »Auto« war ein Zauberwort, dem nur wenige widerstehen konnten. In der Stadt gab es nur drei Privatautos, eines davon gehörte mir. Heute würde sich niemand mehr freiwillig hinter das Steuer dieses Wagens setzen. In die Karosserie eines offenen Lancia war ein DKW-Motor eingebaut, der wie der eines Motorrads funktionierte, mit einer Mischung aus Benzin und Öl. Der Auspuff veranstaltete einen Lärm, der Taube aufwecken konnte. Aber 1951 war sogar ein Wagen wie dieser in Breslau ein Statussymbol.

Ich hatte direkt gegenüber dem Eingang des »Polonia« geparkt. Ich wartete genau zehn Minuten. In der letzten erschien sie. Ich öffnete ihr die Tür.

»Ich heiße Roman. Ich bin froh, daß du da bist.«

»Ich weiß«, lächelte sie.

»Daß ich froh bin?«

»Nein, daß du Roman bist.«

»Woher?«

»Ich habe dich auf dem Silvester-Ball der Journalisten gesehen.«

»Bist du Journalistin?«

»Nein, ich bin Maniküre, mein Name ist Agathe.«

»Freut mich, dich zu treffen«, sagte ich und beugte mich über sie, um sie zu küssen.

»Langsam«, sie rückte zur Seite. »Ich werde es dir sagen, wenn du mich küssen kannst.«

»Verlaß dich nicht zu sehr auf meine Geduld.«

»Ich habe gar nicht daran gedacht, mich auf dich zu verlassen.«

»Ich werde dir beweisen, daß man sich auf mich verlassen kann.«

»Wo fahren wir hin?«

»Zu mir. Es ist nicht weit. Ich habe …«

»Ich werde selbst herausfinden, was du hast und was du nicht hast. Und jetzt fahre mich bitte direkt zu mir nach Hause.«

Wir zogen uns aus. Ich mit einer Spur von Schüchternheit, Agathe so natürlich wie Eva im Paradies. Ihr Schlafzimmer war klein. Ein Bett an der Wand, ein Schrank und ein runder Tisch mit zwei Stühlen, das war das ganze Mobiliar. Auf dem Tisch stand eine Nachttischlampe mit einem rosa Schirm. Ihr Licht verbreitete eine angenehme Atmosphäre. Als sie nackt vor mir stand, ohne jede Scham, schweigend, nur die Schönheit ihres Körpers sprechen lassend, merkte ich, wie das Blut durch meine Glieder pulste. Mein Blick streifte ihren gerundeten Schoß. Als sie sich umdrehte, um die Bettdecke abzunehmen, reizten mich ihre festen Gesäßbacken. Ich schlug sie mit meiner flachen Hand so kräftig, daß es weh tat. Noch nie hatte ich so etwas getan. Ich glaubte, sie würde wütend sein; ich wollte mich entschuldigen, doch bevor ich etwas sagen konnte, richtete sie sich auf, schlug ihre Augen nieder und sagte: »Du bist der Herr. Mache mit mir, was immer du willst.« Ich wußte nicht, wie mir geschah, warum diese hübsche Frau, die noch vor einer halben Stunde die Zügel in der Hand hatte, vor Verlangen nach Hingabe dahinschmolz. Ich konnte meine Begierde nicht länger verbergen, es gab einen aufrechten Zeugen. Sie flüsterte nochmals: »Mache mit mir, was du willst.« Das war kein leeres Geschwätz. Sie ermutigte mich, all das auszuprobieren, was meine Phantasie mir eingab. Sie sah mir in die Augen und sagte laut: »Ich bin deine Sklavin.« Zum erstenmal erlebte ich eine so vollständige Herrschaft über eine Frau. Und ich entdeckte mein Vergnügen daran. Wir gingen auf eine lange Reise, um die Grenzen der Intimität zu erforschen. Ich lernte neue Wege im Zusammensein von Mann und Frau. Ich tat ihr weh, aber sie bat mich: »Höre nicht auf.« Als wir den Höhepunkt erreichten, umklammerte sie meinen Rücken mit aller Kraft und sagte leise: »Ich liebe dich.«

Ich suchte keine Liebe. Es kam mir gar nicht in den Sinn, daß sie die Wahrheit gesagt haben könnte. Da waren genug Frauen, die mir ihre Liebe beteuert hatten, ohne es auch so zu meinen. Liebe war für sie ein abgedroschenes Wort, ein Synonym für Leidenschaft, Anziehung und sexuelle Erregung. Es dauerte fast vierzig Jahre, bis ich begriff, daß Agathes Liebe eine andere war. Vielleicht hätte ich das früher verstanden, wenn ich nicht gezwungen gewesen wäre, Breslau nur zwei Monate später fluchtartig zu verlassen.

Nichts schien mir selbstverständlicher und sicherer, als meine Journalistenlaufbahn, als ich erneut zu einer Befragung beim Sicherheitsdienst vorgeladen wurde. Diesmal war es nicht der rothaarige Major Benjamin Rieger, der mich empfing, und der Grund meiner Festnahme war weit ernster: Ich wurde der Sabotage angeklagt. Es mußten allerdings erst einige Stunden strengen Verhörs vergehen, bis ich erkannte, weshalb die strebsamen Offiziere des Ministeriums für öffentliche Sicherheit mich beschuldigten.

Ich war nicht blind, dennoch war ich zu vernebelt, um den

tatsächlichen Stand der Dinge wahrzunehmen. Nicht umsonst sorgte das kommunistische Regime dafür, den Journalisten das Leben zu erleichtern. Wir beobachteten das Geschehen um uns herum aus der Position satter Menschen, die die allgemeine Not selbst nicht durchleiden mußten. Unsere Gehälter lagen weit über dem Landesdurchschnitt; unsere Presseausweise öffneten uns Türen, die dem Normalsterblichen verschlossen blieben. Und indem man uns ab und zu an geheimen Informationen teilhaben ließ, wie selektiv diese auch sein mochten, gab man uns das irrige Gefühl, an politischen Entscheidungen beteiligt zu sein. Geblendet und erfüllt von dem Gefühl meiner eigenen Wichtigkeit, nahm ich die schweren Strafen, die die auf der Anklagebank Sitzenden erhielten, als selbstverständlich hin und konnte nichts falsch daran finden, daß zivile Strafsachen von Militärgerichten verhandelt wurden. Die Richter verhängten lange Haftstrafen für die Verletzung der Verfassung, aber mir kam es nie in den Sinn, nach der Art des Vergehens zu fragen oder gar nach dem Inhalt der Verfassung selbst. Das Strafgesetzbuch hatte den Begriff der »Sabotage« geschaffen, und jedes Vergehen, vom Devisenverkauf bis zur »Nichterfüllung öffentlicher Pflichten« konnte darunter fallen. Mit Hilfe dieses Paragraphen konnte man fast jeden einsperren. Leute kamen ins Gefängnis wegen »Beihilfe zur Niederlage Polens 1939«, wegen des »Versuchs, das Regime durch Reden und Bestechung ändern zu wollen« oder wegen »Verbreitung falscher Informationen«. Das Gericht entschied natürlich, welche Information falsch und welche echt war. Im allgemeinen wurde jede Information, die dem Staat nicht gefiel, als Lüge bezeichnet. Die Medien waren den Richtlinien der Zensur verpflichtet, die es streng untersagten, politische Informationen zu publizieren, die nicht vom staatlichen Pressedienst herausgegeben waren. Die Sowjetunion zu kritisieren war tabu; man hinderte uns, über Naturkatastrophen und Arbeitsunfälle zu schreiben, über Umweltverschmutzung und über den polnischen Außenhandel; über die Vergeudung öffentlicher Gelder und über die schlechte Qualität der Waren, über Lebensmittelknappheit oder das Fehlen bestimmter industrieller Produkte. Und auf keinen Fall durfte man Krankheitsfälle der Staatsoberhäupter erwähnen. Die Liste der Verbote änderte sich fast jeden Monat. Der Zensor schrieb uns vor, welches Buch wir im literarischen Teil loben durften und welches totgeschwiegen werden sollte. Statistische Daten über Alkoholismus, über Geschlechtskrankheiten und über die Ausfuhr von Gütern in die Ostblockstaaten galten ebenfalls als geheime Informationen. Nur den Chefredakteuren und ihren Assistenten war es erlaubt, die Dokumente des Zensors einzusehen. Kopien zu machen verstieß gegen das Geheimhaltungsgesetz, und das Original wurde in einem verschlossenen Tresor aufbewahrt. Die Zensur arbeitete gemäß der gesetzlichen Vorgaben, und auch die Prozesse wurden in Übereinstimmung mit dem Gesetz geführt. Ich hatte vergessen, daß die Verfolgung der Juden im Dritten Reich sich ebenfalls laut Gesetz abgespielt hatte. Den wirklichen Inhalt der Gesetze, die die Kommunisten zum Schutz ihres Regimes verordnet hatten, begriff ich nicht.

In Anbetracht der Umstände war ich vor meiner Verhaftung in jeder Beziehung ein gutsituierter Mensch: Ich wohnte in einer schönen Villa, hatte eine Mätresse, die mir gefiel, fuhr ein Privatauto, erfreute mich einer guten Gesundheit, war als gutaussehender Mann bekannt und der jüngste der drei ständigen Assistenten des Chefredakteurs der *Słowo Polskie* (Das Polnische Wort), einer der zwei auflagenstärksten Zeitungen in Breslau. Im Alter von nur dreiundzwanzig Jahren war ich dem Gipfel meiner beruflichen Karriere sehr nahe gekommen. Gleichzeitig wußte ich, daß der Platz an der Spitze ausschließlich Parteimitgliedern reserviert war. Das Regime sah die Journalisten als Avantgarde der Propagandamaschinerie, und von dem Recht des Volkes auf Information hatte ich noch nie gehört. Die bestehenden Regelungen waren für mich selbstverständlich. Ich zögerte nicht, mich diesen Anordnungen, die im ganzen kommunistischen Block gang und gäbe waren, zu unterwerfen. Ich war zwar kein begeisterter Anhänger der marxistischen Ideologie, glaubte auch nicht an die Gleichheit aller Menschen, sondern legte vielmehr Wert auf die Initiative und das Talent jedes einzelnen; aber daß ich am Ende in die Partei eintreten mußte, war mir klar. Ich hatte eine entsprechende Eingabe eingereicht, und es stand außer Zweifel, daß meine Kandidatur im Laufe des Jahres bestätigt werden würde. Was das anging, unterschied ich mich nicht von den Tausenden anderen Menschen, die später Opportunisten genannt werden sollten.

Zweimal wöchentlich hatte ich Dienst in der Nachtredaktion. Es war meine Aufgabe, jede Seite durchzulesen, die die Nachrichtenredakteure vorbereitet hatten, und mit meiner Unterschrift zu bestätigen, daß sie nicht von den ideologischen Grundsätzen des sozialistischen Regimes abwichen. Diese Grundsätze waren allerdings nicht klar definiert; im Grunde hingen sie von den wechselnden Auslegungen des Parteiapparates ab. Manchmal wunderte ich mich über den Wind, der sich von Tag zu Tag drehte. Was gestern noch in Ordnung gewesen war, war es heute schon nicht mehr, oder umgekehrt. Ich hatte keine Ahnung, daß diese Kehrtwendungen auf den Machtkampf innerhalb der Parteispitze zurückgingen, daß jede Interessengruppe eine andere Politik betrieb. Ich diente einer Sache, deren Natur ich nicht verstand. Eins aber wußte ich mit Sicherheit: In Zweifelsfällen hatte ich den Leiter der Informationsabteilung des örtlichen Parteikomitees zu fragen. Jeder von uns gab ihm immer eine Menge Nachrichten und Artikel, damit er sie durchsehen konnte, und sei es nur, um der Pflicht zu entgehen, selbst eine Entscheidung zu fällen. Doch auch er war nicht erpicht darauf, die Verantwortung zu übernehmen, und suchte seinerseits die Deckung höherer Instanzen. Spätnachts, wenn er im Sekretariat des Warschauer Politbüros niemanden mehr erreichen konnte, zog er es vor, mir die Sache wieder auf den Tisch zu legen. »Mache es so, wie du es für richtig hältst«, war seine Standardaussage.

Zwei Tage vor meiner Verhaftung gab Generalissimus Stalin der Zeitschrift der chinesischen kommunistischen Partei ein Exklusivinterview, in dem er seinen resoluten Widerstand gegen die Produktion und den Gebrauch von Kernwaffen zum Ausdruck brachte. Das Ehepaar Ethel und Julius Rosenberg* hatte die amerikanischen Atomgeheimnisse bereits der Sowjetunion übergeben, und Moskau war sich der Kluft zwischen den sowjetischen und den amerikanischen Fortschritten in der Entwicklung nicht-konventioneller Waffen nur zu bewußt. Stalin versuchte nun, die Weltöffentlichkeit zu mobilisieren, um die »westliche Atomverschwörung« aufzuhalten. Ich ahnte nicht, daß ausgerechnet ich dazu auserkoren war, zwischen die Mühlsteine der Politik zu geraten.

Gegen Mitternacht zeigte mir Gerd Grendziak, der Redakteur der ersten Seite der *Słowo Polskie*, den Text des Interviews. Der Inhalt von Stalins Äußerungen, Schlagzeile und Untertitel waren uns von der staatlichen Presseagentur in Warschau übermittelt worden. Wir wußten, daß wir in solchen Fällen nicht einmal ein Komma ändern durften.

---

* Julius und Ethel Rosenberg (geborene Greenglas) wurden im Sommer 1950 verhaftet und wegen Weitergabe von Atomgeheimnissen vor Gericht gestellt. Trotz einer weltweiten Protestwelle wurden sie zum Tode verurteilt. Das Paar handelte aus ideologischen Gründen.

Die Schlagzeile, die das Telex ausgespuckt hatte, hieß: ERKLÄRUNG DES GENERALISSIMUS STALIN ÜBER DAS VERBOT DER HERSTELLUNG VON ATOMWAFFEN. Der Untertitel enthielt ein Zitat aus dem Interview, das Stalins eindeutige Stellungnahme erklärte, die die atomare Produktion scharf verurteilte. Es kam mir gar nicht in den Sinn, daß Grendziak eine kleine Änderung in der Schlagzeile vorgenommen haben könnte. Er selbst machte sich über die Änderung scheinbar keine großen Gedanken.

Die Hauptschlagzeile, wie von Warschau verlangt, als eine Zeile über die ganze Blattbreite zu setzen hätte bedeutet, sehr kleine Buchstaben verwenden zu müssen. Diese Lösung schien unsinnig. Stalins Worte mußten in Großbuchstaben stehen. Ich weiß nicht, was über Gerd Grendziak gekommen war, aber ohne jemanden zu fragen, entschloß er sich, einfach das Wort »Verbot« zu streichen. Ich las den Text, der mir logisch und verständlich vorkam, unterschrieb das Blatt, ohne zu zögern, und gab es dem Zensor. Der verließ sich auf meine Unterschrift und gab die Seite zum Druck frei. Um zwei Uhr morgens waren wir fertig. Nach jeder Nachtschicht bekamen wir vierundzwanzig Stunden frei. Im Künstlercafé hinter dem Opernhaus erwarteten uns zwei Tänzerinnen, die an jenem Abend in der »Roten Mohnblume« aufgetreten waren. Gliers Ballett war der Erfolg der Saison, und die Leitung hatte dafür gesorgt, daß an dieser Aufführung nur die schönsten Mädchen der Truppe teilnahmen. Wir verbrachten einen Tag und eine Nacht in einem kleinen Ferienort, in einem Hotel, wo der Empfangschef an der Identität des Gastes nicht interessiert war, solange dieser eine Hundertzłotynote auf die Theke legte, ohne Wechselgeld zu verlangen. Um acht Uhr morgens kamen wir zurück. Ich ging sofort in die Redaktion. Gerd, der nur nachts arbeitete, nahm meine Hausschlüssel, um noch einige Stunden mit den Mädchen zu verbringen.

Meine Sekretärin begrüßte mich verwundert: »Was machst du denn hier? Alle sagen, ihr seid ins Ausland abgehauen.«

»Ins Ausland? Warum?«

»Wegen der Sabotage.«

»Wovon redest du denn«, entgegnete ich ärgerlich. »Hast du den Verstand verloren?«

Ich legte die Hand auf die Klinke meiner Tür.

»Geh nicht hinein. Sie warten dort auf dich.«

»Unsinn«, sagte ich und öffnete die Tür.

Am dritten Tag meiner Haft machte mir der Untersuchungsbeamte einen verlockenden Vorschlag. Wenn ich Gerd Grendziak belasten würde, wäre ich sofort entlassen. Alles, was man von mir verlangte, war, zu Protokoll zu geben, daß der Nachtredakteur mir Alkohol verabreicht und ich das Titelblatt in betrunkenem Zustand unterschrieben hätte. »Wir werden erklären, daß du das Ansehen des Genossen Stalin nicht beschädigen wolltest«, warf er den Köder aus. Ich weigerte mich. Vielleicht war ich jung, aber ich war nicht dumm. Mit so einer Erklärung hätte ich vor allem mir selbst geschadet. Unwachsamkeit war kein weniger großes Vergehen, als vorsätzliche Sabotage. Ein Hüter des Sozialismus darf nicht schlafen noch ruhen! »Du machst einen großen Fehler«, warnte mich der Untersuchungsbeamte, öffnete eine Schublade seines Schreibtisches, nahm einen Schlüsselbund und legte es vor mich hin. Ich erkannte die Schlüssel. Die Andeutung war durchsichtig. Sie hatten auch Grendziak verhaftet. Der arme Mann, dachte ich bei mir, sie müssen ihn aus einem sehr heißen Bett gezogen haben. Der Untersuchungsbeamte sprach jetzt in einem schmeichelnden Ton:

»Was kümmert es dich, ob du ihn für zwanzig Jahre ins Gefängnis schickst? Er ist es nicht wert, daß du ihn schützt. Du weißt, daß er ein Schlesier deutscher Herkunft ist, seine Familie lebt in Düsseldorf. Ich kann mir vorstellen, daß du nicht vergessen hast, was die Deutschen deinem Volk angetan haben, deinen Eltern, deiner Familie.«

Ich antwortete nicht. Der Untersuchungsbeamte fuhr fort:

»Dein Großmut wird ihn nicht retten. Du riskierst eine gute Karriere, eine fabelhafte Zukunft, dein Weiterkommen. Und er? Er hat schon gestanden. Er hat dich uns auf einem silbernen Tablett serviert, gebraten und fertig zum Verzehr. Willst du seine Aussage lesen?« Er wedelte mit einem Blatt vor meinem Gesicht herum. »Wenn du nicht willst, brauchst du nicht. Ich sage dir, was hier steht. Hier steht, daß du die ganze Sache listig und genau geplant hast. Bevor die Schicht anfing, hast du eine Flasche Wodka gekauft – einen Moment, hier steht sogar genau, wo du sie gekauft hast ... in Ordnung, die Kleinigkeiten sind nicht wichtig. Wichtig ist, daß du ihn zum Trinken gezwungen hast, ihm gesagt hast, ein bis zwei Gläschen würden seinen Kampfgeist für das Treffen mit den Tänzerinnen wecken, und daß du ihm am Ende einen halben Liter zu trinken gabst. Als er schon betrunken war – und er behauptet, es noch gesehen zu haben, obwohl er schon nicht mehr klar war –, hast du die erste Seite genommen und ein Wort aus der Schlagzeile gestrichen. Wir haben sogar einen Beweis für seine Version: Wir haben die halbleere Flasche gefunden. Und auf der Flasche waren deine Fingerabdrücke ...«

Ich hörte mit wachsendem Erstaunen zu. Sie hatten noch nie Fingerabdrücke von mir genommen, also konnten sie sie auch nicht auf der Flasche finden. Doch von dieser Lüge einmal abgesehen, glaubte ich auch nicht, daß mein guter Freund mich so bösartig verleumdet hätte. Der Untersuchungsbeamte schien meine Gedanken zu lesen. Er sagte:

»Ihr habt als Freunde getrunken. Aber Grendziak ist kein Freund. Er hat dich ausgenutzt.«

»Er ist nicht so.«

»Er ist so. Du bist das Opfer seiner Gemeinheit geworden.« Er schob mir den Schlüsselbund zu.

»Unterschreibe, und die Schlüssel gehören dir. Die zwei Schönheiten sind sicher noch dort.«

»Ich unterschreibe nicht.«

»Ich wollte dir die Sache erleichtern, aber du bist dumm und dickköpfig. Du wirst teuer dafür bezahlen.«

Ich wurde nicht mehr verhört. Am Ende der Woche wurde ich entlassen, ohne Erklärung. Genausowenig erfuhr ich, warum Gerd Grendziak neun Monate ohne Prozeß inhaftiert blieb. Ich war zwar jetzt ein freier Bürger, aber ohne Rechte. Wer die Haftzellen des Ministeriums für öffentliche Sicherheit von innen gesehen hatte, war mit einem unauslöschlichen Stigma behaftet. Ich war daher nicht überrascht, als ich bei meiner Heimkehr im Briefkasten den Entlassungsbescheid fand. Mir wurde noch nicht einmal erlaubt, meine persönlichen Sachen aus meinem Büro zu holen. Sogar mein Mantel blieb dort. Ich besaß keine Ersparnisse und stand ohne einen Pfennig da. Ich hatte keine andere Wahl, ich mußte mein Auto verkaufen. Ohne mich zu verabschieden, auch nicht von Agathe, ging ich nach Warschau. In der Großstadt, hoffte ich, würde es mir gelingen, in den Massen unterzutauchen und einen Zufluchtsort zu finden. Und was mindestens ebenso wichtig war: In Warschau wartete Mira mit einem warmen Bett und einem Dach über dem Kopf auf mich.

Es genügt zu sagen, daß ihr die Verbindung mit mir nicht viel Freude brachte. Als ich mich in ihrem Heim, in einem kleinen Kurort bei Warschau, häuslich niederließ, hatte ich eine Million Gründe zu glauben, aus ehrlichen Motiven heraus zu handeln. Ich meinte, das wilde Leben satt zu haben und reif genug zu sein, eine Familie zu gründen. Mira war in meinen Augen eine ideale Partnerin: Sie war hübsch, Jüdin und vernünftig. Heute, nach so vielen Jahren und mit der Hand auf dem Herzen, muß ich zugeben, daß sie für mich nur ein Rettungsring war, an den ich mich in meiner Not klammerte. Ich hatte einen Fehler gemacht. Der Preis der Ernüchterung war hoch, und sie hat ihn voll bezahlt.

Mira arbeitete in der Parteizentrale. Ich war arbeitslos. Es fand sich keine Zeitung, die bereit gewesen wäre, mich anzustellen. Sämtliche Medien wurden von der Partei kontrolliert, alle Arbeitsgesuche landeten auf dem Schreibtisch ein und derselben Person. Mein Geld verdiente ich mit Gelegenheitsarbeiten, mit Übersetzungen und mit kleinen Schreibereien unter falschem Namen. Ein Freund, der eine Wochenzeitschrift für Verkehr herausgab, bot mir an, über eine Fabrik zu berichten, die in Breslau Eisenbahnwagen herstellte. Ich stürzte mich auf diese Gelegenheit. Die Stadt, in der ich so viel erlebt hatte, lag mir besonders am Herzen, und ich freute mich, sie wieder – auf Rechnung eines anderen – besuchen zu dürfen. Ich stellte mir vor, daß ich dort wieder anfangen würde, wo ich aufgehört hatte, so als ob nicht mittlerweile ein ganzes Jahr verflossen sei. Die Stadt hatte sich nicht verändert, aber ich war ein anderer Mensch geworden. Breslau rief keine warmen Gefühle in mir wach. Ich nahm mir ein Zimmer im Hotel »Polonia«. Es war ein winterlicher Tag, die Heizung arbeitete nicht richtig, die Bettwäsche sah verschmutzt aus, die Tapete schälte sich von den Wänden, und aus dem Badezimmer drang ein scharfer Geruch nach Desinfektionsmitteln, unangenehm. Aus dem Restaurant im Erdgeschoß hörte ich die gedämpften Klänge des Tanzorchesters. Ich erinnerte mich an Agathe. Ich mußte nicht einmal die Augen schließen, um Bilder aus der Vergangenheit heraufzubeschwören. Ihre Telefonnummer war noch in meinem kleinen Notizbuch. Im Korridor hing ein öffentliches Telefon. Ich wählte ihre Nummer. In Erwartung eines Frontalangriffs hatte ich mir sanfte Worte zurechtgelegt, um sie zu beschwichtigen, aber Agathe antwortete so fröhlich, als habe sie die ganze lange Zeit nur auf diesen Anruf gewartet.

286

»Was machst du im Hotel? Nimm dir ein Taxi, und komm sofort her.«

»Ich bin etwas beschäftigt. Ich kann in einer Stunde kommen.«

»Ich habe ein Jahr gewartet, da kann ich auch noch eine Stunde warten«, scherzte sie. »Du erinnerst dich noch an die Adresse?«

»Was für eine Frage.«

»Na, dann komm schon.«

Ich hatte nichts Wichtiges zu tun. Ich schämte mich einzugestehen, daß die wilden Tage vorbei waren und ich nun gezwungen war, jeden Pfennig zu sparen. Mit dem wenigen, was ich hatte, wollte ich lieber Blumen kaufen – im Winter waren sogar die billigen Blumen teuer – und dann mit der Straßenbahn zu Agathe fahren. Agathe erwartete mich an der Tür und führte mich direkt ins Schlafzimmer. Wie ich es aus der Vergangenheit gewöhnt war, hob ich meine Hand zum Schalter, um Licht zu machen. Sie hielt mich davon ab. Ich fühlte die Wärme ihrer Hand.

»Nein«, bat sie. »Nicht jetzt.«

»Was ist geschehen?« fragte ich mit einem Lächeln. »Du wolltest es doch immer bei voller Beleuchtung tun. Bist du dick geworden, oder was? ... Warum bist du so still?«

»Bald wirst du verstehen.«

Die Vorhänge schirmten das Zimmer von dem Licht der Straßenlampen ab. Im Dunkeln konnte ich kaum ihr Profil erkennen. Ich hörte das Rascheln ihres Kleides, als es auf den Boden fiel.

»Warum die Eile?«

»Zieh dich aus, und sprich nicht laut. Ich möchte dich sehr nahe fühlen. Die Nacht ist lang, wir haben genug Zeit zum Reden. Sicher willst du mir etwas sagen.«

»Ich schulde dir eine Erklärung ...«

»Pssst ... flüstere.«

»Warum flüstern?«

»Flüstere ›Ich liebe dich‹ in mein Ohr.«

Sie zog mich zu ihrem Bett.

»Ich habe mich nach dir gesehnt«, sagte ich, und schon suchte ich ihre Brustwarzen.

»Ich begnüge mich nicht mit Sehnsucht, ich brauche Liebe.«

Ich berührte ihren flachen Leib. Agathe nahm meine Hand. »Mache mit mir, was du willst«, flüsterte sie wie damals, gespannt und auch ergeben. Ich zog sie an mich, als das Zimmer plötzlich von Babygeschrei erfüllt war.

»Was ist das?«

»Das ist dein Sohn. Sein Name ist Leon.«

»Oh nein«, stöhnte ich.

»Oh ja«, lachte sie, stand auf und machte Licht. »Sieh ihn dir an. Ein süßes Baby, das nicht viel weint und keinen Ärger macht.«

Im August 1973 empfing ich Leon am Flughafen Ben Gurion. Ich hätte ihn nicht erkannt, wäre er mir nicht genau beschrieben worden. Aus der Zollhalle kam ein bärtiger, einundzwanzig Jahre junger Mann auf mich zu. Wir umarmten uns wie zwei Freunde. Er war auf einen Monat Ferien gekommen, um sich zu amüsieren und seinen Vater kennenzulernen. Sein Besuch war heimlich mit der Hilfe des israelischen Botschafters in Wien, Itzhak Patisch, organisiert worden. Nach dem Sechstagekrieg hatte Polen, wie schon erwähnt, die diplomatischen Beziehungen zu dem jüdischen Staat abgebrochen. Leon studierte Jura an der Breslauer Universität. Hätten die Behörden entdeckt, daß er in das zionistische Land gereist war, hätte er Schwierigkeiten bekommen. Ich hatte mir vorgenommen, seinen Aufenthalt im Land so schön wie möglich zu gestalten, spürte jedoch, daß ich nicht zu ihm durchdringen konnte. Auch in meinem Herzen kamen keine väterlichen Gefühle auf. Schnell merkten wir beide, daß wir uns fremd waren, und nur mit gegenseitigem guten Willen und aus dem Wunsch heraus, den Besuch nicht im Fiasko enden zu lassen, taten wir so, als sei alles in Ordnung. Abends sprachen wir über seine Mutter, und je mehr ich dem zuhörte, was er erzählte, desto mehr bewunderte ich sie. Die Frau, die sich mir willenlos im Bett ergeben hatte, hatte dem Schicksal die Stirn geboten. Mit dreißig Jahren schloß sie ein Studium als Rechnungsprüferin ab und bewarb sich erfolgreich um einen hohen Posten in einem staatlichen Versorgungsunternehmen für Lebensmittel. Einige Zeit später heiratete sie Janusz, einen sehr sanften und weichen Mann, und gebar ihm einen Sohn. Janusz war bereit, Leon zu adoptieren und ihm seinen Namen zu geben. Agathe war nicht einverstanden. Leon hörte sie sagen: »Dieser Junge ist die Frucht meiner Liebe zu einem anderen Mann.« Sie bestand darauf, daß er mit der klaren Erkenntnis aufwuchs, daß sein biologischer Vater in Israel lebte und keiner ihn ersetzen konnte. Leon war in einer schwierigen Situation. In der Grundschule nannten sie ihn den »jüdischen Bastard«, im Gymnasium weigerten sich die Mädchen, mit ihm auszugehen. Manchmal kam er weinend nach

Hause und flehte seine Mutter an, ihre Vergangenheit für seine Zukunft zu begraben. Ohne Erfolg. Auch seine Not schaffte es nicht, ihre Einstellung zu ändern. Leon schleppte sein Leben lang den Namen mit sich herum, den ein Friedensrichter in Breslau ihm gegen meinen Willen gegeben hatte.

Mein Kontakt zu Agathe erneuerte sich erst, als ich als Repräsentant von Maxwell Communications nach Warschau kam. Rund ein Dutzend Jahre zuvor, als Leon seine Ferien in Israel verbringen sollte, hatte ich ihn gebeten, mir ein Photo von ihr mitzubringen. »Mutter will das nicht«, sagte er mir. »Sie möchte, daß du dich an sie erinnerst, wie sie einmal war.« Erst jetzt verstand ich den Grund. Die Zeit hatte sie nicht gut behandelt. Ihre Haare waren weiß geworden, ihr Gesicht faltig, der Glanz war aus ihren Augen verschwunden, ihre Figur hatte die Form verloren. Trotzdem beschwerte sie sich nie über ihr Schicksal. An mir hatte sie nie etwas auszusetzen. Ihr Haus stand Schulamit und mir offen. Es war ein einfaches, aber gastfreundliches Heim. Beide lebten sie in Armut, weil beide wegen Krankheit vorzeitig pensioniert worden waren. Die kleinen Summen, mit denen ich sie unterstützte, ermöglichten es ihnen, sich eine kleine Wohnung zu kaufen, aber sie konnte sie nicht mehr genießen. Am 16. Januar 1991, am Vorabend meines dreiundsechzigsten Geburtstages, erlitt sie einen Herzstillstand und starb. Ich war in der Suite meines Hotels, im Kühlschrank befand sich eine Flasche Wein, zum Abendessen waren Gäste geladen, als plötzlich das Telefon klingelte. Leon war in der Leitung: »Mutter ist nicht mehr«, teilte er mir mit und verstummte. Nach einer langen Pause fragte er:
»Kommst du zur Beerdigung?«
»Natürlich«, antwortete ich.
Ich war sehr traurig. In der Nacht hatte ich Fieber. Am Tag der Beerdigung fuhr ich vier Stunden durch einen Schneesturm, um ihr die Ehre zu erweisen, die ich ihr zu Lebzeiten versagt hatte. Ich kam noch rechtzeitig an. Bekannte und Verwandte füllten die kleine Friedhofskapelle des Viertels. Ich kannte niemanden außer Leon und seiner Frau. Niemand grüßte mich. Ich fühlte mich überflüssig. Agathes Sarg ruhte auf einer polierten Marmorstufe in der Mitte der Kapelle. Der Geruch von Weihrauch lag in der Luft. Die Trauernden legten Blumen am Sarg nieder. Agathes Gesicht war zurechtgemacht, bleich, fast weiß. Ich ging zum Sarg und betrach-

tete sie. Ihre Augen waren geschlossen. Ich beugte mich über ihre Leiche und küßte sie sanft auf die Wange. Und erst in diesem Moment, im Bruchteil einer Sekunde, wurde mir klar, daß ihre Liebe zu mir bis zum Tag ihres Todes nicht verloschen war.

Der Pfarrer gab das Zeichen, daß es an der Zeit sei zu gehen. Die Totengräber schlossen den Sargdeckel. Die Mitglieder der Familie hoben ihn auf ihre Schultern. Allein und nicht dazugehörend, ging ich mit den anderen zum offenen Grab, das aus der gefrorenen Erde ausgehoben worden war. Mein Gehirn war leer, leer, leer. Die Kälte drang mir in die Knochen. Der Pfarrer murmelte das Totengebet. Ihre Schwester weinte. Ihr Mann bekreuzigte sich. Ich stand da, körperlich und seelisch erfroren, und merkte nicht, daß die Zeremonie längst vorbei war. Leon berührte meine Schulter:

»Vater wird doch nicht böse sein, wenn ich ihn nicht zum Auto begleite. Wir, die Familie, gehen zum Trauermahl bei der Tante.«

»Natürlich bin ich nicht böse«, antwortete ich. Ich schlug meinen Mantelkragen hoch und ging zum Tor. Es hörte nicht auf zu schneien. Ich spürte, daß das Gefühl, nicht dazuzugehören, auf Gegenseitigkeit beruhte, und jetzt, da Agathe gegangen war, war in Leons Welt für mich kein Platz mehr. Es war mein endgültiger Abschied nicht nur von Agathe, sondern auch von unserem Sohn und von allem, was mit ihnen verbunden war.

# 13

Als ich in Agathes weißes Gesicht blickte, faßte ich den Entschluß, nicht weiter nach Gestalten aus der Vergangenheit zu suchen, da jede erfolgreiche Suche nur Seltsamkeiten und Enttäuschungen mit sich brachte. Der Weg zu Orten, an denen ich Aufregendes erlebt hatte, führte mich nicht in meine Jugend zurück; ein Museum aber wollte ich auf gar keinen Fall besuchen. Die Hauptpersonen im Drama des Lebens hatten ihre Form und ihren Inhalt verändert. Ich hatte nicht die Absicht, den Vorhang zu heben, denn das Schauspiel war vorbei, und alles, was auf der Bühne zurückgeblieben war, waren Teile der Kulissen. Die Farben waren verblaßt, die Stimmen rauh geworden, die Blumen verwelkt. Nur die Erinnerungen, die nicht mit der Gegenwart konfrontiert werden mußten, blieben vom Schimmel verschont. Wenn es aber eine Frau gibt, deren Gestalt ich für immer unverzerrt aufbewahren will, so ist es Monika. Obwohl ich sie leicht hätte finden können, unterließ ich es. Es ist anzunehmen, daß auch sie so dachte, denn während der ganzen Zeit, die ich in Polen verbrachte, gab sie kein Lebenszeichen von sich. Beide hüteten wir unsere Liebe im Innern unserer Seele und stellten sie bewußt nicht wieder auf die Probe.

Falls ich geglaubt hatte, daß der Holocaust meine Fähigkeit, mich zu begeistern und zu lieben, ausgelöscht hatte, so belehrte mich Monika eines Besseren. Sie war die erste Frau in meinem Leben, die mich weder unter dem ersten Eindruck noch aus Berechnung handeln ließ. In ihrer Gegenwart fühlte ich, daß das Herz nicht nur eine Pumpe ist, die das Blut durch die Adern treibt. Ich lernte, daß es ein Feuer gibt, das den Körper nicht versengt, und daß ich, ein verschlossener Mensch, mich öffnen konnte. Bis zu unserer ersten Begegnung hatte ich zwar die Fähigkeit entwickelt, gut mit meiner Umgebung auszukommen, aber nur, wenn es meine Arbeit als Journalist verlangte. Ich ähnelte einem stotternden Schauspieler, der fließend spricht, wenn er seine Rolle auf der Bühne spielt, aber sofort wieder zu stottern beginnt, sobald er von der Bühne in sein persönliches Leben zurücktritt. Dieses Phänomen ist bekannt und in der psychologischen Literatur beschrieben, und es begleitet mich zu einem gewissen Grad bis zum heutigen Tag. In den Augen meiner Interviewpartner und in Gesprächen mit Leuten, die mir bei der Arbeit behilflich sein können, bin ich ein netter Mensch und ein herzlicher Konversationspartner; es kommt ihnen nicht in den Sinn, daß diese Offenheit nicht echt sein könnte, daß sie vielleicht nur zu meiner pragmatischen Einstellung zum Leben gehört, die ich mir angewöhnt habe. Allein mit Frauen, die meine Leidenschaft entfesseln wie den Geist aus der Flasche, allein mit Frauen, die meine geheimsten Sehnsüchte, von denen ich mitunter selbst nicht wußte, daß es sie gab, wecken, ist es mir möglich, einen offenen Dialog zu führen, ernsthaft und ohne Täuschungsmanöver. Es ist, als erlernte ich eine neue Sprache, die es mir erlaubt, einen unmittelbaren, direkten Kontakt zu einem anderen Menschen herzustellen.

Monika war ein Jahr älter als ich. Sie war in einem Kloster des Ursulinen-Ordens erzogen worden, aber selbst die strenge, katholische Erziehung hatte dem Feuer in ihrem Charakter nichts anhaben können. Damals, kurz nach meiner Trennung von Gitta, wohnte ich noch in der Gegend von Hirschberg. Monika studierte Rechtswissenschaft an der Breslauer Universität. Jeden Tag fuhr ich mit dem Motorrad etwa hundert Kilometer, damit ich den Abend mit ihr verbringen konnte. Ich lernte ganze Kapitel der sokratischen Philosophie auswendig, um mich mit ihr messen zu können, um ein Gesprächsthema zu haben. Ich begehrte sie, wagte es jedoch nicht, sie zu berühren. So ging es monatelang, und als wir endlich vom Baum der Erkenntnis kosteten, bedauerten wir die Zeit, die wir vergeudet hatten.

Monikas Mutter redigierte die Provinzausgaben der *Słowo Polskie*, und ich machte meine ersten Gehversuche als Journalist. Als ich noch bei Gitta war, hatte ich Essays und Kurzgeschichten verfaßt und in der Schublade versenkt. Ich glaubte nicht, daß sie es wert waren, gedruckt zu werden. Józef Muszkat, der Hirschberger Redakteur der *Słowo Polskie*, dachte anders. Das behauptete er wenigstens, als ich zu einem Leseabend in sein Haus kam. Ich war von der Größe seiner Wohnung beeindruckt, bewunderte den Fernschreiber, der in seinem Arbeitszimmer stand, und war dankbar, daß er mich nicht von oben herab wie einen Schüler behandelte. Bevor wir uns in zwei gegenüberstehenden Sesseln niederließen, servierte er mir ein Gläschen Orangenlikör, süß und klebrig. Muszkat setzte seine Brille auf und vertiefte sich in die Lektüre. Gespannt beobachtete ich seinen Gesichtsausdruck, als er die Seiten, eine nach der anderen, auf den Fußboden legte. Von Zeit zu Zeit füllte er mein Glas nach. Ich war an scharfe Getränke nicht gewöhnt. Ich fühlte, wie mir die Beine schwer wurden. Mir drehte sich der Kopf.

»Danke, ich trinke nicht mehr«, sagte ich.

Muszkat erwiderte spöttisch:

»Du wirst nie ein Schriftsteller werden. Alle großen Werke wurden in betrunkenem Zustand geschrieben.«

Wieder war mein Glas voll. Ich trank es aus, und sofort schoß der Inhalt meines Magens in meine Kehle. Ich bat um Erlaubnis, die Toilette benutzen zu dürfen. Ich beugte mich über die Schüssel, erbrach mich, spülte nach und schämte mich, daß Muszkat alles hören konnte. Als ich zurückkam, nahm er einen Moment seine Brille ab, musterte mich wie ein guter Vater und lächelte:

»Es ist nicht der Rede wert. Du wirst älter werden und dich daran gewöhnen.«

»Ich glaube, ich sollte nach Hause gehen.«

»Bist du nicht an meiner Meinung interessiert?«

»Doch, sehr, aber ich fühle mich nicht wohl.«

»Ruh dich aus, bis ich alles gelesen habe.«

»Ich kann …«

»Nein, du kannst nicht. Ich erlaube dir nicht, mit dem Motorrad zu fahren. Du bist mein Gast, und ich bin für dein Wohlbefinden verantwortlich.«

»Wenn Sie es sagen.«

»Ja, das sage ich. Geh ins Bett, und vergiß die Welt. Morgen wirst du so gut wie neu sein.«

Muszkat stand auf, nahm meine Hand und führte mich ins Schlafzimmer. Ich setzte mich auf die Bettkante. »Laß mich das machen«, sagte er, als ich Probleme hatte, meine Schnürsenkel zu lösen. Als er neben mir kniete, sah ich die kahle Stelle in der Mitte seines Schädels. Ich zog mich aus. Der Kopf tat mir weh. Erleichtert schlüpfte ich unter die Decke. Mein Mund füllte sich mit einem sauren Geschmack. Ich hatte Angst, daß ich mich wieder übergeben müßte, wollte mich entschuldigen, aber plötzlich schlief ich ein und verlor den Kontakt zur Wirklichkeit. Im Traum spürte ich Muszkats feuchtwarmen Körper an meinem Rücken. Das Bewußtsein kam langsam, wie aus weiter Ferne, zu mir zurück. Nein, es war kein Traum. Ich hörte sein hastiges Atmen. Seine Hand streichelte mein Gesäß. Ich versuchte, an die Bettkante zu entkommen. Muszkat hielt meine Hüften umklammert.

»Bewege dich nicht«, befahl er mit der Strenge eines Erwachsenen, der mit einem Teenager spricht.

»Faß mich nicht an!« schrie ich.

Muszkat ließ mich los. »Hab keine Angst«, flüsterte er mir ins Ohr. »Ich tu dir nicht weh.«

Der Alkoholnebel verflog sofort. Ich war vollkommen nüchtern. Ich sprang aus dem Bett. Muszkat lag nackt da. Erst jetzt bemerkte ich, wie mager er war. Seine Rippen stachen aus der Haut hervor. Sein Körper war weißlich, abstoßend.

»Du ekelst dich vor mir?« fragte er traurig, als könne er meine Gedanken lesen.

»Warum hast du mir das angetan? Warum hast du mir das angetan?« platzte ich heraus. »Ja, du ekelst mich an. Ich hasse dich!«

Ich konnte mich nicht mehr beherrschen. Muszkat deckte sich mit einem Laken zu. »Du bist schon kein Kind mehr, du kannst verstehen ...«, fing er an und sprach nicht zu Ende.

Nein, ich war kein Kind mehr, und ich konnte weder verstehen noch verzeihen. Bis vor einer Stunde war er für mich eine edle Gestalt gewesen, ein bekannter Journalist und ein Vorbild. Ich wünschte mir nichts mehr, als ihm gleich zu sein. Nun, mit einem Schlag, hatte er alles zertrümmert. Ich war wütend, daß er mir meinen Ehrgeiz genommen hatte, in seine Fußstapfen zu treten. Eilig zog ich meine Hosen an. Ich wollte wegrennen, so weit wie möglich von dem Schandfleck entfernt sein, verschwinden. Muszkat machte die Lampe an. Ich sah ihn wütend an: Warum, zum Teufel, hast du alles zerstört? Und laut fragte ich:

»Wo sind meine Texte? Ich gehe nach Hause.«

»Geh nicht«, bat er, plötzlich sanft. »Mach dir keine Sorgen. Ich habe mich hinreißen lassen. Es wird nicht wieder passieren, das verspreche ich dir.« Er stand vor mir, in das Laken gehüllt, nahm seine Brille auf und setzte sich hin. »Du bist so ein hübscher Junge, ich konnte der Versuchung nicht widerstehen.«

»Das ist eine Lüge! Du hast das geplant. Du hast alles genau geplant.«

»Du bist hübsch und auch intelligent. Sagen wir, ich habe all dies geplant, was ist so schlimm daran? Ich wollte dich nicht verletzen. Die Liebe eines Mannes zu einem Mann kann so schön sein wie die Liebe eines Mannes zu einer Frau. Du hast noch nie Erfahrungen mit einem Mann gemacht?«

»Doch.«

»Warum bin ich schlimmer als dieser Mann?«

»Das ist eine lange Geschichte.«

»Erzähle sie.«

»Nein.«

»Warum nicht? Die Nacht ist lang, und wir werden nicht mehr schlafen können. Erzähle sie.«

»Ich kann sie nicht erzählen. Auf jeden Fall nicht jetzt.«

»Dann schreibe sie auf.«

»Vielleicht später einmal.«

»Warum später? Schreibe jetzt, solange du noch aufgebracht bist, solange das Erlebnis noch so stark ist, solange du noch Feuer und Schwefel spuckst. Ich habe deine Geschichten gelesen. Sie sind gut. Sie sind sehr gut, aber sie haben keine Seele, nichts Loderndes. Geh in mein Arbeitszimmer und schreibe. Schreibe!«

»Du meinst das nicht ernst.«

»Es war mir nie ernster.«

»Es ist Wahnsinn.«

»Aber es hat Methode«, lächelte er.

Es war zwei Uhr nachts. Ich zögerte. Muszkat ging ins Bett zurück und löschte das Licht. »Wenn du fertig bist, weck mich«, sagte er. Ich wußte, daß ich die Sache zu Papier bringen mußte, wenn ich es jetzt nicht tat, dann würde ich es nie tun. Ich schloß die Tür zum Schlafzimmer hinter mir. Ich ging in Muszkats Arbeitszimmer. Auf seinem Schreibtisch brannte die Tischlampe. Die Likörflasche stand auf einem Aktenstapel. Ich warf sie in den Papierkorb. Meine Finger waren klebrig. Ich nahm einen Füllfederhalter und schrieb:

Alle nannten ihn Arpad Basci. Er hatte in seinem Leben mehr Gefängnisse als Schulen kennengelernt. Er begann seine Karriere schon als Kind, als Taschendieb im Bahnhof von Budapest. Als er erwachsen war, wurde er Einbrecher, ein sehr seltener Beruf unter den Juden Ungarns. Dank seiner langen Erfahrung war er der König des Gefängnisses. Für die Deutschen, die sein Land besetzten, war er nur ein kleiner Verbrecher. Ein jüdischer Verbrecher. Lange, bevor die Opfer Eichmanns dorthin kamen, wurde er nach Auschwitz gebracht. Von dort aus kam er in das Lager »Eintrachthütte«.

Dort traf ich ihn im Herbst 1944. Arpad Basci genoß den Status eines privilegierten Sträflings. Er hatte die besondere Begabung, kleine Skulpturen und kunstvolle Schachfiguren formen zu können. Sein Rohmaterial war eine kostbare Rarität: Brot. Die Aufseher, die seine Kreationen haben wollten, versorgten ihn reichlich damit. Arpad Basci liebte junge Männer. Die jungen Gefangenen liebten Brot – so schloß sich der Kreis.

Er hatte ein scharfes Auge, wenn es darum ging, unter den neu eintreffenden Häftlingen seine Jungen auszuwählen. Einen Tag nach meiner Ankunft im Lager nahm er mich in seine Mannschaft der Brotkauer auf. An den Abenden, nach der Arbeit, setzte er fünf bis sechs Jungen auf den Fußboden der Baracke und gab uns ein Stück von einem Laib Brot. Unsere Aufgabe war es, das Brot langsam zu kauen, es zwischen Zunge und Gaumen zu drehen, bis es die Spucke aufgesogen hatte und weich wurde, leicht zu bearbeiten. Nur Brot wie dieses, so erklärte er, würde den Figuren, die er formte, ein ewiges Leben schenken. Zeit, Feuchtigkeit und Insekten würden ihnen nichts anhaben können.

Der Geschmack des Brotes war himmlisch, aber wehe dem, der probierte, auch nur einen einzigen Krümel herunterzuschlucken. Arpad Basci kannte keine Gnade. Er saß uns gegenüber, sein aufmerksamer Blick auf den Adamsapfel eines jeden von uns geheftet, bereit, jeden Jungen zu erwürgen, der der Versuchung nicht widerstehen konnte. Er wußte, wie hungrig wir waren, und kannte alle Tricks, mit denen wir ihn zu überlisten suchten.

Das durchgekaute Material spuckten wir auf ein weißes Leintuch. Arpad Basci untersuchte seine Qualität mit Inbrunst, als wäre es ein kostbares Schmuckstück. Er berührte es leicht mit der Fingerspitze, um die Klebrigkeit zu überprüfen, und wenn er nicht zufrieden war, kratzte er den Teig von dem Leintuch und gab ihn uns zur Weiterverarbeitung zurück. Meine Kinnbacken waren schon müde, wenn ich die Belohnung für meine Arbeit bekam – die Kruste.

Jeden Abend um zehn Uhr wurde das Licht ausgeschaltet. Zu diesem Zeitpunkt mußten wir auf unseren Pritschen liegen, unsere Uniformen mußten zusammengefaltet sein und unsere geschorenen Köpfe unbedeckt und frei zur Inspektion. Nur dem Barackenältesten und Arpad Basci war es erlaubt, sich nachts in der Baracke zu bewegen. Der Barackenälteste zog es vor, sich in die Kammer zurückzuziehen, die ihm zur Verfügung stand; Arpad

Basci hatte andere Gewohnheiten. Ich hatte zwei Monate für ihn Brot gekaut, bevor er kam, um sich den wahren Preis für die trockene Brotkruste zu holen. Mein Pritschenpartner hielt seinen Mund, als Arpad Basci ihn von seinem Platz verjagte und sich hinter mich legte. Noch bevor er mich anfaßte, wußte ich, was kommen würde. Seine Hand strich über meinen Körper, mit einem zitternden Finger suchte er meinen Eingang. Der Finger, mit Schmalz bestrichen, fand leicht meinen Anus und bohrte sich mit einer drehenden Bewegung in mich hinein. Meine Gesäßmuskeln spannten sich, um es zu verhindern, aber der geile Alte wußte genau, wie man solche Verteidigungsversuche vereitelt. Der Finger kam heraus, und sein Penis drang mit einem schnellen Stoß in mich ein. Die Schmerzen waren fürchterlich. Ich wollte schreien. In dieser Sekunde, als ob er meine Reaktion erwartet hätte, hielt er mir mit der anderen Hand den Mund zu. In der Handfläche hatte er eine Scheibe Brot. Ich unterdrückte meinen Schrei. Ich aß aus seiner Hand. Kaum hatte ich die erste Scheibe gegessen, füllte er meinen Mund mit der zweiten. Ich aß schnell, um die dritte zu bekommen, bevor er seinen Höhepunkt erreichte. Arpad Basci, ein Profi auch auf dem Gebiet der Vergewaltigung, bohrte in mir mit kurzen, rhythmischen Stößen. Jede Bewegung zerriß meinen Körper. Aus der anfänglichen Pein wurde ein langer brennender und quälender Schmerz. Ich blutete. Aber erst, als er von mir abließ und ich den letzten Brotkrümel heruntergeschluckt hatte, überfiel mich ein Gefühl der Demütigung, weil er mich so grob überfallen hatte, und eine Welle der Scham, daß der Hunger meine Ehre ausgelöscht hatte. Das war keine Vergewaltigung. Ich hatte mich nicht gewehrt, hatte nicht um Hilfe gerufen, hatte nicht verlangt, daß er aufhöre. Ich blieb still, als er mir zum Abschied einen Klaps aufs Gesäß gab und an seinen Schlafplatz zurückging.

Er war nicht mit leeren Händen gegangen. Das bemerkte ich, als ich nach zwei Stunden aus einem Alptraum erwachte, der meine letzten Kräfte aufgezehrt hatte. Meine Mütze war verschwunden.

Ein Häftling ohne Mütze war ein toter Häftling. Jeder, der beim Morgenappell nicht vorschriftsmäßig seine Mütze trug, wurde vom Kapo oder dem diensthabenden Offizier sofort erschossen. Die beiden machten sich oft einen Spaß daraus. Der Kapo schnappte sich die Mütze eines Gefangenen und warf sie ans andere Ende des Platzes, und der SS-Offizier erschoß das Opfer.

Wenn der Häftling mit bloßem Kopf dastand, erschoß er ihn, weil
er keine Mütze hatte, und wenn er losrannte, um sie aufzuheben,
erschoß er ihn wegen »Fluchtversuchs«.

Du gemeiner Hundesohn, verfluchte ich Arpad Basci in meinen
Gedanken. Ich hatte nur noch zwei, vielleicht drei Stunden zu leben. Kalter Schweiß lief mir über den Rücken, ich fühlte die kalten
Tropfen mein Rückgrat hinunterrinnen. Arpad Bascis Absicht war
klar. Er wollte mich loswerden. Er wollte sich eines Zeugen entle-
digen, der ihn belasten konnte. Bis zu diesem Zeitpunkt war mir
nicht weiter aufgefallen, daß von Zeit zu Zeit Jugendliche der Kau-
mannschaft verschwanden oder unter eigenartigen Umständen
getötet wurden. Der letzte ertrank im Jauchetank der Lagerlatrine.
Ich mußte meinen Impuls unterdrücken, zu Bascis Pritsche zu gehen und kategorisch mein Eigentum zurückzufordern. Meine
Mütze hätte ich leicht erkannt. Sie hatte Blutflecken, eine Erinnerung an einen Knüppelschlag des Kapos auf meinen Kopf. Aber
was hätte mir dieser Beweis schon genutzt? Arpad Basci hätte
meine Behauptung bestimmt abgestritten, vielleicht hätte er mich
sogar ausgelacht und seinen Freund, den Barackenältesten, gerufen, um mich wegen Verstoßes gegen die Lagerordnung bestrafen
zu lassen. Im Reich des Bösen hatten Zeugen und Beweise kein
Gewicht, und es gab kein lächerlicheres Wort als »Gerechtigkeit«.
Arpad Basci war ein älterer und privilegierter Häftling, ich war
nur ein wertloses Zubehör der Nummer, die auf meinem Arm
eintätowiert war. Bei einer direkten Konfrontation mit diesem
Mann hatte ich keine Chance.

Vorsichtig und leise kroch ich aus meiner Pritsche. Meine nackten Füße berührten den kalten Betonboden. Die Kälte tat mir gut;
ich bekam wieder einen kühlen Kopf. Ich sah nach links, ich sah
nach rechts. Nur eine nackte Glühbirne über der Eingangstür
spendete etwas Licht. Der Raum der Baracke glich einem dunklen
Tunnel. Ich hörte das Atmen der schlafenden Gefangenen. Jemand
schnarchte. Ich schlich den engen Gang zwischen den Pritschen
entlang. Von Zeit zu Zeit blieb ich stehen, spitzte die Ohren, um
jedes Geräusch um mich herum mitzubekommen, und tappte weiter. Meine Augen wurden wie die einer Katze, sie suchten einen
leichtsinnigen Häftling, der nicht dafür gesorgt hatte, daß seine
Mütze gut versteckt unter seiner Decke lag. Ich hatte Angst. Ich
wußte, wenn man mich erwischte, würden sie mich kurz und klein
schlagen. Niemand hätte mich verteidigt. Diebstahl war ein unver-

zeihliches Verbrechen. Der Schmerz in meinem Anus brannte wie Feuer. Jemand hustete. Ich erstarrte. Bewegungslos wartete ich ab, was passierte. Der Mann schlief weiter. Ich tat noch einige Schritte und blieb wieder stehen. Mein Gehirn arbeitete fieberhaft, um eine plausible Ausrede zu finden, falls man mich entdecken sollte. Keine Ausrede wäre indes gut genug für die wütenden Häftlinge gewesen. In Auschwitz hatte ich gesehen, wie sie einen Mützendieb erwischten. Die Gefangenen hängten ihn an einem Balken auf, die Leiche baumelte den ganzen Tag lang an dem Strick – als Warnung für andere. Unwillkürlich schaute ich zu den Dachbalken hoch, und dieser Blick führte mich zu meinem Opfer. Er lag auf der obersten Pritsche. Sein Gesicht konnte ich nicht erkennen, denn er hatte die Decke darübergezogen. Doch die Spitze seiner Mütze lugte unter seinem angewinkelten Arm hervor. Vorsichtig zog ich an der Mütze. Der Mann rührte sich nicht. Die Mütze war in meiner Hand. Rasch steckte ich sie unter mein Hemd. Der rauhe Stoff kratzte an meiner Brust. Glücklich begann ich meinen Rückzug. Ich durfte nicht hetzen. Ich lauschte. Stille. Nur das laute Schlagen meines Herzens war in der Baracke zu hören. Ich ging auf Zehenspitzen, vorsichtig, einen Schritt nach dem anderen. Zehn Minuten vergingen, vielleicht auch nur eine, bis ich meine Pritsche erreicht hatte. Mein Nachbar auf der unteren Pritsche drehte sich um. Hatte er gesehen, was geschehen war? Ich hielt den Atem an. Er schlief weiter. Wie alle war er bestimmt müde. Unsere Müdigkeit wirkte stärker als eine Schlaftablette. Ich kletterte auf meinen Platz und versteckte die Mütze in meiner Hosentasche. Ich konnte nicht einschlafen. Bis zum Wecken machte ich kein Auge zu.

Der Appell war pünktlich um fünf Uhr. Scheinwerfer beleuchteten das Gelände. Es schneite leicht, und die Kälte drang uns bis in die Knochen. »Achtung!« brüllte der Kapo, und wir alle standen stramm. Das Zählen begann. Ich stellte mich in die zweite Reihe. Es war wichtig, eine gute Position in der Mitte zu erwischen, nicht zu auffällig und nicht hintenan, so weit wie möglich außerhalb des Blickfeldes des Nazi-Offiziers. Vor mir, am Ende der ersten Reihe, stand Arpad Basci. Er konnte es sich erlauben, vor dem Offizier und dem Kapo zu stehen; dank seiner Stellung war er gegen Unheil immun. Ich fand ihn mühelos. Nur Basci hatte einen fetten Nacken, der über den Kragen seiner Uniform quoll; den Nacken eines Mannes, der keinen Hunger kannte. Auch seine Mütze war mir vertraut. Es waren Blutspuren darauf.

Irgendwo hinter mir stand ein Mensch, der auf seinen sicheren Tod wartete. Außer ihm wußten nur Arpad Basci und ich, was an diesem Morgen passieren würde. Arpad Basci würde bestimmt enttäuscht sein, wenn er merkte, daß ich am Leben geblieben war. Ich hatte keine Ahnung, was der Mann ohne Mütze fühlte und dachte. Ich hatte keine Gewissensbisse, ich verweigerte mich jedem Gedanken an ihn oder an seine Gefühle. Seine Existenz war mir nicht wichtig. Wenn ich mir nicht helfe, wer sonst wird es tun?

Der Offizier und der Kapo schritten durch die Reihen, inspizierten die Kleidung, die Haltung, die Arbeitsfähigkeit der Häftlinge. Wann würden sie zu ihm kommen? Der Offizier und der Kapo zählten die Gefangenen, ich die Sekunden. Ich wollte, daß die Sache schnell vorbei war. Die beiden inspizierten die vierte Reihe. Der Mann ohne Mütze flehte nicht um sein Leben. Der Mörder und das Opfer kannten die Spielregeln; es hatte keinen Sinn, um Gnade zu bitten. Der Schuß wurde ohne Vorwarnung abgefeuert. Ein kurzer Knall, trocken und ohne Echo. Sicher wurde er in den Kopf abgefeuert. Sie schossen immer in den Schädel. Immer von hinten. Immer aus kurzer Entfernung. Es war Krieg, und die Regierung verlangte von den Mördern, Kugeln zu sparen. Ich blickte mich nicht um. Ich wollte nicht wissen, wer erschossen worden war. Ich war froh zu leben.

Ich war fertig. Die Seiten lagen vor mir. Meine Handschrift war deutlich, die Zeilen standen gerade wie Häftlinge bei einem Appell. Die Buchstaben lehnten sich zurück, als ob sie sich der Offenbarung jedes weiteren Wortes widersetzen wollten. Ich wischte mit meinem Handrücken über das erste Blatt, als wollte ich ein Staubkorn entfernen. Ich dachte: Na also, ich bin mit dem Erlebnis gut fertig geworden, ohne in der Grauzone der Halbwahrheiten und Halblügen Zuflucht zu suchen. Alles, was blieb, war die Korrektur dessen, was ich geschrieben hatte, doch dazu fehlte mir die Kraft. Ich fürchtete, daß der Text mich wie ein Bumerang treffen würde, wenn ich ihn läse, daß ich ihn, gleichsam in Notwehr, in Fetzen reißen würde, damit niemand mich nach seinen Maßstäben würde beurteilen können. Ich schob die Seiten an die Kante des Schreibtisches, vielleicht um eine Distanz zwischen mir und der Geschichte zu schaffen. Und dann kam Muszkat ins Zimmer und nahm die Blätter zur Hand.

»Wirst du sie jetzt lesen?« fragte ich.

»Wir warten beide auf eine Antwort«, sagte er, ohne weitere Erklärung.

Als er sich hinsetzte und las, beobachtete ich ihn neugierig. Erst jetzt bemerkte ich die weißen Haare in seinem Schnurrbart, das leichte Zittern der Augenlider hinter seiner Hornbrille, die manikürten Fingernägel. Ein heller Wollanzug verbarg seine Magerkeit. Er setzte seinen linken Fuß auf den rechten, dann wechselte er die Position, der rechte Fuß stand nun auf dem linken, eine Hand wanderte über den Schreibtisch, die Finger trommelten auf der Platte, und das irritierte mich. Zwischen uns war eine Spannung, deren Ursprung ich mir nicht erklären konnte. Als er bei der letzten Seite angelangt war, nahm er seine Brille ab und sah mich an, als könne er nicht glauben, daß ich der Mann war, der dies geschrieben hatte.

»Alles ist wahr?« fragte er nach einer langen Minute des Schweigens.

»Jedes Wort.«

»Du wirst sicher meine Meinung wissen wollen.«

»Ja.«

Muszkat räusperte sich: »Die Geschichte ist in Ordnung. Wir werden sie in der Sonntagsbeilage veröffentlichen.«

»Kommt nicht in Frage.«

»Was hast du gesagt?«

»Ich habe gesagt, daß die Geschichte nicht veröffentlicht werden kann.«

»Warum hast du sie dann geschrieben?«

»Ich weiß es nicht. Es war stärker als ich. Vielleicht wegen …«

»… wegen dem, was heute nacht passiert ist?«

»Vielleicht.«

»Du bist noch böse, stimmt's?«

»Stimmt.«

»Die besten Werke werden aus Wut und Schmerz geboren.«

»Ich bin nicht Dostojewski.«

»Das ist wahr. Aber deine Geschichte enthält eine Moral, auf die die Öffentlichkeit ein Recht hat.«

Ich konnte ihm nicht folgen. Muszkat legte seine Hand auf mein Knie. Diesmal war es die unschuldige Geste eines Lehrers, der seinem Schüler etwas erklären will. Trotzdem stieß ich sie entschieden weg. Muszkat hatte verstanden. Er dachte einen Moment nach, rückte seinen Stuhl so, daß er mir gegenübersaß, und sagte:

»Ich schaue dich an – und was sehe ich? Ich sehe einen jungen, gutaussehenden Mann, mit lockigem Haar, dunklem Teint und guten Manieren, einen typischen Sohn aus guter Familie. Und trotzdem ist dein geschliffenes Auftreten nur eine Täuschung. Jeder Mensch hat eine Schale, hinter der er seine Geheimnisse versteckt. Nur die Hand eines Chirurgen kann diese Schale durchtrennen und das Innere freilegen. Die Worte, die du geschrieben hast, sind wie ein Skalpell. Du führst seine Schneide von einer Wunde zur anderen. Du hast andere gelehrt, was Ehrlichkeit ist. Du darfst keinen Rückzieher machen, die Schale nicht wieder zunähen und so weiterleben, als sei nichts geschehen. Denke darüber nach, während ich uns Kaffee koche.«

Wir tranken Kaffee und aßen Hefekuchen, die am Gaumen klebten wie Arpad Bascis Brot. Muszkat fand sich mit meiner Weigerung ab, meine Geschichte zu veröffentlichen. Wir verabschiedeten uns als Freunde. Bevor ich ging, schüttete er mir sein Herz aus. Ohne Hemmungen erzählte er mir über seine Aufenthalte in Konzentrationslagern, seine Neigung zu Männern und die damit verbundene Angst vor Entdeckung. »Ich beneide dich«, sagte er. »Ich beneide dich, weil ich bis an mein Lebensende nicht den Mut haben werde, meine Schale zu öffnen und ihren Inhalt preiszugeben.«

Sein Lebensende ereilte ihn in einer ärmlichen Kellerwohnung in Ramat-Gan, wo er an einer Krankheit dahinsiechte, die nicht richtig diagnostiziert worden war, weil die moderne Medizin ihr keine Bedeutung beimißt – Heimweh. Im März 1968 war Muszkat das Opfer einer antisemitischen Säuberungswelle geworden. Er war gezwungen, Polen zu verlassen. Die Behörden wußten von seiner homosexuellen Neigung und klagten ihn wegen Beischlaf mit einem Minderjährigen an. Ein junger Polizeiagent sagte bei dem Prozeß aus, er habe mit Muszkat als Gegenleistung für das Versprechen, seine Befreiung von der Wehrpflicht zu bewerkstelligen, sexuellen Verkehr gehabt. Seiner Aussage zufolge hatte Muszkat ihn in seine Wohnung gelockt, ein langes Telefonat mit einem hohen Offizier eines Rekrutenlagers geführt, und nach Erhalt einer positiven Antwort hätten sie sich geliebt. Muszkat fragte den Zeugen der Anklage, wo sein Telefon stand und welche Farbe es hatte. »Das Telefon stand auf der Fensterbank, und es war schwarz«, antwortete der Junge. Am nächsten Tag überraschte Muszkat seine Richter: Er übergab ihnen eine amtliche Bescheinigung, daß in seiner neuen Wohnung noch gar kein Telefon installiert war.

Das Verfahren wurde aufgehoben, aber Muszkat durfte nicht an seinen Arbeitsplatz zurückkehren; »gute Freunde« flüsterten ihm ins Ohr, daß es besser für ihn wäre, in das Land der Zionisten auszuwandern. Muszkat versöhnte sich nie mit dem Unrecht, das man ihm angetan hatte. Hier in Israel nahm ihn keiner außer mir in Empfang. Aber was immer ich auch für ihn tat, als er auf dem Sterbebett lag, war im Grunde nur die Rückzahlung einer Schuld.

Seit der Nacht in seiner Wohnung hat er nie wieder versucht, mich zu berühren. Eine tiefe intellektuelle Verbundenheit hielt ihn zurück. Mit fester Hand führte er mich in den verschlossenen Garten des Journalismus. Auf seine Empfehlung hin konnte ich bei der *Słowo Polskie* arbeiten, zuerst als Reporter und später als Redakteur der Hirschberger Ausgabe. Als ich eine Dummheit beging, sorgte er dafür, daß die Redaktion in Breslau mich aufnahm. Er selbst war stolz auf das, was ich getan hatte:

Wie es sich für eine sozialistische Zeitung gehörte, hatte die Redaktion ein dichtes Netz von »Arbeiterkorrespondenten« aufgebaut, meist Fabrikarbeiter und kleine Beamte, die über das Geschehen an ihren Arbeitsplätzen berichteten. Für diese Dienste bekamen sie ein kleines Entgelt. Die Berichte gingen ebenso wie das Geld, das sie dafür bekamen, durch meine Hände. Meine Aufgabe war es, das ungeschliffene Material zu redigieren und für den Druck vorzubereiten. Außerdem mußte ich ihnen einmal im Monat ihr bescheidenes Salär überweisen. Alles wäre zur Zufriedenheit der Redaktion abgelaufen, wenn nicht plötzlich mein Geldbedarf gewachsen wäre. Mein Gehalt reichte nicht aus, um meine Besuche bei Monika zu finanzieren. Was tat ich also? Peu à peu löste ich das Netz der Arbeiterkorrespondenten auf und sammelte und schrieb die Berichte selbst. Meinen Bekanntenkreis verwandelte ich in eine Liste toter Seelen, auf deren Namen das Geld überwiesen wurde. In weniger als einem halben Jahr hatte ich mein Einkommen verdreifacht. Die Leitung der Redaktion wunderte sich lediglich über die verbesserte Qualität der Einsendungen. Ihre Zufriedenheit war so groß, daß sie sich ein halbes Jahr später entschloß, eine Versammlung der Arbeiterkorrespondenten in Hirschberg abzuhalten und ihnen bei dieser Gelegenheit besondere Anerkennungsurkunden zu verleihen. Ich wurde beauftragt, den Saal zu mieten und ein großzügiges Gastmahl zu bestellen. Meine toten Seelen, darunter Ärzte, Rechtsanwälte und sogar ein Polizeioffizier, weigerten sich, ihre Rollen bis zum bitteren Ende zu spielen.

Ich fuhr zu Muszkat, der inzwischen nach Breslau gezogen war, und erzählte ihm alles. Er bog sich vor Lachen; anschließend versprach er mir, »die Sache zu erledigen«. Ich wurde schwer getadelt, und weil ich ein »fähiger Junge war, der unter strenger Kontrolle stehen mußte«, wurde auch ich nach Breslau geschickt, in die Abteilung, die die Arbeit aller Provinzausgaben zusammenfaßte. Geleitet wurde die Abteilung von Frau Maria, einer Tochter jener Generation des kleinbürgerlichen Adels, der untergegangen war. Sie empfing mich freundlich. Als ich noch Redakteur der Hirschberger Ausgabe war, hatte sie Gefallen an mir gefunden. Auch sie mochte meinen Streich. Noch bevor ich in die Provinzhauptstadt zog, war ich ein Mitglied ihres Haushalts geworden – und auch der Grund ihres ganzen Kummers. Alles natürlich wegen meiner Liebe zu Monika.

Monika war ihre Tochter. Frau Maria hatte ihre Zukunft geplant, und Monika akzeptierte das Urteil. Es war vereinbart, daß sie den Mann, den die Mutter für sie ausgewählt hatte, heiraten und in seine Stadt ziehen würde, sobald jener sein Studium beendet hatte. Der auserkorene Bräutigam wartete geduldig. Monikas Mutter bemühte sich, mir die Lage schon am ersten Abend, an dem sie mich zum Abendessen eingeladen hatte, zu erklären. Offensichtlich, um mir zu verstehen zu geben, daß ich ein süßes Stück Kuchen zum Nachtisch bekommen würde, aber nicht mehr. Sie irrte sich nicht nur, was den Gehorsam ihrer Tochter anging, sie irrte sich auch gewaltig in der Einschätzung meines Appetits.

Die Abendessen wurden zu einer regelmäßigen Einrichtung. Es kam nur selten vor, daß wir ein Glas miteinander tranken. Der Weihnachtsabend war eine Ausnahme. Noch bevor wir beim letzten Gang angekommen waren, war die Flasche auf dem Tisch halb leer. Ich hatte noch nicht gelernt, wie man trinkt, und in meinem Kopf drehte sich alles. »Ich werde Ihnen nicht erlauben, sich auf das Motorrad zu setzen, wenn es draußen schneit und Sie einen Schwips haben«, entschied Frau Maria, ließ meine lahmen Einwände nicht gelten und schlug vor, ein Klappbett in der Küche aufzustellen. Monika schlief in dem Zimmer auf der anderen Seite des Korridors. Nur zehn Schritte von mir entfernt. In jeder anderen Situation hätte ich diese Distanz, ohne zu zögern, überwunden, gleich nachdem sich die Hausherrin zurückgezogen hatte. Aber ich liebte Monika, und diese Liebe führte mich in die Irre. Ich konnte ihre Gedanken nicht entziffern. Ich hatte Angst vor einer Zurückweisung. Wenn sie nicht den ersten Schritt getan hätte, wären wir nie zusammengekommen. Ich hörte ein Quietschen, als die Tür sich öffnete. Ich machte neben mir für sie Platz. Ich berührte sie. Sie berührte mich. Wir liebten uns leise. Ich beeilte mich nicht. Ich wollte, daß der Fluß ewig fließt, ohne jemals ins Meer zu münden. In den folgenden Nächten zogen wir es vor, uns in ihrem Zimmer einzuschließen. Auf einem kleinen Tisch neben dem Bett stand eine gerahmte Photographie ihres zukünftigen Ehemannes. Bevor sie sich auszog, legte sie sie immer um. Aber was der Mann auf der Photographie nicht sah, das sah ihre Mutter. Und als sie bemerkte, was unter ihrem Dach geschah, reagierte sie in der ihr eigenen Art: »Ist euch die trockene Luft aufgefallen?« fragte sie beim Frühstück. »Ich bin heute nacht dreimal in die Küche gegangen, um Wasser zu trinken.«

Ich wurde rot. Sie mußte mein leeres Bett gesehen haben.

»Ich bin froh, daß Sie noch rot werden können«, bemerkte sie und biß in ihr mit Butter bestrichenes Brot.

»Mutter, ich bin schon ein großes Mädchen«, mischte sich Monika ein.

»Ich vermute, daß ihr leicht verliebt seid«, fuhr Frau Maria fort, als ob sie die Anspielung ihrer Tochter nicht verstanden hätte.

Ich stimmte mit einem leichten Nicken zu.

»Gut, dann muß ich Sie über Ihre Lage aufklären.«

»Bitte, Mutti, nicht jetzt.«

»Wenn nicht jetzt, wann dann? Wenn es zu spät ist?« Sie wandte sich an mich: »Monika hatte recht, als sie sagte, daß sie kein kleines Mädchen mehr ist. Auch Sie sind kein kleiner Junge mehr. Ich verrate Ihnen kein Geheimnis, wenn ich sage, daß die Dinge, die in meinem Hause passieren, nicht nach meinem Geschmack sind. Gleichzeitig will ich Ihnen keine Moralpredigt halten. Ich werde meine Zeit nicht mit sinnlosen Reden verschwenden. Auch ich war einmal jung und verliebt. Jede Generation denkt, daß sie die Gefühle und Leidenschaften erfunden hat, aber so ist es nicht. Glaubt mir, ich verstehe das. Also sage ich nur dies eine: Tut, was ihr wollt, aber macht euch keine Illusionen über die Zukunft. Habe ich mich klar ausgedrückt?«

Im Alter von zweiundzwanzig Jahren hat die Zukunft keine große Bedeutung; sie ist ein so weitläufiger und abstrakter Begriff, daß die Gedanken sie nicht fassen können. Die Gegenwart hingegen ist etwas, das begreifbar und gleichzeitig unendlich ist. Uns scheint, daß die Gegenwart nie zu Ende geht; daß sie mit uns durch die Zeit läuft. Monika und ich ignorierten die Barriere, die uns am Ende des Weges erwartete, denn wir wollten die Tatsache, daß es Sackgassen gibt, nicht wahrhaben.

Gleich nach meiner Versetzung in die Redaktion in Breslau mietete ich mir ein Zimmer in der Wohnung von Lydia. Ich hatte sie im Gerichtssaal des Bezirksgerichts kennengelernt, als ich über den Prozeß ihres Mannes berichtete, der wegen Raubüberfall angeklagt war. Die Richter verurteilten ihn zu zwanzig Jahren Haft. Er wurde in ein weitentferntes Gefängnis geschickt, um seine Strafe abzusitzen. Selbst wenn ihm ein Drittel seiner Haftzeit wegen guter Führung erlassen worden wäre, wäre er nicht vor seinem vierzigsten Lebensjahr zu seiner Frau zurückgekehrt. Lydia war damals noch keine zwanzig. Ich wollte sie interviewen und sie sperrte sich nicht. Sie besaß die Naivität eines Mädchens, das das Leben noch nicht kannte. Sie hatten erst einen Monat vor seiner Festnahme geheiratet. Lydia hatte ihm ihre Zustimmung hauptsächlich deshalb gegeben, damit sie der strengen Disziplin ihres konservativen Elternhauses entfliehen konnte. Der junge Mann machte einen guten Eindruck. Er war der erste Mann in ihrem Leben. Er amüsierte sich gern und hatte immer Geld in der Tasche. Nie fragte sie nach der Herkunft des Geldes. Als die Polizei das Haus durchsuchte, erlitt sie einen Schock. Die Untersuchung dauerte einige Monate, und Lydia lernte, selbständig zu sein. Freunde besorgten ihr eine Arbeitsstelle in einer Künstleragentur. Als das Interview vorbei war, verhandelten wir über die Vermietung eines Zimmers. Von da aus war es nur ein kurzer Weg zu ihrem Bett. Über Gefühle wurde nicht gesprochen. Meine reine Liebe galt Monika, und ich konnte keinen Widerspruch zwischen beidem entdecken. Lydia gab ich nur meine Männlichkeit; die Verbindung mit ihr hielt ich geheim. Aber auch Monika hatte ihr Geheimnis. Lange Zeit verschwieg sie mir, daß ihr Zukünftiger sein Diplom bekommen hatte und das Hochzeitsdatum von beiden Familien festgesetzt worden war. Bis sie plötzlich, als wir uns küßten, in Tränen ausbrach.

»Was ist passiert?«

»Das war das letzte Mal. Von morgen an werde ich eine verheiratete Frau sein. Ich habe einen Eid geschworen, meinem Mann nie untreu zu sein.«

Ich wurde nicht zur Hochzeit eingeladen. Der Himmel rächte sich für mich; er meinte es nicht gut mit dem jungen Paar. Dicke Wolken hingen über der Stadt, es schüttete wie aus Eimern. Von Lydias Bett aus telefonierte ich mit meiner Sekretärin und teilte ihr mit, daß ich nicht zur Arbeit kommen würde. Warm angezogen, fuhr ich zum Rathausplatz und parkte mein Auto direkt gegenüber dem Eingang zum Standesamt. Die Feier war vorüber, die Gäste begannen sich zu zerstreuen. Niemand bemerkte mich. Nur Muszkat, elegant gekleidet, erkannte mich. Er kam zu meinem Auto und machte mir ein Zeichen, das Fenster zu öffnen. Ein dünner Wasserstrahl fiel genau auf mein Gesicht.

»Wage es nicht, Dummheiten zu machen«, warnte er mich.

»Mach dir keine Sorgen. Ich wollte nur zusehen.«

Ich sagte die Wahrheit. Ich konnte nicht wissen, was passieren würde. Ich hatte nichts geplant, an einem Aufruhr war mir nicht gelegen. Ich ließ den Dingen einfach ihren Lauf. Monika erschien am Ausgang, und hinter ihrem Rücken sah ich zum erstenmal ihren Mann. Mit einer gewissen Genugtuung bemerkte ich, daß er nicht besonders eindrucksvoll war. Seine Haare wurden naß, und er wischte sich den Kopf mit einem weißen Taschentuch ab. Monika trat auf den Bürgersteig, ihr frischgebackener Ehemann spannte einen Regenschirm über ihr auf. Ohne selbst zu begreifen, was ich tat, öffnete ich die Wagentür. Monika erschrak.

»Was machst du hier? Ich habe dir doch gesagt, du sollst nicht kommen.«

»Steig nur für eine Sekunde ein«, sagte ich, ohne zu wissen, was die nächste Minute bringen würde.

»Ich kann nicht.«

»Nur für eine Sekunde.«

»Du bist verrückt.«

»Komm rein.«

»Für eine Sekunde. Wie du gesagt hast.«

Ich trat auf das Gaspedal. Das Auto schoß nach vorn. Aus meinen Augenwinkeln sah ich ihren Mann, der den Regenschirm wie eine schwarze Fahne schwenkte. Er rief uns etwas nach. Ich konnte ihn nicht hören. Die Fenster waren geschlossen, und der Motor brummte. Ich bog rechts ein. Monika war still. Ich bog nach links ab. Das Auto fuhr schneller. Ich raste an den letzten Häusern Breslaus vorbei und fuhr auf die Autostraße. Die Nadel des Tachometers zeigte hundert Stundenkilometer an. Erst jetzt fragte sie:

»Wo fahren wir hin?«

»Wohin du willst.«

»Zurück zum Rathausplatz.«

»Überallhin, nur nicht zum Rathausplatz.«

Monika hielt mir ihre Hand hin. »Siehst du diesen Ring?« fragte sie. Und als ich nicht darauf reagierte, sagte sie mit Nachdruck: »Ich habe einen Eid geschworen, erinnerst du dich?«

»Wir fahren zum Ferienhaus der Journalisten.«

Die Idee wurde in dem Sekundenbruchteil zwischen Frage und Antwort geboren. Der Journalistenverband hatte ein Ferienheim in einer schönen Villa im Riesengebirge, etwa hundert Kilometer von Breslau entfernt. Dort hatten wir unvergeßliche Wochenenden verbracht. Die Villa hatte einen gepflegten Garten und war von einem dichten Wald umgeben.

Monika öffnete ihre Handtasche, zog einen Spiegel heraus, betrachtete ihr Gesicht und stellte fest:

»Das ist Wahnsinn.«

»Aber ein wunderschöner Wahnsinn. Willst du zurück?«

»Ich weiß nicht.«

Mit diesem kurzen Satz schob sie die ganze Verantwortung für das, was jetzt und in Zukunft geschehen würde, mir zu. Nur daß für mich, wie ich schon sagte, die Zukunft kein fester Begriff war. Ich fügte der Gegenwart noch drei Tage von meinem und ihrem Leben hinzu – bis ihr Mann kam und sie von der kleinen Bahnstation in den Bergen abholte. Das rote Schlußlicht ihres Wagens, das sich weiter und weiter entfernte, bis es nicht mehr zu sehen war, besiegelte dieses herrliche Abenteuer wie ein Wachssiegel ein Dokument, das im Archiv der Erinnerungen aufgehoben werden soll.

Am nächsten Morgen kehrte ich zu Lydia zurück.

# 14

Lydia wurde schwanger. Ich beobachtete ihren schwellenden Leib und war voller Zärtlichkeit ihr gegenüber. Der Gedanke, Vater zu werden, schreckte mich nicht. Lydia war ein gutgebautes Mädchen, mit hellem Haar, das ihr bis auf die Schultern fiel, himmelblauen Augen, und sie war warmherzig. Ich wußte, daß sie eine ausgezeichnete Mutter sein würde. Sie schrieb ihrem Mann und bat um seine Einwilligung zur Scheidung. Die positive Antwort traf einige Tage vor ihrer Entbindung ein, die Richtigkeit der Unterschrift bestätigt vom Gefängnisdirektor. Lydia sah darin ein gutes Zeichen für die Zukunft. Am darauffolgenden Sonntag setzten die Wehen ein. Ich fuhr sie ins Krankenhaus. Der Arzt riet mir, in ein paar Stunden zurückzukommen. Ich spazierte durch die Straßen. Die Geschäfte waren geschlossen, und die Stadt schien menschenleer. Gegen Abend kam ich zurück. Der Arzt bat mich mit finsterem Gesicht, ihn zu begleiten. Ich folgte ihm durch die langen Korridore. In seinem Büro angekommen, bot er mir keinen Stuhl an. Mit trockener Stimme verkündete er: »Es tut mir leid, die Mutter hat die Anstrengung nicht überstanden« – und warf sofort einen Blick auf seine Uhr, um zu verstehen zu geben, daß seine Zeit beschränkt sei. Ich war wie betäubt. Ich wußte nicht, was ich sagen sollte. Der Arzt fuhr fort:

»Es war unmöglich, sie zu retten. Ein altes Blutgerinnsel löste sich, wanderte zu ihrem Herzen und verursachte ihren Tod. Wie alt war sie?«

»Und was ist mit dem Kind?«

»Der Fötus? Sauerstoffmangel, Sie verstehen. Wir haben uns darauf konzentriert, das Leben der Mutter zu retten. Was hätten Sie denn mit einem Baby gemacht?«

»Ja, was hätte ich mit einem Baby gemacht«, wiederholte ich seine Worte. Der Arzt drückte mir die Hand. Ich ging hinaus. Ich war schon auf der Treppe, als mir die Frage einfiel, die ich nicht gestellt hatte: War es ein Junge oder ein Mädchen?

Lydia wurde am Dienstag begraben. Als ich in die ausgehobene Grube schaute, dachte ich an meine Mutter.

# 15

Ich werde nie wissen, wo das Grab meiner Mutter ist. Auf dem Gelände des ehemaligen Lagers Płaszów wurde ein Mahnmal zur Erinnerung an die Opfer des Holocaust errichtet. Im Frühjahr 1947, nach meiner Rückkehr aus der Tschechoslowakei, legte ich ihm einen Strauß violetten Flieder zu Füßen – die Blumen meiner Kindheit. Die Hügel rund um das Mahnmal waren mit beruhigendem, grünem Rasen bedeckt. Nicht die leiseste Spur war von dem Lager geblieben, von den Stacheldrahtzäunen, den Wachtürmen, von all dem, was hier passiert war, als Wilhelm Kunde mich nur einen Tag, nachdem er meine Mutter ermordet hatte, in das Lager Płaszów schickte, nichts. Hier hatte ich meinem Vater gegenübergestanden und ihm die bittere Botschaft überbracht:

»Mutter ist tot.«

Ich hatte gehofft, er würde mir die Beschreibung der Einzelheiten ersparen, damit ich den Mord nicht noch einmal erleben mußte. Aber Vater gab sich mit dieser spärlichen Mitteilung nicht zufrieden. Er wollte alles wissen: Wie hatte Kunde es getan, wie war sein Gesichtsausdruck, wie reagierte meine Mutter, mußte sie leiden, woher wußte ich, daß sie nicht litt? Wer war bei der Tat noch im Zimmer gewesen? Was hatte Ritschek gesagt, was hatten die jüdischen Polizisten gesagt, was hatten die Mitgefangenen in meiner Zelle gesagt? Wann hatten sie die Leiche fortgeschafft und wohin …? Ich flehte ihn an: »Vater, hör auf; ich kann dieses Kreuzverhör nicht ertragen.« Aber er ließ nicht locker, bis ich verstummte, bis er verstand, daß ich am Ende meiner Kraft angelangt war.

Hinter uns ging eine Kolonne Häftlinge vorbei. Auf Kommando stimmten sie das Lieblingslied der Wächter an. Es gab keinen größeren Mißklang in diesem Augenblick als die Melodie von »Lili Marleen«. Ich wollte ihnen zurufen aufzuhören, den Tod meiner Mutter zu respektieren. Auch wenn sie es vielleicht getan hätten, verstanden hätten sie mich kaum. Es wurden so viele Mütter gleichzeitig ermordet, daß nicht das Leben, sondern der Tod zur

Routine wurde. Mein Vater umarmte mich und brach in leises Weinen aus.

»Vater«, flüsterte ich. »Weine nicht, Vater. Hier darfst du nicht weinen, Vater.«

Er umklammerte meinen Hals wie einen Rettungsring. Seine Stimme zitterte:

»Weine, Romek, weine. Das ist alles, was uns geblieben ist. Wenn die Tränen austrocknen, hat es keinen Zweck mehr weiterzumachen.«

Ich schämte mich, daß meine Augen trocken blieben.

»Die Hauptsache ist, daß du lebst, Vater«, sagte ich.

»Ja«, antwortete er. »Vielleicht ist zu leben die beste Rache.«

Als ich älter wurde, begann ich zu verstehen, daß vergangene Erlebnisse sich Schicht um Schicht in unser Gehirn einnisten und unser Bewußtsein formen. Im allgemeinen erkennen wir diesen Vorgang nicht, ebensowenig wie die Erde weiß, ob schöne Blumen oder Unkraut in ihr Wurzeln schlagen. Befremdend und rätselhaft ist es erst, wenn verstoßene Erinnerungen sich unkontrolliert Zutritt zu unserer gegenwärtigen Wirklichkeit verschaffen. Jeder Sproß dieser Erinnerungen bildet ein Grundelement der Chemie, die uns zu dem gemacht hat, was wir sind. Alles ist hier vermischt, Menschen und Taten, harmonische Klänge und Mißtöne, schlechte und gute Laune, Biegsamkeit und Hartnäckigkeit, und vielleicht ist da auch ein Leitfaden der Logik, der den dichten Wirrwarr durchläuft. Auch wenn wir wie durch ein Wunder lernen, uns vor dem, was in uns vorgeht, in acht zu nehmen, gelingt es uns doch selten, die Richtung unseres Denkens zu ändern. Wie ärgerlich und enttäuschend ist es doch, daß wir die Bildung unserer Persönlichkeit nicht ebenso kontrollieren können wie die Muskeln unseres Körpers. Wenn die Funktion der Muskeln beschädigt ist, sprechen wir von Invalidität. Die Trennung von Seele und Verstand hingegen akzeptieren wir als gegeben.

Und so kommt es dann, daß ich die Absurdität der Gegensätze als völlig natürlich hinnehme. Ich vergoß keine Träne, als meine Mutter ermordet wurde, und war nicht fähig zu weinen, als ich vor meinem Vater in Płaszów stand. Warum werden dann meine Augen feucht, wenn ich ein Melodrama im Kino sehe? Warum bremse ich unter Lebensgefahr meinen Wagen, um nicht einen Hund zu überfahren, der über die Straße läuft, hatte aber nie Mitleid mit meinen Mitmenschen oder gar mit mir selbst? Scheinbar existieren in uns Gefühle, die unser Verteidigungssystem in der Tiefe unserer Seele eingesperrt hat, wie einen Vogel in einen Käfig, bis ein kleiner Schock sie hinreichend erschüttert, um den Käfig zu öffnen und den Vogel zum Singen zu bringen.

In Płaszów erhielt ich einen Einführungskurs in die Kunst des Überlebens. Die Noten erteilte mir die Realität, aber das Diplom bekam ich nicht zu sehen. Von Zeit zu Zeit gingen im Lager Gerüchte über eine deutsche Niederlage um, aber sie verschwanden so schnell, wie sie verbreitet wurden. Nur schlechte Nachrichten waren wahr. Unser Leben war in die kurzen Pausen zwischen einem Schlag und dem nächsten zusammengedrängt. Wir klammerten uns an jeden Hoffnungssplitter und fanden Trost in der Rationalisierung unerträglicher Situationen. Mein Vater fand seinen Seelenfrieden in zwanghaftem Rauchen. Süchtig nach Nikotin wie ein Junkie, tauschte er seine tägliche Brotration gegen Tabakkrümel ein, die er in Zeitungsstreifen einrollte. Anfangs machte ich mir Sorgen. Er nahm ab, sein Gesicht fiel zusammen, und seine Bewegungen wurden schwerfällig. Dann wurde ich wütend. Mich quälte Hunger. Das erste Mal in meinem Leben schmeckte ich Hunger. Ja, Hunger hat seinen eigenen Geschmack. Ein saurer Geschmack im Magen. In ohnmächtiger Wut sah ich zu, wie er so achtlos sein Brot fortgab. Wenn er so leicht darauf verzichten konnte, warum gab er es nicht seinem Sohn?

Unsere Treffen waren kurz. Während des Tages arbeiteten wir in verschiedenen Werkstätten, mein Vater in der Polsterei und ich in der Metallwerkstatt. Nachts schliefen wir in Baracken, die weit voneinander entfernt lagen. Nur abends, in der kurzen Zeit zwischen Arbeitsschluß und Ausgangssperre, konnte ich ihn besuchen. Er weigerte sich strikt, über das Geschehen um uns herum zu sprechen, als ob standhaftes Schweigen die unerwünschten Tatsachen einfach ausradieren könnte. Unsere Gespräche richteten sich in die Zukunft. Mein Vater malte mir das Bild der Welt, wie sie nach dem Krieg aussehen würde. Es war immer eine Rückkehr in die gewohnten Situationen der Vergangenheit. Das gleiche Haus, die gleichen Lebensgewohnheiten, die gleichen Freunde und die gleiche Arbeit. Nur Mutter erwähnte er nicht mehr. Es war klar, daß er die Tatsache ihrer Abwesenheit verdrängt hatte. Wenn ich seinen Redestrom unterbrach, ihm seine Vision streitig machte, seine angestaubten Wahrheiten herausforderte, tat er meine Einwände mit den Worten »Du bist zu jung, um zu urteilen«, ab. Mit der Zeit lernte ich, meinen Mund zu halten. Mein Vater brauchte einen Zuhörer, und ich lernte zuzuhören. Oft dehnten sich diese Monologe aus, ohne daß wir merkten, daß wir den Beginn der Ausgangssperre verpaßt hatten, und ich mußte mich unter den wachsamen Augen der Aufseher zurückschleichen. Ich hatte Glück, bis zu dem Abend, wo ...

Ich hatte schon die halbe Strecke hinter mich gebracht, als ein grelles Licht über meinem Kopf aufleuchtete, das mit großer Geschwindigkeit über den samtschwarzen Himmel blitzte, wie ein Photon, das nur in Bewegung existiert. Ich blieb stehen und verfolgte das Schauspiel erstaunt. Ein Komet auf seiner Reise in ein anderes Weltall – für mich Symbol einer Freiheit, die nur durch den Himmel begrenzt wird. Paula, unser Dienstmädchen, glaubte, daß man in solchen Momenten einen Wunsch äußern sollte, da es nichts Besseres als eine Sternschnuppe gebe, um eine schnelle Erfüllung sicherzustellen. Ich hatte Angst, daß ich in so kurzer Zeit nichts Passendes finden würde. Es fiel mir nichts Sinnvolles ein. Und erst im letzten Augenblick, kurz bevor der Lichtstrahl am Ende der samtigen Bahn verschwand, brachte ich hervor: »Ich will leben!«

Aus einem engen Durchgang, zwischen zwei Geräteschuppen, schallte der Ruf:

»Was machst du hier, du verseuchter Jid?«

Das war nicht gerade die Antwort, die ich erhofft hatte. Der Lagerkommandant, Amon Goeth, kam auf mich zu. Ich hatte ihn nur einmal zuvor gesehen. In der zweiten Woche nach meiner Ankunft im Lager war er spätabends in unsere Baracke gekommen, mit dem Kommandanten der jüdischen Polizei, Chilowicz, an seiner Seite. Uns wurde befohlen, von den Pritschen zu klettern und strammzustehen. Chilowicz sprach jiddisch. Was er sagte, war kurz und klar: Die Gefangenen sollten sofort all ihr Geld und alle Wertsachen, die sie besaßen, aushändigen. Amon Goeth, der wahrscheinlich diese Rede auswendig kannte, legte seine Kappe auf den Tisch und fügte hinzu: »Ich will, daß diese Kappe mit Gold gefüllt ist. Ich werde nicht nachprüfen, wer mir was gibt, aber sollte sich herausstellen, daß jemand sich diesem Befehl widersetzt, wird er sofort sterben.« Er drehte uns den Rücken zu und fing an zu zählen: »Eins, zwei, drei, vier ...« und so weiter bis fünfundzwanzig. Zu meiner Überraschung war die Kappe in weniger als dreißig Sekunden voll. Goeth steckte seine Hand mit einem gleichgültigen Ausdruck auf dem Gesicht in den Haufen Goldmünzen und Edelsteine. »Habt ihr nichts vergessen?« fragte er sarkastisch, und ohne eine Antwort abzuwarten, befahl er Chilowicz, einen älteren Gefangenen zu durchsuchen. Offenbar besaß er einen außerordentlichen Spürsinn, denn eine Zwanzigdollarnote wurde in den Socken des Mannes gefunden. Goeth schoß ihm in den Hals. Das Blut spritzte aus der Halsschlagader im Rhythmus seines Herzschlags, bis er erstarb und der Mann zu Boden fiel. Goeths Augen suchten ein neues Opfer. Ich stand ganz in der Nähe, aber der Pistolenlauf ging an mir vorbei. Goeth erschoß einen anderen Gefangenen, nahm die Kappe und verließ die Baracke.

Amon Goeth gehörte zu der Gattung von Menschen, die man, selbst wenn man sie nur einmal gesehen hat, nie wieder vergessen kann. Trotz der Dunkelheit wußte ich sofort, wer vor mir stand. Auch wenn ich seine Silhouette nicht erkannt hätte, seine Stimme war nicht zu verkennen.

Goeth war groß und peinlich genau, was seine Erscheinung und seine Wiener Manieren betraf, denn er war österreichischer Abstammung und von Beruf Literaturredakteur. Gebildet und klug, grausam und gewinnsüchtig, charismatisch und flink an der Pistole, mordete er seine Opfer ebenso schnell wie er das Lager in sein privates Terrain verwandelt hatte. Die Festgelage, die er in seinem Haus gab, waren berühmt. Sein jüdisches Zimmermädchen wurde erschossen, weil er ihr versehentlich, als er betrunken nach Hause kam, die Hand gegeben hatte. Ein Jude, der Rassepferde für ihn züchtete, wurde getötet, weil er es gewagt hatte, eine Bemerkung über die Reitkunst von Goeths Mätresse Maiola zu machen. Seine zwei Wachhunde, Rolf und Ralph, waren darauf abgerichtet, ihre Zähne auf Befehl in lebendes Fleisch zu bohren. Er erschoß acht Juden, weil er an ihrem Arbeitsplatz ein Brötchen mit Wurst gefunden hatte. Aus seinem Büro kamen die Befehle zu Mord, Folter und Demütigung. Geschichten über seine Grausamkeiten waren ein nicht wegzudenkender Teil der Atmosphäre in Płaszów. Als ihm der Prozeß gemacht wurde, stellte sich heraus, daß er hunderte von Toten und Tausende gefolterte Menschen auf dem Gewissen hatte. Das polnische Gericht verurteilte ihn zum Tode.

Diesem Mann stand ich nun hilflos gegenüber, wohl wissend, daß jeder, der die Ausgangssperre verletzte, am Galgen endete.

314

»Achtung!« donnerte Amon Goeth.

Selbst, wenn ich gewollt hätte, hätte ich mich nicht bewegen können. Meine Füße waren wie festgewachsen. Vor Angst wie gelähmt, blickte ich auf seine rechte Hand. Langsam senkte sie sich auf sein Pistolenhalfter. Die Waffe wurde gezogen, der Lauf auf mich gerichtet. Nun spielte er mit mir Katz-und-Maus. Er zögerte den Moment des Schusses hinaus, genoß seine Macht und meine gespannte Erwartung des Todes. Er wußte, in dem Augenblick, in dem er auf den Abzug drückte, wäre der angenehme Zeitvertreib vorbei. Ich habe keine Ahnung, wieviel Minuten vergingen, bis er sich entschloß, dem Spaß ein Ende zu setzen. Ich hörte ein metallisches Geräusch, als der Bolzen vergeblich knackte. Die Kugel kam nicht heraus. Goeth verfluchte das Magazin, das sie nicht in den Lauf geschoben hatte. Er versuchte, seine Pistole neu zu laden; ich konnte nicht sehen, warum es ihm nicht gelang. Seine wütende Stimme war das einzig Menschliche in dieser erschreckenden Situation. Seine Wut gab mir die Fähigkeit, zu denken und zu handeln zurück: Ich muß verschwinden, ich muß ausreißen, ich muß um mein Leben laufen! Ich drehte mich um und begann, wie verrückt zu rennen. Ich wußte nicht, wohin ich lief. Hinter mir hörte ich das wiederholte Rufen Goeths:

»Halt, du verseuchter Jude!«

Ich blieb stehen. Ich drückte mich gegen die Wand einer Baracke, wollte mich mit ihr vereinigen, in die Dunkelheit hineingezogen werden, mit ihr verschmelzen. Ich atmete schwer. In der Stille, die über dem Lager lag, dröhnte mein Atmen wie Trompetenstöße. Ich versuchte, ihn in meinen Lungen zu ersticken, damit er mich nicht verriete. Ohne Erfolg.

Er hörte mich nicht. Ich hörte ihn. Sein Fluchen wurde leiser und leiser, bis es plötzlich still war. Er hatte meine Spur verloren. Ich warf mich auf die Erde und ruhte mich aus. Der Schweif des Kometen war verschwunden, doch ich war mir sicher, daß mein Wunsch in Erfüllung gegangen war.

Amon Goeth war aus dem Bezirk Lublin nach Krakau gekommen, wo er bereits Erfahrungen in der Vernichtung von Juden gesammelt hatte. Das war einige Monate, bevor wir verhaftet worden waren. Das Lager Płaszów wurde im Herbst 1941 errichtet, aber erst unter Goeths Kommando entwickelte es sich zu einem riesigen Gefangenenlager. Um die Arbeit zu beschleunigen, entwarf er einen mörderischen Plan. Er nahm die Familien der jüdischen Ingenieure, die für den Bau verantwortlich waren, als Geiseln und drohte, sie für jede eintretende Verzögerung zu töten. Als das Ghetto aufgelöst wurde, stand alles bereit, um die Vertriebenen aufzunehmen. Anfangs, als Płaszów noch als Zwangsarbeitslager gedacht und dem Kommando der SS und der Krakauer Polizei unterstellt war, wurden dort auch polnische Häftlinge festgehalten. 1944 wurde Płaszów ein Konzentrationslager, und die Polen wurden in einen Teil überführt, der von dem Hauptlager getrennt war. Zu jener Zeit waren wir schon weit von Krakau entfernt.

Die Behörden beschlossen, die Lagerbevölkerung zu vermindern. Hunderte von Menschen wurden erschossen, Tausende in andere Lager deportiert, meist in die Nähe von Rüstungsbetrieben. Der Zufall wollte es, daß wir beide, mein Vater und ich, in den gleichen Zug gesteckt und an das gleiche Ziel geschickt wurden – Starachowice. Ich war froh, daß das Schicksal uns nicht getrennt hatte. Wir ahnten nicht, daß wir Vaters Tod entgegengingen.

Als er starb, vererbte er mir weder seine vergeblichen Hoffnungen noch den halben Laib Brot, den ich so sehr wollte. Nur die Läuse krabbelten von seinem Körper auf meinen und steckten mich mit seiner Krankheit an. Zu Anfang wollte ich die Tatsache, daß die Seuche auch mich befallen hatte, nicht wahrhaben. Meine Schwäche schob ich auf die harte Arbeit und die schlechte Ernährung, das Fieber auf die Hitzestrahlung der Schmelzöfen. Doch der Selbstbetrug half mir nicht lange. Der Flecktyphus siegte über die Ausreden. Ich brach zusammen. Bahrenträger brachten mich in das gleiche »Krankenhaus«, in dem mein Vater seinen letzten Atemzug getan hatte. Zum Glück verlor ich das Bewußtsein, und so blieb mir der Schock des vertrauten Anblicks erspart. Eine Woche lang hatte ich hohes Fieber. Fredek Minz stand an meiner Seite, als ich von dem Sturz in die Tiefe des Todes zurückkehrte. Sein Gesicht kam mir aus dem Nebel entgegen, wurde schärfer und nahm schließlich Formen an. Ich wollte ihm danken, aber meine Zunge klebte mir am Gaumen, ich konnte kein Wort herausbringen. Meine trockenen Lippen waren aufgeplatzt, und ich war durstig. Fredek bedurfte keiner Worte. Er gab mir abgekochtes Wasser, und am nächsten Tag brachte er mir einen halben Laib Brot und steckte ihn unter die Strohmatratze. Ich konnte mich nicht beherrschen. Gleich, nachdem er gegangen war, biß ich hinein. Ich würgte große Stücke hinunter, ohne zu kauen, aus Angst, daß der Sanitäter es beschlagnahmen könnte. Aber der war scheinbar satt, denn er stand an meinem Bett und spottete: »Iß, iß, bevor dich die Läuse auffressen.«

Einige Tage danach kehrte ich zur Arbeit zurück.

In den Nächten hörte ich gedämpftes Donnern, das Echo eines Sturmes, der in weiter Entfernung tobte. Als Folge meiner Krankheit konnte ich auf einem Ohr nicht mehr hören. Anfangs dachte ich, die Töne kämen aus meinem Innern, weil ich den Eindruck hatte, daß auch mein taubes Ohr sie wahrnehmen konnte. Doch das Geräusch kam von weit her, von irgendwo jenseits des Horizonts. Mit Windeseile verbreitete sich das Gerücht, am Ostufer der Weichsel würde eine schwere Schlacht ausgefochten. Der Artilleriebeschuß klang in unseren Ohren wie Musik. Es gab Häftlinge, die behaupteten, sie könnten zwischen Abschuß- und Einschlagsgeräuschen unterscheiden. Andere deuteten den Beschuß als Vorbereitung zu einem Großangriff. All das waren natürlich nur Vermutungen. Aber eines war sicher: Je mehr sich der Kanonendonner verstärkte, desto unruhiger wurden die Deutschen. SS-Offiziere, die dem Frontdienst entkommen waren, stellten plötzlich fest, daß der Krieg sie auch im Hinterland erreichen konnte. Gleichzeitig wuchs ihre Angst vor einem Gefangenenaufstand. Die Wachmannschaften wurden durch eine Kompanie lettischer Soldaten verstärkt, zusätzliche Wachtürme entlang des Zauns installiert. Nachts wurden der innere Stacheldrahtzaun und der äußere Bretterzaun von Scheinwerfern beleuchtet. Suchscheinwerfer tasteten das Gelände ab. Die Lichter brannten die ganze Nacht. Die Wächter schalteten sie nur bei Bombenalarm aus, eine Situation, die jetzt immer häufiger eintrat. Der Gedanke, daß auch wir bombardiert werden könnten, ängstigte mich nicht sonderlich, so als sei von vornherein vereinbart, daß die Bomben nur auf die Köpfe der Deutschen fallen würden.

Während eines dieser Fliegeralarme – wahrscheinlich, als das Tor geöffnet wurde, um einen Lastwagen hereinzulassen – entkamen fünf Juden aus dem Lager. Ihre Abwesenheit wurde beim Morgenappell entdeckt. Das Lager wurde hermetisch abgeriegelt, wir gingen nicht zur Arbeit, und es war uns untersagt, die Baracken zu verlassen. Die Deutschen verbargen ihre Nervosität nicht. Sie fürchteten bestimmt, daß dieser gelungene Versuch auch andere ermutigen könnte. Noch am gleichen Abend wurde die interne Propagandamaschinerie angekurbelt. Gefangene, die bekanntermaßen der Kommandantur nahestanden, einige von ihnen berüchtigte Denunzianten, erzählten, daß sie zufällig von Elite-Einheiten gehört hätten, die die Gegend durchkämmten.

»Diese Selbstmörder haben keine Chance«, teilte Samuel uns mit, der im Proviantlager arbeitete. »Bleibt ruhig auf eurem Hintern sitzen. Die Befreiung kommt immer näher, es lohnt sich nicht, das Leben umsonst zu gefährden. Selbst wenn es euch gelingen sollte zu fliehen, dann werden sie euch im Wald wie Tiere jagen.«

Wir hörten zu, ohne eine Miene zu verziehen, aber innerlich lachten wir. Die umliegenden Wälder wurden von Partisanen beherrscht; die Deutschen trauten sich nicht hinein. Sogar auf den Waldwegen bewegten sie sich nur in abgesicherten Kolonnen. Von den freien Arbeitern im Stahlwerk wußten wir, daß auch diese Kolonnen mitunter in einen Hinterhalt gerieten und viele Nazis dabei getötet wurden. Unsere Moral sank jedoch, als wir einige Tage später informiert wurden, daß die fünf gefaßt worden seien. »Ihr werdet persönlich mit ihnen bekannt gemacht, wenn ihr zu ihrer Hinrichtung eingeladen werdet«, spottete der Rapportführer, der Offizier, der für die Morgen- und Abendappelle verantwortlich war.

Die Galgen wurden in der Nacht von einer Gruppe Gefangener auf dem Zentralplatz errichtet. Joske, der Schreiner, der die zusätzlichen Wachtürme gebaut hatte, wurde zum Vorarbeiter ernannt. Zwei Stunden vor der üblichen Weckzeit wurden wir im Laufschritt auf den Platz getrieben, lettische Wachen, die schon dort warteten, umzingelten uns von allen Seiten. Joske nahm seine letzte Kontrolle vor, schlug mit seinem Hammer auf die Galgenstützen, um ihre Festigkeit zu prüfen, zog an den Stricken, als ob er sich versichern wollte, daß sie nicht rissen, und erst als er überzeugt war, daß alles in Ordnung war, legte er seinen Hammer in den Werkzeugkasten und ging weg. Wir standen mit dem Rücken gen Westen, die aufgehende Sonne blendete unsere Augen, die Gestalt des Schreiners verschmolz mit dem Licht. Ein grüner Lastwagen der Sicherheitspolizei kam durch das Haupttor und hielt in einiger Entfernung von dem Schafott. Ein Dutzend Häftlinge, die man vorher dafür ausgewählt hatte, hoben einen großen Käfig von ihm herunter, in dem fünf Männer standen. Wir konnten sie gegen das Licht nicht klar erkennen. Aus dem Käfig ertönte Gesang: Die fünf sangen ein deutsches Volkslied, dessen erste Worte, *Alle Vögel sind schon da*, die ganze Geschichte erzählten. Es gab keinen Zweifel, daß dieses Schauspiel sorgfältig inszeniert war, nichts wurde dem Zufall überlassen. Und wir, etwa tausend Häftling, waren das Publikum. Ich fragte mich, wie viele Folterungen die Entflohenen hatten erleiden müssen, bis sie gebrochen genug waren, um zu ihrem eigenen Tod zu singen.

»Flucht endet am Galgen!« deklamierte der Lagerkommandant über den Lautsprecher, und wir wiederholten diese Worte aus tausend Kehlen: »Flucht endet am Galgen!«

Jetzt kam der zweite Akt. Die Gefangenen wurden aus dem Käfig geholt. Sie trugen die typische Kleidung von Starachowice: Zivilhosen und Jacken, markiert mit gelben und roten Streifen in Ölfarbe, die bei der Wäsche nicht herausgingen. Ihre Hände waren gefesselt, und nun zog der lettische Wächter ihnen braune Säcke über die Köpfe. Der Lagerkommandant rief ihre Namen auf. Gehorsam antworteten sie mit »Hier«, einer nach dem anderen, bevor sie drei Schritte vortraten. Nur noch ein Schritt trennte sie vom Schafott.

»Rauf!« brüllte der Kommandant.

Sie wußten, daß sie vor dem Galgen standen, konnten ihn aber nicht sehen. Ein lettischer Soldat half ihnen auf die Planke, die, über zwei Balken gelegt, an dem Galgen entlanglief. Er tat es höflich, so als helfe er alten Menschen in den Autobus. Der Henker legte ihnen geschickt die Schlinge um den Hals. Ein subalterner Offizier der SS verewigte das Geschehen mit seinem Photoapparat. Die Kapos schritten durch die Reihen und ohrfeigten jeden, der wegsehen wollte.

Meine Augen brannten von dem Gegenlicht, doch ich senkte meinen Kopf nicht.

»Jetzt!«

Diesmal galt der Ruf des Kommandanten den zwei jüdischen Helfern, die mit einem Ruck an den Stricken zogen, die an den Balken befestigt waren. Die Planke fiel in sich zusammen und entriß den fünfen den Boden unter den Füßen. Alles geschah in absoluter Stille. Keiner der Gehenkten gab einen Laut von sich. Ein uniformierter Arzt stellte ihren Tod fest. Der Käfig wurde wieder auf den Lastwagen geladen. Die Gruppe von Nazis, die dem Schauspiel beigewohnt hatte, löste sich auf. Ende der Aufführung. Aber nicht ganz. Wir, die Zuschauer, wurden gezwungen, strammzustehen und uns die Leichen noch eine Stunde lang anzusehen. Wir gingen verspätet zur Arbeit. Als wir abends zurückkamen, fanden wir die fünf Opfer nicht mehr vor. Nur das Gestell stand noch an seinem Platz, als Warnung für jeden, der versucht war, an Flucht zu denken.

Die Zweifel kamen einige Tage später auf. Am Anfang war es ein unbestätigtes Gerücht, das nur wenige ernst nahmen. Doch von dem Moment an, da die Informationsquelle bekannt wurde, erkannten wir, daß die Deutschen uns zu Zeugen einer Täuschung gemacht hatten. Die Totengräber, die die Leichen in ein Massengrab außerhalb des Zaunes gelegt hatten, erzählten, daß die fünf Erhängten nie zu den Inhaftierten Starachowices gehört hatten. In einem kleinen Lager wie dem unseren, wo jeder jeden kannte, war ein Irrtum nahezu ausgeschlossen, zumal die Opfer nicht beschnitten waren. Eine weitere Woche verging, und die Vertrauten der Kommandantur ließen die Wahrheit durchsickern: Die Nazis hatten fünf Häftlinge aus dem Kielcer Stadtgefängnis zu uns gebracht und sie vor unseren Augen erhängt. Niemand kannte ihre Identität; wir nahmen an, daß es unschuldige Polen waren.

Als sie in der Kommandantur merkten, daß der Betrug entdeckt worden war, beschlossen sie, überzeugendere Maßnahmen zu ergreifen. Von nun an wurde auf die Aufknüpfung unbekannter Flüchtlinge verzichtet. Statt dessen wurden für jeden geflohenen Häftling mehrere Lagerinsassen hingerichtet. Dieses Geiselsystem stützte sich auf eine Idee, deren Urheberrecht Herr Wilczek für sich beanspruchte. Wilczek trug den Titel eines jüdischen Ältesten und war der Intimus der Nazis. Der Lagerkommandant vertraute ihm. Manchmal sagte er: »Meinem Juden würde ich sogar die Schlüssel für den Tresor anvertrauen.« In diesem Tresor bewahrte er wahrscheinlich einen Teil der Münzen und Edelsteine auf, die Wilczek von den Juden des Lagers beschlagnahmt hatte und an die Offiziere der Kommandantur weitergab, als Lohn für ihre Gefälligkeiten.

Wilczek genoß ein außerordentliches Privileg: Er lebte mit seiner Frau und seinen Kindern in einer separaten Baracke, anständig möbliert und mit allen Annehmlichkeiten ausgestattet. Er durfte sich zu jeder Tages- und Nachtstunde frei im Lager bewegen. Manchmal ging er sogar, unter dem Vorwand, Einheiten besuchen zu wollen, die im Stahlwerk beschäftigt waren, ohne Begleitung aus dem Lager. Er war der Verantwortliche für die Lebensmittelverteilung. Seine Helfer wurden satt, alle anderen blieben hungrig. Außerdem teilte hauptsächlich er die Arbeit zu und entschied somit, wer zu harter Arbeit verdonnert wurde und wer einen leichten Job im Lager bekam. Er unterhielt ein Netz von Denunzianten, die seine Kontrolle über das Lager ebenso wie seinen Status bei den Deutschen festigten. Rund ein Dutzend Gefangene standen als sogenannte Lagerpolizei unter seinem Kommando. Er suchte sie persönlich aus, und sie schuldeten ihm dafür bedingungslose Treue. Aus einer Laune heraus konnte er ihnen ihre Privilegien entziehen und sie wieder zur Arbeit an die Schmelzöfen schicken. Andererseits sah er weg, wenn Mitglieder dieser Bande ihre Macht ausnutzten, um ihren Lebensstil auf Kosten der Allgemeinheit zu heben. Diese jüdischen Polizisten, von allen gehaßt und gefürchtet, folgten jedem deutschen Befehl, ohne mit der Wimper zu zucken. Es ist fraglich, ob die erwünschte Disziplin in Starachowice ohne die Hilfe dieser Kollaborateure durchzusetzen gewesen wäre. Das Kommando über diese Gruppe übergab Vater Wilczek seinem ältesten Sohn.

Ich fragte mich manchmal, warum die Nazis sich gerade Wilczek ausgesucht hatten. Er war kein beeindruckender Mann, klein, mit langsamen Bewegungen, er sprach undeutlich, und nur seine lange Adlernase, die aus der Mitte seines Gesichts ragte, verlieh seiner Gestalt etwas Charakter. Vor dem Krieg war er einer der reichsten Männer in Wierzbnik, einer nahegelegenen Stadt gewesen, der sich nie davor gedrückt hatte, Mitmenschen in Not zu helfen. Er war ein Familienvater, der nie grobe Worte benutzte, nie trank und keiner Fliege etwas zuleide tat. Warum wählten die Nazis dann gerade ihn aus? Waren sie vielleicht mit einem sechsten Sinn ausgestattet, der ihnen half, eine teuflische Seele zu entdecken, auch wenn sie in Gestalt eines Menschen daherkam? Oder schläft das Böse in jedem von uns und wartet nur auf die Gelegenheit, aus seinem Schlummer zu erwachen? Wie dem auch sei, es war schließlich Wilczeks Sohn, der den Deutschen die Idee seines Vaters unterbreitete: Von Sonnenuntergang bis Sonnenaufgang sollten Gefangene im Schichtdienst den Zaun entlang patrouillieren, auf der Innenseite selbstverständlich. Sie sollten paarweise gehen, sich alle zwei Stunden abwechseln, mit Pfeifen ausgerüstet sein und weiße Kittel tragen, damit die Wachen auf den Türmen sie im Scheinwerfer- oder Mondlicht leicht würden erkennen können. Im Falle eines Fluchtversuches – es genügte schon, daß jemand sich dem Zaun näherte, um ihn der Flucht zu verdächtigen – sollten sie die Wachen alarmieren. Für jede Flucht, die sie vereiteln konnten, erhielten sie einen Laib Brot. Jeden gelungenen Versuch würden sie mit dem Leben bezahlen.

Alle Achtung, Herr Wilczek, da hast du dir etwas genial Einfaches ausgedacht. Doch auch Genies irren sich manchmal in ihren Berechnungen. Du hattest die Macht der Angst unterschätzt, hast vergessen, daß sie nicht nur in eine Richtung geht. Als der Donner der Geschütze anschwoll, verdichteten sich auch Gerüchte über die Liquidation der der Front nahegelegenen Lager. Die Nazis, so wurde gemunkelt, wollten keine Spuren hinterlassen. Starachowice stünde ein ähnliches Schicksal bevor. Vor ihrem Rückzug würden die Nazis uns alle umbringen und das Stahlwerk in die Luft jagen. Sie würden nur verbrannte Erde hinterlassen … Die Besorgnis schloß die Reihen, das Gefühl einer Schicksalsgemeinschaft wurde stärker als je zuvor. Die Menschen fanden sich in kleinen Gruppen zusammen, wachsam flüsternd und verstummend, sobald jemand in ihre Nähe kam, den sie verdächtigten, ein Spion Wilczeks zu sein. Wir, die wir sechzehn Jahre alt oder jünger waren, durften an diesen Gesprächen nicht teilnehmen. In meiner Unschuld glaubte ich, daß die Erwachsenen einen Notfallplan für einen eventuellen Rückzugsbefehl aussheckten. Dem war nicht so.

Der Alarm begann um zwei Uhr morgens. Ich hörte die Sirene nicht. Wenn ich mein »gutes« Ohr in die Strohmatratze vergrub, und das tat ich seit dem Gehörverlust meines linken Ohres, konnte selbst der Knall einer Bombenexplosion mich nicht in meiner Ruhe stören. Paradoxerweise war es gerade das leise Rascheln in den Pritschen um mich herum, das mich weckte. Ich hatte es gleichsam, so schien es mir wenigstens, mit den Poren meiner Haut wahrgenommen. Ich fühlte, daß etwas Besonderes vorging, ohne sagen zu können, was es war. Müde Menschen brauchen nur wenige Sekunden, um ihre Sinne einzuschläfern, aber aus der Betäubung aufzuwachen benötigt Anstrengung und Zeit. Ich war schon wach, aber noch zu faul, meine Augen zu öffnen. Jemand trat auf mich. Ich schrie, mehr vor Wut als vor Schmerz, und meine eigene Stimme brachte mich in die Wirklichkeit zurück.

»Wo rennst du hin, du Verrückter?«

Diesmal war es die Stimme von Fredek Minz. Er hatte die Frage in den Raum hinein gestellt, bekam jedoch keine Antwort. Ich setzte mich auf. Die Tür stand weit offen. Ich sah menschliche Schemen, die hinausstürzten. Sie verharrten eine Sekunde an der Barackentür und verschwanden in der Dunkelheit. Die Sirenen verstummten. Auch das Rascheln hatte aufgehört. Die Ruhe machte mich nervös. Plötzlich durchfuhr mich die Erkenntnis wie ein Blitz.

»Sie sind geflohen«, sagte ich aufgeregt.

»Ich höre die Pfeifen nicht«, antwortete Fredek.

Ich zog meine Schuhe an und begann, die Schnürsenkel zuzubinden.

»Was machst du denn da?«

»Was jeder macht.«

»Ohne mich.«

»Warum?«

»Die Gefahr ist zu groß.«

»Red keinen Blödsinn. Zieh dich an.«

»Ich spiele dieses Spiel nicht mit.«

»Ziehst du es vor, liegend zu sterben?«

»Ich wußte nicht, daß du so ein Held bist.«

»Ich will bei den anderen sein.«

»Dann geh, du Dummkopf. Geh. Ich bleibe, damit jemand für dich das Kaddisch* aufsagen kann.«

»Ich pfeife auf dein Kaddisch. Ich frage dich zum letztenmal: Kommst du mit?«

»Nein.«

Fredek zog sich die Decke über den Kopf.

Ende der Diskussion. Ende der Freundschaft. Ich fragte nicht weiter danach, wer wen verließ und was eine Freundschaft wert war, die impulsiven Handlungen nicht standhielt. Die Zeit drängte. Jeden Moment konnten die Sirenen wieder zum Leben erwachen und die Entwarnung verkünden. Ja, ich handelte impulsiv, nicht aus einer durchdachten Überlegung heraus. Ich sprang von der Pritsche. Ohne einen Blick zurück stürmte ich hinaus. Meine Augen hatten sich noch nicht an die Dunkelheit gewöhnt. Ich hörte gedämpfte Stimmen von rechts und rannte auf sie zu. Jetzt sah ich es. Einige Bretter waren aus dem Außenzaun gerissen worden, im inneren Zaun klaffte eine große Öffnung. Jeder kämpfte

---

* Das jüdische Totengebet.

um das Recht, sich hindurchzuschlängeln. Keiner kümmerte sich um den anderen. Ich gesellte mich zu den Raubtieren. Jemand gab mir einen Tritt, ich zog jemand anderen am Ärmel. Der Mann sprang vorwärts, der leere Ärmel blieb in meiner Hand. Mit aller Kraft hielt ich mich in der Nähe des Mannes. Gegen seinen Willen bahnte er mir den Weg nach draußen. Ich erreichte den äußeren Zaun. Der Stacheldraht hatte meine Kleidung zerrissen und meine Hand verletzt. Ein fremder Mann wollte mir zuvorkommen. Ich schubste ihn. Der Mann fluchte. Zum Teufel mit ihm. Noch ein Stoß, und ich war auf der anderen Seite des Zauns.

Die jüdischen Wächter hatten sich von Wilczek abgewandt. Auch sie rochen das Ende der Nazi-Ära und schlossen sich eifrig der Aktion an, die von der Kerngruppe genauestens geplant war. Die Stunde Null hing von zwei Bedingungen ab: einer mondlosen Nacht und Fliegeralarm. In dem Moment, wo diese Voraussetzungen erfüllt waren, wurde das Signal zum Handeln gegeben. In dem Augenblick, da die Lichter über dem Zaun und in den Wachtürmen ausgingen, schnitten die weißbekittelten Männer den Stacheldraht durch und rissen die Latten aus dem äußeren Zaun. Dies geschah gleichzeitig an vier Orten. Die in das Geheimnis Eingeweihten waren schon vorab in vier Gruppen eingeteilt worden; jede Gruppe kannte ihren Weg in die Freiheit. Nur das unerwartete Dazukommen von Häftlingen wie mir brachte die Ordnung durcheinander und schuf ein großes Chaos an den Fluchtöffnungen.

Tausend Trommeln dröhnten in meinen Ohren. Ich rannte über ein gepflügtes Feld. Ich stolperte und fiel in die Furchen. Ich stand auf. Ich rannte weiter. Links und rechts von mir liefen andere Leute. Ich hörte ihr Keuchen. Noch zweihundert Meter; noch hundertfünfzig Meter. Der dunkle Streifen des Waldes kam immer näher und war schon fast zum Greifen nahe, als die Sirenen erneut aufheulten. Für die Deutschen eine Entwarnung, für uns ein Alarmsignal. Wieviel Zeit braucht man, um zwischen den Bäumen zu verschwinden? Wann würden die Deutschen entdecken, was geschehen war? ... Jetzt? Jetzt hatten sie verstanden. Suchscheinwerfer durchkämmten das Gebiet. Tak-tak-tak bellten die schweren Maschinengewehre in unserem Rücken. Menschen wurden getroffen und fielen. Wieviel Meter blieben noch zwischen Tod und Rettung? Noch dreißig, noch zwanzig, noch zehn. Ich hatte es geschafft!

»Alle mir nach!« rief jemand, der das Kommando übernommen

hatte. Ich lief der Stimme entgegen. Wir bahnten uns unseren Weg durch Himbeersträucher, die dort wild wuchsen und das Laufen erschwerten. Die Schüsse waren noch nicht verstummt, aber das Feuer war nicht auf uns gerichtet. Wir liefen tiefer in den Wald. Die Nadeln, die von den Bäumen gefallen waren, polsterten die Pfade und dämpften jedes Geräusch. Ich hörte nicht einmal die Schritte meiner Kameraden. Nur unser Führer ließ von Zeit zu Zeit einen Ruf, mit dem er die Richtung angab, hören. Ich erkannte die Stimme von Zelig, dem Zwerg. Er gehörte zu der Einheit der Totengräber und hatte seinen Spitznamen seiner kleinen Statur wegen erhalten. Als Einheimischer aus der Gegend kannte Zelig jeden Quadratzentimeter des Gebietes. Als wir an einen Bach kamen, erlaubte er uns eine kurze Rast.

»Ich gebe euch zehn Minuten. Wir müssen noch etwa eine halbe Stunde gehen, bis wir uns mit den anderen Gruppen treffen; von dort bis zum Lager der Partisanen ist es nur ein Katzensprung.«

Ich setzte mich auf ein feuchtes Mooslager. Zelig, der Zwerg, zählte uns. Wir waren dreiundzwanzig Leute. Er verlangte von uns, von nun an im Gänsemarsch hintereinander her zu marschieren und Kontakt zueinander zu halten. »Am besten ist es, wenn ihr mit der Hand den Rücken eures Vordermannes berührt«, riet er uns. »Dies sind dichte Wälder. Wer vom Weg abkommt, kann verlorengehen.« Zelig, der Zwerg, sprach ein volkstümliches Jiddisch, das ich fast nicht verstand. Ein Mann, der neben mir saß, übersetzte mir, was er gesagt hatte. »Wie kommt es, daß du kein Mammeluschen* kannst?« wunderte er sich. »Bei uns in Bielitz spricht man kein Jiddisch«, erklärte ich. Der Mann konnte kaum glauben, daß es in Polen eine Stadt oder ein Städtchen gab, in der man nicht Jiddisch sprach. »Es scheint, daß wir beide von verschiedenen Polen sprechen«, antwortete ich ihm. Er begann, mir von seinem Geburtsort zu erzählen, bis der Ruf Zeligs den Redestrom unterbrach. Es war an der Zeit weiterzugehen. Ich versuchte aufzustehen, schaffte es aber nicht. Ein scharfer Schmerz lähmte mein linkes Bein. Ich berührte es. Das Hosenbein war naß. Ich hielt mir die Hand vor Augen – Blut. Ich krempelte das Hosenbein hoch. Ich war zweimal am Unterschenkel verwundet worden. Ich wußte weder, wann mich die Deutschen getroffen hatten, noch, wie ich es geschafft hatte, bis hierher zu kommen.

---

* »Muttersprache« auf jiddisch.

»Ich habe zwei Kugeln abbekommen«, murmelte ich.

Mein freundlicher Gesprächspartner entfernte sich schnell von mir.

»Was ist los mit dir, mein Junge?« fragte Zelig, der Zwerg.

»Ich bin verwundet.«

Zelig untersuchte meine Wunden und entschied:

»Nicht so schlimm. Das sind nur Streifschüsse. Hier ist keine Mutter, die dir helfen wird. Nimm deinen Hintern hoch und laufe. Bei den Partisanen wirst du Erste Hilfe bekommen.«

Die Partisanen waren so von ihrer absoluten Kontrolle des Waldes überzeugt, daß sie es nicht für nötig hielten, Wachen aufzustellen. Schon aus der Ferne sahen wir sie essend und trinkend um ein Lagerfeuer sitzen. Sie bemerkten uns erst, als wir das Ende der Waldlichtung erreicht hatten, erst dann nahmen sie ihre Waffen auf und auch das ruhig und ohne Panik.

Wir hielten an. Zelig, der Zwerg, rief ihnen zu:

»Nicht schießen, nicht schießen!«

»Willkommen in unserer Armenküche«, imitierte einer der Partisanen das polnische Kauderwelsch Zeligs und forderte ihn auf, näher zu kommen. »Die anderen sollen warten«, fügte er hinzu, als er die ganze Truppe sah. Wir waren jetzt ungefähr fünfzig Leute. Zelig marschierte auf seinen krummen Beinen zu ihm hin, die Arme erhoben und den Kopf von einer Seite zur anderen wiegend, als wolle er sagen, daß von seiner Seite keine Gefahr drohe. Die beiden standen auf halber Strecke zwischen uns und dem Lagerfeuer und sprachen miteinander. Sie gaben sich die Hand, und Zelig, der Zwerg, beruhigte uns:

»Alles in Ordnung. Heute abend werden wir von ihnen etwas zu essen und zu trinken bekommen, morgen früh werden wir uns organisieren. Die Gegend ist ruhig, die Deutschen sind weit weg, wir sind nicht in Gefahr. Setzt euch in eine Reihe entlang der Bäume. Warum? Das ist es, was sie wollen. Wem diese Gastfreundschaft nicht gefällt, der kann ins Lager zurückgehen und von den Vögeln singen, die zurückgekommen sind.«

Ich krempelte mein Hosenbein auf. Die Wunden brannten, aber die Blutung hatte aufgehört. Dennoch fürchtete ich, daß die Partisanen sich weigern würden, einen Jungen aufzunehmen, der nicht kampffähig war. Die Wunde mußte verbunden und die Hose gewaschen werden.

Zelig war bester Laune und erzählte jiddische Witze. Alle lachten. Schon seit Jahren hatte ich niemanden mehr so frei lachen gehört. Ihr Lachen zeigte mir mehr als alles andere, daß wir frei waren. Mir scheint, ich hätte aufgeregt sein sollen, aber ich war es nicht. Meine ganze Aufmerksamkeit war dem Bein gewidmet, das nicht richtig funktionieren wollte. Langsam, langsam schob ich mich auf meinem Gesäß zurück, meine Hände wie Ruder benutzend, bis ich mich zwischen die Bäume verzogen hatte. Niemand kümmerte sich um mein Tun, nur ein wildes Tier – ich glaube ein Eichhörnchen – sprang aus der Nische eines Baumstammes und verschwand ängstlich in den Büschen. Nun, dachte ich, es gibt noch Kreaturen, die Angst vor mir haben. Ich stand auf. Die Schmerzen wurden stärker, aber ich konnte gehen. Ich erinnerte mich an die Richtung, aus der wir gekommen waren, und hoffte, den Bach wiederzufinden, an dem wir gerastet hatten, doch je weiter ich mich vom Lagerfeuer entfernte, desto undurchdringlicher wurde die Dunkelheit, bis sie mich schließlich schwarz umhüllte. Kann Gott in der Dunkelheit sehen? fragte ich mich und antwortete mir sofort selbst: Warum nicht? Wenn ein wildes Tier sehen kann, warum soll Gott nicht sehen können?

Das Wasser des Baches reichte bis an meine Knie, kühlte meine brennende Haut und brachte Erleichterung. Ich zog mein Hemd aus, riß einen Ärmel ab und verband meine Wunden. Ich zog den improvisierten Verband fest, bis ich den Puls in meinem Knie und meiner Ferse fühlte. Ich hatte das gute Gefühl eines Menschen, der sein Schicksal besiegen konnte.

Eine Schußsalve zerriß die Stille. Ich warf mich auf die Erde. Ich spitzte die Ohren. Ruhe. Wo waren all die großen Angeber, die behauptet hatten, daß die Deutschen uns nie in die Wälder folgen würden? Eine neue Salve, länger als die vorherige. Dann eine dritte und eine vierte. Die Schüsse hallten in den Bäumen wider, ihr Klang kam von allen Seiten, als sei ich von allen Seiten umzingelt. Wieder Schüsse, vereinzelt diesmal, und dann war alles ruhig. Der Wald kehrte zu seinen natürlichen Geräuschen zurück: dem Plätschern des Wassers, dem Säuseln des leichten Windes und dem fernen Ruf einer Eule.

Was sollte ich tun? Wohin sollte ich gehen? Warte, Roman. Sei nicht voreilig, mach keine Dummheiten ... Warten? Warum? Und wie lange? Ich beschloß zu zählen. Anfangs bis hundertzwanzig.

Zwei Minuten mußten bestimmt vergangen sein. Zu wenig. Ich zählte bis tausend, danach bis zweitausend und beschloß, zum Partisanenlager zurückzugehen. Ich trat fest auf meinen linken Fuß. Die nassen Schuhe erschwerten mir das Gehen. Ich zog sie aus. Die Tannennadeln stachen in meine nackten Fußsohlen. Ich schob mich langsam vorwärts. Jede Minute blieb ich stehen, um den Geräuschen des Waldes zu lauschen. Aber der Wald verbarg sein Geheimnis. Und das Geheimnis war schrecklicher, als alles, was ich bisher gesehen hatte.

Ich versteckte mich im Dickicht der Sträucher. Ein guter Aussichtspunkt. Ein sechster Sinn, wenn es so etwas gibt, gebot mir, anzuhalten und nach vorn zu schauen, bevor ich mich zu meinen Kameraden gesellte. Im Licht des Lagerfeuers wirkten die Silhouetten der Partisanen wie Geister. Sie bewegten sich hinter einer dünnen Rauchwand. Die Bauern sagten immer, daß Rauch, der nicht gerade in den Himmel steigt, baldigen Regen ankündigt. Noch hatte ich nicht verstanden, was sie taten, noch wußte ich nicht, warum sie sich vornüberbeugten und in der Erde gruben. Ein bärtiger Partisan warf Reisig auf das Feuer, tausend Funken flogen wie Glühwürmchen in die Luft. Der Wind drehte sich, der Rauch verflog, und jetzt konnte ich die Leichen der Juden sehen. Der Tod hatte sie vollkommen überrascht. Die meisten waren an den Bäumen sitzend da, wo ich sie vor einer kurzen Stunde verlassen hatte, erschossen worden. Einige lehnten noch immer an den Stämmen der Tannen. Andere Leichen waren auf dem Gelände verstreut. Wahrscheinlich waren sie bei dem verzweifelten Versuch, um ihr Leben zu betteln, niedergemäht worden. Wie ich hatten offenbar auch sie nicht begreifen können, was da geschah.

Die Partisanen schleiften die Leichen über die Erde, als ob es Kartoffelsäcke wären, und warfen sie in eine Grube, die sie am Ende der Lichtung ausgehoben hatten. Ich lag dicht an die feuchte Erde gepreßt und hatte Angst, mich zu bewegen und so die Aufmerksamkeit der Mörder zu erregen. Das Massengrab wurde zugeschaufelt. Müde von ihrer Arbeit, gingen die Partisanen zum Lagerfeuer zurück, rollten sich in ihre Decken und bereiteten sich zum Schlafen vor, ohne eine Wache aufzustellen. Das Feuer ging langsam aus. Erst, als es völlig erloschen war, wagte ich aufzustehen, aus den Büschen zu kriechen und mir einen Weg ins Ungewisse zu suchen.

Ich konnte nicht verstehen, warum die Geretteten von Starachowice ermordet werden mußten. Welches Interesse hatte der Untergrund daran, Menschen abzuschlachten, die bereit waren, an ihrer Seite gegen die Nazis zu kämpfen? Ich konnte mich nur schwer mit dem kaltblütigen Mord ausgerechnet an der Schwelle zu einem neuen Leben abfinden. Viele Fragen blieben unbeantwortet, denn in dieser grauenhaften Nacht wußte ich noch nicht, daß die bewaldeten Gegenden in den Bezirken Kielce und Radom fast ausschließlich von der »Nationalen bewaffneten Front« beherrscht waren, einer radikalen Bewegung, deren Ziel es war, Polen von Juden und Kommunisten zu säubern, bevor sie sich der Nazis entledigten. Die Partisanen der Nationalen Front schreckten vor keinem Mittel zurück; sie unterließen es sogar, deutsche Wehrmachts- und Polizeieinheiten anzugreifen, damit die Eroberer sich auf die Ausrottung der anderen polnischen Untergrundbewegungen konzentrieren konnten, vor allem auf die Bekämpfung der »Landesarmee« und der linken Partisanengruppen.* Oft fanden die Nazis in der Nationalen Front einen aktiven Partner in ihrem Kampf gegen die anderen Untergrundorganisationen.

Dafür belohnten sie die Nationalisten, indem sie sich nicht in ihre Aktivitäten einmischten. Das ungeschriebene Bündnis ging sogar so weit, daß die Nationale Front mit der deutschen Wehrmacht den Rückzug antrat, als diese Polen verließ.

Natürlich hatte ich von all diesen Vorgängen hinter den Kulissen keine Ahnung. Vor mir stand nur ein Problem: Ich war mit mir und meiner Angst vollkommen allein und wußte nicht, was ich tun sollte. Ein Gefühl der Hilflosigkeit überfiel mich, lähmte meine Entschlußkraft. Ich wollte nicht nachdenken, ich wartete auf ein Wunder, das nicht eintrat. In Kindermärchen kommen Elfen und helfen denen, die im Wald verlorengegangen sind. Doch ich war kein Kind mehr, sondern ein sechzehneinhalbjähriger Erwachsener. Hätte ich gekonnt, wäre ich in absolute Untätigkeit versunken. Wäre es mir möglich gewesen, hätte ich die Drehung der Erde angehalten, die Schwerkraft aufgehoben und die Zeit eingefroren. Ich hatte mich noch nie so einsam gefühlt. So verloren. Noch nie hatte ich das menschliche Verlangen nach Zusammensein so bewußt verspürt – ganz gleich, mit wem, sogar mit meinem Feind.

---

*    »Armia Krajowa« (Landesarmee) war die größte und repräsentativste Untergrundorganisation. Die nationalistischen Streitkräfte, insbesondere die »Brygada Świętokrzyska«, die in der Gegend von Starachowice tätig war, waren wegen ihrer Judenfeindschaft berüchtigt.

Ich hatte jegliches Zeitgefühl verloren. Vorher hatte ich es in Zahlen gepreßt, hatte bis hundert, zweihundert und zweitausend gezählt. In Starachowice hatte ich gelernt, die Zeit nach dem Grad meiner Müdigkeit festzustellen, nach dem Knurren des leeren Magens oder nach dem Spiel von Licht und Schatten. Noch zehn Minuten kroch der Schatten die Wand hoch – noch so-und-so viele Minuten. In der Dunkelheit, in der Stille, in der fremden Umgebung war die Zeit stehengeblieben. Trotzdem fühlte ich ihren Druck; eine Art Gewicht, das aus einem unbestimmten Irgendwo kam und ein Gefühl der Dringlichkeit auslöste.

Ich entfernte mich von dem Partisanenlager, ohne zu wissen, wohin ich ging. Ich suchte mir einfach den leichtesten Weg durch das Farnkraut, die Himbeersträucher und die wilden Dornbüsche, und so erreichte ich im Morgengrauen das Ende des Waldes. Vor mir lagen braune, gepflügte Felder. Ich wanderte die Furchen entlang. Ein kleines Dorf lag am Horizont, noch versunken in den Schlaf der frühen Morgenstunden, der, wie man sagt, der angenehmste ist. Ich wählte eine Kate, die abseits des Dorfes stand. Die verrosteten Angeln des kleinen Tores im niedrigen Bretterzaun quietschten, doch sonst blieb alles still. Ich schaute durch das Fenster. Ich sah keinen Menschen. Ich umkreiste die Kate. Im Hof stand ein Fuhrwerk, dessen Deichsel den Eingang zum Kuhstall versperrte, aber die Tür war halb offen, und ich konnte ohne Schwierigkeiten hineinklettern. Eine gelangweilte Kuh käute wieder, ohne dem Gast ihre Aufmerksamkeit zu schenken. Auf einem Hocker in der Ecke stand ein Melkeimer, auf dessen Boden etwas Milch schwamm. Ich trank sie.

»Was suchst du hier?«

Die Stimme der Frau kam aus der anderen Ecke des Stalls. Ich hatte sie nicht bemerkt. Sie wirkte nicht erstaunt. Wahrscheinlich hatte sie die Nacht hier verbracht, war aufgewacht, als ich in den Kuhstall kam, und hatte beobachtet, was ich tat. Sie sammelte Stroh- und Heureste von ihrer Schürze und fragte zum zweitenmal:

»Wer bist du?«

Mein geschorener Kopf und meine Kleidung mit den aufgemalten Ölstreifen ließen kein Zweifel an meiner Identität.

»Geben Sie mir etwas zu essen, und ich werde verschwinden«, sagte ich.

»Bist du hungrig?«

»Ja.«

»Jude?«

Ich nickte. Es hatte keinen Zweck, es abzustreiten.

»Lauf weg, bevor mein Mann aufsteht«, sagte sie mit plötzlicher Heftigkeit. »Lauf um dein Leben.«

»Warum soll ich weglaufen? Wohin? Diese Kleidung, Sie sehen doch selbst ... Vielleicht hätten Sie ein Paar Hosen und ein Hemd«, murmelte ich.

»Hast du Geld?«

»Nein, ich habe keinen Pfennig.«

»Gold?«

»Auch nicht.«

»Für nichts bekommt man nichts. So ist die Welt, mein Junge. Hast du verstanden?«

»Ja, gnädige Frau, ich habe verstanden.«

»Ich bin keine gnädige Frau. Ich bin die Frau eines Bauern. Mein süßer Jesus, wie unschuldig du doch bist. Wo bist du gewesen? Bei Muttchen unter der Steppdecke? Hier bekommt man gar nichts. Hier herrscht der Kampf ums Überleben. Die Dörfer sind arm, wir haben kaum genug, um selbst damit über die Runden zu kommen. Die Partisanen, zum Teufel mit ihnen, rauben die Höfe aus, und die Deutschen nehmen den Rest. Warum, glaubst du, schlafe ich im Kuhstall? Weil es mir Spaß macht? Ich passe auf das alte Tier auf. Wenn die Partisanen es beschlagnahmen, werden wir von den Deutschen bestraft. Sie nennen das Kollaboration. Aber es gibt auch gute Deutsche« – die Frau entblößte zwei Reihen gelber Zähne zu einem Lächeln –, »die Deutschen, die einen Preis bezahlen. Für einen Juden wie dich bekomme ich im Handumdrehen ein Kilo Zucker oder fünf Kilo Mehl. Siehst du, wieviel du wert bist? ... Reg dich nicht auf, beruhige dich, ich renne nicht zur Gestapo. Sollen die anderen es tun. Ich hatte einen Buben in deinem Alter. Er ist in die Wälder gegangen und nicht zurückgekommen. Lauf weg von hier, Junge, lauf weg. Mein Mann wird kein Mitleid mit einem kleinen Juden wie dir haben, er wird dich ausliefern. Ich habe schon ein halbes Jahr keinen Zucker mehr gesehen. In wenigen Minuten wird er zur Arbeit aufstehen. Lauf, lauf weg!«

»Vielleicht ...«

Sie hob die Stimme: »Willst du, daß ich meinen Mann rufe?«

»Nicht nötig. Ich gehe schon.«

Ich versuchte mein Glück bei einem anderen, reicheren Hof. Der Bauer tobte, nahm eine Heugabel und ging damit auf mich los.

»Verschwinde von hier, du Satanssohn!« brüllte er. Im Nachbarhaus fing ein Hund an zu bellen. Ich floh. Das Geschrei des Bauern verfolgte mich, bis ich schon weit entfernt war. Nach Luft schnappend, blieb ich stehen. Erst jetzt drehte ich mich um. Der Bauer ging in sein Haus zurück. Die Hunde verstummten. Die Ruhe war wiederhergestellt, als ob es mich nicht gegeben hätte, als hätte ich nicht um mein Leben gefleht. Die gepflügten Felder, die malerischen Häuser und der Himmel, der sich gerade aufklärte, waren nur die Tarnung einer feindlichen Welt; verglichen mit ihr, erschien mir sogar der Wald freundlich. Solange mir diese Partisanen nicht über den Weg liefen, konnte ich in ihm vielleicht vorläufig Unterschlupf finden. Aber für wie lange?

Die wilden Beeren hatten einen säuerlichen Geschmack. In der Nähe der Tannen und Fichten ragten Pilze aus dem Moos. Ich ließ sie stehen, da ich zwischen giftigen und eßbaren nicht unterscheiden konnte. Die Stunden vergingen. Die Sonne hatte ihren Zenit schon erreicht, ihre Strahlen spielten in den Wipfeln der Bäume, doch im Wald selbst war es angenehm kühl. Mein Bein schmerzte, hielt mich aber nicht davon ab weiterzugehen, bis ich müde wurde und mich hinsetzte, um mich auszuruhen. Die Situation verlangte eine Entscheidung. Vielleicht war ich irrsinnig. Aber in dem Augenblick, da ich mich entschloß, wieder in das Lager zurückzugehen, dem ich entronnen war, schien mir der Entschluß der logischste Ausweg zu sein.

Ich atmete auf, als ich die Zäune des Lagers Starachowice sah. Der vertraute Anblick gab mir ein Gefühl der Erleichterung. Als ob dies mein natürlicher Ort wäre. Ich mußte nur noch das offene Gelände zwischen dem Wald und dem Lager überqueren. Ich spitzte die Ohren wie ein Hase, der Gefahr wittert. Nichts. Am Zaun standen drei mit Planen abgedeckte Militärlastwagen. Ich wartete bis zum Einbruch der Dunkelheit. Die Lichter auf den Wachtürmen flammten auf, wie ich es erwartet hatte, nicht aber die Suchscheinwerfer. Ich beobachtete die Silhouetten der Wachen. Sie sahen entspannt aus. Alles wies darauf hin, daß das Lager zu seiner normalen Routine zurückgekehrt war. Ich nahm all meinen Mut zusammen, verließ mein Versteck und rannte, leicht hinkend, auf den Zaun zu. Die Durchbrüche der letzten Nacht waren mit Stacheldraht blockiert. Ich lief auf weichem Boden, dennoch schien es mir, als mußten meine Schritte meilenweit zu hören sein.

Ich hielt an. Alles war ruhig. Ich berührte die Kühlerhaube des letzten Lastwagens in der Reihe. Sie war kalt. Der Wagen stand schon längere Zeit auf seinem Platz. Auf dem Nummernschild prangte das Zeichen der SS. Die Fahrerkabine war leer. Ich kletterte auf die Kühlerhaube, von dort auf das Dach der Kabine und von dort auf die aufgespannte Plane. Ich ergriff das Seil, mit dem die Plane befestigt war. Von dieser Höhe aus konnte ich ins Lager sehen. Nur ein Fenster, das in der Baracke des Kommandanten, war erleuchtet. Diese Baracke versperrte mir die Sicht auf das Tor. Ich vermutete, daß es verschlossen war, und entschied, auf den Wachwechsel zu warten, um nicht zufällig auf Soldaten zu stoßen, die zum Tor und zu den Wachtürmen marschierten. Wieder nahm ich meinen Mut zusammen, wippte einige Sekunden lang auf der Plane wie auf einem Sprungbrett, während mein Herz zum Zerbersten schlug, beugte meine Knie, machte sie wieder gerade, und mit einer einzigen Bewegung, kraftvoller, als ich es mir je zugetraut hätte, löste ich mich von dem Lastwagen. Beide Zäune, den Lattenzaun und den Stacheldrahtzaun, ließ ich hinter mir. Mit einem harten Aufschlag landete ich auf der Erde. Die Schmerzen in meinem Bein zuckten bis in meinen Kopf. Ich kniff meine Augen zu. Wartete eine Minute. Öffnete sie wieder. Von meinem Platz aus konnte ich die Wachen nicht sehen, und auch sie sahen mich nicht. Ich stand auf. Hitze durchflutete meinen Oberschenkel, die Wunde war wieder offen und blutete. Ich kundschaftete die Gegend aus. Ich konnte keine Weißbekittelten auf Streife entdecken. Vielleicht hatte man diese Methode nach dem Ausbruch aufgegeben. In der Kommandantur schlug eine Tür. Ich hörte Stimmen, die sich auf deutsch unterhielten. Dann war die Gegend wieder ruhig. Ich ging zu meiner Baracke. Ich versuchte, so natürlich wie möglich zu laufen. Wenn man mich auf frischer Tat ertappt hätte, hätte ich mich mit plötzlichem Durchfall herausgeredet. Aber ich brauchte keine Ausrede. Niemand bemerkte mich. In der dunklen Baracke betastete ich die Pritschen, um meine zu finden. Ich hatte kleine Erkennungszeichen, einen vorstehenden Nagel hier, ein neues, ungehobeltes Brett dort. Ich kletterte auf meinen Platz. Allmählich gewöhnten sich meine Augen an die Dunkelheit. Viele Pritschen waren leer. Ich fragte mich, wie vielen der Abwesenden es wohl gelungen war, den Wald zu erreichen, und wie vielen von ihnen die Partisanen den Tod gebracht hatten.

Fredek wachte auf: »Bist du das?«

»Nein, es ist der Heilige Geist.«

»Du zitterst ja.«

»Ich friere.«

Fredek hob die Wolldecke hoch. »Deck dich zu«, sagte er und rückte zur Seite, um mir Platz zu machen. Ich berührte ihn. Ich wollte nichts mehr, als ein lebendiges Wesen zu spüren. Er faßte meine Hand.

»Ist der Vogel ins Nest zurückgekommen?« spottete er.

»Halte mir keine Moralpredigt«, flüsterte ich.

Der Morgenappell fand wie immer pünktlich um sechs Uhr statt. Am Tag zuvor, erzählte mir Fredek Minz, war das Lager nicht zur Arbeit gegangen. Eine endlose Stunde lang hatten die Deutschen und ihre jüdischen Handlanger die strammstehenden Gefangenen gezählt. Die Toten und Verwundeten waren auch auf den Appellplatz gelegt worden. Es stellte sich heraus, daß vierundfünfzig Leute fehlten. Aber jetzt fehlten nur dreiundfünfzig. Der Deutsche, der verantwortlich für den Appell war, zählte uns wieder und wieder. Der alte und junge Wilczek wurden zur Beratung herbeigerufen, aber auch sie konnten den eigenartigen Zuwachs von einem Gefangenen nicht erklären. Ich fürchtete, daß jemand mit dem Finger auf mich zeigen und sagen könnte: Moment mal, dieser Junge war gestern nicht da. Aber es sah so aus, als hätte niemand meine Abwesenheit bemerkt. Ich konnte mich auf Fredek verlassen. Fredek, das wußte ich genau, würde mich nicht verraten, auch wenn er sein Schweigen mit dem Leben bezahlen müßte. Nach drei oder vier Stunden gaben die Deutschen auf und gingen in die Kommandantur-Baracke. Wir bekamen noch immer nicht die Erlaubnis, uns zu zerstreuen, allerdings auch nicht den Befehl, uns für die Arbeit vorzubereiten. Der alte Wilczek baute sich vor uns auf, stemmte seine Hände in die Hüften, wie er es gern tat, und verkündete uns, daß das Lager aufgelöst würde. Erst jetzt kam eine Kompanie SS-Soldaten ins Lager und umstellte uns von allen Seiten.

»Kein Grund zur Panik«, erklärte Wilczek senior. »Haltet Ordnung. In wenigen Minuten werden wir zum Bahnhof gehen und verreisen.«

»Wohin?« fragte einer der Gefangenen.

»In die Hölle«, antwortete Wilczek junior und brach in lautes Gelächter aus.

# 16

Wilczek junior erwürgten wir in dem Zug, der uns nach Auschwitz brachte. Ich schreibe »wir erwürgten«, obgleich ich an der eigentlichen Tat keinen Anteil hatte. Die Schmerzen in meinem verwundeten Bein hinderten mich daran, mich zwischen die zu drängen, die ihn töteten. Ich beobachtete das Geschehen, sah die Finger, die sich um seinen Hals spannten, bis er aufhörte zu atmen, und mein Herz war mit den Würgern. Ich betrachtete diese Tat als natürliche Gerechtigkeit. Wer sagt, daß nur unparteiische Gerichte Verbrecher verurteilen dürfen? Wilczek junior zahlte den Preis für seine Gemeinheiten.

Wilczek senior saß in der Nähe und beobachtete das Geschehen mit glasigen Augen. Er sagte kein Wort, protestierte nicht und tat nichts, um sein Kind zu verteidigen. Vielleicht war er, tief in seiner Seele, froh – wenn Kreaturen wie er überhaupt eine Seele haben –, daß die Würger sich mit nur einem Opfer zufriedengaben, auch wenn es sein erstgeborener Sohn war. Ich wollte mir seinen Gesichtsausdruck einprägen, als er den Todeskampf seines Sohnes beobachtete, aber sein Gesicht war wie eine blanke Tafel. Nur sein Rücken war gebeugt, und sein Kopf zitterte leicht im Rhythmus des ratternden Zuges.

Die französische Aufschrift an der Wand des Güterwaggons wies eine Ladekapazität von einem Dutzend Pferden oder zwanzig Kühen aus; wir waren zu etwa hundert Menschen hineingepfercht worden. In der Hitze des Sommertages füllte sich der Waggon mit dem Gestank von Schweiß, Kot und Urin. Unsere Bedürfnisse verrichteten wir unter uns, ohne Unterschied. Die unerträgliche Enge machte es unmöglich, sich im Wagen zu bewegen.

Wilczek senior hatte seine Schuhe schon zu Beginn der Reise ausgezogen. Er trug ein Paar hohe Wehrmachtsstiefel, die nur Leute in höheren Positionen tragen durften. Ich wollte sie unbedingt haben. Wenn ich sie bekäme, würden sie die Blutflecken verdecken, die, trotz aller Mühe, wieder durch die Schmutzschicht meiner Hose gesickert waren. Die Lahmen, Kranken und Verwundeten hatten kaum eine Chance, den prüfenden Augen des SS-Offiziers zu entgehen, der die Gefangenenladungen in Empfang nahm. In den meisten Fällen war ihr Schicksal schon vorher besiegelt. Als Wilczek senior seine ganze Aufmerksamkeit auf die Strangulation seines Sohnes richtete, war meine Zeit gekommen. Mit einer energischen Bewegung streckte ich meine Hand aus und zog die Stiefel zu mir. Ich war überrascht, wie weich das feine Leder war. Bevor ich sie anzog, ließ ich zufrieden meine Hände darübergleiten.

Wilczek bemerkte den Diebstahl erst, als der Aufruhr sich gelegt hatte. Er drehte suchend seinen Kopf, und unsere Blicke kreuzten sich; sie waren kalt und feindlich. Ich konnte meine Genugtuung nicht verbergen. Ich lächelte. Wilczek schlug die Augen nieder. Ich erlebte einen Moment der Freude: Der allmächtige Mann, der Herr über unser Schicksal, wagte es nicht, mir in die Augen zu sehen. Ich zog meine Holzschuhe aus und gab sie ihm, verdreckt und ausgelatscht. Demütig nahm er mein Geschenk an.

Wir wußten nicht, daß das Ziel des Zuges Auschwitz war. Ich war ganz ruhig. Aus Gretes Erzählungen wußte ich, daß die Todesfabriken im Osten arbeiteten. Wir aber fuhren nach Westen. Irgend jemandem gelang es, durch die Spalten des Wagens zu spähen, die Namensschilder der Stationen zu lesen, die wir, ohne anzuhalten, durchfuhren, und so die Fahrtrichtung zu bestimmen. Als einer der Häftlinge sagte, daß wir wahrscheinlich nach Auschwitz gebracht würden, erschrak ich nicht. Der Name dieses Vernichtungslagers war noch nicht in die Seiten der Geschichte eingetragen worden. Und Wilczeks Stiefel gaben mir ein Gefühl der Sicherheit.

Ausreißen? Nein, nein, nicht ich. Ich hatte diese Show schon einmal mitgemacht und wußte, wie sie endete. In der ersten Nacht unserer Fahrt entwichen drei Männer. In der zweiten Nacht zwei weitere. Sie rissen einige Bretter aus dem Fußboden des Waggons und warteten, bis der Zug in einer Kurve seine Fahrt verlangsamte, damit sie herunterspringen konnten. Ohne Hilfe hätten sie dies unmöglich geschafft. Die Gefangenen waren gezwungen, sich noch enger zusammenzudrängen, denn der Fliehende mußte sich so nahe an der Öffnung wie möglich auf den Bauch legen, um in der rechten Sekunde, Kopf voraus und Arme an die Seiten gepreßt, von seinen Kameraden herausgestoßen zu werden. Von der Wucht dieses Stoßes hing sein Leben ab. Er mußte mit der Geschwindigkeit eines angreifenden Habichts herunterstürzen und sich mit der

Geschwindigkeit einer landenden Rakete auf dem Bahndamm ausstrecken. Verspätete er sich nur um den Bruchteil einer Sekunde, hätte dies fatale Folgen gehabt. Die Hinterachse des Waggons hätten ihn noch in der Luft erfaßt und mit einem Schlag zerschmettert.

Nach dreitägiger Fahrt wurden die Waggontüren geöffnet. Wir befanden uns an der berüchtigten Rampe von Birkenau. Auf dem Bahnsteig warteten bewaffnete Wachen. Ein milchiger Nebel bedeckte noch das Gelände, aber als die Stunden verflossen, hob sich der weißliche Vorhang und enthüllte den Anblick des Lagers: Hunderte von Baracken und Tausende Menschen, die gerade zum Morgenappell angetreten waren.

Es ist möglich, daß Doktor Mengele seinen freien Tag hatte, denn wir wurden vom Bahnsteig direkt, ohne Selektion, in die Duschräume geführt. Der alte Wilczek marschierte eine Reihe vor mir. Nicht an die Holzschuhe gewöhnt, stolperte er von Zeit zu Zeit; die Wachen schlugen ihn hart mit den Gewehrkolben. Ein Schlag auf den Kopf warf ihn nieder. Schnell stand er auf, um in die Reihe zurückzugehen, fiel aber immer wieder hin. Verzweifelt rief er: »Ich schaffe es nicht!«

Und was ist, wenn du es nicht schaffst? Niemand wird deinen Tod bedauern. Niemand wird danach ein Kaddisch aufsagen. Scher dich zum Teufel, Wilczek, zahle deine Schulden ... So dachte ich, als ich seine Qualen beobachtete. Deshalb werde ich niemals verstehen, was mich dazu trieb, ihm zu helfen. Im Gehen zog ich die blanken Stiefel aus und gab sie Wilczek. Ich ging barfuß weiter. Wilczek, noch kurz zuvor dem Zusammenbruch nahe, stopfte seine blutenden Füße mit einer akrobatischen Geschwindigkeit in die Stiefel, die ich ihm gar nicht zugetraut hätte. Er hielt es weder für nötig, mir meine Holzschuhe wiederzugeben, noch bedankte er sich bei mir. Fredek, der alles gesehen hatte, rief mir zu: »Idiot!«

Im Badehaus befahl man uns, die Kleidung abzulegen, sie zusammenzufalten und in musterhafter Ordnung auf den Fußboden zu legen. Wir standen nackt und mit dem Rücken zur Wand des Gebäudes da. Ein subalterner Offizier, der eine Peitsche in der Hand trug, inspizierte die Reihen. Er nahm sich Zeit, beeilte sich nicht, es schien, als habe er diese Aufgabe, das Schicksal anderer zu entscheiden, leid. Wilczek stand zu meiner Linken und atmete schwer. Ein Häftling an meiner rechten Seite sah mein blutendes Bein und entfernte sich von mir wie von einem Leprakranken.

Mein blutgetränkter Verband schien zu rufen: Dieser Junge ist verdammt zu sterben. Ich hoffte, der Offizier würde mich mit einem
einzigen Schuß erledigen, so daß ich keine Schmerzen würde erleiden müssen. Gleichzeitig hoffte ich, er würde nicht auf mich
schießen. Daß doch noch ein Wunder geschehe. Ich maß die Entfernung zwischen ihm und mir: Noch eine halbe Minute Leben.
Wie nutzt man die letzten dreißig Sekunden? Ich hatte keinen
Wunsch, denn ich wollte nicht an das glauben, was unweigerlich
passieren mußte. Der Offizier blieb stehen. Ich fühlte eine Kälte
meine Wirbelsäule hinab in meine Fußsohlen kriechen. Nur die
Wunde blieb heiß. Der Offizier bedeutete dem Kapo, näher zu
kommen.

»Hast du gesehen?« sagte halb fragend der Offizier.

Der Kapo nickte.

So sieht also das Ende des Weges aus? Die große Angst machte
der Resignation Platz. Ich hatte die unsichtbare Schwelle zwischen
Leben und Tod überschritten, die andere Seite erreicht, die völlige
Gleichgültigkeit. Und dann kam der Umschwung. Ich merkte
plötzlich, daß nicht meine Wunde die Aufmerksamkeit des Offiziers auf sich zog. Sein Blick konzentrierte sich auf Wilczeks po-
lierte Stiefel.

»Gehören sie dir?« fragte er.

»Ja, mein Herr.«

Der Offizier beugte sich über die Stiefel und betrachtete sie genau.

»Von wem hast du sie bekommen?«

»Von dem Jungen«, antwortete Wilczek und zeigte, ohne zu zögern, auf mich.

»Lüg nicht!« brüllte der Kapo.

»Auf mein Ehrenwort, mein Herr. Ich bin unschuldig. Der
Junge ist es.«

»Weißt du, daß das die Stiefel eines deutschen Offiziers sind?«
fuhr der Nazi sein Verhör fort.

Wilczek sagte nichts. Der Kapo schlug ihm ins Gesicht.

»Antworte, wenn ein Offizier dich etwas fragt!«

»Es ist der Junge«, wiederholte Wilczek.

Der Deutsche kümmerte sich nicht um seine Ausreden. Es war
klar, daß sein Beschluß bereits gefaßt war.

»Du hattest die jüdische Frechheit, die Stiefel eines Wehrmachts-
offiziers zu stehlen. Weißt du, was mit Dieben passiert?«

»Ich war der Lagerälteste in Starachowice. Es gebührt mir …«
»Ja. Es gebührt dir zu sterben«, beendete der Offizier die Diskussion und schoß Wilczek in die Stirn.

Der tote Wilczek sackte neben mir zusammen. Ich sah kein Blut.
Der Offizier und der Kapo gingen zum Ende der Reihe. Ich war gerettet. Wieder gerettet – für den Augenblick.

# Dritter Teil

# Der Geschmack der Freiheit

*Man gedenkt nicht derer,*
*die zuvor gewesen sind;*
*also auch derer, so hernach kommen,*
*wird man nicht gedenken bei denen,*
*die darnach sein werden.*
Prediger I, 11

# 1

Die Musik war lieblich, sentimental, traurig, fröhlich und so wenig am Platz wie Ragtime auf einer jüdischen Beerdigung. Nichtsdestoweniger weckte sie in mir wunderschöne Erinnerungen, denn die Klänge versetzten mich in jene Tage zurück, in denen es noch erlaubt war, ein Kind zu sein. Hier in Auschwitz war der Begriff Kindheit sehr relativ; weniger als fünf Jahre waren vergangen, seit ich meinen letzten Streich gespielt hatte. Doch die echte Zeit und die empfundene stimmten so wenig überein, daß es schien, als kämen die Melodien aus einer anderen Dimension, vielleicht aus einem früheren Leben.

In einem Vorort von Bielitz, im sogenannten »Zigeunerwald«, befand sich am Fuße jenes Berges, den mein Vater und ich immer erklommen hatten, in einem Holzhaus mit einer Glasveranda ein Restaurant, das für seine ungarische Gulaschsuppe und seine Zigeunerkapellen berühmt war. Die Kapellen wechselten von Monat zu Monat, und jede neue wurde von den Eigentümern des Etablissements großartig angekündigt, ganz so, als handele es sich um ein besonderes Kulturereignis. Ich hörte nie auch nur den geringsten Unterschied heraus, und tief in meinem Herzen hatte ich den Verdacht, daß die Zigeuner uns zum Narren hielten und nur ihre Kostüme tauschten. Sonntags strömten die Leute dorthin, denn sie liebten die volkstümliche Unterhaltung, die so anders war, als ein Besuch in den vornehmen Restaurants der Stadt. Hübsche Zigeunerinnen, in bunte Hals- und Kopftücher gekleidet, gingen von Tisch zu Tisch und boten sich an, den Gästen für die symbolische Summe von zwanzig Pfennigen die Zukunft vorauszusagen. Eine Wahrsagerin prophezeite mir »ein spannendes Leben voll Reichtum und Glück«, eine andere »eine lange Reise über das Meer«. Die Weissagungen kosteten mich mein wöchentliches Taschengeld.

Wenn der Magen mit Gulasch gefüllt war und die liebliche Musik ihre Herzen erweicht hatte, wurden die Leute großzügig zu den Nomaden. Ihnen, denen sie gewöhnlich mit Verachtung und Mißtrauen begegneten, warfen sie nun Münzen in die Hüte. Nirgendwo sonst erlaubten mir meine Eltern, mich einer Zigeunerin zu nähern. Besorgte Mütter warnten ihre Kinder stets, nicht mit ihnen zu sprechen, da sie ihre unschuldigen Seelen verhexen könnten; die Männer achteten auf ihre Brieftaschen, denn es gehörte zum Allgemeingut, daß ein Zigeuner gleichsam als ausgebildeter Taschendieb zur Welt komme. Unser Hausmeister jagte sie immer fort, wenn sie in unserem Hof musizieren wollten. Die Polizei nahm sie in Untersuchungshaft, weil viele von ihnen keine Ausweise besaßen. Anständige Leute mieden ihre Lager. Auch ich hatte keine besondere Vorliebe für sie, allerdings aus einem ganz anderen Grund. Einmal stahl ich mich mit meinem Freund Erik zu dem Platz, auf dem ihre Wohnwagen standen, und sah, wie sie junge Bären zwangen, vor Publikum zu tanzen. Mir taten dressierte Tiere, die ihre Pfoten nach dem Takt von Trommeln und Schellen bewegen mußten, immer leid. Ich wußte, daß man sie gewaltsam aus ihrer natürlichen Umgebung gerissen, grausam ihrer Freiheit beraubt hatte und mit Eisenketten gefesselt. Meine Feindseligkeit wuchs noch, als ich das Training beobachtete. Die Bären wurden gezwungen, so lange auf einem glühenden Eisenblech zu tanzen, bis sie wie ein Pawlowscher Hund die Schmerzen mit dem Klang der Musik verbanden. Sie brauchten sie schließlich nur zu hören, da hoben sie schon ihre Tatzen. Aber im Restaurant benahm ich mich wie alle anderen, ich sah über meinen Widerwillen hinweg und amüsierte mich. In meinen kindlichen Phantasien träumte ich davon, eines Tages auf einen Pferdewagen zu steigen und, begleitet von Hundegebell und herzzerreißenden Melodien, durch Europa zu fahren.

Dieses Mal flossen die vertrauten Melodien durch den Stacheldraht, der unsere Baracken von denen trennte, in denen die Nazis die Zigeunerfamilien untergebracht hatten. Auf Empfehlung der »Rassenhygienischen und Bevölkerungspolitischen Forschungsstelle« waren auch sie zu Parasiten erklärt und zur Vernichtung bestimmt worden. So kam es, daß im Konzentrationslager Juden und Zigeuner zu Schicksalsgenossen wurden. Auch wenn sie nichts von den Studien des Institutes gehört hatten, von Biologie nichts verstanden und an Politik nicht interessiert waren, konnte ihnen unmöglich entgehen, was um sie herum vorging. Trotzdem sang der Bogen auf den Geigensaiten, als sei nichts geschehen, drang das Weinen der Flöte tief in die Seele, und das Tamburin jubelte.

Nur äußerst selten verzichtete die Lagerverwaltung darauf, die Geschlechter zu trennen. Auschwitz-Birkenau war nicht dazu gedacht, Familien großzuziehen. Ich habe nie verstanden, warum die Zigeuner zusammenleben durften, Männer, Frauen und Kinder. Wie wir waren auch sie in dem umzäunten Quadrat mit der offiziellen Bezeichnung B/E/II eingesperrt und gingen nicht zur Arbeit.

Wäre es möglich gewesen, das Lager aus der Sicht eines Vogels zu sehen, hätten wir eine dürre Ebene entdeckt, die sich über Dutzende von Quadratkilometern erstreckte, eingeteilt in rechteckige Flächen, die, abgesehen von der äußeren Wachkette, jede für sich mit Stacheldraht umgeben waren. Die Aufteilung in Abschnitte mit rund zwanzig Wohnbaracken und einer Latrinenbaracke sollte die Kommunikation zwischen den einzelnen Lagerbereichen verhindern. Damit versuchten die Nazis – nicht immer erfolgreich –, die Bildung einer Untergrundbewegung zu unterbinden. Aber wenn die Zigeunerfamilien überhaupt an etwas anderes als ans Essen dachten, dann hatte es bestimmt nichts mit Aufstand oder Flucht zu tun. Stunde um Stunde warteten sie auf den nächsten Tag, von dem niemand wissen wollte, was er brachte. An den Abenden traten sie noch vor Einbruch der Dunkelheit auf den Vorplatz ihrer Baracken und spielten ihre Musik. Die Kinder tanzten barfuß dazu. Kurz nach meiner Ankunft in Birkenau wurde eine Art Kindergarten im Zigeunerblock eröffnet und ein buntes Karussel aufgestellt. Das Geräusch, das es machte, wenn es sich um die eigene Achse drehte, wirbelte hinaus in die Weite Birkenaus und war selbst in »Kanada« zu hören, der Sektion, in der Gefangene die Wertsachen aussortierten, die man den Opfern geraubt hatte. Das Lagerorchester von Auschwitz, zusammengesetzt aus den bedeutendsten jüdischen Musikern Europas, spielte jedes Mal Marschmusik und Opernmelodien, wenn die Arbeitskolonnen, die außerhalb des Zaunes beschäftigt waren, zur Arbeit gingen oder zurückkamen; manchmal begleitete es auch die, die in die Gaskammern marschierten. Niemand wußte, ob es die Moral der Mörder heben oder die Furcht der Opfer mildern sollte. So grotesk es auch war, es verschmolz mit der Lagerlandschaft. Es gab jedoch nichts Seltsameres als die Zigeunermusik, die wie eine Wolke menschlicher Gefühle über Birkenau schwebte.

Die Aufseher kümmerten sich nicht um die Zigeuner. Sogar nach Beginn der totalen Ausgangssperre, wenn alle anderen Häftlinge auf ihren Pritschen in ihren Baracken sein mußten, durften die Zigeuner weiterspielen und singen, und ihre Musik begleitete mich, wenn ich einschlief. Die Töne pflasterten gleichsam wie ein Wiegenlied einen samtenen Weg in eine Realität, in der es keine Krematorien, keine elektrischen Zäune und keinen Tod gab. Es war, als ob ich nicht in Gefahr sei, solange diese Musik sich wie ein Strom des Lebens bis tief in die Nacht ergoß. Doch auch diese Illusion hatte ein Ende. Zu Beginn einer drückendheißen Nacht, in der Nacht zum 1. August, verstummten die Sänger, die Instrumente und das kreisende Karussel. Die Stille holte mich aus meinem Schlaf, und noch bevor mein Bewußtsein ganz zurückgekehrt war, wußte ich, was geschehen war: Die fröhlichen Zigeuner waren in die Gaskammern gebracht worden. Sie weinten nicht, protestierten nicht, versuchten nicht, sich gegen ihr Schicksal aufzulehnen. Ich fragte mich, ob wohl die Wahrsagerinnen das Ende des Weges vorausgesehen hatten. Wenn ja, behielten sie das schreckliche Geheimnis für sich, oder brachten sie es unter die Leute? Für mich bedeutete die plötzliche Stille das Menetekel an der Wand.

Wie schon in Starachowice, teilte ich auch diesmal meine Pritsche mit Fredek Minz. Anders als damals jedoch war Fredek seit unserer Ankunft in Auschwitz ständig schlecht gelaunt. Sein Gesicht war schmal geworden, die Mundwinkel herabgesunken, seine Lippen waren zusammengepreßt, er geizte mit seinen Worten und wich jedem meiner Versuche, ein Gespräch zu führen, aus. Ich war daher nicht überrascht, als er an dem Tag nach dem Mord an den Zigeunern kurz angebunden meinte:

»Nun ist kein Raum für Hoffnung mehr. Dies ist die Endstation für uns alle.«

»Man muß wissen, wann man aussteigen muß«, entgegnete ich in einem nutzlosen Versuch, seine Worte in einen Witz zu verwandeln.

»Schlauberger«, brauste er auf. Wenn er wütend wurde, benutzte er immer dieses Wort.

»Wo steht geschrieben, daß wir bis zur Endstation fahren müssen?«

»Ich habe keine Kraft mehr für deine Spitzfindigkeiten.«

»Und wofür hast du Kraft?«

»Laß mich zufrieden.«

»Was ist los? Bist du lebensmüde?«

»Ich habe die Nase voll davon, auf das Ende zu warten.«

»Gut, warum springst du nicht in den Zaun? Jeden Tag läuft ein anderer Verrückter hinein.«

In den Tagen seit unserer Ankunft hatten wir schon oft beobachtet, wie Menschen, sogar junge Leute wie wir, sich in den elektrischen Zaun gestürzt hatten. Die meisten rannten in einem rasenden Amoklauf in ihren Tod, vielleicht aus Angst, daß der Instinkt zum Überleben sie in letzter Minute davon abhalten könnte, der Verzweiflung zu entfliehen. Doch kam man erst in Kontakt mit den Hochspannungsdrähten, dann gab es keinen Weg zurück. In Bruchteilen von Sekunden war alles vorbei. Mitunter mußten die Wachen für ein bis zwei Minuten den Strom abstellen, um die verkohlten Leichen herunterholen zu können. Fredek seufzte wie ein alter Mann:

»Ich wollte, ich hätte den Mut dazu.«

Ich blieb ruhig. Fredek packte meinen Arm und fuhr aufgeregt fort: »Siehst du denn nicht, was um uns herum geschieht? Wer nicht arbeitet, dessen Schicksal ist besiegelt. Gestern die Ungarn, heute die Zigeuner, morgen wir.«

»Bis morgen sind es noch vierundzwanzig Stunden.«

»Glaubst du an Wunder?«

»Ich glaube an das Glück.«

Glaubte ich wirklich an das Glück? Was ist Glück? Gibt es eine wissenschaftliche Erklärung dafür? Das Glück einer Person, die in der Lotterie gewinnt, ist ein anderes als das Glück eines Fußgängers, der auf einer Bananenschale ausrutscht und sich nicht das Bein bricht. Und was ist mit dem Glück eines Krebskranken, der schnell stirbt, ohne unnötig leiden zu müssen? Ich sah Menschen in meiner Umgebung, die vom Glück verlassen wurden, weil sie nicht wußten, daß man es wie eine Pflanze, die ständige Pflege braucht, kultivieren muß. Paula sagte immer, man müsse zu den Pflanzen reden, wenn man schöne Blüten haben wolle. Doch wie spricht man zum Glück? Sagt man: »Herr Glück, bitten seien Sie nett zu mir?« Oder vielleicht: »Hilf mir, mir selbst zu helfen?« Ja, dies hielt ich für die richtige Anrede. Ich war überzeugt, daß das Glück mir beistehen würde, solange ich bereit war, mir selbst zu helfen. Allerdings reift das Glück nicht auf Bäumen in der Sonne, sondern es versteckt sich wie Moos im Schatten. Es befand sich genau unter den Augen der meisten Häftlinge, manchmal in den Mülltonnen der Küche, manchmal sogar in ihrem eigenen Tod, aber wenige sahen es, und viele taten nichts, um es zu entdecken. Die Kartoffelschalen verfaulten und die Häftlinge ebenfalls – getrennt von ihnen. Eigentlich hätten sie nachts hinter das Lebensmittellager kriechen und sich die Taschen mit den Resten des Abendessens der Angestellten vollstopfen müssen. Es stimmt, wer hinausging, um das zu versuchen, spielte mit seinem Leben. Die meisten Gefangenen schreckten davor zurück, weil sie den Tod fürchteten. So schloß sich der Kreis. Unterernährung zog ihnen die Zähne, die proteinarme Kost ließ ihre Leiber anschwellen, Abszesse bedeckten ihre Körper, und ihre Augen trübten sich und ließen die Realität verschwimmen. Die Kapos klaubten sie wie wurmzerfressenes Fallobst auf und zwangen sie, ihre letzten Kräfte zusammenzunehmen, um in die Gaskammern zu marschieren. Von dort aus konnten sie durch die Schornsteine des Krematoriums in den Himmel kommen, wie wir oft makaber witzelten.

Die Tage vergingen, und auch ich fühlte, daß meine Kräfte schwanden. Die Kartoffelschalen, die ich stahl, konnten die Erschöpfung nicht lange aufhalten. Je schwächer mein Körper wurde, desto mehr Risse zeigten sich auch in meinem geistigen Widerstand. Im Bewußtsein dieses Vorgangs – so langsam er auch war – fürchtete ich mich vor dem Augenblick, in dem die Immunisierungen meiner Kindheit ihre Wirkung verlieren würden und ich in dem Morast der Gleichgültigkeit versänke, ohne länger nach einer rettenden Planke zu suchen. Diese Apathie hatte vor meinen Augen Hunderte von Gefangenen zerstört. Noch bevor sie zusammenbrachen, verloren sie ihr menschliches Aussehen. Alles, was von ihrer Persönlichkeit übrigblieb, war eine Nummer, gestreifte Kleidung und totale Erniedrigung.

Ich habe mich manchmal gefragt, ob es eine Formel zum Überleben im Konzentrationslager gab. Soldaten amerikanischer Kampfeinheiten lernen, wie man im Urwald und in Gefangenschaften überleben kann. Britische Kämpfer in Nordafrika übten Notsituationen in der Wüste ohne Trinkwasser. Piloten wurden darauf trainiert, nach einer Notlandung in einem feindlichen Land am Leben zu bleiben, indem sie sich von Wurzeln und Kräutern, die in der Gegend wuchsen, ernährten. Was würde geschehen, wenn man mich heute bitten würde, ein Handbuch zum Überleben für Konzentrationslagerhäftlinge zu schreiben? Kenne ich Regeln, die ihre Chancen verbessern könnten? Wie man sich vor einem Nazi-Offizier verbeugt, um ihn nicht zu verärgern. Wie man den

Kapo, der Suppe in deine Schüssel füllt, dazu bringt, die Kelle bis auf den Grund des Topfes zu tauchen, um ein Stück Knochen herauszufischen. Wie man dem Knüppel des Barackenältesten ausweicht, der ein Opfer sucht, um sich zu amüsieren. Wie man die Nerven behält, wenn eine Kolonne Gefangener vor deinen Augen in die Vernichtung geführt wird. Wie man seelische Ruhe bewahrt, wenn deine innere Welt zerstört wird und zusammenbricht. Welche Bedeutung haben meine Erfahrungen für ähnliche Situationen in der Zukunft? ... Null. Gar keine. Aus dem einfachen Grund, weil es ähnliche Situationen nicht gibt.

Nicht jeder »Abgang« von Birkenau führte durch die Schornsteine des Krematoriums. Von Zeit zu Zeit wurden beim Morgenappell Fachleute, die in der Rüstungsindustrie eingesetzt werden konnten, aufgerufen, sich zu melden. Jeder, der geeignet war, wurde sofort in eines der Außenlager gebracht, die sich direkt neben den Fabriken befanden. Aber in unserer Baracke gab es hauptsächlich Schuster und Ärzte, Schneider und Rabbiner, Büroangestellte und Rechtsanwälte. Die Deutschen brauchten sie nicht. Und was war ich? Nicht einmal ein Schuster. Wer würde mich brauchen? Niemand. Bedeutete das, daß ich aufgeben mußte? Nein! Ich entschloß mich, B/E/II auf jeden Fall zu verlassen. Auch um den Preis eines hohen Risikos.

»Wenn sie wieder Fachleute suchen, treten wir vor«, schlug ich Fredek Minz vor.

»Sprich für dich. Nicht für mich.«

»Warum? Was hast du zu verlieren?«

»Alles.«

»Vor einer Minute noch hast du gesagt, daß dir alles über ist.«

»Was wirst du ihnen sagen? Daß du im Kindergarten einen Beruf erlernt hast?«

»Sogar im Leib meiner Mutter, wenn es helfen wird.«

»Du bist verrückt. Ich bin es nicht. Ich werde mich nur melden, wenn sie Gießer verlangen. Das habe ich in Starachowice gelernt. Da kenne ich mich aus.«

»Ich bin bereit, als Pilot, Lokomotivführer oder Zuhälter zu gehen. Die Hauptsache ist, wir kommen von hier weg.«

»Red keinen Blödsinn. Du bist kein Pilot, kein Lokführer und auch kein Zuhälter. Du phantasierst nur.«

»Gut, dann melde ich mich als Spezialist für Phantasien.«

»Aber sie suchen immer nach Metallarbeitern.«

»Gut. Auch das ist ein anständiger Beruf.«

»Willst du dich als Dreher melden?«

»Warum nicht?«

»Schlauberger.«

»Ist das alles, was du dazu zu sagen hast?«

»Und was hast du?«

»Das ist die einzige Chance ...«

»Es gibt keine Chance. Sie sind keine Narren. Wie lange kannst du sie an der Nase herumführen? Eine Stunde? Einen Tag? Zwei Tage?«

»Das ist doch schon etwas.«

»Das Etwas haben wir auch hier.«

»Hier? Hast du nicht gesagt, daß dies die Endstation ist?«

»Vorläufig bist du noch am Leben, oder nicht?«

»Vorläufig ... Und was kommt nach vorläufig?«

»Laß mich in Ruhe.«

»Fredek, wo ist dein Kampfgeist? Wo ist dein Unternehmungsgeist?«

»Ich habe deinen Unternehmungsgeist in Starachowice erlebt. Du bist in den Wald geflohen, und was ist daraus geworden? Du kamst auf allen Vieren zurück.«

»In Ordnung, laß uns nicht streiten. Wenn der Zeitpunkt gekommen ist, wirst du dich entschließen.«

In meinem Herzen hoffte ich, daß alles nur dummes Gerede war und daß er es sich in dem Moment, da er mit der Gelegenheit konfrontiert war, noch einmal überlegen würde. Ich glaubte, daß er unser ungeschriebenes Bündnis nicht einfach lösen würde, nachdem wir einen so langen Weg zusammen gegangen waren. Doch es sollte anders kommen.

An dem Tag, der die Entscheidung brachte, dauerte der Morgenappell viel länger als gewöhnlich. Im allgemeinen standen wir ein bis zwei Stunden stramm. Dieses Mal war bereits Mittag vorbei. Mein Magen war meine Uhr. Ich sah, daß auch in den anderen Teilen des Lagers noch nicht die Erlaubnis erteilt worden war, in die Baracken zu gehen. Etwas Außergewöhnliches war geschehen, doch ich konnte mir nicht vorstellen, was. Die SS-Offiziere kamen und gingen, unruhig und angespannt. Auch der Kapo zeigte Anzeichen von Nervosität. In solchen Momenten driften die Gedanken eines Häftlings in phantastische Weiten: Vielleicht war der

Krieg zu Ende, vielleicht war Adolf Hitler tot, vielleicht war ein Aufstand gegen seine Regierung ausgebrochen. Blödsinn. Nichts dergleichen. Nach zwei weiteren Stunden erzählte uns der Kapo den Grund der Verspätung: Zwei Polen waren entkommen und wieder eingefangen worden. Beide arbeiteten auf dem Hof, der die deutsche Küche mit Gemüse versorgte. Der Hof lag außerhalb der Lagerzäune, aber noch auf dem bewachten Gelände. Tagsüber wurde das Terrain von Wachtürmen aus, die das Gebiet wie einen Ring umschlossen, beobachtet. Außerdem gab es den üblichen Stacheldrahtzaun, allerdings ohne elektrische Spannung. Gegen Abend, wenn die Arbeit auf den Feldern beendet, die Arbeiter am Tor gezählt waren und sich herausstellte, daß keiner fehlte, stiegen die Aufseher von ihren Wachtürmen herunter, und der äußere Zaun blieb unbewacht – bis zum nächsten Morgen. Stimmte die Zahl der zurückkehrenden Arbeiter nicht mit dem überein, was auf den Listen stand, blieb die Kette der Außenwachen weiter bemannt, bis man die Entflohenen gefangen hatte.

Nur wenige Fluchtversuche waren von Erfolg gekrönt. Anfang der achtziger Jahre traf ich in Tel Aviv einen Beamten der israelischen Rüstungsindustrie, der zu den wenigen gehörte, die es geschafft hatten. Auch er hatte auf dem Hof der SS gearbeitet. Seine Flucht war genauestens von seinen zwei polnischen Kameraden geplant worden. Die drei hatten eine Grube im Kartoffelfeld ausgehoben, waren hineingeklettert, ihre Kameraden hatten das Loch mit Latten, Reisig und Erde bedeckt und einige Flaschen Kerosin darübergegossen, um den Geruchssinn der Hunde zu irritieren. Die Flüchtlinge warteten drei Tage, bis die Nazis die Suche aufgaben und die Nachtwache aufhoben. In der vierten Nacht kamen sie heraus, schlichen sich zum Haus eines polnischen Untergrundkämpfers, bekamen Zivilkleidung und gefälschte Kennkarten, drückten sich die Hand, und jeder ging seines Weges. Der Jude kehrte in seine Heimatstadt in der Slowakei zurück. Das war 1942, als die Slowakei im Grunde schon ein Vasallenstaat des Reiches war, die Juden jedoch noch nicht wie in den anderen von den Nazis besetzten Gebieten verfolgt wurden. Erst zwei Jahre später wurden auch sie in die Vernichtungslager deportiert. Als der Held unserer Geschichte merkte, daß sie auf dem Weg nach Auschwitz waren, versuchte er seine Mitreisenden zu überreden, von dem Zug zu springen, der ihrem Tode entgegeneilte. Niemand hörte auf ihn. Selbst die tätowierte Nummer auf seinem Arm und die Grausamkeiten, von denen er ihnen erzählte, konnten sie nicht überzeugen. Als er sich selbst durch einen Sprung retten wollte, schlugen sie ihn, bis er das Bewußtsein verlor. »Die Juden im Wagen hatten Angst, daß man sie kollektiv bestrafen würde. Am Ende kam noch etwas Gutes dabei heraus. Ich wurde bewußtlos aus dem Waggon auf die Rampe in Birkenau gezogen. Alle anderen wurden direkt in die Gaskammer gebracht, aber mich rührten sie nicht an, da sie dachten, ich sei tot. Nach Einbruch der Dunkelheit stand ich auf, Freunde von der Untergrundbewegung, die damals im Lager tätig war, halfen mir, mich unauffällig in eine Baracke einzugliedern, und so wurde ich gerettet.«

Die zwei Polen im Sommer 1944 hatten nicht so viel Glück. Die SS-Hunde erschnüffelten ihr Versteck. Wahrscheinlich wurden sie erschossen. Wie dem auch sei, in dem Moment, als die Belagerung zu Ende war und die Gemüter sich beruhigt hatten, erschien eine kleine Gruppe von Offizieren und Zivilisten. Der Kapo stand stramm und meldete die Anzahl der Häftlinge, die unter seinem Befehl standen. Einer der Zivilisten, mit einer olivgrünen Lederjacke und einem Filzhut mit einer Fasanenfeder auf dem Kopf, rief laut:

»Wenn unter euch Dreher und Fräser sind – einen Schritt vortreten.«

Stille. Niemand antwortete. Ich wußte, in einer halben Minute würde es zu spät sein. Sie würden zur nächsten Sektion gehen.

»Komm mit mir«, flüsterte ich. Ich hatte das Gefühl, daß mein Wispern siebenfach widerhallte und die ganze Welt mich hören konnte. Fredek stand links von mir. Er schüttelte den Kopf. Ich faßte seine Hand, trat aus der Reihe und zog ihn kräftig. Er stand wie gelähmt, den Körper nach hinten gebeugt, seine Füße schienen am Boden festgeklebt. Seine Hand glitt aus meiner. Ich wagte es nicht, mich umzudrehen und ihn aufzufordern, mir zu folgen. Jede unnötige Bewegung und jedes Wort, das nicht am Platz war, konnten mißverstanden werden und meine Chancen verringern.

Einer der Deutschen betrachtete meine dürre Gestalt mit einem mißtrauischen Blick.

»Du?« fragte er erstaunt.

»Jawohl, mein Herr.«

»Was ist dein Beruf?«

»Metalldreher, mein Herr.«

»Wie alt bist du?«

»Achtzehn«, log ich.

»Er sieht wie ein zurückgebliebenes Kind aus«, bemerkte ein anderer Deutscher.

»Das ist wegen der Unterernährung, mein Herr«, erklärte ich eilig. »Ich bin Geselle. Geben Sie mir zu essen, und in einigen Tagen werde ich so stark wie ein Ochse sein.«

Der Offizier, der die Zivilisten begleitete, runzelte die Stirn. Ich hatte zuviel gesagt. Die Häftlinge durften nur antworten, wenn sie gefragt wurden, und dann nur kurz und zur Sache. Aber der Deutsche in der Lederjacke war beeindruckt.

»Wenn du so gut arbeiten wie du reden kannst, bekommst du vielleicht auch etwas zu essen«, sagte er. »Wo hast du gearbeitet?«

»Ich habe die Berufsschule abgeschlossen und in den Hermann-Göring-Werken im Lager Starachowice gearbeitet.«

»Was hat man dort produziert?«

»Kanonenrohre, mein Herr.«

Der Deutsche nickte. Der Kapo berührte mich mit der Spitze seines Knüppels und befahl mir, mich an die Seite zu stellen. Erst dann suchten meine Augen Fredek. Er sah mich nicht an. Fredek, Fredek, warum hast du mir das angetan, weinte ich innerlich. In diesem Dschungel, in dem Menschen zueinander wie Wölfe waren, war Fredek mein einziger Lichtstrahl gewesen. Auch wenn er tief deprimiert war, wenn er mir mit seinem nervtötenden »Schlauberger« antwortete oder bockig schwieg, wußte ich, daß ich einen Freund hatte. Der Offizier löste den Appell auf. Ich beobachtete Fredek, wie er sich mit langsamen, müden Schritten entfernte, bis sein schmaler, gebeugter Rücken im Barackeneingang verschwand. Ich dachte nicht daran, was für ein Schicksal ihn erwartete. Ich fühlte mich verraten. Doch die Geschehnisse ließen mir keine Zeit zum Nachdenken. Der Offizier notierte sich die tätowierte Nummer auf meinem Arm, der Mann in der Lederjacke bestätigte mit seiner Unterschrift, daß ich von nun an in seine Obhut übergegangen war. Der Offizier befahl:

»Folge ihm.«

Ich ging den Hauptweg zwischen den Wohnbereichen entlang. Unterwegs stießen zwei Häftlinge, viel älter als ich, zu uns. Sie sprachen Französisch. Auf ihre gestreiften Kleider waren die roten Dreiecke der politischen Häftlinge aufgenäht. Erst jetzt, als wir zum Tor gingen, bemerkte ich, wie groß das Lager war. Wir brauchten länger als eine Viertelstunde, um ans Haupttor zu kommen. Es sah ganz unschuldig aus, erbaut aus roten Ziegelsteinen, und nur der, der hindurch mußte, wußte, daß es das Tor zur Hölle war. Jetzt sollte ich herauskommen. Eine Wache in SS-Uniform versperrte uns den Weg. Der Vertreter des Werkes reichte ihm ein Blatt Papier, wahrscheinlich einen Passierschein.

»Drei Gefangene!« rief der Wachhabende laut.

»Drei Gefangene«, antwortete wie ein Echo der Soldat auf dem Wachturm.

»Drei Gefangene raus!« rief die Wache nochmals, und wieder antwortete ihr das Echo von oben: »Drei Gefangene raus.«

»Sie können weitergehen«, sagte der Wachmann und gab unserem Begleiter das Papier zurück. Vor dem Tor wartete ein kleiner Lastwagen auf uns. Zwei bewaffnete Soldaten standen davor.

»Aufsteigen!« brüllte einer von ihnen. Der Vertreter des Werkes setzte sich in die Kabine. Wir drei hockten uns auf die Ladefläche. Die Soldaten stiegen nach uns ein und verdeckten die Öffnung des Lastwagens mit einer Zeltplane. Der Fahrer ließ den Motor an. Wir fuhren los. Der Lastwagen rumpelte über Schlaglöcher auf der Straße. Die Soldaten saßen auf einer Klappbank. Ihre versiegelten Gesichter verrieten nichts. Wo fuhren wir hin? Ich verschwendete keinen Gedanken daran, denn es konnte keinen schlimmeren Ort als Auschwitz geben. Ich ahnte nicht, daß ich einige Monate später meine Meinung ändern sollte.

# 2

Das Lager neben dem Stahlwerk »Eintrachthütte« gehörte zu den Dutzenden von Lagern, die man in Schlesien errichtet hatte und die, da sie dem Hauptlager unterstellt waren, offiziell Auschwitz III genannt wurden. Es war direkt neben das Werk gebaut worden; man mußte lediglich die Straße überqueren. Das Werk befand sich im Herzen eines riesigen Industriegebiets des oberschlesischen Schwientochlowitz. Eng aneinandergedrängt hatten sich hier mehrere Städte entwickelt, die ständig von einem grauen Himmel, schwer von Rauch und Ruß, überzogen war. Schon seit Generationen waren die Einwohner der Gegend im Kohlebergbau, in Eisenerzschmelzereien, Stahlgießereien und im Maschinen- und Schiffsmotorenbau beschäftigt. Die Leute hatten sich daran gewöhnt, an einem Ort zu leben, der von Umweltverschmutzung gezeichnet war. Kleine Gärten, in denen sie Gemüse und Blumen zogen, dienten den meisten als eine Art Zuflucht vor ihrer Umgebung, in der die Sonne ein seltener Gast war. Wie meine Geburtsstadt Bielitz war auch dieser Bezirk zum Zankapfel zwischen Polen und Deutschen geworden. Im Laufe der Jahrhunderte hatte der Landstrich mehrmals den Besitzer gewechselt, und als Folge dessen hatten die Oberschlesier eine eigene nationale Identität und einen eigenartigen Dialekt entwickelt, den Fremde nur schwer verstehen konnten. Viele nannten sich weder Polen noch Deutsche, sondern Schlesier. Einer von ihnen war Kurt Kolonko, der Mann, der mir zu einer Zeit half, in der jeder andere mir den Rücken zukehrte.

In gewissem Sinne symbolisierte die »Eintrachthütte« die Umwälzungen, die so charakteristisch für ganz Schlesien waren. Von den Deutschen im ersten Drittel des neunzehnten Jahrhunderts gegründet, fiel es nach der Niederlage des Deutschen Kaiserreiches im Ersten Weltkrieg den Polen in die Hände und wurde wieder deutsch, als Polen im September 1939 erobert wurde. Als die Rüstungsanstrengungen ihren Höhepunkt erreichten, stellte das Werk seine Produktion von Diesel-Schiffsmotoren auf Flugzeugabwehrgeschütze Flak-8,8 um. Die Industriestädte im Reich waren zur

Zielscheibe schwerer alliierter Bombenangriffe als Vergeltung für die Bombardierung Londons geworden, und das deutsche Oberkommando unternahm alles, um die Flugabwehr im Hinterland wieder zu stärken. Unser Lager war nur eins von sechs, die die Nazis betrieben, um Arbeitskräfte für die »Eintrachthütte« zu beschaffen. Einige waren Kriegsgefangenenlager und einige Zwangsarbeitslager; nur unseres wurde als Konzentrationslager bezeichnet.

Im Frühjahr 1992 besuchten wir, Schulamit und ich, den Ort als Gäste der Fabrikleitung. Die Einladung erfolgte auf eine Fernsehsendung hin, in der ich die Geschichte meiner Bekanntschaft mit Kurt Kolonko erzählt hatte. Meine Gastgeber überraschten mich mit der Ehrenmedaille der Stadt. Die Publizität, so hofften sie, würde nicht nur die Historiker gnädiger stimmen, sondern vielleicht auch dazu beitragen, ihre gegenwärtige und zukünftige Lage zu verbessern. Ich verstand sie nicht ganz, bis sie uns durch die Hallen führten, in denen ich für die Nazi-Kerkermeister geschuftet hatte. Die Drehbänke, die modernen Walzen und die Schleifmaschinen waren 1945 demontiert und in die Sowjetunion gebracht worden. Statt dessen hatte man erneut den Betrieb auf die Produktion von Dieselmotoren umgestellt. Aber die meisten Arbeitsplätze waren leer. Blöcke riesiger Schiffsmotoren, drei Stockwerke hoch, standen in den Hallen wie Steine, die niemand umdreht. Zur Zeit der kommunistischen Regierung hatte die »Eintrachthütte« sowjetische Werften beliefert. Abgerechnet wurde über die Verrechnungsstelle des osteuropäischen Gemeinschaftsmarktes, dessen Regeln in Moskau festgelegt wurden. In einer derart zentralisierten Wirtschaft war es nicht die Aufgabe des Fabrikdirektors, sich um die Gewinne, den Verkauf oder die Beschaffung von Rohmaterial zu kümmern. Alles wurde von oben entschieden. Der politische Umsturz kehrte alles um. Die »Eintrachthütte« blieb zwar ein staatliches Unternehmen, doch gab es niemanden mehr, der sich für sie um Kunden bemühte. Der osteuropäische Markt brach zusammen, die alten Verträge wurden aufgehoben, und die Polen beschlossen, ihre Unabhängigkeit zu demonstrieren und von den Russen harte Devisen zu verlangen. Aber für die Dollars konnten die Russen im Westen und im Fernen Osten bessere Motoren kaufen. Andere Kunden gab es nicht. Zwei Drittel der Belegschaft der »Eintrachthütte« wurden entlassen, und jetzt drohte auch dem letzten Drittel der Verlust ihres Arbeitsplatzes. Nur massive Investitionen in die Modernisierung der Maschinen und die Erschließung neuer Märkte konnten das Werk retten. Deutsche Firmen waren bereit, einen Teil der Aktien des staatlichen Werkes zu erwerben, um ihm aus seiner schweren Lage zu helfen, aber deutsches Geld war in Schlesien verpönt. Die Regierung fürchtete, daß dem Geld andere Forderungen auf dem Fuße folgen würden. In Schlesien lebt noch immer eine deutsche Minderheit, die nationale Rechte verlangt. Der deutsche Vorschlag wurde abgewiesen. »Die politischen Überlegungen hatten Vorrang vor der wirtschaftlichen Logik«, beschwerte sich der Direktor bei mir.

Ich nutzte diesen kurzen Besuch in Schwientochlowitz, jetzt polnisch Świętochłowice, um in den Archiven Dokumente einzusehen, die die Kriegsjahre betrafen. Ich erfuhr, daß sich am 4. Mai 1943 die damalige Direktion an die SS-Kommandantur mit der Bitte gewandt hatte, ihnen gelernte Arbeiter zur Verfügung zu stellen. Nach kurzen Verhandlungen kamen sie zu folgender Vereinbarung: Die SS würde der »Eintrachthütte« rund tausend Häftlinge aus den Konzentrationslagern zukommen lassen. Das Werk verpflichtete sich, für jeden arbeitenden Häftling zwei Mark pro Tag zu bezahlen. Diejenigen Häftlinge, die den Ansprüchen des Werkes nicht gerecht wurden, konnten ohne Aufpreis ausgetauscht werden, und die SS-Kommandantur übernahm es, an dem Ort ein Außenlager von Auschwitz-Birkenau zu errichten. Die Baukosten wurden aus der Kasse des Rüstungsministeriums gedeckt. Der Vertrag machte zur Bedingung, daß die Leitung des Lagers in den Händen der SS blieb, so daß niemand das Recht hatte, sich in die inneren Angelegenheiten einzumischen. Die Wachmannschaften sollten, abgesehen von den hohen Offizieren, von der Luftwaffe gestellt werden, für die das Werk produzierte. Das Abkommen war vom Reichssicherheitshauptamt genehmigt worden, und so kam es, daß ich eines Tages, mitten im Sommer 1944, von dem kleinen Lastwagen kletterte und mit der originellen Begrüßung des Hauptkapos in Empfang genommen wurde:

»Ihr seid zur richtigen Zeit gekommen, denn wir haben gerade die Leichen von drei Dummköpfen wie euch nach Auschwitz zurückgeschickt.«

Alles war vertraut. Die gleichen Pritschen in den gleichen Baracken, der gleiche elektrische Zaun, und auch die Wachtürme waren die gleichen wie in Auschwitz. Das gleiche Regime der Unterdrückung und der Erniedrigung, die gleiche dünne Suppe, die gleichen Morgen- und Abendappelle und die gleiche Bedrohung durch den Gaskammertod. Nur war diese Drohung nicht so konkret wie vorher. Der graue Himmel war nicht bleiern vom Rauch der Krematorien, sondern vom Qualm der Schwerindustrie. Der kleine Unterschied reichte, um der Illusion zum Opfer zu fallen, daß das Leben eines Menschen noch einen Wert besaß, solange die Nazis von ihm profitieren konnten.

Und was war meine Arbeit wert? Überhaupt nichts, wie es beim Prediger Kohelet heißt: »Was hat der Mensch für Gewinn von all seiner Mühe, die er hat unter der Sonne ...« Dr. Klater, mein Bibellehrer in Bielitz, hatte mir diesen Spruch eingepaukt. Aber es war eine Philosophie, mit der ich mich nicht abfinden konnte. Denn wenn dem so war, hätten alle Anstrengungen, die ich unternahm, um zu überleben, keinen Sinn gehabt. Wenn die Schicksale der Menschen schon vorab im Himmel bestimmt werden, wenn wirklich alles vorher aufgeschrieben ist und nur das Gebet an den Thron der Barmherzigkeit etwas ändern kann, was ist dann der Sinn des Kampfes? Doch das Flehen der Gläubigen wurde von Gott nicht erhört, gottesfürchtige Juden wurden durch die Schornsteine der Krematorien zum Jüngsten Gericht geschickt, Säuglinge, die noch nie gesündigt hatten, grausam ermordet; aber ich, der ich nicht an Gott glaubte, blieb am Leben. Nein. Ich konnte mich auf keinen Fall auf die göttliche Gerechtigkeit verlassen. Wenn ich nicht für mich selbst eintrete, wer wird es dann tun? Ich dachte die ganze Nacht darüber nach: Was würde mein Leben am nächsten Morgen wert sein, wenn ich meine Tüchtigkeit als Dreher zu beweisen hatte? Ich atmete, sah und hörte noch, alle meine Sinne waren funktionstüchtig, doch ein vernünftiger Mensch hätte wohl kaum einen Pfifferling für mein Leben gegeben. Hätte Fredek Minz mich sehen können, wie ich nicht vor Hitze, sondern vor seelischer Anspannung schwitzte, hätte er bestimmt gespöttelt: »Was jammerst du? Du hast dir die Suppe selber eingebrockt.«

Als ich auf der Pritsche lag, wollte ich nichts mehr, als die entscheidende Stunde herauszuschieben. Ich wollte, daß die Zeiger der Uhr stehenblieben, daß es nie dämmern und der nächste Tag nie kommen würde. Aber ich wußte, daß dies nicht einmal der goldene Zauberfisch aus dem Märchen verwirklichen konnte. Als die ersten Lichtstrahlen in die Baracke drangen, noch blaß und zögernd, versuchte ich mir den Moment vorzustellen, an dem ich dem Schicksal gegenüberstehen würde, ein Schicksal, das tausend und eine Form annahm und mir diesmal in Gestalt einer Maschine erschien. Aber es gelang mir nicht. Meine Phantasie ließ mich im Stich: Alles, was ich sah, war eine formlose schwarze Fläche, so schwarz wie meine Aussichten.

Die deutsche Ordnung überraschte mich jedes Mal von neuem. Beim Morgenappell rief der Kapo meine Kennummer auf und teilte mir mit, daß ich zur ersten Schicht eingeteilt sei. Ich verstand nicht, warum er mir in den Hintern trat und dabei sagte: »Du hast Glück.« Ich schloß mich denen, die zur Arbeit gingen, an. Die beiden Häftlinge, die mit mir hergekommen waren, entdeckte ich nicht darunter. Doch wahrscheinlich hätte ich sie nicht einmal erkannt, wenn sie neben mir gestanden hätten. Versteckte Filter sonderten während dieser Zeit die Gesichter all jener aus, die ich nicht zu meinen Gunsten nutzen konnte. Wer mir nicht behilflich sein konnte, verblaßte, bevor meine Erinnerungszellen ihn oder sie erfaßt hatten. Ich sah nur den Wald, nicht die Bäume. Ich nahm eine Menschenmenge wahr, nicht Menschen, vielleicht mit Ausnahme einiger Passanten, Arbeiter in Arbeitsanzügen, eine Frau mit einem Einkaufskorb in der Hand, einen alten Mann, der auf einem Stock lehnte. Sie blickten uns desinteressiert an, als wir vom Lagertor zum Werktor marschierten, und warteten geduldig, daß wir uns entfernten, damit sie über die Straße gehen konnten. Sträflingskleidung war ein gewohnter Anblick, der keine Neugierde weckte.

Punkt sechs Uhr stand ich vor der Drehbank, die ihre Zahnräder zeigte, als ob sie ihre Beute beißen wollte. Ich betrachtete sie wie einen Golem, von dem man nicht weiß, wie man ihn handhaben soll. Der Vorarbeiter hielt mir eine technische Zeichnung hin.

»Du kannst Deutsch lesen?« fragte er.

»Jawohl, mein Herr.«

Deutsch? Nannte er das Deutsch? Das technische Kauderwelsch kam mir vor wie Alt-Chinesisch. Ich verstand überhaupt nichts. Ich versuchte erst gar nicht, die vertikalen und diagonalen Linien zu entziffern, auch der Sinn der Zahlen, die wie eine Algebra-Übung aussahen, blieb mir verschlossen. Ich schaute mich um. Die Werkhalle war riesig, Dutzende Maschinen standen darin auf einer geraden Linie wie mit dem Lineal gezogen. An jeder Drehbank, Fräsmaschine oder Schleifmaschine stand ein Häftling. In der Mitte der Halle erhob sich ein Turm, der in einem achteckigen

Büro gipfelte. Eine eiserne Wendeltreppe wand sich zu dem verglasten Beobachtungsposten hinauf. Aus drei Metern Höhe konnten die dort Sitzenden uns beobachten. An jenem Morgen schob ein bebrillter Produktionsingenieur mit einem rundlichen Gesicht Wache, das Wohlwollenvermuten ließ. Ich beobachtete ihn, wie er von seinem Tisch aufstand und ans Fenster trat. Er ähnelte einer eigenartigen Kreatur, die es vorgezogen hatte, sich in einem Aquarium einzuschließen. Doch bald mußte ich feststellen, daß sein freundliches Aussehen eine Täuschung war. Sein liebstes Vergnügen war es, ein Kabel an die Wendeltreppe zu binden, einen Gefangenen zu rufen und das Kabel in dem Moment, wo der Mann in die Falle tappte, in die Steckdose zu stecken. Der Stromstoß war nicht stark genug, um zu töten, aber die Spannung schleuderte den Mann herum, bis er zuckend, wie von einem epileptischen Anfall geschüttelt, herunterfiel. Und wenn er sich auf dem Boden wiederfand, noch zappelnd wie ein Fisch an Land, forderte der »gutherzige« Ingenieur ihn auf, aufzustehen und erneut zu ihm hochzusteigen. Der unglückliche Häftling wußte nie, wann der Ingenieur mit dem Spiel aufhören und ihn zur Arbeit zurückschicken würde.

Doch all dies lernte ich erst später, lange nachdem ich meinen Taubstummendialog mit der Drehbank abgehalten hatte. Ich nahm die Zeichnung zur Hand und brachte meinen ganzen Charme auf, um mich mit ihr anzufreunden, aber vergeblich. Sie blieb so feindselig wie eine Anklageschrift. Während ich noch ihr Geheimnis zu entziffern suchte, stand wieder der Vorarbeiter hinter mir. Seine Stimme erschreckte mich.

»Hast du Probleme, die Zeichnung zu lesen?«

»Ich? Natürlich nicht«, antwortete ich mit einer Selbstsicherheit, die meine Verwirrung vertuschen sollte.

»Brauchst du Hilfe?«

»Ich werde schon damit fertig, mein Herr.«

Der Vorarbeiter hatte meine Täuschung noch nicht erkannt. Noch nicht. Ich legte die Zeichnung auf ihren Platz. Er erklärte:

»Wir verlangen Präzisionsarbeit. Dein Tagesquantum beträgt vierundachtzig Teile. Pro zehn Teile, die du über das Quantum hinaus produzierst, bekommst du hundert Gramm Brot. Pro zehn Teile unter dem Quantum erhältst du zehn Peitschenhiebe. Jeder, der dreimal geschlagen worden ist, wird nach Auschwitz zurückgeschickt. Ist alles klar?«

»Sonnenklar, mein Herr.«

Der Vorarbeiter ging weg. Ich nahm einen Metallstock und befestigte ihn an dem Drehkopf. Ich mußte schnellstens die Drehbank in Betrieb setzen, um den Deutschen nicht mißtrauisch werden zu lassen, aber ich hatte nicht die blasseste Ahnung, wie man das macht. Ich drückte auf den schwarzen Knopf; nichts. Ich drückte auf den roten Knopf; keine Reaktion. Hilflos schaute ich mich um. Einige Dreher blickten zurück. Sie hatten schon Leute wie mich gesehen und wußten, was passieren würde. In ihren Augen las ich mein Urteil. Plötzlich trafen sich meine Blicke mit denen des Häftlings, der links von mir arbeitete. Er trug blaugrau gestreifte Kleidung wie ich. Er war klein, hatte einen kräftigen Körper, rosige Wangen und lächelnde blaue Augen. Seine Nationalität konnte ich leicht anhand des roten Dreiecks mit dem Buchstaben P darauf erkennen. Er goß eine Kühlflüssigkeit über das Messer seiner Drehbank und sprach mich auf Polnisch an:

»Hallo, Jud, wie nennt man euer Totengebet?«

»Kaddisch.«

»Ich habe es noch nie gehört. Hast du schon gebetet?«

Ich hielt es nicht für nötig, ihm Unterricht in jüdischer Religion zu erteilen. Ich zuckte mit den Schultern.

»Was wird aus dir werden«, sagte er. Es war keine Frage.

»Gott ist mächtig.«

»Nicht mächtig genug, um für dich die Drehbank anzuwerfen.«

»Ich glaube, du hast recht«, antwortete ich.

»Nicht so laut«, warnte er mich. »Wir dürfen nicht reden.«

»Wenn es so ist, warum redest du dann?«

»Sei kein Schlauberger, Jud.«

»In Ordnung, ich halte meinen Mund.«

»Weißt du, wer ich bin?«

»Du bist jemand, der eine Drehbank bedienen kann.«

Der polnische Häftling kicherte: »Jeder hier kennt mich.«

»Nicht jeder. Ich kenne dich nicht.«

»Wirklich?« Sein Erstaunen war echt.

»Wirklich.«

»Meine Name ist Kurt. Kurt Kolonko.«

»Und mein Name ist Roman.«

»Hast du keinen Nachnamen?«

»Ich hatte. Jetzt ist mein Nachname gefälscht.«

»Wirst du wieder frech?«

»Hab ich nur so gesagt.«

»Hast du dich mal für Boxen interessiert?«

»Nein.«

»Vor dem Krieg war ich Meister im Federgewicht.«

»In der Nationalmannschaft?«

»In der Mannschaft Oberschlesiens, mein Lieber«, berichtigte er mich mit verhaltenem Stolz. »Ich bin in Schlesien geboren und habe Schlesien vertreten. Du wirst es nicht glauben, aber wir blicken auf fünf Generationen zurück, immer in der gleichen Stadt. Es gab keine Seele, die mich nicht kannte. Sogar die Jidden, wenn sie überhaupt Seelen haben. Frag mich nicht, was sie an Stelle einer Seele haben, ich bin kein Arzt und auch kein Priester. Frag mich, ob sie Angst vor mir hatten, und ich werde es dir sagen: Sie hatten eine Höllenangst. Wenn sie nicht schnell genug auf die andere Straßenseite gingen, bekamen sie von mir einen Kinnhaken verpaßt. Und was für einen. Ich habe sie so verprügelt, daß sie es ihr Leben lang nicht vergessen werden. Jesus, wie gut hat das getan, ihnen eine reinzuhauen. Ihretwegen waren wir arm. Sie hatten blühende Geschäfte und gute Anstellungen und aufgeputzte Frauen, und wir hatten nichts, nur harte Arbeit. Ihr seid eine Rasse, die sich zu helfen weiß.«

»Ich wünschte, du hättest recht«, meinte ich verbittert.

»Was soll jetzt aus dir werden? Riechst du schon das Gas?«

»Sie sagen, Zyklon B sei geruchlos.«

»Und du stirbst vor Neugierde, es auszuprobieren ... Ha, da ist mir aber ein nettes Wortspiel gelungen. Ich bin kein lausiger Intellektueller wie du, aber ich bin auch kein Dummkopf. Ich habe auf der Berufsschule gelernt. Du hast sicher Literatur studiert, was? Dein Vater ist sicher Bankier oder Rechtsanwalt, stimmt's?«

»Er ist tot.«

»Und deine Mutter ist sicher eine Lady, die Seidenhandschuhe trägt, stimmt's?«

»Sie ist auch tot.«

»Ja, sterben ist leicht heute. Je früher man stirbt, desto weniger leidet man. Du wirst auch sterben. Du bist nicht der erste und wirst nicht der letzte sein, der vom Regen in die Traufe gekommen ist. Morgen wirst du da hingeschickt, wo sie aus Juden Seife machen. Wußtest du nicht, daß man aus ihnen Seife macht?«

»Wenigstens wird jemand davon sauber werden.«

Meine Antwort gefiel ihm. Er legte mir die Hand auf die Schulter, schob mich zur Seite und näherte sich der Drehbank.

»Was machst du?« fragte ich verwundert.

Der ehemalige Boxer beugte sich über die Maschine, studierte die Zeichnung und sagte: »Misch dich nicht ein. Paß auf, daß mich der Vorarbeiter nicht erwischt.«

Mit flinken Händen spannte Kurt Kolonko die Schneidewerkzeuge ein. Während der Arbeit sprach er ohne Unterlaß: »Hab keine Angst, alles ist automatisch und sehr einfach. Beobachte, was ich mache, und lerne. Dies sind Tungsteinmesser. Ein sehr hartes Metall, das Stahl wie Butter schneidet. So setzt du die Messer in den Drehkopf ein. Du mußt vorsichtig sein, Tungstein ist sehr teuer, und die Schwaben bekommen einen Herzinfarkt, wenn man ihnen eines kaputt macht. Siehst du diesen Schlitz? So muß man das Messer schleifen, damit die Kühlflüssigkeit darüber läuft, wie es in den Büchern beschrieben ist. Tungstein verlangt Sorgfalt wie eine bockige Frau. Hast du schon mal eine Frau gefickt?«

»Nein.«

»Nach Boxen ist das mein liebster Sport. Wenn du alles genauso machst, wie ich es dir sage, wirst du vielleicht von diesem Nektar kosten.«

»Warum tust du das?«

»Warum? Ich bin ein Mann. Und Mann braucht Frau.«

»Ich meine dies hier«, sagte ich und zeigte auf die Drehbank.

»Ach das. Weil sie sonst Seife aus dir machen und du nie wissen wirst, was eine Frau ist.«

»Wenigstens einer wird davon sauber werden.«

Diesmal verstand Kolonko mich nicht. »Von dieser Seife«, grinste ich. Er ignorierte meine Bemerkung. »Du paßt für mich auf?« fragte er.

»Mach dir keine Sorgen. Der Vorarbeiter ist auf der anderen Seite der Halle.«

»Und der Ingenieur?«

»Sitzt mit dem Rücken zu uns.«

»Sehr gut. Ich bin gerade fertig. Die Messer sind ausgerichtet, der Drehkopf wird sie von allein drehen. Alles, was du tun mußt, ist, das fertige Teil herausziehen und ein neues hineinstecken ... Jeder Schwachkopf kann das ... Guck mich nicht mit Kalbsaugen an, ich habe dir doch gesagt, du sollst für mich aufpassen ... Du willst wissen, warum ich dir helfe? Erstens kann ich es nicht vertragen, wenn einer nicht weiß, wie man mit einer Drehbank umgeht. Das ist die Hauptsache. Und ich will dir noch etwas sagen: Ich liebe die Juden nicht, aber ich hasse die Nazis. Hast du verstanden? Sicher nicht. Du bist ein dummes Waisenkind. Ich hoffe nur, daß du kein dummer Dreher wirst. Es ist eine große Ehre für dich, daß man dich an so einem Spielzeug arbeiten läßt. In unserer Werkstatt hätte ich nicht einmal von so einer zu träumen gewagt.«

»Vielleicht wirst du einmal eine haben.«

»Vielleicht«, seufzte er, und das Lächeln verschwand von seinen Lippen.

# 3

Ich traf Kurt Kolonkos Mutter im Herbst 1947. Wie ich sie fand?
Ganz einfach. Kurt hatte mir von der Stadt erzählt, in der er geboren war, und von der Werkstatt, die seine Familie dort hatte. Sein
Vater hatte als Schmied in einem Kohlenbergwerk angefangen. Als
er heiratete, investierte er die Mitgift in eine eigene Werkstatt: zwei
alte Drehbänke und Schlosserwerkzeug, als Rettungsring, falls er
von den Dreherarbeiten allein nicht leben konnte. Aber die Zeiten
waren für Dreher ebenso schwer wie für Schlosser. Das Geschäft
ging schlecht; die Familie konnte sich kaum ernähren. Der Vater
ertränkte seinen Kummer meist in Alkohol, doch das Trinken löste
seine Probleme nicht, linderte nicht einmal die seelische Not.
Schließlich wurde er in eine Nervenheilanstalt eingeliefert und
starb dort ein Jahr vor Ausbruch des Krieges. Kurt erinnerte sich,
daß seine Mutter meinte, die Sorgen hätten ihn ins Grab gebracht.
Die beiden Zwillingsbrüder, Kurt und Henryk, übernahmen die
Werkstatt. Auch sie hatten keinen Erfolg. Kurt verbrachte seine
meiste Zeit im Boxring und heimste Anerkennung und viele Pokale
ein, aber die Kasse blieb leer. Eines Abends, so erzählte er mir,
setzte seine Mutter ihm einen Teller mit Medaillen vor.»Dies hast
du verdient, dies wirst du essen«, sagte sie ihm. Nicht er zerbrach
den Teller, sondern Henryk, der sich in seinem Jähzorn oft mit den
Kunden stritt, bis sie dem Familienunternehmen fernblieben. Es
dauerte nicht lange, bis die Gläubiger vors Gericht gingen und der
Gerichtsvollzieher die Geräte beschlagnahmte. Dann brach der
Krieg aus, Henryk wurde zur Zwangsarbeit nach Deutschland verschleppt und Kurt von der Gestapo verhaftet. Was ihm zur Last gelegt wurde? Daß er in die Fußstapfen seines Vater getreten war und
zu trinken begonnen hatte. Es gab keine Boxringe, kein Einkommen mehr, es waren nur noch die Kneipen geblieben, wo man Alkohol auf Kredit bekommen konnte. Wenn der Alkoholpegel in
seinem Blut zwei Promille erreicht hatte, schrumpften seine Probleme, und seine Kraft wuchs. Wehe dem, der ihm im Wege stand.
Kurt war betrunken, als er prahlte, jeden Fritz – so nannte man die

Deutschen in seiner Stadt – mit einem linken Haken zu Boden schlagen zu können, sogar Hitler persönlich. Die Wände hatten Ohren, seine Prahlerei wurde denen mitgeteilt, denen man solche Sachen erzählte, und noch in der gleichen Nacht schleppten sie ihn zum Verhör. Seine Mutter stand schluchzend vor dem Gestapogebäude, ein örtlicher Rechtsanwalt präsentierte Bescheinigungen über die gute Arbeit, die sein Bruder in Deutschland verrichtete, aber nichts half. Es gab kein Lebenszeichen von Kurt. Als sie einen elektrischen Stab in seinen Anus steckten, gab er zu, einer Untergrundbewegung anzugehören, die nicht existierte und nie existiert hatte. Das Militärgericht befand ihn für schuldig, feindliche Propaganda betrieben zu haben, und Ende 1941 kam er ins Konzentrationslager, klassifiziert als politischer Gefangener, der mit besonderer Strenge zu behandeln sei. Das erste Jahr verbrachte er in einem Strafkommando, dessen Härte nur wenige überlebten.

Als der Mangel an Arbeitskräften in der Rüstungsindustrie immer größere Ausmaße annahm, verziehen sie ihm den Kinnhaken für Hitler und überführten ihn in die »Eintrachthütte«.

»Wenn du mich nach dem Krieg besuchen willst«, sagte er einmal, »gehe aus dem Bahnhof in die Hauptstraße, biege nach links ab, gehe etwa fünfhundert Meter und biege wieder links ein. An der Ecke wirst du ein Straßenschild sehen, auf dem ›Enge Gasse‹ steht. Sie ist wie ihr Name. Es ist ziemlich schmutzig dort, die offenen Mülltonnen versperren dir auf den Bürgersteigen den Weg, aber die Hauptsache ist, daß ich in diesem Viertel geboren und aufgewachsen bin. Vielleicht werden sie nach dem Krieg den Müll wegschaffen, aber selbst wenn es sauber sein sollte, wird es dir nicht schwerfallen, unsere Werkstatt zu finden. Du mußt dir nur merken: Enge Gasse Nummer 3.«

Ich fand die Werkstatt leicht. Fünf ausgetretene Stufen führten vom Bürgersteig in den Keller des alten Hauses. Die Tür war verschlossen. Ich suchte die Klingel. Es gab keine. Einst war eine Glastür dagewesen, doch die Scheiben waren zertrümmert und durch Sperrholz ersetzt worden. Jemand hatte »Billige Dreharbeiten« darauf geschmiert. Ich klopfte. Keine Antwort. Ich klopfte lauter. Von innen sagte eine Frauenstimme: »Es ist offen.« Ich stieß gegen die Tür. »Vorsicht, da ist noch eine Stufe«, sagte wieder die Frau. Der Raum war düster. Nur über der Drehbank brannte eine Glühbirne. Weiter hinten im Keller stand ein Mann. Ich konnte sein Gesicht nicht sehen, glaubte jedoch, Kurt erkannt zu haben.

»Kurt?« fragte ich zögernd.

Der Mann antwortete nicht. Ich trat einen Schritt vorwärts, aber die Frau versperrte mir den Weg:

»Das ist nicht Kurt. Das ist sein Bruder Henryk. Was wünscht der Herr?«

»Ich suche Kurt Kolonko.«

»Weshalb sucht der Herr Kurt Kolonko?«

»Um mit ihm zu sprechen.«

Die Frau blickte unsicher auf die Tasche, die ich unter meinem Arm hatte. Ich bemerkte eine mißtrauische Note in ihrer Stimme.

»Sie haben nichts zu befürchten, meine Dame. Ich bin ein Freund von Kurt.«

»Kurt hat keine Freunde mehr«, antwortete sie trocken.

»Ich bin sein Freund.«

Sie stand bewegungslos, als warte sie darauf, daß ich fortführe. Sie bat mich nicht, Platz zu nehmen. Ich stand an der Schwelle zur Werkstatt und fühlte mich unwohl. Ich stellte mich vor.

»Und wer ist die Dame?«

»Ich bin Kurts Mutter.«

»Das habe ich mir gedacht«, sagte ich und beugte mich vor, um ihr nach polnischer Manier die Hand zu küssen.

Sie preßte ihre Hand gegen ihre Schürze, als ob sie jeden Kontakt mit mir vermeiden wollte, wich einen Schritt zurück, lehnte sich mit dem Rücken gegen die Drehbank und sagte:

»Was gibt es da zu denken? Jeder weiß, daß ich Kurts Mutter bin. Und Sie? Sie sind kein Kunde und kein Polizist, also wer sind Sie?« Ihre Stimme drückte kalte Feindseligkeit aus. Aus den Geschichten Kurts wußte ich, daß seine Mutter etwa fünfzig Jahre alt sein mußte. Diese Frau sah viel älter aus. Ein Lichtstrahl, der durch die Tür fiel, beleuchtete ihr Gesicht und zeigte Falten und Müdigkeit. Ihr Blick konzentrierte sich auf mich, doch in ihren Augen war keinerlei Neugierde. Ihr Sohn Henryk kam aus dem Schatten; erst jetzt fiel mir die außerordentliche Ähnlichkeit zu Kurt auf. Er wollte etwas sagen, aber mit einer energischen Handbewegung befahl sie ihm, ruhig zu sein. Er gehorchte ihr wie ein gescholtenes Kind.

»Nun, was ist der Wunsch des Herrn?« wiederholte sie ihre Frage.

»Ich weiß nicht, wo ich anfangen soll.«

»Er fängt am besten von vorn an.«

»Es ist eine lange Geschichte.«

»Er soll versuchen, sie kurz zu machen.«

»Also, in einem Satz: Ich stehe tief in Kurts Schuld, und ich bin gekommen, um sie zurückzuzahlen, wenn es überhaupt möglich ist, solch eine Schuld zu begleichen. Ich vermute, daß Sie mich verstehen?«

»Ich habe kein einziges Wort verstanden.«

»Hat er Ihnen nichts erzählt?«

Sie antwortete nicht, und ich, dessen Verlegenheit von Minute zu Minute wuchs, fuhr mit leichtem Stottern fort:

»Dann werde ich es erklären. Kurt und ich waren zusammen im Lager. In der ›Eintrachthütte‹. Sie wissen, daß er dort war, denn Sie haben ihm einmal ein Paket geschickt. Er bekam es, obwohl die Kapos im allgemeinen die Pakete stahlen. Aber bei Kurt wagten sie es nicht. Kurt hatte einen besonderen Status. Er wußte sich zu helfen. Sie können stolz auf ihn sein. Auch auf das, was er für mich getan hat. Ich habe nicht aufgehört, daran zu denken, seit wir auseinandergegangen sind. Ich stand dort, hilflos, ein jüdischer Junge, für den niemand einen Finger gerührt hätte, um ihn zu retten, bis auf Kurt ... Warum ausgerechnet Kurt? Das werde ich nie verstehen. Ich werde es nicht verstehen, solange er es mir nicht selbst sagt. Sehen Sie diese kleine Tasche?«

»Ich sehe sie.«

»Sie enthält genug Geld, um zwei neue Drehbänke zu kaufen, und zwar mit Nortongetriebe und allen technischen Neuerungen. Es ist keine Vergütung, es ist unmöglich, den Wert eines geretteten Lebens zu bezahlen, aber ich habe keinen anderen Weg, um meine Dankbarkeit zu zeigen. Sind Sie jetzt beruhigt? Könnten Sie jetzt Kurt rufen?«

»Nein, das kann ich nicht.«

Ich hielt ihr die Tasche hin. Sie nahm sie nicht. Statt dessen richtete sie sich auf. Ihr Gesichtsausdruck änderte sich, so als ob sie die Maske der Müdigkeit gegen die der Wut ausgetauscht hätte. Ein kleiner Muskel zuckte in ihrem Mundwinkel, bis die haßerfüllten Worte aus ihr hervorbrachen:

»Wie kannst du es wagen, in mein Haus zu kommen, du stinkender Jude!« schrie sie. »Wie kannst du es wagen, dein elendes Leben zu leben, wenn mein Sohn nicht mehr unter den Lebenden ist! Wie kannst du es wagen, mir deine dreißig Silberlinge anzubieten! Verschwinde von hier!«

Henryk trat aus seiner dunklen Ecke, um sich einzumischen. Seine Mutter hielt ihn zurück und kam mir so nahe, daß ich ihren heißen Atem spüren konnte: ihre Stirn direkt vor meiner Stirn, ihre Augen direkt vor meinen, ihr Zorn gegen meine Verlegenheit. »Du stinkender Jid, verdammt sollst du sein in alle Ewigkeit!« zischelte sie wie eine Schlange. Dann spuckte sie mir ins Gesicht. Ich wischte mir die Spucke mit dem Ende meines Ärmels ab, und sie, die ihre Gefühle nicht beherrschen konnte, bespuckte mich noch einmal. »Der Herr soll ihr verzeihen, Kurt kehrte nicht aus Auschwitz zurück«, sagte Henryk ruhig. Ich stand da, entsetzt, gelähmt und stumm; und erst als sie mir zum dritten Mal ins Gesicht spucken wollte, warf ich die Tasche weg – oder sie fiel mir aus der Hand – und flüchtete.

Nein, ich floh nicht. Es gibt Situationen, vor denen man nicht weglaufen kann. Die Flamme in ihren Augen, die Wut in ihrem Gesicht, die Gehässigkeit in ihrer Stimme, das Gift in ihrer Spucke und selbst der zuckende Nerv in ihrem Mundwinkel, all das verfolgt mich, wohin ich auch gehe. Und manchmal, bis zum heutigen Tag, wenn mich jemand wegen meines Benehmens beschimpft, wenn ich in eine Situation gerate, aus der es keinen vernünftigen Ausweg gibt, wenn ich hilflos einem unverständlichen Zorn gegenüberstehe, für den es keine Berechtigung gibt, wenn mich das Gefühl der Verwirrung und Enttäuschung überfällt, weil man meine Absichten mißverstanden hat, wische ich mir mit meinem Ärmel mein trockenes Gesicht ab.

# 4

Es war bequem für mich, die Geschichte meines Treffens mit Kurt Kolonkos Mutter meinen Freunden im Warschauer Café »Arkadi« als Erklärung für meinen Entschluß, nach Israel auszuwandern, zu erzählen. Ihre Einstellung mir gegenüber, so sagte ich ihnen, sei ein so traumatisches Erlebnis gewesen, daß ich nicht länger in Polen leben könne. Zehn Jahre seien seitdem vergangen, und ich konnte mich noch immer nicht von ihrem boshaften Blick befreien, behauptete ich.

»Das ist eine faustdicke Lüge«, forderten sie mich heraus. »Warum nennst du nicht den wahren Grund? Warum sagst du nicht, daß du eine Ausrede gefunden hast, um dir ein angenehmeres Leben zu suchen?«

Ja, sie hatten recht: Es war eine Lüge. Nein, sie hatten unrecht: Es war die Wahrheit. Aber nicht die ganze Wahrheit. Sie hatten recht – und ich ebenfalls. Ich habe nie vergessen, wie Kolonkos Mutter mich bespuckte, doch es fällt mir immer noch schwer, eindeutig das ausschlaggebende Ereignis zu bestimmen, das mich dazu trieb, das Gesuch auf Auswanderung einzureichen. Ich war kein Mensch, der schicksalsschwere Entschlüsse mit zehnjähriger Verspätung traf. Vor allen Dingen war ich niemand, der mit Groll in seinem Herzen herumlief. Weder hatte ich meinen Glauben an die Menschen verloren, noch urteilte ich über andere, ohne zuerst ihre Sicht der Dinge zu betrachten, noch ging ich davon aus, daß die ganze Welt gegen mich sei. Im Gegenteil. Ich glaubte, daß die Welt es gut mit mir meinte.

Wir waren eine Gruppe junger Leute zwischen zwanzig und dreißig Jahren, Journalisten, Autoren, Dramatiker und Verehrer, alle erfüllt von Energie, Ideen und einem starken Drang, das Leben zu genießen. Einige unter uns waren wohlhabend, denn das Regime vergütete seine geistigen Diener großzügig, andere waren Hungerleider, die von einem kleinen Gehalt oder von Gelegenheitsjobs lebten. Doch Geld war in unseren Augen kein Wert, und es gab keine Schranken zwischen uns. Zutritt zu unserem informellen Klub im Café »Arkadi« wurde demjenigen gewährt, der durch klare Gedankenführung, eine prägnante Ausdrucksweise und, auch nicht unwichtig, durch Erfolg bei Frauen überzeugen konnte. Es war kein Zufall, daß wir uns das »Arkadi« als Treffpunkt ausgesucht hatten. Die Partei, darüber war ich mir damals schon im klaren, war auf Heuchelei aufgebaut und kämpfte bis zum bitteren Ende gegen die Liberalität. Wir lachten über die viktorianische Moral, die sie uns aufzuzwingen versuchte, und erfanden Kunstgriffe, um sie zu umgehen. Wie es sich für eine Gesellschaft, die einen humanen Sozialismus aufbauen wollte, schickte, wurden Hotelzimmer, die alle dem Staat gehörten, nur an verheiratete Paare vermietet. Jeder, der eine Frau, die nicht seine angetraute Ehefrau war, auf sein Zimmer bringen wollte – sogar wenn es tagsüber geschah –, prallte gegen ein Hindernis in Gestalt eines Portiers. Manchmal war es möglich, die Mauer der Rechtschaffenheit mit einer Hundertzłotynote zu erweichen, manchmal nicht. Wir wollten kein Risiko eingehen. Der Hinterausgang im zweiten Stock des »Arkadi« führte direkt in den Korridor des Hotels, das sich im gleichen Gebäude befand. Wer weiß, wie so ein gravierendes Mißgeschick den Architekten des realen Sozialismus hatte passieren können? Und was ging es uns an? Diese Einrichtung sparte uns viel Geld. Statt dem Wächter Schmiergeld in die Hand zu drücken, konnten wir Getränke kaufen. Auch den jungen Damen, die unseren Annäherungsversuchen nachgaben, kam dieses Mißgeschick sehr zupaß. Im Gegensatz zu uns zogen sie es vor, ihre kleinen Bettgeschichten diskret abzuwickeln.

In Polen ging der Geist der Erneuerung um, wenn auch nicht unbedingt in den Beziehungen zwischen »ihm« und »ihr«. Am 24. Oktober 1956 jubelte eine Menge von hunderttausend Leuten auf dem Paradeplatz in Warschau, im Schatten des Jossif Wissarionowitsch Stalin gewidmeten Kulturpalastes, einer vierzig Stockwerke hohen Scheußlichkeit des sozialistischen Realismus, Władysław Gomułka zu, der gerade zum Generalsekretär der Partei ernannt worden war. Nur zwei Wochen vorher war Nikita Chruschtschow, begleitet von Kremlgrößen wie Molotow, Kaganowitsch und dem Oberbefehlshaber des Warschauer Paktes, Marschall Iwan Konjew, wütend auf dem Militärflugplatz in Warschau gelandet. Noch bevor sie die Gangway ganz hinuntergestiegen waren, hatten sie den neuen Generalsekretär bereits schwer beschuldigt, »Polen an die Amerikaner und Zionisten verkaufen zu wollen«. Gomułka war einer der kommunistischen Führer, die internen Parteiintrigen zum Opfer gefallen waren. 1948 hatte man ihn wegen »schlechter Gesundheit« seines Postens als Generalsekretär enthoben und zur Erholung in ein Gefängnis geschickt, behaftet mit dem Stigma, ein nationalistischer Abweichler zu sein. Gomułka hatte eine gewisse Unabhängigkeit von der Sowjetunion vorgezogen und einen »polnischen Weg zum Sozialismus« gepredigt – das reichte, um die Stalinanhänger gegen sich aufzubringen. 1956 jedoch, als das Ansehen der Partei einen Tiefpunkt erreicht hatte, sahen die polnischen Kommunisten in ihm die einzige Figur, die die Partei zu ihrem früheren Ruhm zurückführen konnte. Chruschtschow und seine Kollegen hatten keine andere Wahl, als sich dieser Ansicht zu beugen. Als die ehrenhafte Delegation mit leeren Händen in den Kreml zurückkehrte, sah die Menge dies als klares Zeichen eines politischen Tauwetters. Gomułka versprach, die Abhängigkeit von Moskau zu lockern und eine neue Seite in den Beziehungen zwischen Regierung und Volk aufzuschlagen. Die Radiostationen übertrugen seine Rede im ganzen Land; die Begeisterung, die darauf folgte, grenzte an Euphorie. Es ist deshalb nicht verwunderlich, daß uns dieser Wandel mehr als alles andere beschäftigte, unsere Gespräche konzentrierten sich im wesentlichen darauf. Der Sinai-Feldzug hingegen, der vier Tage nach der historischen Rede Gomułkas begann, kam gar nicht erst auf unsere Tagesordnung. Vergebens versuchte ich, meine Freunde für dieses Thema zu interessieren. Der Nahe Osten war weit weg und fand keine Beachtung. Die Reportagen über die Sinai-Halbinsel las ich daher in der Abgeschiedenheit meiner vier Wände, und so entdeckte ich zu meiner Überraschung, daß die Gruppe, mit der ich durch Feuer und Wasser gegangen war, nicht alles mit mir teilte.

Keiner der Besucher des »Arkadi« nahm an dem politischen Umschwung aktiv teil, aber wir glichen Zuschauern bei einem spannenden Pferderennen, die die Reiter mit ermutigenden Zurufen antreiben, ernsthaft ihre Chancen abwägen und hoffen, den großen Preis zu gewinnen. Meine Begeisterung war entschieden gedämpfter als die der anderen, denn ich wußte bereits, daß ich die Früchte der großen Hoffnungen, selbst wenn es ihnen gelingen sollte zu reifen, nicht mehr kosten würde. Ich hatte mich endgültig entschlossen, meine wenigen Sachen zu packen und wegzugehen.

Die Behauptung, materielle Gründe hätten mich dazu bewogen, war indes grundfalsch. Sydney Grusson, der erste Korrespondent der *New York Times* im kommunistischen Polen, hatte im Hotel »Bristol«, damals das eleganteste Hotel in ganz Warschau, ein Büro eröffnet. Der amerikanische Journalist brauchte einen Mitarbeiter, der fließend Englisch sprach und sich in dem Wirrwarr der politischen Ereignisse auskannte. Thomas Atkins, ein Mitglied der Familie Pomeranz aus Lodz und eine bunte Blume im Distelfeld der kommunistischen Medien, ein Mann, der kurze Zeit später wegen Spionage für die CIA verhaftet wurde, aus dem Gefängnis floh, die Grenze zum Westen überquerte und in Tel Aviv mit einem israelischen Reisepaß auftauchte, war der erste, der bei Grusson Arbeit fand. Kurze Zeit später verband auch ich mich mit dieser Quelle raschelnder grüner Scheine, und so endeten für mich, zumindest vorläufig, die mageren Jahre. Doch was ich für die wichtigste amerikanische Zeitung tun konnte, das war mir selbst beim armseligsten polnischen Blatt untersagt. Noch immer warf das Stigma meiner Verhaftung in Breslau seinen langen Schatten. Ich konnte ein Buch herausgeben, ich konnte übersetzen, aber ich durfte mich weder auf den Seiten einer Zeitung noch über Radiosender an die Leser wenden. In meiner Unschuld glaubte ich, daß das Tauwetter auch mir Türen zu anderen Berufen, die mir gefielen, öffnen würde. Gegen Ende des Jahres sah es so aus, als öffne sich eine erste Luke: Ohne daß ich danach fragte, bot man mir eine Stelle als stellvertretender Direktor für Auslandskontakte bei »Orbis« an. Als staatliches Unternehmen hielt »Orbis« das exklusive Monopol, was Auslandtourismus anbelangte; es organisierte internationale Konferenzen, sorgte für das Wohlergehen wichtiger Persönlichkeiten aus dem Osten wie aus dem Westen, die in Polen zu Besuch waren. Ich war der richtige Kandidat am richtigen Platz. Ich konnte Fremdsprachen, ich kannte die Regeln, nach denen die Medien und die Werbeagenturen in den kapitalistischen Ländern arbeiteten, und ich wußte, wie man anständig mit Messer und Gabel umgeht, eine seltene Eigenschaft unter den Direktoren, die alle aus dem Proletariat aufgestiegen waren. In einem persönlichen Gespräch mit den Mitgliedern der Aufnahmekommission verschwieg ich meine Verhaftung wegen »Sabotage« nicht. »Stalin ist tot, und mit ihm sind auch all die dummen Anschuldigungen gestorben«, antwortete man mir. Meine persönliche Akte wurde der Kaderabteilung in der Parteizentrale zur endgültigen Befürwortung vorgelegt. Sie enthielt eine positive berufliche Beurteilung. Wochenlang wartete ich vergeblich auf eine neue Einladung. Ich schickte einen eingeschriebenen Brief und bekam keine Antwort. Auch telefonisch konnte ich die Hürden des Sekretariats nicht überwinden. Erst als mir die Geduld riß und ich persönlich im Büro des Generaldirektors erschien, sagte mir der Mann mit offensichtlicher Verlegenheit: »Ich habe mich vor diesem Treffen gedrückt, da ich mich schäme, Ihnen zu sagen, daß das Zentralkomitee der Partei Ihre Eingabe abgelehnt hat. Man behauptet, daß zu viele Juden Schlüsselpositionen in der Leitung staatlicher Firmen innehätten.« Das war ein Schlag unter die Gürtellinie. Wenn mich jemand bis zu diesem Zeitpunkt gefragt hätte, ob ich je Antisemitismus erfahren hätte, wäre meine Antwort ein entschiedenes »Nicht in meinem Kreis« gewesen. Fast alle meine Freunde waren Nichtjuden. Nahezu alle Mädchen, mit denen ich schlief, waren keine Jüdinnen. Mein Judentum hatte mich nie daran gehindert, Kontakte aufzunehmen, die Frage meiner Herkunft war nie ein Problem gewesen. Ich sprach Polnisch wie die Polen, benahm mich wie sie, mein Denken war wie ihres. Wenn sie mir sagten »du bist einer von uns«, war mir nicht bewußt, daß dieser Satz besagte, daß sie mich nur akzeptierten, weil sie in mir keine jüdischen Eigenschaften entdeckten, daß diese Worte mir mein Recht auf eine andere Nationalität absprachen. Es vergingen viele Jahre, bis ich die Bedeutung dieser Dinge erfaßte. Solange ich in Polen war, fühlte ich mich zu Hause; erst als ich mich in Israel eingelebt hatte, merkte ich, daß ich die ganze Zeit in einem Hotel gewohnt hatte. Deshalb fällt es mir schwer, den Zeitpunkt genau zu benennen, an dem ich mich veränderte, an dem ich begann, die feine Grenze zwischen meiner und ihrer Welt wahrzunehmen.

Heute ist mir klar, daß mein Entschluß, nach Israel auszuwandern, nicht auf eine einzige Handlung oder ein bestimmtes Versäumnis zurückgeht; er quoll vielmehr in mir wie ein Hefeteig, kristallisierte sich dann langsam, Schicht um Schicht, und als er endlich eine konkrete Form annahm, bedurfte es nur eines Anstoßes, um ihn in die Tat umzusetzen. Die Antwort von »Orbis« mag dieser Anstoß gewesen sein. Doch wie auch immer, eine Distanz von Jahren war nötig, bis ich das begriff, was andere mit der Muttermilch aufnehmen: Zugehörigkeit. Für mich waren diese Jahre wie Wasser, das durch ein Rohr läuft, das schon lange nicht benutzt worden ist. Als ich den Wasserhahn zum ersten Mal aufdrehte, kam eine trübe Brühe heraus, rostig-braun; erst zum Schluß füllte sich das Glas mit dem klaren Wasser der Erkenntnis.

# 5

Mira und ihr Mann Józef hatten eine Zweizimmerwohnung im Parterre eines Holzhauses, das mit der elektrischen Schnellbahn zwanzig Minuten Fahrt vom Zentrum Warschaus entfernt in einem Kurort lag. Obwohl für Angestellte der Partei gedacht – Józef arbeitete als Privatchauffeur für das Politbüromitglied Zenon Nowak –, war es eine ziemlich erbärmliche Unterkunft. Die Toilette im Hof wurde von allen vier Familien, die im Hause wohnten, benutzt, und es gab kein Badezimmer, nur das Waschbecken in der Küche. Für mich jedoch, der erst einige Tage zuvor aus der Untersuchungshaft in Breslau entlassen worden war, arbeitslos und ohne Geld, war es mehr als nur eine Herberge für die Nacht. Ich bin nicht sicher, ob ich meine Invasion in ihr Heim geplant hatte; ich denke nicht, daß ich von vornherein vorhatte, Józef aus seinem Eigentum zu vertreiben. Die Dinge entwickelten eine eigene Dynamik. Als ich Mira von der öffentlichen Telefonzelle am Bahnhof aus anrief, tat ich das nur, weil ihre Nummer die einzige in Warschau war, die in meinem Adreßbuch stand. Oder vielleicht auch, weil ich immer noch, mit dem Gefühl, etwas verpaßt zu haben, an ihre Gestalt dachte, wie sie vier Jahre früher vor meiner Tür in Hirschberg gestanden hatte.

Wir verabredeten uns in einem einfachen Restaurant in der Nähe ihres Arbeitsplatzes. Mira arbeitete als Chefsekretärin in einer Firma, die die hohen Parteibonzen mit Luxusartikeln belieferte. Der Name der Firma tauchte in keinem Adreßbuch auf, ihre Geschäfte kamen ohne Schaufenster aus, und ihre Kunden mußten ihre Einkäufe nicht selber tragen; sie wurden per Limousine direkt nach Hause geliefert. Auf diese originelle Art und Weise hielt die rote Bourgeoisie einen anständigen Lebensstandard aufrecht, selbst wenn die Regale in den Geschäften, die dem Volk zugänglich waren, allmählich verstaubten. Mehr noch: Der größte Teil der Waren, die von den »vom Volke Gewählten« erstanden wurden, von kolumbianischem Kaffee bis zu sibirischen Zobelpelzen, wanderte auf den Schwarzmarkt. Wer damit zu tun hatte, wußte von diesen Schiebergeschäften, hielt jedoch seinen Mund. Die zensierte Presse versuchte nicht einmal, sich mit dem Thema zu befassen. Mira, die Zeugin dieses Vorgehens war und davon hätte profitieren können, schlug nie einen Vorteil aus ihrer Position. Sie verachtete diese Betrügereien. Sie war so ehrlich, daß es schon an Übertreibung grenzte, eine Ehrlichkeit, die Józef in sie eingepflanzt hatte, obwohl er selbst ein unverbesserlicher Hochstapler war.

Ihre Treue zur Partei wurde nicht belohnt. Einige Monate, nachdem wir uns kennengelernt hatten, wurde sie zur Büroleiterin eines stellvertretenden Vorsitzenden der Zentralen Plankommission ernannt. Diese Kommission war eine Art übergeordnetes Ministerium, dem die Planung der gesamten zentralisierten Wirtschaft unterstand und dessen Chef, Genosse Hilary Minz, »der Zar der polnischen Wirtschaft« genannt wurde. In Wahrheit handelte es sich hier um einen Zweig des Politbüros, der hauptsächlich damit befaßt war, die Umsetzung der Parteivorgaben zu überwachen. Sämtliche Wirtschaftsministerien, etwa zwanzig, angefangen vom Minister für Schwerindustrie bis zum Minister für Kohlenbergbau, bekamen ihre Anordnungen von dieser hohen Wirtschaftsinstitution, die, um sich den Anschein von Demokratie zu geben, sogar zwei Abgeordnete zweier Blockparteien zu stellvertretenden Vorsitzenden ernannte – der eine vertrat offensichtlich die Interessen der Geschäftsleute, der andere angeblich die der Bauern. Mira leitete das Büro von Stefan Ignar, dem Mann der Bauernpartei, und ihre eigentliche Arbeit bestand natürlich darin, laufend über das Tun ihres Chefs Bericht zu erstatten. Tätigkeiten dieser Art durfte nur ausführen, wer das volle Vertrauen der Partei besaß. Miras glänzende Karriere fiel einem Zwischenfall zum Opfer, den man heute als grotesk bezeichnen würde, an dessen Schwere aber 1952, als der stalinistische Terror auf seinem Höhepunkt war, niemand zu zweifeln gewagt hätte.

Das Sekretariat befand sich im Westflügel eines riesigen Bürogebäudes, das gerade am Drei-Kreuz-Platz errichtet worden war, einem der wenigen Plätze in Warschau, die noch keinen neuen Namen, der besser in den Ohren der Kommunisten klang, erhalten hatten. Um hereinzukommen, brauchte man eine besondere Zutrittsgenehmigung. Ich besuchte Mira nur selten in ihrer Hochburg, aber jedesmal, wenn ich es tat, mußte ich lange warten, bis ein bewaffneter Wachmann erschien und mich an den Aufzug brachte, mit mir zusammen hochfuhr und dann den langen Korridor neben mir herschritt, seine Hand immer auf dem Pistolenhalfter, als wäre ich Al Capone, der Fort Knox einen Höflichkeitsbesuch abstattete. Alles in dem Gebäude war geheimnisumwittert, streng vertraulich und schwer bewacht. In dieser Hinsicht unterschied sich die Zentrale Plankommission übrigens nicht von all den anderen regierungsamtlichen Institutionen und Industriebetrieben. Die offiziellen Propagandaorgane bleuten uns ständig ein, daß der Feind hinter jeder Ecke auf der Lauer liege, gespannt einen kurzen Augenblick der Unachtsamkeit abwartend, um zu spionieren, zu sabotieren und geheime Dokumente zu stehlen. Nahezu jeder Fetzen Papier war geheim. Von uns wurde ständige Wachsamkeit gefordert. Damals wußte ich noch nicht, daß jedes totalitäre Regime seinen eigenen bürokratischen Jargon entwickelt, der abgedroschene Phrasen und laute Erklärungen in eine die Wahrheit vernebelnde Sprache verwandelt. Die Nazis sprachen oder schrieben nie von der Judenvernichtung; immer hieß es »Endlösung«. Ihre Rassenlehre beschönigten sie mit Dutzenden von wissenschaftlichen Ausdrücken. So war es auch in den Ländern des Sowjetblocks. »Wachsamkeit« war nur ein Synonym für gegenseitiges Denunzieren, und das Wort »Feind« wurde jedem auf die Stirn geklebt, der es wagte, eigene Gedanken zu haben. Keiner von uns hatte von George Orwells Buch *1984* gehört; subversive Literatur wie diese wurde in Osteuropa nicht publiziert, und doch gab es keinen Platz unter der Sonne, wo sie aktueller gewesen wäre. Orwell beschreibt in aller Ausführlichkeit die Verbindung von Sprache und Politik und das Verhältnis zwischen Sprache und Denken, das die Menschen dazu bringt zu glauben, daß »Krieg Friede« ist und »Freiheit Unterwerfung« bedeutet. Die polnischen Medien übernahmen diesen Jargon und infizierten die meisten ihrer Leser damit. Zwischen den »arbeitenden Massen« und dem »Weltproletariat« wurde die Identität des einzelnen verborgen. Ich habe die vielen Artikel, die ich vor meiner Verhaftung geschrieben habe, nicht aufbewahrt, aber es ist anzunehmen, daß ich ebenfalls diese scheußliche Sprache benutzt habe, ohne mir immer ihrer wahren Bedeutung bewußt zu sein.

Diese besondere Ausdrucksweise war Mira natürlich sehr vertraut. Ohne sie hätte sie kaum ein Arbeitsverhältnis zu ihrer Umgebung aufbauen können. Als Büroleiterin von Stefan Ignar brach sie jedoch nicht gerade unter der Last bedeutender Aufgaben zusammen. Der stellvertretende Vorsitzende war des öfteren von

Warschau abwesend, und wenn er nicht in seinem Prunkbüro thronte, war sie zum Nichtstun verdammt. Sie liebte es, sich in ihrem Sessel zurückzulehnen. Von Doppeltüren geschützt, die sich niemandem, der daran klopfte, öffneten, konnte sie ihre Zeit mit dem Lesen von Büchern verbringen. Eines Tages, als sie in einen Roman von Boris Polewoi vertieft war, klingelte das Telefon. Ohne nachzudenken, markierte sie die Seite, die sie gelesen hatte, mit ihrer Parteimitgliedskarte, schlug das Buch zu und legte es in ihre Schreibtischschublade. Aus irgendeinem Grund kehrte sie nicht zu Polewois *Erzählung von einem wahren Menschen* zurück und vergaß es in der Schublade. Einen Monat später wurde sie in das Büro ihrer Grundorganisation gerufen, damit sie ihre Mitgliedskarte vorzeigte. Sie suchte sie vergeblich in ihrer Handtasche.

Der Parteisekretär und sein Assistent starrten sie an. Mira ging in ihr Zimmer zurück, wühlte in den Papieren, suchte im Schrank und im Safe, in den Schubladen ihres Schreibtisches und sogar in der Privattoilette des Büros, aber sie fand die Karte nicht. »Hast du sie verloren?« Der Sekretär hob eine Augenbraue. »Ich muß sie irgendwo zu Hause haben. Gib mir ein bis zwei Tage, bis dahin habe ich sie bestimmt gefunden«, bat sie. Eine Mitgliedskarte indes hatte Tag und Nacht bei dem Parteimitglied zu sein, so als sei sie ein Teil des Körpers, denn es war allgemein bekannt, daß der Feind nur darauf wartete, sie in seine schmutzigen Hände zu bekommen. Mira wurde des Mangels an Wachsamkeit beschuldigt und von ihrem hohen Posten in die Kochbuchabteilung eines staatlichen Verlags versetzt. Demütig nahm sie das Urteil der Bewegung an, aus dem einfachen Grund, weil sie selbst überzeugt war, ein schweres Vergehen begangen zu haben. Die Putzfrau, die eine beispielhafte Wachsamkeit an den Tag gelegt und Mira angezeigt hatte, nachdem sie ihre Mitgliedskarte in den Seiten eines Buches gefunden hatte – wahrscheinlich bei einer systematischen Durchsuchung des Büros –, erhielt eine Belobigung.

Als wir uns in Warschau trafen, befand sich Mira auf dem Höhepunkt ihrer Karriere. Strahlend kam sie in das Restaurant, schön wie immer, mit einer blendenden Figur, obwohl sie zwei Kinder geboren hatte, und himmlischen Gesichtszügen, die meine Blicke schon immer auf sich gezogen hatten. Wir aßen Kartoffelklöße und schlossen die Mahlzeit mit Buttermilch ab, unterhielten uns über dieses und jenes und ignorierten die Spannung in der Luft und die gegenseitige Anziehung. Ich fieberte, da ich mir im Gefängnis eine Grippe zugelegt hatte. Mira schlug ganz nebenbei vor, bei ihr und ihrem Mann zu wohnen, bis ich genesen sei und ein Zimmer in der Stadt gefunden hätte. Keiner von uns erwähnte, daß sie vier Jahre zuvor aufgeregt und verängstigt an meiner Wohnungstür geklingelt und gebeten hatte, bei mir die Nacht verbringen zu dürfen. Das Schiff ihrer Ehe mit Józef war auf eines der vielen Riffe aufgelaufen, die auf seinem Weg lagen, und sie war entschlossen, ihn für immer zu verlassen. Ich hatte sie jedoch dazu gebracht, zu ihrem Mann zurückzugehen. Ich machte damals meine ersten Gehversuche im Journalismus. Józef, zu der Zeit Sekretär der Parteiorganisation in der optischen Industrie, die für die Armee produzierte, hatte sowohl die Macht als auch die Möglichkeit, meine berufliche Laufbahn zu vernichten.

Das Band zwischen Józef und Mira wurde mitten im Zweiten Weltkrieg geknüpft; es ist eine jener Geschichten, die nur ein Krieg hervorbringen kann. Wie meine Eltern flohen auch Miras Eltern vor den Nazi-Invasoren nach Ostpolen und fielen dort den Sowjets in die Hände, nachdem Stalin und Hitler Polen geplündert hatten. Aber im Gegensatz zu meinen Eltern, die sich geweigert hatten, auf den Lastwagen des jungen, russischen Leutnants zu klettern, zögerte die Familie Fremder nicht, ihre Flucht bis in den Südosten der Sowjetunion fortzusetzen, Tausende von Kilometern von der Front entfernt. Das Wichtigste in ihrem Gepäck waren nicht persische Teppiche, sondern ein großes Paket mit Insulinspritzen. Miras Mutter litt an schwerer Diabetes; jede Spritze schenkte ihr einen neuen Tag. Die Russen siedelten sie in einem gottverlassenen Ort östlich des Aralsees an, und dort lebten sie in der Hoffnung, daß der Krieg enden würde, bevor der Vorrat an Insulin ausging. Doch es kam anders.

Im Sommer 1943 war die Wehrmacht, obwohl der Rückzug schon begonnen hatte, noch immer tief in sowjetischem Gebiet, belagerte Leningrad, und Hitler spielte sogar mit dem Gedanken, bis zu den russischen Ölfeldern im Kaukasus vorzudringen. In Krakau sammelte Gretchen weiter Schätze, die ihr Bruder jüdischen Leichen geraubt hatte, Wilhelm Kunde hatte den Mord an meiner Mutter sicher schon vergessen, und Amon Goeth tobte im Lager Płaszów. Ungefähr zu dieser Zeit wurde das erste polnische Regiment in der Sowjetunion aufgestellt, das an der Seite der Roten Armee gegen die Nazis kämpfen sollte. Miras Vater meldete sich freiwillig. Mutter und Tochter blieben in ihrem Exil, in Turkmenistan, beide ohne Mittel, mit denen sie ihren Lebensunterhalt hätten bestreiten können. Mira war noch zu jung, um zu verstehen, warum ihr Vater sich entschlossen hatte, seine Familie zu verlassen. In diesem Winter ging das Insulin zu Ende und die Mutter wurde sterbenskrank. Von einer Ohnmacht in die nächste fallend, erreichte sie rasch einen Zustand, in dem es keine Hoffnung mehr gab. Zuerst verschlechterte sich ihr Augenlicht, dann sank sie in den tiefen Schlaf, aus dem man nicht mehr erwacht. Es war niemand da, der helfen konnte, weder der Kranken noch der Toten. Bei minus dreißig Grad zog Mira die Leiche auf einem Schlitten zum Friedhof des Ortes, um sie eigenhändig in der gefrorenen Erde zu begraben. Sie war fünfzehn Jahre alt, in einem fremden Land, von ihrem Vater verlassen. Vielleicht hat der Frost in der Natur und in den Menschen auch eine ihrer Herzkammern einfrieren lassen. Mit ihrem Vater rechnete sie erst ab, als er selbst auf dem Sterbebett lag und sie bat zu kommen. Mira antwortete nicht.

Mira besaß eine Vitalität, die es ihr nicht erlaubte, sich aufzugeben. Sie riß sich zusammen, hinterließ ein Grab ohne Stein, ein Grab, zu dem sie nie wieder zurückkehren würde, bestieg einen Zug in Richtung Norden und folgte ihrem Vater, dem Soldaten. Die Männer boxten sich ihren Weg in die ungeheizten, überfüllten und stinkenden Wagen mit ihren Fäusten, die Frauen zahlten im allgemeinen mit einem Krug Selbstgebrannten oder mit der Gunst ihrer Körper.

Ihren Vater fand sie nicht, doch die Armee sollte ihr die Familie ersetzen. Sie log über ihr Alter, als sie sich im Rekrutenlager des polnischen Regimentes am Ufer der Oka meldete. Die Armee nahm sie auf, oder besser: der Unteroffizier Józef Wąsik nahm sie auf. Für ein einsames Mädchen, das eine Schulter brauchte, an die sie ihren müden Kopf lehnen konnte, war er nur ein etwas älterer Mann, ein Ersatz für den Vater. Sie gingen einen langen Weg über die Schlachtfelder des Krieges und die Schlachten zu Hause, bis sie angekommen waren.

Józef empfing mich freundlich. Er ahnte nicht, daß ich das Trojanische Pferd war, das gekommen war, um seine Ehe zu zerstören. Arglos nannte er mich »einen Spatz, der kein Nest zum Schlafen hat«. Daß dies der Kuckuck war, der seine Eier in die Lager anderer Vögel legt, begriff er nicht. Es machte es mir leicht, denn ich fand bald heraus, daß Józef Wąsik die feine Grenze zwischen übermäßigem Alkoholgenuß und pathologischer Abhängigkeit schon überschritten hatte. Die beiden Töchter, die sechsjährige Frania und die vierjährige Ala, wurden in ein Kinderheim gebracht. Dabei machte es dem überzeugten Marxisten nichts aus, daß das Institut von Nonnen geführt wurde, die zum Orden der Heiligen Clara von Assisi gehörten; sie lebten in äußerster Keuschheit, beteten viel und predigten Schweigsamkeit. Mit jeder geleerten und weggeworfenen Flasche verlor Józef ein wenig mehr das Interesse an seinen Mädchen. Er war viel von zu Hause abwesend, verkehrte mit Trinkern und Huren und kam nur manchmal für ein bis zwei Tage heim, um sich für die nächste Zecherei zu erholen. Wir beschwerten uns nicht, denn dadurch hatten wir die Wohnung für uns allein. Trotzdem hielten wir uns an die Spielregeln. Mira schlief in ihrem Bett, mir genügte eine Matratze, die jeden Abend auf den Fußboden der Wohnstube gelegt wurde. In den Nächten, in denen Wąsik seine auswärtigen Zechgelage seiner Frau vorzog, teilte Mira mein improvisiertes Lager. Wir planten nichts, schmiedeten keine Intrigen, dachten nicht an eine gemeinsame Zukunft. Wir genossen den Augenblick. Es kam uns nicht in den Sinn, daß wir den Knoten nie wieder würden lösen können, bis etwas passierte, daß das Problem für uns löste. Wąsik kam unerwartet mitten in der Nacht, angeheitert vom Wein, und fand uns in einer unzweideutigen Position vor. Ich erwartete eine wütende Attacke, bittere Worte über mißbrauchtes Vertrauen, sogar Schläge. Aber der Gast in seinem eigenen Haus schien nicht besonders aufgeregt. Er ließ sich auf einen Stuhl fallen, stützte die Ellbogen auf die Tischplatte, legte sein Kinn in die Hände und sagte mit totaler Gleichgültigkeit: »Ich wußte es bereits von der ersten Minute an.«

Ich stand auf und setzte mich zu ihm. »Ich möchte, daß du verstehst …« Wąsik unterbrach mich: »Was gibt es da zu verstehen oder nicht zu verstehen? Ich mag betrunken sein, aber ich bin nicht blind.« Er ergriff meine Hand und drückte sie fest. »Keine Angst, ich bin nicht verletzt. Es gibt eine Million Frauen in der Stadt, und alle haben eine Vagina zwischen den Beinen, also warum soll ich mit einer leben, die sich die ganze Zeit beklagt? Warum? Sag es mir.«

»Wenn das so ist, warum nimmst du dann nicht deine Sachen und gehst zu deinen Huren?« platzte Mira heraus. Wąsik lächelte schlau.

»Ich werde dir sagen, warum. Damit du nicht umsonst bekommst, was für Geld verkauft werden kann.«

»Geld? Was für Geld? Wovon redest du?«

»Von dir, mein Liebling.«

Mira war entsetzt. »Du bist verrückt!« entfuhr es ihr. Wąsik beachtete sie gar nicht. Er ließ meine Hand los, rieb Zeigefinger und Daumen aneinander und fragte:

»Also, wieviel ist sie dir wert?«

»Was ist das hier, ein Viehmarkt?« schrie Mira.

»Das hast du gesagt«, antwortete Józef zynisch und wiederholte die Frage: »Wieviel?«

»Das meinst du doch nicht ernst«, murmelte ich bestürzt.

»Ich habe noch nie etwas ernster gemeint als dies hier. Ich will dir nichts vormachen. Draußen im Auto wartet ein Freund von mir. Wir brauchen Geld. Gib mir vierhundert Złoty, und sie gehört dir. Vierhundert Złoty, und sie ist dein, samt der stinkenden Wohnung, den Wanzen und dem Gerümpel, das sie Möbel nennen. Vierhundert Złoty, und du wirst mich nicht wiedersehen. Was sagst du dazu?«

Die Summe, die er verlangte, betrug gerade einmal ein Drittel von Miras Monatsgehalt. Ich wollte gerade meine Brieftasche zücken, als ich plötzlich Mira hörte. Ihre Stimme war jetzt ganz ruhig.

»Sei nicht verschwenderisch. Ich kenne ihn; er wird sich auch mit zweihundert zufriedengeben.«

Wąsik verzichtete nicht auf einen einzigen Pfennig seiner ursprünglichen Forderung, und er hielt das ganze Versprechen. Er verließ die Wohnung und kam nicht mehr, es sei denn, er war eingeladen. Als er wegen Trunkenheit am Steuer seinen Führerschein verlor, sorgte sein Schutzengel in der Parteizentrale dafür, daß er zum politischen Direktor eines staatlichen Krankenhauses in Rabka ernannt wurde, einem Kurort im Bezirk Krakau. Einige Monate später, als Mira vor der Geburt ihres dritten Kindes stand, schlug Wąsik ihr vor, in dieses Krankenhaus zu kommen, wo er ihr die beste Pflege garantieren konnte. Es war ein großzügiges Angebot, und Mira nahm es an.

Wir fuhren in einem offenen BMW-Sportwagen, der auf den Straßen des kommunistischen Polens so selten war wie Störche am polnischen Winterhimmel, nach Rabka. Obwohl er uns nicht gehörte, symbolisierte der Wagen doch den Umschwung, der in unserer wirtschaftlichen Lage eingetreten war. Die Gruppe im Café »Arkadi« hatte ihre Verbindungen spielen lassen und mir eine Arbeit im Verkehrsministerium beschafft. Ich mußte mich auf den Straßen auf die Lauer legen und die Fahrer, die ihren Dienstwagen für private Zwecke nutzen, meinen Vorgesetzen melden. Es stand mir auch zu, alle Wagen, die sich inner- und außerhalb der Stadt bewegten, technisch zu überprüfen; waren sie nicht verkehrstüchtig, hatte ich die Pflicht, die Wagenlizenz sofort ungültig zu machen. Ich nahm die Tätigkeit an, da ich keine Alternative hatte, denn wir konnten nicht länger von Miras kleinem Gehalt leben. Was ich nicht wußte: Mit dem Inspektorenausweis hatte ich auch den Schlüssel zu einer Goldgrube in die Hand bekommen.

Jedem Generaldirektor und hohem Parteifunktionär stand ein Dienstwagen mit ständigem Chauffeur zur Verfügung. Wir konnten den Rang der Fahrgäste an den Modellen erkennen: Minister und Parteisekretäre benutzen einen amerikanischen Chevrolet, dem mittleren Rang waren sowjetische Pobjeda zugeteilt, und der Rest mußte sich mit einheimischen Fabrikaten zufriedengeben, Blechschrott, mit alten Fiatmotoren ausgestattet. Ich bekam schnell mit, daß die Beamten mit ihren staatlichen Wagen am Wochenende, wenn die Chauffeure frei hatten, private Spritztouren in die Kurorte unternahmen, manchmal mit ihren Familien, weit öfter aber mit hübschen Sekretärinnen, die an einer schnellen Karriere interessiert waren. Ich mußte lediglich die Straßen, die in Richtung Norden ans Meer und in Richtung Süden in die Berge führten, im Auge behalten, damit sie mir ins Netz gingen. Die Bestechungsgelder, die ich für meine Bereitschaft zu schweigen bekam, entsprachen jeweils dem Wagen und dem Dienstgrad des Insassen. Je höher sein Posten war, desto höher war auch die Summe, die er zahlte, um ihn zu retten.

Nach nur einem Monat stellten wir schon eine Hausgehilfin ein, eine junge Bauerntochter, der wir eine Schlafstelle in der Küche einrichteten. Nach zwei Monaten schlug ich vor, die beiden Mädchen aus dem Waisenhaus nach Hause zu holen. Aber, wie üblich in solchen Fällen, wuchs der Appetit mit dem Essen. Was leicht hereinkam, ging auch leicht weg. Ich suchte nach zusätzlichen Einnahmequellen. Und wieder half mir der Zufall. Wir befanden uns bei Kilometer zwanzig auf der Straße Warschau-Lublin, als uns ein alter Lastwagen entgegenkam. Der Polizist, der mir zugeteilt war – nur ein Uniformierter durfte einen Wagen anhalten –, bedeutete dem Fahrer, an die Seite zu fahren. Man mußte kein Experte sein, um zu sehen, daß der Lastwagen überladen war. Er neigte sich nach links, Vorder- und Hinterachsen standen nicht mehr parallel. Die Kabinentür öffnete sich, ein Mann von etwa vierzig Jahren sprang heraus und kicherte mit einem breiten Lächeln: »Ich sehe, daß ihr eure tägliche Quote noch nicht erfüllt habt.« Der Polizist entfernte sich, um mir die Verhandlung unter vier Augen zu überlassen. Auch er konnte nicht von seinem Gehalt allein leben, und wir hatten vereinbart, daß ich von jedem Kunden, der uns in die Falle ging, auch hundert Złoty für ihn einkassieren würde. Allerdings handelte es sich diesmal nicht um ein einfaches Opfer, das gezwungen war, »die Räder zu schmieren«, um weiterfahren zu können, sondern um einen Zauberer, der das magische »Sesam öffne dich!« kannte.

In der zentralisierten Wirtschaft gab es immer Schlupflöcher für flinke Unternehmer. Klempner und andere, die wichtige Dienste anboten, Gemüsebauern und Inhaber von Kommissionsgeschäften, Abtreiber und Besitzer privater Lastwagen wurden regelrechte Millionäre. Zu ihnen zählte auch unser Kunde auf der Straße von Warschau nach Lublin. Ihm die Fahrgenehmigung für den Wagen zu entziehen, hätte für ihn eine große Einkommenseinbuße bedeutet. Wir zogen uns bis zum Straßengraben zurück und setzten uns daneben; er zündete sich eine »Chesterfield« an, die Zigarette der Reichen, zog eine Rolle Geldscheine, die von einem Gummiband zusammengehalten wurde, aus seiner Tasche, gab sie mir, ohne zu zählen, und sagte:

»Hier ist mehr, als du im Jahr verdienst. Aber das ist nicht alles. Wenn wir uns einigen können, mache ich dich zu einem reichen Mann. Bist du bereit zuzuhören?«

Ich hörte zu. Wir einigten uns. Von diesem Tag an lauerte ich den zwei Lastwagen seines Hauptkonkurrenten auf; es gelang mir mit Leichtigkeit, an ihnen Sicherheitsmängel zu finden. In ganz Polen gab es damals kein Lastauto, in dessen Bremsen keine Luft war, dessen Steuerung keine gefährlichen Unregelmäßigkeiten aufwies oder dessen Lichter brannten, wie die Straßenverkehrsordnung es verlangte. Für jeden Tag, den der Wagen des Konkurrenten untätig in der Garage stand, erhielt ich einen hübschen Batzen Geld. Und umgekehrt: Zur Zeit der Ernte, wenn die privaten Lastwagen vom Staat requiriert wurden, um das Getreide über staubige Feldwege zu transportieren; wenn die Besitzer dafür ein

Entgelt vom Staat bekamen, das noch nicht einmal die Wartungs-
kosten deckte, entschied ich, daß die Laster meines neuen Bekannten für ungepflasterte Wege ungeeignet waren. Eine derartige Bescheinigung wurde mit einer Verdopplung meiner Belohnung
abgegolten. Aus der geschäftlichen Verbindung wurde Freundschaft. Wir gingen zusammen aus, um Spaß zu haben, meist mit
Teenagern, die zwar sicher nicht für mich interessant waren, dafür
aber nach dem Geschmack des Mannes, der die Rechnungen bezahlte. Am Ende schlug er mir vor, als gleichberechtigter Partner in
sein Geschäft einzusteigen. »Ich brauche einen jüdischen Kopf«,
sagte er. Es fiel mir nicht leicht, dieser Versuchung zu widerstehen,
doch ich lehnte den großzügigen Vorschlag ab und gab mich statt
dessen mit der Erlaubnis zufrieden, seinen privaten BMW benutzen zu dürfen.

So kam es, daß ich mit dem BMW nach Rabka fuhr. Józef
Wąsik war froh, mir seine Macht beweisen zu können. Seine son-
derbare Funktion als politischer Direktor machte ihn zum Allmächtigen im Krankenhaus. Er enttäuschte Mira nicht. Sie wurde
in einem Einzelzimmer untergebracht, die Schwestern standen
vierundzwanzig Stunden am Tag zu ihrer Verfügung, und als die
Geburtswehen einsetzten, eilte der beste Frauenarzt an ihr Bett.
Doch Wąsik hatte in aller Stille seine kleine Rache geplant. Als am
18. Oktober 1952 die Stunde gekommen war und Mira einem
Sohn das Leben schenkte, eilte Genosse Wąsik zum Einwohnermeldeamt und teilte die Geburt seines Sohnes mit. Er gab ihm
einen Namen, dessen deutscher Klang für polnische Ohren eine
Zumutung war: Siegfried.

»Warum hast du das getan?« protestierte ich. »Er ist doch nicht
dein Sohn.«

»Ich weiß«, antwortete Wąsik schadenfroh. »Na und? Du mußt
erst einmal das Gegenteil beweisen.«

Er wußte, wovon er sprach. Es bedurfte monatelanger Laufereien
von einem Regierungsamt zum nächsten, um den Eintrag zu korrigieren. Seinen Vornamen jedoch konnten wir nicht ändern. Da wir
keine andere Wahl hatten, gaben wir ihm den Kosenamen Witek.

Nachdem Witek eine Tatsache geworden war, eine mitunter
schreiende zwar, aber eine sehr süße, heiratete ich Mira. Diesmal
waren wir nicht auf Józefs Großmut angewiesen, denn es stellte
sich heraus, daß die kommunistische Moral sie nicht gezwungen

hatte, sich offiziell trauen zu lassen. Dem Gesetz nach war die Mutter von drei Kindern noch ledig. Die Zeremonie fand ohne Orchester und Tanz statt; lediglich die zwei Zeugen, die uns zum Standesamt begleiteten, luden wir danach in unser Haus ein, um mit ihnen auf unser Wohl anzustoßen. Von der Zeremonie ist mir nur die Reaktion des alten Standesbeamten in Erinnerung geblieben, als einer der Zeugen, Bolek Schweigert, ein Bekannter aus Miras Armeezeit, auf die Frage nach seinem Beruf stolz antwortete: »Oberst bei der politischen Polizei.« Der Beamte nahm seine Brille ab, warf dem Zeugen einen vernichtenden Blick zu und sagte ruhig: »Oberst bei der politischen Polizei ist kein Beruf, es ist eine Aufgabe.« In jenen Tagen konnte eine Unverschämtheit wie diese zehn Jahre Gefängnis nach sich ziehen. Als ich ihm das sagte, entgegnete er nur trocken: »Ich kann mir erlauben zu sagen, was ich denke. Ich habe ein bösartiges Geschwür in meiner Leber.«

Die Flitterwochen verbrachten wir zu Hause, obwohl ich aus dem Verkehrsministerium ausgeschieden war und mir meine Zeit selbst einteilen konnte. Ich betrachtete meine Kündigung als Herausforderung, ähnlich wie ein Roulettespieler, der das Spiel beendet, nachdem er eine Million Dollar gewonnen hat. Ich mußte die Gans, die die goldenen Eier legte, schlachten, wenn ich nicht geschnappt werden und selbst zehn Jahre im »Gänsestall« verbringen wollte. Später fand ich heraus, daß sowohl mein Vorgänger als auch mein Nachfolger für viele Jahre hinter Gittern verschwanden.

Als Witek sechs Monate alt war, beschlossen wir, daß es nun an der Zeit sei, seinen Großvater nach Warschau einzuladen. Miras Vater lebte in Breslau. Ich hatte mehrmals mit ihm telefoniert, ihn aber nie persönlich getroffen. Wir schickten ihm einen sehr herzlichen Brief, erhielten jedoch nie eine Antwort. Ich wurde immer neugieriger auf den Mann. Ich wollte wissen, wer er war, und herausfinden, warum er seine Tochter im Stich gelassen hatte. Also machte ich mich auf den Weg zu ihm. Wenn ich erwartet hatte, ein Scheusal vorzufinden, dann war er eine Enttäuschung. Julian Fremder entpuppte sich als freundlicher Gastgeber, als guter Gesprächspartner mit viel Humor, als ein Hüne von einem Mann mit einer warmen Ausstrahlung. Sein Bauch quoll über seinen Hosenbund, die Nähte seines Hemdes waren wegen seines enormen Brustkorbs aufgeplatzt, seine gebogene Nase ließ keinen Zweifel an seiner jüdischen Abstammung. Er arbeitete in der Waffenindustrie, und weil die Existenz solcher Werke geheim war (denn nur imperialistische Kriegshetzer produzierten Waffen), besagte das Schild vor dem Werktor, daß dies der Eingang zur Wasseruhrenfabrik sei. In der Stadt wurde damals gewitzelt, daß die Arbeiter des Werkes schlechte Ware produzierten: Jedes Mal, wenn eine Wasseruhr vom Fließband kommen sollte, erschien statt dessen ein schweres Maschinengewehr. Julek Fremder liebte diesen Witz. Er liebte auch die junge Polin, die bei ihm lebte. Der Teufel wußte, wo er sie gefunden hatte; sie war hübsch wie eine Schönheitskönigin, dickköpfig wie ein Maulesel und dumm wie ein Stein. Sie konnte nicht kochen, kümmerte sich nicht um die Wohnung, aber sie war jünger als seine Tochter, und das entschädigte ihn scheinbar für ihre anderen Unzulänglichkeiten. Ich besuchte ihn am 1. Mai, als die Straßen Breslaus einem Meer aus roten Fahnen glichen, und er, als ehemaliger Offizier, trug seine Paradeuniform zu Ehren des Arbeiterfesttags. Wir hatten ein oder zwei Gläser getrunken, als ich die Bemerkung fallen ließ, daß die vielen Orden an seiner Brust ja wohl auf eine glorreiche Karriere auf dem Schlachtfeld hinwiesen.

»Sag ihm die Wahrheit«, stachelte die junge Dame ihn an und grinste.

»Das echte Heldentum liegt in der Gulaschkanone.«

»Das ist mir zu kompliziert«, gestand ich.

»Erklär es ihm, erklär es ihm«, drängte sie ihn.

»Warum nicht; es ist eigentlich eine lustige Geschichte«, sagte er und betastete die Silbermedaille, die an einem grünen Band hing. »Siehst du dieses Spielzeug? Das ist der Orden für die Teilnahme an der Schlacht von Lenino. Nein, nein, erschrecke nicht. Ich habe dort nicht mein Blut vergossen. Alles was ich tat, war, meinem Kommandeur eine Zwiebelsuppe zu kochen. Es hatte nichts mit einem Bajonettkampf zu tun, dennoch: Die Aufgabe war nicht einfach. Finde erst einmal frische Zwiebeln im weißrussischen Schnee. Es herrschte Frost und außerdem eine große Hungersnot, die Bauern hüteten die Lebensmittel, die sie noch hatten, wie ihren Augapfel. Nur mit List war es möglich, etwas zu bekommen, das in den Magen ging, ohne ihn zu verderben. Ich war gut in solchen Aktionen, die Gedankengänge dieser Scheusale waren mir nicht fremd. Ich fand Zwiebeln, die hinter einem Reisighaufen versteckt waren. Die Bäuerin weinte, als ob ich ihr den Säugling von der Brust gerissen hätte. Ich hatte kein Mitleid mit ihr. Mitleid im Krieg ist wie Syphilis bei der Liebe. Es macht alles kaputt. Ich kehrte zu unserer Basis zurück und kochte dem Regimentskommandeur sein Lieblingsgericht. Er war zum Glück kein Feinschmecker, denn was hätte ich getan, wenn er Lust auf Cordon bleu mit Pommes frites oder auf geräucherten Lachs mit Kapern gehabt hätte? Der Kommandeur ernannte mich zum Regimentskoch. Das war mein Glück, denn ich hatte keine Ahnung, aus welchem Ende das Gewehr schießt, und keine Lust, die Deutschen mit einer Handgranate in der Hand anzugreifen. Nun sieh dir mal diesen Orden an. Kannst du Russisch lesen? Dort steht ›für Tapferkeit‹. Der Orden ist nicht nur ebenfalls mit einem grünen Band verbunden, sondern auch mit einer lustigen Geschichte. Es war während einer Kampfpause, der Regimentskommandeur langweilte sich. Er war ein Mensch, dessen Leben keinen Sinn hatte, wenn er nicht aß oder schoß. Auf dem Bauernhof, wo wir unser Quartier aufgeschlagen hatten, lief eine Stute herum, die genauso gelangweilt aussah wie der Kommandeur. ›Ich habe noch nie einen so fetten Juden wie dich auf einem Pferd reiten sehen‹, forderte er mich heraus. Am Ende versprach er mir eine Tapferkeitsmedaille, wenn ich mich zehn Minuten auf dem Pferd halten könnte, ohne herunterzufallen. Pferde waren für mich ein Kinderspiel. Vor dem Krieg hatte ich in Krakau Bierfässer auf Lieferwagen transportiert, vor die belgische Pferde gespannt waren, riesige Biester, die mühelos zwei Tonnen Ware ziehen konnten. Verglichen mit denen war die weißrussische Stute ein Schaukelpferd aus dem Kinderzimmer. Ich gab ihr einen Tritt, damit sie etwas Leben zeigte, aber sie hatte keinen Tropfen Ehrgeiz mehr im Leib. Ich ritt sie wie ein Araber einen Maulesel, aber mein Regimentskommandeur war ein ehrenhafter Mann, und ich bekam den Orden. Und diesen hier …«

Mein Schwiegervater kannte noch mehr Geschichten wie diese, alle recht lustig, aber als seine junge Freundin hinausging, um eine Erfrischung zu holen, wagte ich zu fragen:

»Warst du nie daran interessiert, was aus Mira geworden ist?«

»Es war Krieg.«

»Sie war deine einzige Tochter.«

»Warum die Vergangenheit wachrufen. Sie hat ihren Weg im Leben gefunden, sie hat einen Mann und Kinder. Wo liegt das Problem?«

»Du hast recht, es gibt kein Problem«, antwortete ich.

Wir saßen, redeten und tranken bis nach Mitternacht, bis das Mädchen mitteilte, daß sie müde sei, und ins Bett ging. Sie bot mir das Sofa im Wohnzimmer an. Julek Fremder wünschte mir Gute

Nacht, legte seinen schweren Arm um die Schulter seiner Freundin, als ob sie sein alleiniges Eigentum wäre, und verschwand mit ihr im Schlafzimmer. Ich hatte keinen Schlafanzug mitgebracht; also löschte ich das Licht, zog mich aus und deckte mich zu. Vom Alkohol drehte sich mir etwas der Kopf. Ich schlief sofort ein und hörte nicht, wie die Tür geöffnet wurde und Juleks Freundin zu mir kam. Sie fand eine originelle und angenehme Art, meinen Schlaf zu unterbrechen. Ich stellte keine Fragen, doch sie gab von sich aus eine Antwort:

»Wenn ich schon mit einem Juden schlafen muß, dann ziehe ich einen jungen und schlanken vor.«

Am nächsten Tag fuhr ich nach Hause. Mira wollte nichts von ihrem Vater hören. Die Verbindung zu ihm brach ab. In den sechziger Jahren, als wir schon in Israel waren, erkrankte der Vater und bat sie um Hilfe. Mira ließ seinen Brief unbeantwortet. Er starb leidend, allein und verbittert. In den achtziger Jahren brach Mira zu einem Erinnerungsbesuch nach Polen auf. Das Grab ihres Vaters stand nicht auf ihrem Reiseplan.

Als Witek ein Jahr alt war, wiederholte ich mein Angebot, seine beiden Schwestern aus dem Waisenhaus zu holen. Die Nonnen weigerten sich, sie herauszugeben. Nur der, der sie gebracht habe, so erklärten sie mir, könne sie auch wieder mitnehmen. Ich fand Wąsik. Nachdem er aus Rabka hinausgeworfen worden war, weil er versucht hatte, eine Hebamme zu vergewaltigen, wurde ihm die Leitung einer staatlichen Rinderzucht-Farm übertragen, irgendwo in Nordpolen. Wąsik freute sich, mich zu sehen, lehnte meine Bitte jedoch ab.

»Du hast mir die Frau genommen, ist das nicht genug?« grollte er.

»Wir besuchen sie jeden Sonntag. Du bist schon ein halbes Jahr nicht mehr bei ihnen gewesen.«

»Vaterliebe läßt sich nicht an der Zahl der Besuche ermessen«, entgegnete er.

»Das ist ein schöner Spruch, aber Frania und Ala ist damit nicht geholfen.«

»Plötzlich willst du Familienvater spielen? Einfach so, ohne eigenes Zutun? Macht euch selbst ein Dutzend Welpen und zieht sie groß. Warum willst du ausgerechnet meine Töchter?«

»Sie sind auch Miras Töchter.«

»Das stimmt.« Józef Wąsik dachte einen Augenblick nach.
»Das stimmt«, sagte er wieder. »Mir gehört eine Hälfte und ihr die
andere. Nehmt euch die Große, die Kleine bleibt bei mir.«*
»Warum die Schwestern auseinanderreißen? Kannst du dir
nicht vorstellen, wie Ala sich fühlen wird? Sie wird sich vernach-
lässigt vorkommen. Sie ist noch nicht einmal fünf Jahre alt ...«
»Spar dir deine Argumente. Entweder halbe-halbe oder gar
nichts.«
Es hatte keinen Sinn, weiter zu diskutieren. Ich ließ mir von
Józef eine Vollmacht unterschreiben. Eine Woche später holten wir
Frania von den Nonnen. Unser Zusammenleben verlief allerdings
nicht reibungslos. Das Kind hatte aus dem Waisenhaus einen tiefen
Glauben mitgebracht, und es fiel ihm nicht leicht, mit der Tatsache
fertigzuwerden, daß sie nun in ein jüdisches Haus gekommen war.
Sie vermißte das Kruzifix an der Wand, den Weihnachtsbaum, das
weiße Kleid zur heiligen Kommunion, und am meisten fehlten ihr
die Unterweisungen und die Messen am Sonntag. Wir fanden bald
heraus, daß Frania, im Gegensatz zu uns, an die Lehren glaubte,
die man ihr im Kloster beigebracht hatte.
Ungefähr zur gleichen Zeit, Anfang 1953, herrschte in den meisten sowjetischen Satellitenstaaten eine stark antisemitische Atmosphäre. In Prag war gerade der Slánský-Prozeß zu Ende gegangen. Elf von vierzehn Angeklagten waren jüdischer Herkunft. Im
Sommer 1952 waren in einem anderen Schauprozeß fünfundzwanzig jüdische Autoren aus Rußland zum Tode verurteilt worden. Im Januar 1953 berichtete die osteuropäische Presse, daß
sechs jüdische Ärzte versucht hätten, Stalin und seine treuen Anhänger zu ermorden. Gelenkt worden sei diese Verschwörung, so
schrieben die regimetreuen Organe, vom Joint Distribution Committee, einer amerikanisch-jüdischen Organisation. Ich, der ich
mich normalerweise gut beherrschen konnte, warf die Morgenzeitung auf den Fußboden und trampelte wütend auf ihr herum.
Meine nichtjüdischen Freunde hatten immer gelobt, daß keine einzige Faser an mir jüdisch sei, jetzt aber fühlte ich mich dem Judentum stark verbunden.

---

\* Nach Józef Wąsiks Tod brachte ich Ala mit Hilfe der Jugendalijah nach Israel.
Mira und ich waren bereits geschieden.

Der Feldzug gegen die Juden war sorgfältig geplant. Die Ärzteaffäre, der Slánský-Prozeß, eine Bombe in der sowjetischen Botschaft in Tel Aviv, der Prozeß gegen die russisch-jüdischen Autoren – das alles lag in einer Hand, orchestriert durch den Taktstock eines einzigen Dirigenten. Niemand weiß, wohin sich die Dinge noch entwickelt hätten, wäre nicht der unerwartete Tod Stalins dazwischengekommen. Der Diktator starb am 3. März 1953. Binnen weniger Monate wurde die Ärzteaffäre zum Phantasieprodukt einer übereifrigen Politikerin erklärt, und die antisemitische Kampagne ebbte langsam ab. Paradoxerweise waren es ausgerechnet Mitglieder des kommunistisch-jüdischen Establishments in Polen, die Öl auf das Feuer gossen. Mit echtem Ekel las ich, was einer ihrer Funktionäre, Szymon Zachariasz, damals veröffentlichte: »Der Zionismus und die zionistische Regierung Israels, die mit dem internationalen Imperialismus verbunden sind, helfen dem Hitlerismus bei seiner Rehabilitation. Zu diesem Zweck haben die Zionisten einen Pakt mit den Neofaschisten in Westdeutschland geschlossen, mit denen, die die Wehrmacht aufgebaut haben, mit den Mördern von sechs Millionen Juden, die jetzt neue Morde vorbereiten ...«

Der Originaltext war auf Jiddisch geschrieben worden. Ich las ihn in der polnischen Übersetzung, und noch bevor ich die Lektüre beendet hatte, faßte ich den Entschluß, erste Kontakte zur israelischen Botschaft in Warschau aufzunehmen. Sie nahmen schließlich eine Form an, über die zum Teil bis heute geschwiegen werden muß. In der Zwischenzeit entwickelte sich zu Hause unsere eigene jüdische Affäre. Frania konnte sich nicht daran gewöhnen, bei uns zu leben. Es dauerte lange, bis Mira und ich begriffen, daß wir mit ihr in eine Konfrontation verstrickt waren, die einen religiösen und nationalen Hintergrund hatte, und daß ihre Rebellionen, ihre Zornesausbrüche und ihre Mißerfolge in der Schule aus eben dieser verborgenen Auseinandersetzung herrührten. Als Mira Franias Schultasche durchsuchte, fand sie Heiligenbildchen in ihren Heften versteckt. Beim näheren Durchlesen der Hefte fand sie außerdem heraus, daß Frania dreimal in der Woche am Religionsunterricht der örtlichen katholischen Kirche teilnahm. Das erklärte auch ihr häufiges Verschwinden von zu Hause. Wir riefen sie zu einer Unterredung. Mit Entsetzen hörten wir ihre Beichte: In der Klasse wurde sie von den Kindern verhöhnt, weil sie Jüdin war; die Lehrerinnen behandelten sie mit einer kalten Förmlichkeit; die

Klassenkameradinnen weigerten sich, mit ihr auf dem Schulhof zu spielen. All dies hörte in dem Moment auf, an dem sie begann, wie viele andere Jungen und Mädchen an dem Religionsunterricht teilzunehmen. Ich verstand sie. Frania wollte nicht die Ausnahme von der Regel sein. Sie hatte nicht die Kraft, gegen den Strom zu schwimmen; und selbst wenn sie sie gehabt hätte, so fehlte ihr die Motivation dazu. Nicht unser Zuhause, sondern die Kirche war ihre geistige Heimat. Wir sahen keinen Sinn darin, sie zu irgendetwas zu überreden. Mira entschloß sich, eine Schocktaktik anzuwenden. Nicht, weil sie sich dem Judentum zugehörig fühlte, sondern aufgrund ihrer atheistischen Weltsicht. Sie bestand darauf, daß ich zum Priester ging und von ihm den Ausschluß unserer Tochter von den Stunden forderte. Ich tat, was sie verlangte.

»Setzen wir uns in mein Büro und unterhalten uns dort in Ruhe«, schlug er vor und führte mich in ein kleines, dunkles Zimmer hinter dem Altar. Als wir Platz nahmen, entschuldigte er sich für die einfachen Möbel: »Wir wollen nicht auffallen.«

»Des teuflischen Auges des Staates wegen?«

»Nennen Sie es, wie Sie wollen. Wir haben gelernt, uns mit dem Regime zu arrangieren. Aber Sie sind nicht gekommen, um über die Beziehungen zwischen Kirche und Partei zu diskutieren. Darf ich Ihnen ein Glas Wein anbieten?«

»Nein, danke.«

»Ein Glas Wein zwingt Sie nicht, sich meinen Ansichten anzuschließen«, lächelte er und goß sich ein Glas Wein ein. »Sie sind wegen Frania gekommen, stimmt's?«

»Stimmt.«

»Sie ist ein kluges, kleines Mädchen und sehr mit ihrem Glauben verbunden. Versuchen Sie nicht, ihre reine Seele zu spalten.«

»Genau das möchte ich vermeiden.«

»Sie hat ihren Weg zu ihrem Gott gefunden. Und sie ist entschlossen, nicht von ihm abzuweichen.«

»Sie ist noch keine sieben Jahre alt. Sie hat keine eigene Meinung.«

»Ich erlaube mir, Ihnen zu widersprechen. Ich habe mich nicht auf den Verstand bezogen; der Glaube lebt im Herzen, nicht im Gehirn.«

»Sie wissen, Vater, daß sie Jüdin ist. Sie hat in der katholischen Kirche nichts zu suchen.«

»Dieses Thema ist diskutierbar.«

»Nicht in meinen Augen, Vater.«

»Frania ist nur euren jüdischen Gesetzen nach Jüdin. Nicht nach unserem Glauben. Ihr Vater ist und bleibt Pole.«

»Er ist Kommunist und glaubt nicht an Gott.«

»Das ist nur eine optische Täuschung. Wir sind ein katholisches Volk. Jesus Christus opferte sich auch für Menschen wie ihn. Menschen, die auf Abwege geraten sind. Auch für Sie, mein Herr. Bitte strafen Sie nicht das Kind dafür, daß Sie kein Pole sind.«

Ich wurde wütend. »Aus welchem Grund sprechen Sie mir das Recht ab, ein Pole zu sein wie Sie? Ich bin auf demselben Boden geboren wie Sie und meine Vorfahren ebenfalls. Ich bin ebenso ein Teil der polnischen Geschichte wie Sie, Vater. Die schwarze Kutte macht aus Ihnen keinen besseren Bürger als mich.«

»Ich wollte Sie nicht beleidigen.«

»Aber Sie haben es getan.«

»Ich bitte Sie um Entschuldigung... Ja, Sie sind ein polnischer Bürger. Sie haben einen polnischen Ausweis, und Sie haben sicher auch ein polnisches Nationalbewußtsein. Und trotzdem besteht ein Unterschied.«

»Ein Unterschied?«

»Wir haben eine tausendjährige Gemeinschaft hinter uns. Ich will diese Tatsache nicht geringschätzen, ebensowenig wie euren Beitrag zu unserer Kultur. Und trotzdem besteht ein Unterschied. Ihr habt euch dafür entschieden, Polen zu sein. Diese Wahl ist das Ergebnis einer Überlegung, ein freiwilliger Entschluß. Deshalb steht euch der Weg immer offen, eure Meinung zu ändern. Euer Patriotismus wurde nicht mit der Muttermilch aufgenommen. Er hat keine Wurzeln, denn unsere Wurzeln erwachsen aus dem Christentum, und das Christentum ist ein Wert, der sich nie ändern wird. Polen liegt in unserem Blut, im guten wie im bösen, und es gibt für uns keinen Weg, davon freizukommen. Nicht zufällig wird die katholische Ehe auf ewig geschlossen, während ihr Juden euch immer scheiden lassen könnt. Meiner Meinung nach ist etwas falsch an der Möglichkeit, sich ein Heimatland aussuchen zu können, so wie man sich eine Konkubine wählt ... Ich hoffe, Sie sind nicht beleidigt. Ich habe keinerlei Vorurteile. Ich respektiere die Juden. Ich werde nie vergessen, daß der Gekreuzigte gepredigt hat, seinen Nachbarn zu lieben, auch wenn er ein Fremder ist. Im Namen dieser Nächstenliebe wende ich mich an Sie, mein Herr: Stehen Sie Frania nicht im Wege. Verhindern Sie nicht, daß sie sich in eine Gesellschaft einfügt, zu der sie gehört; berauben Sie sie nicht ihres Glaubens und ihrer Erlösung.«

Ganz gleich, ob seine Worte ehrlich gemeint und direkt aus seiner gläubigen Seele kamen, oder ob sie nur Teil einer Vorstellung waren, ich hatte nicht die Absicht, das Gespräch fortzusetzen. Nur die Furcht vor einem Eingreifen der Behörden würde ihn dazu bewegen, auf die »reine Seele« Franias zu verzichten. Es war wichtig, daß der Priester selbst sie ausstieß, denn auf diese Weise würde sie ihre Enttäuschung auf ihn richten. Ich sagte:

»Es tut mir leid, Sie enttäuschen zu müssen, Vater, aber unser Kind ist kein Handelsobjekt.«

Der Priester hatte mich noch nicht ganz verstanden, denn er antwortete mit der Inbrunst eines Klerikers:

»Das Christentum ist kein Handelsobjekt, und ebensowenig kann man mit menschlichen Seelen handeln.«

»Ich glaube, Sie haben mich nicht verstanden, Vater«, sagte ich, jedes Wort betonend.

»Ein Herz, zu wissen, Augen, zu sehen und Ohren, zu hören… Das ist aus dem Fünften Buch Moses. Aus dem Alten Testament, nicht aus dem Neuen.«

»Sie weigern sich, meine höfliche Sprache zu verstehen, deshalb habe ich keine andere Wahl, als direkt zu sein. Sie wissen bestimmt, daß mein Frau in der Parteizentrale arbeitet, und daß sie nicht will, daß ihre Tochter religiös erzogen wird. Wenn Sie Franias Teilnahme am Religionsunterricht nicht verhindern, sehe ich keinen anderen Ausweg, als den einer förmlichen Anzeige. Ich vermute, daß ich Sie nicht daran erinnern muß, daß religiöser Zwang ein kriminelles Vergehen ist.«

»Der gnädige Gott vergebe Euch diese Sünde«, antwortete der Priester. Ich ging hinaus. Ich hörte das Knacken des Schlüssels. Er hatte die Kirchentür abgeschlossen, als wolle er mir zeigen, daß sie auch für Frania verschlossen bleiben würde.

Ich adoptierte Frania einige Wochen, bevor ich Polen verließ. Sie war damals schon elf Jahre alt und erfaßte die Bedeutung dessen, was vor sich ging. Sie behandelte die Auswanderung nach Israel wie eine spannende Reise in eine neue Welt. Mira war weniger begeistert. Meine Annäherung zum Judentum, die sich in den letzten Jahren vollzogen hatte, ging an ihr vollkommen vorbei. Wenn sie einverstanden war, sich für immer von der Umgebung zu trennen, in der sie verwurzelt war, dann hauptsächlich deshalb, um mir nahe zu sein. Wäre ich seelisch erwachsener gewesen, hätte ich sie bestimmt davon überzeugen können, daß eine Trennung der bessere Weg für uns wäre. Es war leichtfertig von mir, es nicht zu tun, zumal ich mir bewußt war, daß ihre Anziehungskraft und meine seelische Bindung an Mira bereits nachgelassen hatten und daß es keinen Ausweg aus der Ehekrise gab. Falls ich dennoch etwas zu meinen Gunsten anführen kann, dann ist es die Tatsache, daß Mira mir nicht blind folgte. Sie kannte das Wesen unserer Beziehung genau, und wenn sie fern von zu Haus im Urlaub war, tröstete sie sich mit einem Liebhaber, um ihr weibliches Selbstbewußtsein wiederaufzubauen. Doch was für sie ein außergewöhnliches Abenteuer war, war für mich normal geworden.

Sidney Grusson überließ mir immer die Schlüssel zu der Suite der *New York Times* im Hotel »Bristol«, wenn er nach Westeuropa oder Amerika fuhr. Da Grusson oft reiste, konnte ich oft wilde Sexparties organisieren. Die Kellner des »Bristol« brachten silberne Platten, beladen mit russischem Kaviar, ungarischer Salami, salzigem und süßem Gebäck, sowie flaschenweise französischen Kognak und Champagner in die Suite in der vierten Etage. Ein großzügiges Trinkgeld versiegelte ihre Lippen. Wir waren gleichsam eine dekadente kapitalistische Insel im Herzen eines kommunistischen Staates. Immer fanden wir einen Spender, meist einen Mann mittleren Alters, der sein Geld auf dem Schwarzmarkt gemacht hatte und glücklich war, bezahlen zu dürfen, wenn er dafür an den Freuden teilnehmen konnte. In besonderer Weise stach unter ihnen ein türkischer Waffenhändler hervor, der es liebte, mit jungen, blonden, vollbusigen Frauen zu schlafen. Wenn er unter den Mädchen, die nackt durch die Suite liefen, nicht das fand, was er wollte, oder wenn die Mädchen nicht genug Champagner getrunken hatten, um sich ihm, der einen dicken Bauch vor sich hertrug, freiwillig hinzugeben, ging ich in die Lobby des Hotels und suchte ihm eine der »Amateurinnen« aus, die ihre Jugend für ein Abendessen mit einem ausländischen Touristen verkauften. So lernte ich die neunzehnjährige Barbara kennen.

Barbaras fließendes, blondes Haar brachte unseren türkischen Wohltäter zur Raserei. Das Mädchen, die Tochter eines Unteroffiziers der Luftwaffe, entwickelte jedoch ausgerechnet zu mir eine besondere Zuneigung. Ihre Eltern hatten nicht die leiseste Ahnung von ihrem Doppelleben. Sie glaubten in ihrer Naivität, daß die schöne Basia ihre Abende mit Gesangstunden verbrachte. Aber Barbara war von den Hollywoodfilmen tief beeindruckt, die von Zeit zu Zeit in den Lichtspieltheatern gezeigt wurden, und suchte in den Hallen des Warschauer Hotels nach einem Ersatz, der ihrer Traumwelt so nahe wie möglich kam. Dort traf sie zum ersten Mal syrische Piloten, die in Polen dafür ausgebildet wurden, jene MIG-Kampfflugzeuge zu fliegen und instandzuhalten, die die polnische Flugzeugindustrie unter russischer Lizenz produzierte. Einmal im Monat, wenn die Syrer zu einem Kurzurlaub in die Hauptstadt kamen, bemühten sie sich um die Gesellschaft von Frauen. Im Erdgeschoß des »Bristol«, im Foyer oder in einem der Restaurants konnten sie leicht Kontakte zu den Mädchen knüpfen. Die Frauen und die Getränke lösten ihre Zungen, und so kam es, daß Barbara und der türkische Waffenhändler immer spannende Gesprächsthemen hatten. Barbara verfügte über ein ausgezeichnetes Gedächtnis, und mit großer Genugtuung demonstrierte sie dem dicken Türken ihre Kenntnisse über die verschiedenen Flugzeugtypen, deren Ausstattung und Bewaffnung. Der Händler seinerseits prahlte mit den Waffengeschäften zwischen Polen und Käufern aus der Dritten Welt, die er vermittelte. Ich klaubte diese Informationen zusammen wie ein Schmetterlingssammler. Achtundvierzig Stunden, bevor ich Polen verließ, wurde auch die israelische Botschaft auf den neuesten Stand gebracht, nur wenige Tage, bevor der Empfänger in Polen zur *persona non grata* erklärt wurde.

Im Juni 1957 küßte ich Mira und die Kinder, setzte mich hinter das Lenkrad des Plymouth von der *New York Times* und machte mich auf den Weg. Es war geplant, daß ich zwei Tage in Breslau bleiben, am dritten Tag die Grenze überqueren und, wenn alles ohne Probleme klappte, von Wien aus telefonieren sollte, um ihnen zu sagen, daß sie den nächsten Zug nehmen und mich in der österreichischen Hauptstadt treffen sollten. Von da aus wollten wir gemeinsam nach Israel reisen. Aber es kam anders.

Mira wußte nichts von meinen Kontakten zu den Israelis, und da war noch eine Sache, von der ich ihr nichts erzählt hatte. Ich hatte ihr verschwiegen, daß ich auf den Vorschlag eines Juden eingegangen war, der durch die Herstellung von billigen Süßigkeiten reich geworden war. Ein Mann von ungefähr fünfzig Jahren, unglaublich alt in unseren Augen, einer der regelmäßigen Teilnehmer unserer Treffen im »Bristol«. Er hatte sich ebenfalls zur Auswanderung entschlossen und suchte nach Wegen, sein Vermögen aus Polen herauszubringen. Man sagt, daß Männer nichts mehr verbindet als eine gemeinsame Frau – und wir hatten Dutzende. Mitten in einem Gelage schlug er mir vor, etwa zweihundert Kilogramm Silber in deutschen Vorkriegsmünzen herauszuschmuggeln. »Deine Kommission, zehn Prozent des Warenwertes«, sagte er, »wird dir ausgezahlt werden, wenn die Fracht in Österreich ausgeladen wird.« Die Idee zu schmuggeln reizte mich sogar mehr als der finanzielle Gewinn. Ich liebte das leichte Schauern im Moment der Spannung. Wenn man mich erwischte, lagen lange Jahre im Gefängnis vor mir. Aber warum sollte man mich schnappen? War ich nicht mit einem silbernen Löffel im Mund geboren worden? Ich stimmte zu. Wir schüttelten uns die Hände. In Breslau sollte ich die Münzen einladen. Wegen des Risikos, das mit der Operation verbunden war, hatte ich Mira, Witek und Frania auf der Schmuggelfahrt nicht bei mir haben wollen.

In Breslau verbrachte ich eine Nacht in dem Haus von Roberts Eltern. Sie waren ein altes, bescheidenes Paar, etwas realitätsfern und entsetzt über die freie Lebensweise ihres Sohnes. Sie hatten gehofft, einen jungen Mann zu erziehen, der den ausgetretenen Pfaden der Konvention folgen würde; statt dessen hatten sie einen hedonistischen Wüstling bekommen, der nur an die Freuden des Lebens glaubte. Sie segneten den Augenblick, an dem Robert sich entschloß, mit mir nach Israel zu gehen, da sie hofften, daß der Tunichtgut dort, im jüdischen Staat, auf den richtigen Weg geraten würde. Sie irrten sich gewaltig, doch dieser Abschnitt aus Roberts Leben gehört in ein anderes Buch.

Seine Entscheidung, nach Israel auszuwandern, entsprang lediglich einer Laune, einer Laune, die sich von den hundert anderen Kapriolen, von denen er sich durch das Leben führen ließ, nicht unterschied. Wir waren gute Freunde. Ich wußte, daß der Zionismus ihm nichts bedeutete, dennoch war ich froh, daß er auf dieser Reise an meiner Seite sein würde. Ich erzählte ihm von dem Schmuggel, weil ich nicht verantwortlich sein wollte, sollte er mit mir zusammen festgenommen werden. Robert wies meine Gewissensbisse zurück. Nach Einbruch der Dunkelheit fuhr ich in die Autowerkstatt, um die Silbermünzen einzuladen. Robert hatte eigentlich eingewilligt, mich zu begleiten, doch eine Sekunde, bevor ich den Motor startete, stieg er aus dem Wagen, stellte sich daneben, streckte seinen Kopf durch das offene Fenster und sagte:

»Es ist besser, wenn ich zu Hause auf dich warte. Und bitte, sage mir nicht, wo es versteckt ist.«

»Warum nicht? Du bist ein Partner.«

»Zollbeamte sind gute Psychologen. Mein Blick wird sie direkt zum Versteck führen.«

An der Karosserie eines Plymouth-Kombiwagens, Modell 1956, liefen zwei hohle Eisenstangen entlang. Der Inhaber der Autowerkstatt half mir, viereckige Öffnungen jeweils in die Mitte der Eisenstangen zu schneiden, damit sie mit den Silbermünzen gefüllt werden konnten. Vorsichtig verteilten wir das Gewicht der Münzen gleichmäßig auf beide Seiten des Wagens. Die Unterbringung war einfach und ausgeklügelt zugleich: Die Münzen wurden erst in dicke Wollstrümpfe gestopft, fünf Kilogramm in jeden Strumpf. Dann wurde jedes Strumpfsäckchen mit einem Strick zugebunden und in die Hohlräume gesteckt, bis wir schließlich nur noch das Ende des Strickes in unserer Hand hielten. Die Länge der einzelnen Stricke entsprach der Entferung zwischen dem Paket und der Öffnung. Auf diese Weise konnten die vollen Strümpfe beim Öffnen der Löcher problemlos an den Stricken herausgezogen werden. Als wir alles verstaut hatten, verschweißten wir die Öffnungen, strichen Teer auf die Unterseite des Wagens und fuhren mit ihm über einen sandigen Untergrund. Selbst der erfahrenste Zollbeamte würde keine Spur von unserer Arbeit entdecken können.

Um zwei Uhr morgens kam ich in das Haus von Roberts Eltern zurück. Er empfing mich im Korridor. Seine Hände zitterten.

»Mira hat angerufen«, flüsterte er.

»Was wollte sie denn schon wieder?« fragte ich ungeduldig.

»Sie rief von einer Telefonzelle an.«

»Warum?«

»Die Polizei hat eure Wohnung durchsucht. Sie wollten wissen, wo du bist.«

»Was hat sie ihnen gesagt?«

»Sie ist in Ordnung. Sie hat gesagt, daß du ins Ausland gegangen bist und sie keine Verbindung mit dir hat. Aber die Beamten haben ihren Paß beschlagnahmt und ihr mitgeteilt, daß sie ihn nicht zurückbekommt, bevor sie sich nicht zu einer Klärung zur Verfügung stellt.«

»Was für eine Klärung?«

»Sie konnte es nicht sagen. Vielleicht rufst du sie an?«

»Bist du verrückt? Die werden ihre Gespräche abhören.«

»Was sollen wir tun?«

»Wir hauen um fünf Uhr früh ab; wir werden um sieben die tschechische Grenze überqueren, gleich nachdem die Grenzstation aufgemacht hat.«

»Man wird uns verhaften.«

»Erinnerst du dich noch an die Geschichte, die wir zusammen geschrieben haben? Über die Grenzwache?«

»Natürlich.«

»Wir haben damals mit mehreren Offizieren gesprochen. Worüber haben sie sich beschwert?«

»Über die schlechte Verbindung ... Jetzt beginne ich zu verstehen.«

»Es lebe die veraltete Technik. Ihre Fernschreiber schlafen nachts.«

»Ich habe kein gutes Gefühl.«

»Wenn du dir in die Hose machst, bleib zu Hause. Mutti und Vati werden dir am Morgen eine Tasse Kakao machen.«

»Ich stelle den Wecker auf 4.30 Uhr. Und ich mache uns eine Tasse Kakao.«

Am Grenzübergang in der Nähe des Kurorts Kudowa nahm der polnische Polizist unsere Pässe an sich und verschwand für lange Zeit in der Baracke, die ihm als Büro diente. Das war der Moment der Spannung, des Erschauderns, aber ich bin mir nicht sicher, ob ich es wirklich als angenehm empfand. Mein Puls jagte, bis der Mann zurückkam, uns die Pässe zurückgab und uns eine gute Fahrt wünschte. Ich trat auf das Gaspedal. Die Zöllner auf der tschechischen Seite waren sehr höflich. Gegen Abend erreichten wir die Grenzstadt Mikolov. Vier Kilometer trennten uns von österreichischem Boden.

Das Städtchen war von seinen Einwohnern geräumt worden. Ich fand später heraus, daß die Behörden alle Bauern, deren Höfe an der Grenze lagen, evakuiert hatten. Zwei Stacheldrahtzäune waren rechts und links der Straße gezogen worden. Zwischen den Zäunen hatte man einen Graben ausgehoben. Gelbe Schilder warnten vor Minen. So also sieht der Eiserne Vorhang aus, dachte ich mir. Der Anblick war deprimierender, als ich es mir vorgestellt hatte. Erst in diesem Moment und an diesem Ort realisierte ich, daß wir ein riesiges Gefangenenlager verließen, das offiziell wie zum Hohn als »Friedenslager« bezeichnet wurde.

Das Tschechisch, das ich 1946 gelernt hatte, bahnte mir den Weg in die Herzen der Grenzbeamten. Der Offizier, der in seinem Büro die Liste der Verdächtigen durchging, ließ sich Zeit. Ich beobachtete ihn unablässig aus den Augenwinkeln, während die Grenzer und Zöllner ein freundliches Gespräch mit uns anfingen. Sie respektierten Journalisten und Schriftsteller, hatte man uns erzählt. Robert nahm eine Detektivgeschichte aus dem Koffer, die wir kurz zuvor veröffentlicht hatten, und reichte sie einem der Grenzpolizisten.

»Es ist eine Geschichte über eine Schmugglerbande, die von der polnischen Polizei gefaßt wird«, erklärte er.

Der Grenzpolizist kicherte: »Bleibt bei uns, und ihr werdet bald Material für ein weiteres Buch haben. Fast jeden Monat wird hier ein Schmuggler gefaßt. Meist wird Silber geschmuggelt. In Österreich wird zehnmal mehr dafür gezahlt als in den demokratischen Volksrepubliken. Sie schmuggeln Silber, das in Barren umgeschmolzen wurde. Sie schmuggeln Münzen, Schmuckstücke und Kunstgegenstände. Du kannst dir nicht vorstellen, mit welchen Tricks wir das Zeug ausfindig machen und was für Verstecke wir schon gefunden haben.«

Ich bat ihn, uns eine oder zwei Geschichten zu erzählen. Der Polizist brauchte keine zusätzliche Ermutigung.

»Früher haben sie es geschafft, uns zu überlisten. Du glaubst nicht, auf welche Schliche das menschliche Gehirn kommt. Aber jetzt haben wir ein erprobtes und unfehlbares System. Kein Schmuggler kommt hier frei heraus. Wie wir es machen? Wir räumen das Auto aus, kontrollieren, wieviel Benzin noch im Tank ist, und stellen das Auto auf die Waage. Im Kraftfahrzeugbrief steht das Gewicht des Wagens. Wenn es sich deutlich von dem unterscheidet, was die Waage uns anzeigt, nehmen wir das Fahrzeug auseinander. Die Mühe war noch nie umsonst. Was sagst du dazu, Superdetektiv?«

»Was gibt es dazu zu sagen? Ich ziehe meinen Hut vor euch.«

Als der Offizier mit unseren Pässen zurückkam, sah ich Robert nicht neben mir. Er stand etwa zehn Meter abseits. »Wir fahren!« rief ich, erst dann lief er los und nahm auf dem Beifahrersitz Platz. Der Schlagbaum ging hoch, ich winkte den freundlichen Männern zu und fuhr im ersten Gang an ihnen vorbei, um nicht den Eindruck zu erwecken, daß wir es eilig hatten. Die Straße vor uns war eng und voller Schlaglöcher. Ich fuhr sehr vorsichtig. Wäre uns eine Achse gebrochen, hätte uns sogar der liebe Gott nicht mehr retten können. Nach ungefähr zwei Kilometern bemerkte ich einen eigenartigen Geruch.

»Die Felder werden gedüngt«, vermutete ich und korrigierte mich sofort: »Nein, das kann nicht sein. Hier ist doch keine Menschenseele.«

»Das bin ich«, platzte Robert heraus.

»Wie nennt man dieses Parfum?« fragte ich spöttisch.

»Das ist nicht lustig«, sagte er beleidigt. »Ich habe in die Hosen gemacht, aber ich hatte die Geistesgegenwart, mich von dem Auto zu entfernen, damit den Hundesöhnen der Geruch der Angst nicht in die Nase stieg.«

Wir fuhren zwischen den Feldern hindurch, in deren Furchen nur Minen gepflanzt waren. Einige Minuten später sahen wir die österreichische Flagge.

»Wir sind frei!« schrie Robert, und beide brachen wir in hysterisches, hemmungsloses, befreiendes Gelächter aus.

# 6

Freiheit hat verschiedene Bedeutungen. Ein Löwe in der grünen Weite Afrikas muß sich freier fühlen als ein Löwe in einem Gehege. Wie fühlt sich eine gefütterte Hauskatze, verglichen mit einer Straßenkatze, die frei in den Höfen der Stadt verhungern kann? Verletzt Einschränkung der Freiheit immer das Glücksgefühl? Wo sind die Grenzen zwischen einem bindenden Gefüge und Fesseln? Ich bin sicher, daß unzählige philosophische Bücher über dieses Thema geschrieben werden können, Lehre gegen Lehre, Erfahrung gegen Erfahrung. In der Produktionshalle der »Eintrachthütte« maß ich diese Begriffe nach einem ganz anderem Maßstab. Über die Drehbank gebeugt, wollte ich die dunkle Seite des Mondes nicht sehen. In gewisser Hinsicht war ich mit meinem Los zufrieden. Die Aufseher störten mich nicht, die Kälte störte mich nicht. Mich quälten auch keine Zweifel an dem, was der nächste Tag mir bringen würde. Ich hatte die Fertigkeit eines gelernten Drehers erworben. Kurt Kolonko war stolz auf seinen Schüler. Und ich, so absurd es auch klingen mag, freute mich über meine berufliche Tüchtigkeit. Jedes Teil, das meine Hände verließ und dessen Präzision den Nazis ein zufriedenes Lächeln entlockte, erfüllte mich mit Genugtuung; manche werden sagen, mit einer krankhaften Genugtuung. Ich dachte nicht darüber nach, daß jedes dieser Teile die deutsche Rüstungsmaschinerie stärken würde. Der Krieg war weit weg und unwirklich. Die Späne, die von dem Wolframmesser stoben, glitzerten vor meinen Augen wie Funken einer Schöpfung. Jawohl, Schöpfung.

Wenn die Schicht vorbei war, erlosch auch das Gefühl der trügerischen Freiheit. Auf den Pfiff des Kapos hin stellten wir uns zur Zählung auf, bevor wir ins Lager zurückmarschierten. Ich kann nicht mit Sicherheit sagen, ob es eine Rückkehr in die Realität war oder ob nur das Werk die Realität war, während das Lager jenseits der Grenzen lag, mit denen ich meine Wirklichkeit abgesteckt hatte. Es mag sein, daß ich in zwei Welten lebte, und so, wie ein Tag beides umfaßt, Tag und Nacht, so waren auch diese Übergänge Routine, und nur ich suchte in meiner Vorstellung, die sich dem Diktat des gesunden Menschenverstands nicht unterordnen wollte, in ihnen verborgene Bedeutungen.

Die Jahreszeiten wechselten nach der Logik der Natur. Sie erinnerten uns alle an das Vorhandensein unwandelbarer Gesetzmäßigkeiten. Der Sommer starb, und der Herbst siechte dahin, der Winter überfiel uns und schlug uns mit der Peitsche des Frostes. Im Gegensatz zu dem Werk, wo es angenehm warm war, wurden die Lagerbaracken nie geheizt; die Öfen, die darin standen, wurden als Tische benutzt. Nach den Abendappellen, die ewig dauerten, oder, um genau zu sein, bis die Deutschen ihrer müde waren, gab es keinen Ort, an dem wir uns aufwärmen konnten. Wir schliefen, ohne uns auszuziehen, manchmal sogar mit den Schuhen an den Füßen. Die Nacht war qualvoll, aber die schwersten Momente für mich waren die Augenblicke des Erwachens. Sie verlangten von mir eine Entscheidung. Um fünf Uhr morgens, wenn die Pfeife des Barackenältesten uns weckte, mußte ich beschließen, jedes Mal von neuem, ob ich kämpfen oder nachgeben sollte. Es war ein Kampf, den ich mir selbst auferlegt hatte, eine kleine Kraftprobe mit weitreichenden Konsequenzen. Zuerst zwang ich mich, meine Augen zu öffnen, rieb die verklebten Augenlider, dann zählte ich bis zehn, warf die Decke von mir und sprang von der Pritsche. Zwischen dem Weckruf und dem Morgenappell blieben uns dreißig Minuten. Die meisten Gefangenen nutzten die Zeit, um die trügerische Ruhe zu verlängern. Den Flinken reichten drei Minuten, um ihre Schnürsenkel zuzubinden und sich auf den Appellplatz zu stellen. Ich brauchte eine Viertelstunde, um mich zu waschen. Niemand außer mir tat das.

Die Lampen auf dem Hof des Lagers brannten noch, ein gelbliches Licht verströmend. Im Gegensatz zu der Eiseskälte draußen, kamen die kalten Baracken mir wie ein Treibhaus vor. Der eisige Wind blies mir den letzten Schlaf aus den Knochen. Im Laufschritt, der keine Gedanken aufkommen ließ, durchmaß ich die Entfernung zwischen unserer Baracke und dem Waschhaus. »Warum machst du diese blöden Übungen?« verspottete man mich. »Warum machst du es nicht wie wir?« Jeden Morgen trat auch an mich die Versuchung heran, die trügerische Ruhe um zwanzig Minuten zu verlängern. Ich widerstand ihr, denn ich sah in jeder Abweichung von der Regel, die ich mir selbst auferlegt hatte, die Gefahr, in einen Abgrund zu rutschen, aus dem es keinen Ausweg gab. Ich hatte mir einen Tagesplan, parallel zu dem, den man uns aufgezwungen hatte, erstellt, den ich mit krankhafter Rigidität bis in die kleinste Einzelheit befolgte. Dieses blinde Festhalten war gleichsam eine Eisenkette, die mich an die Entschlossenheit fesselte, ein menschliches Erscheinungsbild zu bewahren. Ich wußte, daß es genügte, das erste Glied fallenzulassen, um auch die anderen Glieder zu lösen – und zusammenzubrechen. Wenn ich meinen Oberkörper mit dem eiskalten Wasser besprizte, das aus einem einfachen Rohr floß, fühlte ich, daß ich noch mein eigener Herr war. Das Wasser, das mein Blut gefrieren ließ, wärmte meinen Geist. Solange ich das eisige Stechen fühlte, solange hatte ich meine Fähigkeit, mit meiner Umgebung fertigzuwerden, noch nicht verloren.

Mich abzuhärten löste indes nicht das Problem, wie man sich vor der Kälte schützen sollte. Kolonko umwickelte seine Füße mit Fetzen aus Zeitungspapier. Ich tat das gleiche. Alte Zeitungen konnte man in den Toiletten der »Eintrachthütte« finden, die den Vorarbeitern vorbehalten waren. Meine Schmerzen in den Schultern und meine Atemnot waren damit jedoch nicht behoben. Auch hierfür machte ich die Kälte verantwortlich. Es kam mir nicht in den Sinn, daß ich Tuberkulose haben könnte. Zu meinem Glück stieß ich im Werkzeugschuppen auf Abhilfe: einen Haufen leerer Zementsäcke. Russische Kriegsgefangene, die mit Ausbesserungsarbeiten beschäftigt waren, hatten sie ohne Aufsicht gelassen. Ich wartete geduldig, bis sie im Gänsemarsch abgeführt wurden. Dann blickte ich mich um. Niemand interessierte sich für mich. Ich nahm einen Sack und versteckte zwei weitere unter den Brettern des Fußbodens. Ich mußte mich beeilen. Ein Vorarbeiter oder eine SS-Wache konnten in meine Richtung sehen. Sollte ich gefaßt werden … Ich wollte mir gar nicht ausdenken, was dann geschehen würde. Ich zog meine Jacke aus, hielt den Sack vor meine Brust und maß seine Größe. Wenn ich Löcher für Arme und Kopf hineinriß, würde er mir wie ein Wollunterhemd passen. Aber ich hatte nicht mit der Dicke des Papiers gerechnet. Meine Fingernägel brachen ab, die Haut an den Fingerkuppen war eingerissen. Es vergingen mehrere Minuten, bis ich es endlich geschafft hatte. Zementreste klebten noch im Sack. Ich hatte Angst, ihn auszuschütteln, denn das Rascheln hätte einen ungebetenen Gast herbeilocken können. Ich zog ihn an, zerrte meine gestreiften Jacke darüber, befestigte meine Hose mit einer Kordel, die mir als Gürtel diente, und mit normalen Schritten, die das ängstliche Zittern verbergen sollten, ging ich zu meinem Arbeitsplatz zurück.

»Wohin bist du verschwunden?« fragte Kolonko.

»Ich war nur zwei Minuten weg.«

»Du antwortest nicht zur Sache.«

Ich wußte, daß ich ihm vertrauen konnte. Ich knöpfte einen Knopf auf, entblößte meine Brust und sagte:

»Hast du schon einen schöneren Zobelpelz gesehen?«

Kolonko schlug mir auf die Schulter:

»Du hast gelernt, dir zu helfen, Jud.«

»Ich hatte einen guten Lehrer.«

»Wenn sie dich schnappen, werden sie dir die Eier abreißen.«

»Man wird mich nicht fassen.«

»Wo hast du diese Arroganz her?«

»Von hier«, lachte ich und tippte an meine Stirn.

»Das nimmst du ernst, he?«

»Was?«

»Deinen jüdischen Kopf. Hast du nicht jüdische Köpfe in Henkersseilen gesehen?«

»Meinen wirst du nicht darin sehen«, entgegnete ich.

Es gab im Lager einen Mann, der nur zu gern meinen Hals in der Schlinge sehen wollte: Arpad Basci. Ich war der einzige, der von den Jungen, die er vergewaltigt hatte, übriggeblieben war. Die anderen waren unter eigenartigen Umständen verschwunden, ohne eine Spur zu hinterlassen, als seien sie vom Erdboden verschluckt. Ich hatte keine Ahnung, wie es ihm gelungen war, alle, die für ihn mit mir zusammen das Brot gekaut hatten, loszuwerden, aber er mußte erprobte und wirkungsvolle Methoden haben. Arpad Basci war ein erfahrener Gefangener, vorsichtig genug, um keinen lebenden Zeugen zu hinterlassen. Homosexualität war ein Verbrechen, das die Nazis nicht einmal ihren wichtigsten Gefangenen vergaben. Ich hielt mich, soweit ich konnte, von dem Mann fern, vermied jeden Kontakt zu seiner neuen Bande und versuchte, seinem mißtrauischen Blick zu entkommen. Nicht immer erfolgreich. Wir wohnten in der gleichen Baracke und standen bei den gleichen Morgen- und Abendappellen, es gab keinen Ort, an dem ich mich vor ihm hätte verstecken können. Ich wußte, daß dieser listige Fuchs auf der Lauer lag, auf den Moment wartend, an dem ich stolpern würde. Mein Fehler würde seine Gelegenheit sein. Ich durfte keinen Fehler machen.

Manchmal fragte ich mich, warum er seine bevorzugte Stellung nicht ausnutzte und dem Kapo oder dem Barackenältesten zuflüsterte, daß es doch eine gute Idee sei, mich in die nächste Welt zu befördern. Nichts wäre einfacher für sie gewesen, als mir mit dem Knüppel einen tödlichen Schlag auf den Kopf zu versetzen und zu behaupten, mich bei einem Ausbruchsversuch gefaßt zu haben. Die SS-Männer untersuchten diese Fälle nie. Sie hätten lediglich einen neuen Dreher von Auschwitz herbeischaffen müssen.

Wenn ich Kolonko gebeichtet und ihm die ganze Wahrheit gesagt hätte, hätte er mich sicher unter seinen Schutz genommen. Das hätte genügt, um meine Sicherheit zu garantieren. Die Schlesier bildeten eine eigene Gruppe, die sogar die sogenannten Funktionshäftlinge terrorisieren konnte. Es gab Fälle, in denen die Leiche eines Kapos, der ihre Landsleute grausam behandelt hatte, in der Latrinengrube gefunden wurde. Die Täter wurden, trotz Drohungen und Untersuchungen, nie gefaßt. Ein Wink von Kolonko, und Arpad Basci hätte es sich zweimal überlegt, ob es sich lohnte, sein gemütliches Leben in Gefahr zu bringen. Er war von allen Arbeiten im Lager befreit, damit er seine Zeit auf seine Figuren verwenden konnte, er arbeitete und schlief in einer separaten kleinen Kammer neben dem Eingang der Baracke, das Essen wurde ihm aus der Mannschaftsküche gebracht, und niemand mischte sich in seine Beziehungen zu den jungen Häftlingen. Wenn dem so war, warum teilte ich mein Geheimnis dann nicht mit Kolonko? Die Antwort ist einfach: Ich fürchtete sein strenges Urteil. Würde er mir noch Sympathie entgegenbringen, wenn er wüßte, daß ich mein Leben um den Preis eines anderen Lebens gekauft hatte? Ich bezweifle es. Kolonko war einer der wenigen im Lager, die ein menschliches Leben als höchsten Wert betrachteten. Soweit ich ihn kannte, war er nicht bereit, hinsichtlich seiner Grundsätze Kompromisse einzugehen. Hinter der Fassade des harten Boxers und überzeugten Antisemiten versteckte sich ein ehrlicher und gerechtigkeitsliebender Mensch.

Diese Momente steigen nur selten aus der Tiefe der Seele in die Schichten des Hier-und-Jetzt auf. Aber wenn das geschieht, gelingt es mir nicht, mein Verhalten zu analysieren. An welchem moralischen Maßstab sollte mein Benehmen gemessen werden? Nach der Moral, die Umstände, Zeitpunkt und Ort des Geschehens nicht berücksichtigt, oder nach jener, die eine gegebene Zeit und einen gegebenen Ort als entscheidend für das Urteil anerkennt? Der ersten zufolge muß ich mich schuldig bekennen. Nach der zweiten kann ich mich schuldlos fühlen, zumindest den Grundsatz »im Zweifel für den Angeklagten« beanspruchen. Wenn ein Menschenleben der höchste Wert ist, ist es dann nicht zulässig, alles zu tun, um am Leben zu bleiben, auch wenn ein anderer dafür sterben muß? Wer ist berechtigt zu urteilen, welches Leben wichtiger ist? Meines oder das des unbekannten Häftlings, den ich zum Tode verurteilte, indem ich seine Mütze stahl? Oder, auf einer greifbareren Ebene: Hatte ich nicht das Recht auf Selbstverteidigung, ein Recht, das sich direkt aus den anerkannten Normen der Zeit und des Ortes ableitete? Ich bin mir der Gefahr solcher Argumente bewußt; sie legen das Fundament für ein ganzes Gebäude von Rechtfertigungen grausamer Taten. Dennoch: Der Knall des Schusses, der den unbekannten Häftling umbrachte, hallte nicht in meinem Gewissen wider, als ich ein Junge von sechzehn Jahren war. Warum soll ich mich damit einverstanden erklären, daß er das Gewissen des Jungen belastet, nur weil er in der Zwischenzeit mehr als vierzig Jahre älter geworden ist?

Arpad Bascis Stunde kam nicht zufällig. Es war offensichtlich, daß er mit Vorbedacht handelte, seine Schritte sorgfältig plante, die Tatsachen, das Umfeld und die Mitwirkenden präzise beobachtete. Ich hatte keine Ahnung, wie und wann er die Papierbluse entdeckte. Aber im Lager wimmelte es von Spitzeln, die für eine Brotkruste zu jeder Gemeinheit bereit waren – und die besaß er im Überfluß.

Einmal monatlich gab man uns saubere Kleidung, die zuvor mit Dampf gereinigt worden war, damit die Läuse vernichtet wurden. Den Nazis bot sich dabei die Gelegenheit, uns genau zu durchsuchen. Ich kann mich nicht erinnern, daß sie je verborgene Schätze gefunden hätten, doch die Prozedur wurde regelmäßig wiederholt und unter strenger Einhaltung der Vorschriften durchgeführt. Allein das Datum und die Uhrzeit waren geheim. Manchmal fand die Visitation in den frühen Morgenstunden statt, bevor wir zur Arbeit gingen, manchmal am Ende eines Tages, vor oder nach dem Abendappell. Nur die Häftlinge, die eine Funktion innehatten, kannten den Zeitpunkt im voraus und warnten im allgemeinen ihre Schützlinge, Essen oder Briefe, die von draußen eingeschmuggelt worden waren, nicht in ihren Taschen zu verstecken. Die Juden hatten keine einflußreichen Beschützer. Uns blieb nichts anderes übrig, als uns auf unsere Wachsamkeit zu verlassen. Ich zählte auf die Routine. »Ordnung muß sein« war das Leitmotiv der Deutschen; ihm ordneten sie sich ohne Wenn und Aber unter. Die Durchsuchungen verliefen in der Regel immer in derselben Reihenfolge, der Lage unserer Pritschen entsprechend. Mein Platz war stets in der vierten Zehnergruppe, so daß ich den Papiersack, wie ich glaubte, irgendwie loswerden und in eine Ecke werfen konnte. Selbst wenn sie ihn fänden, wäre es ihnen unmöglich, zwischen mir und meinem »Unterhemd« eine Verbindung herzustellen. Und unter den Brettern des Geräteschuppens lagen zwei Zementsäcke in Reserve. Diesmal allerdings hatte ich die Rechnung ohne den Wirt gemacht. Mit der Bestimmung der Reihenfolge wurde diesmal Arpad Basci beauftragt. Der Teufel weiß, wie er das hinbekommen hatte, aber in dem Moment, als ich ihn bei den Funktionshäftlingen stehen sah, wußte ich, daß ich in Schwierigkeiten war. Noch bevor er seinen Mund öffnete, sah ich die Schadenfreude in seinen Augen glitzern. Er warf mir einen Blick zu, der gleichsam ein Loch in meine Brust bohrte, streckte dann die Hand in Richtung unserer Pritschen aus und forderte uns auf deutsch mit einem auffallenden ungarischen Akzent auf:

»Ihr seid die ersten.«

Meine Knie schlotterten. Darauf war ich nicht vorbereitet. Ich hatte den wichtigsten Grundsatz des Lagerlebens vergessen: Du mußt immer das Unerwartete erwarten.

Unsere Zehnergruppe stand am Ende des Ganges. Als das Signal gegeben wurde, bewegten wir uns, wie vorgeschrieben, im Gänsemarsch langsam und in drei Metern Abstand zu unserem Vordermann vorwärts. Arpad Bascis Tisch wurde in die Mitte des Durchgangs gestellt. Dort angekommen, mußten wir unsere Kleidung und Schuhe ausziehen und sie auf den Tisch legen. Der Barackenälteste drehte die Taschen nach außen, kontrollierte die Nähte, tastete die Kragen ab und steckte seine Hände in die Schuhe, alles mit der Geschwindigkeit und dem Geschick langer Erfahrung. War er fertig, meldete er dem SS-Offizier: »Sauber« oder »Schmutzig«. Manchmal, wenn der Offizier es verlangte, führte er auch eine Leibesvisitation an dem Gefangenen durch. Wer als »sauber« galt, durfte zum anderen Ende des Ganges gehen und sich ein sauberes Bündel Kleider nehmen. Als ich meine Sachen vor ihn hinlegte und nur in meinen Zementsack gehüllt vor ihm stand, brüllte der Barackenälteste nicht »Schmutzig!«, sondern fragte mich mit ehrlicher Verwunderung:

»Was soll das denn bedeuten?«

Ich blieb ruhig. Was hätte ich antworten sollen? Daß es mir leid tat und ich um Entschuldigung bat? Diese Sprache hatte im Lager keine Bedeutung. Arpad Basci traf den Nagel auf den Kopf, als er herausplatzte:

»Dieser Junge hat sich zum Versand vorbereitet. Versand nach Auschwitz.«

Er kicherte selbstzufrieden, metallisch und brach plötzlich ab, so als sei eine Saite des Instruments, das dieses merkwürdige Geräusch hervorgebracht hatte, gerissen. Arpad Basci sah mir direkt in die Augen. Er wollte sich an meiner Angst weiden. Nichts ist schwieriger, als Angst in den Augen zu verbergen. Der alte Ungar kannte sich aus in der Lagerpsychologie.

»Zieh das Ding aus«, sagte der Barackenälteste ruhig. Seine Ruhe war viel bedrohlicher als das Kichern Arpad Bascis.

Ich streifte den Papiersack ab und legte ihn zu meiner Kleidung.

»Spreiz die Beine.«

Ich tat wie befohlen.

»Bück dich.«

Wieder gehorchte ich. Ich stand in einer unbequemen und erniedrigenden Haltung, mein Kopf hing nach unten, mein Gesäß war nach oben gestreckt. Das Blut schoß in mein Gehirn, Welle um Welle, schwarze Punkte wirbelten vor meinen Augen, meine Knie knickten ein, ich mußte mich auf den Boden stützen, um nicht umzufallen. Der Barackenälteste ging um mich herum wie ein Viehhändler, der den Marktpreis einer Kuh schätzt. Mit seinem schweren Schuh trat er auf meinen nackten Fuß, hob mein Gesicht mit einem Finger und fragte:

»Tut das weh?«

Ich nickte. Es ist zweifelhaft, ob er es bemerkte, denn mein Kopf war wieder heruntergesackt. Der Barackenälteste verpaßte mir einen Tritt in meinen nackten Hintern und wandte sich an Arpad Basci:

»Durchsuche ihn, aber gründlich.«

Das mußte man Arpad Basci nicht zweimal sagen. Ich fühlte seinen Finger mein Rückgrat hinuntergleiten, zwischen meine Gesäßbacken fahren und tief in den Anus eindringen. Nicht schnell, so daß man einen scharfen Schmerz wie ein Messerstich verspürt, der rasch wieder abebbt, sondern eher einem langsamen Bohren vergleichbar. Der Finger drehte sich in mir wie ein Schraubenzieher, der versucht, eine rostige Schraube zu lösen. Er spürte den Schmerz, als er mich von innen zerriß; nicht jeder war darin so erfahren wie er. Sein Gesicht konnte ich nicht sehen, aber ich war mir sicher, daß er vor Zufriedenheit grinste. Arpad Basci liebte es, anderen weh zu tun. Um die Qual noch zu steigern und mit einem crescendo zu einem Abschluß zu bringen, der sein Herz höher schlagen lassen würde, preßte er mit seiner linken Hand meinen Rücken so weit herunter, daß mein Kopf fast den Boden berührte: Und in diesem Moment steckte er mit aller Kraft seinen Finger tief in mich hinein. Ich konnte mich nicht mehr beherrschen, ein leises Stöhnen entrang sich meiner Kehle. Der Finger bohrte weiter, und erst, als ich ruhig wurde, zog er ihn plötzlich heraus und befahl mir, gerade zu stehen.

»Jetzt mach deinen dreckigen Mund auf.«

Ich öffnete meinen Mund wie beim Zahnarzt. Sein Finger glitt in meine Mundhöhle. Ich merkte, wie sein Fingernagel meinen Gaumen verletzte. Er schob den Finger tief in meinen Rachen, bis ich Brechreiz verspürte. Als er fertig war, befahl er mir, ihn zu ablecken, bis er sauber war »wie der Penis eines neugeborenen Säuglings«.

»Nun?« fragte der SS-Offizier.

»Ich habe nichts gefunden.« Hörte ich in Bascis Stimme eine Spur von Enttäuschung?

Der Barackenälteste nahm ein Heft zur Hand.

»Deine Nummer?«

»A19818.«

Er notierte etwas, drehte sich zu dem Offizier um und wartete auf die Entscheidung.

»Arbeitest du?« fragte der Nazi.

»Jawohl, mein Herr.«

»Was ist dein Beruf?«

»Ich bin Dreher.«

Arpad Basci ging still und mit ernstem Gesicht zu seinem Platz hinter dem Tisch zurück.

Ich hörte das schwere Atmen der Häftlinge, die hinter mir standen.

Der Offizier und der Barackenälteste flüsterten miteinander. Ich konnte nicht verstehen, was sie sagten, aber mit jeder Sekunde stieg meine Hoffnung zu überleben. Ich hatte längst gelernt, daß das Töten auf der Stelle beschlossen wurde. Nur über die Verlängerung eines Lebens wurde beraten. Nach ein bis zwei Minuten beschlossen sie meine Strafe: acht Stunden »Wache«. So nannte man das Strammstehen zwischen den elektrischen Zäunen. Die »Wache« galt als die schwerste Folter. Nur wenige überlebten sie. Als sie mich zum Tor brachten und der Aufseher mir den Platz zuwies, auf dem ich acht Stunden regungslos stehen mußte, war es mir, als stiege ich zum Galgen empor. Ich fragte mich, wie lange es dauern würde, bis ich zusammenbrach und starb. Es war eine aussichtslose Qual. Ich hatte kräftigere Männer als mich gesehen, die nach einigen Stunden die Drähte berührten und den tödlichen elektrischen Schlag bekamen. Die Nazis ließen die Leichen in dem Zaun hängen, so daß wir auf unserem Weg zur Arbeit oder auf dem Rückweg an ihnen vorbei mußten und unsere Lehren ziehen konnten.

Ich wurde an eine Stelle in der Nähe des Tores gebracht, an dem alle zwei Stunden die Wachen gewechselt wurden. Bei Einbruch der Dunkelheit flammten die Scheinwerfer entlang des Zauns auf. Auch im Gebäude der Kommandantur ging das Licht an. Das zweistöckige Haus stand mir direkt gegenüber, und ich konnte in das Büro sehen, in dem zwei Nazi-Offiziere damit beschäftigt waren, die Lagerbürokratie zu füttern. Sie konnten mich ebenfalls beobachten.

Das Thermometer fiel weit unter Null, und die Kälte drang mir bis ins Knochenmark. Ich hatte das Gefühl, als ob schleimige Schlangen an meinen Beinen hinaufglitschten, ihre kalte Haut abstreiften und sie an meinen Leib, meinen Rücken und an meinen Nacken klebten. Ich hatte Schlangen immer gehaßt. Diesmal jedoch war ich nicht erleichtert, als sie verschwanden, denn in dem Moment, in dem ich ihre ekelhafte Berührung nicht mehr spürte, hatte ich mein Zeitgefühl verloren. Ich wußte nicht, ob Minuten oder Stunden vergangen waren. Die Ungewißheit über die Stunden, die noch kommen mußten, war schlimmer als die Kälte. Sie nagte an meiner Standhaftigkeit. Die Zeit umgab mich wie ein Schoß; ohne sie, das spürte ich, konnte ich nicht existieren. Mit aller Kraft klammerte ich mich an die Uhr, die ich in meiner Phantasie geschaffen hatte. Ich zählte sechzig Sekunden, um sechzig Minuten einer Stunde zählen zu können, aber ich verlor die Fähigkeit, dies durchzuhalten. Ich bekam Angst. Mehr und mehr fürchtete ich, daß das erste Glied der Eisenkette, die mich in meiner Vorstellung mit dem Leben verband, sich löste. Ich mußte einen anderen Weg finden, um wach zu bleiben. Ich lenkte meine Gedanken auf meine Kindheit, versuchte, die Szenen vor meinem geistigen Auge aufleben zu lassen, die eine angenehme Erinnerung hinterlassen hatten, und sie der Gegenwart gegenüberzustellen. Ich lud die Zigeunerfrau ein, die mir Reichtum und Glück prophezeit hatte, ich kletterte zu meinem Vater ins Bett, um seine Wärme und Liebe zu genießen, ich stellte meine Bleisoldaten zur Schlacht auf, ich klaute Süßigkeiten aus Herrn Hahns Schokoladengeschäft in Bielitz. Doch mein Lager der Erinnerungen leerte sich. Ich wurde müde. Watte füllte meine grauen Zellen, ein lästiges Summen legte sich wie ein Schleier über meine Gedanken, bis ich mir einbildete, die Melodie der Hochspannung in den Saiten des Stacheldrahtes zu hören. Von diesem Augenblick an diente mir dieses Summen als Warnsignal. Es mag mir geholfen haben, meine Klarheit zu behalten. Solange ich es hörte, wußte ich, daß ich lebte, daß die Gefahr des Stromschlags noch nicht vorbei war und daß es einen konkreten Feind gab, gegen den man kämpfen mußte.

Das größte Problem war es, die Augenlider offenzuhalten. Die schweren Lider fielen mir zu, und immer, wenn das Einschlafen mich bedrohte, brach in meinem Innern eine Schlacht aus, ein Kampf zwischen meiner Lebenskraft und dem machtvollen Wunsch, endlich meinen Widerstand aufzugeben. Denn allein dazu hätte es keiner Kraft bedurft. Ich war wie die Fliege, die in eine halbvolle Ölflasche fällt, mit größter Anstrengung die Wand hinaufklettert, um sich zu befreien, nach unten rutscht, im Öl schwimmt, und immer wieder von vorn anfängt, nur um erneut herunterzufallen und wieder hochzuklettern. Schwäche überfiel mich, griff mich niederträchtig von hinten an. Eine schwere Last legte sich auf meine Schultern und drohte mich im Schnee zu erdrücken. Ja, der Schnee. Der Frost hatte ihn in eine Falle verwandelt, weil er mir das Blut in den Adern gefrieren ließ. Ich hatte den Eindruck, daß es längst aufgehört hatte, durch meine Glieder zu fließen. Ich zwickte mich in die Oberschenkel und spürte es nicht. Ich wollte meine Füße bewegen, den einen heben und den anderen niedersetzen wie beim Gehen, aber ich hatte Angst, die Aufseher könnten es bemerken. Der Bestrafte mußte strammstehen; tat er es nicht, wurde seine »Wache« verlängert. Da ich keine andere Wahl hatte, begnügte ich mich damit, meine Zehen zu bewegen, ohne zu wissen, ob der Befehl vom Gehirn auch wirklich die Muskeln erreichte. Ich konnte nicht sehen, ob sich in den Schuhen etwas regte, und fühlte nichts.

Als die Wache am Tor ausgewechselt wurde, wußte ich, daß die ersten zwei Stunden vergangen waren. Ein Armeelastwagen fuhr auf der Straße vorbei und bespritzte den Wachmann mit Schneematsch. Er verfluchte den Fahrer mit deftigen Worten, und ich war froh, endlich eine menschliche Stimme zu hören. Ich beobachtete, wie er sein Gewehr an den Pfosten des Schuppens lehnte, der ihn vor dem Schnee schützte, um seinen Mantel abzuwischen.

Ich hatte den Drang zu urinieren. Ich machte den Kampf mit meiner Blase zum Prinzip, denn ich dachte, wenn es mir gelänge, den Inhalt zurückzuhalten, wäre dies ein überzeugender Beweis für die Kontrolle über meinen Körper. Der Druck nahm zu. Meine Knie zusammenzupressen, half nicht. Der Urin lief meine Beine herunter und streichelte sie mit einem warmen Strahl. Meine Stimmung hob sich, denn das Gefühl kehrte in meine Füße zurück. Aber nach einer Minute verschwand die Wärme, und zurück blieb ein eisiger Brei, der Wellen von Schüttelfrost durch meinen Körper jagte.

Das Licht in der Kommandantur erlosch. Ich hörte, wie eine Tür zugeschlagen wurde, ein Motor aufheulte und ein Hund bellte. Danach verstummten alle Geräusche – bis auf das Summen des Stroms. Ich begann, Gedichte zu murmeln, die ich in der Schule gelernt hatte, aber ich schaffte es nicht, die Worte in Reime zu bringen; sie stoben in alle Richtungen davon, wie Bienen, die in ihrem Korb aufgeschreckt werden. Auch der Versuch, in Gedanken Schach zu spielen, mißlang. Mein Gehirn war nicht geübt, abstrakt zu denken. Die Bauern, die Springer, die Königin, die Türme und die Quadrate auf dem Brett wirbelten zusammenhanglos in meinem Kopf herum. Ich erinnerte mich nicht mehr, wie oft die Wache gewechselt worden war. Die Zeit tropfte wie die Uhren in Salvadore Dalis Gemälden und wurde ein inhaltsloser Begriff. Es gab nur die Gegenwart und danach nichts. Das Nichts saugte mich ein, und als meine Glieder immer schwerer wurden, schwamm ich bar jeder Kontrolle durch ein dunkles und bösartiges All. Irgendwo in diesem schwarzen Loch lauerte der Tod.

»Du da!« rief mir der Wachposten zu. Sein Ruf erreichte mich aus einer Entfernung von Lichtjahren. Ich konnte ihn kaum erkennen. Seine Silhouette verschmolz mit der Umgebung, die in einen weißlichen Dunst gehüllt war. Es vergingen einige Sekunden, bis ich bemerkte, daß ein SS-Offizier in einem Wintermantel hinter dem Soldaten der Luftwaffe stand. Er gab mir ein Zeichen, sich ihm zu nähern. Der Gang zu ihm, eine Entfernung von zwei oder drei Metern, schien mir ein Unterfangen, das ich nicht bewältigen konnte. Ich schwankte in dem Brei, mit dem der Urin und der Schlamm meine Schuhe überzogen hatten. Ich hielt meinen Atem an, aus Angst, das Gleichgewicht zu verlieren und an den Zaum zu kommen, den Tod in eben dem Moment zu berühren, in dem er mich losließ. Ich tat einen Schritt. Nichts passierte. Ich tat den zweiten Schritt, und die Zeit kehrte wieder zu ihrem Normalmaß zurück, jede Sekunde hatte wieder Bedeutung. Ich setzte einen dritten Schritt, die Schlangen krochen an meinem Rücken herunter, die Holzsohlen rutschten auf dem Eis, ich streckte meine Hand aus, um mich festzuhalten, doch es gab keinen anderen Halt als die Hochspannungsdrähte; mein Körper fand die Balance wieder und langsam ging ich vorwärts, ein Seiltänzer auf einem gespannten Seil, ich stolperte nicht, fiel nicht in den Abgrund. Das Tor war zum Greifen nah. Noch zwei Schritte, noch einen. Ich konzentrierte mich vollkommen auf die gerade Linie, die direkt von dem Ort meiner Bestrafung zur Öffnung zwischen beiden Zäunen führte, eine Linie, die nie ihre Entsprechung in der Wirklichkeit finden würde, da sie nur in meiner Vorstellung existierte. Der SS-Offizier wartete geduldig. Vielleicht tat ich ihm leid, vielleicht wollte er auch nur sehen, daß ich ausglitt. Ich trat zwischen den Zäunen heraus und fragte, als sei dies die natürlichste Sache der Welt:

»Wie spät ist es?«

»Zwei Uhr morgens«, antwortete der SS-Mann zerstreut, und erst in diesem Moment, als ob ihm jetzt erst einfiele, mit wem er es zu tun hatte, verwünschte er mich laut. Mein Ohren waren noch verstopft, ich hörte weder seine Antwort, noch verstand ich seine Flüche. Erst viel später, auf dem Weg in die Baracke, konnte ich sie rekonstruieren, bevor ich mich auf die Pritsche setzte und einschlief, während ich meine Schnürsenkel löste.

Anfang Januar 1945 wurde das Lager »Eintrachthütte« aufgelöst. Die Evakuierung überraschte uns völlig. Wir hatten keine Ahnung, wohin man uns bringen würde. Als wir vom Morgenappell zum Bahnhof Schwientochlowitz marschieren mußten, glaubte ich, wir würden nach Auschwitz zurückgebracht. Der Zug wartete auf einem Seitengleis, russische Kriegsgefangene warfen einige Leichen aus den Güterwaggons. Als der Zug sich in Bewegung setzte, lagen sie noch immer auf dem Bahnsteig. Wir waren achtzig Menschen in dem Wagen. Zum Hinsetzen fehlte der Platz. Die Türen waren von außen mit schweren Hebeln verriegelt, die kleinen Fenster mit Brettern vernagelt. Erst als der Zug einen Tag, eine Nacht und einen weiteren Tag auf den Schienen war, ohne einmal halt zu machen, um Kohle und Wasser für die Lokomotive zu laden, wurde uns klar, daß wir polnischen Boden verließen. Doch wohin? Wir wußten nicht, daß die Rote Armee eine Offensive auf Oberschlesien begonnen hatte, daß die Vierte Division der Wehrmacht, die es verteidigen sollte, den ungeordneten Rückzug angetreten hatte, daß Hitler in Rage geraten war, ihren Befehlshaber entlassen und statt seiner den Generalfeldmarschall Schörner ernannt hatte, einen Stabsoffizier, der für seine Brutalität ebenso bekannt war wie für seine grenzenlose Treue zum Nazismus. Wir wußten auch nicht, daß Schörner der Wucht des sowjetischen Angriffs ebenfalls nicht standhalten konnte, daß die hohen Beamten des Rüstungsministeriums in Berlin diese Entwicklung vorausgesehen und einen Notplan ausgearbeitet hatten und daß wir, die Häftlinge, die Rüstungsindustrie vor dem völligen Zusammenbruch retten sollten. Doch selbst wenn mir all dies bekannt gewesen wäre, wären meine Gedanken um nichts anderes gekreist als um die Anstrengung, mich auf den Füßen zu halten. Die Starken kämpften um die Plätze an den Wänden des Waggons, an die man sich lehnen konnte, die Schwachen blieben in der Mitte, jeder brach für sich allein zusammen, und meist wurden sie von ihren Mitgefangenen zertrampelt. Sie baten nicht um Hilfe und Verständnis; die Worte wären ohnehin nutzlos gewesen und hätten ihnen lediglich die letzte Kraft geraubt, die sie noch hatten. Auch ich verkroch mich in mich selbst, ausgestoßen, jedermann ein Fremder. Meine kleine Welt reiste mit mir, ich wollte nicht wissen wohin. Wir waren in einen Viehwagen gepfercht worden; weiß ein Vieh, wohin man es bringt, ob zum Schlachten oder auf eine neue Weide? Nur zweimal wurde die Tür während der Fahrt geöffnet. Wir bekamen Trinkwasser und einen Laib Brot und warfen die Toten hinaus. Am sechsten Tag erreichten wir unser Ziel. Es war ein außerordentlich schöner Tag. Die Sonne blendete mich, die kalte Luft machte mich schwindlig, und im Vorbeigehen las ich schnell den Namen der kleinen Bahnstation: Mauthausen. Ich hatte noch nie von dem Ort gehört. Meine Blicke wanderten aus dem Bahnhof heraus, geblendet von dem Glanz der Schneedecke, die die Felder in funkelnde Flächen verwandelte.

Wann hatte mich Schnee zuletzt so geblendet? Um sieben Uhr morgens, sechs Jahre zuvor. Ich ging damals in die vierte Klasse, ein Einzelkind, das eine kindliche Kindheit hatte, nicht unterdrückt und nicht glücklich.

Paula, das Hausmädchen, ließ eine Kupferpfanne auf den Fliesenfußboden der Küche fallen. Der Lärm rieß mich aus dem Schlaf und verjagte den Traum, bevor ich mir seinen Inhalt einprägen konnte. Der Mond krönte noch den Himmel, voll und doch nicht voll, wie der Leib einer schwangeren Frau. Die Zweige des Kastanienbaumes im Garten unseres Hauses ähnelten den Tatzen eines Bären. Ich stieg aus dem Bett, dessen Wäsche einen angenehmen Geruch nach Stärke und Behaglichkeit ausströmte, ging zum Fenster und öffnete es weit. Die Luft war klar und frisch und trug die Erinnerung an das Zitroneneis mit sich, das ich am Tag vorher in einer italienischen Eisdiele im Zentrum der Stadt gegessen hatte.

Der Mond verschwand hinter den Dächern am Horizont; im Osten lugte die Sonne hervor, schickte den ersten Lichtstrahl als Vorboten eines neuen Tages, und auf den schneebeladenen Ästen des Kastanienbaumes glitzerten Tausende von kleinen Funken. Ich blinzelte. Ich hatte keine Lust, in die Schule zu gehen. Der glänzende Schnee gab mir eine Idee ein. Ich schloß das Fenster, schlich ins Bett zurück, zog mir die Decke über den Kopf und wartete auf Paulas Kommen. Jeden Morgen um Viertel nach sieben betrat sie mein Zimmer, um mich zum Aufstehen und Waschen anzutreiben. Als sie mir die Decke wegzog – wie immer mit einer schnellen Bewegung –, rührte ich mich nicht von meinem Platz. Mit erstickter Stimme teilte ich ihr mit, daß ich sie nicht sehen könne. Irgend etwas stimme nicht mit meinen Augenlidern, jammerte ich, ich könne sie nicht bewegen. Es war eine kindliche Ausrede, aber die naive Paula fiel auf den Betrug herein. Sie rannte los, um meine Mutter aufzuwecken, Mutter weckte meinen Vater, und in kürzester Zeit hatten sich die Dinge so weit entwickelt, daß ich keinen Rückzieher mehr machen konnte. Meine Eltern riefen den Hausarzt. Der kahlköpfige Dr. Reich kam innerhalb weniger Minuten, und nach nur einer weiteren Minute hatte er festgestellt, daß ich meine Krankheit erfunden hatte. Er kannte seinen Patienten und seine Ängste, drohte mir mit brennenden Augentropfen und einer Spritze, aber ich hatte mich mittlerweile in meiner Stellung eingegraben und weigerte mich hartnäckig, die Augen zu öffnen. In Wahrheit fürchtete ich die Reaktion meines Vaters weit mehr als die unangenehmen Medikamente. Wenn ihn etwas aus der Fassung bringen konnte, so war es der Versuch, ihn irrezuführen. Wie schon gesagt, ich saß in der Falle, die ich mir selbst gestellt hatte, und sah keinen anderen Ausweg, als bei meiner Geschichte zu bleiben. Ich schrie, Dr. Reich solle tun, was getan werden müsse, schmerzhafte Spritzen, brennende Tropfen oder bittere Pillen, Hauptsache, er gebe mir mein Augenlicht zurück.

Vergeblich bemühte sich Dr. Reich, meine Eltern davon zu überzeugen, daß ihr Kind frech log. Er habe noch nie von einer Muskelkrankheit gehört, die die Augenlider lähme, und das beste Gegenmittel sei der Lederriemen, mit dem mein Vater sein Rasiermesser schärfte und der auch in der Vergangenheit schon Wunder vollbracht hatte, wenn er auf meinem Hintern landete. Mein Vater wurde nervös, da er um Punkt acht Uhr einen wichtigen Kunden bei Gericht vertreten mußte. Der Chauffeur wartete bereits vor dem Haus. Die gute, treue Paula schluchzte vor lauter Sorge um das Kind und weil mein Vater ohne das Frühstück, das sie ihm so sorgfältig bereitet hatte, zur Arbeit gehen mußte. Mutter war in Panik. Sie hatte immer Angst vor Krankheiten und hatte schon eine Liste berühmter Wiener Professoren zusammengestellt. Mein Vater entschied, daß meine Eltern mittags mit mir nach Krakau fahren würden; dort sollte mich ein Spezialist für Augenkrankheiten untersuchen, und erst, wenn auch der keinen Rat wüßte, würden wir abends nach Wien weiterreisen. Ich hörte, wie die Tasche von Dr. Reich zuschnappte, der beleidigt das Haus verließ. Ich lauschte den Telefongesprächen, die mein Vater zunächst mit meiner Großmutter in Krakau führte und anschließend mit der berühmten Kapazität in Wien, Professor und Geheimrat, der sich bereit zeigte, sein Honorar zu allen Tages- und Nachtzeiten zu verdienen. Mein gesunder Menschenverstand sagte mir, daß ich die Grenzen des Erlaubten überschritten hatte.

Mein Vater kam aus dem Flur zurück, wo das Wandtelefon hing, und tröstete Mutter: »Mach dir keine Sorgen, alles ist vorbereitet. Wozu gibt es Beziehungen und Geld?«

»Ich würde alles geben, damit Romek wieder die Augen aufmacht«, seufzte sie.

Der kleine Dämon, der immer schlafend und etwas faul in mir weilte, reagierte fabelhaft, als er bemerkte, daß aus der Sache ein Vorteil zu schlagen war.

»Sogar die elektrische Eisenbahn, die wir in Milners Schaufenster gesehen haben?« fragte ich unschuldig.

»Sogar die Eisenbahn«, antwortete mein Vater für sie.

Mein Vater gab nie ein Versprechen, ohne es zu halten. Ich rieb meine Augenlider mit beiden Händen, verzerrte mein Gesicht, um Anstrengung vorzutäuschen, und langsam, langsam, mit einer dramatischen Geste, die der eines Berufsschauspielers in nichts nachstand, öffnete ich meine Augen. Ich öffnete sie, schloß sie und öffnete sie nochmals. Ein vollkommenes Schauspiel.

»Ich sehe!« rief ich voll Freude.

»Ich auch«, sagte mein Vater; seine zornige Stimme kündigte einen Sturm an.

Die elektrische Eisenbahn, deren Wert achtundzwanzig Złoty betrug, eine Summe, die ungefähr Paulas Monatsgehalt entsprach, erhielt ich noch am gleichen Tag. Aber ich durfte ein Jahr lang nicht mit ihr spielen. Mein Vater ließ sich von dem Prinzip leiten, daß Gerechtigkeit nicht nur getan, sondern auch vor Augen geführt werden muß. Und als sei das nicht genug, konnte ich eine Woche lang kaum auf meiner Bank in der Schule sitzen. Der Lederriemen, das Rezept, das Dr. Reich mir verschrieben hatte, war doch noch zum Einsatz gekommen, und zwar in doppelter Dosis. Und alles bloß, weil der weiße Schnee mich geblendet hatte.

Westlich vom Bahnhof Mauthausen erstreckte sich ein schneebedecktes Feld; die Sonne hatte Tausende funkelnder Sterne im Schnee entzündet. Ich öffnete und schloß meine Augen, bis sie sich an den Glanz gewöhnt hatten. Die letzten Häftlinge kamen aus dem Wagen. Auf dem Bahnsteig befand sich niemand außer uns und den Wachen. Wir stampften mit den Füßen, wie Kutscher es tun, um sich warmzuhalten. Die SS-Männer standen abseits, offenbar auf einen Befehl wartend. Sie schienen ebenfalls unter der Kälte zu leiden, denn ihre Gesichter und Ohrläppchen waren rot angelaufen. Auf einem Anschlagbrett unter dem Bahnhofsdach hing eine Reklame für Zigaretten: »Warum ist Juno rund? Aus gutem Grund ist Juno rund.« Mir schoß der Gedanke durch den Kopf, das Plakat mitzunehmen, damit das dicke Papier meinen Körper in den Wintermonaten wärmen würde. Aber bevor ich einen Entschluß fassen und ausführen konnte, kam der Befehl, zum Appell anzutreten.

Heute ist es kaum zu glauben, daß wir so wenig über den Bereich der SS wußten, eine Art Armee in der Armee und Staat im Staate. SS-Generalstitel wurden als Ehrenbezeugung großzügig auch an Minister und hohe Beamte vergeben, und so kam es, daß aus der Eliteeinheit eine Art Stoßtrupp der Nazipartei wurde und außerdem eine sehr einflußreiche politische und wirtschaftlichen Macht. Als wir aus dem Zug in Mauthausen ausstiegen, kontrollierte die SS weite Teile der deutschen Wirtschaft. Alle Firmen, die einst Juden gehört hatten und beschlagnahmt worden waren, unterstanden nun ihrer Leitung. Auf diese Weise wurde die SS zum größten Möbelhersteller und Mineralwasserabfüller. Der Jahresumsatz all ihrer Betriebe wurde auf fünfundzwanzig Millionen Dollar geschätzt. Als bedeutendster Lieferant billiger Arbeitskräfte hatte sie sich auch eine wichtige Position in der Schwerindustrie gesichert. Ende 1944 stellte sie den verschiedenen Arbeitgebern 627 000 Zwangsarbeiter zur Verfügung. Etwa 170 000 Gefangene arbeiteten in der Rüstungsindustrie, beschäftigt in den unterirdischen Werken, die Messerschmitt-Flugzeuge zusammenbauten und V2-Raketen produzierten. 50 000 arbeiteten in Werken, die direkt der SS gehörten. Die meisten lagen in unmittelbarer Nähe zu Konzentrationslagern.

Informationen über die Vorgänge in diesen Lagern sickerten nur tröpfchenweise durch, und selbst dann waren sie das exklusive Eigentum derer, die in den Büros arbeiteten, in erster Linie Gefangene. Zehntausende von Menschen wurden von einem Lager ins andere überführt, aber keiner kam zurück, um zu erzählen, »wie es dort ist«. So wie die Toten nicht wiederkommen, um über das Leben nach dem Tode zu berichten. Deshalb löste der Name Mauthausen bei uns auch keinerlei Assoziationen aus. Ich ahnte nicht einen Moment lang, daß ich auf der Schwelle zu einem Ort stand, der mich dazu bringen würde, Auschwitz zu vermissen.

Nicht aus Liebe zur oberösterreichischen Landschaft hatten die

Architekten der Vernichtung das Lager ausgerechnet in den Bergen errichtet, die sich von nördlich der Donau bis in die Nähe der tschechischen Grenze erstrecken. Der Ort wurde wegen seines Granitsteinbruchs ausgewählt. Auf dem Schreibtisch Adolf Hitlers lag ein Bauplan der monumentalen Führerstadt, die das Dritte Reich, das »Tausendjährige«, verewigen sollte. Die Aufgabe wurde Albert Speer übertragen, einem jungen Architekten aus kleinbürgerlichem Hause aus Mannheim, der von der Nazi-Ideologie fasziniert war und schon seit 1931 Mitglied der NSDAP.

So wie der Pariser Champs-Élysées-Boulevard seinen dramatischen Höhepunkt am Palast der französischen Könige erreicht, so strebte Speer danach, die Hauptstraße Berlins in den Komplex münden zu lassen, der die Macht des Regimes symbolisieren sollte: die Kanzlei des Führers, das Gebäude der Parteizentrale und das des Oberkommandos der Wehrmacht. Für die Verwirklichung dieses Projekts wurden enorme Mengen von Baumaterial benötigt. Gleich nach dem Anschluß Österreichs übernahm die SS den Steinbruch Mauthausen, der im Besitz der Wiener Stadtverwaltung war, für eine Pacht von fünftausend Mark jährlich. Das Wien des Johann Strauß hatte sich noch nicht an die Klänge des »Horst-Wessel-Lieds« gewöhnt, da hatten die Stadtväter schon gelernt, wer hier der Herr war. Der Entschluß, dem Gesuch der SS nachzukommen, wurde einstimmig angenommen und das Geschäft ordnungsgemäß unterschrieben. Die Reichsbank gab der deutschen Firma »Dest«, die als eingetragene Pächterin fungierte, eine Daueranleihe von neun Millionen Mark, zinsfrei. Die Wirtschaftsabteilung der SS war zufrieden, denn die Betriebskosten waren gleich Null. Nichts wurde in den Steinbruch investiert, kein einziges neues Gerät zum Abbruch der Steine gekauft. Die Finanzierung war für den Aufbau eines Arbeitslagers bestimmt. Anfang 1938 wurden dort nur einige Hundert Zwangsarbeiter festgehalten, die Löcher in die Felsen bohren, Steine hauen und sie auf Lastwagen laden mußten. Aber in kürzester Zeit sollte sich das Lager Mauthausen mit seinem Außenlager im Steinbruch Gusen zum fürchterlichsten Konzentrationslager im besetzten Europa entwickeln. Als 1942 der Leiter des SS-Wirtschafts- und Verwaltungshauptamtes, Oswald Pohl, die ihm unterstellten Lager klassifizierte, beschrieb er Mauthausen als den Ort, wo »alle Häftlinge, bei denen keine Aussicht auf Besserung besteht«, zu inhaftieren seien. Der anerkannten Terminologie zufolge, hatte dieser Begriff einen eindeutigen Sinn: Diese Gefangenen hatten kein Lebensrecht.

Von all dem wußte ich nichts, als wir den Pfad hinaufstiegen, der sich von der Eisenbahnlinie bis auf den Hügel wand, auf dem das Lager stand. Der Aufstieg war beschwerlich, denn die Reisetage in dem verschlossenen Güterwaggon hatten an meinen Kräften gezehrt. Das schöne Wetter war gegen uns. Die Sonne brachte die oberste Schneeschicht zum Schmelzen, und darunter kam pures Eis zum Vorschein. Von Zeit zu Zeit stolperte ich. Die Soldaten, die uns begleiteten, stießen mich mit dem Gewehrkolben wieder hoch. Sie hatten gelernt, auf die Lendengegend zu prügeln, um unheilbare Schäden an den Nieren zu verursachen. Meine Häftlingsschuhe behinderten mich. Das nasse Oberleder schnitt mir in die Zehen, die Holzsohlen ließen mich auf dem glatten Untergrund kaum Halt finden. Ich blieb kurz stehen, zog die Schuhe aus und schleuderte sie fort. Ich ging barfuß weiter. Anfangs brannte der Frost wie Feuer, doch dann verlor ich das Gefühl in den Fußsohlen und konnte das Tempo des Marsches einhalten. Einige Monate später, als ich in einer amerikanischen Armeeklinik untersucht wurde, stellte der Arzt fest, das ausgerechnet mein barfüßiges Laufen mich vor den Frostbeulen bewahrt hatte, die so viele andere während des Marsches quälten.

Nach etwa vier Kilometern kamen wir an eine T-förmige Kreuzung. Von dort führte der Weg in zwei Richtungen. Rechts sah ich einen breiten, verschneiten Hang, dessen horizontaler Umriß von Steinmauern und Wachtürmen durchschnitten wurde. Ich hatte noch nie ein Lager gesehen, das von weitem aussah, als sei es eine alte Burg, die Touristen gern besuchen. Links befand sich ein Bauernhof. Eine Familie stand am Eingang des Hofes: ein Mann, in einen Schafspelz gehüllt und mit einem Filzhut auf dem Kopf, daneben zwei Frauen, eine alt, die andere jung, beide in lange Wollschals gewickelt. Ein ungefähr zehnjähriges Mädchen hielt die Hand einer der Bäuerinnen. Sie sahen uns gelangweilt zu; Sklavenzüge wie der unsere waren sicher ein normaler Anblick für sie. Der Mann aß ein Butterbrot. Er kaute mit offensichtlicher Appetitlosigkeit darauf herum. Brotkrumen hingen an seinem Schnurrbart. Mein Mund füllte sich mit Speichel. Ein Soldat der Begleittruppe winkte mit der Hand, der Bauer zeigte auf sein angebissenes Butterbrot, als wolle er es mit ihm teilen. Der Soldat lachte, der Bauer auch. Ein gesundes Lachen, das mich wütend machte.

Wir bogen nach rechts ab, auf die Mauer der Burg zu. Das Tor wurde geöffnet. Wir gingen weiter in den Innenhof, der von Garagen umsäumt war, die in die Mauer eingelassen waren. Tiefer in diesem Hof gab es ein weiteres verschlossenes Tor. Wir wußten noch nicht, daß dahinter die Baracken und die Gaskammern lagen. Direkt über uns, auf der Mauer, standen bewaffnete Posten. Ihre Waffen waren auf uns gerichtet. Der Schnee war zwar aus der Mitte des Hofes gefegt worden, aber an den Rändern hatte sich eine dicke Schicht aus gefrorenem Matsch angehäuft. All dies bemerkte ich sofort. Das Lagerleben hatte uns gelehrt, jede Situation, jeden Ort, jede Bewegung mit einem schnellen Blick zu registrieren. Oft hing unser Leben davon ab. Doch wieder geschah etwas, das ich nicht erwartet hatte: Einige Dutzend SS-Männer, die wir vorher nicht gesehen hatten, liefen plötzlich auf uns zu und fingen an, uns zu schlagen und zu treten. Panik brach aus, die Gefangenen rannten in alle Richtungen, die Schreie der Geschlagenen und die Flüche der Schläger vermischten sich zu einem einzigen Stimmengewirr. Der Lärm erregte die Hunde, deren wildes Bellen das Angstgefühl noch steigerte. Sie zerrten an ihren Leinen und fletschten die Zähne. Ich war kein Neuling in den Lagern. Sie waren darauf abgerichtet anzugreifen.

»Schnell, schnell!« brüllten die Nazis. »Zieht euch sofort aus und stellt euch an die Mauer! Mit dem Gesicht zur Wand!«

In weniger als zwanzig Sekunden legte ich meine Kleidung ab. Hunderte von nackten Menschen rannten im Hof herum. Nicht alle fanden Platz an der Mauer. Die Soldaten prügelten wild auf sie ein. Wenn ihre Opfer zu Boden gingen, trampelten die Soldaten mit ihren genagelten Stiefeln auf ihnen herum. Die, die noch standen und bluteten, würden eine leichte Beute für die Hunde sein, sofern sie losgelassen wurden.

Ich war schneller als die anderen und stand nackt mit dem Gesicht zur Wand. Ich zitterte, ob vor Kälte oder aus Angst, ich wußte es nicht. Das Gebrüll verebbte allmählich, und schließlich wurde es vollkommen ruhig. Die Stille enthielt eine gespannte Erwartung des Unbekannten, und es gab nichts, was furchteinflößender gewesen wäre. Wieder verlor ich mein Zeitgefühl. Ich atmete erleichtert auf, als endlich eine Stimme zu hören war.

Es war der Ruf eines Offiziers:

»Macht euch fertig zum Waschen!«

Waschen? Es lief mir kalt den Rücken herunter. In Auschwitz waren die Waschräume lediglich Tarnung für die Gaskammern. Und hier in Mauthausen? Bestimmt dasselbe. Einen Moment dachte ich daran, wie es sein müßte, im Gas zu ersticken. Aber die Deutschen hatten nicht vor, uns zu töten. Wenigstens nicht auf der Stelle. Das »Waschen« war nichts weiter als ein bei der Lagermannschaft beliebter Scherz.

Plötzlich schoß aus den Feuerwehrschläuchen im Hof eiskaltes Wasser. Die Soldaten zielten damit auf die nackten Menschen. Der kräftige Strahl peitschte meinen Rücken, schlug meinen Nacken, mein Kopf wurde nach vorn geschleudert und knallte gegen die Mauer. Die gespannte Haut auf meiner Stirn platzte, ein Blutstrom wärmte für einen Augenblick mein Gesicht und fror dann ein. Ich war wie gelähmt. Das Wasser auf meinem Körper wurde zu Eis, und in diesem Moment hatte ich das Gefühl, mit einem glühenden Messer zerschnitten zu werden. Der Schmerz brachte mein Denkvermögen zurück. Nein, sagte ich zu mir selbst, ich werde nicht zusammenbrechen. Nein, wiederholte ich, sie werden mich nicht unterkriegen. Die Worte waren gleichsam eine Selbstbeschwörung. Ich glaubte an sie, als hätte eine höhere Macht sie gesprochen.

Selbst als die Soldaten von ihrem Spaß genug hatten, war die Vorstellung noch nicht vorbei. Die Hydranten wurden zugedreht, doch wir durften uns nicht bewegen. Ich stand da in meiner Nacktheit, meine Hände verdeckten meine Genitalien. Vor was? Vor der Mauer? Vor wem? Vor den Nazis? Es war eine spontane, sehr menschliche Reaktion. Und sie machte mir deutlich, in welchem Maße Kleidung uns als psychologischer Schutzschild dient. Hosen, wie schäbig sie auch sein mögen, geben uns das Gefühl, zur Zivilisation zu gehören. Ohne sie sind wir verletzlich. War etwas nicht in Ordnung mit meinem nackten Körper, etwas, das mich von anderen Menschen unterschied? Und vielleicht bestand wirklich ein Unterschied? Ich sah zu dem Mann zu meiner Rechten herüber. Er stand dort, jämmerlich und blau wie ein gerupftes Huhn. Sein geschorener Kopf hatte die Form einer Birne, seine Hüftknochen ähnelten zwei Flügeln, die sich vom Rumpf lösen wollten, und die Beine … Sie hatten so viele Abszesse, daß sie wie zwei knorrige Stöcke aussahen. Plötzlich knickten diese Stöcke an den Stellen, wo seine Knie hätten sein sollten, ein, seine Hände fielen herunter und rutschten über die Wand, mit seinen Fingerspitzen versuchte er sich an den Mauersteinen festzuhalten, und als es ihm nicht gelang, sackte er zusammen, ohne einen Laut von sich zu geben. Jemand packte seine Füße und zog die Leiche nach hinten. Ich drehte mich nach ihm um. Dutzende von nackten Leichen waren über den

Hof verstreut. Neben dem Innentor unterhielten sich einige SS-Männer. Sie warteten wahrscheinlich auf ihren Kommandeur, denn in dem Moment, da der Offizier zu ihnen kam, wurde das innere Tor geöffnet, und unter Beschimpfungen und Schlägen wurden wir auf einen anderen Hof gejagt. Erst dort begann die Selektion und die Registrierung. Alles ging sehr langsam vor sich, die Gefangenen, die dafür verantwortlich waren, drängte es nicht zur Eile. Meine bloßen Füße klebten an der Erde. Es dauerte lange, bis ich ein Blecharmband mit meiner neuen Nummer bekam. »Paß darauf auf, als ob es Goldschmuck wäre, denn ohne es bist du so gut wie tot«, sagte der Schreiber. Mit einem Tritt stieß er mich zum Eingang des Waschhauses. Nein, es war keine Gaskammer. Aus den Duschen kam Wasser. Ich merkte nicht, daß es kochendheiß war. Erst in der Nacht bedeckte sich meine Haut mit kleinen, schmerzhaften Brandblasen. Am Ausgang des Waschhauses warf man mir ein Hemd zu, das so klein war, daß ich es nicht zuknöpfen konnte, außerdem eine Unterhose, die mir zwei Größen zu weit war. Oberbekleidung, so sagte man uns, gebe es nur für die Alteingesessenen. Als der Barackenälteste mich beim Abendappell schlug, weil ich nicht ordentlich in der Reihe stand, konnte ich meinen Kopf nicht schützen, weil ich die verdammte Unterhose festhalten mußte. Wäre sie heruntergerutscht, hätte er mir bestimmt auf die Hoden geschlagen.

Unsere Baracke trug die Nummer 24.

Von außen ähnelte sie den Baracken, die ich schon aus anderen Lagern kannte. Drinnen jedoch war nichts als eine leere Halle, ohne Pritschen und ohne Strohsäcke. Der nackte Betonfußboden war unser Lager.

Die SS-Männer vermieden es, in die Baracken zu gehen; sie überließen die täglichen Quälereien den Funktionshäftlingen. Sie taten es in dem Wissen, daß sie diese Aufgabe den richtigen Leuten übertragen hatten. Man braucht keine Untersuchung, um die Motive ihres Handelns zu verstehen. Wie ich waren auch sie Versuchskaninchen in dem riesigen Laboratorium zum Studium der Lehre vom Überleben. Sie wurden gut gefüttert; die Lagerschneider nähten ihnen Häftlingskleidung nach Maß, die Nische, die sie in den Baracken zur Verfügung hatten, vermittelte ihnen eine Illusion von Privatheit, und das Recht, ihre Knüppel wahllos einzusetzen, gab ihnen das Gefühl der Macht. Wer nicht brutal auf die Welt gekommen war, der wurde es hier, gleichsam als eine Art Lebensversicherung. Es gab eine gewisse Berechtigung für ihre Selbstsicherheit, denn dank ihrer Hilfe war es möglich, ein Regime der Unterdrückung in den Lagern aufrechtzuerhalten, für das die Deutschen ansonsten Tausende zusätzlicher Aufseher hätten einstellen müssen. Es war nur natürlich, daß sie vergaßen, daß sie in einem Narrenparadies lebten. Sobald man sie in ein anderes Lager schickte, verloren sie ihre Immunität. Die SS-Leute und die Kapos sahen in ihnen überflüssige Rivalen. Im Hof von Mauthausen waren die Leichen der Kapos und Barackenältesten aus der »Eintrachthütte« endgültig den Leichen der einfachen Häftlinge gleichgestellt. Das ist kein Trost, aber es ist eine Tatsache. Damals, als wir mit Schlägen in die Baracke getrieben wurden, dachte ich über so etwas selbstverständlich nicht nach. Ich konzentrierte mich ausschließlich darauf, den Prügeln auszuweichen. Ohne Rücksicht auf unseren Nebenmann, kämpften wir um das Vorrecht, uns zuerst durch die schmale Öffnung der Baracke drängen zu dürfen. Wir strömten hinein wie ein Ameisenschwarm, der blindlings in die Falle läuft. Bis zum heutigen Tag kann ich nicht verstehen, wie die Männer es schafften, tausend Häftlinge hineinzupferchen, unsere Gruppe und noch siebenhundert weitere Gefangene. Sie verstanden ihre Arbeit, denn sie hatten diese Kunst bereits an Tausenden von Häftlingen erprobt, die vor uns durch diesen Eingang gegangen waren. Wir befanden uns kaum in dem dunklen Raum – die Baracke hatte keine Fenster –, als sie uns schon in engen Reihen, einer hinter dem anderen, aufstellen ließen. Wir standen Brust an Rücken, Rücken an Brust, und als der Befehl gegeben wurde, warfen wir uns alle auf den Boden. Die Betonfläche war mit einem lebenden Teppich bedeckt. Es war so eng, daß für einige von uns kein Quadratzentimeter übrig blieb, um sich hinzulegen. Doch der Kapo und der Barackenälteste wußten sich in jeder Situation zu helfen. Sie traten auf uns herum wie Passanten, die über Perserteppiche laufen, die vor einem Geschäft ausgerollt sind. Wer versuchte, den Kopf zu heben, forderte einen Schlag mit dem Knüppel heraus. Binnen einer Viertelstunde lagen wir alle. Da die ausgemergelten Körper keine Wärme mehr ausstrahlten, blieb der Beton kalt. Ein eisiger, bösartiger Winterwind blies durch die zerbrochene Tür. Ich war erschöpft und wollte unbedingt schlafen, aber ausgerechnet in dem Moment, als es endlich erlaubt war zu schlafen, überfiel mich wieder der Hunger. Als hätte er nur gewartet, bis ich mich hinlegte, um mir weiteres Leid zuzufügen. Meine Eingeweide gurgelten, ich hatte Blähungen, saurer Magensaft stieg in meinen Mund. Gleichzeitig meldete sich meine Blase. Ich lag etwa fünf Meter von der Tür entfernt. Ich stand auf. Von einer Sekunde zur nächsten schloß sich die Reihe der Liegenden und füllte den Raum, den ich verlassen hatte. Es gab keinen Spalt, in den ich mich hätte zwängen können. Ich stellte mich aufrecht hin und trat vorsichtig mit meinem nackten Fuß auf den Mann, der mir am nächsten lag. Er murmelte etwas, hatte jedoch nicht mehr die Kraft zu reagieren. Ich nahm meinen ganzen Mut zusammen und ging über die atmenden Körper. Es kann sein, daß sie in ihrer abgrundtiefen Erschöpfung mein Gewicht gar nicht spürten. Nur einer wurde wütend, versuchte meinen Fuß zu fassen und ihn zu beißen. Ich befreite mich aus seinem Griff mit einem Tritt, der auf seinem Kopf landete. Er schickte einen Fluch hinter mir her und schlief wieder ein. Ich erreichte die Tür und fühlte, daß ich mich übergeben mußte. Der Barackenhof war leer. In einiger Entfernung leuchteten die Scheinwerfer des Zaunes. Ich urinierte in den Schnee. Danach kniete ich nieder, beugte den Kopf vornüber und steckte mir den Finger tief in den Rachen. Aber kein Tropfen der brennenden Säure kam heraus. Es schien, als sei nichts in mir geblieben als die Übelkeit. Der sternenhelle Himmel strahlte frostig und silbern in seiner kalten Schönheit. Der Nordwind drohte mich in einen Eisklotz zu verwandeln. Die Luft war kristallklar. Ich atmete sie tief in meine Lungen. Als sie in mich einströmte und sich mit der Übelkeit mischte, fügte sich plötzlich mein Magen meinem Willen, zog sich zusammen wie eine Papiertüte, aus der die Luft entweicht, und gab eine stinkende, grüne Flüssigkeit von sich. Das Erbrochene beschmutzte meine Unterhosen. Dennoch fühlte ich mich erleichtert. Ich ging in die Baracke zurück. Vor mir lag der lebende, atmende Teppich. Bis zum Weckruf um 5.30 Uhr stand ich an der Barackentür. Ich hatte meine Lektion gelernt. Von jener Nacht an erleichterte ich meine Blase ohne aufzustehen. Jeder machte es so. Kein Wunder, daß wir innerhalb von zwei oder drei Tagen eine einzige verdreckte Masse waren. Von da an weckten uns die Barackenaufseher nicht mit der Pfeife, sondern mit einem Wasserstrahl, mit dem sie den Fußboden abspritzten, noch bevor uns befohlen wurde aufzustehen.

Tagsüber wanderten wir müßig in dem Viereck zwischen der Vorderseite der Baracke und den Zäunen umher. Die aufgezwungene Untätigkeit war schwerer zu ertragen als harte Arbeit, denn auch hier hatte sie die gleiche Bedeutung wie in Auschwitz: Wer nicht nützlich ist, hat kein Recht zu leben. Doch auch ohne daß wir auf Kommando starben, rieb sich der Todesengel zufrieden die Flügel. Je mehr der Hunger an meinem Körper nagte und ihn leichter machte, um so schwerer wurde das Gewicht des Leidens, das mich zu Boden zog. Die Schwerkraft der Erde war konkreter als je zuvor. Ich wußte nicht, wie ich selbst aussah, aber ich lernte schnell, andere Menschen zu erkennen, die nur darauf warteten, in die große Leere zu fallen. Bevor sie endgültig zusammenbrachen, standen sie regungslos da, lediglich der starre Blick und das ausdruckslose Gesicht zeigten an, daß ihr Ende nahte. Die körperliche Schale wußte noch nicht, daß der Kern bereits verfault war. Und da sich die Menschen auf die physischen Tätigkeiten konzentrierten, bemerkten sie nicht, daß ihre Lebensflamme erlosch. Ich, der ich als Zuschauer daneben stand, konnte voraussagen, wann sie umkippen würden. Ich erriet es auf die Minute genau. Nur über eine Sache war ich mir nicht im klaren: Waren sie schon tot, wenn sie fielen, oder wich das Leben erst aus ihnen, wenn sie im Schnee lagen und der Frost das süße Einschlafen brachte, das sie von langem Leiden erlöste? Eimal täglich mußten wir die Leichen an die Pforte im Zaun bringen. Der Barackenälteste und der SS-Offizier zählten die Toten und nahmen ihnen die Metallarmbänder mit ihrer persönlichen Nummer ab. Jedes Blech, das auf der Registratur abgegeben wurde, radierte gleichsam einen Gefangenen aus dem Personalbestand des Lagers.

In Mauthausen hörte ich auf, mich zu waschen. Ich empfand dies als eine schmachvolle Unterwerfung unter die menschliche Schwäche, ich schämte mich ihrer, konnte sie jedoch nicht überwinden. Ich fand einfach nicht mehr die Kraft, früh aufzustehen, in die Latrine zu rennen – die auch als Waschraum diente – und mich mit eisigem Wasser zu übergießen. Ein weiteres Glied in meiner Verteidigungskette war gesprungen. Ich wußte, was das bedeutete: Die Zeit war gekommen, um zu fragen, ob es noch Zweck hatte, den harten Kampf um das elende Dasein weiterzuführen. Was nützten mir all meine Anstrengungen? Ich würde einen Tag gewinnen, noch einen und vielleicht einen dritten. Drei Tage sind keine Gegenwart und selbstverständlich keine Zukunft. Vielleicht glaubte ich an den göttlichen Geist, vielleicht hoffte ich auf ein Signal vom himmlischen Thron, das mich leiten würde. Ich wartete auf einen Hinweis, auf eine Andeutung. Und siehe, ein Wunder: Das Zeichen kam. Vielleicht war es gar keines, vielleicht legte ich einfach die Tatsachen nach meinen persönlichen Bedürfnissen aus. Sei es, wie es ist, das Zeichen kam zu mir in Gestalt eines Häftlings, den Unbekannte in der Latrine aufgeknüpft hatten. Als ich sie früh morgens betrat, nicht um mich zu waschen, sondern um zu urinieren, sah ich ihn dort an einem Seil hängen, das man aus seinen Hemdsärmeln gedreht hatte. Seine Hände waren auf dem Rücken gefesselt, sein Mund mit einem Fetzen Stoff geknebelt. Sein verzerrtes Gesicht kam mir bekannt vor. Ich ging zu ihm. An den zerrissenen Hemdstreifen hing Arpad Bascis Leiche. Ich berührte sie mit der Fingerspitze. Die Leiche schwang hin und her. Sie pendelte noch, als ich an der Seite stand und urinierte.

Arpad Bascis Tod machte mich glauben, daß es sogar dort Verbrechen und Sühne gab; daß ich, solange noch ein Funken Leben in mir war, auch noch boshafte Schadenfreude empfinden konnte. Ich hatte keine Ahnung, wer sich an ihm gerächt hatte, aber die Tatsache, daß so etwas noch möglich war, munterte mich auf. Ich brauchte diese Ermutigung, denn der Morgen war besonders düster. Als ich aus der Latrine kam, war die Welt dunkelgrau. Der Winter hatte keine Eile, das Morgengrauen in Erscheinung treten zu lassen. Die Wolken über dem Lager geizten mit dem Licht der Sonne, die vor diesem häßlichen Flecken Erde zurückschreckte, diesem bösartigen Geschwür in ihrem Universum. Dicker Nebel kletterte die Wachtürme hoch. Wie ein monotones, durchsichtiges Mulltuch erstreckte sich der Himmel zwischen den Baracken. Vergeblich suchte ich nach einem einzigen Sprenkel Sonnenlicht, der Erleichterung verheißen konnte. An diesem düsteren Morgen entdeckte ich eine erstaunliche Tatsache: Meine Stimmung wirkte auf die Natur, nicht umgekehrt. Ich malte sie düster, da ich an dem Morgen zu dem Schluß gekommen war, daß ich nicht länger durchhalten konnte. Durch die Wolken, die mich mit ihrem Gewicht niederdrückten, gelang es mir nicht mehr, den nächsten Tag zu sehen. Bis ein plötzlicher Ruf meine Depression unterbrach:

»Gefangener 125602!«

Ich hatte die Nummer vergessen. Der verärgerte Kapo rief sie von neuem auf, und erst da verstand ich, daß er mich meinte. Ich bahnte mir einen Weg durch die dichte Menge, Leute schubsten mich, jemand trat mich, ein anderer fluchte. Als ich endlich bei dem Kapo ankam, gab er mir eine Ohrfeige.

»Muß man dir eine Sondereinladung schicken?« knurrte er. Immer noch benommen von der Überraschung stotterte ich:

»Ich bitte um Entschuldigung, mein Herr, ich dachte ...«

»Du bist nicht hergekommen, um zu denken, sondern um zu gehorchen.«

»Sie haben recht.«

»Der Kapo hat immer recht«, sagte er. »Merke dir das in deinem verlausten Kopf: Der Kapo hat immer recht.«

»Der Kapo hat immer recht«, wiederholte ich.

»So ist es besser«, verkündete er und besah sich meine Erbärmlichkeit mit einem Blick, der mehr Verachtung als Ärger enthielt. Ich schreckte zurück, als er seinen Knüppel unter mein Kinn hielt, um meinen Kopf hochzuheben.

»Du lieber Himmel, du gehörst in den Ofen. Ich werde nie verstehen, warum sie solche Kadaver wie dich brauchen«, sagte er und ließ das Ende seines Knüppels von meiner Gurgel über meine Brust herauf- und heruntergleiten, als ob er auf meinen Rippen spielen wollte. Ich hielt den Atem an. Ich wagte es nicht, mit der Wimper zu zucken.

»Weißt du, wer ich bin?«

»Sie sind der Kapo Franz.«

Der Kapo lächelte zufrieden. Er genoß seine Popularität. Franz war ein privilegierter Häftling, der eine auffallende Figur in der Berliner Unterwelt gewesen war, bevor er nach Mauthausen geschickt wurde. Er trug mit Stolz sein grünes Verbrecherdreieck auf seinem gebügelten, gestreiften Anzug. Ich hatte ihn am Abend unserer Ankunft kennengelernt, als er mit seinen genagelten Stiefeln auf uns herumgetrampelt hatte. Jetzt, als ich vor ihm stand, stand es ihm frei, mich zu töten. Er war niemandem Rechenschaft schuldig. Das Ende seines Knüppels glitt wieder zu meinem Adamsapfel; ein Stoß hätte genügt, um mein Leben auszulöschen. Vorsichtig hob ich meinen Blick und sah ihm in die Augen. Sie, die Träger der grünen Dreiecke, waren manchmal wie Raubtiere – die Mordlust spiegelte sich in ihren Augen. Doch diesmal blickten sie ausdruckslos.

»Wo ist deine Kleidung?« fragte er, als wüßte er nicht, daß man uns keine Sträflingsuniformen gegeben hatte.

»Ich trage, was ich habe, Kapo Franz.«

»Gut. Komm' mit mir.«

Franz ging in Richtung des Zentralhofes. Ich schleppte mich

hinter ihm her. Er führte mich in das Waschgebäude, reichte dem Aufseher etwas, und der gab mir ein Stück Seife und ein Tuch zum Abtrocknen. Die Seife brannte in den aufgeplatzten Brandblasen. Langsam spülte das Wasser aus der Dusche die Seife, den Schmutz und die Schmerzen fort.

Auf der Bank im Eingang lagen saubere Unterwäsche und saubere Häftlingskleidung. Ich zog mich an. Franz verließ den Raum. Der Aufseher lachte:

»Du siehst aus wie eine Toter auf Urlaub.«

Ich sagte nichts.

»Warum sagst du nichts?« provozierte er mich.

»Ich dachte, ein toter Mann darf nicht reden.«

»Ein Toter hat auch keinen Appetit«, spottete der belustigte Aufseher, schob mir eine verbeulte Aluminiumschüssel in die Hand und teilte mir feierlich mit:

»Creme de Sauerkraut.«

Die Suppe roch nach richtiger Suppe. Ich angelte mir braune, harte Rindfleischstücke und halbgare Kohlblätter heraus. Dann legte ich den Löffel zur Seite und trank, wie die Usbeken ihren »Tschorba« trinken, direkt aus der Schüssel. Mein Magen, an solche Essensmengen nicht gewöhnt, blähte sich wie ein Wasserbalg. Ich konnte unmöglich die ganze Portion herunterwürgen. Ich schob die Schüssel mit dem Rest der Suppe zur Seite.

Ein SS-Soldat, der in den Raum kam, kontrollierte die Nummer auf meinem Blechschild und begleitete mich zum Ausgangstor, vor dem ein kleiner Lastwagen geparkt war.

»Steig auf!« befahl der Soldat und sprang nach mir über die hintere Wagenklappe. »Setz dich auf den Fußboden«, bellte er. Ich hockte neben vier anderen Gefangenen. Der Lastwagen fuhr ab. Das Lagertor schloß sich hinter uns. Wir fuhren die Straße hinunter, vorbei an dem Bauernhaus. Diesmal standen der Bauer und seine Familie nicht davor. Die Mauern Mauthausens entfernten sich, bis sie hinter der Straßenkurve verschwanden.

# 7

Das Werbeplakat für die Juno-Zigaretten schmückte noch immer den Bahnhof Mauthausen. Der Wartesaal war nicht geheizt. Mehrere Leute saßen in ihre Wintermäntel gekauert auf den Holzbänken.

»Wann kommt er?« fragte unser Fahrer. Eine alte Frau meinte: »Er hat Verspätung.«

»Das hätte vor dem Krieg nicht passieren können«, sagte der SS-Soldat, der uns am Bahnhof erwartet hatte. »Vor dem Krieg konnte man seine Uhr nach den Zügen stellen.«

»Du redest zuviel«, entgegnete der Fahrer und steckte sich einen Zigarettenstummel an.

»Damals rauchten wir Juno«, der Soldat zeigte auf das Plakat.

»Heute rauchst du Strohstummel.«

Der Fahrer nahm einen letzten Zug aus seiner Zigarette und warf die Kippe auf den Bahnsteig.

»Mit einem so großen Maul wie deinem wirst du dort enden, wo die herkommen«, erwiderte er und kehrte uns den Rücken zu.

Wir waren eine kleine Gruppe von fünf Gefangenen, deren Namen ich nicht kannte und an deren Gesichter ich mich nicht erinnere. Den SS-Soldaten habe ich nicht vergessen. Er war ein älterer Mann, streng aussehend, aber lässig, wie sich herausstellte, nachdem der Fahrer abgefahren war, und es fehlte ihm die Überheblichkeit, die die jungen Lageraufseher auszeichnete. Vielleicht waren es diese Eigenschaften, die so auffallend von der Norm abwichen, die mir seine Figur im Gedächtnis haftenbleiben ließen. Eine nette Erinnerung, aber so tot wie ein Schmetterling, der auf einer Nadel in der Schublade eines Sammlers aufgespießt ist. Ich begriff schnell, daß er an der Macht kein Vergnügen fand, daß er sich nach dem Ende des Krieges sehnte, hoffte, die alliierten Bomber würden an seinem Haus in Bad Wiessee vorüberfliegen, und daß seine Frau Elisabeth sich ordentlich um seine Enkelkinder kümmern würde. Seine beiden Söhne waren an der Ostfront gefal-

431

len. All dies erzählte er uns, nachdem wir in die Lokalbahn einge-
stiegen waren, in einen gewöhnlichen Eisenbahnwagen dritter
Klasse; wir, die fünf Gefangenen, saßen auf einer Bank, und er, der
Bewacher, uns gegenüber. Die Abteile nebenan waren leer. Wir hätten ihn ohne große Schwierigkeiten entwaffnen und fliehen können, doch er wirkte weder gespannt noch besorgt, und uns kam
der Gedanke nicht in den Sinn. Nicht ohne Grund erzählte er uns
von dem Massenausbruch der russischen Gefangenen, die
während eines Stromausfalles durch die Zäune gebrochen waren,
den Wachen die Waffen entrissen, ein Militärfahrzeug überwältigt
hatten und damit auf die tschechische Grenze zugerast waren.
Hunderte von SS-Soldaten und Tausende von österreichischen Zivilisten hatten sich an der Jagd auf die Geflüchteten beteiligt. Sie
wurden bis auf den letzten Mann gefaßt – und erschossen. Der Soldat schilderte die dramatischen Ereignisse in einem ruhigen Ton,
unbeteiligt, wie einer, der lediglich objektive Fakten wiedergibt.
»Die Moral der Geschichte ist«, sagte er, »es gibt jemanden, der
die Geschehnisse der Welt bestimmt, und jemanden, der diese Be-
stimmungen ausführt, und es hat keinen Zweck, sich dagegen aufzulehnen.«
    Als er so sprach, mit einem starken bayerischen Akzent, be-
merkte ich den Geruch von billigem Bier in seinem Atem. Vielleicht war es gerade dieser Geruch, der ihm etwas Menschliches
gab, etwas, was ihn von der Allgemeinheit unterschied, denn im
SS-Pantheon der Macht war der Menschlichkeit kein Ehrenplatz
reserviert.
    Auch das strikte Befolgen von Befehlen gehörte nicht zu seinen
Stärken. Arglos verriet er uns, daß wir uns auf dem Weg in ein
Außenlager von Mauthausen befänden, ein Lager in der Nähe der
Saurer-Werke, einer Fabrik zur Herstellung von Panzermotoren.
Er hatte schon vorher Gefangene dorthin gebracht, aber noch nie
Juden und noch nie in einem Personenzug. »Diesmal haben wir
wirklich Glück«, sagte er und verzog sein Gesicht zu einer Art
Lächeln. Er sagte »wir«, als wären wir eine zusammengehörige
Gruppe. Und auch das war eine Seltenheit. Für ein paar Stunden
war die Scheidewand zwischen mir und meinem Gefängniswärter
aufgehoben. Er war ein Schwätzer, der sich gern reden hörte und
ein Publikum brauchte. So wurde diese Reise zu einer kurzen
Pause in dem anhaltenden Vernichtungskrieg.
    Die Wagenräder holperten über die Gleise. Der monotone Laut

432

untermalte den unaufhörlichen Redefluß des Soldaten. Ich betrachtete die Landschaft, die am Fenster vorüberflog. Im Fluß trieben große Eisschollen; auf der anderen Seite, am Nordufer, stachen braune Rebstöcke aus der weißen Schneedecke. Malerische Städtchen schmiegten sich an die Abhänge der Hügel. Die stilisierten Häuser wirkten so ruhig wie in Friedenszeiten. Die Gelassenheit der Landschaft schläferte meine Sinne ein. Aus den Heizkörpern strömte eine Wärme, die meine Nase austrocknete, unter meine Haut drang und sich herrlich angenehm über meinen ganzen Körper ausbreitete. Das Gesicht des Soldaten wurde undeutlich und verschwand, seine Worte summten weiter, bis auch sie jeden Sinn verloren hatten. Ohne zu wissen wann, fiel ich in eine Stille, die die Wachsamkeit auflöst. Das erste Mal seit meiner Ankunft in Mauthausen genoß ich echte Ruhe, Schlaf, der mich wie eine unsichtbare Daunendecke umhüllte.

Als ich erwachte, stand der Zug auf dem kleinen Bahnhof Wien-Simmering-Ost.

Die Baracken rochen nach Sägespänen und frischer Farbe. Sie waren zirka vier Monate zuvor gebaut worden, um die Arbeitskräfte zu beherbergen, die die Saurer-Werke vor dem Stillstand bewahren sollten. Das Lager befand sich im Süden Wiens, nahe den Arbeitervierteln und eine halbe Stunde Fußweg von unserem Arbeitsplatz entfernt. Von überall her, wo noch Fachkräfte zu finden waren, wurden Häftlinge herbeigeschafft. Etwa 1 100 Menschen stellten sich zum Morgenappell ein. Die Funktionshäftlinge und die SS-Wachen zeigten uns gegenüber weniger Härte, da die Vorschriften aus Berlin unserem Dasein einen wirtschaftlichen Wert attestiert hatten. Das Lager verfügte weder über Gaskammern noch über Öfen. Die Essensrationen waren mager, die Wohnbedingungen indes besser als in Mauthausen. Jeder von uns hatte seine eigene Pritsche, seinen eigenen Strohsack und seine eigene Decke. Wir schliefen tagsüber und arbeiteten nachts. Um sechs Uhr abends, wenn es schon dunkel war, gingen wir zur Arbeit. Im Dunkeln kamen wir auch nach sechs Uhr morgens zurück. Die Produktionshallen waren unter einem unschuldig aussehenden Gelände versteckt, um die alliierte Luftwaffe irrezuführen. Von draußen hätte niemand die Existenz eines unterirdischen Werkes vermutet. Nur dem, der hineinkam, offenbarte sich das Geheimnis. Vom Treppenhaus aus fuhren wir mit einem Aufzug wie in einem Bergwerk hinab. Dort, einige Stockwerke tief, waren die Werkshallen, die Lagerräume und die Büros eingerichtet worden. Der Aufzug war die einzige Möglichkeit, nach draußen zu gelangen. Für den Fall einer Störung oder eines Stromausfalls war mit einer handbetriebenen Anlage vorgesorgt. Ein gutes Entlüftungssystem gewährleistete die Zufuhr frischer Luft. Es fiel mir nicht schwer, mich an den neuen Arbeitsplatz zu gewöhnen. Die strenge Ausbildung durch Kurt Kolonko trug ihre Früchte. Mit der Drehbank konnte ich mittlerweile ohne fremde Hilfe ein intimes Gespräch führen. Die Messer schliff ich nicht nur für mich selbst, sondern auch für die anderen Häftlinge. Von Zeit zu Zeit bekam ich sogar ein Lob von dem Vorarbeiter der Schicht. Er war der einzige Zivilist, der in der Nachtschicht mit uns zusammenarbeitete. Die anderen österreichischen Arbeiter waren nur am Tage eingeteilt. Ich kam nie mit ihnen in Kontakt, wußte aber von ihrer Existenz, weil die Werkzeuge in dem Eisenschrank neben der Drehbank mitunter anders angeordnet waren, als ich sie am Morgen zuvor hingelegt hatte. Ich war jede Nacht zwölf Stunden auf den Beinen, beklagte mich jedoch nicht. Es schien, als würden die Tage des letzten Kriegswinters allmählich kürzer und heller.

Sträflinge im Gefängnis kratzen Striche in die Zellenwand, um die vergangenen Tage zu markieren. Das Zeitgefühl, auf das wir im normalen Leben wenig achten, ist offensichtlich ein gemeinsames Problem aller Gefangenen. In meinem von dem Rest der Welt abgeschnittenen Dasein gab es keine Möglichkeit, die Stunde oder das Datum herauszufinden. Jemand hat einmal die Konzentrationslager einen »anderen Planeten« genannt. Eine passende Definition, und sei es nur aus dem Grund, daß dort die Zeit anders gemessen wurde, als sonst auf der Erde üblich. Es war daher ein außerordentliches Ereignis, als ich im Werkzeugschrank eine zusammengefaltete Zeitung fand und feststellte, daß die Menschen dieser anderen Zivilisation das Datum 28. Februar 1945 schrieben. Doch aufregender noch als das Datum waren die zwei mit gelbem Käse belegten Scheiben Brot, die unter der Zeitung versteckt waren. Nur der Arbeiter, der in der Morgenschicht die Maschine bediente, konnte sie dort liegengelassen haben, denn niemand sonst hatte zu dem Arbeitsplatz Zugang. Die Verführung war zu groß, ich konnte ihr nicht widerstehen. Ich nahm das in die Zeitung eingewickelte Brot, schob das Paket unter mein Hemd und bat um Erlaubnis, auf die Toilette gehen zu dürfen. Auf der Toilettenschüssel sitzend, verschlang ich meine Beute und durchflog schnell die Seiten der Zeitung. Zu meiner Überraschung entdeckte ich, daß die Kämpfe schon auf deutschem Boden stattfanden. Ganz Polen war von der Roten Armee befreit worden. Einen Augenblick lang dachte ich an Grete, die Frau des SS-Offiziers in Krakau. Was war mit ihr geschehen? War sie mit all den Schätzen, die ihr Bruder ihr geschickt hatte, geflohen, oder lag sie unter den Trümmern des Hauses, in dem sie gewohnt hatte? Zum Teufel mit Grete! Was war aus Fredek Minz geworden? War er aus dem Lager Auschwitz befreit worden? Oder vielleicht ... Die Zeit drängte, ich durfte sie nicht länger auf der Toilette vergeuden. Ich spülte das Wasser herunter, um die Wache zu täuschen, und hastete an meinen Arbeitsplatz zurück. Jetzt erst machte ich mir über die Motive meines unbekannten Stellvertreters Gedanken. Hatte er das Brot vergessen und würde am nächsten Tag den Diebstahl anzeigen, oder hatte er es für einen Häftling hingelegt, den er nie kennenlernen würde? Ich wurde in dieser Sache nie verhört. Ich fand auch kein Essen mehr im Werkzeugschrank.

## 8

Ein Laib klebriges Schwarzbrot, ein Päckchen Rote-Rüben-Marmelade und eine grüne Armeedecke. Dies waren die Sachen, die man uns überraschend beim Morgenappell gab, ein paar Minuten, nachdem wir von der Arbeit zurückgekommen waren. Nach Beendigung der Zählung durften wir nicht in die Baracken gehen. Der Kapo teilte uns in sechs Gruppen zu zweihundert Mann ein. Der Lagerkommandant, den wir bis dahin kaum gesehen hatten, stieg auf eine Kiste, die ihm als improvisierte Bühne diente, und hielt eine kurze Ansprache:

»Gefangene! Das Dritte Reich läßt niemanden im Stich, der seinen Zielen dient, weder freiwillig noch unter Zwang. Die bolschewistischen Horden sind vorübergehend im Vorteil und befinden sich auf dem Anmarsch auf Wien. Der Führer hat angeordnet, daß ihr an einen Ort gebracht werdet, an dem ihr den russischen Barbaren nicht in die Hände fallen könnt. Wir werden zu Fuß zu unserem Ziel marschieren, wo ihr eure Arbeit fortsetzen könnt. Der Marsch wird über Landstraßen gehen, da die Hauptstraßen für die Wehrmacht frei bleiben müssen, die auszieht, den Feind auszurotten und das Herz des zivilisierten Europas vor der sowjetischen Bedrohung zu bewahren. Das Essen, das ihr bekommen habt, muß fünf Tage reichen. Teilt es euch vernünftig ein, denn die Gasthöfe auf dem Weg sind alle geschlossen. Haltet die Formation der Kolonnen. Ich erwarte eiserne Disziplin und volle Mitarbeit. Jede Abweichung von dem Befehl wird streng bestraft. Meine Soldaten haben Befehl, bei dem geringsten Verdacht auf Fluchtversuch zu schießen. Ich hoffe, daß ihr mich verstanden habt. Und nun, rechts um und vorwärts, marsch.«

Wir brachen in mustergültiger Ordnung auf. Am Tor bogen wir nach rechts ab, ohne die Kolonne auseinanderzureißen, wie eine Militäreinheit, die für eine Parade trainiert war. Mein Platz war in der zweiten Fünferreihe der zweiten Kolonne; vor mir marschierten etwa zweihundert Häftlinge, hinter mir vielleicht tausend. Ich kannte keinen von ihnen. Eigentlich hatte ich, von Fredek Minz und Kurt Kolonko abgesehen, mit keinem der Tausenden von Menschen, mit denen ich so lange zusammengelebt hatte, freiwillig Kontakt aufgenommen. Auch die vier Männer, die neben mir liefen, waren mir völlig fremd. Ich wußte nichts über sie, und sie wußten nichts über mich. Ein gemeinsames Schicksal macht Menschen nicht unbedingt vertraut miteinander. Vertrautheit erfordert gegenseitige Kompromisse; Freundschaft schafft gegenseitige Verpflichtungen. Das ist wahrscheinlich der Grund, warum wir uns in dem Strudel, der uns in den Abgrund zu reißen drohte, nicht gegenseitig halfen. Das Brot des Überlebens reichte nicht für alle, und es gab keinen Erlöser, der wundersam all die Verhungernden speisen würde. Also behielten wir jeden Krümel und jedes Korn für uns selbst.

Anfangs marschierten wir durch eine Wohngegend, an alten Häusern vorbei. Dann durchquerten wir ein kleines Wäldchen, das gerade sein erstes Grün zeigte; eine Schar Vögel, die auf den Baumkronen saß, flog erschreckt davon. Wir gingen an der Mauer eines großen Friedhofes entlang, und jemand, der sich dort auskannte, meinte, wir befänden uns in der Nähe des Meidling-Viertels. Anschließend folgten wir einer Eisenbahnlinie, die nirgendwo hinführte, da ihre Schienen von den Schwellen gerissen worden waren. Am Rand standen von Bomben beschädigte Güterwaggons. Zwei Männer rissen Planken von der Wand eines Waggons und liefen davon, als sie die SS-Soldaten sahen. Ich blickte mich neugierig um. Ja, wir waren wirklich in Wien, aber es war nicht das Wien meiner Eltern und meiner Kindheit. Die Stadt mit dem St.-Stefans-Dom und den Luxusgeschäften am »Graben« gab es nur noch in meiner Erinnerung, ein weiterer toter Schmetterling in einer verglasten Schublade. Während ich noch darüber nachdachte, stieg plötzlich das Heulen der Sirenen zum Himmel. Fliegeralarm. Die wenigen Passanten verschwanden in den Kellern der Häuser. Die Soldaten wurden nervös. Rufe. Durcheinander. »Rennt!« rief jemand – und wir fingen an zu laufen. Die Kolonne zersplitterte. Aus der Ferne hörten wir den gedämpften Donner von Explosionen. Wir rannten zum Eingang eines Tunnels und wurden von ihm verschluckt. Je tiefer wir in den Tunnel kamen, desto dämmriger wurde das Licht. Es reichte, ich konnte stehenbleiben. Ich lehnte mich mit meinem Rücken an die feuchte Mauer und harrte der Dinge, die kommen mußten. Die Soldaten sah ich nicht, sie bewachten sicher den Tunneleingang. Ein schwacher Geruch nach

Rauch hing in der Luft. Ich faltete die Decke, legte sie zwischen Schienen und Wand und setzte mich. Das Brot und die Marmelade hielt ich mit beiden Händen fest umklammert. Was würde geschehen, wenn ich mich hier versteckte? Wenn ich bei der Entwarnung nicht herauskommen würde? Es war unwahrscheinlich, daß die Nazis einen Appell durchführen würden, um festzustellen, ob ein Gefangener fehlte. Und selbst wenn sie es bemerkten, würden sie ihre kostbare Zeit damit verschwenden, den langen Tunnel abzusuchen? Ich rechnete mir aus, daß das Brot und die Marmelade für zwei Tage reichen würde, vielleicht vier, wenn ich mir eine strenge Disziplin auferlegte. Wieviele Tage würde ich hier sitzen und auf die Rote Armee warten müssen? Nicht viele. Es mußte zu schaffen sein. Und sofort tauchte das Starachowice-Abenteuer vor meinem geistigen Auge auf, und die Worte, die ich damals zu Fredek Minz gesagt hatte, hallten in meinen Ohren: »Halte mir keine Moralpredigt.« Der Drang, der mich damals von der Pritsche getrieben und mir gesagt hatte, wie wild in die Freiheit zu laufen, war in dem Destillisationsprozeß des Mißerfolgs getötet worden. Zurückgeblieben war nur eine feine Substanz, pure Angst. Ich sah noch immer den Bauern, der mir mit der Heugabel gedroht hatte, glaubte noch immer, daß geteiltes Leid halbes Leid sei, und fürchtete mich noch immer vor der Einsamkeit eines geflohenen Häftlings. Was würde passieren, ging es mir durch den Kopf, wenn sich der Tag der Befreiung verzögerte? Der Hunger würde mich aus meinem dunklen Versteck treiben. Mit meinem geschorenen Kopf und der Häftlingskleidung würde ich mich sofort der Umarmung des feindseligen Lichts ausliefern. Kaum aus dem Tunnel heraus, wäre ich dem Haß der Fremden ausgesetzt, würde hilflos dem ausgestreckten Zeigefinger eines zufälligen Denunzianten gegenüberstehen. Ich fand nicht den Mut, dieses Risiko einzugehen. Als der Befehl zum Weitermarsch gegeben wurde, sammelte ich meine Sachen auf und fand mich mit beschämendem Gehorsam am Ausgang des Tunnels ein. Die Nazis machten sich nicht die Mühe, uns zu zählen. Die Reihenfolge war durcheinandergeraten, und durch Zufall geriet ich in die Gruppe, die die Kolonne anführte. Die Decke wickelte ich um meinen Hals, die Marmelade versteckte ich in der Tasche, das Brot war in meiner Achselhöhle verborgen, die Aluminiumschüssel an meinem Hosenknopf mit einer Schur angebunden. Wir strömten in eine enge Gasse und ergossen uns auf einen kleinen Platz. Aus den Augenwinkeln las ich das Straßenschild:

Sarajewoplatz. Verärgerte Menschen standen in einer Schlange vor einem Wassertankwagen, der in der Mitte parkte. Ein Gefangener, der vor mir marschierte, brach aus der Reihe aus, wandte sich dem Mann am Wasserhahn zu und hielt ihm seine Blechschüssel in einer stummen Bitte um etwas Trinkwasser entgegen. Der Zivilist erwachte aus seiner Gleichgültigkeit und trat ihm die Schüssel aus der Hand. Sie rollte auf das Kopfsteinpflaster, und als der Häftling zur Seite trat, um sie aufzuheben, schoß einer der Wachsoldaten. Niemand in der Schlange reagierte. Als wir unseren Marsch fortsetzten, zuckte der Gefangene noch im Todeskampf.

## 9

Im Mai 1991 nutzte ich ein langes Wochenende, um von Warschau aus eine Fahrt in die Vergangenheit zu unternehmen. Maxwells Dienstwagen diente mir als Gefährt durch die Zeit. Die Grenze zwischen der Tschechoslowakei und Österreich passierte ich an der gleichen Stelle, an der Robert und ich 1957 hinübergefahren waren. Die Zöllner waren höflich, die Paßkontrolle dauerte kaum eine Minute, der Stacheldraht und die gepflügten und mit Minen übersäten Felder waren verschwunden, als hätte es sie nie gegeben. Die Welt hatte sich verändert. Hatte auch ich mich verändert?

Es gibt nichts Enttäuschenderes, als Orte zu besuchen, deren ursprünglichen Anblick wir in unserer Seele verschlossen haben wie eine getrocknete Blume in den Seiten eines Buches, von der man sich weigert zu akzeptieren, daß die Farbe verblaßt und der Geruch verschwunden ist. Nichts ist irreführender als die Illusion, daß es möglich sei, die Dimension der Zeit zu durchschreiten und Gebiete zu erreichen, in denen man seine Vergangenheit wiedererleben kann.

Während meines Aufenthalts in Polen hatte ich oft Bekannte aus Israel oder den USA zu Besuch, die mich baten, sie in die kleinen Ortschaften zu begleiten, in denen sie geboren und aufgewachsen waren. In ihrem Gepäck trugen sie ein Bündel von Eindrücken, die in ihrer sehnsüchtigen Brust eingefroren waren, ein altes Möbelstück, das seit Jahrzehnten nicht geöffnet worden war. Aus eigener Erfahrung versuchte ich, sie von ihrem Vorhaben abzubringen. Es gelang mir nie. Ich unterließ diese unnützen Bemühungen, als ich verstand, daß meine Gäste nicht nur die Gräber ihrer Lieben, nicht nur die Häuser, in denen sie gelebt hatten, die Straßen, in denen sie spazierengingen, und die Gärten, in denen sie als Kinder gespielt hatten, sondern in erster Linie – sich selbst suchten. Ihre Sehnsucht, die Vergangenheit wiederaufleben zu lassen, wie schwer sie auch gewesen sein mochte, war stärker als jedes logische Argument. Sie lebten in dem irrigen Glauben, daß eine Heimkehr zu ihren Ursprüngen ihnen gleichsam als Ritualbad der Absolution dienen würde, in dem sie den Überdruß ihrer Jahre würden abspülen können. Als sie nicht fanden, was sie suchten, schoben sie die Schuld auf die örtlichen Einwohner, die bösartig die teure Erinnerung beschmutzt hatten.

Es sieht so aus, als habe auch ich im Grunde genommen meine Lektion nicht gelernt. Ich habe gerade die philosophischen Werke von Søren Kierkegaard, dem dänischen Philosophen und Romantiker des neunzehnten Jahrhunderts, gelesen. Ein Abschnitt in seinem Essay über die Wechselwirtschaft hat mich durch seine Weisheit beeindruckt: »An der Kraft zu vergessen kann man recht eigentlich die Federkraft eines Menschen messen… Vergessen ist nämlich der rechte Ausdruck für die eigentliche Assimilation, welche das Erlebte zum Resonanzboden werden läßt. Die Natur ist deshalb so groß, weil sie vergessen hat, daß sie Chaos gewesen.« Wenn das, was der Philosoph sagt, wahr ist, beging ich einen großen Fehler, als ich die langen Stunden nach Wien zum Sarajewoplatz fuhr. Was zog mich dorthin? Was trieb mich dazu, meinen Wagen an der Seite abzustellen und nach dem Wasserwagen zu suchen? Ich fand ihn nicht. Ein Blumenverkäufer stand in der Mitte des Platzes. Ein kleiner, struppiger Hund sonnte sich an der Stelle, an der damals die Leiche des durstigen Gefangenen gelegen hatte. Die Fußgänger sahen nicht mehr jämmerlich und deprimiert aus, an den Häuserfassaden waren bunte Schilder angebracht, die Häuser waren renoviert worden. Ich nahm eine Straßenkarte von Österreich aus meinem Handschuhfach und zog darauf eine Linie von Wien nach St. Pölten, von St. Pölten nach Melk, von Melk nach Amstetten, von Amstetten nach Steyr, von Steyr nach Mauthausen. Warum tat ich das? Ich wollte auf keinen Fall das wiedererleben, was ich fast fünfzig Jahre vorher über mich hatte ergehen lassen müssen, als wir den qualvollen Weg marschierten. Selbst wenn ich es gewollt hätte, wie kann man Leid empfinden, wenn man in einem Luxuswagen sitzt?

Eine Zeitlang »feierte« ich den Jahrestag der Befreiung Mauthausens, indem ich Steckrübensuppe aß, als Erinnerung an die trüben Suppen, die ich im Lager essen mußte, bis ich einsah, wie lächerlich das war, und es aufgab. Steckrübensuppe, die mir zwischen einem schmackhaften Mahl und dem nächsten serviert wurde, brachte mir nicht das Gefühl des Hungers zurück. So war es auch hier, als ich in Richtung der westlichen Vororte der Stadt weiterfuhr und die schmale Asphaltstraße erreichte, die fremde Dörfer durchkreuzte und Felder durchschnitt, die sich nicht von anderen Feldern in Mitteleuropa unterschieden und in keiner

Weise dem glichen, was ich hier im April 1945 gesehen hatte. Es hat keinen Zweck, mich zu fragen, warum ich diese Reise unternahm. Ich habe keine Antwort.

Die Sicht war gut. Gelegentlich hielt ich an, um eine Aufnahme zu machen. Ich liebe es, Gesichter, Landschaften, Farbflecken und Formen mit meinem Photoapparat zu verewigen, denn meine Photographien verzerren den Anblick nicht so wie die Erinnerung. Eine Photoserie dieser Reise liegt heute auf meinem Schreibtisch, darunter eins von dem Gastwirt, der mir ein kühles Bier vom Faß einschenkte. Ich fragte ihn: Vielleicht erinnern Sie sich, vielleicht hat man Ihnen etwas erzählt? Er sah mich eigenartig an, das Objektiv erfaßte seine Verwunderung, als er antwortete: »Mein Herr, ich bin erst neununddreißig Jahre alt.«

Ich fragte mich, ob es eine Pflicht sei, die Taten der vorherigen Generation wieder auszugraben und aufzuwärmen. Was ist die Bedeutung von geschichtlicher Verantwortung? Dieser einfache Österreicher, der kein Historiker war und kein Interesse an dem hatte, was einmal war, ein Mann, der seinen Lebensunterhalt in einem Gasthaus am Wegesrand verdiente und seine Pläne für die Zukunft in seinem kleinen Bereich machte – was mußte er davon wissen? Ich stand auf der anderen Seite der Theke, ein körperlich, nach außen hin auch seelisch gesunder Mann, vierundsechzig Jahre alt, und trank mein Bier. »Echtes Pilsener«, betonte der Wirt. Ich nickte. Das Bier war nach meinem Geschmack. Ich war gesättigt und zufrieden. In meinem erwachsenen Leben hatte ich das Bittere und das Süße gekostet, aber die Bilanz war positiv. Meine Seele war nicht vom Haß auf die Welt befallen, und auf keinen Fall fühlte ich mich wie ein Mensch, der sein Leben vergeudet hat. Hätte man mir die Möglichkeit gegeben, es von neuem zu leben, so ist es zweifelhaft, ob ich eine andere Bahn eingeschlagen hätte. Stimmt: Es ist unmöglich, zweimal dasselbe zu erleben, weil man den Zufallsfaktor nicht kontrollieren kann. Aber die großen Linien meines Lebens hätte ich bereitwillig so nachvollzogen, wie sie verlaufen waren. Ich hatte Schläge bekommen, aber auch gewußt, daraus zu lernen. Ich hatte große und kleine Freuden kennengelernt, beide waren wichtig. Zum Frühstück hatte ich zwei knusprige Brötchen mit Butter und Honig gegessen, in meiner Tasche steckte ein Paß mit der Menora, dem siebenarmigen Leuchter, der den Staat Israel symbolisiert, ich war ein freier Bürger eines freien Staates. Meine Kreditkarte war gedeckt, ich hatte keine Geldsorgen, ich litt nicht an der Diskrepanz zwischen Erwartung und Wirklichkeit, denn ich hatte keine unerreichbaren Träume. Die meisten Dinge, die ich wollte, lagen in meiner Reichweite. In meinem Koffer ruhten feingebügelte Hemden, ein knitterfreier italienischer Anzug, modische Krawatten und ein Laptop. Schulamit gelang es, mir ein Heim zu schaffen, in das ich gern zurückkehrte. Unsere Wohnung, in einem zentralen und dennoch ruhigen Viertel Tel Avivs gelegen, war mit Andenken überhäuft, die wir auf unseren Weltreisen gesammelt hatten: Götterfiguren aus Papua, Scherenschnitte aus China, ein Seidenteppich aus Indien, Schmuck aus dem Goldmuseum in Bogotá, bunte Masken aus Nepal und Indonesien, volkstümliche Kunst aus Afrika, silberne Ornamente aus Mexiko, Kunstgegenstände aus Osteuropa, ein Wandteppich aus Peru ... Wir hatten zusammen fast die ganze Welt durchpflügt, mit Flugzeugen, mit dem Auto, auf Schiffen und sogar auf dem Rücken von Elefanten und Kamelen. Auf dieser Reise indes wollte ich allein sein. Der Motor schnurrte wie eine Katze in der Sonne, eine gut asphaltierte Straße ohne Schlaglöcher lud dazu ein, auf das Gaspedal zu treten. Die Fahrt verlief glatt und ziellos.

Der Wagen legte sich mit überhöhter Geschwindigkeit in eine Kurve. Was soll ich tun, ich genieße das Fahren erst dann, wenn der Tachometer mehr als hundert Stundenkilometer anzeigt. Die Reifen quietschten, als ich auf die Bremse trat. Der Wagen lag gut auf der Straße. Ich hielt an. Rechts von der Straße hatte ich einen Bauernhof entdeckt: Das weiße Wohnhaus und der Kuhstall mit der Scheune, ein zweistöckiges Gebäude, sahen dem Bauernhof erstaunlich ähnlich, der uns auf dem Marsch als Schlafstelle gedient hatte. Ich zögerte. Ich war nicht sicher, ob ich die Tatsachen wirklich bestätigen wollte. Hallo, Frister, bist du nicht deswegen hergekommen? Nagt in dir die Furcht, die Vergangenheit zu treffen? Ich parkte das Auto am Straßenrand. Ich schloß es ab. Ich trat in den von kleinen Ställen und Verschlägen umsäumten Hof. War es hier? Ich konnte es nicht mit Sicherheit sagen. Vielleicht ja, vielleicht nein. Ich klopfte an die Tür des Wohnhauses. Eine junge Frau öffnete sie.

»Was kann ich für Sie tun, mein Herr?« fragte sie.

Ich sah keinen Sinn in einem Gespräch. Sie war mindestens ein Vierteljahrhundert nach der Nacht geboren, die ich an dem Ort verbracht hatte. Wenn das wirklich der Ort war. Ich ging zum Auto zurück. Ich schaltete das Radio ein. Aus der Stereoanlage plärrte die Stimme des Ansagers: Die Wettervorhersage für morgen – keine Änderung.

## 10

Der Abend war kühl. Wir waren erschöpft. Der Bauernhof war in unseren Augen ein Luxushotel. Rund fünfhundert Mann waren in die Verschläge gepfercht worden. Die übrigen, darunter auch ich, kletterten über eine Leiter auf den Heuboden. Die Tore wurden verriegelt, die Soldaten zogen die Leitern weg. Bis zum Morgengrauen durften wir uns ausruhen. Ich vergrub mich in einem Strohhaufen wie ein Maulwurf in seinem Bau. Ich zog meine Schuhe aus. Meine Füße waren geschwollen, und ich hatte Angst, daß ich sie nicht wieder in meine Holzschuhe bekommen würde. Dennoch tat es gut, den Schmutz abzukratzen, der sich zwischen meine Zehen gesetzt hatte. Hätte ich eine Schüssel mit warmem Wasser gehabt, um meine Füße darin einzuweichen, wäre ich glücklich gewesen.

Vergeblich versuchte ich die Entfernung auszurechnen, die wir seit Wien zurückgelegt hatten. Die Deutschen wählten Seitenstraßen, teils ungepflastert, und die Namen der Dörfer und Städtchen sagten mir nichts. Was ich allerdings genau wußte, war, daß wir seit vier Tagen unterwegs waren. Das Brot, das ich bekommen hatte, hatte ich in vier Teile gebrochen, ein Viertel für jeden Tag. Nun, als ich auf dem Scheunenboden lag, aß ich das letzte Viertel.

Die Frühlingstage waren angenehm, nachts jedoch quälte uns die Kälte. Wie die meisten anderen Häftlinge hatte auch ich meine Decke schon zu Beginn des Marsches in den Straßengraben geworfen. In unserem geschwächten Zustand war selbst eine Feder so schwer wie Blei. Als es Abend wurde, war es zu spät, die Leichtsinnigkeit zu bedauern. Die vorangegangenen Nächte hatten wir im Freien auf Kasernenhöfen verbracht. Ohne jeden Schutz hatten wir auf dem Boden gelegen. Jetzt streckte ich meine Füße tief in den Strohhaufen und wartete geduldig, bis sie warm wurden. Als die Dunkelheit hereinbrach, erklangen aus dem Hof italienische Lieder. Eine Gruppe von Männern sang »La Paloma«, einen sentimentalen Tango, dessen Worte ich auswendig kannte, da er zu den Lieblingsstücken meiner Mutter gehört hatte. Ein Mann tremolierte die Melodie, und die anderen begleiteten ihn als Chor. Ich wurde neugierig. Mit den Schuhen in meiner Hand kroch ich zur Luke des Scheunenbodens und sah nach unten. Der Anblick war wie aus einer Operette. Eine italienische Schützenkompanie, in grüne Pelerinen gewickelt, hatte ein Lagerfeuer angezündet, sich darum versammelt und zu singen begonnen. Nach »La Paloma« kam eine Reihe volkstümlicher Melodien. In einem Kessel, den sie über das Feuer gehängt hatten, kochten sie ihr Abendessen. Ihre Gewehre hatten sie in Form eines Zeltes an die Seite gestellt. Die Italiener waren gelassen, als zögen sich die Armeen der Achsenmächte nicht gerade in Panik zurück. Plötzlich hörte der Gesang auf. Die gemütliche Stimmung wich einer gespannten Atmosphäre, als einige SS-Männer den Hof betraten. Schon ihr arrogantes Stehen forderte die Gruppe der Sänger heraus. Der italienische Offizier erhob sich vom Feuer und ging auf sie zu.

»Willkommen«, sagte er in gebrochenem Deutsch. »Setzen Sie sich zu uns.«

»Sitzen? Das ist alles, was ihr könnt; sitzen, nichts tun und singen«, grinste einer der SS-Männer.

»Sie vergessen, daß Sie mit einem Offizier sprechen.«

Der SS-Mann reizte ihn weiter.

»Und du hast vergessen, daß dies nicht die ›Scala‹ ist.«

»Das muß Badoglios* Unterhaltungstruppe sein«, mischte sich ein zweiter SS-Mann ein.

»Es gibt keinen Grund, unsere Ehre zu beleidigen«, verteidigte sich der Italiener. Seine Stimme wurde friedlich. Doch seine Beschwichtigung steigerte nur die Aggression der Deutschen.

»Von welcher Ehre redest du? Von der Ehre des Verräters?« rief ein SS-Mann, der bis dahin abseits gestanden hatte.

»Wir haben zusammen gekämpft, warum sollen wir uns streiten?« fragte der Italiener.

»Zusammen gekämpft«, spottete der Deutsche. »Seht euch die Helden an. Sie hören einen Furz und glauben, es sei ein Bombardement. Sie sehen einen Bolschewiken und machen sich in die Hosen. Wer solche Verbündete hat, braucht keine Feinde mehr.«

Die Schützen saßen um ihr Lagerfeuer und taten, als sähen und hörten sie nichts. Sie reagierten nicht, als einer der Nazis gegen den

---

* 1943 setzte der italienische Marschall Pietro Badoglio Benito Mussolini ab, löste die faschistische Partei auf, brach die Beziehungen mit Deutschland ab und ergab sich den Alliierten. Für Hitler war er ein Verräter.

Haufen ihrer Tornister trat, sie blieben still, als er ihren Kommandeur schubste. Sie füllten ihre Eßgeschirre und aßen ruhig. Als die Deutschen nicht aufhörten, sie zu verhöhnen und zu reizen, nahmen sie ihre Sachen und gingen weg. Ich weiß nicht, was danach geschah, denn meine Müdigkeit überwältigte meine Neugier. Ich kroch zu dem Strohhaufen zurück und sank in einen traumlosen Schlaf. Ich hörte nichts. Früh morgens brachten die Wachsoldaten die Leitern zurück und befahlen uns, zum Morgenappell herunterzusteigen. Die Leichen der italienischen Soldaten waren am Schweinestall aufgereiht. Ein junger Soldat, vielleicht zwanzig Jahre alt, lag auf dem Rücken. Eines seiner Augen war aus der Höhle gerutscht und hing an einer roten Ader; sein anderes Auge war weit offen und starrte direkt in den Himmel. Der Anblick störte offenbar einen der SS-Männer in seiner Ruhe. Mit seinem Stiefel trat er gegen die Leiche, bis sie sich umdrehte. Die Gewehre der Italiener standen noch auf ihrem Platz. Sie hatten nicht versucht oder hatten es nicht geschafft, sich zu verteidigen.

Wieder waren wir unterwegs.

Die Schmerzen konzentrierten sich erst in den Schultern, danach krochen sie die Wirbelsäule hinunter, bis sie sich in den Hüften mit denen trafen, die von den geschwollenen Füßen aufstiegen. Von da aus strahlten sie in jeden Muskel und jede Sehne im Körper aus. Unter dem Schädeldach, an einem undefinierbaren Punkt, verstärkte sich ein quälender Druck; ein stählerner Ring spannte sich um meinen Kopf, wurde von Minute zu Minute enger, beeinträchtigte meine Sicht, drohte meinen Schädel zu zerquetschen. Aber es waren ausgerechnet diese überwältigenden Schmerzen, die mir halfen, klar zu denken.

Trotz der Bemühungen der Wachen wurde die Ordnung nicht eingehalten. Die Kolonne zerfaserte, die letzten Fünferreihen brachen von der Hauptkolonne ab. Menschen, die restlos erschöpft waren, hielten an, um sich am Straßenrand auszuruhen. Die meisten hatten nicht mehr die Willenskraft aufzustehen. Sie lagen still, teilnahmslos gegen das Geschrei der Soldaten. Und die Soldaten selbst unternahmen keine großen Anstrengungen, die Disziplin aufrechtzuerhalten, die uns der Lagerkommandant gepredigt hatte. Wer nicht wieder zu uns kam, obwohl er geschlagen worden war, den beachteten sie nicht weiter. Sein Schicksal war ohnehin besiegelt. Nicht alle Schwachen gaben sofort die Chance auf Rettung auf. Manche, die nicht Schritt halten konnten, verlangsamten, statt sich auf den Boden zu legen, ihre Schritte in der Hoffnung, wieder Kraft zu schöpfen und ihre Kameraden einholen zu können. Diese Hoffnungen waren meist vergeblich. Sie fielen zurück, Fünferreihe um Fünferreihe, bis sie sich schließlich am Ende der Kolonne befanden. Die Deutschen ignorierten auch das. Je näher die Nachzügler der letzten Reihe kamen, desto näher kam auch ihr Ende. Wer auf der Straße blieb, nachdem die letzte Fünferreihe an ihm vorbeigegangen war, hatte nicht mehr lange zu leben. Unseren Spuren folgte ein mit Tarnfarbe bemalter Opel-Blitz-Lastwagen. In der hinteren Öffnung stand ein schweres Maschinengewehr. Die Befehle waren klar: Kein Häftling durfte lebend zurückgelassen werden. Um sicher zu sein, daß die Befehle ordentlich ausgeführt wurden, untersuchte ein Offizier jede Leiche. Jeder, der nur das geringste Lebenszeichen von sich gab, wurde mit einem »Gnadenschuß« aus seiner Pistole getötet.

Ich sah, was um mich herum vorging, ohne daß es mich erschütterte. Die Leichen, die in ihrem Blut und dem Straßenschmutz lagen, verstärkten sogar noch meinen Willen zu marschieren, zu marschieren, zu marschieren.

Ich erfand verschiedene und eigenartige Methoden, um die Schmerzen zu betrügen, die Erschöpfung irrezuführen, das Schicksal zu überlisten. Ich mußte meine Aufmerksamkeit von dem quälenden Brennpunkt ablenken und sie auf Seitenwege führen. Ich fischte aus meiner Erinnerung Abschnitte von Gedichten, die ich in meiner Kindheit auswendig gelernt hatte: Zwei Verse von Goethe, ein Vers aus dem *Pan Tadeusz*, ein ganzes Gedicht von Julian Tuwim, einige Worte von Majakowskis »Linkem Marsch«. Als ich den literarischen Teil beendet hatte, begann ich die Strommasten zu zählen. Ich sagte zu mir selbst: Nun muß ich bis zu dem dritten Pfahl vor mir kommen. Und wenn ich ihn erreicht hatte, wiederholte ich die Übung: Nun bis zum vierten Pfahl. Zum fünften. Zum sechsten. So gelangte ich, ohne es mir vorgenommen zu haben, an die Spitze der Kolonne. Ich schloß mich der Gruppe der stärksten Marschierer an, ließ sie nicht los und blieb bei ihnen bis zum Ende des Weges.

Die Begleitsoldaten gingen zu Fuß wie wir. Ihre automatischen Gewehre hingen ihnen lässig von den Schultern. Diese Nachlässigkeit war der einzige Hinweis darauf, daß auch ihre Disziplin bröckelte. Obwohl die Rote Armee ihnen bereits im Nacken saß, benahmen sie sich uns gegenüber, als ob die Wehrmacht vor den Toren Moskaus stünde. Ich fragte mich manchmal, inwieweit sie sich der unvermeidlichen Niederlage bewußt waren. Sahen sie das Ende des tausendjähriges Reiches, das Hitler ihnen versprochen hatte, oder hatte die lange Gehirnwäsche ihnen die Urteilsfähigkeit genommen?

In den Apriltagen 1945 wurden Hunderttausende von Häftlingen aus Dutzenden von Konzentrationslagern zu Märschen in kleine Enklaven gezwungen, die noch nicht von den Alliierten erobert worden waren. Es waren die letzten Todeszuckungen einer wahnsinnigen Welt, die uns bei ihrem Sturz mit in den Abgrund reißen wollte. Die Holocaustliteratur hat dieser Operation den Namen »Todesmärsche« gegeben. Die statistischen Daten über die Opfer sind mir unbekannt, und ich weiß nicht, wer sie geplant hatte. Im Führerhauptquartier in Berlin fügte sich noch immer jeder den Stimmungsschwankungen Hitlers. Er schickte Divisionen in die Schlacht, die nur noch auf dem Papier existierten, und er kann ebensogut befohlen haben, uns zu Waffenfabriken marschieren zu lassen, die längst in Trümmern lagen. Niemand hatte den Mut, ihm die Wahrheit zu sagen.

Am achten Tag unseres Marsches durchquerten wir die Straßen von Steyr. An den Hauswänden prangten Plakate, die in großen Schlagzeilen verkündeten: »Das große Schwein ist krepiert.« Von den Plakaten blickte das verzerrte Gesicht des Präsidenten der Vereinigten Staaten Franklin D. Roosevelt auf uns herab. Erst nach dem Krieg konnte ich das Datum feststellen: 12. April 1945. Und nur aus Geschichtsbüchern erfuhr ich, daß Propagandaminister Joseph Goebbels mit Hitler telefoniert und ihm herzlich gratuliert hatte: »Mein Führer, ich beglückwünsche Sie! Roosevelt ist tot! In den Sternen stand geschrieben, daß in der zweiten Hälfte des April der Wendepunkt kommt.« Goebbels stützte sich auf das Horoskop, das Martin Bormann, Hitlers Kanzleichef, hatte erstellen lassen. Hitler seinerseits sah darin ein Zeichen, daß die Geschichte sich wiederholte. Im Siebenjährigen Krieg, als die Bedrängnis König Friedrichs des Großen am größten war, starb plötzlich die Zarin Elisabeth von Rußland. Preußen wurde vor einer Niederlage gerettet.

In seiner Aussage im Nürnberger Prozeß sollte Albert Speer, der Rüstungsminister, auf dessen Befehl Zehntausende von Häftlingen, wie ich einer war, schufteten, behaupten: »In dieser Zeit ab

Januar 1945 konnte man jede vernünftige Maßnahme in Deutschland gegen die offizielle Politik durchführen. Jeder vernünftige Mann begrüßte derartige Maßnahmen und war zufrieden, wenn nur einer dafür die Verantwortung übernahm ... und so konnten wir gemeinsam vieles tun, um die wahnsinnigen Befehle dieser Zeit aufzuhalten.«

Der Offizier, dessen Händen unser Schicksal anvertraut war, dachte anders.

Als das Brot zu Ende ging und auch die Rationen der Soldaten verbraucht waren, wurde uns erlaubt, einige Minuten Pause zu machen, damit wir Gräser auf den Feldern pflücken konnten. Wir aßen grünen Hafer, lutschten die Flüssigkeit aus Distelstengeln, kauten Brennesselblätter, die wir in unseren Händen zerdrückten. Die Deutschen lösten ihr Problem auf andere Weise. Abends, wenn sie uns für die Nacht auf Heuböden, in Ställen oder Verschlägen einquartiert hatten, überfielen sie die Dörfer in der Umgebung und beschlagnahmten alles, was eßbar war. Doch die österreichischen Bauern brannten nicht gerade darauf, die hungrigen Mäuler zu stopfen. In den wenigen Fällen, in denen sie bereit waren, landwirtschaftliche Produkte zu verkaufen, weigerten sie sich, Reichsmark als Bezahlung anzunehmen. So wurde der erstaunliche Vorschlag des Kommandeurs der Begleiteinheit geboren:

»Diese gemeinen Bastarde«, sagte er, sich auf die Familie beziehend, bei der wir für die Nacht angehalten hatten, »diese gemeinen Bastarde haben ein ganzes Schwein im Wald versteckt. Diese gemeinen Bastarde verlangen Bezahlung in harter Währung. Das ist ein schweres Verbrechen, und dafür gebührt es ihnen, an der Straßenlaterne aufgehängt zu werden. Aber in diesem gottverlassenen Nest gibt es keine Straßen und keine Laternen, und außerdem: Was hätten wir davon? Der Tod dieser gemeinen Bastarde ist weniger wert als ein lebendiges Schwein. Ich kenne auch euch, ihr elenden Bastarde. Auch euch würde ich gern an einem Telefonmast aufknüpfen und mich mit der Hauptsache beschäftigen und gegen die Bolschewiken kämpfen. Aber ich bin Soldat, und Soldaten müssen Befehlen gehorchen. Ich habe mich verpflichtet, euch nach Mauthausen zurückzubringen; ich werde es tun, komme, was wolle.«

Der Offizier schnappte nach Luft wie ein Fisch, den man aus dem Wasser gezogen hat. Man konnte ihm ansehen, daß er nicht daran gewöhnt war, Reden zu halten und schon gar nicht solchen elenden Bastarden wie uns. Zwei bewaffnete Wachen standen hinter ihm, als ob sie uns mit ihrer Anwesenheit daran erinnern wollten, daß sich, ganz gleich, was der Offizier sagte, an unserem Status nichts geändert hatte.

»Ich habe gesagt, ich kenne euch, und ich weiß, was ich gesagt habe. Es ist euch immer gelungen, uns zu überlisten und in euren Arschlöchern oder euren Ohren, oder weiß der Teufel wo, einen Diamanten oder eine Goldmünze zu verstecken. Ich brauche jetzt zwei Münzen, möglichst zwei Maria-Theresien-Taler, denn das ist es, was die gemeinen Bastarde haben wollen. Wir werden das Schwein kaufen, es kochen, die Soldaten werden das Fleisch essen, und wir werden euch die Brühe geben. Die Hälfte von euch ist auf der Strecke geblieben, Gott sei Dank. Wieviel seid ihr noch? Fünfhundert Mägen, nicht mehr. An Wasser mangelt es hier nicht, die Suppe wird für alle reichen. Macht euch nichts vor, ihr werdet kein anderes Essen sehen. Die Brühe ist für euch und nur für euch, dies verspreche ich euch; ihr könnt euch auf das Wort eines SS-Offiziers verlassen.«

Der Offizier gab uns zehn Minuten, damit wir uns die Sache überlegen konnten, und ging hinaus. Die beiden Wachen schlossen das Stalltor. Ein Franzose von etwa dreißig Jahren, den man in Wien Petit genannt hatte, weil er so klein war, packte mich am Arm und flüsterte:

»Was denkst du darüber?«

Wir hatten noch nie ein Wort gewechselt. Warum kam er gerade auf mich? Ich antwortete:

»Ich habe schon lange aufgehört zu denken.«

»Bist du bereit, ihnen zu geben, was sie verlangen?«

»Ich bin nicht in diesem Dilemma; ich habe keine Maria-Theresien-Taler.«

»Glaubst du, daß sie uns Essen geben?«

»Glaubst du an Gott?« antwortete ich mit einer Gegenfrage.

»Ja.«

»Warum fragst du dann nicht ihn. Er weiß alles.«

»Ich bin hungrig. Ich werde es ohne Essen nicht schaffen.«

»Und die anderen? Werden sie es schaffen?«

»Was kümmern mich die anderen,« erwiderte der Franzose wütend. »Ich muß nach Hause zurück, du verstehst? Ich muß zurück. Ich habe mich eine Woche vor der Verhaftung verlobt.«

450

»Gratulation, und hör auf zu quengeln.«

»Ich weiß, Nicole ist keine Heilige. Was soll's, sie hat eben Pfeffer unterm Hintern. Ich habe mich an den Gedanken gewöhnt, daß sie mal nebenbei einen Fick bekommt. Was soll's, c'est la vie. Ich bin nicht dort. Aus den Augen, aus dem Sinn. Aber wenn ich nicht zurückkomme, wird sie Roger heiraten, und das ist für mich ein unerträglicher Gedanke. Roger ist ... ach, was kannst du schon über Roger wissen.«

»Laß mich in Ruhe, Petit.«

»Du kennst mich?« freute er sich.

»Du hast in meiner Schicht gearbeitet.«

»Ja; ich bin ein erstklassiger Dreher. Auch ein guter Liebhaber. Frag Nicole, sie wird es nicht abstreiten. Nachdem wir das letzte Mal miteinander geschlafen hatten, gab sie mir einen Sou als Andenken. ›Behalte ihn immer bei dir, er wird unser Amulett sein, Maurice‹, sagte sie. Sie hat mich nie Petit genannt. Es war kein gewöhnlicher Sou, sondern eine in Gold gestanzte Kopie. Ich habe ihn drei Jahre lang mit meinem Leben bewacht. Du bist schon ein Veteran, du weißt, daß es nicht leicht war. Soll ich ihn ihnen geben?«

In den zehn Minuten geschah das Unglaubliche: Ein Gefangener ergriff die Initiative und sammelte einige Goldmünzen ein. Der Sou von Petit war auch dabei. Wo sie diese Schätze versteckt hatten, wie sie sie durch Dutzende von überraschenden Untersuchungen gebracht hatten, welche List ihnen eingefallen war, um sie vor den Augen der Kapos und Aufseher zu verbergen, das wußten nur sie selbst. Im Schuppen eingeschlossen, hörten wir in der Nacht das Quieken des abgestochenen Schweins. Als am Morgen die Türen geöffnet wurden, zeigten die Nazis noch vor dem Morgenappell auf vier in Stein gehauene Futtertröge, die mit wohlriechender Brühe gefüllt waren. Die Häftlinge fielen über das Essen her, stießen sich gegenseitig, die Suppe schwappte aus den Blechnäpfen, jemand fiel in den Futtertrog, die Gefangenen zogen ihn heraus und traten ihn, bis er bewußtlos wurde. Ich benahm mich nicht besser als die anderen. Ich schubste und trat jeden in meiner Nähe, denn gute Manieren waren hier nicht am Platz. Die SS-Männer beobachteten das Geschehen, ohne sich einzumischen. Und erst als die Fütterung der Raubtiere vorbei war, begannen sie mit der üblichen Zählung.

In seiner Rede hatte uns der Offizier, ob zufällig oder absichtlich, unser Marschziel verraten: Mauthausen. Das war ein schwerer Schlag. Wir hatten uns vorgemacht, daß noch Waffenfabriken existierten und weiterhin Arbeitskräfte gebraucht würden. In Mauthausen gab es nur einen einzigen Arbeitsplatz: den Steinbruch. Tausende von Menschen hatten dort ihren Tod gefunden, und selbst wenn es eine Überlebenschance gegeben hätte, war es fraglich, ob überhaupt noch Granit gebrochen wurde. Berlin lag in Trümmern. Ich fragte mich, welchen Sinn es hatte, Häftlinge an einen Ort zu bringen, wo sie zu nichts mehr nütze waren. Den Gedanken, daß wir in unseren Tod marschierten, verwarf ich sofort.

Je mehr Tage vergingen, desto kleiner wurde unsere Kolonne. Beim Morgenappell, eine Prozedur, die die SS-Männer peinlich genau einhielten, wurden die »Abgänge«, wie es in ihrem Jargon hieß – eine Untertreibung im Lexikon des Todes –, mit großer Ernsthaftigkeit notiert. Jeder, der nicht zum Morgenappell erschienen war, galt als »Abgang«, denn er war nicht mehr unter den Lebenden. Einige hundert von uns hatten es nicht bis dahin geschafft. Ihre Leichen markierten den Weg, den wir gegangen waren, wie Meilensteine. Die Frage war, wie viele bis zum Ende des Marsches durchhalten würden. Ich hatte keine Ahnung, wie lange wir noch marschieren mußten. Ich wußte nicht, wo wir waren, hatte keine Straßenkarte, und es gab niemanden, den ich fragen konnte. Vom Beharrungsvermögen abgesehen, kannte ich kein Kriterium, mit dessen Hilfe ich meine Chancen hätte abschätzen können. Würde es mir möglich sein, meine Füße noch einen Tag zu bewegen, noch zwei Tage, noch eine ganze Woche? Es war nicht nur eine Frage von allgemeiner Erschöpfung. Die Sohlen meiner Füße waren hart, aber die Wunden waren nicht verkrustet. Die Abszesse sprangen auf wie stinkende Blasen, der Eiter mischte sich mit dem Staub der Straße und war wie eine dicke Salbe. Anfangs versuchte ich noch, ihn mit Blättern abzuwischen, die ich am Wegrand gepflückt hatte, doch ich hörte schnell damit auf. Meine Bemühungen waren zwecklos, denn mein Körper war eine unaufhörliche Quelle der Fäulnis. Der Eiter lief aus mir heraus, als sei er die einzige Substanz, die ich noch produzieren konnte. Er schien aus allen Poren zu fließen. Mein Hemd saugte die gelbe Flüssigkeit auf, trocknete und wurde hart. Meine Kleidung und mein Körper waren ein einziger Klumpen.

Die Fleischbrühe, um die ich schwer gekämpft hatte, war meinem Magen gut bekommen, viele jedoch bekamen davon Durchfall. Unser Verdauungsystem hatte längst vergessen, wie es mit Fett umgehen mußte. Petit, der seine Anlage des goldenen Sou schneller als ich hatte vergütet sehen wollen und zwei Schüsseln Suppe herunterschlang, litt unter heftigen Bauchkrämpfen. Als wir zu einer kurzen Pause anhielten, die uns alle zwei Stunden erlaubt wurde, da auch das Wachpersonal sich ausruhen mußte, sah ich, wie er seine Hosenknöpfe öffnete und auf den Graben am Wegesrand zusteuerte. Ich setzte mich auf einen Meilenstein. »68 Kilometer« war in schwarzer Farbe darauf gepinselt, aber ich hatte keine Ahnung woher oder wohin. Träge ·beobachtete ich Petit. Auch ein Soldat, der eine Zigarette rauchte, blickte zu ihm hin. Petit – ich weiß nicht, warum, vielleicht erschreckte er sich, als er den SS-Soldaten bemerkte – griff plötzlich nach seiner heruntergezogenen Hose, kletterte schnell aus dem Graben und lief zwischen die Haselnußsträucher, die dort dicht an dicht standen. Seine Gesäßbacken glänzten lächerlich. Ich grinste. Der Soldat auch. Dann gab er mir einen sanften Stoß und bedeutete mir, von dem Stein aufzustehen. Als ich ihm gehorchte, legte er seine brennende Zigarette auf den Stein, nahm seine Maschinenpistole von der Schulter in die Hand, legte an und drückte auf den Abzug. Die Salve war kurz. Der Soldat bückte sich und steckte die Zigarette wieder in den Mund. Adieu, Petit. Sei glücklich, Nicole. Jetzt bist du frei, um Roger zu heiraten.

# 11

»Sturmbannführer, Obersturmführer Kitzke meldet sich mit dem Kommando der Saurer-Werke aus Wien. Die Gesamtzahl des Kommandos: 1 010 Gefangene. 688 wurden von der Liste gestrichen. Zur Übergabe – 322.«

Wir standen vor dem geschlossenen Tor von Mauthausen. Ein SS-Offizier, der herauskam, hob bedauernd die Hände.

»Es tut mir leid, das Lager nimmt keine Gefangenen mehr auf.«

»Ich habe einen schriftlichen Befehl, Sturmbannführer.« Der Kommandeur des Begleitkommandos reichte seinem Kollegen ein Blatt Papier. Der las es sorgfältig, faltete es und gab es zurück.

»Sie sind in eine heikle Situation geraten, mein Freund, aber ich kann Ihnen nicht helfen. Das Lager ist bis zum letzten Platz voll.«

»Das ist nicht mein Problem. Ich muß den Anweisungen folgen, die ich erhalten habe«, beharrte der Kommandeur.

»Meine Anordnungen besagen das Gegenteil.«

»Was soll ich denn mit denen hier machen?« fragte der Offizier und wies auf uns.

»Was mich betrifft, so können Sie sie zurück nach Wien marschieren lassen.«

»Das hat keinen Sinn.«

»Mit Sinn gebe ich mich nicht ab. Ich führe Befehle aus.«

»Ich auch.«

»Sie werden mich nicht überzeugen. Das Lager ist geschlossen.«

»Dann öffnen Sie es.«

»Es wäre schade um die Anstrengung. Die kommen nicht hinein.«

»Sie reden von Anstrengung? Haben Sie eine Ahnung, wieviel Anstrengung es uns gekostet hat, diese jämmerlichen Bastarde hierher zu bekommen? Wir sind fast zwei Wochen unterwegs gewesen.«

»Sie haben ihre Zeit verschwendet.«

»Ich werde eine Beschwerde einreichen«, sagte der Kommandeur wütend. Der Major sah plötzlich belustigt aus.

454

»Bei wem, wenn ich fragen darf?« grinste er.

»Bei ...«

»Aha, ich sehe, daß Sie anfangen, die Situation zu verstehen.«

»Aber ich kann Ihre Weigerung noch immer nicht verstehen.«

»Sie wollen eine Erklärung? Gut, hier haben Sie Ihre Erklärung. Ich weigere mich, Ihre dreihundert Kadaver aufzunehmen, weil wir keinen Platz, nicht genug Essen und keine Arbeitskräfte haben, um sie zu bewachen. Überzeugt Sie das?«

»Nein.«

»Sie sind dickköpfig wie ein Maulesel.«

»Sie auch.«

Die beiden Offiziere fingen an zu lachen. Die Spannung, die in der Luft gehangen hatte, löste sich auf. Obersturmführer Kitzke gab den schriftlichen Befehl wieder seinem Kollegen.

»Warum sollen wir uns streiten? Alles, worum ich Sie bitte, ist, diese Quittung zu unterschreiben. Was Sie nachher mit ihnen machen, ist nicht meine Angelegenheit.«

»Bedaure, Sie wieder enttäuschen zu müssen. Es ist uns nicht nur das Essen, sondern auch das Zyklon B ausgegangen. Aber ich sehe, Sie haben einen Lastwagen mit einem schweren Maschinengewehr. Erledigen Sie die Sache doch selbst. Lassen Sie mir nur keine Leichen vor dem Tor liegen. Es ist niemand da, der sie wegschaffen kann.«

Ich hatte jedes Wort verstanden.

Verdammt, hatten meine Eltern deshalb so darauf gedrungen, daß ich deutsche Satzlehre und Aussprache lernte? Mußte ich deshalb neben meinen Lieblingsbüchern auch die klassischen Gedichte lesen, ohne die man, wie meine Mutter behauptete, kein kultivierter Mensch werden konnte? Hatte ich deshalb über dem Gesamtwerk von Heinrich Heine hocken müssen? War ich deshalb gezwungen worden, das Gespräch der Engel mit Mephisto im ersten Akt des *Faust* auswendig zu lernen und es zum fragwürdigen Vergnügen unserer Gäste vorzutragen? Im Eßzimmer zu stehen und aufzusagen:

Die Sonne tönt nach alter Weise
In Brudersphären Wettgesang
Und ihre vorgeschriebene Reise
Vollendet sie mit Donnergang

Die Gäste klatschten, als werde ihnen ein Unterhaltungsprogramm in den Minuten präsentiert, bevor mein Vater die Glocke läutete, um Paula zu bedeuten, daß es an der Zeit sei, den Digestif zu servieren. Diese verhaßten Vorstellungen wiederholten sich wie eine ausgeleierte Schallplatte, lediglich die Gäste und das Repertoire wechselten von Woche zu Woche. Wenn meine Mutter mit meinen Kenntnissen angeben wollte, fragte sie mich über den Inhalt eines neuen Theaterstückes aus, das gerade im Stadttheater aufgeführt wurde (auf deutsch natürlich), oder begann ein Gespräch über ein Buch, das vor kurzem erschienen war. Diese beschämenden Situationen hörten an dem Abend auf, als sie mit ihrer Fähigkeit prahlte, sich mit mir auf einer intellektuellen Ebene unterhalten zu können, da ich, trotz der Generationskluft, in ihr eine treue Freundin sähe. »Wenn ihn etwas beunruhigt oder wenn er unbeantwortete Fragen hat, findet er die Antwort auf seine Zweifel immer bei mir«, erzählte sie.

Ich machte ein perfektes Gesicht, das eines süßen, unschuldigen Kindes, und sagte:

»Das stimmt. Gerade heute habe ich auf den Schulhof ein Wort gehört, das ich nicht verstanden habe.«

»Was war es?« lächelte meine Mutter mit Genugtuung.

»Schwanz«, sagte ich, ohne mit der Wimper zu zucken.

Wie jeder, der nach der Tat weise wird, bereute ich, was ich getan hatte. Erst als ich für immer aus dem Gästezimmer verbannt war, vermißte ich die Abende. Sie hatten mir die Tür zur Erwachsenenwelt geöffnet, und trotz aller Kritik an dem Lebensstil meiner Mutter spürte ich, daß diese verhaßten Vorführungen mir eine gewisse Selbstsicherheit gegeben hatten.

Mein Vater amüsierte sich gern hier und da mit einem Kriminalprozeß, seine Haupteinnahmequelle aber waren zivilrechtliche Fälle. Viele sagten, er sei der beste, wenn es darum ging, Verträge auszuarbeiten und die juristischen Probleme zu entwirren, in die die Bielitzer Industriebetriebe und Banken manchmal verwickelt waren. Er wußte die Bedeutung seiner gesellschaftlichen Verbindungen, die seine Laufbahn förderten, zu schätzen und versammelte an den Sonntagabenden immer eine ganze Schar reicher und einflußreicher Leute aus Bielitz an unserem Tisch. Es war ein Vergnügen, sie kennenzulernen: die Magnaten der Textilindustrie, die Bankiers, die Direktoren von Handels- und Investitionsfirmen und auch die besonderen Gäste, die das Wohnzimmer allein durch ihre schiere Gegenwart schmückten. Meine Mutter war ein Genie in der Planung dieser Gesellschaften. Wenn sie die Gästeliste zusammenstellte, glich sie einer erfahrenen Blumenverkäuferin, die für jedes Ereignis einen passenden Blumenstrauß komponiert. Einen örtlichen Politiker mit einem Industriellen, einen Maler mit einem Snob, der damit prahlte, Kunstgegenstände zu sammeln, einen mit Auszeichnungen behangenen Oberst mit der Frau eines Bezirksrichters, einen Investor, der gekommen war, den Markt auszukundschaften, mit dem Bankdirektor. Einzig Emil Zegadłowicz stach wie eine dornige Distel aus dem künstlerischen Arrangement meiner Mutter heraus. Zu ihrem großen Ärger war der Mann jede Woche bei uns, und nicht genug, daß seine Anwesenheit sie wütend machte, mußte sie ihm auch noch den Ehrenplatz an der rechten Seite meines Vaters reservieren. Zegadłowicz lehnte sich gegen die Konvention auf, nahm an Veranstaltungen linker Künstler teil und schrieb Bücher, die in einem anständigen Provinzhaushalt nichts zu suchen hatten. In unserem Haus waren seine Publikationen, die meisten vor Erotik triefend, hinter dem *Großen Brockhaus* versteckt. Mein Vater unterstützte ihn mit einer kleinen monatlichen Summe, eine Geste, die ebenfalls den Zorn meiner Mutter erregte. Ich war zu klein, um diese eigenartige Freundschaft zwischen dem Konservativen und dem Revolutionär zu begreifen. Erst später erfuhr ich, daß beide im gleichen Jahr – 1888 – geboren waren, das gleiche Gymnasium in der Stadt Wadowice, eine halbe Stunde Fahrt von Bielitz entfernt, besucht hatten und daß beide in ihrem entschiedenen Widerstand gegen den Faschismus vereint waren. Wenn es etwas gab, das das Herz meiner Mutter Emil Zegadłowicz gegenüber weicher machte und zu seinen Gunsten sprach, dann war es die Tatsache, daß er den *Faust* vom Deutschen ins Polnische übersetzt hatte.

In unserem Haus herrschte eine eiserne Regel: Bei Tisch war es erlaubt, über alles zu reden, nur nicht über Geschäfte. Indem sie sich daran hielten, respektierten die Gäste den Wunsch meiner Mutter, einen kulturellen Salon zu führen. Es war ein ärmlicher Ersatz für Gertrud Steins Salon in Paris, aber Bielitz war schließlich nicht die Hauptstadt Frankreichs und noch nicht einmal die wichtigste Stadt im Bezirk. Daß das Gespräch sich irgendwann von dem Thema, das sie so sehr liebte, abwandte und in der Trivialität der Politik endete, lag in der Natur der Sache. Die Ereignisse, die Europa am Ende der dreißiger Jahre in Aufruhr versetzten, konzentrierten sich auf Deutschland. Es war die Zeit zwischen dem Anschluß Österreichs und der Wiedereingliederung des Sudetenlandes, Hitlers Appetit wuchs mit dem Essen, doch in unserem Haus wurde die deutsche Kultur noch nicht entehrt. Die meisten Gäste waren mit ihr gefüttert worden. Und auch in mich pflanzten meine Eltern einen unerschütterlichen Respekt vor der Zivilisation der deutschsprachigen Völker. Ich trank den Trunk mit Begeisterung. Wie viele andere konnte ich mir nicht vorstellen, daß eine Nation, die Generationen von Geistesgrößen hervorgebracht hatte, nun eine Generation von Mördern folgen lassen würde.

Während die zwei SS-Offiziere sich am Lagertor Mauthausens laut darüber ausließen, was für ein Ärgernis wir doch seien und wie man uns am besten beseitige, konnte ich nicht umhin, in die Erinnerungen zurückzugleiten, die meine Kindheit geformt und geprägt hatten. Es mag eine zweckdienliche Flucht vor der Gegenwart gewesen sein, geboren aus dem verzweifelten Wunsch, den fürchterlichen Inhalt des Gesprächs zu ignorieren. Das Erscheinen eines weiteren Offiziers holte mich in die Realität zurück. Wie in König Salomons berühmtem Urteil beschloß er, daß die Hälfte von uns aufgenommen würde und die andere Hälfte draußen bleibe, »komme, was mag«. »Was kommen könnte« interessierte mich nicht, ein animalischer Instinkt trieb mich vorwärts. Das Tor war kaum offen, da stürzte ich schon hinein. In Sekunden waren meine Kindheit, der Salon und die Eltern vergessen. Ich weiß nicht, was aus denen wurde, die draußen blieben. Jeder einzelne von ihnen war mein persönlicher Feind, denn jeder konnte mich von dem Platz verdrängen, der einen letzten Funken Leben versprach. Ich sah mich um, erkannte die Garagen und den viereckigen Wachturm. Wie ein Pawlowscher Hund warf ich einen ängstlichen Blick auf die Schläuche. Doch diesmal war den SS-Männern nicht nach Spiel und Spaß. Vielleicht war auch kein Wasser mehr in den Hydranten.

Eine lange Zeit kümmerte sich niemand um uns. Die Gefangenen lagen im Hof und in den angrenzenden Garagen. Das Innentor, das von unserem Hof zu den Lagerbaracken führte, blieb verschlossen. Die Wachen sahen uns gelangweilt zu. Aus Erfahrung wußte ich, daß sie jeden Moment das Feuer eröffnen konnten. Instinktiv kroch ich in eine Garage. Mit einem Lappen, der in Motorenöl getränkt war, wischte ich mir den Eiter von den Abszessen in meinem Gesicht. Mit einer Visage wie der meinen, sagte ich mir, würde sogar der menschlichste SS-Mann mich nicht am Leben lassen.

Gegen Abend wurde das äußere Tor wieder geöffnet. »Raus! Raus!« brüllten die Soldaten und stürzten auf uns zu. Eine fürchterliche Angst malte schwarze Flecken in meine Augen. »Raus« – das hieß, sich denen anschließen, die dort geblieben waren für das »komme, was mag«: auf der Stelle getötet zu werden oder den wahnsinnigen Marsch zurück nach Wien anzutreten. Nur Gott weiß, woher ich die Kraft nahm, aufzustehen. Ich rannte mit der Masse, oder vielleicht trug sie mich auch wie ein Blatt mit sich. Und hier reißt der Faden der Erinnerung. Ein ganzer Tag und eine ganze Nacht sind ausgelöscht und für immer verloren. Als ich wieder zu mir kam, lag ich auf einer Pritsche in dem Sanitätslager; so nannten sie ein kleines Außenlager, das für Kranke bestimmt war. Ich weiß bis heute nicht, wie ich dort hingekommen bin. Wahrscheinlich zu Fuß, aber beschwören kann ich es nicht.

»Sie haben schon ihre Ruhe und ihren Frieden.« Dies waren die ersten Worte, die ihren Weg in mein Bewußtsein fanden. Es vergingen einige Minuten, bis ich den Sprecher ausfindig machen konnte. Er lag neben mir, sein Gesicht nahe dem meinen. Die Augen waren in die Höhlen gesunken, seine Nase zerschmettert, geronnenes Blut klebte auf seinen Wangen, was ihm ein entsetzliches Aussehen verlieh. Mein Pritschenpartner – ich hatte noch nicht bemerkt, daß eine dritte Person hinter meinem Rücken lag – hob seine Hand und zeigte auf die offene Tür. Mein Blick folgte seinem Finger und entdeckte einen Leichenhaufen.

Ich hatte nicht die Kraft zu antworten. Es gab nichts, was ich hätte antworten können.

»Woher wird er kommen?« fragte er wieder. Er sprach ein gebrochenes Deutsch. Ich konnte seinen Akzent nicht feststellen. Ich versuchte es gar nicht. Es war mir egal, ob er Jude, Spanier oder Grieche war. Er sollte mir nur nicht länger auf die Nerven gehen, sollte mich ausruhen lassen. Aber der Mann hatte das Bedürfnis weiterzusprechen.

»Er sieht jetzt her«, sagte er. Ich glaube, er wollte die Hand wieder heben, hatte jedoch nicht die Kraft dazu, und die dünne Hand, die hochkam, fiel herunter, als ob er die Kontrolle über sie verloren hätte.

»Kannibalen«, murmelte er. Worte, Lärm und verschiedene

Geräusche erreichten mich mit einiger Verspätung, wie mit verminderter Schallgeschwindigkeit. Vielleicht hatte auch mein Hörvermögen aufgehört, sie aufzunehmen. Später, als ich den Sinn des Wortes verstand, glaubte ich, der arme Mann sei verrückt geworden. Viele Leute hatten Sinnestäuschungen und sagten eigenartige Dinge. Aber so war es nicht. Im Zwielicht konnte ich zwei Gestalten erkennen, die zu dem Leichenberg gingen, sich niederknieten und in das Fleisch der Toten bissen.

»Kanni…« murmelte er wieder und wurde still. Zu den zwei Kadaveressern gesellten sich andere. Der Hunger nagte an meinem Magen wie eine kalte Säge. Draußen schien die Sonne, aber die Kälte in mir fror meine Gedanken ein. Science-fiction-Autoren lassen in ihren Büchern ihre Helden schockgefrieren, um sie in einem neuen Zeitalter wieder aufzutauen. Als das Empfindungsvermögen in mir erstarb, als ich mich hinter der Auflösung des Daseins versteckte, als ich ins Nichts fiel, dachte ich nicht an den Augenblick, in dem ich in die Welt zurückkommen würde. Ohnmachten und Klarheit warfen mich abwechselnd vom Licht in die Dunkelheit und wieder zurück. Ich wäre vielleicht nie mehr aus der Tiefe des Nichts zurückgeschwommen, wäre da nicht der Mann gewesen, der Sago austeilte. Das Klappern der Gefäße und der Geruch des Essens wirkten auf mich wie eine Droge.

Die Portion Sago, ein geschmackloser, weißer Brei, wurde uns zweimal täglich ausgeteilt. Einmal morgens und einmal abends. Wieder hatte ich einen Anker, an dem ich mich festhalten und mit dessen Hilfe ich den Tag einteilen konnte. In dieser Nacht hörte mein Pritschenpartner auf zu stöhnen, am Morgen verlangte er kein Essen. Ich hielt seinen Napf für ihn hin, und als er nicht protestierte, schlang ich beide Portionen hinunter. Erst als er auch am Abend auf seinen Sago verzichtete, merkte ich, daß er sein Leben ausgehaucht hatte. Ich sagte nichts. Die gesunden Häftlinge entfernten die Leichen, um die Ruhrepidemie zu bekämpfen, die im Sanitätslager ausgebrochen war. Ich überlistete sie. Drei Tage lang verschwieg ich seinen Tod; sechs Mal schlang ich eine doppelte Portion hinunter. Mein Leib blähte sich auf wie ein Luftballon, denn mein Magen verdaute nicht mehr, und die Därme gaben nichts heraus. Dennoch hätte ich meinen kleinen Schwindel weitergetrieben, hätte die Leiche nicht angefangen, zu verfaulen und zu stinken. Ich stieß sie von mir, und sie fiel aus der Pritsche. Entweder war der tote Gefangene so leicht wie eine Feder, oder ich hatte mich etwas erholt, denn es war mir ohne große Anstrengung gelungen.

»Komm da runter, du Dummkopf. Es ist vorbei!«

Wer rief mich? Was war vorbei? Warum rannten die Häftlinge nach draußen? Weshalb war der Hof voller Menschen und erfüllt von Freudengeschrei?

Jemand zog mich am Arm. Ich rollte von der Pritsche, fiel, stand auf, fremde Männer halfen mir aus der Baracke. Ich war erstaunt. In den ganzen Jahren meines Lageraufenthalts hatte ich nie spontane Hilfe von Fremden erfahren. Kurt Kolonko war die Ausnahme. Zwei gesunde Gefangene schleppten mich in den Hof zwischen den Baracken. In seiner Mitte stand ein Panzer, auf dessen Turm ein weißer fünfzackiger Stern gemalt war. Häftlinge warfen ihre Mützen in die Luft, ein sicheres Zeichen, daß sie sie nicht mehr für die Morgen- und Abendappelle benötigten. Ich hörte Freudenschreie in allen Sprachen des besetzten Europa. Ein glücklicher Turm zu Babel. Ich wollte rufen, daß ich schwach war, daß sie mich von dort wegbringen sollten, ich wußte nicht wohin, daß sie mir meine Kräfte zurückgeben sollten, aber ich brachte keinen Ton heraus. Meine Stimmbänder waren ausgetrocknet und krächzten wie eine ungeölte Türangel. Die beiden Männer stützten mich weiterhin, ich fühlte ihre starken Arme in meinen Achselhöhlen. Der Turm des Panzers drehte sich um seine eigene Achse, das Geschützrohr beschrieb einen Halbkreis wie der Zeiger einer Uhr. Der Deckel öffnete sich, ich sah den Kopf eines schwarzen Soldaten, und erst in dem Moment, als er uns mit der Hand winkte, traf mich die Wahrheit mit voller Wucht: Ja, alles war vorbei. So hatte ich mir die Befreiung nicht vorgestellt. Ich hatte keine genaue Vorstellung, doch zweifellos hätte der feierliche Akt mit einer großen Freude verbunden sein müssen. Ich hatte nur nicht mehr die Kraft, meine Freude auszudrücken. Vielleicht hatte ich auch vergessen, wie man es macht? Der schwarze Soldat nahm seinen Helm ab und wischte sich die Stirn mit einem weißen Taschentuch. Es war ein warmer Frühlingstag. Von den Wachtürmen beobachteten ihn bewaffnete Polizisten. Er rief ihnen zu »Hitler kaputt« und bedeutete ihnen, in den Lagerhof hinabzusteigen. Sie folgten ihm, ohne zu zögern. Wie ich später erfuhr, hatte die SS-Einheit Mauthausen wenige Tage zuvor verlassen und die Bewachung des Lagers Wiener Polizisten übergeben. Diese hatten

461

jedoch weder die Zähigkeit der Totenkopftruppen noch den Wunsch, sich den amerikanischen Panzern entgegenzustellen. Der schwarze Soldat sagte wieder etwas. Ich hörte zwar die Worte nicht, sah aber, wie sich die Polizisten in eine lange Reihe aufstellten und ihre Maschinenpistolen auf die Erde legten. Eine Gruppe von Häftlingen stürzte vorwärts und riß in Windeseile die Waffen an sich. Der Jubel der Menge verstärkte sich. Jemand schrie »Viva España!« Französische und polnische Fahnen wehten über den Köpfen. Die sowjetischen Gefangenen stimmten die »Internationale« an.

Ich konnte nicht mehr stehen. Mein Körper war wie eine Mumie, innen hohl. Ich bat einen Gefangenen, der neben mir stand: »Bitte, hilf mir zurück in die Baracke.«

Ich erwartete nicht, daß er sich um mich kümmerte, doch er schlang meinen Arm um seinen Nacken und zog mich zur Barackentür. Als er mich losließ, verlor ich den letzten Rest an Selbstkontrolle. Ich fiel auf den Fußboden und verlor erneut das Bewußtsein.

Die Wirklichkeit kam nur langsam zu mir, erst eine Welle aus Stimmen und Geräuschen, die von einem Moment zum anderen lauter wurde, dann fügten sich Licht und Töne zu einem Ganzen zusammen. Ich lag auf dem Rücken und blickte zur Decke der Baracke. Über mir schwang ein Paar nackte Füße. Die Füße kamen aus einem kleinen Bauch einer nackten Person, auf dessen Kopf die Mütze eines Unteroffiziers der SS saß. Es vergingen einige Minuten, bis ich erfaßte, was vor sich ging. Der Unteroffizier war mit den Handgelenken an einem Dachbalken festgebunden. Blut strömte aus seinem Körper. Eine Gruppe sowjetischer Gefangener amüsierte sich mit Zielschießen. Ein langes Küchenmesser ging von Hand zu Hand nach einer Reihenfolge, die sie selbst festgelegt hatten. Jedes Mal, wenn das Messer in den über mir hängenden Körper eindrang, brüllten die Russen wie wild. Ein kleiner Kriegsgefangener wandte mir sein Gesicht zu. Ich bemerkte seine Schlitzaugen. Er schob mir das Messer in die Hand und sagte:

»Vergieße sein Blut, Junge; vergieße sein Blut. Du kannst meinen Platz in der Reihe haben.«

Ich reagierte nicht. Bewegungslos lag ich da, das Messer am Griff haltend. Meine Augen waren offen und sahen nichts, meine Ohren hörten, doch die Stimmen der Rächer in der Baracke und die der Feiernden draußen vermischten sich zu einem lauten Durcheinander. Ich war frei, überall hinzugehen, wohin ich wollte, aber ich hatte nicht die Kraft aufzustehen. Ich konnte das Leben des Nazis beenden, aber keinen Sinn darin entdecken. Es war erlaubt zu schreien, zu höhnen, zu fluchen, zu singen oder zu beten, aber mir war der Wortschatz ausgegangen. Was hat man von Rechten, wenn man die Fähigkeit verloren hat, sie zu nutzen? Meine geballte Faust wurde schlaff, und das Messer fiel aus meiner Hand.

# 12

Nach objektiven Kriterien hätte mein Name an diesem Tag allgemeiner Hochstimmung nicht auf der Liste der überlebenden Gefangenen stehen dürfen. Zu meinem Glück sind objektive Kriterien nicht an das ungeschriebene Gesetz des Zufalls gebunden. Ein Jahr später, während des Prozesses in Dachau gegen das medizinische Personal von Mauthausen, sagte Dr. Eduard Krasbach mit einer Offenheit, die einem das Blut in den Adern gefrieren ließ, aus:

»Als ich zum Chefarzt ernannt wurde, bekam ich den Befehl, alle Gefangenen zu töten, die arbeitsunfähig und hoffnungslos krank waren. Gefangene, bei denen mit Sicherheit festgestellt werden konnte, daß sie nicht mehr arbeitsfähig waren, wurden in der Gaskammer vernichtet. Einigen wurde Benzin gespritzt.« Als der Staatsanwalt ihn fragte, ob er nie auf den Gedanken gekommen sei, daß er Menschen vor sich hatte, antwortete er: »Nein. Menschen sind wie Tiere. Tiere, die verkrüppelt auf die Welt kommen, sollten getötet werden. So sollte man auch mit Menschen verfahren, und das aus humanitären Gründen ... Der Staat hat das Recht, asoziale Elemente zu vernichten. Die Arbeitsunfähigen gehören zu der Kategorie.«

Ich war nicht mit einem Geburtsfehler zur Welt gekommen, doch ich gehörte mit Sicherheit zu der Kategorie der Parasiten, die arbeitsunfähig waren. Wie ich später der Krankenakte im amerikanischen Krankenhaus entnahm, betrug mein Gewicht siebenunddreißig Kilogramm. Neben der Tuberkulose, den eiternden Wunden, Darmverschlingung, teilweiser Taubheit und allgemeiner Erschöpfung litt ich unter einer Krankheit, die zum ersten Mal von einem polnischen Gefangenen, Dr. Władisław Fajkiel, festgestellt wurde, der die Insassen des Krankenlagers betreute. Er nannte sie einfach »Hungerkrankheit«. Im Laufe der Zeit wurde seine Diagnose mit einem lateinischen Fachausdruck gewürdigt: dystrophia alientaria.

»Wenn der Körper ein Drittel seines Gewichts verloren hatte«, schrieb Dr. Fajkiel in seinen Aufzeichnungen, »bekam der Patient einen starren Blick, verschleiert und gleichgültig. Die Augen sanken tief in die Höhlen, die Gesichtshaut wurde durchsichtig grau und schälte sich ab. Die Kranken waren sehr anfällig für Infektionen, besonders für Krätze. Ihre Atmung verlangsamte sich, ihr Reden wurde angestrengt und ruhig. Es erschienen Ödeme, zunächst auf den Augenlidern und an den Füßen. Hielt der Hunger an, verbreiteten sich die Ödeme auf andere Teile des Körpers – auf die Unter- und Oberschenkel, auf das Gesäß, die Hoden und den Leib. In dieser Phase setzten die Durchfälle ein, und die Kranken wurden vollkommen apathisch gegenüber dem, was um sie herum geschah. Sie neigten zur Absonderung, zogen sich in sich selbst zurück, und wenn sie noch die Kraft hatten zu gehen, gingen sie langsam und ohne die Knie zu beugen. Wegen ihrer niedrigen Körpertemperatur, die unter sechsunddreißig Grad gefallen war, zitterten fast alle vor Kälte. Nur der Anblick von Nahrung konnte sie noch aus ihrem Schwebezustand holen. Meistens kam der Tod plötzlich.«

Zu der Zeit, als das Schicksal über die Logik triumphierte, war Dr. Fajkiel einer der Leiter einer Untergrundorganisation, die es sich zur Aufgabe gemacht hatte, die Ausführung jenes Planes zu vereiteln, dessen Substanz der Nazi-Mediziner Eduard Krasbach so lakonisch wie überzeugend erläutert hatte. Seit einigen Monaten hatten in Mauthausen verschiedene Untergrundgruppen, bestehend aus Polen, Franzosen und Spaniern, gearbeitet; jede Untergrundgruppe kümmerte sich um ihre eigenen Landsleute. Wir, die Juden, hatten keine Untergrundorganisation. Wir waren mit dem Etikett der Weltbürger behaftet, das uns jede Identität absprach, Menschen ohne Heimatland, die lediglich eine geistige Heimat hatten, ohne Staatsgebiet, Grenzen oder Regierung. Es gab niemanden, der uns half. Nichtsdestoweniger habe ich mein Leben diesen Untergrundorganisationen zu verdanken. Etwa zwei Wochen vor meiner Rückkehr nach Mauthausen wurden die Gefangenen deutscher Herkunft zur Fahne gerufen. Das zusammenfallende Reich ermöglichte es ihnen, ihre gestreiften Anzüge gegen Wehrmachtsuniformen einzutauschen. Viele Funktionshäftlinge nutzten diese Gelegenheit. Sie machten sich keine Illusionen über den Verlauf des Krieges, noch waren sie von patriotischem Kampfgeist beseelt; sie wollten am Tage der großen Rache lediglich so weit wie möglich von den Mauern des Lagers entfernt sein. Die freiwerdenden Stellen, die Posten der Kapos und der Büroangestellten in der Kommandantur, übernahmen politische Häftlinge, die aktive Mitglieder der Untergrundbewegungen waren. Sie waren bestens organisiert, bewahrten den Zusammenhalt in ihren Reihen, setzten sich für den Grundsatz der gegenseitigen Hilfe ein, und dank ihrer Möglichkeit, an die Akten zu kommen, konnten sie mit Leichtigkeit Daten fälschen, kranke Gefangene als gesund aufschreiben, über Hinrichtungen berichten, die gar nicht stattgefunden hatten, und die Statistik durcheinanderbringen. Die SS verlor ihre Hauptstütze im Lager. Der Untergrundbewegung gelang es unter anderem, jene Operation zu vereiteln, die rund dreitausend Patienten zum Tode verurteilte.

Deutschen Dokumenten zufolge herrschte im Sanitätslager in der ersten Maiwoche eine unerträgliche Überfüllung. Auf weniger als tausend Pritschen lagen 8 863 Kranke. In einer als Überführung in ein anderes Gebiet getarnten Aktion wurden achthundert hoffnungslos Kranke umgebracht. Die Leute vom polnischen Untergrund erfuhren, daß die Kommandantur plante, das Krankenhaus um weitere 2 200 Patienten »zu dezimieren«. Dr. Czapliński, der an Stelle eines deutschen Gefangenen zum Chefarzt ernannt worden war, faßte sich ein Herz und wandte sich an den SS-Offizier Bachmeier, die rechte Hand des Lagerkommandanten in Mauthausen – »von Offizier zu Offizier«. Unter anderen Umständen hätte er für seine Frechheit sicher mit dem Leben bezahlt. Aber in der gegebenen Situation, als die Nachricht von Hitlers Selbstmord schon allgemein bekannt und die endgültige Kapitulation nur noch eine Frage von Tagen war, glaubte Bachmeier, daß eine Geste gegenüber den Gefangenen seine Haut retten konnte. Die Hinrichtung wurde im letzen Moment abgesagt; der Todesengel war gezwungen, auf meine Seele zu verzichten.

Zwei Tage baumelte die Leiche des erstochenen SS-Unteroffiziers am Balken, bis ein amerikanischer Soldat zufällig hineinkam und den Strick abschnitt. Die Baracke war von ihren Bewohnern verlassen. Die Russen – die meisten von ihnen *politruks*, die wie wir in Konzentrationslagern gefangen waren – waren in die Umgebung ausgeschwärmt, um sich an der Bevölkerung zu rächen. Der amerikanische Soldat hob mich vom Fußboden auf und rief einen Krankenwagen.

Zwei Tage hatte ich reglos auf dem Platz gelegen, auf den ich gefallen war. Der Soldat, der die Leiche des Nazis vom Balken geholt hatte, faßte mich unter die Achseln und schleppte mich nach draußen. Kurze Zeit später fuhren sie mich in das amerikanische Feldlazarett.

Zwei Ärzte und ein Sanitäter in amerikanischen Armeeuniformen standen neben mir und sahen in meine Akte. Ich lag auf einer Tragbahre. Der jüngere von ihnen kniete, legte sein Stethoskop auf meine trockene Haut und hörte sich das Röcheln an, das aus der Tiefe meiner Lungen kam. Er sah nicht zufrieden aus. Er zog an meinen Augenlidern, wie ein Kind, das einem Schmetterling die Flügel ausreißt, strahlte meine Augäpfel mit einer Taschenlampe an und entschied:

»Ein klassischer Fall. Wir hören mit der Behandlung auf.«

»Ab wann, Captain?« fragte der Sanitäter.

»Ab sofort.«

»Ist etwas mit den Medikamenten nicht in Ordnung?«

»Die Medikamente sind in Ordnung. Mit diesem Patienten ist etwas nicht in Ordnung. Er ist erledigt.«

»Aber vielleicht trotzdem …« beharrte der Sanitäter.

»Das ist sehr grausam, Captain«, wiederholte der Sanitäter, als er keine Antwort erhielt. Er war ein junger Soldat, dessen Gefühle der Krieg noch nicht abgestumpft hatte. Seine Hingabe war ohne Grenzen. Er hatte meinen Körper wiederholt von dem flüssigen Stuhlgang gesäubert und alle paar Minuten meine trockenen Lippen benetzt. Nachts saß er über einen kleinen Tisch in der Mitte des Zeltes gebeugt und las medizinische Bücher im Schein einer Lampe. Sein Wunsch war es, nach Arizona zurückzukehren und sich in der Universität einzuschreiben.

Der Arzt klopfte ihm auf die Schulter:

»Reg dich nicht auf, Junge«, tröstete er ihn. »Er wird ohne zu leiden in eine bessere Welt übergehen. Der Tod schmerzt nicht.«

»Reden Sie nicht so, Captain; dieser Junge versteht Englisch.«

»Tut mir leid«, antwortete der Arzt und wandte sich dem nächsten Patienten in der Reihe zu.

Ich akzeptierte das Urteil des Arztes in absoluter Ruhe. Ich war zu erschöpft, um mich mit dem Gedanken zu beschäftigen, daß in dem Moment, in dem das Licht am Ende des Tunnels sichtbar wurde, meine Lebensflamme gelöscht werden sollte. Es war nicht nur der Tod, der nicht weh tat, auch die schiere Existenz war schmerzlos. Ich fühlte überhaupt nichts. Ich sah und sah nicht, wie alle diejenigen, die die Wundermedizin erhalten durften, ihr Leben aushauchten und wie ihre leeren Plätze von anderen Patienten eingenommen wurden. Das Karussell aus Kommen und Gehen hörte nicht auf, sich zu drehen. Die Tage verstrichen, und ausgerechnet ich, dem es nicht erlaubt war, das amerikanische Medikament zu bekommen, klebte hartnäckig an der Welt. Nach einem Monat – oder waren es zwei? – wurde ich vom Feldlazarett, das in Zelten untergebracht war, in die Genesungsabteilung überführt, die sich in dem ehemaligen Gebäude der Wachmannschaften befand. Die Durchfälle hörten auf, ich fing an, das Essen zu genießen, interessierte mich allmählich wieder für meine Umgebung. Meine Ohnmachtsanfälle wurden seltener. Ich verließ zwar noch nicht das Bett, hörte mir aber manchmal Musik an. In jedem Zimmer stand ein Radio. Eine Delegation des Internationalen Roten Kreuzes erstellte einen Zensus von den Überlebenden. Ich gab den Leuten meinen richtigen Namen; Jahre später sollte ihn ein Rechtsanwalt aus Tel Aviv, der mich überreden wollte, eine Wiedergutmachungsforderung einzureichen, in einem offiziellen Dokument finden. Vergeblich suchte ich den Namen von Fredek Minz in dieser Liste. Ich weigerte mich, den Wiedergutmachungsantrag einzureichen. Westdeutschland hatte Millionen von D-Mark bereitgestellt, um die Opfer der Nazis zu entschädigen. »Es tut mir leid«, sagte ich meinem Anwalt. »Ich kann das Geld nicht annehmen. Kein Geld kann mir meine Eltern, meine Familie und die Jahre zurückgeben, die verlorengegangen sind.« »Du bist dumm«, entgegnete der Anwalt verärgert, »es gibt kein schmutziges oder sauberes Geld. Es gibt nur gutes oder wertloses Geld.« Ich war damals ungefähr dreißig Jahre alt und weit entfernt von einer Welt, in der alles nach materiellen Werten gemessen wird, vielleicht etwas leichtsinnig, denn sogar die kategorische Frage des Anwalts: »Ist es dir lieber, daß das Geld in den Händen der Mörder bleibt?« konnte mich nicht überzeugen. Wir hatten keine gemeinsame Sprache. Ich vermute, daß er recht hatte, aber auch ich war im Recht. Es gelang uns nicht, die Kluft zwischen diesen beiden Arten des Rechts zu überbrücken ...

In der ehemaligen SS-Kaserne wurden die Genesenden nicht mehr von Sanitätern, sondern von österreichischen und deutschen Krankenschwestern betreut. Meine Schwester trug eine graue

468

Schürze und hatte ein Gesicht, das man leicht vergessen konnte. Doch ich erinnere mich noch genau an ihre plumpen Finger, ihren dünnen Ehering an ihrem Ringfinger, die kurzgeschnittenen, nicht manikürten Fingernägel und die zarte, feuchte Haut ihrer Handflächen, wenn sie meine Wunden mit Desinfektionssalbe einrieb. Ich konnte ihr Alter nicht schätzen – für einen siebzehnjährigen Jungen sehen alle Erwachsenen alt aus –, aber ihr Benehmen war mütterlich. Sie strahlte Ruhe aus. Manchmal, wenn ich mich schwach fühlte, sehnte ich mich danach, in ihren Armen einzuschlafen. Unser Verhältnis war ein ambivalentes, denn jedes Mal, wenn ich mich stärker fühlte, schreckte ich vor ihr zurück wie vor einem Menschen, dem ein Makel anhaftet. Einmal erschien sie mir im Traum als Grete, die Frau des SS-Offiziers in Krakau. Ich wollte ihr davon erzählen, als sie abends zu mir kam, um mein Bett zu richten, statt dessen beleidigte ich sie ohne ersichtlichen Grund. Es machte mich wütend, von dieser wortkargen Frau abhängig zu sein, die mich ohne ein einziges Wort des Tadels wusch, wenn meine Därme ausliefen, die nie versuchte, meine Hilflosigkeit auszunutzen, um ihre Überlegenheit zu beweisen; ich haßte ihre Bereitschaft, den Schwachen zu dienen, weil sie damit das Bild der strengen, deutschen Frau, das ich mir selbst gemacht hatte, durcheinanderbrachte. Es ärgerte mich, daß sie meine Ausbrüche ganz natürlich fand und mich wie ein kleines Kind behandelte, das für seine Taten noch nicht verantwortlich ist.

Ich lag in einem kleinen, weißgestrichenen Zimmer, in dem zwei Betten standen. Das andere Bett jedoch blieb leer. Niemand außer ihr und dem Arzt kam mich besuchen. Ich war überrascht, als sie eines Morgens einen Gast mitbrachte.

»Setz dich hin«, sagte sie, »der Herr wird dich rasieren.«

»Rasieren?« fragte ich erstaunt. »Warum plötzlich rasieren?«

Sie hielt einen kleinen Spiegel vor mein Gesicht. Mindestens zwei Jahre hatte ich mein Spiegelbild nicht gesehen. Nun blickte mir ein junger, blasser Mann, mit Tränensäcken unter seinen braunen Augen entgegen. Sein Haar war gewachsen und bedeckte seinen Schädel mit den ersten Locken. Seine Lippen waren aufgeplatzt, eine Narbe verunstaltete seine rechte Wange. Ich war nicht gerade begeistert von meinem Gegenüber. Es war ein merkwürdiges Gefühl, mein Gesicht zu entdecken, als sei es das eines anderen. Ich strich mit meiner Hand darüber und stellte verwundert fest, daß es nicht mehr glatt war. Der Spiegel log nicht. Bis zu dem Augenblick hatte ich die wachsenden Stoppeln nicht bemerkt, doch es gab sie, unzweifelhaft, kurz und stachelig. »Du wirst ein Mann«, sagte die Schwester mit der gleichen Trockenheit, mit der sie mir befahl, mich umzudrehen, damit sie meinen Rücken einreiben konnte. Der Friseur seifte mein Gesicht mit dem Pinsel ein, das Messer glitt über meine Wangen. Es war angenehm.

Von dem Tag an machte ich dem Arzt Freude. »Ein klarer Fall von Remission«, bemerkte er jedesmal leicht erstaunt, wenn er das Ergebnis der Untersuchung in meine Krankenakte eintrug. Wenn wichtige Gäste, Mitglieder der Administration aus Washington oder Kongreßabgeordnete, das Krankenhaus besuchten, präsentierten mich die Ärzte stolz, um zu beweisen, daß sie noch Wunder vollbringen konnten. Keiner der Gäste stellte mir je Fragen, und ich verschwieg die Tatsache, daß dieselben Ärzte zwei Monate zuvor verhindert hatten, daß ich mit Medikamenten behandelt wurde, weil ich von der Liste der Patienten gestrichen war, in die es sich zu investieren lohnte.

Zu Beginn des Sommers kamen Mitglieder der Jüdischen Brigade nach Mauthausen. Ich konnte bereits mein Zimmer verlassen, natürlich mit Hilfe der Schwester, draußen an die Wand gelehnt liegen und der Sonne erlauben, die Kälte aus mir zu vertreiben. Die jüdischen Soldaten, in englischen Uniformen, kamen auf zwei Lastwagen. Die meisten sprachen Jiddisch, und von zwanzig Leuten umringt, erzählten sie vom Krieg und dem Land Israel. Jedem, der sich ihnen anschließen wollte, schlugen sie vor, erst nach Italien zu fahren und von da aus an die Küste Palästinas zu reisen. Selbst, wenn ich gefragt hätte, hätten sie sich bestimmt geweigert, einen so kranken und erschöpften Jungen wie mich mitzunehmen. Allerdings kam mir eine solche Bitte überhaupt nicht in den Sinn. Ich verspürte keinen Drang nach Zion. Das Land unserer Väter war in meinen Augen eine Legende, die in die Geschichte und nicht in die Gegenwart gehörte. Ich erinnerte mich noch an die Palästinareise meiner Mutter 1935. Sie war an Bord der »Polonia« von dem rumänischen Hafen Konstanza aus auf einer Kreuzfahrt durchs Mittelmeer gesegelt. Zurückgekehrt nach Bielitz, faßte sie ihre Meinung über die jüdische Heimstatt mit der Feststellung zusammen, das sei kein Ort, an dem zivilisierte Menschen leben könnten. Es war ein oberflächlicher Eindruck, typisch für eine Touristin, die sich nicht die Mühe gemacht hatte, sich in das Land zu vertiefen, doch der Satz hatte sich in meine Erinnerung gegraben und meine Meinung geprägt. Ich wußte, daß es ein wunderbares Land für Pioniere war, aber nicht für vernünftige Leute wie uns.

So fuhren die Männer der Jüdischen Brigade ohne mich ab. Mir stand eine viel kürzere Reise bevor, ausgelöst durch einen politischen Wechsel. In den Verhandlungen zwischen den Großmächten wurde eine neue Trennungslinie zwischen den westlichen Streitkräften und der Roten Armee festgelegt. Die Amerikaner zogen sich bis südlich der Donau zurück, und die Russen kamen nach Mauthausen. Der Machtwechsel beeinträchtigte die medizinische Behandlung. Die Krankenschwester teilte mir mit Bedauern mit, daß die Desinfektionssalbe ausgegangen sei. Ebenso die Vitamintabletten, die meine Kräfte wiederherstellen sollten. Die Lebensmittel waren kaum eßbar. Die sowjetischen Ärzte, die kein Englisch lesen konnten, bezogen sich nicht auf das, was in unseren Krankenakten stand, und ich fühlte, wie sich die Krankheit wieder meiner bemächtigte. Ich brauchte keine Erklärung, um zu erkennen, daß ein Rückfall in meinem Genesungsprozeß eingetreten war. Jede Änderung bedeutete Hoffnung, und so war ich froh, als beschlossen wurde, unsere Abteilung an einen anderen Ort zu verlegen. Die Russen setzten uns auf einen Anhänger, der von einem Traktor gezogen wurde. Wir fuhren eine knappe Stunde, bis wir in Katzdorf ankamen, einem österreichischen Weindorf nördlich von Mauthausen. Dort wurden wir alle in ein Altersheim gebracht, dessen ständige Bewohner man gezwungen hatte, es für uns freizumachen. Ein Hauptmann der Roten Armee, der uns begleitete, rief den Bürgermeister des Dorfes zu sich. Der verängstigte Bauer erschien vor ihm, zog seinen Hut und lauschte mit offensichtlicher Unterwürfigkeit seiner Warnung:

»Wenn dir dein Leben und das der Dorfbewohner lieb ist, sorgst du für alles, was diese Leute brauchen.«

Der Bürgermeister nickte. Der Hauptmann verließ uns und wir richteten uns in dem Gebäude häuslich ein. Jeder von uns bekam ein großes und sauberes Zimmer. Auf dem Tisch neben meinem Bett fand ich zwei Bücher, in denen der letzte Bewohner offenbar gelesen hatte: John Knittels *Via Mala* und *Die Reise zur Mutter* von Georg Rendl. Ich faßte sie nicht an. Einige Tage später trug sie die Krankenschwester, die uns gefolgt war, in ihrer grauen Schürze hinaus. Sie pflegte mich weiter wie zuvor. Unsere Kontakte hielten sich wieder an die hauptsächlichen Themen – Essen, Medikamente und Sauberkeit. Entfremdung hat auch seine guten Seiten. Sie brachte mir eine Zahnbürste und bemerkte: »Du riechst aus dem Mund.« Sie zog mir die schmutzige Unterhose aus und sagte: »Sie stinkt nach Kot.« Ohne das Fehlen jeglichen persönlichen Austauschs zwischen uns hätte ich mich getadelt gefühlt. In der bestehenden Situation maß ich den Worten nichts weiter als ihre simple Bedeutung zu. Wir lebten in dieser eigenartigen Symbiose, weil ich ohne sie nicht zurechtkam und sie umgekehrt, was mir bis heute unverständlich ist, das Bedürfnis hatte, sich einer hilflosen Kreatur wie mir anzunehmen. Die Verbindung zwischen uns war ohne Zärtlichkeit, kein Lächeln schlich sich ein, kein unnötiges Wort wurde gesprochen. Mir schien, daß sie meinen Mangel an Zuneigung richtig deutete und mir daher ihre Gegenwart nicht aufdrängte. Und ich genoß mein vereinzeltes Dasein nach dem jahrelangen, ständigen Zusammensein mit Fremden auf geteilten Pritschen, in überfüllten Baracken, in Lagern hinter elektrischem Stacheldraht. Ich liebte es, mit mir und meinen Gedanken allein zu sein. Ich konnte die Tür meines Zimmers schließen und sie sogar verriegeln. Es interessierte mich nicht, was in den anderen Zimmern vor sich ging. Den Verbindungsflur betrat ich nicht. An den Tagen, an denen ich die Kraft hatte aufzustehen, konnte ich ohne Erlaubnis das Fenster öffnen. Alles, was ich ohne Erlaubnis tun konnte, erfüllte mich mit Befriedigung. Ich saß dann am Fenster auf einem Stuhl, lehnte meine Ellbogen auf das Fensterbrett und atmete die erfrischende, klare Luft in meine Lungen, eine Reinheit, die sich in meinem Unterbewußtsein mit Freiheit verband.

Der Blick aus dem offenen Fenster war ein Blick auf das Leben. Ich sah die österreichischen Winzer zur Arbeit gehen. Ich beobachtete Kinder, die Hüpfen spielten, Frauen, die Wäsche im Hof aufhängten, ich ließ meine Augen auf gewöhnlichen Häusern und gewöhnlichen Menschen ruhen, alles Ansichten einer Existenz, die ich vergessen hatte. Besondere Freude bereitete es mir, andere zu betrachten, ohne daß ich gleichzeitig das Ziel ihrer forschenden Augen war. Ich wurde wieder Herr meiner Zeit. In einer Welt, in der nur die Kerkermeister befugt gewesen waren, sie durch regelmäßige Pausen einzuteilen, waren die Stunden und Tage ihr exklusives Eigentum gewesen. Jetzt, da das Zeitgefühl zu mir zurückkehrte, lernte ich von neuem, seinen Wert zu schätzen. Es gab wieder Vergangenheit, Gegenwart und Zukunft. Ich hatte noch nicht gelernt, mit der Vergangenheit fertigzuwerden. Der Geschmack der Gegenwart war schal. Aber morgens, wenn ich auf dem Rücken im Bett lag und gegen die Decke starrte, machte ich Pläne für die Zukunft. Ich wußte nicht, daß man, um Wachträume zu haben, erst Erfahrungen sammeln und sie benutzen muß wie der Maurer sein Rohmaterial. Meine Vorstellungen waren unzureichend, denn ich hatte die letzten fünf Jahre aus meinem Speicher gestrichen. Ich war zu jung, um das Material zu verarbeiten, die Farben und Formen zu ändern, positive Konsequenzen aus dem Negativen zu ziehen, das Süße aus dem Bitteren herauszuholen. Mir fehlte die Erfahrung, um den verwickelten Prozeß, einen Gedanken in einen anderen zu verwandeln, beaufsichtigen zu können. Ich wußte nicht, daß wir die wunderbare Fähigkeit besitzen, einen Transformator zum Austausch solcher Gedankenströme einzuschalten – und daß dieser Tranformator nur aus Intelligenz besteht, angereichert mit den Erfahrungen, die wir gesammelt haben. In dem Moment, als ich den Zusammenhang unterbrach, indem ich die Kriegsjahre herausnahm, war all meine Mühe, die ich in die Aufgabe gesteckt hatte, meine Kindheit mit dem Morgen zu verbinden, vergeblich. In der Zukunft, so stellte ich mir vor, konnte ich nur nach Bielitz zurückgehen, denn dort hatte ich es gut gehabt. Aber was hatte es für einen Zweck, zu Orten der Kindheit zurückzukehren, wenn die Menschen, die sie bewohnt hatten, nicht mehr existierten? Vater und Mutter gab es nicht mehr. Paula, das Dienstmädchen, war nicht mehr da. Nolek mit seiner ewigen Leica war nicht da, das Fahrrad, das ich von ihm erpreßt hatte, war nicht da, die Bleisoldaten in meinem Kinderzimmer waren gefallen, die Schulfreunde verschwunden. Kann man in einem Vakuum atmen?

Das Altersheim leerte sich. Der russische Hauptmann machte seine Drohung nicht wahr. Die Bauern verminderten die Lebensmittelzufuhr, und niemand sagte etwas. Es war keiner da, bei dem man sich hätte beschweren können. Danach verließen uns die beiden örtlichen Ärzte, die uns betreuen sollten. Die Schwestern aus dem Altersheim verschwanden ebenfalls, eine nach der anderen. Die Bauerntochter, die mein Zimmer geputzt hatte, kam nicht mehr. Die Schwachen unter uns wurden auf dem Dorffriedhof, getrennt von den anderen Toten, begraben. Die Genesenden packten ihre wenigen Sachen und machten sich auf den Weg. Ich fragte meine

Krankenschwester: »Was geht hier vor?«, und sie steckte ihre Hände in die Taschen ihrer grauen Schürze und antwortete: »Jeder zu seinem Schicksal.« Wollte sie mir damit andeuten, daß auch ich mein Schicksal selbst in die Hand nehmen mußte? Bis zu dieser Stunde hatte sie sich um meine Bedürfnisse gekümmert, als sei alles unverändert. Ohne daß es mir bewußt war, hatte sie mir ein Gefühl der Sicherheit und der Kontinuität gegeben. Nun sollte all das vorbei sein. Ich war erschüttert.

»Morgen früh«, sagte ich zu ihr.

Sie verstand. »Wohin?«

»Nach Hause.«

»Du hast Glück. Ich bleibe, denn ich habe kein Zuhause.« Das war das erste Mal, daß sie über sich sprach. »Hast du Familie?« Es war das erste Mal, daß sie mich etwas fragte.

Ich schwieg. Sie wiederholte ihre Frage nicht.

»Ich habe dir etwas Kleidung besorgt. Hast du Geld?«

»Geld?« Ich hatte vergessen, daß es so etwas gab. »Ich komme schon durch«, antwortete ich.

»Leute, die in ihre Heimat zurückkehren, bekommen jetzt freie Fahrt. Aus Linz fahren Züge in den Westen, aus Ens fahren sie nach Osten. Welchen wirst du nehmen?«

»Wie kommt man nach Ens?«

»Ich werde mit dem Bürgermeister reden; man wird dich mit der Droschke hinfahren.«

In der Nacht träumte ich, ich läge auf meiner linken Seite, ein Abgrund klaffte nur wenige Zentimeter von mir entfernt, und eine unbekannte Hand stieße mich in die Tiefe. Ich konnte nicht erkennen, wie tief der Abgrund war, denn er war dunkel und formlos und deshalb um so erschreckender. Die Angst beschleunigte meine Atmung. Ich hatte das Gefühl zu ersticken. Ich wollte die Hand wegnehmen, die auf meinem Rücken lag und mich in die Verdammnis stieß, aber ohne Erfolg. Verschwitzt wachte ich auf. Ich bekam einen Hustenanfall. Ich spuckte Schleim, mit Blut vermischt. Das Fenster war offen, und der Wind spielte mit dem Vorhang, das Mondlicht versilberte den Raum, nur die Zimmerdecke blieb schwarz, und aus der Schwärze kam eine Presse hinab, die sich mit ihrem vollen Gewicht auf meine nackte Brust legte. Mir war kalt. Ich zog die Bettdecke bis über meinen Kopf. Der Traum kam zu mir zurück wie ein Film, der gerissen und exakt an der

Stelle wieder zusammengeklebt war. Ich wäre sicher in den dunklen Abgrund gefallen, wäre nicht die Krankenschwester gewesen, deren Stimme mich weckte: »Guten Morgen. Bist du soweit?«

Sie hängte eine braune Hose, eine karierte Jacke und ein weißes Hemd über die Stuhllehne.

»Ich habe nachgesehen. Es ist deine Größe.«

Ich dankte ihr nicht.

»Der Bürgermeister kommt bald. Steh auf. Du brauchst ein Bad.«

»Ein Bad? Wozu ein Bad?« revoltierte ich.

Ich brauchte kein Bad, sondern eine freundliche Seele, der ich meinen nächtlichen Alptraum erzählen konnte und die mich trösten würde. Aber nein, ich wollte die Ermutigung nicht von dieser Frau. Sie merkte nichts von meinem Gemütszustand oder wollte ihn vielleicht nicht zur Kenntnis nehmen. Jedenfalls zog sie forsch die Bettdecke weg und forderte mich auf, mich zu beeilen.

Ich streckte meine Hand nach den Kleidern aus, die sie gebracht hatte.

»Oh nein«, bremste sie mich. »Erst waschen.«

»Wozu?« verteidigte ich mich.

»Weil du stinkst«, sagte sie.

»Was geht es Sie an, ob ich stinke? Sie müssen mich nicht mehr lange riechen.«

»Von jetzt an wirst du unter Menschen sein.«

Ich stand auf und ging hinter ihr her. Das Badezimmer war am anderen Ende des Korridors. Die Kacheln waren gelblich angelaufen, die Wasserrohre hatten ihren Glanz verloren, die Emaille am Waschbecken war abgesprungen. Nur die nackte Glühbirne gab ein klares Licht.

»Zieh dich aus.«

Ich gehorchte. Ich schämte mich nicht, in meiner Nacktheit vor ihr zu stehen. Ich betrachtete mich nicht als Mann und sie nicht als Frau. Die Schwester zog ihre Schürze stramm, hielt meinen Arm fest, damit ich nicht ausrutschte, als ich ins Bad stieg, betrachtete meinen mageren Körper mit einem kritischen Auge und lächelte. Zum ersten Mal sah ich sie lächeln.

»Du mußt mit Sandpapier abgerieben werden«, beschloß sie. »Bewege dich nicht, der Boiler wärmt nicht, wie er soll, wir müssen uns mit einer Dusche begnügen.« Ich stand regungslos. Die Schwester öffnete den Hahn und schloß ihn wieder, um Wasser zu sparen. Sie seifte meinen Körper ein. Die Seife brannte, denn ich war noch immer mit Abszessen bedeckt. Sie erledigte ihre Aufgabe wie eine erfahrene Schwester. Ihre Hände glitten von den Hüften nach unten zwischen meine Beine und berührten meine Hoden. Sie rieb das Glied zwischen ihren Händen. Ich spürte keinen Reiz. Die Schwester hielt es noch in ihrer Hand, als sie sagte:

»Keine Angst. Es wird der Tag kommen, wo dein Schwanz bei der Berührung einer Frau hart wird. Das wird ein wichtiger Tag in deinem Leben sein, denn erst dann wirst du merken, wie schön das Leben ist.«

Nachdem sie das gesagt hatte, öffnete sie wieder den Hahn. Das Wasser war lauwarm, angenehm und reinigend.

# Epilog

Was geschah mit ihm, dem Jungen aus gutem Hause, der seine anerzogene Moral abstreifte und über Nacht das Verhalten des Dschungels annahm? Was ließ ihn die noblen Werte über Bord werfen, die seine Eltern ihm vermittelt hatten, und statt dessen eine Brille aufsetzen, die es ihm möglich machte, die Welt lediglich als Schauplatz des Überlebenskampfes zu sehen? Und zuletzt – wie tief reichen die Erfahrungen der Vergangenheit in seine Seele hinein?

Diese Fragen beschäftigen mich, seit ich volljährig bin. Dieses Buch versucht eine Antwort darauf zu geben. Mir scheint, daß meine Geschichte eine Moral hat, die von dem einzelnen auf die Allgemeinheit übertragen werden kann. Viele Menschen setzen sich mit ihrer Vergangenheit auseinander und untersuchen, in welchem Maße sie ihren gegenwärtigen Charakter geprägt hat.

In der Hauptsache wollte ich jene Denkweise herausfordern, die ewige Maßstäbe setzt, gefeit gegen jede Kritik und gültig zu allen Zeiten und unter allen Umständen. In einfacheren Worten: Ist es erlaubt, Handlungen, die in die Zeit der Dunkelheit gehören, nach den Kriterien der Zeit des Lichts zu beurteilen?

Ich gebe nicht vor, ein Geschichtsbuch geschrieben zu haben. Die Menschen, die diese Seiten bevölkern, sind aus meiner subjektiven Sicht geschildert. Ich habe die Ereignisse so beschrieben, wie ich mich an sie erinnere. Nur in seltenen Fällen, wenn Genauigkeit um der Glaubwürdigkeit willen geboten war, habe ich dokumentarische Literatur herangezogen. Und natürlich habe ich mich als die Reflexion dargestellt, die mir entgegentritt, wenn ich vor einem Spiegel stehe.

Es dauerte vier Jahre, dieses Buch zu Papier zu bringen. Ein Teil wurde in Tel Aviv, ein Teil in Polen verfaßt. Aber wo ich auch war, überall begleitete mich die Anregung und die Unterstützung meiner Frau Schulamit. Die Tatsache, daß unsere Ehe nach dem Abschluß des Buches gescheitert ist, ändert nicht das mindeste an der großen Dankbarkeit, die ich ihr gegenüber empfinde.

Daniel Jonah Goldhagen

# Hitlers willige Vollstrecker

Ganz gewöhnliche Deutsche und der Holocaust

736 Seiten, Abbildungen, Leinen

Wie konnte es zum Holocaust kommen? Diese Frage hat die
Geschichtswissenschaft über Jahrzehnte bewegt. Doch wer waren
die Täter, und wie war es möglich, so viele Deutsche für den Holocaust zu mobilisieren? Was hat sie dazu veranlaßt, sich an der
Massenvernichtung zu beteiligen? Wie sah die Gesellschaft aus, die
diese Menschen hervorbrachte? Diesen Fragen geht Daniel Jonah
Goldhagen systematisch nach.
Aus Quellen schöpfend, die die Wissenschaft bislang entweder
nicht beachtet oder vernachlässigt hat, konfrontiert uns der Autor
mit neuen, beunruhigenden Dokumenten aus erster Hand.

»Daniel Jonah Goldhagen schrieb ein brillantes Buch über den hei-
kelsten und bis heute unverständlichsten Teil neuerer deutscher,
aber auch europäischer Vergangenheit. Goldhagens Buch ist neu:
in seiner Interpretation und Materialfülle, in der Direktheit der
Sprache.«
*Andrei S. Markovits*
*Blätter für die Deutsche und Internationale Politik*

»Wohl der spektakulärste Sachbuch-Erfolg des Jahres«     *FAZ*

Siedler Verlag

Die Deutsche Bibliothek – CIP-Einheitsaufnahme
Frister, Roman:
Die Mütze oder Der Preis des Lebens / Roman Frister.
[Aus dem Hebr. von Eva und Georges Basnizki].
– 1. Aufl. – Berlin: Siedler, 1997
Einheitssacht.: Self-Portrait with a Scar <dt.>
ISBN 3-88680-606-5

Titel der 1993 bei Dvir Publishing House,
P.O.B. 149, Tel Aviv, erschienenen Ausgabe:
Self-Portrait with a Scar

Der Siedler Verlag
ist ein Unternehmen der Verlagsgruppe Bertelsmann.

Lektorat: Andrea Böltken
Umschlag: Rothfos + Gabler, Hamburg
unter Verwendung von Originaldokumenten
aus dem Privatarchiv des Autors
Satz: Bongé + Partner, Berlin
Druck und Buchbinder:
Graphischer Großbetrieb, Pößneck
Printed in Germany 1997
ISBN 3-88680-606-5
Erste Auflage